KB251490

퀀트 투자를 위한 머신러닝

파이썬으로 배우는 머신러닝 기반 팩터 투자

퀀트 투자를 위한 머신러닝

기욤 코케렛 · 토니 귀다 지음   김성진 옮김

에이콘

 에이콘출판의 기틀을 마련하신 故 정완재 선생님 (1935-2004)

에바^{Eva}와 레슬리^{Leslie}에게

| 지은이 소개 |

기욤 코케렛 Guillaume Coqueret

EM리옹 경영대학 EMLyon Business School의 금융 및 데이터 과학 부교수다. 최근 연구는 금융 경제학에서의 머신러닝 응용을 중심으로 이뤄지고 있다.

토니 귀다 Tony Guida

RAM 액티브 인베스트먼트 RAM Active Investments에서 퀀트 매크로 부문의 공동 대표를 맡고 있다. 또한, 『Big Data and Machine Learning in Quantitative Investment』(Wiley, 2018)의 편집자이자 공동 저자다.

김성진(stochastic73@naver.com)

현재 하나증권 글로벌마켓운용실에서 퀀트 트레이딩을 총괄하고 있는 퀀트 트레이더다. 학생 시절 경제학을 전공하고 글로벌 매크로에 관심이 많아 채권과 외환을 다루는 FICC 트레이딩으로 첫 금융권 커리어를 시작했지만, 이후 철저히 알고리듬과 규칙에 기반해 매매를 수행하는 퀀트 트레이딩에 매료돼 현재는 퀀트 트레이더의 길을 가고 있다.

퀀트 논문과 장서를 수집하는 것이 취미이며, 촌각을 다투는 글로벌 금융시장에서 어떻게 하면 팩터 포트폴리오라는 견고한 성채를 쌓아 올릴 수 있을지를 매일 고민하고 있다.

'퀀트대디'라는 필명으로 퀀트 투자, 알고리듬 트레이딩, 금융공학에 관한 쉽고 직관적인 글을 쓰고자 노력하고 있으며, 다양한 곳에서 퀀트와 금융공학에 관한 강의를 진행하고 있다.

- 블로그 https://blog.naver.com/quantdaddy
- 브런치 https://brunch.co.kr/@quantdaddy

이제 머신러닝을 활용하는 것은 금융투자업의 영역에서도 필수적인 사항이 됐다. 왜냐하면 머신러닝은 빅데이터상에서 우리 인간이 쉽사리 탐지하기 어려운 복잡한 비선형 패턴을 발견해 새로운 투자 인사이트나 전략에 대한 힌트를 제공할 수 있기 때문이다. 물론 한편으로 이는 새로운 위험 요인으로 작용한다. 특히 신호 대 잡음비가 낮으며 동시에 비정상성을 지닌 금융 시계열 데이터의 영역에서 머신러닝을 맹목적으로 사용한다면 표본 외에서 실질적인 금전적 손실을 입을 확률이 매우 높다. 즉, 이를 부주의하게 잘못 사용한다면 그 대가는 매우 클 수 있다.

이런 맥락에서 이 책은 처음부터 금융 머신러닝은 절대로 만능이 아님을 주장하며 동시에 그 사용에 있어 굉장한 주의가 필요함을 설파한다. 금융 머신러닝을 이야기하는 책들 중에서 금융 머신러닝의 위험성부터 먼저 제시하는 책은 거의 유일하다고 할 수 있다. 사실 이러한 식견은 금융 머신러닝이라는 분야를 굉장히 깊게 다뤄보지 않았다면 나올 수가 없는 생각이다. 그만큼 두 저자는 금융시장과 퀀트 그리고 머신러닝 영역에서의 전문성을 바탕으로 금융 머신러닝을 '올바르게' 활용하는 방법을 알려준다.

또한, 데이터 처리에서 시작해 알파 신호 생성, 포트폴리오 최적화 및 백테스팅, 나아가서는 인과성과 해석성에 이르기까지 머신러닝에 기반한 팩터 투자를 하기 위해 필요한 모든 재료를 다루며, 이것들을 보다 거시적인 관점에서 조망한다. 다시 말해, 금융 머신러닝을 배우고자 하는 이들에게 어떤 단계에서 어떤 적절한 절차를 따라야 하는가를 일목요연하게 정리해놓은 한 권의 실무 매뉴얼이다.

더불어 각 장별로 각각의 모델을 실제로 구현해볼 수 있는 파이썬 코드들이 수록돼 있으며 이를 바탕으로 한 연습 문제들이 있다. 이러한 파이썬 실습은 독자들이 파이썬 코드를 직접 구현해보면서 머릿속으로만 이해했던 추상적인 모델들을 보다 직관적으로 이해하고 받아들일 수 있도록 돕는다. 이처럼 이론적 지식과 실무적 응용 사이의 갭을 효과적으로 메우고 있으며, 독자들이 머신러닝 기법을 팩터 투자에 적용할 때 필요한 견고한 사고 체계의 틀을 제시한다.

| 서문 |

머신러닝ML, Machine Learning은 계량 금융과 알고리듬 트레이딩 분야의 형태를 점진적으로 바꿔나가고 있다. 헤지 펀드hedge fund와 자산 관리자들은 점점 더 많은 머신러닝 도구들을 채택하고 있으며, 특히 이러한 도구들은 알파 신호 생성과 주식 선택 분야에서 두각을 나타내고 있다. 하지만 머신러닝이라는 주제의 기술적 복잡성은 사실 비전문가들이 뛰어들기에는 다소 어렵게 한다. 특히 이 분야에서 사용되는 각종 용어 그리고 코딩이라는 요구 사항은 비전문가들의 이해를 더욱 힘들게 만든다. 이 책은 이러한 격차를 줄이는 데 도움이 된다. 또한 기업 특성을 재료로 하는 현대적인 머신러닝 기반 투자 전략에 대한 종합적인 여정을 제공한다.

경제학적 근거에서부터 엄격한 포트폴리오 백테스팅back-testing, 데이터 전처리, 모델 해석성에 이르기까지 이 책은 실로 다양한 주제를 다룬다. 스타일 투자의 맥락에 입각해 트리 모델tree model과 인공 신경망 같은 일반적인 지도 학습supervised learning 알고리듬을 설명하고, 또한 오토인코더autoencoder 자산 수익률, 베이지안Bayesian 가법성 트리 모델, 인과 모델 등의 더 복잡한 기법들까지도 깊게 파고든다.

이 책의 모든 주제는 관련된 파이썬Python 코드 예제 및 스니펫snippet을 수록하고 있으며, 해당 코드는 90개 이상의 예측 변수를 포함하는 대규모 공개 데이터셋에 적용이 가능하다. 또한, 모든 내용과 관련 자료는 온라인에도 게재돼 있어 편리하게 책에 수록된 예제를 재현해보고 개선할 수 있다. 만약 계량 금융에 대한 기본적인 지식이 있다면, 이러한 이론적 개념과 실용적 예시의 결합을 통해 빠르게 학습하고 금융과 기술에 대한 전문성의 깊이를 더할 수 있다.

| 감사의 글 |

이 책의 핵심은 저자 중 한 명이 2019년 봄에 EM리옹 경영대학과 임페리얼 칼리지 비즈니스 스쿨Imperial College Business School에서 재무학 석사 과정 학생들을 대상으로 한 일련의 강의를 하기 위해 준비한 부분이다. 유익한 질문을 던져 책의 내용을 개선하는 데 기여한 학생들에게 감사드린다.

내용을 철저하게 감수해준 버트런드 태빈Bertrand Tavin과 고티어 마티Gautier Marti에게 감사드린다. 또한, 친절한 리뷰를 보내준 에릭 안드레Eric André, 오렐리 브로사드Aurélie Brossard, 알반 커즌Alban Cousin, 프레데릭 기로드Frédérique Girod, 필립 휴버Philippe Huber, 장 미셸 매소Jean-Michel Maeso, 하비에르 노갈레즈Javier Nogales, 웹 출간에 도움을 준 크리스토퍼 드비오Christophe Dervieux, 초기 피드백을 보내주신 미슬라프 사고박Mislav Sagovac와 부 트란Vu Tran, 이 책을 가능케 해준 라라 슈피커Lara Spieker와 존 킴멜John Kimmel, 주제와 상관없이 항상 도움을 주신 조나단 레겐스타인Jonathan Regenstein에게도 감사의 마음을 전한다. 마지막으로, 원작 편집자 존John이 수집한 익명의 리뷰들에도 감사를 전한다.

| 차례 |

1부 — 소개

1장 　표기법과 데이터　31

2장 　개요　39

2부 — 지도 학습 알고리듬

5장 페널티 회귀와 최소 분산 포트폴리오를 위한 희소 헤징   111

3부 — 예측에서 포트폴리오로

10장 검증 및 튜닝   233

4부 — 추가적인 중요 주제들

기업 특성[firm characteristics]에 기반해 **주식 투자 전략**[investment strategy]에 적용 가능한 몇 가지 고급 모델링 기법을 다루기 위해 쓰인 책이다. 이 책의 내용은 크게 세 부분으로 나뉜다. 첫째, 주식 자산 배분에 사용되는 대부분의 주류 머신러닝 알고리듬의 이면에 있는 아이디어를 간단하게 설명하고자 한다. 둘째, 좀 더 깊이 들어가고자 하는 독자를 위해 다양한 학술 참고 문헌을 언급한다. 마지막으로, **재생산성**[reproducibility]를 높이기 위해 실습용 **파이썬** 코드 샘플을 제공한다. 이는 우리가 제공하는 실제 데이터셋에 그 개념과 도구를 어떻게 적용할 수 있는가를 보여준다.

이 책에서 다루지 않는 내용

머신러닝 도구와 팩터[factor] 투자에서의 그 응용에 대해 다룬다. 팩터 투자는 자산 배분, 퀀트 트레이딩[quant trading], 자산 관리를 포괄하는 어떤 큰 분야의 하위 분야다. 팩터 투자의 전제는 기업 수익률의 차이를 해당 기업의 특성으로 설명할 수 있다는 것이다. 따라서 팩터 투자는 마코위츠[Markowitz](1952)의 고전 포트폴리오 이론이나 고빈도 매매처럼 가격과 거래량 데이터에만 의존하는 전통적 분석으로부터 벗어난다. 금융 분야의 머신러닝에 대한 일반적이고 광범위한 내용은 딕슨 외[Dixon et al.](2020)를 참고하라.

우리가 논의할 주제들은 이 책에서는 다루지 않을 다른 주제들과도 관련이 있다. 이러한 주제들에는 다음과 같은 것들이 포함된다.

- **사기 탐지**[fraud detection] 혹은 **신용 평가**[credit scoring]와 같은 **다른 금융 분야**에서의 머신러닝 적용: 일반적 목적의 사기 탐지에 대해서는 은가이 외[Ngai et al.](2011), 바센스 외

Baesens et al.(2015)를, 신용 카드에 대해서는 바타차야 외[Bhattacharyya et al.](2011)를, 그리고 사기성 금융 보고에 대한 연구는 라비산카 외[Ravisankar et al.](2011)와 아바시 외[Abbasi et al.](2012)를 참고하라. 신용 평가에 관해서는 왕 외[Wang et al.](2011)와 브라운[Brown]과 무에스[Mues](2012)가 방법론에 대한 개요 및 몇 가지 실증적 결과를 제공한다. 또한, 우리는 더 높은 빈도(일별 혹은 일중)로 샘플링된 데이터(시장 미시 구조, 호가창)에 대한 머신러닝 알고리듬은 다루지 않는다. 이 주제에 대한 좋은 입문서로는 케언스[Kearns]와 네브미바카[Nevmyvaka](2013), 시리그나노[Sirignano]와 콘트[Cont](2019)의 최근 논문이 있다.

- 매출, 수익 보고서, 궁극적으로 미래 수익률을 예측하기 위해 소셜 미디어, 위성 이미지 혹은 신용카드 사용 내역으로부터의 텍스트 데이터를 활용하는 방법을 보여주는 **대체 데이터의 사용 사례들**[use cases of alternative datasets]: 이 주제에 대한 문헌은 계속해서 등장하고 있고(예를 들어, 블랭크 외[Blank et al.](2019), 자[Jha](2019), 케 외[Ke et al.](2019) 참고), 가까운 미래에 꽃피울 가능성이 높다.

- 머신러닝 도구의 **기술적 세부 사항**[technical details]: 여기서는 (우리가 중요하다고 생각하는) 일부 접근법의 구체적 내용에 대한 인사이트를 제공하지만, 이 책의 목적은 통계적 학습에 대한 참고 매뉴얼의 역할을 하는 것이 아니다. 이 주제와 관련된 일반적인 내용은 하스티 외[Hastie et al.](2009), 코르누에졸 외[Cornuejols et al.](2018)(프랑스어 저술), 제임스 외[James et al.](2013), 모리 외[Mohri et al.](2018)를 참고하라.[1] 또한, 신경망에 관한 탄탄한 구성을 가진 논문으로는 두[Du]와 스와미[Swamy](2013), 굿펠로 외[Goodfellow et al.](2016)가 있고, 서튼[Sutton]과 바토[Barto](2018)는 강화학습[RL, Reinforcement Learning]에 대한 독립적이고 포괄적인 여정을 제공한다.

- 마지막으로, 이 책에서는 **자연어 처리**[NLP, Natural Language Processing]를 다루지 않는다. 이 자연어 처리는 투자 의사결정으로 이어질 수 있는 감성을 평가하는 데 사용될 수 있다. 하지만 이는 최근 유행하고 있는 주제이며, 이 주제에 대한 최근의 연구 발전은 로흐런[Loughran]과 맥도널드[McDonald](2016), 콩 외[Cong et al.](2019a), 콩 외(2019b), 겐츠코프[Gentzkow](2019)를 참고하라.

---

1 온라인 자료에 대한 리스트는 큐레이션 페이지(https://github.com/josephmisiti/awesome-machine-learning/blob/master/books.md)를 참고하라.

이 책의 대상 독자

이 책은 두 가지 부류의 독자를 대상으로 한다. 첫째, 투자 및 자산 운용을 목표로 계량 금융을 공부하고자 하는 **대학원생**이다. 두 번째 대상은 머신러닝에 기반한 자산배분 방법으로 피벗^{pivot}하거나 단순히 이러한 새로운 도구에 관심이 있으면서 자신의 역량을 업그레이드하고자 하는 **자산 운용 업계의 전문가**다. 또한 최근 자산 가격 결정 문제와 자산 운용에 적용 가능한 머신러닝 알고리듬에 대한 광범위한 참고 자료가 필요한 학자나 연구자에게도 도움을 줄 수 있다. 대부분 일반적인 방법을 다루고 있지만 인과 그래프(14장), 베이지안 가법성 트리(9장), 하이브리드 오토인코더(7장)와 같은 좀 더 이색적인 모델을 구현하는 방법도 보여준다.

이 책은 **대수학**^{algebra}(행렬 조작), **해석학**^{analysis}(함수 미분, 그래디언트), **최적화**^{optimization}(1계 및 2계 조건, 이중 형태), **통계학**^{statistics}(분포, 적률, 검정, 최우도 같은 간단한 추정 방법)에 대한 기본 지식이 있는 독자를 대상으로 한다. 최소한의 **금융 도메인 지식**도 필요하다. 주식과 회계 수치(예를 들어, 장부가)와 같은 간단한 개념은 따로 정의하지 않는다.

이 책에서 다루는 내용

1부에서는 준비 자료를 수집하고 표기법과 데이터 표현(1장)으로 시작해 개요(2장)를 소개한다. 3장에서는 팩터 투자의 (이론적이고 실증적인) 경제학적 기초를 개괄하고 관련된 최근 문헌을 간략히 요약한다. 4장에서는 데이터 준비를 설명한다. 기본적인 팁을 빠르게 리뷰하고 몇 가지 주요 이슈에 대해 경고한다.

2부에서는 지도 학습의 예측 알고리듬을 다룬다. 이러한 알고리듬은 수익률, 변동성, 샤프^{Sharpe} 비율 등 금융 수치를 예측하는 데 사용되는 가장 일반적인 도구다. 페널티가 적용된 회귀(5장)부터 트리 기법(6장), 신경망(7장), 서포트 벡터 머신(8장), 베이지안 접근법(9장)까지를 아우르는 다양한 알고리듬을 알아본다.

3부에서는 이러한 도구와 금융 응용 분야 간의 간극을 해소한다. 10장에서는 앞서 정의한 머신러닝 엔진을 평가하고 개선하는 방법을 자세히 알아본다. 11장에서는 모델을 결합하는 방법과 그것이 종종 좋은 생각이 아닐 수도 있는 이유를 설명한다. 마지막으로, 가장 중요한 장 중 하나인 12장에서는 포트폴리오 백테스팅의 중요한 단계들을 검토하고 이 단계에서 자주 발생하는 실수에 대해 언급한다.

4부에서는 머신러닝과 관련된 다양한 고급 주제를 보다 구체적으로 다룬다. 첫 번째 주제는 **해석 가능성**interpretability이다. 머신러닝 모델은 종종 블랙박스로 간주되며, 이는 신뢰 문제를 야기한다. 머신러닝 기반 예측을 어떻게 신뢰할 수 있으며 왜 신뢰해야 할까? 13장에서는 내부에서 무슨 일이 일어나고 있는지 이해하는 데 도움이 되는 방법을 제시한다. 14장에서는 상관관계보다 훨씬 더 강력한 개념이자 최근 인공지능AI, Artificial Intelligence 분야에서 많은 논의의 핵심이 되는 **인과성**causality에 초점을 맞춘다. 대부분의 머신러닝 도구는 상관관계 같은 패턴에 의존하는데, 인과성과 관련된 기술의 이점을 강조하는 것이 중요하다. 마지막으로, 15장과 16장에서는 지도 학습이 아닌 다른 학습 방식에 대해 다룬다. 지도 학습이 아닌 다른 학습 방식은 유용할 수 있지만, 이것을 금융 분야에 적용할 때는 현명하고 신중하게 접근해야 한다.

관련 웹 사이트

이 책 내용의 전부는 다음 사이트(http://www.pymlfactor.com)에서 확인이 가능하다. 중요한 점은 책의 내용뿐만 아니라 각 장에서 사용한 데이터와 코드도 접근할 수 있다는 것이다. 이 데이터와 코드는 다음 사이트(https://github.com/shokru)에서 찾을 수 있다. 이 책의 온라인 버전은 인쇄본 출간 이후에 업데이트될 예정이다.

동일한 파일을 에이콘출판사 도서정보 페이지(http://www.acornpub.co.kr/book/factor-investing-python)에서 다운로드할 수 있다.

코딩을 위한 지침

금융 예측 및 포트폴리오 선택에서 머신러닝 응용에 관한 대규모 튜토리얼을 제안하는 것이 이 책의 목적 중 하나다. 따라서 한 가지 키워드는 바로 **재생산성**reproducibility이다. 결과를 재현해보기 위해서는(일부 학습 알고리듬에는 무작위성이 있을 수 있음) 컴퓨터에 파이썬과 아나콘다의 최신 버전이 설치돼 있어야 한다.

우리가 사용할 패키지 리스트는 다음과 같이 표 0.1에서 확인할 수 있다.

표 0.1 책에서 사용하는 모든 패키지 리스트

패키지	목적	사용하는 장
pandas	다중 목적	거의 모든 장
urllib.request	url에서 데이터 받기	3
statsmodels	통계적 회귀	3, 4, 14, 15, 16
numpy	다중 목적	거의 모든 장
matplotlib	시각화	거의 모든 장
seaborn	시각화	4, 6, 15
IPython.display	표 시각화	4
sklearn	머신러닝	5, 6, 7, 8, 9, 10, 11, 15
xgboost	머신러닝	6, 10, 12
tensorflow	머신러닝	7, 11
plot_keras_history	시각화	7, 11
xbart	베이지안 트리	9
skopt	베이지안 최적화	10
cvxopt	최적화	11
datetime	날짜 함수	12
itertools	반복 유틸리티	12
scipy	최적화	12
random	통계	13
collections	유틸리티	13
lime	해석성	13
shap	해석성	13
dalex	해석성	13
causalimpact	인과성	14
cdt	인과성	14
networks	그래프와 인과성	14
icpy	인과성	14
pca	pca 시각화	15

가능한 한 짧은 코드 덩어리를 만들고 필요하다고 생각할 때마다 각 줄에 주석을 달았다. 주석은 행 끝에 표시되며 그 앞에는 해시태그(#)가 붙는다.

이 책은 매우 큰 용량의 주피터 노트북으로 제작했기 때문에 결과가 코드 덩어리 바로 밑에 표시되는 경우가 종종 있다. 그 결과는 그래프 혹은 표가 될 수 있다. 때로는 단순한 숫자로 돼 있고 그 앞에 해시태그 2개(##)가 붙기도 한다. 다음 예시는 이러한 형식을 보여준다.

```
1+2 # 예시
3
# 3
```

이 책은 매우 큰 튜토리얼로 볼 수 있다. 따라서 대부분의 코드 덩어리는 이전에 정의한 변수에 의존한다. 온라인 코드를 통해 코드의 일부를 복사할 때는 **개발 환경이 모든 관련 변수를 포함하고 있는지 확인하라.** 한 가지 좋은 습관은 항상 1장의 모든 코드 덩어리를 실행하는 것에서부터 시작하는 것이다. 예제에서는 해당 장에서 생성한 변수를 사용하는 경우가 많다.

향후 개선 사항

머신러닝과 팩터 투자는 방대한 연구 영역이며, 두 영역이 겹치는 부분도 상당히 많거니와 빠른 속도로 발전하고 있다. 이 책의 내용은 항상 탄탄한 배경이 되겠지만 자연스럽게 구식이 될 수밖에 없다. 또한, 구성상 일부 하위 주제와 많은 참고 문헌이 우리의 면밀한 검토에서 제외됐을 수도 있다. 우리의 의도는 책의 내용을 점진적으로 개선하는 동시에 이를 진행 중인 최신 연구로 업데이트하는 것이다. 이 책의 내용을 수정하거나 업데이트하는 데 도움이 되는 의견을 보내주면 감사하겠다. 이 책의 웹 사이트(https://github.com/shokru)에서 풀 리퀘스트pull request를 통해 직접 피드백을 보내주면 감사하겠다.

한국어판의 정오표는 에이콘출판사의 도서정보 페이지(http://www.acornpub.co.kr/book/factor-investing-python)에서 확인할 수 있다.

한국어판에 관해 질문이 있다면 에이콘출판사 편집 팀(editor@acornpub.co.kr)이나 옮긴이의 이메일로 연락주길 바란다.

1부

소개

01

표기법과 데이터

1.1 표기법

1.1절에서는 이 책 전반에 걸쳐 사용될 공식적인 수학적 표기 관행에 대해 설명한다.

굵은 글씨는 벡터^{vector}와 행렬^{matrix}을 나타낸다. 또한, 행렬은 대문자, 벡터는 소문자를 사용한다. $\mathbf{v}'$와 $\mathbf{M}'$은 각각 벡터 $\mathbf{v}$와 행렬 $\mathbf{M}$의 전치 행렬이다. 행렬 $\mathbf{M}$은 $\mathbf{M} = [m]_{i,j}$라고 표기할 수 있으며, 여기서 i와 j는 각각 행 번호와 열 번호를 의미한다.

이 책에서는 두 가지 표기법을 병행해 사용한다. 첫번째 방법은 순수하게 머신러닝적인 표기법이며, 여기서 **레이블**^{label}(출력 변수^{output}, 종속^{dependent} 변수, 예측된^{predicted} 변수라고도 불림) $\mathbf{y} = y_i$는 특성 $\mathbf{X}_i = (x_{i,1}, \ldots, x_{i,K})$의 함수로 근사화된다. 이 특성 행렬 $\mathbf{X}$의 차원은 $I \times K$다. 여기에는 I개의 **인스턴스**^{instance}, **레코드**^{record} 혹은 **관측치**^{observation}가 있고, 각각은 K개의 **속성**^{attribute}, **특성**^{feature}, **입력 변수**^{input} 혹은 **예측 인자**^{predictor}를 지니며, 이는 **독립적**^{independent}이면서 **설명력**^{explanatory}이 있는 변수들이다(여기 있는 모든 용어들은 서로 호환 가능하다). 때로는 표기를 쉽게 하기 위해 행렬 $\mathbf{X}$ 중 어떤 하나의 인스턴스(행 하나)를 $\mathbf{x}_i$로, 하나의 열 벡터(1개의 특성)는 $\mathbf{x}_k$로 표기할 것이다.

두 번째 표기법 유형은 금융과 관련이 있으며, 이는 첫 번째 표기법과 직접적으로 연결된다. 종종 가격 데이터로부터 계산된 이산 수익률 $r_{t,n} = p_{t,n}/p_{t-1,n} - 1$을 사용할 것이다. t는 시간에 대한 인덱스이며, n은 자산에 대한 인덱스다. 달리 명시하지 않는 한, 이 수익률은 항상 단일 기간에 대한 수익률이며, 이 기간은 한 달이 될 수도 혹은 1년이 될 수도 있다. 만약 혼동이 발생할 수 있는 경우에는 이 수익률에 대해 구체적으로 명시했다.

위 표기법의 연장선상에서 대문자 T는 전체 수익률 데이터의 기간을 의미하며, 대문자 N은 전체 자산의 개수를 의미한다. 또한, 자산의 특성은 $x_{t,n}^{(k)}$로 표기한다. 이는 시간 t시점에서 n번째 자산의 k번째 특성을 뜻한다. 벡터 $\mathbf{x}_{t,n}$은 t시점에서 자산 n이 갖고 있는 특성 벡터를 의미한다. 더불어 벡터 $\mathbf{r}_t$는 시간 t시점에서의 모든 자산의 수익률을 나타내고, 벡터 $\mathbf{r}_n$은 n번째 자산의 모든 시점에서의 수익률 데이터를 의미한다. 수익률 데이터는 종종 종속 변수 혹은 (머신러닝 용어로는) 레이블의 역할을 한다. 무위험 자산에 대해서는 $r_{t,f}$와 같이 표기한다.

앞서 언급한 두 가지 표기법 간의 연결 고리는 대부분의 경우 다음과 같다. 어떤 단일한 **인스턴스**instance(혹은 관측치) i는 특정 날짜와 특정 기업이라는 하나의 쌍 $(t,\ n)$으로 구성돼 있다 (만약 이 데이터셋이 어떠한 결측치도 없이 완벽한 직사각형 구조를 이루고 있다면 이 경우 전체 행렬 I는 $T \times N$차원의 행렬이 될 것이다). 일반적으로 레이블은 미래 시점에 계산된 기업의 성과를 측정하는 지표이며, 특성들은 시간 t 시점에서 기업이 갖고 있는 속성들로 구성돼 있다. 따라서 팩터 투자에서 머신러닝 엔진의 목적은 시간 t 시점에서의 기업 특성들과 그들의 미래 성과를 매핑mapping하는 어떤 모델을 결정하는 것이다.

표준적인 행렬의 용어로서 행렬 $\mathbf{I}_N$은 $(N \times N)$차원의 단위 행렬을 의미한다.

확률론적 내용을 다루기 위해 이 책에서는 $\mathbb{E}[\cdot]$라는 기댓값 연산자와 $\mathbb{E}_t[\cdot]$라는 조건부 기댓값 연산자를 사용할 것이며, 이에 상응하는 여과filtration $\mathcal{F}_t$는 시간 t 시점까지 누적된 모든 가용 정보를 뜻한다.

다시 말해, $\mathbb{E}_t[\cdot] = \mathbb{E}[\cdot | \mathcal{F}_t]$다. $\mathbb{V}[\cdot]$는 분산을 계산하기 위한 연산자다. 맥락에 따라 확률은 단순히 P라고 적을 수도 있지만, 때때로 이 확률은 $\mathbb{P}$라는 표기법으로 쓰기도 할 것이다. 확률 밀도 함수PDF, Probability Density Function는 소문자 f를 사용해 표기하며, 누적 밀도 함수CDF, Cumulative Density Function는 대문자 F를 사용한다. $X \overset{d}{=} Y$라는 것은 어떤 두 분포 X와 Y가 같다는 의미이며, 이때 어떤 변수 z에 대해 $F_X(z) = F_Y(z)$가 성립한다. 또한, 어떤 확률 과정 X_t에 대해 만약 시점에 상관없이 X_t의 법칙이 일정하다면, 즉 $X_t \overset{d}{=} X_s$라면 이 확률 과정은 **정상성**stationary을 띤다고 말할 수 있다. 여기서 $\overset{d}{=}$는 분포가 동일하다는 것을 의미한다.

점근적^{asymptotic} 현상을 설명하기 위해 때로는 랜도^{Landau} 표기법인 $o(\cdot)$와 $O(\cdot)$를 사용한다. 기호 $\propto$는 비례 관계를 나타내며, $x \propto y$는 x가 y와 정비례한다는 것을 의미한다. 도함수와 관련해 표준 기호인 $\frac{\partial}{\partial x}$는 x에 대한 미분을 의미한다. 모든 변수에 대한 도함수를 계산하는 경우 기울기 벡터의 기호인 ∇를 사용한다.

방정식에서의 좌변과 우변은 각각 단순히 l.h.s.와 r.h.s.로 표기할 수 있다.

마지막으로, 함수로 넘어가보자. 이 책에서는 몇 가지 함수가 등장하는데, 각각은 다음과 같다.

- $1_{\{x\}}$는 조건 x에 따른 지시 함수$^{indicator\ function}$이며, 이는 x가 참인 경우 1을, 그렇지 않은 경우 0을 산출한다.
- $\phi(\cdot)$와 $\Phi(\cdot)$는 각각 표준 가우시안 분포의 확률 밀도 함수와 누적 밀도 함수다.
- $\text{card}(\cdot) = \#(\cdot)$은 주어진 집합을 인자로 받아 원소의 개수를 세어 반환하는 기수 함수다.
- $\lfloor \cdot \rfloor$는 숫자의 정수 부분만을 반환하는 함수다.
- 실수 x에 대해 $[x]^+$는 x의 양수 부분만을 반환하는 함수이며, 이는 $\max(0, x)$와 같다.
- $\tanh(\cdot)$ 함수는 쌍곡 탄젠트이며, 이는 $\tanh(x) = \frac{e^x - e^{-x}}{e^x + e^{-x}}$이다.
- $\text{ReLu}(\cdot)$는 정류 선형 유닛$^{rectified\ linear\ unit}$이며, $\text{ReLu}(x) = \max(0, x)$다.
- $s(\cdot)$는 소프트맥스^{softmax} 함수이며, $s(\mathbf{x}) = \frac{e^{x_i}}{\sum_{j=1}^{J} e^{x_j}}$과 같이 나타낼 수 있고, 아래첨자 i는 벡터의 i번째 원소다.

1.2 데이터셋

재생산성^{reproducibility}을 위해 이 책에서는 다음의 링크(https://github.com/shokru/mlfactor.github.io/tree/master/material)에서 구할 수 있는 단 하나의 금융 데이터셋만을 사용해 파이썬 구현에 대한 예제를 제시한다. 이 데이터셋은 미국에 상장된 1,207개 종목에 대한 정보들로 구성돼 있다(일부는 캐나다 혹은 멕시코로부터 나왔을 가능성도 있다). 이 데이터셋의 전체 기간은 1998년 11월부터 2019년 3월까지다. 각 시점에 대해 총 93개의 **특성**^{characteristic}이 표본에 포함된 기업들을 설명하고 있다. 이러한 속성들은 여러 방면의 주제들을 커버하고 있으며, 대표적으로는 **밸류에이션**^{valuation}(이익 수익률, 회계적 지표), **수익성**^{profitability}과 **퀄리티**^{ROE,}

Return On Equity, **모멘텀**momentum과 **기술적 분석**(과거 수익률, 상대 강도 지수), **리스크**risk(변동성), **추정치**estimate(EPS, Earnings Per Share), **거래량**volume과 **유동성**liquidity(주식 거래 회전율) 등을 포함한다.

이 샘플 데이터셋은 완벽하게 직사각형 구조는 아니다. 여기에 결측치는 없으나, 몇몇 기업과 그들을 설명하는 속성값들은 전 기간에 걸쳐 골고루 분포돼 있지는 않다. 이러한 상황이 백테스팅에서의 계산을 다소 힘들게 만들 수는 있지만, 사실 이는 보다 더 현실적인 일이다.

```python
import pandas as pd                       # 패키지 불러오기
data_raw=pd.read_csv('data_ml.csv')       # 데이터 불러오기
idx_date=data_raw.index[(
        data_raw['date'] > '1999-12-31') & (
        data_raw['date'] < '2019-01-01')].tolist()
# 날짜를 받기 위한 인덱스 생성
data_ml=data_raw.iloc[idx_date]
# 날짜 인덱스에 따라 데이터셋 필터링
data_ml.iloc[0:6,0:6] # 데이터프레임 예시 출력
```

	date	Advt_12M_Usd	Advt_3M_Usd	Advt_6M_Usd	Asset_Turnover
13031	2000-01-31	0.59	0.67	0.65	0.49
13032	2000-01-31	0.74	0.75	0.76	0.68
13033	2000-01-31	0.24	0.22	0.22	0.47
13034	2000-01-31	0.68	0.71	0.70	0.93
13035	2000-01-31	0.29	0.29	0.31	0.26

이 데이터셋은 99개의 열과 268,336개의 행으로 구성돼 있다. 처음 두 열은 각각 주식 식별코드와 날짜를 나타낸다. 다음 93개의 열은 전부 주식들을 설명하는 특성들이다(이에 대한 자세한 내용은 부록의 표 17.1을 참고하라). 마지막 네 열은 레이블이다. 각각의 데이터 포인트는 월 주기로 샘플링돼 있다. 실무에서는 언제나 그렇듯이 그림 1.1에서처럼 자산의 개수가 시간에 따라 변한다.

```python
import matplotlib.pyplot as plt
pd.Series(data_ml.groupby('date').size()).plot(figsize=(8,4))
# 각 날짜별 자산 개수 세기
plt.ylabel('nb_assets')
# y축 제목을 추가한 후 그래프 그리기
```

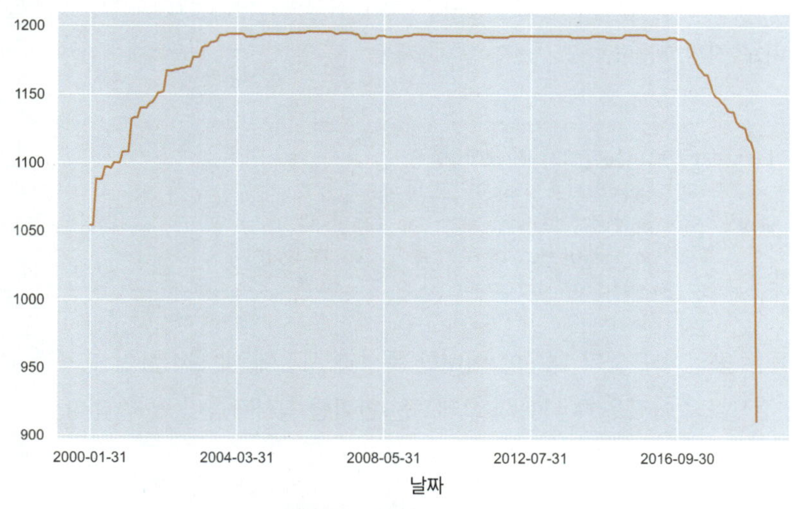

그림 1.1 시간에 따른 자산 개수 추이

이 데이터셋에는 4개의 **레이블**이 있다. 각 레이블은 R1M_Usd, R3M_Usd, R6M_Usd, R12M_Usd이며, 이는 각각 주식의 1개월, 3개월, 6개월, 12개월의 미래 수익률이다. 여기서 수익률은 **총 수익률**total return로 이는 해당 기간 동안의 잠재적 **배당금**dividend 지급액을 포함한다. 총 수익률은 가격 수익률만을 갖고 비교하는 것보다 재정적 이익을 훨씬 더 잘 나타낸다. 가격 수익률과 배당금 간의 디커플링 영향에 대한 연구는 하츠마르크Hartzmark와 솔로몬Solomon(2019)의 분석을 참고하라. 이러한 레이블 값들은 데이터셋의 마지막 네 열에 위치하고 있다. 다음의 주석 코드는 이 레이블 값들에 대한 설명 통계치다.

```
##   Label      mean      sd       min     max
## 1 R12M_Usd   0.137    0.738    -0.991    96.0
## 2 R1M_Usd    0.0127   0.176    -0.922    30.2
## 3 R3M_Usd    0.0369   0.328    -0.929    39.4
## 4 R6M_Usd    0.0723   0.527    -0.98    107.
```

향후 모델에 사용하기 위해 예측 인자들의 이름을 저장해둔다. 또한, 훨씬 더 짧은 예측 인자 목록도 따로 지정해둔다.

```python
features=list(data_ml.iloc[:,3:95].columns)
# 특성의 열 이름을 저장해놓는다(하드 코딩되어 있으니 주의할 것).
features_short  =["Div_Yld", "Eps", "Mkt_Cap_12M_Usd",
                  "Mom_11M_Usd", "Ocf", "Pb", "Vol1Y_Usd"]
```

예측 인자들은 균일화돼 있기 때문에 어떠한 특성과 시점에 대해서든 이 분포는 균일하다. 1,207개의 주식이 주어졌을 때 다음의 그래프는 완벽한 직사각형이 될 수 없다.

```python
col_feat_Div_Yld = data_ml.columns.get_loc('Div_Yld')
# 특성 Div_Yld 열의 위치 찾기
is_custom_date=data_ml['date']=='2000-02-29'
# 필터링할 부울 인덱스 생성
data_ml[is_custom_date].iloc[:,[col_feat_Div_Yld]].hist(bins=100)
# 히스토그램 사용하기
plt.ylabel('count')
```

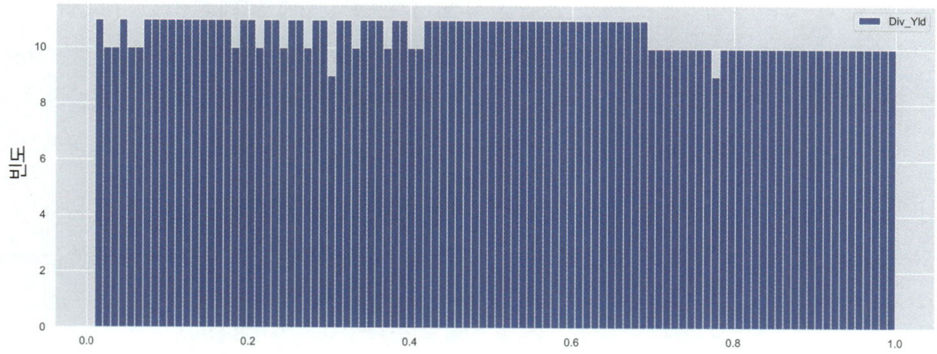

그림 1.2 2000년 2월 29일의 배당 수익률 특성 분포

데이터셋에 있는 원래의 레이블(미래 수익률)은 수치형 값이며 이는 미래의 수치를 예측하는 회귀 분석이 목적일 때 사용된다. 하지만 경우에 따라 이러한 분석의 목적이 다를 때도 있는데, 이는 가령 '매수', '유지' 혹은 '매도'와 같은 **범주**category(클래스class라고도 함)를 예측할 때이다. 이러한 분류 분석을 수행하기 위해서는 수치형 레이블이 아닌 범주형 레이블을 추가적으로 생성해야 한다.

```python
df_median=[]    # 임시 데이터프레임을 위한 빈 리스트 생성
df=[]           # 임시 데이터프레임을 위한 빈 리스트 생성
import numpy as np
df_median=data_ml[['date','R1M_Usd','R12M_Usd']].groupby(
    ['date']).median()   # 각 날짜별로 2개의 레이블에 대한 중간값 계산
df_median.rename(
    columns={"R1M_Usd": "R1M_Usd_median",
             "R12M_Usd": "R12M_Usd_median"},inplace=True)
df = pd.merge(data_ml,df_median,how='left', on=['date'])
# 데이터프레임 합치기
data_ml['R1M_Usd_C'] = np.where( # 범주형 레이블 생성
    df['R1M_Usd'] > df['R1M_Usd_median'], 1.0, 0.0)
data_ml['R12M_Usd_C'] = np.where( # 범주형 레이블 생성
    df['R12M_Usd'] > df['R12M_Usd_median'], 1.0, 0.0)
```

위에서 구현한 새로운 레이블은 이진 변수이며, 만약 원래 수익률이 해당 기간의 중위값보다 크다면 1(참)이 되고 그렇지 않으면 0(거짓)이 된다. 따라서 각 시점에서 표본의 절반은 0, 나머지 절반은 1의 레이블을 갖게 된다. 즉, 이는 어떤 주식은 상대적으로 좋은 성과를 보이는 반면, 다른 주식은 나쁜 성과를 보인다는 것을 뜻한다.

머신러닝에서는 데이터셋의 한 부분(훈련셋 training set)에서 모델을 추정하고 다른 부분(테스트셋 testing set)에서 테스트해 모델의 품질을 평가한다. 여기서도 이에 따라 데이터셋 표본을 분리한다.

```python
separation_date = "2014-01-15"
idx_train=data_ml.index[(data_ml['date']<separation_date)].tolist()
idx_test=data_ml.index[(data_ml['date']>=separation_date)].tolist()
```

또한, 자산 식별 코드 및 수익률 데이터프레임 같은 몇 가지 주요 변수를 따로 메모리에 보관한다. 특히 후자의 계산을 간단하게 하기 위해 여기서는 투자 유니버스를 축소해 데이터 포인트가 최대로 있는 종목들만을 유지한다.

```python
stock_ids_short=[]          # 임시 데이터프레임을 위한 빈 리스트 생성
stock_days=[]               # 임시 데이터프레임을 위한 빈 리스트 생성
stock_ids=data_ml['stock_id'].unique()  # 모든 stock_ids의 리스트
stock_days=data_ml[['date','stock_id']].groupby(
    ['stock_id']).count().reset_index()  #  각 주식별 데이터 포인트 개수 세기
stock_ids_short=stock_days.loc[
    stock_days['date'] == (stock_days['date'].max())]
# 데이터가 전부 있는 주식을
stock_ids_short=stock_ids_short['stock_id'].unique()
# 리스트로 변환
is_stock_ids_short=data_ml['stock_id'].isin(stock_ids_short)
returns=data_ml[is_stock_ids_short].pivot(
    index='date',columns='stock_id',values='R1M_Usd')  # 수익률 행렬
```

02

개요

결론은 종종 시작과 공명한다. 그렇기에 2장은 사실 이 책의 저술 과정 중 가장 마지막에 완성됐다. 2장은 어떻게 보면 이후 다룰 기술적인 세부 사항들의 전체 합보다 훨씬 더 중요할 수도 있는 원칙들과 아이디어를 조망한다. 책을 읽다보면 어느 순간 다소 실망스러운 결과에 직면할 수도 있다. 우리는 그럴 때마다 알고리듬에서 한 발짝 물러나서 다시 이 부분으로 돌아와, 예측 모델링 문제에 대한 더 넓은 시야를 확보할 것을 제안한다.

2.1 이 책의 맥락

팩터 투자에서 머신러닝이 꽃을 피울 수 있었던 것은 데이터 가용성, 계산 능력, 경제학적 기반이라는 세 가지 유리한 발전이 합쳐진 결과다.

첫 번째는 **데이터**data다. 오늘날 틈새 시장의 플레이어와 데이터 집계 플랫폼은 블룸버그나 로이터 같은 전통적인 데이터 제공업체들의 영역을 침범하고 있다.[1] 또한, 고빈도 데이터와 여기서 파생된 호가 데이터는 주류가 됐다. 이에 따라 기업 관련 속성 데이터들은 컴파일

---

1 대체 데이터 제공업체 리스트에 대해서는 다음 사이트(https://alternativedata.org/data-providers/)를 참고하라. 또한, 2018년 12월에 나스닥(Nasdaq)이 인수한 대체 데이터 허브인 퀀들(Quandl)도 있다. 이처럼 대형 플레이어들이 신규 플레이어를 인수함에 따라, 이 시장은 통합될 수 있다.

하기 쉬워졌으며 저렴해졌다. 이는 수식 (2.1)에 있는 $\mathbf{X}$의 크기가 이제 머신러닝 알고리듬에 꽂아넣을 수 있을 만큼 충분히 커졌다는 것을 의미한다. 2019년 기준으로 이 데이터셋의 크기는 다음과 같다. 이 데이터셋은 (최소한 미국에 상장된) 수천 개의 주식들에 대한 몇백 개의 월별 관측치를 포함하며, 또한 이 주식을 설명할 수 있는 몇백 개의 기업 특성 데이터가 있다. 이를 전부 합치면 수백만 개의 데이터 포인트를 가진 데이터셋이 완성된다. 물론 이 데이터셋은 그 크기가 매우 크다고 할 수 있지만, 회계 수치가 분기별로 발표된다는 점을 감안하면 이 데이터셋의 시간적 깊이는 약점이라고 할 수 있으며, 이러한 약점은 앞으로 수십 년이 지나도 그대로일 것이다. 물론 고빈도 전략은 이러한 약점으로부터 자유롭다.

둘째는 하드웨어와 소프트웨어를 통한 **연산 능력**computational power이다. 데이터 저장과 처리 속도는 이제 더 이상 기술적 장애물이 아니며, 주요 업체들(아마존, 마이크로소프트, IBM, 구글)과 소규모 업체들(랙스페이스Rackspace, 테킬라Techila)이 호스팅하는 서비스 덕분에 클라우드에서 충분히 머신러닝 모델을 돌려볼 수도 있다. 소프트웨어 측면에서 오픈소스는 이제 표준이 됐으며, 기업(구글의 텐서플로TensorFlow와 케라스Keras, 페이스북의 파이토치Pytorch, h2o 등)과 대학(INRIA의 사이킷런Scikit-Learn, 스탠퍼드Stanford의 NLPCore, 유펜UPenn의 NLTK) 및 소규모 연구 집단(caret, xgboost, tidymodels 등의 몇 가지 프레임워크)이 여기에 자금을 지원하고 있다. 따라서 머신러닝은 더 이상 소수의 전문 컴퓨터 과학자만의 영역이 아닌, 배우고 코딩하려는 의지가 있는 사람이라면 누구나 **접근할 수 있는** 분야가 됐다.

마지막은 **경제학적 프레임**economic framing이다. 금융 분야에서 머신러닝의 응용은 브라운Braun과 챈들러Chandler(1987), 화이트White(1988) 같은 컴퓨터 과학자와 정보 시스템 전문가들이 처음 도입했고, 얼마 지나지 않아 밴살Bansal과 비스와나탄Viswanathan(1993) 같은 금융 경제학의 학자들과 헤지 펀드(예를 들어, 주커먼Zuckerman(2019) 참고)가 활용하기 시작했다. 이후 비선형 관계는 자산 가격 결정에서 더욱 주류로 자리매김했다(프리먼Freeman과 츠Tse(1992), 밴살 외(1993)). 이러한 기여는 2010년대 이후 꽃을 피우기 시작한 훨씬 더 가공할 만한 접근법의 토대를 마련했고, 이 책은 책 전반에 걸쳐 이러한 여러 접근법을 언급할 것이다.

아르노트 외Arnott et al.(2019)의 종합적인 제안에 따르면 그 첫 번째 조언은 경제학적으로 타당한 모델에 의존하라는 것이다. 우리는 이러한 입장에 동의하며, 이 책에서 우리가 유일하게 가정하고 있는 것은 미래 수익률이 기업의 특성에 따라 달라진다는 것이다. 이러한 특성과 성과 사이의 관계는 잘 알려져 있지 않으며 시간 가변적일 수 있다. 이 사실이 바로 논문으로 밝혀진 자산 가격 결정 이상 현상 그 너머의 숨겨진 패턴을 발견하는 데 머신러닝이 유용하게 쓰일 수 있는 이유다. 나아가, 동적 훈련은 변화하는 시장 상황에 적응하는 것을 가능케 한다.

2.2 포트폴리오 구축: 작업의 흐름

성공적인 포트폴리오 전략을 수립하기 위해서는 여러 단계가 필요하다. 이 책은 많은 단계를 다루고 있지만 그중에서도 특히 예측 부분에 중점을 둔다. 실제로 대부분의 경우 자산 배분은 결국 베팅이기 때문에 어떤 자산이 오르고 어떤 자산이 내릴 것인지를 예측해야 한다. 이 책에서는 주로 지도 학습을 통해 횡단면 수익률을 예측한다. 지도 학습의 기본 방정식은 다음과 같다.

$$\mathbf{y} = f(\mathbf{X}) + \epsilon \tag{2.1}$$

금융 용어를 사용한다면 다음과 같이 나타낼 수 있다.

$$\mathbf{r}_{t+1,n} = f(\mathbf{x}_{t,n}) + \epsilon_{t+1,n} \tag{2.2}$$

여기서 $f(\mathbf{x}_{t,n})$은 t 시점에 계산한 $t+1$ 시점의 **기대 수익률**expected return이며, 결국 이것은 $\mathbb{E}_t[r_{t+1,n}]$이다. 이 모델은 **모든 자산에 공통적으로 적용되는 것이므로**(여기서 f는 n에 의해 인덱싱되지 않는다) 이 모델은 패널 방식과의 유사성을 공유한다.

정확한 예측을 하기 위해서는 위 방정식의 **모든** 항에 주의를 기울여야 한다. 순서대로 접근하면, 첫 번째 단계는 데이터를 수집하고 처리하는 것이다(4장 참고). 우리가 아는 한 $\mathbf{x}$와 관련한 단 하나의 일치되는 생각은, 여기서 특성이 시가 총액, 회계 비율, 위험 측정치, 모멘텀 대용치 같은 문헌에 보고된 고전적인 예측 인자를 포함해야 한다는 것이다(3장 참고). 종속 변수의 경우에는, 많은 연구자와 실무자가 월별 수익률을 사용하고 있지만, 다른 종류의 만기를 사용하는 것이 표본 외 영역에서 더 나은 성과를 낼 수도 있다.

가장 중요한 부분은 f를 선택하는 것(수학적으로 가장 정교한 부분)이라는 생각은 구미가 당기는 일이지만, 우리는 변수들, 그러니까 입력 변수를 선택하고 엔지니어링하는 것이 그에 못지않게 중요하다고 믿는다. 5장부터 9장까지는 f를 위한 일반적인 모델링의 범주들을 다룬다. 마지막으로, 우리는 오차항 $\epsilon_{t+1,n}$을 종종 간과하곤 한다. 사람들은 일반적인 2차 계획법quadratic programming이 가장 좋은 방식이라고 생각하는 경향이 있고(물론 이 방식이 가장 일반적이긴 하다), 그렇기 때문에 주된 목적은 바로 제곱 오차를 최소화하는 것이다. 하지만 사실, 다른 선택지가 더 현명한 선택이 될 수도 있다(예를 들어, 7.4.3 절을 참고하라).

그림 2.1처럼 비록 전반적인 절차가 꽤 순차적일 수는 있지만, 이 절차를 보다 **통합적으로** 바라보는 것이 훨씬 더 사리에 맞는 일이다. 모든 단계는 서로 얽혀 있고, 각 부분을 다른 부분들과 독립적으로 다뤄서는 안 된다.[2] 예측 인자 선택에서부터 알고리듬 범주 선택, 그리고 포트폴리오 가중치 기법을 선택하는 것까지, 문제를 전체적인 관점에서 바라보는 것이 필수적이다(포트폴리오 가중치 문제와 관련해서는 12장을 참고하라).

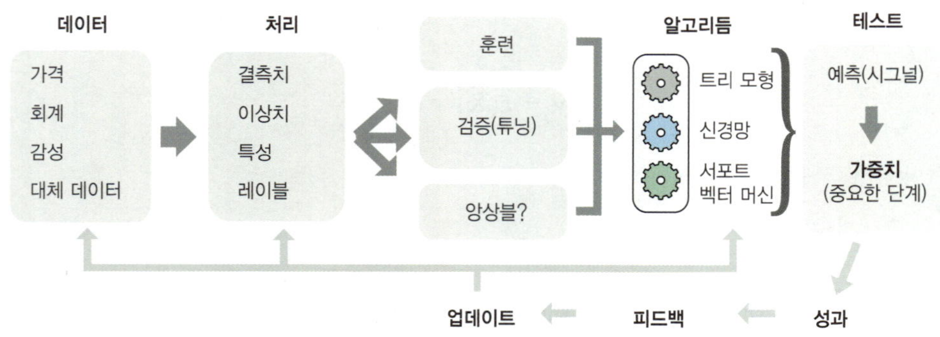

그림 2.1 머신러닝 기반 포트폴리오 구축에 대한 단순한 작업 흐름

2.3 머신러닝은 요술봉이 아니다

정의상, 예측의 저주란 **그다음**subsequent에 나올 가격 변동에 대한 패턴을 추론하기 위해 오직 **과거**past 데이터만을 사용해야 한다는 것이다. 과거가 결국엔 미래를 잘 근사할 것이라는 생각은 모든 예측자가 갖고 있는 어느 정도 명백한 희망 사항이다. 물론 두말할 필요도 없이 이러한 희망은 실현되기 힘든 소망일 뿐이며, 일반적으로 예측은 실패한다. 놀랍게도 이러한 예측의 실패는 계량경제학적 도구의 정교함과는 무관하며, 사실 휴리스틱적 추측을 이기는

---

2 물론 다른 방법도 가능하며, 이는 데 프라도(de Prado)와 파보찌(Fabozzi)(2020)가 주장한 바와 같다.

것은 종종 어렵다.

여기서 슬픈 사실을 하나 알려주자면 우리가 5장부터 7장까지 다루는 기본적인 알고리듬은 잘해봤자 그저 그런 결과만을 낳을 뿐이다. 사실 여기에는 다 이유가 있다. 그것은 바로 코드화된 함수에 데이터와 매개 변수를 맹목적으로 입력한다면 만족스러운 표본 외 정확도를 얻는 것이 거의 불가능하게 될 것임을 독자들에게 이해시키기 위함이다.

머신러닝에서 모델은 데이터의 일부분(훈련셋training set)만을 활용해 학습하고 이후 데이터의 다른 일부(테스트셋testing set)를 활용해 그 모델의 질을 평가한다. 우리는 이와 같은 방식으로 표본 데이터를 나눌 것이다.

다음은 금융 머신러닝으로의 탐험적 여정을 토대로 정리한 몇 가지 핵심 사항이다.

- 우선 **인과성**causalilty이 핵심이다. 만약 y가 기대 수익률이고, y를 설명할 수 있는 X를 찾을 수 있다면($X \rightarrow y$), 문제를 풀 수 있다. 하지만 안타깝게도 인과성은 발견하기가 매우 어렵다.
- 따라서 연구자들은 단순한 **상관관계**correlation 패턴을 찾는 데 대부분의 시간을 사용하는데, 이러한 패턴은 정보성이 덜하고 견고하지도 못하다.
- 이와 관련해 금융 데이터셋은 매우 잡음이 많다. 이 금융 데이터셋으로부터 **신호를 추출**하는 것은 매우 고된 작업이다. **무위험 차익 거래**no-arbitrage 불가 논리는 만약 어떤 단순한 패턴이 지속적인 수익을 창출한다면 이 패턴은 기계적으로 그리고 매우 빠르게 사라질 것임을 주장한다.
- 울퍼트Wolpert(1992a)의 '공짜 점심은 없다'는 정리는 애널리스트가 모델에 대한 견해를 가질 것을 주장한다. 이것이 왜 경제학적 혹은 **계량경제학적 틀**econometric framing이 중요한가에 대한 이유다. 종속 변수 및 설명력 있는 특성에 대한 가정 및 선택을 하는 일은 결정적이다. 결론적으로, 데이터가 핵심이다. 모델에 들어가는 입력 변수는 아마도 모델 그 자체를 선택하는 일보다 훨씬 더 중요한 사안이다.
- 표본 외 효율성을 극대화하기 위해 물어야 할 올바른 질문은 아마도, 제프 베조스Jeff Bezos의 표현을 빌리자면, '변하지 않을 것은 어떤 것인가?'일 것이다. 같은 성질을 지속적으로 유지하는 데이터 시리즈는 지속성 있는 패턴을 발견할 가능성이 더 높다.
- 모두가 실수를 한다. 변수를 인덱싱하거나 루프loop 문을 도는 과정에서의 오류는 여정의 일부다. 중요한 것은 그러한 실수들로부터 **배우는** 것이다.

정리하자면, 우리는 독자들에게 다음과 같은 명백한 사실을 다시금 환기시키고자 한다. 그것은 바로 그 무엇도 **연습**practice을 대체할 수 없다는 사실이다. 데이터를 수집하고 정제하고, 백테스트를 코딩하고, 머신러닝 모델을 튜닝하고, 가중치 설정 방법을 테스트하고, 디버깅하고, 모든 것을 처음부터 다시 시작하는 것, 이 모든 것은 무한히 반복해야 하는 작업들이자 절대적으로 필수불가결한 단계들이다. 경험을 대체할 수 있는 것은 없다.

03

팩터 투자와
자산 가격 결정 이상 현상

자산 가격 결정 이상 현상^{asset pricing anomalies}은 **팩터 투자**^{factor investing}의 기본 토대다. 3장의 목표는 다음과 같이 크게 두 가지다.

- 기본 팩터 모델과 일반적인 실증적 사실들(시간 가변적 성질을 지닌 수익률과 위험 프리미엄)에 대한 간단한 아이디어와 개념을 제시한다.
- 독자의 호기심을 자극하고 이를 만족시키기 위한 훨씬 더 깊이 있는 논문 목록을 제공한다.

3장의 목적은 팩터 투자와 관련된 많은 주제를 모두 다루는 것이 아니다. 그보다는 개괄적인 개요를 제공하고 핵심 주제를 다뤄 독자가 관련 참고 문헌을 스스로 찾을 수 있도록 안내하는 데 목적이 있다. 따라서 3장은 참고 문헌에 대한 짧으면서도 포괄적이지 않은 리뷰 역할을 할 수 있다. 금융에서 팩터 모델링^{factor modelling}이라는 주제는 엄청나게 방대하며, 이에 관한 논문도 상당수 존재하는 동시에 이는 또 여전히 빠르게 증가하고 있다.

동료들의 심사를 거치는 금융 논문의 세계는 크게 둘로 나뉜다. 첫 번째 종류는 **학술 저널**^{academic journal}이다. 이 저널의 논문은 대부분 교수들이 작성하며, 이 논문을 주로 읽는 독자들 또한 대부분 학자들이다. 이런 종류의 논문들은 분량이 길고 기술적인 내용들이 많다. 학술 저널의 대표적인 예로는『Journal of Finance』,『Review of Financial Studies』,『Journal of Financial Economics』가 있다. 두 번째 유형은 **실무자**practitioner를 위한 논문이다. 이런 종류의 논문은 더 짧고 읽기 쉬우며 주로 금융 전문가를 대상으로 한다. 두 가지 대표적인 예로는 『Journal of Portfolio Management』와 『Financial Analysts Journal』이 있다. 3장에서는 주로 첫 번째 유형의 저널에 게재된 논문들을 검토하고 언급할 것이다.

학술 논문 외에도 스타일 배분(이는 이론적 논문(바버리스Barberis와 슐레이퍼Shleifer(2003)) 혹은 실무 논문(애스니스 외Asness et al.(2015))에서 팩터 투자와 동의어로 사용됨)을 주제로 한 논문들은 이미 여러 편이 존재한다. 이 중 몇 가지 논문을 인용하자면 다음과 같다.

- 일마넨Ilmanen(2011): 다양한 자산군에 걸쳐 위험 프리미엄에 대한 광범위한 여정 및 여러 팩터와 기간에 걸친 설명 통계치를 제공한다.
- 앙Ang(2014): 자산 운용업에 중점을 둔 팩터 투자를 다룬다.
- 발리 외Bali et al.(2016): 통계적 분석(단변량 지표, 상관관계, 지속성 등)을 통해 횡단면적 신호를 다룬 매우 완벽한 책이다.
- 주크젠코Jurczenko(2017): 실무 전문가가 제공하는 다양한 주제(팩터 순수성, 예측 가능성, 선택 대 가중치 문제, 팩터 타이밍 등)에 대한 여정을 제공한다.

마지막으로, 팩터 투자라는 주제에 대한 몇 편의 광범위한 논문들이 있는데, 가령 고얄Goyal(2012), 카잘렛Cazalet과 롱깔리Roncalli(2014), 바즈 외Baz et al.(2015)가 바로 그런 논문들이다.

3.1 개요

팩터 투자라는 주제는 이미 수십 년이 된 학문적 주제이지만 투자의 매개체로 상장지수펀드ETF, Exchange Traded Fund가 부상하면서 동시에 주목을 받아왔고, 특히나 이 둘 모두 2010년대부터 크게 탄력을 받았다. 당연히 실용적인 금융 공학과 학술적 연구 사이의 피드백 고리는 양쪽 모두에게 상호 유익한 방식으로 자극을 줬다. 학자들은 주요 학술적 연구 결과(예를 들어, 자산 가격 결정 이상 현상)에 의존하는 반면, 실무자들은 보다 실용적인 주제(예를 들어, 팩터 노출 혹은 거래 비용)를 더 깊이 파고든다. 최근 연구자들은 팩터 지수가 금융 시장에 미치는 영향을 정량화하고 검증하려는 시도를 하고 있다. 예를 들어, 크르코스카Krkoska와 셴크-홉Schenk-Hoppé(2019)은 군집 행동을 분석했고, 콩과 수Xu(2019)는 합성 증권의 도입이 변동성과 자산 간 상관관계를 증가시킨다는 사실을 보였다.

팩터 모델의 핵심 목표는 **자산 가격의 동인**driver of asset price을 이해하는 것이다. 대체로 팩터 투자의 논리는 기업의 재무 성과가 팩터에 의존한다는 것이다. 이 팩터는 잠재적이면서 관찰 불가능하거나 혹은 회계 비율 같은 내재적 특성과 관련돼 있다. 실제로 콕레인Cochrane(2011)이 제기한 것처럼 첫 번째 핵심 질문은 바로 '과연 어떤 특성이 평균 수익률에 대한 독립적인 정보를 실질적으로 제공하는가?' 하는 것이다. 이 질문에 답하는 것은 횡단면 수익률을 이해하는 데 도움이 되며, 나아가 미래 수익률을 예측하는 문을 열 수도 있다.

이론적으로 선형 팩터 모델은 자산 n의 수익률을 기저에 존재하는 팩터들 f_k의 선형 결합으로 모델링할 수 있다고 가정한 로스Ross(1976)의 차익 거래 가격 결정 이론APT, Arbitrage Pricing Theory의 특수한 경우로 볼 수 있다.

$$r_{t,n} = \alpha_n + \sum_{k=1}^{K} \beta_{n,k} f_{t,k} + \epsilon_{t,n} \tag{3.1}$$

여기서 선형 모델에 대한 일반적인 계량경제학적 제약 조건들은 $\mathbb{E}[\epsilon_{t,n}] = 0$, $\mathrm{cov}(\epsilon_{t,n}, \epsilon_{t,m}) = 0$ for $n \neq m$ 그리고 $\mathrm{cov}(\mathbf{f}_n, \epsilon_n) = 0$이다. 만약 이런 팩터들이 실제로 존재한다면, 이는 자산 가격 결정 이론의 초석 모델인 샤프Sharpe(1964), 린트너Lintner(1965), 모신Mossin(1966)의 자본 자산 가격 결정 모델CAPM, Capital Asset Pricing Model과 모순되는 것이다. 실제로 CAPM은 수익률의 유일한 동인이 시장 포트폴리오라고 주장하며, 이러한 사실은 왜 팩터라는 것을 '이상 현상'이라고 부르는지에 대한 이유가 된다.

자산 가격 결정 이상 현상에 대한 실증적 증거는 파마Fama와 프렌치French(1992), 그리고 파마와 프렌치(1993)라는 두 편의 논문 발표 이후 계속해서 축적돼왔다. 이 중요한 연구는 메타 연구(예를 들어, 그린 외Green et al.(2013), 하비 외Harvey et al.(2016), 맥린McLean과 폰티프Pontiff(2016))로 이어지는 문헌의 꽃을 피우는 토대를 마련했다. 수식 (3.1)은 일회성(비조건부) 혹은 여러 시간 프레임에 걸쳐 순차적으로 평가할 수 있다. 후자의 경우 매개 변수(계수 추정치)가 변하므로 이를 조건부conditional라고 한다(이 주제에 대한 최근 결과 및 관련 연구에 대한 자세한 리뷰는 앙과 크리스텐슨Kristensen(2012) 그리고 쿠퍼Cooper와 마이오Maio(2019)의 연구를 참고하라). 조건부 모델은 자산 가격의 동인이 일정하지 않을 수 있다는 점을 인정하기 때문에 더 유연하며, 이는 합리적인 가정처럼 보인다.

3.2 이상 현상 탐지

3.2.1 도전

명백히 말해서, 이상 현상을 식별할 수 있는 것은 매우 중요한 단계이며, 이 작업의 복잡성을 과소평가해서는 안 된다. 긍정적인 결과로 논문을 발표하려는 편향을 고려할 때 연구자들은 추가 연구에 의해 때때로 무효화될 수 있는 파편적인 결과만을 보고하고 싶은 유혹을 느낀다. 따라서 재현의 필요성은 높으며 특히 거래 비용을 고려하면(패튼Patton과 웰러Weller(2020), 첸Chen과 벨리코프Velikov(2020)) 많은 연구 결과는 실효성이 없는 경우가 많다(린나인마Linnainmaa와 로버츠Roberts(2018)). 하지만 첸(2019)이 입증한 바와 같이 p−해킹p-hacking만으로는 문헌에 기록된 모든 이상 현상을 설명할 수는 없다. 가성적 탐지의 위험을 줄이는 한 가지 방법은 허들(종종 t−통계량이라고 불리는)을 높이거나 다중 테스트(하비 외(2020))를 진행하는 것이지만, 이에 대한 논쟁은 여전히 진행 중이다(하비 외(2016), 첸(2020)).

일부 연구자들은 이상 현상이 공개되면 투자자들이 여기에 투자해 가격이 상승하고 이상 현상이 사라진다고 주장한다. 맥린과 폰티프(2016)는 미국 시장에서의 이러한 효과를 명시했지만, 제이콥스Jacobs와 뮐러Müller(2020)는 다른 모든 국가에서는 논문 발표 후 팩터 수익률이 지속된다는 사실을 발견했다. 다른 방법론으로 첸과 짐머만Zimmerman(2020)은 수익률에 대한 출간 편향 조정을 소개했으며, 저자들은 이 (음의) 조정이 실제로는 다소 작다고 지적한다. 페나시Penasse(2019)는 이상 현상의 지속 혹은 감쇠를 연구하기 위해 알파 감쇠alpha decay라는 개념을 제안한다.

팩터 프리미엄의 파괴는 군집 효과로 인한 것일 수 있으며(크르코스카와 셴크−홉(2019), 볼파티 외Volpati et al.(2020)), 투자자가 특정 스타일(밸류value, 로우볼low volatility 등)에 직접 투자할 수 있는 이른바 스마트 베타 상품(특히 ETF)의 대중화로 인해 가속화될 수 있다. 팩터 투자의 매력에 대한 이론적 관점은 진Jin(2019)을 참고하라. 반면, 데미구엘 외DeMiguel et al.(2019)는 스마트 베타 유니버스에서의 과밀로 인한 가격 영향이 트레이딩 다변화로 인해 완화된다고 주장한다. 이 트레이딩 다변화는 이 유니버스의 외부에 존재하는 전략에 기반해 거래하는 외부 기관(예를 들어, 호가창 알고리듬을 통해 베팅하는 고빈도 트레이더)으로부터 발생한다.

이 하위 절의 나머지 부분은 베이커 외Baker et al.(2017), 하비와 리우Liu(2019a)에서 영감을 얻었다.

3.2.2 단순 포트폴리오 정렬

단순 포트폴리오 정렬은 가장 일반적인 절차이며, 파마와 프렌치(1992)에서 사용한 절차다. 아이디어는 간단하다. 어떤 한 날짜에 대해,

1. 특정 기준(예를 들어, 시가 총액, 가격 대비 장부가 비율)에 따라 기업의 순위를 매긴다.
2. 순위에 따라 동일한 개수의 주식으로 구성된 J개($J \geq 2$)의 포트폴리오(즉, 동질적인 그룹)를 구성한다(일반적으로 중앙값, 3분위수, 5분위수 또는 십분위수를 기준으로 $J = 2$, $J = 3$, $J = 5$ 또는 $J = 10$개의 포트폴리오가 구성된다).
3. 포트폴리오 내의 주식 가중치는 균등하거나(동일 가중치) 시가 총액에 비례한다.
4. 미래 날짜(보통 1개월)에 포트폴리오의 수익률을 보고한다. 그런 다음 샘플의 가장 마지막 날짜에 도달할 때까지 이 절차를 반복한다.

결과는 각 그룹 j에 대한 포트폴리오 수익률 r_t^j의 시계열이다. 첫 번째 그룹($j = 1$)과 마지막 그룹($j = J$) 사이의 t-검정에서 평균 수익률에 유의미한 차이가 발견되면 이상 현상으로 간주한다. 보다 강건한 검증 방법은 카타네오 외[Cattaneo et al.](2020)에 설명돼 있다. 이 접근법의 거대한 한계점은 정렬 기준이 수익률에 단조적이지 않은 영향을 미칠 수 있으며, 두 극단적인 포트폴리오를 기반으로 한 테스트에서는 이를 탐지하지 못한다는 것이다. 여러 논문에서 이 문제를 다룬다. 예를 들어, 패튼과 티머맨[Timmermann](2010), 로마노[Romano]와 울프[Wolf](2013) 등이 있다. 또 다른 우려는 이렇게 분류된 포트폴리오가 해당 특성과 관련된 가격 위험뿐만 아니라 비가격 위험까지도 포착할 수 있다는 것이다. 다니엘 외[Daniel et al.](2020b)는 이 두 가지를 분리해 새롭게 정렬된 가장 좋은 포트폴리오를 만들 수 있음을 보여준다.

한 가지 기준에만 집중하는 대신 더 많은 특성에 기반해 자산을 그룹화할 수도 있다. 파마와 프렌치(1992)의 원래 논문은 시가 총액과 시장가 대비 장부가 비율을 결합했다. 여기서 각 특성을 10개의 버킷으로 나누면 총 100개의 포트폴리오가 만들어진다. 데이터 가용성을 제외하면 정렬 프로세스에 포함할 수 있는 특성 개수의 상한선은 없다. 실제로 일부 저자는 잠재적으로 많은 수의 특성을 관리할 수 있는 더 복잡한 정렬 알고리듬을 연구하기도 했다(예를 들어, 펑 외[Feng et al.](2019) 및 브리즈갈로바 외[Bryzgalova et al.](2019b) 참고).

마지막으로, 자산 수익률의 공분산 구조를 고려한 개선에 관해서는 르두아 외[Ledoit et al.](2020)를, 정렬 절차의 통계적 특성에 대한 이론적 연구(회귀 기반 접근법과의 이론적 연관성 포함)에 대

해서는 카타네오 외(2020)를 참고하라. 특히, 후자의 논문에서는 포트폴리오의 최적 개수를 논의하며, 이 개수는 문헌에서 자주 사용하는 10개보다 더 많을 수 있다고 제안한다.

다음 코드와 그림 3.1에서는 사이즈^{size} 팩터 포트폴리오를 계산한다(시가 총액 중앙값 이상과 미만의 각 포트폴리오에 동일 가중치를 부여). 사이즈 이상 현상에 의하면 시가 총액 중앙값 이하인 기업은 평균적으로 더 높은 수익을 얻어야 한다. 그래프의 주황색 막대가 파란색 막대보다 위에 있는 경우 이 현상을 확인할 수 있다(대부분의 경우 이 현상이 발생한다).

```python
df_median=[]   # 임시 데이터프레임을 위한 빈 공간 생성
df=[]
df_median=data_ml[['date', 'Mkt_Cap_12M_Usd']].groupby(
    ['date']).median().reset_index()   # 중위값 계산
df_median.rename(
    columns = {'Mkt_Cap_12M_Usd': 'cap_median'}, inplace = True)
# 명확하게 하기 위해 이름 바꾸기
df = pd.merge(
    data_ml[["date", 'Mkt_Cap_12M_Usd', 'R1M_Usd']],
    df_median, how='left', on=['date'])
df = df.groupby(
    [pd.to_datetime(df['date']).dt.year, np.where(
        df['Mkt_Cap_12M_Usd'] > df['cap_median'],
        'large', 'small')])['R1M_Usd'].mean().reset_index()
# 연도 및 시가 총액 로직 설정해 그룹화하기
df.rename(columns = {'level_1': 'cap_sort'}, inplace = True)
df.pivot(index='date', columns='cap_sort',
        values='R1M_Usd').plot.bar(figsize=(10,6))
plt.ylabel('Average returns')
plt.xlabel('year')
df_median=[]   # 임시 데이터프레임을 제거해 가볍게 만들자!
df=[]          # 임시 데이터프레임을 제거해 가볍게 만들자!
```

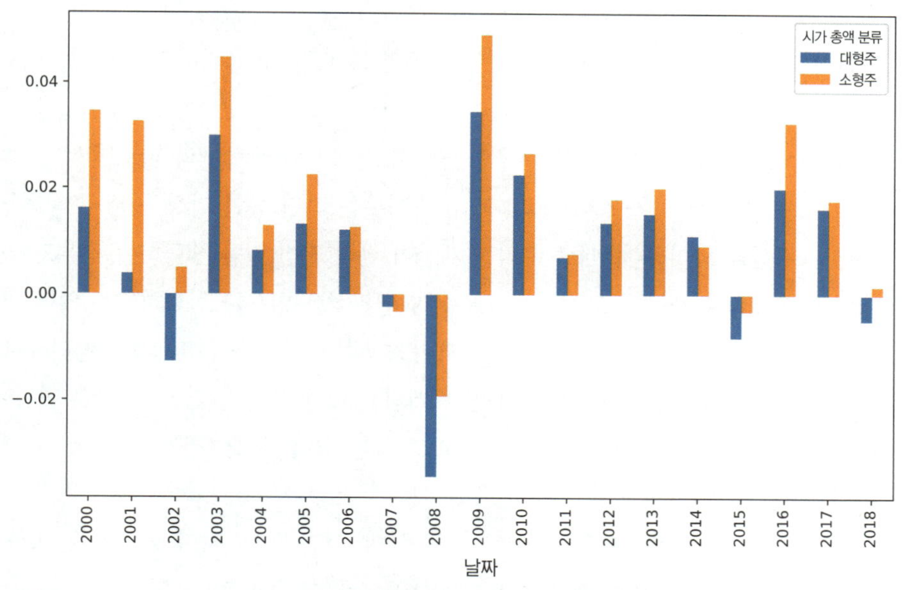

그림 3.1 사이즈 팩터: 소형주 대 대형주 평균 수익률

3.2.3 팩터들

이른바 팩터를 만드는 것은 위와 동일한 맥락을 따른다. 포트폴리오는 어떤 한 가지 특성을 기반으로 하며 팩터는 하나의 극단적인 포트폴리오에서 반대되는 극단적인 포트폴리오를 뺀 롱숏 앙상블^{long-short ensemble}이다. 예를 들어, 사이즈 팩터의 경우 소형주에서 대형주를 뺀 것이며, 밸류 백터의 경우 높은 시장가 대비 장부가 비율에서 낮은 시장가 대비 장부가를 뺀 것이다. 때로는 파마와 프렌치(1993)의 원래 연구처럼 이변량 정렬을 구성하고 여러 포트폴리오를 함께 합쳐 집계하는 등의 미묘한 차이들이 존재한다. 가장 일반적인 팩터들의 리스트는 다음과 같이 몇몇 참고 문헌과 함께 나열돼 있다. 팩터 고유의 특성에 대한 보다 자세한 내용은 3장의 시작 부분에 나열된 책들을 참고하라. 대부분의 이상 현상은 그것이 위험에 기반한 것이든 행동에 기반한 것이든 그 이론적 근거가 존재한다. 다음은 가장 자주 인용되는 팩터들이다.

- **사이즈**(소형주 빼기 대형주^{SMB, Small Minus Big}): 반즈^{Banz}(1981), 파마와 프렌치(1992), 파마와 프렌치(1993), 반 디이크^{Van Dijk}(2011), 애스니스 외(2018), 아스타코프 외^{Astakhov et}

al.(2019)

- **밸류**(가치주 빼기 성장주HML, High Minus Low): 파마와 프렌치(1992), 파마와 프렌치(1993), 애스니스 외(2013)

- **모멘텀**(승자주 빼기 패자주WML, Winners Minus Loser): 제가디쉬Jegadeesh와 티트먼Titman(1993), 카하르트Carhart(1997), 애스니스 외(2013). 승자주는 작년 동안 가장 높은 수익률을 기록했던 자산을 의미하며, 때로 수익률 계산이 잘려 저번 달을 생략하는 경우도 있다. 횡단면 모멘텀은 시계열 모멘텀(추세 추종)과 연관성은 있으나 동일하지는 않다. 시계열 모멘텀에 대한 자세한 내용은 모스코비츠 외Moskowitz et al.(2012)와 렘페리에르 외Lempérière et al.(2014)의 연구를 참고하라. 모멘텀은 또한 더 높은 혹은 더 낮은 빈도에서 발생하는 반대 움직임(단기 및 장기 반전)과도 관련 있다. 루오 외Luo et al.(2021)를 참고하라.

- **수익성**(견고한 수익성 빼기 약한 수익성RMW, Robust Minus Weak profit): 파마와 프렌치(2015), 부샤드 외Bouchaud et al.(2019). 전자의 연구는 수익성을 '(매출 – (비용 및 경비))/자본'으로 측정한다.

- **투자**(보수적 투자 빼기 공격적 투자CMA, Conservative Minus Aggressive): 파마와 프렌치(2015), 호우 외Hou et al.(2015). 여기서 투자는 전체 자산 성장 나누기 자산 총량으로 측정한다. 투자에 공격적인 회사들은 자산이 가장 많이 성장하는 기업이다.

- **저위험**(때때로, 베타에 반한 베팅BAB, Betting Against Beta): 앙 외(2006), 베이커 외(2011), 프라찌니Frazzini와 페데르센Pedersen(2014), 보루포루쉬 외Boloorforoosh et al.(2020), 베이커 외(2020), 애스니스 외(2020). 여기서 연구마다 단순 변동성, 시장 베타, 고유 변동성 등 위험을 측정하는 방법이 서로 다르다.

저위험 프리미엄을 제외한 대부분의 주요 이상 현상은 케네스 프렌치Kenneth French의 데이터 라이브러리(https://mba.tuck.dartmouth.edu/pages/faculty/ken.french/data_library.html)에 보관 및 업데이트된다. 물론 팩터를 계산하는 것은 특별한 규칙을 가질 수도 있으나, 일반적으로는 학계에서 인정하는 규칙을 따른다. 데이터를 찾을 수 있는 또 다른 출처는 바로 AQR의 저장소(https://www.aqr.com/Insights/Datasets)다.

이 책에서 사용하는 데이터셋에서는 시장가 대비 장부가가 아닌 장부가 대비 시장가 비율(장부가액이 분모에 위치)을 사용해 밸류 이상 현상 대용치를 계산한다. 애스니스와 프라찌니

(2013)에서 볼 수 있듯이 밸류에 대한 변수 선택은 상당한 영향을 미칠 수 있다.

다음의 코드는 켄 프렌치^{Ken French}의 데이터 라이브러리에서 데이터를 불러온다. 3장의 뒷부분에서 이 데이터를 사용한다.

```python
import urllib.request
min_date = 196307
max_date = 202003
ff_url = "https://mba.tuck.dartmouth.edu/pages/faculty/ken.french/ftp"
ff_url += "/F-F_Research_Data_5_Factors_2x3_CSV.zip"
# 다운로드할 url을 생성
urllib.request.urlretrieve(ff_url,'factors.zip') # 다운로드
df_ff = pd.read_csv('F-F_Research_Data_5_Factors_2x3.csv',
                    header=3, sep=',', quotechar='"')
df_ff.rename(columns = {'Unnamed: 0':'date'},
            inplace = True) # 명확하게 하기 위한 이름 바꾸기
df_ff.rename(columns = {'Mkt-RF':'MKT_RF'},
            inplace = True) # 명확하게 하기 위한 이름 바꾸기
df_ff[['MKT_RF','SMB','HML','RMW','CMA','RF']]=df_ff[
    ['MKT_RF','SMB','HML','RMW','CMA','RF']].values/100.0 # 수익률 스케일링
idx_ff=df_ff.index[(df_ff['date']>=min_date)&(
    df_ff['date']<=max_date)].tolist()
FF_factors=df_ff.iloc[idx_ff]
FF_factors['year']=FF_factors.date.astype(str).str[:4]
FF_factors.iloc[1:6,0:7].head()
```

표 3.1 월간 팩터 수익률 샘플

행	MKT_RF	SMB	HML	RMW	CMA	RF
1	0.0507	−0.0082	0.0182	0.0040	−0.0040	0.0025
2	−0.0157	−0.0048	0.0017	−0.0076	0.0024	0.0027
3	0.0253	−0.0130	−0.0004	0.0275	−0.0224	0.0029
4	−0.0085	−0.0085	0.0170	−0.0045	0.0222	0.0027
5	0.0183	−0.0190	−0.0006	0.0007	−0.0030	0.0029

이러한 정형화된 사실을 발견한 후, 이러한 속성을 포착하는 이론적 모델을 구축하는 데 기여한 연구들이 있었다. 다음은 이와 관련한 몇 가지 인용을 소개한다.

- **사이즈**와 **밸류**value: 버크 외Berk et al.(1999), 다니엘 외(2001b), 바버리스와 슐레이퍼(2003), 고메스 외Gomes et al.(2003), 칼슨 외Carlson et al.(2004), 아르노트 외(2014)
- **모멘텀**momentum: 존슨Johnson(2002), 그린블라트Grinblatt와 한Han(2005), 바야노스Vayanos와 울리Woolley(2013), 최Choi와 김Kim(2014)

게다가 최근에는 리스크 기반 팩터 묘사와 행동 이론을 잇는 다리가 만들어졌다. 바버리스 외(2016)와 다니엘 외(2020a)의 연구, 그리고 그 연구들에 대한 참고 문헌을 참고하라.

이러한 팩터들(즉, 롱숏 포트폴리오)은 시간 가변적이며, 기업 뉴스 및 실적 발표에 의해 확대되는 경향이 있지만(엥겔버그 외Engelberg et al.(2018)), 이러한 팩터들이 장기적으로 양의 수익률을 제공한다는 사실은 널리 문서화돼 있고 인정받고 있다. 위험 프리미엄의 추정 절차 및 이와 관련한 실증적 결과에 대한 기술적인 세부 사항에 대해서는 가그리아디니 외Gagliardini et al.(2016)와 가그리아디니 외(2019)의 설문 조사 그리고 관련 문헌들을 참고하라. 일마넨 외(2019)는 팩터 프리미엄의 국면 변화를 기록한 대규모 표본 연구를 수행했다. 또한, 파머 외Farmer et al.(2019), 치아카스 외Tsiakas et al.(2020), 리우 외(2021)가 설명한 바와 같이 수익률의 예측 가능성도 시간 가변적이며, 존슨(2019)의 연구 결과는 추정 방법 또한 개선될 수 있다고 주장한다.

그림 3.2는 다섯 가지 공통 팩터에 대해 각 연도별로 집계된 월평균 수익률을 표시한다. 무위험 이자율(팩터는 아니다)이 가장 안정적인 반면, 총 시장 수익률에서 무위험 이자율을 뺀 마켓 팩터는 가장 변동성이 크다. 이러한 사실은 다섯 가지 팩터 중 이 마켓 팩터가 유일한 롱온리long only 주식형 팩터이기에 당연한 결과다.

```python
# 연도 및 시가 총액 로직 설정해 그룹화하기
FF_factors.iloc[:,1:7].groupby(FF_factors['year']).mean().plot()
# 연도와 팩터별로 그룹화한 뒤, 평균 수익률 계산
plt.ylabel('value') # 축의 이름을 설정하고 그래프 생성!
plt.xlabel('date')
```

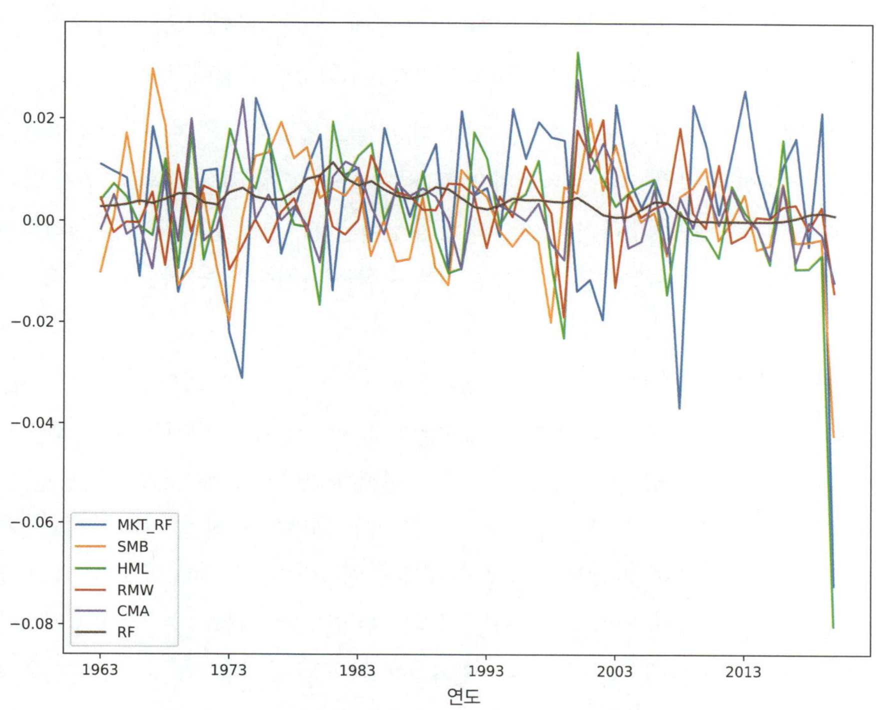

그림 3.2 일반적인 이상 현상들의 평균 수익률(1963~2020)(출처: 켄 프렌치 라이브러리)

특정 팩터에 대해 자산 배분을 수행하는 투자자의 개별적인 특성은 최근 주목을 끄는 주제다. 이 책의 범위를 다소 벗어나지만 이와 관련해서는 다음과 같이 몇 가지 참고 문헌을 소개한다. 비터미어 외[Betermier et al.](2017)의 연구는 가치 투자자가 성장주 투자자에 비해 비교적 나이가 많고, 부유하며, 더 낮은 금융 위험을 지려 한다는 것을 보여준다. 성장주 투자자는 금융 위험을 감수하는 데 최적의 포지션에 있다. 이 밖에도 크롱비스트 외[Cronqvist et al.](2015b)의 연구는 가치주와 성장주에 투자하는 성향이 유전학과 인생에서 발생하는 사건들에 뿌리를 두고 있다는 사뭇 다른 결론을 내렸다. 코코 외[Cocco et al.](2020)의 연구는 후자의 효과를 확인했고, 크롱비스트 외(2015a)의 연구는 보다 일반적인 맥락에서 전자의 효과를 자세히 설명한다. 또한, 심리적 특성은 몇 가지 팩터를 설명할 수 있다. 투자자가 외삽적으로 추론할 때 그들의 이러한 사고는 모멘텀을 촉진할 가능성이 높다(바버리스(2018)는 이 주제를 보다 자세히 검토한 바 있다). 브하므라[Bhamra]와 어펄[Uppal](2019)의 연구는 이러한 심리적 선호도에 따른 미시경제적, 거시경제적 결과를 자세히 설명한다. 투자자의 선호도 및 전망 이론에 기반한 그들의 믿음을 시장 이상 현상과 연결하려는 이론적 모델도 제안된 바 있음을 언급하며 이 단락을 마친다. 이와 관련해서는 바버리스 외(2020)의 연구를 참고하라.

마지막으로, 팩터 프리미엄을 복제해보는 것에 대한 필요성을 강조하며, 동시에 최근 하비 (2020)가 쓴 한 사설에 공감한다. 린나인마와 로버츠(2018), 호우 외(2010)의 연구가 밝힌 바 와 같이 투자 유니버스를 변경하거나 변수의 정의가 바뀔 때, 널리 알려진 수많은 팩터가 실 제로는 데이터에 크게 의존하며 종종 지속성 있는 수익을 안겨주지 못하는 경우가 많다(애스 니스와 프라찌니(2013)).

캠벨 하비와 그의 공동 저자들은 일련의 논문들(하비 외(2016), 하비와 리우(2019a), 하비와 리우 (2019b))을 통해 팩터 연구에 대한 종합을 시도했다. 하비의 연구는 어떤 이상 현상을 '진정 한' 팩터라고 부르기 위해서는 보다 높은 기준을 설정해야 한다는 점을 강조한다. p-값[p-value] 에 대한 임계치를 높이는 것은 부분적인 해답일 뿐이다. 왜냐하면 최적화된 전략을 찾기 위 해 데이터 스누핑에 의존할 가능성이 항상 존재하기 때문이다. 이 전략은 3(혹은 4)보다 큰 t-통계량을 보여줄 수 있지만 표본 외에서는 실패할 수 있다. 하비(2017)는 베이지안 접근법 을 사용할 것을 권장하는데, 이 접근법은 데이터에 기반한 유의성 정도와 사전 값을 혼합 해 이른바 베이지안화된 p-값을 만든다(다음 하위 절 참고).

하비의 연구 이후, 연구자들은 이 팩터 동물원의 풍요로움을 계속 탐구해왔다. 브리즈갈로 바 외(2019a)는 다차원 팩터 모델에 대한 보다 쉬운 베이지안 추정 방식을 제안하고 50개 이 상의 팩터에 대한 가능한 모든 조합을 평가했다. 이러한 조합은 엄청나게 많은 수의 계수를 산출한다. 만약 베이지안화된 파마와 맥베스(1973) 절차와 이 방식을 결합하면 널리 퍼져 있 는 팩터들과 불필요한 팩터들을 구분할 수 있다. 초르디아 외[Chordia et al.](2020)는 200만 개의 트레이딩 전략 시뮬레이션을 통해 가짜 발견의 비율, 즉 가성적 팩터가 감지되는 경우(1종 오 류[type I error])를 추정했다. 또한, 그들은 t-통계량과 관련해 3보다 훨씬 높은 임계치를 사용할 것을 조언한다. 비슷한 맥락에서 하비와 리우(2020) 또한 일회성 t-통계량이 너무 낮기 때문 에(2종 오류[type II error]) 때때로 실제 이상 현상을 놓칠 수 있음을 강조한다.

긍정적인 결과만을 발표하려는 학술 저널의 성향 때문에 연구자들은 저널에 보고된 수익률 과 실제 수익률 간의 차이를 추정해야 한다. 첸과 짐머만(2020)은 이러한 차이를 출간 편향이 라고 부르며, 그들의 추정 결과 이 차이는 약 12% 정도다. 다시 말해, 만약 보고된 평균 수익률이 8%라면 실제 수익률은 (1-12%)*8%=7%에 가까울 수 있다. 질적으로 12%라는 이런 추정치는 맥린과 폰티프(2016)가 발견한 표본 외 수익률의 감소분보다 작다.

단순성을 위해 여기서는 단순한 형태의 수식을 가정한다.

$$\mathbf{r} = a + b\mathbf{x} + \mathbf{e} \tag{3.2}$$

수익률 벡터 $\mathbf{r}$은 모든 주식들의 전체 수익률이며, 벡터 $\mathbf{x}$는 다소 지연된 변숫값이기에 해당 회귀식은 실제로 예측성을 지닌다. 주어진 임계치에 기반해 추정된 $\hat{b}$가 유의미하다면 $\mathbf{x}$가 수익률 예측에 효과적이라고 결론 내리고 싶을 수 있다. 따라서 극단적인 $\mathbf{x}$ 값($\hat{b}$의 부호에 유의하라)과 관련된 롱숏 포트폴리오는 수익을 창출할 것으로 예상할 수 있다. 하지만 안타깝게도 $\hat{b}$는 수익률 예측에 있어 $\mathbf{x}$의 과거 능력에 대한 정보를 제공하므로 이는 종종 잘못된 것이다. 미래에 어떤 일이 발생할지는 또 다른 이야기다.

또한, 통계 검정은 포트폴리오 정렬에 사용되기도 한다. 소형주 대 대형주, 혹은 수익률이 높은 주식 대 수익률이 낮은 주식처럼 2개의 극단적인 포트폴리오가 매우 다른 평균 수익률을 보인다고 가정하자. 각 포트폴리오의 수익률은 r_t^+와 r_t^-라고 쓸 수 있다. 평균을 검증하기 위한 가장 단순한 검정 방식은 $t = \sqrt{T}\,\frac{m_{r+} - m_{r-}}{\sigma_{r_+ - r_-}}$이다. 여기서 T는 데이터 포인트의 개수, $m_{r_\pm}$는 포트폴리오 수익률의 평균값, 그리고 $\sigma_{r_+ - r_-}$는 두 시계열 차이의 표준 편차, 즉 롱숏 포트폴리오의 변동성을 나타낸다. 정리하자면 t-통계량은 조정된 샤프 비율이라고 할 수 있으며(물론 이 비율은 일반적으로 롱온리 포트폴리오로 계산한다), 이 통계량은 다시 p-값을 계산하기 위해 사용된다. 이 p-값을 계산하는 이유는 어떤 이상 현상의 견고한 정도를 평가하기 위해서다. 린나인마와 로버츠(2018), 그리고 호우 외(2020)가 제시한 것처럼 연구자들이 발견한 많은 팩터는 표본 외 검증에서 살아남지 못한다.

많은 사람이 그들이 발견한 이상 현상에 대해 과할 정도로 긍정적으로 반응한다. 이렇게 반응하는 한 가지 이유는 바로 널리 만연해진 p-값에 대한 거꾸로 된 해석 때문이다. 종종 사람들은 p-값을 데이터가 주어졌을 때 어떤 가설(예를 들어, 내가 발견한 이상 현상이 존재한다는 가설)의 확률로 이해한다. 하지만 사실은 그 반대가 맞다. p-값은 그 이상 현상이 존재한다는 것을 알고 있을 경우 데이터 샘플의 우도^{likelihood}다.

$$p\text{-값} = P[D|H]$$

$$\text{목표 확률} = P[H|D] = \frac{P[D|H]}{P[D]} \times P[H]$$

여기서 H는 가설을 의미하고, D는 데이터를 의미한다. 두 번째 줄의 방정식은 베이즈 항등식의 일반적인 케이스다. 우리가 관심을 갖고 있는 확률은 사실 p-값의 변환값이다.

최소한 2개의 논문이 이러한 아이디어를 논하고 있다. 하비(2017)는 **베이지안화된** p-값을 소개한다.

$$\text{베이지안화된 } p\text{-값} = \text{Bpv} = e^{-t^2/2} \times \frac{\text{prior}}{1 + e^{-t^2/2} \times \text{prior}} \tag{3.3}$$

여기서 t는 회귀식을 통해 얻은 t-통계량(즉, p-값을 정의하는 통계량), prior는 가설(이상 현상)이 참일 확률에 대한 연구자의 추정치다. prior 값은 다음과 같이 코드화할 수 있다. 우선 귀무 가설이 성립할 확률을 p%라고 가정한다(즉, 이상 현상 확률은 (1-p)%이다). 이때 승산^{odds}은 $p/(1 - p)$로 계산할 수 있다. 따라서 만약 t-통계량이 2이고(이는 p-값이 대략 5%라는 의미) 사전 승산이 6이라면 Bpv는 $e^{-2} \times 6 \times (1 + e^{-2} \times 6)^{-1} \approx 0.448$이며, 이는 귀무 가설이 참일 확률이 44.8%라는 의미다. 이러한 해석은 귀무 가설이 성립할 확률이라고 해석할 수 없는 원래의 p-값과 뚜렷한 대조를 보인다. 물론, 여기서 한 가지 단점은 사전 확률의 레벨이 매우 중요하고 이 사전 확률은 전적으로 사용자가 지정한다는 점이다.

친코 외$^{\text{Chinco et al.}}$(2021)의 연구는 매우 다르지만 회귀 결과에서 베이지안 사전 확률을 도입하는 등의 몇 가지 핵심 개념을 공유한다. 그들은 L^2 제약 조건(5장의 릿지 회귀$^{\text{ridge regression}}$를 참고)을 활용해 예측성이 있는 회귀 분석을 강행하는 것이 b의 실제 분포가 어떨지에 대한 관점을 도입하는 것과 마찬가지라는 것을 보여준다. 제약 조건이 강할수록 추청지 $\hat{b}$는 0을 향해 점점 축소해간다. 이 연구에서 핵심적인 아이디어 중 하나는 수많은 이상 현상에 걸쳐 실제 b의 분포를 가정하는 것이다. 여기서 이 분포는 가우시안^{Gaussian}이며 중앙에 몰려 있다고 가정한다. 흥미로운 매개 변수는 표준 편차다. 표준 편차가 크면 클수록 더 자주 중요한 이상 현상이 발견된다. 특히 저자들은 이 매개 변수가 시간에 따라 변한다는 것을 보여준다. 이 주제에 대해 더 자세한 내용은 원래의 논문을 참고하라.

3.2.4 파마-맥베스 회귀

파마와 맥베스(1973)가 제안한 또 다른 탐지 방법은 바로 위험 프리미엄에 대한 2단계 회귀 분석을 하는 것이다. 첫 번째 단계는 수식 (3.1)에 대한 간단한 추정으로, 여기서는 해당 시계열에 대해 주식별로 회귀 분석을 수행한다. 그런 다음 추정치 $\hat{\beta}_{i,k}$를 두 번째 회귀 시리즈에 연결한다.

$$r_{t,n} = \gamma_{t,0} + \sum_{k=1}^{K} \gamma_{t,k} \hat{\beta}_{n,k} + \varepsilon_{t,n} \tag{3.4}$$

위의 회귀식을 자산 횡단면에 대해 날짜별로 실행한다.[1] 이론적으로는 베타를 알 수 있으며, 추정치 대신 $\beta_{n,k}$에 대한 회귀를 실행할 수 있다. $\hat{\gamma}_{t,k}$는 t 시점에서의 팩터 k의 프리미엄을 추정한다. $\varepsilon_{t,n}$에 대한 적절한 분포 가정하에서 통계적 검정을 통해 이러한 프리미엄이 유의미한지 여부를 결정할 수 있다. 일반적으로 시간 축으로 집계한 (평균) 프리미엄 $\hat{\gamma}_k = \frac{1}{T} \sum_{t=1}^{T} \hat{\gamma}_{t,k}$의 통계량은 다음과 같다.

$$t_k = \frac{\hat{\gamma}_k}{\hat{\sigma}_k / \sqrt{T}}$$

이 통계량은 팩터가 유의미한지 여부를 평가하기 위해 순수한 가우시안 맥락에서 종종 사용된다($\hat{\sigma}_k$는 $\hat{\gamma}_{t,k}$의 표준 편차다).

표준 최소 제곱법OLS, Ordinary Least Squares 추정이 야기할 수 있는 정확도상의 편향과 손실에 대한 기술적 논의는 자가나단Jagannathan과 왕(1998), 피터슨Petersen(2009)을 참고하라. 또한, 두 번째 회귀식에서 $\hat{\beta}_{i,k}$는 추정치기 때문에 두 번째 수준의 오차(이른바 변수상의 오차)가 발생할 수 있다. 이 이슈에 대해 관심 있는 독자는 샨켄Shanken(1992), 앙 외(2018), 제가디쉬 외(2019)의 연구에서 이와 관련한 몇 가지 확장된 논의 및 해결책을 찾을 수 있다.

---

1 원래의 파마와 맥베스(1973)에서는 시장 베타만을 사용한다. $r_{t,n} = \alpha_n + \beta_n r_{t,M} + \epsilon_{t,n}$. 두 번째 패스는 비선형 항을 포함한다. $r_{t,n} = \gamma_{n,0} + \gamma_{t,1}\hat{\beta}_n + \gamma_{t,2}\hat{\beta}_n^2 + \gamma_{t,3}\hat{s}_n + \eta_{t,n}$ 여기서 $\hat{s}_n$은 베타와 관계없는 자산의 위험도 추정치다. 그런 다음 어떤 특징을 추론하기 위해 자산 가격 결정 테스트를 수행할 수 있다. 예를 들어, 베타가 수익률에 선형적 영향을 미치는지 여부를 테스트하거나($\mathbb{E}_{[\gamma_{t,2}]} = 0$) CAPM의 유효성을 테스트할 수 있다(이는 $\mathbb{E}_{[\gamma_{t,2}]} = 0$을 의미한다).

다음의 코드는 우리가 갖고 있는 데이터셋에 대해 파마와 맥베스(1973) 회귀 분석을 수행한다. 첫 번째 단계로 개별적인 베타를 추정한다. 다음과 같이 전용 함수를 작성하고 함수형 프로그래밍을 활용해 프로세스를 자동화한다.

```python
from pandas.tseries.offsets import MonthEnd
stocks_list=list(returns.columns)
FF_factors['date']=pd.to_datetime(
    FF_factors['date'],format='%Y%m')+ MonthEnd(0)
FF_factors['date']=FF_factors['date'].dt.date
FF_factors['date']=FF_factors['date'].astype(str)
data_FM = pd.merge(returns.iloc[:,0].reset_index(),
                FF_factors.iloc[:,0:7],how='left',on=['date'])
data=FF_factors
data_FM.dropna(inplace=True)
import statsmodels.api as sm
results_params =[]
reg_result=[]
df_res_full=[]
for i in range(len(returns.columns)):
    Y=returns.iloc[:,i].shift(-1).reset_index()
    Y=Y.drop(columns=['date'])
    Y.dropna(inplace=True)
    results=sm.OLS(endog=Y,exog=sm.add_constant(
        data_FM.iloc[0:227,2:7])).fit()
    results_params=results.params
    reg_result_tmp=pd.DataFrame(results_params)
    reg_result_tmp['stock_id']=stocks_list[i]
    df_res_full.append(reg_result_tmp)
df_res_full = pd.concat(df_res_full)
df_res_full.reset_index(inplace=True)
df_res_full.rename(columns={"index":"factors_name",0:
 →"betas"},inplace=True)
df_res_full_mat=df_res_full.pivot(index='stock_id',
                                columns='factors_name',values='betas')
column_names_inverted = ["const", "MKT_RF", "SMB","HML","RMW","CMA"]
reg_result = df_res_full_mat.reindex(columns=column_names_inverted)
```

```
reg_result.head()
```

표 3.2에서 MKT_RF는 시장 수익률에서 무위험 수익률을 뺀 값이다. 해당 계수는 특히 단변량 회귀에서 흔히 베타[beta]라고 부른다. 두 번째 회귀 분석을 준비하기 위해 표 3.2에 나와 있는 베타 값들을 리포맷한다. 각각의 줄은 하나의 자산을 나타내며, 처음 5개의 열은 추정한 팩터 로딩[factor loadings]이다. 나머지 열은 날짜별 수익률이다.

표 3.2 베타 값 샘플(행 번호는 주식 식별 번호)

	const	MKT_RF	SMB	HML	RMW	CMA
1	0.016794	0.163080	0.113891	−0.501349	0.564917	0.625479
3	0.009116	−0.221471	−0.119134	0.047801	−0.183690	−0.266907
4	0.011704	−0.001671	−0.047076	0.001015	−0.304841	−0.006846
7	0.014391	−0.345367	−0.017726	−0.012223	−0.276708	0.218442
9	0.013088	−0.196857	0.260565	0.139574	−0.174628	0.084721

표 3.3 리포맷된 베타 값 샘플(회귀 분석을 위한 준비 완료)

stock_id	const	MKT_RF	SMB	HML	RMW	CMA
1	0.016794	0.163080	0.113891	−0.501349	0.564917	0.625479
3	0.009116	−0.221471	−0.119134	0.047801	−0.183690	−0.266907
4	0.011704	−0.001671	−0.047076	0.001015	−0.304841	−0.006846
7	0.014391	−0.345367	−0.017726	−0.012223	−0.276708	0.218442
9	0.013088	−0.196857	0.260565	0.139574	−0.174628	0.084721

```
returns_trsp=returns.transpose()
df_2nd_pass=pd.concat([reg_result.iloc[:,1:6],returns.
 ↪transpose()],axis=1)
```

```python
df_2nd_pass.head()
```

첫 번째 열(시장 베타)의 값이 예상대로 1을 중심으로 회전하는 것을 관찰할 수 있다. 마지막
으로, 두 번째 회귀 분석을 할 준비가 완료됐다.

```python
betas=df_2nd_pass.iloc[:,0:5]
date_list=list(returns_trsp.columns)
results_params=[]
reg_result=[]
df_res_full=[]
for j in range(len(returns_trsp.columns)):
    Y=returns_trsp.iloc[:,j]
    results=sm.OLS(endog=Y,exog=sm.add_constant(betas)).fit()
    results_params=results.params
    reg_result_tmp=pd.DataFrame(results_params)
    reg_result_tmp['date']=date_list[j]
    df_res_full.append(reg_result_tmp)

df_res_full = pd.concat(df_res_full)
df_res_full.reset_index(inplace=True)
gammas=df_res_full

gammas.rename(columns={"index":"factors_name", 0: betas"},inplace=True)
gammas_mat=gammas.
  ↪pivot(index='date',columns='factors_name',values='betas')
column_names_inverted = ["const", "MKT_RF", "SMB","HML","RMW","CMA"]
gammas_mat = gammas_mat.reindex(columns=column_names_inverted)
gammas_mat.head()
```

표 3.4 감마(프리미엄) 값 샘플

date	const	MKT_RF	SMB	HML	RMW	CMA
2000–01–31	0.016321	−0.028149	−0.005428	0.026040	0.078635	0.020799
2000–02–29	0.038006	0.006451	0.001304	−0.051183	−0.088695	0.043300
2000–03–31	0.014755	0.032022	0.056734	−0.068795	−0.103291	−0.045641
2000–04–30	0.132511	0.199729	−0.452970	0.281773	0.341264	−0.023676
2000–05–31	0.012919	−0.050791	−0.064603	0.067470	0.110572	0.057169

시각적으로 봤을 때, 추정한 프리미엄은 매우 변동성이 크다. 마켓 팩터, SMB 팩터, HML 팩터에 대한 추정 값을 그래프로 시각화한다.

```
gammas_mat.iloc[:,1:4].plot(
    figsize=(14,10), subplots=True, sharey=True, sharex=True)
# 감마 값을 가져온다.
plt.show() # 그래프 그리기
```

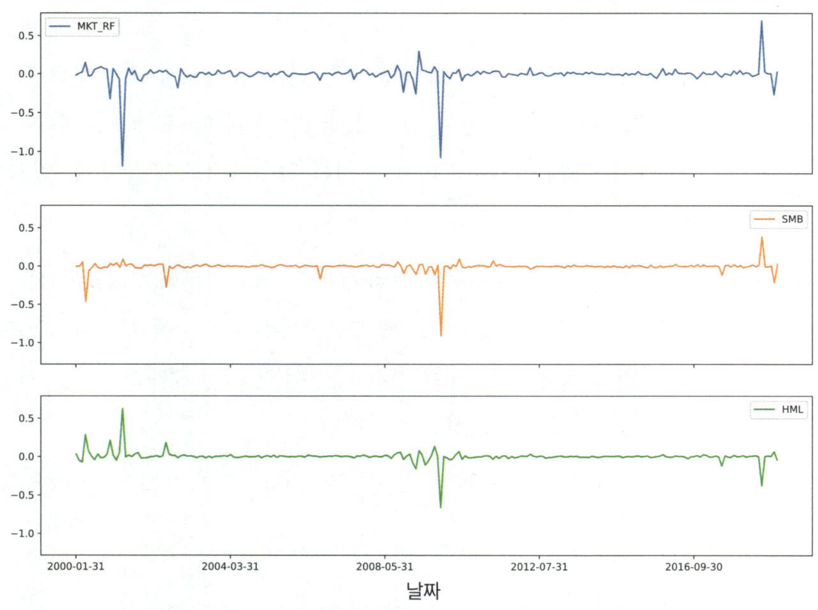

그림 3.3 파마–맥베스 회귀로 추정한 감마(프리미엄)를 시계열 그래프로 시각화

샘플의 마지막 부분에 있는 2개의 스파이크는 잠재적인 공선성^{colinearity} 문제를 나타내며, 이는 두 가지 팩터가 불분명한 총합 효과로 서로를 보상하고 있는 것처럼 보인다. 이러한 문제는 페널티를 부과한 추정치의 유용성을 강조한다(5장을 참고).

3.2.5 팩터 경쟁

팩터의 핵심 목적은 주식의 횡단면 수익률을 설명하는 것이다. 이론적 및 실무적 이유로 팩터 간 중복성을 피하는 것이 바람직하다. 실제로 이러한 중복성은 추정치를 교란하는 것으로 알려져 있는 공선성을 암시한다(벨슬리 외$^{\text{Belsley et al.}}$(2005)). 또한, 자산 운용 매니저가 그들의 수익률 성과를 팩터로 분해할 때 팩터 간 오버랩(높은 절대적 상관관계)은 해석성이 떨어지는 익스포저^{exposure}를 산출하며, 양수 익스포저와 음수 익스포저는 서로를 가성적으로 보상한다.

중복하는 팩터를 걸러내는 간단한 프로토콜은 각 팩터를 다른 모든 팩터와 비교해 회귀 분석을 실행하는 것이다.

$$f_{t,k} = a_k + \sum_{j \neq k} \delta_{k,j} f_{t,j} + \epsilon_{t,k} \tag{3.5}$$

흥미로운 지표는 a_k의 추정과 관련된 검정 통계량이다. 만약 a_k가 0과 크게 다르면 (다른) 팩터들의 횡단면이 팩터 k의 평균 수익률을 완전히 설명하지 못한다고 해석할 수 있다. 만약 그렇지 않으면 그 팩터의 수익률은 다른 팩터들에 대한 익스포저로 포착할 수 있기에 이런 경우에는 중복성을 띤다.

파마와 프렌치(2015)는 이 기법의 한 가지 주류적인 응용을 제시했는데, 그들은 다른 네 가지 요인(시장, SMB, RMW, CMA)을 고려할 때 HML 팩터가 중복된다는 것을 보였다. 다음은 업데이트된 샘플을 갖고 그들의 분석을 다시 재현한다. 여기서 우리는 케네스 프렌치가 유지 관리하는 데이터베이스를 갖고 직접적인 분석을 시작한다.

수식 (3.5)에서 정의한 절차를 통해 팩터의 중복성을 결정하는 회귀 분석을 수행할 수 있다.

```python
df_res_full=[]
for i in range(0,5):
    factors_list_full = ["MKT_RF","SMB","HML","RMW","CMA"]
    factors_list_tmp=factors_list_full
    Y=FF_factors[factors_list_full[i]]
    factors_list_tmp.remove(factors_list_full[i])
    data=FF_factors[factors_list_tmp]
    results=sm.OLS(endog=Y,exog=sm.add_constant(data)).fit()
    results_param=results.params
    reg_result_tmp=pd.DataFrame(results_param)
    reg_result_tmp['factor_mnemo']=Y.name
    reg_result_tmp['pvalue']=results.pvalues
    df_res_full.append(reg_result_tmp)

df_res_full = pd.concat(df_res_full)
df_res_full.reset_index(inplace=True)
df_res_full.rename(columns={0: "coeff"},inplace=True)
```

수식 (3.5)에서 α 값의 벡터를 얻는다. 다음의 코드는 이러한 수치를 p–값의 임계치와 함께 정리해 하나의 요약 테이블을 만든다. 계수들의 유의성 정도는 다음과 같이 코드화한다.
$$0 < (***) < 0.001 < (**) < 0.01 < (*) < 0.05$$

```python
df_significance=df_res_full
conditions = [(df_significance['pvalue'] > 0) & (
    df_significance['pvalue'] < 0.001), # 조건 리스트 생성
(df_significance['pvalue']>0.001) & (df_significance['pvalue']<0.01),
(df_significance['pvalue']>0.01) & (df_significance['pvalue']<0.05),
(df_significance['pvalue'] > 0.05)]

valuest = ['(***)','(**)','(*)','na']
# 각 조건별 할당 값들

# 새로운 행 생성 및 값 할당을 위한 np.select 사용
df_significance['significance']=np.select(conditions,valuest).astype(str)
df_significance['coeff']=round(df_significance.coeff,3)
```

```python
df_significance['coeff_stars']=df_significance.coeff.astype(
    str)+' '+df_significance.significance

# 적절한 형태로 업데이트한 데이터프레임 표시
new_index=['MKT_RF','SMB','HML','RMW','CMA']
df_significance_pivot=df_significance.pivot(
    index='index',columns='factor_mnemo',values='coeff_stars').
 ↪transpose()
df_significance_pivot= df_significance_pivot.reindex(
    columns=column_names_inverted)
df_significance_pivot.reindex(new_index)
```

표 3.5 파마-프렌치(2015) 5-팩터 간 팩터 경쟁. 샘플의 기간은 1963년 7월부터 2020년 3월. 월별 수익률 데이터로 회귀 분석 수행

종속 변수	절편	MKT_RF	SMB	HML	RMW	CMA
MKT_RF	0.008 (***)	NA	0.264 (***)	0.101	−0.345 (***)	−0.903 (***)
SMB	0.003 (*)	0.131 (***)	NA	0.077	−0.43 (***)	−0.126
HML	0	0.028	0.038	NA	0.148 (***)	1.02 (***)
RMW	0.004 (***)	−0.096 (***)	−0.219 (***)	0.143 (***)	NA	−0.287 (***)
CMA	0.002 (***)	−0.11 (***)	−0.03	0.455 (***)	−0.123 (***)	NA

다른 네 가지 팩터가 존재할 때 HML 팩터가 중복성을 지닌다는 것을 확인했다. 여기서 얻은 분석 결과에 대한 수치는 원래의 논문(파마와 프렌치(2015))에 나타난 수치와 매우 유사하며, 그들의 초기 표본에 우리가 5년의 데이터만 추가했기에 이는 타당한 결과다.

보다 거시적인 수준에서 연구자들은 또한 실증적으로 관찰된 데이터가 주어졌을 때(그리고 가능하다면 계량경제학자가 만들어낸 사전 확률이 주어졌을 때) 어떤 모델(즉, 팩터들의 결합)이 가장 가능성이 높은지를 파악하려 노력한다. 예를 들어, 문헌들의 흐름은 파마와 프렌치(1993)의 3-팩터 모델이 파마와 프렌치(2015)의 5-팩터 모델보다 어느 정도 더 우수한지 정량화하고자 한다. 이러한 흐름 속에서, 데 무어 외[De Moor et al.](2015)는 p-값을 계산하는 새로운 방법을 소개했다. 여기서 계산한 p-값은 두 모델이 제로 알파 테스트[zero alpha test]를 통과

할 수 있는가에 대한 상대적 우도를 비교한다. 더 일반적으로 칩 외Chib et al.(2020)는 이후 바릴라스Barillas와 샨켄(2018)의 베이지안 기법을 개선했다.

마지막으로, 팩터의 최적 개수를 산정하는 문제 또한 최근 연구들 사이에서 의견이 다소 분분한 주제다. 전통적인 연구는 3~5개 정도의 제한된 팩터 개수에 초점을 맞췄으나, 데미구엘 외(2020), 헤 외He et al.(2020), 코자크 외Kozak et al.(2019), 프레이버거 외Freyberger et al.(2020)의 최근 연구는 최소 15개 이상의 팩터를 사용해야 한다고 주장한다(반대로, 켈리 외Kelly et al.(2019)는 적은 수의 잠재적latent 팩터만으로도 충분하다고 주장한다). 그린 외(2017)는 횡단면 수익률을 설명하는 데 도움이 되는 팩터의 개수가 시간에 따라 달라진다는 사실을 발견했다.

3.2.6 고급 기법들

계속해서 증가하는 팩터의 개수들 그리고 자산 운용업에서 날로 더해져 가는 팩터의 중요성은 연구자들로 하여금 훨씬 더 섬세한 방법론을 고안하도록 만들었다. 그들이 이러한 방법론을 고안한 이유는 바로 이른바 팩터 동물원factor zoo이라고 부르는 것을 '조직'하고, 또한 더 중요하게는 가성적 이상 현상을 탐지하는 동시에 다양한 자산 가격 결정 모델의 사양을 비교하기 위함이다. 다음은 이와 관련한 몇 가지 연구다.

- 펑 외(2020)는 라쏘LASSO, Least Absolute Shrinkage and Selection Operator 선택과 파마-맥베스 회귀를 결합해 새로운 팩터 모델이 그만한 가치가 있는가를 검증한다. 그들은 미리 정의한 팩터 집합에 새로운 팩터를 하나 추가하는 것의 이득을 계량화했으며, 2010년대에 발표된 논문들에서 탄생한 많은 팩터가 실제로는 예상한 만큼의 추가적인 가치를 제공하지 못한다는 것을 보였다.
- 하비와 리우(2019a)도 비슷한 맥락에서 직교화된 팩터들에 부트스트래핑을 사용한다. 그들은 예측 인자들 간의 상관계수가 중요한 문제라는 것을 주장했고, 이 문제를 해결하기 위한 방법론을 제시했다. 다소 긴 절차를 가진 이 방법론은 어떤 후보 변수의 최대 추가 기여도가 유의미한지를 테스트한다.
- 파마와 프렌치(2018)는 최대 샤프 비율의 제곱을 통해 자산 가격 결정 모델을 비교한다.

- 기글리오[Giglio]와 시우[Xiu](2019)는 주성분 분석에 기반한 3-패스 기법을 사용해 위험 프리미엄을 추정한다.
- 푹투완쏭 외[Pukthuanthong et al.](2018)는 주성분 분석과 파마-맥베스 회귀를 결합해 가격 팩터[priced factor]와 비가격 팩터[non-priced factor]를 분리한다.
- 가스파디노프 외[Gospodinov et al.](2019)는 가성적 팩터가 회귀 변수 목록에 포함된 경우와 같은 팩터 설계상의 오류를 경계한다. 거래 가능 팩터[traded factor](거시경제 팩터)는 보다 견고한 모델 적합도를 도출할 가능성이 더 높은 것(더 낮은 것)으로 보인다(브리즈갈로바 (2016) 참고).

물론 완벽한 방법은 존재하지 않지만, 이 분야에 기여한 수많은 연구는 공통적으로 견고함의 필요성을 강조한다. 팩터적 직관에 기반한 투자 의사결정을 내릴 때 이러한 견고함은 명백한 주요 관심사다. 단기 전략의 주요 장애물 중 하나는 팩터의 시간 가변적 특징이다. 이와 관련한 예시로, 실무적 결과에 대해서는 앙과 크리스텐슨(2012), 쿠퍼와 마이오(2019)의 연구를, 추가적인 실증적 결과를 포함하는 보다 이론적인 접근에 관해서는 가그리아디니 외(2016)와 마 외[Ma et al.](2020)의 연구를 참고하라.

3.3 팩터 혹은 특성?

수익률을 선형 팩터 모델로 분해하는 것은 해석이 간단하기 때문에 편리하다. 하지만 실제로 주가 수익률을 거시경제적 팩터에 대한 노출로 설명할 수 있는지 아니면 단순히 기업의 특성으로 설명할 수 있는지는 학계에서 논란이 있다. 라코니쇼크 외[Lakonishok et al.](1994)의 초기 연구는 밸류 프리미엄이 과거 이익 성장률을 잘못 외삽하는 것에 기인한다고 주장한다. 투자자들은 최근 수익성에 따라 해당 기업에 대해 지나치게 낙관적으로 평가한다. 또한, 결과적으로는 기업의 핵심적인 (회계적) 특성이 미래 수익률을 결정한다. 문제는 수익률을 설명할 때 과연 어떤 효과가 가장 두드러지는지, 즉 기업 특성과 거시경제 요인 중 어느 것이 더 큰 영향을 미치는지 구분하는 것이다.

다니엘과 티트먼(1997)은 이 주제에 중요한 기여를 했는데, 그들은 전자를 지지하는 증거를 제시했다. 다니엘 외(2001a)와 다니엘과 티트먼(2012)은 이에 대한 후속 논문들이다. 그들은 HML 혹은 SMB 팩터 로딩이 음수라 하더라도 시장가 대비 장부가 비율이 높거나 시가 총액이 작은 기업들의 평균 수익률이 더 높다는 것을 밝혔다. 따라서 진짜 중요한 것은 팩터 익스포저가 아닌 내재적 특성인 것으로 보인다. 수익률 설명 혹은 예측에서 특성의 역할을 다루는 추가적인 자료는 다음의 연구들을 참고하라.

- 고얄(2012)의 2.5.2절은 이 주제에 대한 2010년 이전 결과를 조사했다.
- 초르디아 외(2019)는 추정 기대 수익률 변동에 있어 특성이 팩터 로딩보다 더 큰 부분을 설명한다는 사실을 발견했다.
- 코자크 외(2018)는 일부 투자자의 요구가 감정에 기반하고 있다는 이론적 모델을 토대로 프리미엄의 팩터 기반 설명을 받아들인다.
- 한 외(2019)는 페널티 회귀를 통해 94개 특성 중 20~30개가 미국 주식의 월별 수익률을 예측하는 데 유용하다는 것을 보인다. 이 방법론은 다소 흥미롭다. 왜냐하면 그들은 예측을 위해 특성에 대한 수익률 회귀를 수행하고, 이후 그 예측치에 대해 수익률 회귀를 수행해 그 예측치가 신뢰할 수 있는지 평가하기 때문이다. 후자의 회귀 분석은 라쏘 페널티[LASSO penalty](5장 참고)를 사용해 쓸모없는 특성이 모델에서 제외되도록 한다. 이 페널티는 라파치[Rapach]와 조우[Zhou](2019)에서 엘라스틱넷[elasticnet]으로 확장됐다.
- 켈리 외(2019)와 김 외(2019)는 모두 팩터가 잠재적이지만 로딩(베타)과 알파가 특성에 따라 달라지는 모델을 추정한다. 커비[Kirby](2020)는 국면 전환[regime-switching]을 도입해 첫 번째 접근법을 일반화한다. 이와 대조적으로, 르타우[Lettau]와 펠거[Pelger](2020a), 르타우와 펠거(2020b)는 특정 특성과의 연관성 없이 잠재 팩터를 추정한다(그리고 해당 접근법의 대규모 표본 점근적 특성을 제공한다.).
- 호츨 외[Hoechle et al.](2018)와 같은 맥락에서 가스파디노프 외[Gospodinov et al.](2019), 브리즈갈로바(2016)는 롱숏 수익률을 산출하는 포트폴리오 정렬을 다룰 때 발생할 수 있는 잠재적 오류에 대해 논의한다. 저자들은 어떤 경우 이 절차를 기반으로 한 검증에 속임수가 있을 수 있음을 보인다. 이는 정렬을 수행하기 위해 선택한 특성이 (관찰 불가능한) 외부 팩터와 상관관계가 있을 때 발생한다. 저자는 이 문제를 우회하기 위한 새로운 회귀 기반 접근 방식을 제안한다.

최근에는 별도 문헌을 통해 코이젠[Koijen]과 요고[Yogo](2019)는 투자자가 특정 기업 특성에 대한 선호도에 따라 포트폴리오를 구성하는 수요 모델을 소개했다. 그들은 이 모델을 통해 대형 기관 투자자의 포트폴리오를 모방할 수 있음을 보여준다. 이 모델에서 총수요(와 그에 따른 가격)는 팩터가 아닌 특성에 직접적으로 연결된다. 후속 논문에서 코이젠 외[Koijen et al.](2019)는 몇 가지 특성만으로도 미래 수익을 예측할 수 있음을 보인다. 또한, 영국과 미국의 기관 보유 자산을 기준으로 가장 큰 투자자는 가격 형성에 가장 큰 영향력을 행사하는 투자자임을 보여준다. 비슷한 맥락에서 베터미어 외[Betemier et al.](2019)는 잘 문서화된 이상 현상(시가 총액, 시장가 대비 장부가)을 생성하는 우아한 (이론적) 일반 균형 모델을 도출한다. 아르노트 외(2014), 알티[Alti]와 티트먼(2019)의 모델도 이론적으로는 잘 알려진 이상 현상을 만들어낼 수 있다. 마지막으로, 마틴[Martin]과 나젤[Nagel](2019)에서 특성은 배당 성장의 예측 가능성에서 갖고 있는 그 역할을 통해 수익률에 영향을 미친다. 이 논문은 자산과 특성의 개수가 비례하고 둘 다 무한대로 증가하는 점근적인 경우를 논의한다.

3.4 핫한 주제들: 모멘텀, 타이밍, ESG

3.4.1 팩터 모멘텀

최근 여러 문헌은 팩터 수익률의 시계열 모멘텀 속성을 밝혀냈다. 예를 들어, 굽타[Gupta]와 켈리(2019)는 수익률 내 자기 상관관계 패턴이 통계적으로 유의미하다고 보고했으며,[2] 같은 맥락에서 아르노트 외(2020)는 모스코비츠와 그린블라트(1999)가 발견한 산업 모멘텀을 팩터 모멘텀으로 설명할 수 있음을 주장했다. 한 걸음 더 나아가 에사니[Ehsani]와 린나인마(2019)는 원래의 모멘텀 팩터가 사실은 다른 모든 팩터에서 발견할 수 있는 자기 상관관계의 총합이라고 결론지었다.

켄 그리핀의 웹 사이트에서 얻은 데이터가 주어졌을 때 팩터의 자기 상관 함수[ACF, AutoCorrelation Function]를 다음과 같이 계산할 수 있다.

$$\mathrm{ACF}_k(\mathbf{x}_t) = \mathbb{E}[(\mathbf{x}_t - \bar{\mathbf{x}})(\mathbf{x}_{t+k} - \bar{\mathbf{x}})]$$

---

2 총 수익률/포트폴리오 수익률의 자기 상관관계는 로(Lo)와 맥킨리(MacKinlay)(1990)의 논문 이후 문헌에서 많이 다루고 있는 효과다(모스코비츠 외(2012) 참고).

```python
fig, ax = plt.subplots(2,2,figsize=(10,5),sharex='all', sharey='all')
# 부분 플롯과 축 공유
sm.graphics.tsa.plot_acf(FF_factors.RMW, lags=10, ax=ax[0,0],title='RMW')
sm.graphics.tsa.plot_acf(FF_factors.CMA, lags=10, ax=ax[1,0],title='CMA')
sm.graphics.tsa.plot_acf(FF_factors.SMB, lags=10, ax=ax[0,1],title='SMB')
sm.graphics.tsa.plot_acf(FF_factors.HML, lags=10, ax=ax[1,1],title='HML')
plt.show()
```

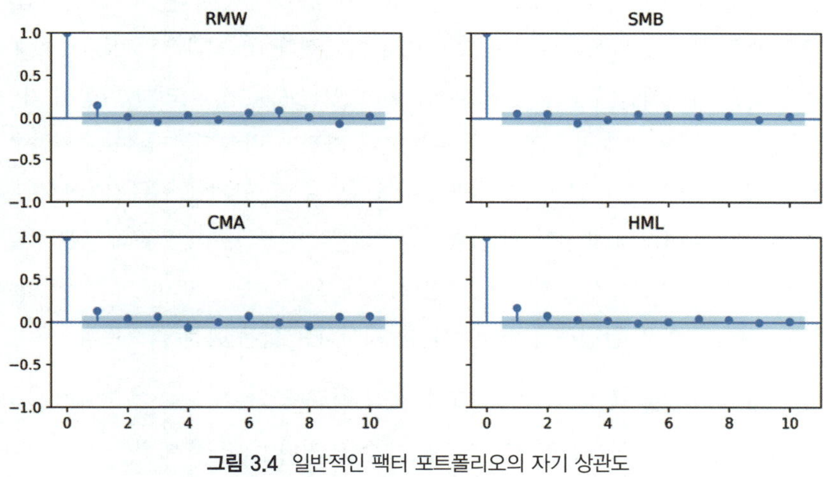

그림 3.4 일반적인 팩터 포트폴리오의 자기 상관도

선택한 네 가지 시계열 중 오직 사이즈 팩터만 첫 번째 차수에서 유의미한 자기 상관관계가
없다.

3.4.2 팩터 타이밍

시간 가변적 특성을 갖는 팩터 프리미엄에 대한 수많은 증거를 고려할 때 언제 팩터가 좋
은 혹은 나쁜 성과를 낼지 예측할 수 있는가에 대해 궁금해하는 것은 당연한 일이다. 타
이밍의 효과에 대한 증거는 다양한데, 그린우드[Greenwood]와 핸슨[Hanson](2012), 호지스 외
[Hodges et al.](2017), 하슬러 외[Hasler et al.](2019), 하다드 외[Haddad et al.](2020), 리우이[Lioui]와 타렐리
[Tarelli](2020)는 타이밍에 대해 긍정적이며, 반대로 애스니스 외(2017)는 부정적인 입장이다. 또
한, 디츨 외[Dichtl et al.](2019)는 혼재된 의견을 제시한다. 어떤 예측 인자를 사용할지에 대한 합

의는 아직 없다. 호지스 외(2017)는 일반적인 거시경제 지표를 사용했고, 그린우드와 핸슨(2012)은 주식 발행 대 자사주 매입, 디츨 외(2019)는 총체적인 펀더멘털 데이터를 사용했다. 머신러닝 기반 팩터 투자에서는 4.7.2절에서 설명하는 것처럼 대규모 경제 데이터에 기업별 속성을 결합해 이를 더 세분화할 수 있다.

3.4.3 그린 팩터

윤리적 금융 상품에 대한 수요는 2010년부터 급격히 증가했고, 이는 사회적 책임 투자[SRI, Socially Responsible Investing]에 기여하는 펀드 조성으로 이어졌다(카밀레리[Camilleri](2021)). 이러한 현상은 새로운 것은 아니지만(슈에스[Schueth](2003), 힐 외[Hill et al.](2007)), 이러한 현상이 가속화되면서 ESG 기준(환경, 사회, 지배 구조)과 관련된 특성이 가격에 반영되는지 여부가 연구 주제로 떠올랐다. 수십, 수백 편의 논문이 이 문제를 다뤘지만 아직 합의에 이르지 못했다. 점점 더 많은 연구자가 기후 변화의 재정적 영향(번스타인 외[Bernstein et al.](2019), 홍 외[Hong et al.](2019), 홍 외(2020)) 그리고 책임 있는 기업 행동에 대한 사회적 요구(파보찌(2020), 커츠[Kurtz](2020))를 연구하고 있다. 다음은 이와 관련해 상반된 결과를 제시하는 짧은 논문 리스트다.

- **ESG 우호적 논문들**: ESG 투자는 효과가 있거나(켐프[Kempf]와 오쏘프[Osthoff](2007), 치마-폭스 외[Cheema-Fox et al.](2020)), 효과가 있을 수 있거나(나기 외[Nagy et al.](2016), 알레산드리니[Alessandrini]와 존도[Jondeau](2020)), 혹은 적어도 효율성이 높을 수 있다(브랜치[Branch]와 차이[Cai](2012)). 한 대규모 메타 연구는 아주 우호적인 결과를 보고하고 있으나(프리드 외[Friede et al.](2015)), 물론 이는 긍정적인 결과에 대한 출간 편향에서 비롯된 것일 수 있다.

- **ESG 비우호적 논문들**: 아들러[Adler]와 크리츠먼[Kritzman](2008), 블리츠[Blitz]와 스윙켈스[Swinkels](2020)에 의하면 윤리적 투자는 수익성이 없다고 한다. 오히려 ESG 팩터는 비윤리적 기업을 매수하고 윤리적 기업을 매도한다(리우이(2018)).

- **의견이 혼재된 논문들**: ESG 투자는 전 세계적으로 유리할 수 있지만 지역적으로는 그렇지 않을 수 있다(차크라바티[Chakrabarti]와 센[Sen](2020)). ESG 스크리닝에 의존하는 포트폴리오는 그렇지 않은 포트폴리오를 크게 능가하지는 못하지만 변동성은 더 낮다(깁슨 외[Gibson et al.](2020), 구글러[Gougler]와 우츠[Utz](2020)). 종종 그렇듯이 중요한 것은 디테일에 있으며, 결과는 E, S, G 중 어떤 것을 활용할지 여부에 따라 달라진다(브루더 외[Bruder et al.](2019)).

이러한 상반된 결과 외에도, 여러 논문은 ESG 측정의 복잡성을 지적한다. 선택 기준과 데이터 제공업체에 따라 결과는 크게 달라질 수 있다(갈레마 외[Galema et al.](2008), 베르그 외[Berg et al.](2020), 아타—다루카 외[Atta-Daruka et al.](2020) 참고).

물론 데 프랑코 외[de Franco et al.](2020)의 사례처럼 ESG 기준을 머신러닝 모델에 직접 통합할 수 있다는 점을 언급하며 이 짧은 절을 마친다.

3.5 머신러닝과의 연결 고리

데이터 가용성이 기하급수적으로 증가함에 따라 모든 자산 운용 매니저는 기업 레벨에서 사용할 수 있는 수많은 기업 속성으로부터 미래 수익률을 추론하려는 명백한 유혹을 느낀다. 여기서 말하는 속성은 회계 비율 같은 고전적인 데이터에서부터 감정과 같은 대체 데이터까지를 모두 의미한다. 이 작업이 다름 아닌 바로 머신러닝의 목표다. 이 목표는 대규모의 예측 변수 집합($\mathbf{X}$)이 주어지면 수식 (2.1)과 같은 형태의 모델을 통해 미래 성과 $\mathbf{y}$에 대한 대용치를 예측하는 것이다.

브랜트 외[Brandt et al.](2009), 할마슨[Hjalmarsson]과 맨체브[Manchev](2012), 암만 외[Ammann et al.](2016), 데미구엘 외(2020)와 같이 이러한 방향에 대한 시도는 이미 존재했으나, 원초부터 머신러닝의 의도나 초점이 있던 것은 아니었다. 돌이켜보면 이러한 접근 방식은 머신러닝 도구와 몇 가지 연결 고리를 공유한다. 일반적인 공식은 다음과 같다. T 시점에서 에이전트 또는 투자자는 다음과 같은 프로그램을 풀고자 한다.

$$\max_{\boldsymbol{\theta}_T} \mathbb{E}_T\left[u(r_{p,T+1})\right] = \max_{\boldsymbol{\theta}_T} \mathbb{E}_T\left[u\left((\bar{\mathbf{w}}_T + \mathbf{x}_T\boldsymbol{\theta}_T)' \,\mathbf{r}_{T+1}\right)\right]$$

여기서 u는 효용 함수이며, $r_{p,\,T+1} = (\bar{\mathbf{w}}_T + \mathbf{x}_T\boldsymbol{\theta}_T)' \,\mathbf{r}_{T+1}$는 포트폴리오의 수익률이다. 이 포트폴리오는 벤치마크[benchmark] $\bar{\mathbf{w}}_T$ 더하기 해당 벤치마크로부터의 편차, 즉 특성들의 선형 함수인 $\mathbf{x}_T\boldsymbol{\theta}_T$를 사용해 정의할 수 있다. 위의 프로그램에는 레버리지 제한 같은 외부 제약 조건을 적용할 수도 있다.

실무적으로 벡터 $\boldsymbol{\theta}_T$는 $T - \tau$부터 $T - 1$ 기간까지의 과거 데이터를 통해 추정해야 하며, 에이전트는 다음 수식의 해를 구하고자 한다.

$$\max_{\boldsymbol{\theta}_T} \frac{1}{\tau} \sum_{t=T-\tau}^{T-1} u \left(\sum_{i=1}^{N_T} \left(\bar{w}_{i,t} + \boldsymbol{\theta}'_T \mathbf{x}_{i,t} \right) r_{i,t+1} \right) \tag{3.6}$$

여기서 τ는 표본의 크기, N_T는 자산 유니버스에 속해 있는 자산의 개수다. 수식 (3.6)은 보상(평균 수익률)이 최대가 되도록 매개 변수를 선택하는 학습 과제라고 볼 수 있다.

3.5.1 최근 발표된 참고 문헌 리스트

특성 기반 접근 방식과는 별개로 초창기 금융 머신러닝은 가격 데이터만을 활용했다. 그러던 것이 이후 기업 특성을 예측 인자로 통합하면서 금융에서 머신러닝의 응용은 꽃을 피웠다. 다음은 몇 가지 참고 문헌들을 방법론적 카테고리에 따라 범주화한 결과다.

- 페널티 이차 계획법: 고토[Goto]와 수(2015), 반 외[Ban et al.](2016), 페린[Perrin]과 롱깔리 (2019)
- 규제화된 예측 회귀: 라파치 외(2013), 친코 외(2019a)
- 서포트 벡터 머신: 차오[Cao]와 테이[Tay](2003) 그리고 그 안에 포함된 참고 문헌들
- 모델 비교 그리고/혹은 종합: 김(2003), 황 외[Huang et al.](2005), 마티아스[Matías]와 레보레도[Reboredo](2012), 레보레도 외(2012), 두니스 외[Dunis et al.](2013), 구 외[Gu et al.](2020), 귀다[Guida]와 코케렛[Coqueret](2018b). 이 중 마지막 2개의 최신 논문은 다양한 횡단면적 특성을 다룬다.

트리 기반 방법, 인공 신경망, 강화학습 기법에 대한 자세한 목록은 각각 6장, 7장, 16장에서 제공한다. 또한, 분류기 비교에 대해서는 벌링스 외[Ballings et al.](2015)를 참고하고, 머신러닝 기반 예측 기법에 대한 조사에 관해서는 헨리크 외[Henrique et al.](2019), 버스토스[Bustos]와 포마레스–큄바야[Pomares-Quimbaya](2020)를 참고하라.

3.5.2 자산 가격 결정 모형과의 명백한 연결

팩터 투자와 자산 가격 결정 사이의 첫 번째 분명한 연관성은 바로 (평균) 수익률 예측이다. 이에 관한 주요 정식 학술 참고 문헌은 구 외(2020)다. 먼저 일반적인 방정식을 제시하고 이

에 관한 설명을 한다.

$$r_{t+1,n} = g(\mathbf{x}_{t,n}) + \epsilon_{t+1} \tag{3.7}$$

흥미로운 부분은 위의 모델과 수식 (3.1)의 모델 간 차이점에 있다. 첫 번째 명백한 차이점은 바로 비선형 함수 g의 도입인데, 사실 단순성과 해석성 외에 이 모델을 선형 관계로 제한해야 할 이유는 없다. 자산 가격 결정 커널에서의 비선형성에 대한 초기 참고 문헌 중 하나는 밴살과 비스와나탄(1993)이다.

더 중요한 것은 수식 (3.7)과 수식 (3.1)의 두 번째 차이점인 시간 인덱스의 변화다. 실제로 투자자 입장에서는 자산 횡단면 구조에 대한 정보를 예측할 수 있는가가 그들의 관심사다. 동일한 시점의 팩터로 자산 수익률을 설명하는 것은 팩터 값의 실현을 미리 알 수 없기에 유용하지 않다. 따라서 모델이 가치를 지니기 위해서는 상태 공간($\mathbf{x}_{t,n}$이라고 함)과 수익률의 발생 사이에 어느 정도 시간 간격이 존재해야 한다. 모델 $\hat{g}$를 추정하고 나면, t 시점에서 측정 가능한 값 $g(\mathbf{x}_{t,n})$는 (평균) 미래 수익률에 대한 예측을 제공한다. 이러한 예측은 포트폴리오 가중치를 설정할 때 시그널의 역할을 할 수 있다(이 주제에 대한 자세한 내용은 12장 참고).

대부분의 연구에서는 수식 (3.7)의 좌변에 수익률을 사용하지만, 사실 다른 지표를 사용하지 못할 이유는 없다. 수익률은 직관적이고 계산하기 쉽지만 이를 샤프 비율과 같은 더 정교한 지표로 대체할 수 있다. 이렇게 하면 단순 수익률이 아닌 위험 조정$^{\text{risk-adjusted}}$ 성과를 예측하는 데 기업의 특성을 사용할 수 있다.

수식 (3.7)의 명시적인 형태 외에도 여러 가지 다른 머신러닝 관련 도구를 사용해 자산 가격 결정 모델을 추정할 수 있다. 여기에는 몇 가지 방법이 있으며, 그중 일부를 다음에서 제시한다.

첫째, 자산 가격 결정의 주요 문제는 모든 자산 n에 대해 $\mathbb{E}_t[M_{t+1}(r_{t+1,n} - r_{t+1,f})]$을 만족하는 확률적 할인 계수$^{\text{SDF, Stochastic Discount Factor}}$ M_t를 특징짓는 것이다(콕레인(2009) 참고). 이 방정식은 적률의 일반화된 방법을 위한 자연스러운 기반이다(한센^{Hansen}(1982)). 여기서 M_t는 다음을 만족해야 한다.

$$\mathbb{E}[M_{t+1}R_{t+1,n}g(V_t)] = 0 \tag{3.8}$$

여기서 기초 변수 V_t는 $\mathcal{F}_t$-가측^{measurable}이며(즉, t 시점에 알 수 있다), 대문자 $R_{t+1,n}$은 자산 n

의 초과 수익률을 의미한다. 추정 문제를 줄이고 간소화하기 위해, SDF를 자산들의 포트폴리오로 정의하는 것이 일반적이다(백^{Back}(2010)의 3장 참고). 첸 외(2020)에서 저자들은 생성형 적대적 네트워크$^{GAN, Generative Adversarial Network}$(7.6.1절 참고)를 사용해 강한 페널티 항하에서 수식 (3.8)을 가장 잘 만족하는 포트폴리오 가중치를 추정한다.

두 번째 접근 방식은 수식 (3.1)에서와 같이 자산 수익률을 팩터들의 선형 조합으로 모델링하는 것이다. 이는 다음과 같이 간결하게 표기할 수 있다.

$$r_{t,n} = \alpha_n + \boldsymbol{\beta}'_{t,n}\mathbf{f}_t + \epsilon_{t,n}$$

여기서 팩터 로딩 $\boldsymbol{\beta}_{t,n}$는 시간 가변적이다. 한 가지 트릭은 위의 방정식에 기업 특성을 입히는 것이다. 전통적으로 이러한 특성은 팩터의 정의에 기반한다(파마와 프렌치(1993)의 영향력 있는 팩터 정의와 같이). 수익률을 분해하는 것은 시가 총액, 회계 비율, 과거 성과 등에 따라 구성된 이러한 팩터들에 대한 주가 수익률의 노출도에 따라 달라진다. 익스포저가 주어졌을 때 주식의 성과는 소형주, 가치주 등과 같은 특정 스타일의 프로파일에 기인한다.

일반적으로 팩터는 임계치 설정과 같은 단순한 규칙으로 구성된 휴리스틱적 포트폴리오다. 예를 들어, 시장가 대비 장부가가 1/3 분위 이하인 기업은 성장주이며, 2/3 분위 이상인 기업은 가치주다. 밸류 팩터는 이 두 그룹의 롱숏 포트폴리오에 균등한 가중치를 부여해 정의할 수 있다. 파마와 프렌치(1993)는 가중치 체계와 포트폴리오 구성에서 균등한 가중치가 아닌 시가 총액을 기반으로 하는 더 복잡한 접근법을 사용했다.

머신러닝이 이룬 한 가지 발전은 바로 팩터의 구성을 자동화하는 것이다. 펑 외(2019)의 접근법이 그 대표적인 예다. 여기서 그들은 휴리스틱하게 팩터를 만드는 대신, 횡단면 수익률의 적합도를 극대화하기 위해 팩터 구성을 최적화한다. 최적화는 상대적으로 깊은 순방향 신경망을 통해 수행하며, 수식 (3.7)에서와 같이 관계가 실질적인 예측성을 갖도록 특성 공간의 시점을 지연시킨다. 이론적 관점에서 이 팩터 결과는 수익률에서의 표본 내 분산 중 상당히 많은 부분을 설명하는 데 도움이 됐다. 모델의 예측 능력은 표본 외에서 얼마나 잘 일반화하는가에 따라 달라진다.

세 번째 접근 방식은 켈리 외(2019)의 접근 방식이다(물론 여기서의 통계적 처리 방식이 그 자체로 머신러닝은 아니다).[3] 그들의 아이디어는 오히려 정반대다. 팩터는 잠재적이고 관찰 불가능하며, 특성에 따라 달라지는 것은 베타, 즉 팩터 로딩이다. 이러한 접근법은 높은 자유도를 갖는데, 왜냐하면 $r_{t,n} = \alpha_n + (\beta_{t,n}(\mathbf{x}_{t-1,n}))'\mathbf{f}_t + \epsilon_{t,n}$에서는 오직 특성 $\mathbf{x}_{t-1,n}$만을 알 수 있고 팩터 $\mathbf{f}_t$와 함수 형태의 $\beta t, n(\cdot)$는 전부 추정해야 하기 때문이다. 켈리 외(2019)는 그들의 논문에서 선형 함수 형태를 사용하고 있는데, 이는 훨씬 더 다루기 쉽다.

마지막으로, 구 외(2021)가 소개한 네 번째 접근 방식은 여기서 한 발 더 나아가 두 가지 신경망 구조를 결합한다. 첫 번째 신경망은 특성 $\mathbf{x}_{t-1}$을 입력 변수로 받고 팩터 로딩 $\beta_{t-1}(\mathbf{x}_{t-1})$을 산출하며, 두 번째 신경망은 수익률 $\mathbf{r}_t$를 팩터 값 $\mathbf{f}_t(\mathbf{r}_t)$로 변환한다(펭 외(2019) 참고). 이 두 가지 신경망을 통합하는 결합 모델은 다음과 같이 나타낼 수 있다.

$$\mathbf{r}_t = \beta_{t-1}(\mathbf{x}_{t-1})'\mathbf{f}_t(\mathbf{r}_t) + \epsilon_t \tag{3.9}$$

수식 (3.9)의 사양은 매우 특별한데 그 이유는 왼쪽의 출력이 오른쪽의 입력에도 동일하게 존재하기 때문이다. 머신러닝에서 오토인코더(7.6.2절 참고)는 동일한 속성을 공유한다. 주성분 분석과 마찬가지로 오토인코더의 목적은 데이터셋(여기서는 수익률)에 대해 가장 단순한 비선형적 형태를 찾는 것이다. 수식 (3.9)에서 입력 변수는 $\mathbf{r}_t$고, 출력 함수는 $\beta_{t-1}(\mathbf{x}_{t-1})'\mathbf{f}_t(\mathbf{r}_t)$다. 목표는 다른 회귀 분석 모델처럼 이 둘 사이의 차이를 최소화하는 것이다.

오토인코더는 차원 축소를 목표로 입력 변수에 최대한 가까운 출력 변수를 갖는 신경망이다. 구 외(2021)의 혁신은 팩터 로딩을 모델링하는 데 사용하는 일반적인 퍼셉트론과 순수한 오토인코더 부분을 결합한 것이다. 이 신경망의 구조는 다음과 같이 요약할 수 있다.

$$\begin{array}{llll}
\text{수익률 } (\mathbf{r}_t) & \xrightarrow{NN_1} & \text{팩터 } (\mathbf{f}_t = NN_1(\mathbf{r}_t)) & \left.\vphantom{\begin{array}{c}a\\b\end{array}}\right\} \longrightarrow \quad \text{수익률 } (r_t) \\
\text{특성 } (\mathbf{x}_{t-1}) & \xrightarrow{NN_2} & \text{팩터 로딩 } (\beta_{t-1} = NN_2(\mathbf{x}_{t-1})) &
\end{array}$$

간단한 오토인코더는 이 모델의 첫 번째 줄만을 갖고도 구성할 수 있다. 이 모델에 대한 구체적인 사항은 7.6.2절에서 자세히 설명한다.

자산 가격 결정과 머신러닝 간의 교차점은 다양한 응용을 제공하며, 3장의 결론은 바로 이 사실을 부인할 수 없다는 것이다. 관련 참고 문헌은 이미 매우 방대하며, 이러한 주제에 대

---

3 같은 맥락에서 르타우와 펠거(2020a), 르타우와 펠거(2020b)를 참고하라.

해 출판물이 계속해서 쏟아지고 있다는 점에서 훌륭한 아이디어와 잡음을 구분하는 것은 때로 어렵다. 연습과 구현만이 과장 광고로부터 실제 가치를 끌어낼 수 있는 유일한 방법이다. 이는 특히나 투자자가 실제 투자 세계에서의 배분 결정 과정에서 팩터의 역할을 종종 과대평가하는 경향이 있기에 더욱 그렇다(친코 외(2019b), 카스타네다[Castaneda]와 사바트[Sabat](2019) 참고).

3.6 코딩 예제

1. 성장주 대 가치주 포트폴리오의 연간 수익률, 즉 장부가 대비 주가 비율이 중간값 이상인 기업의 평균 수익률을 계산하라(데이터셋에서 해당 변수는 'Pb'다).
2. 위와 동일한 문제를 풀되 월별 수익률을 계산하고 해당 포트폴리오의 (시간 경과에 따른) 값을 그래프로 시각화하라.
3. 1개의 고유한 임계치 대신 시가 총액의 사분위수를 기준으로 간단하게 정렬된 포트폴리오를 계산하라. 연간 수익률을 계산하고 그래프로 시각화하라.

04

데이터 전처리

4장에서 소개하는 방법론은 금융 영역에서의 응용을 기반으로 한다. 만약 비재무적 데이터 처리에 대한 소개를 보려면 범커[Boehmke]와 그린웰[Greenwell](2019)의 범용적인 머신러닝 도서 중 3장에 나오는 내용과 쿤[Kuhn]과 존슨(2019)의 논문, 이 두 가지를 참고하는 것이 좋다.

4.1 너의 데이터를 알라

모든 정량적 연구와 마찬가지로, 첫 번째 단계는 데이터가 신뢰할 수 있는지, 즉 (최소한) 신뢰할 수 있는 데이터 제공업체에서 데이터를 제공하는 것인지 확인하는 것이다. 금융 데이터 제공 환경은 매우 방대하다. 일부 제공업체는 이미 잘 알려진 곳들(예를 들어, 블룸버그, 톰슨-로이터, 데이터스트림, CRSP, 모닝스타)이고, 다른 일부는 최근 설립된 곳들(Capital IQ, Ravenpack 등)이며, 또 다른 일부는 대체 데이터라는 틈새 시장에 집중하고 있다. 대체 데이터 업체에 대한 전체 목록은 다음 사이트(https://alternativedata.org/data-providers/)를 참고하자. 안타깝게도 우리가 아는 한, 데이터 신뢰성 측면에서 이러한 제공업체를 광범위하게 평가한 연구는 아직 존재하지 않는다.

두 번째 단계는 범위(최솟값과 최댓값), 평균, 중앙값과 같은 **요약 통계치**[summary statistics]를 살펴보는 것이다. 히스토그램이나 시계열 플롯은 물론 더 많은 정보를 담고 있지만, 고차원에서는 이를 제대로 분석할 수 없다. 하지만 그럼에도 어떤 주식 혹은 특정한 특성에 대한 국지적인 패턴이나 오류를 추적할 때는 이러한 도구들이 유용한 경우도 있다. 일차 적률$^{first\ order}$ ^{moment} 외에도 이차 적률(분산과 공분산/상관계수)도 공선성을 파악하는 데 도움이 되므로 중요하다. 어떤 두 특성의 상관관계가 높으면 일부 모델에서 문제가 발생할 수 있다(예를 들어, 단순 회귀의 경우 15.1절을 참고).

종종 예측 인자의 개수가 너무 많아서 이러한 간단한 지표를 살펴보는 것이 비현실적인 경우가 있다. 이런 경우 최소한의 검증을 권장하는데, 보다 쉬운 분석을 위해서는

- 가장 일반적인 **팩터**(시가 총액, 장부가 대비 시장가 혹은 시장가 대비 장부가, 모멘텀(과거 수익률), 수익성, 자산 성장률, 변동성)와 관련된 예측 인자의 하위 집합에 집중한다.
- 최대/중앙값 또는 평균/최소 비율이 의심스러운 경우 요약 통계치에서 이상치를 추적한다.

그림 4.1에는 특성과 1개월 후 수익률 간의 상관계수 분포를 보여주는 박스 그래프가 있다. 상관계수는 주식의 전체 횡단면에 대해 날짜별로 계산한다. 대부분 0에 가깝지만 일부 날짜에는 극단적인 변화를 보인다(이상치는 검은색 원으로 표시). 시가 총액은 특성들 중 중앙값이 가장 음수이며, 변동성은 상관계수의 중앙값이 양수인 유일한 예측 인자다(이 특정 예시는 저위험 이상 현상을 반박하는 것처럼 보인다).

```python
import seaborn as sns
cols=[]    # 이전에 사용한 열 리스트 초기화
cols= features_short+['R1M_Usd','date'] # 몇 개의 특성, 레이블, 날짜 유지
data_corr = data_ml[cols]                # 작업할 데이터셋 생성
data_corr = data_corr.groupby('date').corr()[['R1M_Usd']].reset_index()
# 상관계수를 계산하기 위한 그룹화
data_corr=data_corr.loc[data_corr[data_corr.level_1.str[-7:]!="R1M_Usd"].
  ↪index]
# 레이블에서 correl=1 인스턴스 제거
data_corr.rename(columns={'level_1': "Factors"},inplace=True)
# 향후 시각화를 위한 이름 바꾸기
plt.figure(figsize=(12,6))
# 차트 사이즈 조절
```

```python
sns.swarmplot(x="Factors", y="R1M_Usd", data=data_corr)
# seaborn을 활용해 그래프 시각화
```

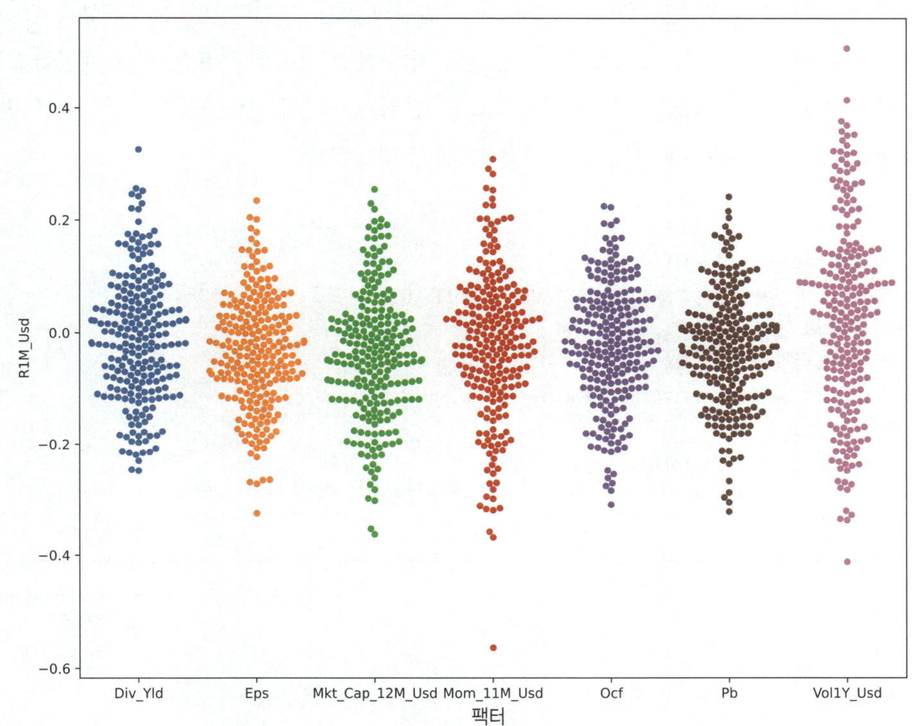

그림 4.1 1개월 선도 수익률(레이블)과의 상관관계 산점도

대부분의 경우 그러하겠지만 지도 학습으로 작업할 때 더 중요한 것은 평활화된 **조건부 평균** conditional average 으로 특성과 종속 변수 간의 연결을 훨씬 더 잘 특징지을 수 있다는 점이다. 왜냐하면 이 조건부 평균은 특성이 레이블에 어떻게 영향을 미치는지를 보여주기 때문이다. 조건부 평균을 사용하는 것은 깊은 이론적 근거가 있다. 오직 하나의 특성 X가 있고 변수가 실수 값인 모델 $Y = f(X) + \text{error}$를 구한다고 가정해보자. 평균 제곱 오차 MSE, Mean Squared Error $\mathbb{E}[Y - f(X)]^2$를 최소화하는 함수 f는 이른바 회귀 함수다(하스티 외(2009)의 2.4절을 참고).

$$f(x) = \mathbb{E}[Y|X = x] \tag{4.1}$$

그림 4.2에서는 종속 변수(Y)가 1개월 선행 수익률일 때 이 함수에 대한 2개의 그래프를 보여준다. 첫 번째는 지난 1년간의 평균 시가 총액과 관련된 그래프이며, 두 번째는 지난 1년간의 변동성과 관련된 그래프다. 두 예측 변수 모두 균일화돼 있고(4.4.2절 참고), 그렇기에 어떠한 기간에서든 자산의 횡단면에서 그 값은 균일한 분포를 보인다. 따라서 특성의 범위는 [0, 1]이며, 그래프의 x축에 표시돼 있다. 실선 주위의 음영 처리된 부분은 평균 계산을 위한 95% 신뢰 수준 구간을 나타낸다. 기본적으로 이 범위는 (i) 많은 데이터 포인트가 있으면서 (ii) 데이터 포인트가 너무 분산돼 있지 않을 때 좁게 형성된다.

```python
unpivoted_data_ml=pd.melt(
    data_ml[['R1M_Usd','Mkt_Cap_12M_Usd','Vol1Y_Usd']],id_vars='R1M_Usd')
# 벡터 선택 및 결합
plt.figure(figsize=(13,8))
sns.lineplot(data = unpivoted_data_ml, y='R1M_Usd', x='value',␣
 ↪hue='variable')
# seaborn을 활용한 그래프 시각화
```

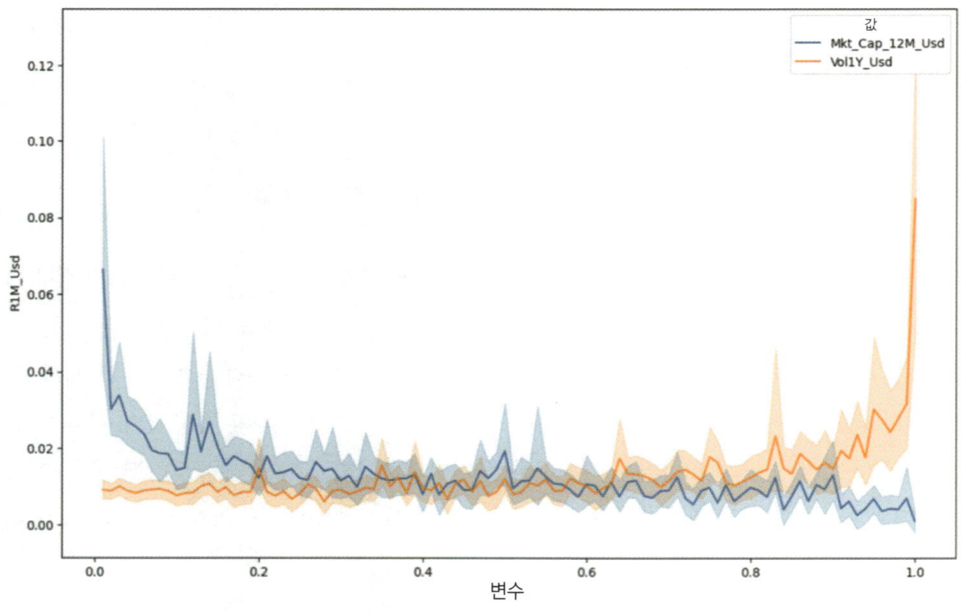

그림 4.2 조건부 기댓값: 특성에 대한 평활화 함수로서의 평균 수익률

이 두 변수는 미래 수익률에 거의 단조적인 형태로 영향을 미친다. 평균적으로 수익률은 시가 총액에 따라 감소한다. 따라서 이러한 결과는 이른바 사이즈 효과라 불리는 것을 입증한다. 변동성과 관련한 정반대의 패턴은 사이즈 효과에 비해서는 덜 두드러진다. 변동성 스코어의 앞단에서는 곡선이 다소 평평하고 변동성 스코어의 마지막 5분위수에 이르러서야 점진적으로 증가한다. 이러한 결과는 저위험 이상 현상과는 다소 모순된다.

특성의 중요한 실증적 특징 중 하나는 **자기 상관관계**(혹은 그 부재)다. 어떤 예측 인자가 높은 수준의 자기 상관관계를 보인다면 일부 데이터 포인트가 누락된 경우 간단한 대치^{imputation} 방식을 사용하는 것이 타당할 수 있다. 하지만 예측 작업으로 넘어갈 때도 자기 상관관계는 중요하며, 우리는 이 문제를 4.6절에서 간단하게 다룰 것이다. 그림 4.3은 주식 및 특성별로 계산한 자기 상관계수의 히스토그램^{histogram}이다.

```python
cols=[]       # 이전에 사용한 열 리스트 초기화
cols=['stock_id']+list(data_ml.iloc[:,3:95].columns) # 특성/주식 식별 코드 유지
# 주식 식별 코드와 변수 쌍으로 정렬 후 자기 상관계수를 계산하기 위한 코드
data_hist_acf=pd.melt(data_ml[cols], id_vars='stock_id').groupby(
    ['stock_id','variable']).apply(lambda x: x['value'].autocorr(lag=1))
plt.figure(figsize=(13,8))
data_hist_act.hist(bins=50,range=[-0.1,1]) # pandas에서 그래프 시각화
```

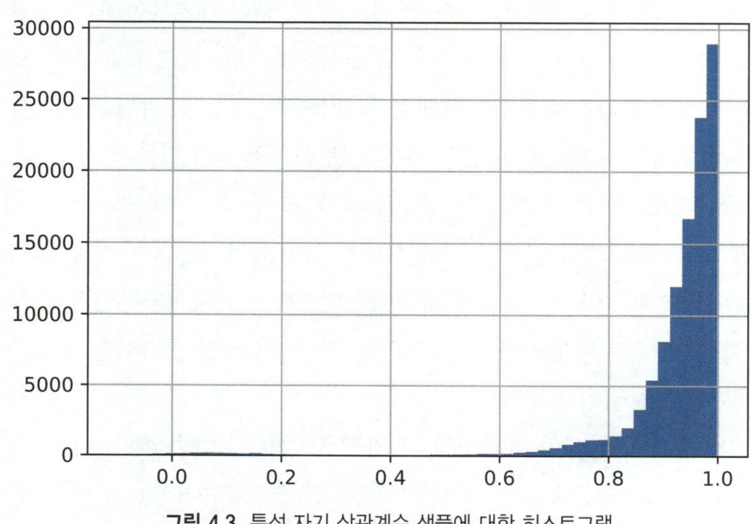

그림 4.3 특성 자기 상관계수 샘플에 대한 히스토그램

4.2 결측 데이터

다른 실증적 분야와 마찬가지로 포트폴리오 운용 또한 데이터 누락 문제에 직면한다. 이 주제는 잘 알려져 있으며, 여러 책에서 이 문제에 대한 해결책을 자세히 다루고 있다(예를 들어, 앨리슨[Allison](2001), 엔더스[Enders](2010), 리틀[Little]과 루빈[Rubin](2014), 반 부언[Van Buuern](2018)). 연구자들은 누락된 데이터 포인트에 대처하기 위한 새로운 방법을 지속적으로 제안하고 있지만(예를 들면, 호나커[Honaker]와 킹[King](2010) 또는 체 외[Che et al.](2018)), 만약 몇 가지 기본적인 주의 사항만 준수한다면 휴리스틱적인 방식으로도 충분하다고 생각한다.

우선, 누락된 데이터를 처리하는 방법에는 크게 **제거**[removal]와 **대치**[imputation]라는 두 가지 방식이 있다. 제거는 데이터에 구애받지 않는 방식이나 비용이 많이 든다. 특히 만약 하나의 누락된 특성값으로 인해 전체 인스턴스가 제거되는 경우 이 비용은 훨씬 커진다. 대치를 선호하는 경우가 종종 있지만 대치법은 몇 가지 근본적이고 잠재적인 잘못된 가정에 의존한다.

대치법을 단순하게 분류하자면 다음과 같다.

- 기본적인 대치법 선택은 사용 가능한 과거 값에 대한 주식 특성의 중앙값(또는 평균)이다. 만약 시계열에 추세가 있는 경우 이 방식은 어쩔 수 없이 추세를 바꾸게 된다. 이와 관련해서 이 방법은 만약 훈련셋과 테스트셋을 별도로 처리하지 않는 한 미래 참조적일 수 있다.
- 백테스팅을 고려하는 시계열적 맥락에서 가장 간단한 대치법은 이전 값을 사용하는 것이다. 즉, x_t가 누락된 경우, x_{t-1}로 대체하는 것이다. 과거 값은 모두 사용 가능한 값이고 그 정의상 과거 참조적이기 때문에 대부분의 경우 이 방법은 합리적이다. 하지만 일부 특수한 경우에는 이 방법이 매우 나쁜 선택일 수 있다(다음 주의 사항 참고).
- 자산들의 **횡단면**[cross-section]에 대한 중앙값과 평균값을 계산할 수도 있다. 이는 대략적으로 말해, 관측치 그룹을 갖고 누락된 특성 값이 재배치된다는 것을 암시한다. 많은 값이 누락되면 이 방법은 특성 분포상에서 데이터가 원자화되는 상황을 만들어낼 수 있고, 이에 따라 기존 분포를 바꿀 수 있다. 한 가지 장점은 이러한 대치법이 미래 참조적이지 않다는 점이다.
- 많은 기법이 데이터 생성 과정에서 몇 가지 모델링 가정에 의존한다. 비모수적 접근법(랜덤 포레스트에 의존하는 스텍호븐[Stekhoven]과 뷜만[Bühlmann](2011), 샤 외[Shah et al.](2014), 6

장 참고), 베이지안적 대치법(샤퍼^{Schafer}(1999)), 최우도 방식(엔더스(2001)와 엔더스(2010)), 보간법 혹은 외삽법 그리고 최근접 이웃 알고리듬(가르시아-랜시나 외$^{García-Laencina et}$ $^{al.}$(2009)) 등이 이에 해당한다. 보다 일반적으로, 이 절의 가장 처음 소개했던 4권의 책에서 이러한 대치법의 절차를 자세히 설명한다. 고급 기법들은 계산적으로 훨씬 더 까다롭다.

몇 가지 주의 사항은 다음과 같다.

- 보간법^{interpolation}은 어떤 대가를 치르더라도 피해야 한다. 분기마다 발표되는 회계 수치 혹은 비율은 미래 예측이라는 단순한 이유만으로 선형 보간해서는 안 된다. 1월과 4월에 수치가 공개되는 경우 2월과 3월을 보간하려면 4월 수치를 알아야 하는데, 실제 라이브 트레이딩에서 이를 알 수는 없다. 그렇기에 과거 값을 사용하는 것이 더 나은 방법이다.
- 하지만 과거 값의 대입을 피해야 하는 몇 가지 특성 유형이 있다. 우선 수익률을 그대로 갖다 쓰면 안 된다. 기본적으로 누락된 수익률 값은 0으로 설정하는 것이 가장 좋다(평균 혹은 중앙값에 가까운 경우가 많다). 결정을 도울 수 있는 한 가지 좋은 지표는 시간에 따른 특성의 지속성이다. 자기 상관관계가 매우 높은 경우(그리고 시계열 플롯이 시가 총액과 같이 매끄러운 곡선을 그리는 경우) 과거 값의 대입이 합리적일 수 있다. 그렇지 않다면 이러한 방법은 반드시 피해야 한다.
- 좀 더 주의가 필요한 경우도 있다. 표 4.1에서 가상의 배당 수익률 샘플을 고려해보자.

표 4.1 시간순 대입법의 문제

날짜	원래의 값	대체한 값
2015-02	NA	이전 값(만약 있는 경우)
2015-03	0.02	불변(none)
2015-04	NA	0.02(이전 값)
2015-05	NA	0.02(이전 값)
2015-06	NA	<= 문제!

이 경우 배당 수익률은 3월, 6월, 9월 등 분기별로 공개된다. 하지만 6월에는 이 배당 수익률이 누락됐다. 문제는 실제 데이터 결함 때문에 누락된 것인지 아니면 단순히 회사가 6월에 배당을 지급하지 않았기 때문에 누락된 것인지 알 수 없다는 것이다. 따라서 과거 값을 대입하는 것은 이러한 경우 오류를 만들 수 있다. 완벽한 해결책은 없지만 그럼에도 결정을 내려야 한다. 배당 데이터를 다루는 경우에는 세 가지 선택지가 있다.

1. 이전 값을 유지한다.

2. 이전 관측치로부터 외삽한다(보간법과는 매우 다름). 예를 들어, 과거 데이터에 대한 추세를 평가하고 그 추세를 따르는 것이다.

3. 값을 0으로 설정한다. 이 방법은 매력적이지만 경영진의 배당 스무딩 관행 때문에 최적의 선택은 아닐 수 있다(이 주제에 대한 자세한 내용은 리어리[Leary]와 마이클리[Michaely](2011), 첸 외(2012)를 참고하라). 지속성이 있는 시계열의 경우 앞의 두 가지 선택지가 더 나을 수 있다.

테스트를 수행해 각 선택지의 상대적인 성능을 평가할 수 있다. 이러한 선택지들의 대략적 틀을 **기억**하는 것도 중요하다. 선택지가 너무 많아 잊어버리기가 매우 쉽다. 그렇기에 이를 추적하며 숙지하는 것은 당연히 필수적이다. 머신러닝 파이프라인에서 데이터 준비와 관련한 **스크립트**[script1]는 한 번만 사용하고 버리는 것이 아니기 때문에 종종 핵심적인 역할을 한다!

4.3 이상치 탐지

이상치 탐지는 잘 문서화돼 있는 주제이며 이와 관련된 자체적인 연구(호지[Hodge]와 오스틴[Austin](2004), 찬돌라 외[Chandola et al.](2009), 굽타 외[Gupta et al.](2014))와 몇 권의 전문 서적(아가왈[Aggarwal](2013), 루시우[Rousseeuw]와 리로이[Leroy](2005)가 있으며, 후자는 회귀 분석에 보다 중점을 두고 있다)도 있다.

---

1 여기서 말하는 스크립트는 개별적인 머신러닝 방법론을 의미한다. – 옮긴이

다시 말하지만, 엄청나게 정교한 방법을 사용하려면 많은 노력을 요하나 얻을 수 있는 이득은 제한적일 수 있다. 만약 절차상 문서화돼 있다면 오히려 간단한 휴리스틱적 방법으로도 충분하다. 이러한 휴리스틱적 방법은 종종 '엄격한' 임계치에 의존한다.

- 시간적으로 여과될 수 있는 주어진 특성에 대해 $[\mu - m\sigma, \mu + m\sigma]$ 구간을 벗어나는 모든 데이터를 이상치로 간주할 수 있다. 여기서 μ는 샘플의 평균이고, σ는 표준 편차다. 배수 값 m은 일반적으로 집합 $\{3, 5, 10\}$에 속하며 물론 이는 임의적이다.
- 마찬가지로 가장 큰 값이 두 번째로 큰 값의 m배 이상이면 이 값 또한 이상치로 분류할 수 있다(꼬리의 다른 쪽에도 동일한 추론 방법을 적용한다).
- 마지막으로, 주어진 작은 임계치 q에 대해 사분위수 범위 $[q, 1 - q]$를 벗어나는 모든 값을 이상치로 간주할 수 있다.

여기서 후자의 아이디어는 원저화^{winsorization}로 인해 대중화됐다. 원저화란 $x^{(q)}$ 이하의 모든 값은 $x^{(q)}$로 설정하고 $x^{(1-q)}$ 이상의 모든 값은 $x^{(1-q)}$로 설정하는 방법이다. 원저화된 변수 $\tilde{x}$는 다음과 같다.

$$\tilde{x}_i = \begin{cases} x_i & \text{만일 } x_i \in [x^{(q)}, x^{(1-q)}] \quad \text{(변화 없음)} \\ x^{(q)} & \text{만일 } x_i < x^{(q)} \\ x^{(1-q)} & \text{만일 } x_i > x^{(1-q)} \end{cases}$$

q의 범위는 일반적으로 (0.5%, 5%) 사이이며, 1%와 2%가 가장 자주 사용된다.

원저화 단계는 특성별 그리고 날짜별로 수행해야 한다. 하지만 시계열 관점을 유지하는 것도 유용하다. 예를 들어, 8,000억 달러의 시가 총액은 범위를 벗어난 것처럼 보일 수 있으나, 애플의 시가 총액 추이를 살펴보면 그렇지 않다.

진정한 이상치(즉, 데이터 추출 오류로 인한 것이 아닌 극단적 지점)는 중요한 정보를 담고 있을 가능성이 높기 때문에 가치가 있다는 점을 상기하며 이 절을 마친다.

4.4 특성 공학

특성 공학은 포트폴리오 구성 프로세스에서 매우 중요한 단계다. 컴퓨터 과학자들은 종종 '쓰레기를 넣으면, 쓰레기가 나온다'라는 말을 언급한다. 따라서 포트폴리오 배분을 위한 머신러닝 엔진이 잘못 설계한 변수를 학습하지 못하도록 막는 것은 가장 중요하다. 이 주제에 대해 관심 있는 독자는 쿤과 존슨(2019)의 최근 연구를 참고하라. 이것보다 더 짧은 학술적 참고 문헌으로는 구욘^{Guyon}과 엘리세프^{Elisseeff}(2003)가 있다.

4.4.1 특성 선택

첫 번째 단계는 선택이다. 예측 인자 집합이 클 경우 원치 않거나 중복되는 외생 변수를 필터링하는 것이 좋다. 휴리스틱적으로 간단한 방법은 다음과 같다.

- 모든 특성의 상관계수 행렬을 계산하고 상관계수 절댓값의 어떤 값도 임계치(일반적으로 0.7)를 넘지 않는지 확인해 중복된 변수가 머신러닝 엔진을 오염시키지 않도록 한다.
- 선형 회귀 분석을 수행해 유의하지 않은 변수(예를 들어, p-값이 0.05 이상인 변수)를 제거한다.
- 특성 집합에 대한 군집화 분석을 수행하고, 각 군집 내에서 하나의 특성만을 유지한다(15장 참고).

이러한 방법들 모두 다소 환원적이며 동시에 비선형 관계를 간과한다. 다른 접근 방식은 의사결정 트리(혹은 랜덤 포레스트)를 피팅시키고 변수 중요도가 높은 특성만을 유지하는 것이다. 이러한 방법은 6장과 13장에서 각각 트리와 변수 중요도를 다룰 때 좀 더 자세하게 다루도록 한다.

4.4.2 예측 인자 스케일링

데이터 전처리가 필요하다는 전제는 금융 데이터의 스케일이 매우 다양하다는 데서 비롯된다.

- 수익률은 대부분 절댓값이 1보다 작다.
- 주식 변동성은 보통 5%에서 80% 사이다.
- 시가 총액과 회계적 수치는 특정 통화의 백만 또는 억 단위로 표시된다.

- 회계 비율은 불균일한 단위를 가질 수 있다.
- 감성^{sentiment}과 같은 인공적 속성 또한 그들만의 고유성이 있다.

특성의 단조적 변환이 예측 결과에 미치는 영향은 미미하다고 널리 알려져 있지만, 갈리일리^{Galili}와 메일리슨^{Meilijson}(2016)은 이 통념이 항상 그런 것은 아니라는 것을 보여준다(4.8.2절 참고). 따라서 정규화 선택은 실제로 매우 중요할 수 있다.

만약 원래의 입력 변수를 x_i로 쓰고 변환된 데이터를 $\tilde{x}_i$로 쓰는 경우 일반적인 스케일링 관행은 다음과 같다.

- **표준화**^{standardization}: $\tilde{x}_i = (x_i - m_x)/\sigma_x$, 여기서 m_x와 σ_x는 각각 x의 평균과 표준 편차다.
- $[0, 1]$ 구간에 대해 **최소-최대**$^{\text{min-max}}$ 리스케일링: $\tilde{x}_i = (x_i - \min(\mathbf{x}))/(\max(\mathbf{x}) - \min(\mathbf{x}))$
- $[-1, 1]$ 구간에 대해 **최소-최대**$^{\text{min-max}}$ 리스케일링: $\tilde{x}_i = 2\frac{x_i - \min(\mathbf{x})}{\max(\mathbf{x}) - \min(\mathbf{x})} - 1$
- **균등화**^{uniformization}: $\tilde{x}_i = F_{\mathbf{x}}(x_i)$, 여기서 $F_{\mathbf{x}}$는 x에 대한 실증적 누적 밀도 함수다. 이때 벡터 $\tilde{x}$는 $[0, 1]$ 구간에 대해 균등 분포를 따르도록 정의된다.

때로는 큰 값(시가 총액)과 큰 이상치를 모두 가진 변수에 로그 변환을 적용할 수 있다. 이 변환 이후 스케일링을 할 수 있다. 물론 이 기법은 음수 값을 가진 특성에는 사용할 수 없다.

예를 들어, 신경망 학습으로 입력 변수를 보내기 전에 $[0, 1]$ 구간 범위에 들어오도록 스케일링을 하는 것이 좋다. 이 책에서 사용하는 데이터셋은 균일화된 변수를 기반으로 한다. 각 시점에 대해 각 특성의 횡단면적 분포는 단위 간격에 걸쳐 균일하다. 팩터 투자에서 특성의 스케일링은 **각 날짜 및 각 특성에 대해 개별적으로 작동해야 한다**. 이 점은 매우 중요하다. 모든 리밸런싱 날짜에 대해 예측 인자가 비슷한 모양을 갖고 있으며, 주식 횡단면에 대한 정보를 전달하도록 해야 한다.

균등화는 때때로 다른 방식을 보인다. 주어진 특성과 시간에 대해 특성 값의 순위를 매긴 다음, 이 순위를 누락되지 않은 데이터 포인트의 개수로 나눈다. 예를 들어, 프레이버거 외(2020)에서 이 작업을 수행했다. 켈리 외(2019)에서는 이 작업을 수행한 다음 모든 특성에서 0.5를 차감해 그 값이 $[-0.5, 0.5]$ 구간에 위치하도록 했다.

전체 날짜에 걸쳐 특성을 스케일링하는 것을 금한다. 시가 총액의 경우를 예로 들어 보자. 시장 폭락에도 불구하고 장기적으로 이 특성은 시간이 흐름에 따라 증가한다. 따라서 전체 날짜에 걸쳐 스케일링을 하면 샘플의 시작은 작은 값이 되고 샘플의 끝은 큰 값이 된다. 이렇게 하면 특성의 횡단면적 내용이 완전히 변경되고 희석된다.

4.5 레이블링

4.5.1 단순 레이블

포트폴리오 정책을 구성할 때 레이블을 정의하는 방법에는 여러 가지가 있다. 물론 최종 결정은 포트폴리오 가중치지만, 이 가중치가 레이블에 대한 최선의 선택으로 간주되는 경우는 드물다.[2]

팩터 투자에서 일반적으로 사용하는 레이블은 다음과 같다.

- 자산의 원래 수익률
- 미래 상대 수익률(예를 들어, 어떤 벤치마크(시장 전체 지수 또는 섹터 기반 포트폴리오)와의 비교). 한 가지 간단한 선택은 수익률에서 횡단면 평균 또는 중앙값을 빼는 것이다.
- 양의 수익률(혹은 특정 임계치 이상의 수익률)이 될 확률
- 주어진 기간 동안 계산한 벤치마크를 상회할 확률
- 위 예시의 이진적 버전: 예(상회) 대 아니오(하회)
- 위 예시의 위험 조정 버전: 샤프 비율, 정보 비율, MAR 또는 CALMAR 비율(12.3절 참고).

이진 변수를 만들 때 수익률을 0과 비교하는 테스트(수익성 대 비수익성)를 만들고 싶은 유혹에 빠지는 경우가 있다. 하지만 이러한 방법은 매우 시간 가변적이기 때문에 최적의 방법이 아니다. 호황기에는 많은 자산이 양의 수익률을 보이는 반면, 시장이 폭락할 때는 양의 수익률을 보이는 자산이 거의 없기 때문에 이렇게 하면 매우 불균형한 클래스가 만들어진다. 그렇

---

2 브랜트 외(2009) 및 암만 외(2016)와 같은 몇몇 방법론에서는 기업 속성을 최종 가중치로 매핑하기도 하지만, 이 책에서는 다루지 않는다.

기 때문에 t 시점에서의 중앙값(또는 평균)과 비교해 수익률을 둘로 나누는 것이 좋다. 이 경우에 지표는 상대적이며 두 클래스는 훨씬 더 균형을 이룬다.

4장의 뒷부분에서 설명하겠지만, 이러한 방법론적 선택지들은 여전히 추가적인 자유도를 위한 여지를 남긴다. 특성을 처리하는 것처럼 레이블을 다시 리스케일링해야 할까? 성과 지표를 계산할 때 가장 좋은 시간적 구간은 어느 정도인가?

4.5.2 범주형 레이블

일반적인 머신러닝 분석에서 y가 미래 성과의 대용치인 경우 머신러닝 엔진은 예측 값과 실현 값 사이의 거리를 최소화하려 노력한다. 수학적 편의를 위해 제곱 오차의 합계(L^2 노름)를 사용한다. 왜냐하면 이 값이 가장 단순한 도함수를 갖는 동시에 경사 하강법을 사용해 쉽게 계산할 수 있기 때문이다.

때로는 수익률이나 샤프 비율과 같은 원시적 성과 대용치에 초점을 맞추지 않고, 이러한 대용치에서 파생될 수 있는 이진적 투자 의사결정에 초점을 맞추는 것이 흥미로울 수 있다. 이러한 의사결정 규칙에 관한 간단한 예시는 다음과 같다.

$$
y_{t,i} = \begin{cases}
-1 & \text{만일} \quad \hat{r}_{t,i} < r_- \\
0 & \text{만일} \quad \hat{r}_{t,i} \in [r_-, r_+] \\
+1 & \text{만일} \quad \hat{r}_{t,i} > r_+
\end{cases}
$$

여기서 $\hat{r}_{t,i}$는 수익률 대용치(가령, 수익률 혹은 샤프 비율)이고, $r_\pm$는 결정을 위한 임계치다. 만약 예측 성과가 r_-보다 낮으면 −1(매도)로, r_+보다 높으면 +1(매수)로, 중간이면(모델이 매우 낙관적이지도 비관적이지도 않다) 중립(보유)으로 결정한다. 물론 성과 대용치는 특정 벤치마크에 대해 상대적일 수 있으므로 의사결정은 이 벤치마크와 직접적인 연관이 있다. 임계치 $r_\pm$는 세 범주가 상대적으로 균형을 이루도록, 즉 비슷한 수의 인스턴스를 갖도록 선택하는 것이 좋다.

이때 최종적인 출력 변수는 범주형 혹은 수치적 변수로 간주할 수 있다. 왜냐하면 이 변수는 범주형 변수의 중요한 하위 그룹인 순서가 있는 범주형(서수형ordinal) 변수에 속하기 때문이다. 만약 y를 숫자로 간주하는 경우 일반적인 회귀 분석 도구를 적용한다.

머신러닝 도구는 숫자로만 작동하기 때문에 만약 y를 순서 없는 범주형(명목형nominal) 변수로 취급하는 경우에는 처리를 위한 새로운 형태의 계층이 필요하다. 따라서 범주를 숫자로 다시 인코딩해야 한다. 가장 자주 사용하는 매핑 기법은 '**원핫 인코딩**one-hot encoding'이다. 클래스 벡터는 각 열이 하나의 클래스를 담당하는 희소 행렬sparse matrix로 분할된다. 이 행렬은 0과 1로만 채워진다. 인스턴스의 클래스에 해당하는 열에 1을 할당한다. 표 4.2는 이와 관련한 간단한 예시다.

표 4.2 원핫 인코딩의 간결한 예시

초기 데이터	원핫 인코딩		
포지션	매도	보유	매수
매수	0	0	1
매수	0	0	1
보유	0	1	0
매도	1	0	0
매수	0	0	1

분류 작업에서 출력은 더 큰 차원을 갖는다. 각 인스턴스에 대해 출력은 모델이 할당한 각 클래스에 속할 확률을 제공한다. 6장과 7장에서 다루겠지만, 이 작업은 소프트맥스 함수를 통해 쉽게 처리할 수 있다.

자산 배분의 관점에서 볼 때 범주형 예측을 다루는 것이 반드시 쉬운 것은 아니다. 롱숏 포트폴리오의 경우, 플러스 또는 마이너스 신호가 포지션의 부호를 제공할 수 있다. 롱온리 포트폴리오의 경우에는 가능한 두 가지 솔루션이 있다. 하나는 이진적인 클래스(포트폴리오 편입 대 포트폴리오 편출)로 작업을 하는 것, 그리고 다른 하나는 예측에 따라 가중치를 조절하는 방법이다. 이 두 번째 방법은 −1을 예측 시 0의 가중치를, 0을 예측 시 0.5의 가중치를, +1을 예측 시 1의 가중치를 주는 방법이다. 물론 예산 제약 조건을 맞추기 위해 가중치를 정규화한다.

4.5.3 트리플 배리어 기법

이 절을 마무리하며 데 프라도(2018)에서 언급한 고급 레이블링 기법을 소개한다. 이 기법은 단순한 성과 대용치가 아닌 트레이딩 전략의 전체적인 역학을 고려하는 방법이다. 이 기법까지 확장을 한 이유는 자산 운용 매니저가 수익이 충분할 때 익절을 하거나 손실을 제한하기 위해 손절하도록 구현을 하는 경우가 많기 때문이다. 전략을 시작할 때, 세 가지 배리어^{barrier}를 고정한다(그림 4.4 참고).

- 하나는 자산의 현재 수준보다 높은 자홍색 선이며, 이는 합리적인 기대 수익을 측정한다.
- 하나는 자산의 현재 수준보다 낮은 청록색 선이며, 이는 큰 손실을 방지하기 위한 손절매 신호 역할을 한다.
- 마지막으로, 전략을 종료하는 시점을 고정한 검은색 선이다.

만약 전략이 첫 번째(혹은 두 번째) 배리어에 도달하면 출력 변수는 +1(혹은 −1)이 되고, 마지막 배리어에 도달하면 출력 변수는 0이 되거나 두 수평 배리어에 대해 최종 값의 위치를 나타내는 선형 보간값(−1과 +1 사이)이 된다. 이 방법은 각 인스턴스에 대한 전체적인 궤적을 평가하기 때문에 계산적으로 **훨씬** 더 까다롭다. 그럼에도 이 방법을 더 현실적인 방법으로 간주하는 이유는 트레이딩 전략에 손절매 등과 같은 자동 트리거가 수반되는 경우가 종종 있기 때문이다.

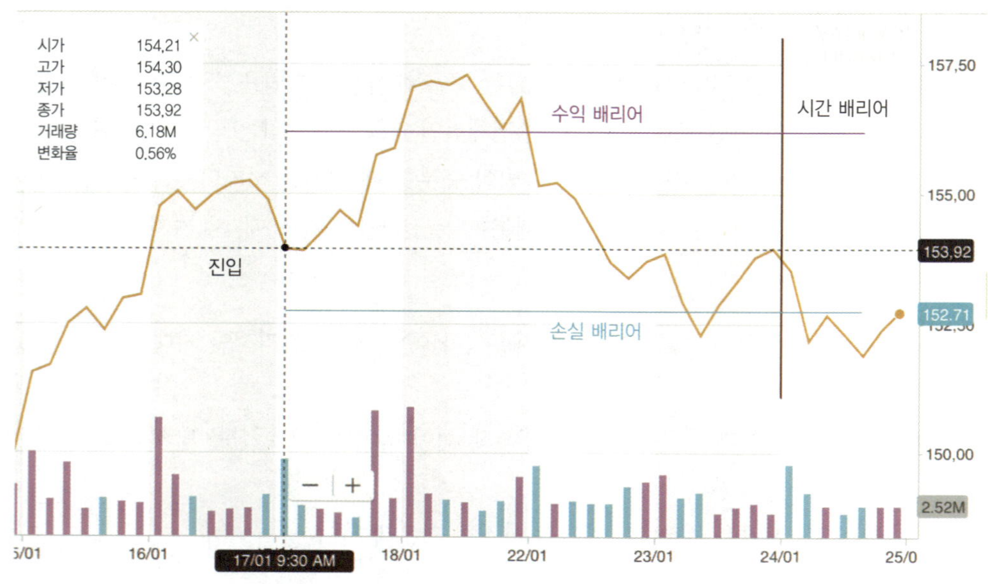

그림 4.4 트리플 배리어 기법 설명

4.5.4 샘플 필터링

머신러닝의 주요 과제 중 하나는 가능한 한 많은 **시그널**signal을 추출하는 것이다. 여기서 시그널이란 표본 외에서도 유지되는 패턴을 의미한다. 직관적으로는 더 많은 데이터를 수집할수록 더 많은 시그널을 추출할 수 있다고 생각하는 것이 합리적일 수 있다. 하지만 데이터가 많을수록 잡음 또한 많아지기 때문에 이는 사실 잘못된 생각이다. 놀랍게도 훈련 샘플을 필터링하면 성과를 개선할 수 있다. 예를 들어, 푸 외Fu et al.(2018), 코케렛과 귀다(2018a), 코케렛과 귀다(2018b)는 이러한 아이디어를 성공적으로 구현했다.

코케렛과 귀다(2020)에서는 특정 유형의 머신러닝 알고리듬인 의사결정 트리(6장 참고)에서 왜 더 작은 샘플이 더 우수한 표본 외 정확도로 이어질 수 있는지에 대해 조사한다. 우리는 특정 종류의 필터에 초점을 맞춘다. 가령 수익률과 같은 레이블에서 극단적이지 않은 값들을 제거하고 최하위 20%와 최상위 20% 값만을 유지한 채 분포의 대부분을 제거하는 식이다. 이렇게 하면 두 가지 방식으로 트리의 구조를 변경할 수 있다.

- 우선 분할 지점을 변경하면 분할된 변수들은 항상 그 분포의 중심에 더 가까워진다. 즉 결과로 산출된 클러스터가 더 균형잡히고 견고해질 수 있다.
- 분할 변수의 선택은 (때때로) 레이블에 단조적 영향을 미치는 특성 쪽으로 기울어진다.

이 두 가지 성질은 바람직하다. 첫 번째 성질은 가성적일 수 있는 소규모 인스턴스 그룹에 대한 과적합 위험을 줄여준다. 두 번째 성질은 수익률을 설명할 때 전반적으로 더 관련성이 높은 특성에 더 많은 중요도를 부여한다. 하지만 필터링이 너무 강해서는 안 된다. 만약 예측인자의 각 꼬리의 20%를 유지하는 대신 10%만을 유지하면 시그널의 손실이 너무 심해져 성능이 저하된다.

4.5.5 수익률의 시간적 구간

이 절에서는 팩터 기반 머신러닝 모델이라는 주제에서 가장 논쟁이 적은 문제인 시간적 구간에 대해 다룬다. 전반적인 머신러닝 기반 자산 배분 작업 흐름에서는 **레이블의 기간**horizon of the label, **추정 윈도우**estimation window(훈련 샘플의 시간적 깊이), **보유 기간**holding periods 같은 여러 시간적 구간 값이 작용한다. 이러한 측면을 살펴본 초기 참고 문헌 중 하나는 처음으로 모멘텀을 다룬 제가디쉬와 티트먼(1993)의 학술 논문이다. 저자들은 과거 $J = 3, 6, 9, 12$개월 동안의 수익률을 기준으로 포트폴리오의 수익성을 계산했고, 네 가지 보유 기간 $K = 3, 6, 9, 12$개월을 테스트했다. 그들은 "가장 성공적인 제로 비용 (롱숏) 전략은 지난 12개월 동안의 수익률을 기준으로 종목을 선택한 다음 3개월 동안 포트폴리오를 보유하는 것"이라고 보고했다. 이 논문에서는 머신러닝을 전혀 사용하지 않았지만, 시간적 구간이 중요하다는 그들의 연구 결과는 보다 정교한 방법을 사용하는 과정에도 똑같이 적용할 수 있다. 시간적 구간이 모멘텀 수익성에 미치는 영향에 대해 지속적인 논쟁이 있는 것에서 알 수 있듯이, 실제로 이 주제에 대한 많은 논의가 있다(예를 들어, 노비-마르크스Novy-Marx(2012), 공 외Gong et al.(2015), 고얄과 와할Wahal(2015)).

머신러닝 알고리듬으로 작업할 때도 이 논의를 고려해야 한다. 추정 윈도우와 보유 기간에 대한 문제는 책의 뒷부분인 12장에서 언급한다. 당연히 4장에서는 레이블의 기간이 중요한 재료다. 단순성을 위해 하나의 특성만을 고려하자면 휴리스틱적으로 네 가지 조합이 가능하다.

1. 진동하는oscillating 레이블과 진동하는 특성
2. 진동하는 레이블과 매끄러운smooth 특성(높은 자기 상관관계)
3. 매끄러운 레이블과 진동하는 특성
4. 매끄러운 레이블과 매끄러운 특성

이 모든 옵션들 중에서 모든 것이 동일하다면 마지막 옵션이 더 견고하기 때문에 좀 더 선호될 수 있다.[3] 여기서 말하는 모든 것이 동일하다는 말은 각각의 경우 모델이 어떤 패턴을 추출할 수 있다는 뜻이다. 천천히 움직이는 두 시계열 사이에 존재하는 패턴은 시간이 지나도 지속될 가능성이 높다. 따라서 특성은 종종 높은 자기 상관관계를 갖기 때문에(그림 4.3 참고) 특성을 매끄러운 레이블과 결합하는 것이 좋은 생각일 수 있다. 이 점이 얼마나 중요한지 설명하기 위해 이 책 중 대부분의 예제에서는 의도적으로 1개월 수익률을 사용하고 그에 상응하는 결과가 종종 실망스럽다는 것을 보였다. 이러한 수익률은 자기 상관관계가 매우 약한 반면, 6개월 혹은 12개월 수익률은 훨씬 더 지속적이면서 레이블 기간 설정에 더 적합한 선택이다.

이론적으로는 왜 그렇게 되는지 이해할 수 있다. 간단히 설명하기 위해 수익률 r: $r_{t+1} = f(x_t) + e_{t+1}$을 설명하는 단일한 특성 x가 있다고 가정한다. x_t의 자기 상관성이 높고 e_{t+1}에 포함된 잡음이 너무 크지 않은 경우, 2-기간 선행 수익률 $(1 + r_{t+1})(1 + r_{t+2}) - 1$은 r_{t+1}보다 더 많은 신호를 가질 수 있다. 그 이유는 시간이 지남에 따라 x_t와의 관계가 확산되는 동시에 복리적으로 증가하기 때문이다. 결론적으로 딕슨(2020)에서처럼 함수를 모델링할 때 직접적으로 메모리 고려 사항을 포함하는 것이 유용할 수 있다. 4.6절에서는 자기 상관관계와 관련된 몇 가지 실용적인 사항에 대해 설명한다.

4.6 지속성 다루기

특성 공학과 레이블링 단계를 2개의 다른 하위 절로 구분했지만, 사실 이 두 단계를 함께 고려하는 것이 더 현명할 수 있다. 머신러닝 알고리듬은 데이터셋을 처리하는데, 이러한 데이

3 물론 선형 모델에 의존하는 추론의 경우에는 그렇지 않다. 메모리는 많은 문제를 야기하고 추정 인자에 대한 연구를 복잡하게 만든다. 이 문제에 대한 이론적, 실증적 결과는 할마슨(2011)과 수(2020)를 참고하라.

터셋이 가져야 하는 중요한 성질 하나는 바로 특성과 레이블 간의 지속성이다. 직관적으로 레이블 $y_{t,n}$(미래 성과)과 특성 $x_{t,n}^{(k)}$ 사이의 자기 상관관계 패턴은 너무 멀리 떨어져 있지 않아야 한다.

문제가 되는 한 가지 예시는 데이터셋을 월별 빈도로 샘플링하는 경우로(이는 자산 운용업에서는 드물지 않다), 레이블은 월별 수익률이고 특성은 위험 기반이거나 펀터멘털 속성인 경우다. 이 경우 레이블은 자기 상관관계가 매우 약한 반면, 특성은 자기 상관관계가 높은 경우가 많다. 이러한 상황에서 대부분의 정교한 예측 도구는 잡음을 야기할 수 있는 특성들 간에 차익 거래를 수행할 것이다. 선형 예측 모델에서, 이러한 구성은 추정치에 편향을 만드는 것으로 알려져 있다(스탬버그[Stambaugh](1999)의 연구와 곤잘로[Gonzalo]와 피타라키스[Pitarakis](2019)의 리뷰 참고).

이 문제에 직면한 경우 다른 기술적인 선택지가 많이 있으나 레이블에 자기 상관관계를 입히거나 특성의 자기 상관관계를 제거하는 두 가지 간단한 해결책이 있다. 다시 말하지만, 선형 모델을 활용한 통계적 추론에는 첫 번째 옵션을 권장하지 않는다. 두 가지 방법 모두 계량경제학적으로 다소 쉽다.

- 레이블의 자기 상관관계를 높이기 위해서는 더 긴 시간 범위에서 성과를 계산해라. 예를 들어, 월별 데이터로 작업할 때는 연간 수익률 혹은 격년[biennial] 수익률을 고려하는 것이 좋다.
- 자기 상관관계를 제거하기 위한 가장 단순한 루트는 차이/변화를 이용하는 것이다. $\Delta x_{t,n}^{(k)} = x_{t,n}^{(k)} - x_{t-1,n}^{(k)}$ 이 절차의 한 가지 장점은 경제적으로 합리적이라는 점이다. 특성의 변화는 그것의 원시적 수준보다 더 나은 성과의 동인이 될 수 있다.

물론 경제적 동기에 기반한다면 특성 공간에서 지속성 있는 변수와 진동하는 변수를 혼합하는 것 또한 가능하다.

4.7 확장

4.7.1 특성 변환

간단한 연산을 통해 특성 공간을 쉽게 확장할 수 있다. 그러한 연산 중 하나는 지연^{lagging}, 즉 특성의 이전 값을 고려하고 레이블에 미치는 영향에 대해 약간의 메모리 효과를 가정하는 것이다. 이 방법은 특성이 진동하는 경우에 주로 활용성이 높다(지속성 있는 특성에 메모리 계층을 추가하는 것은 다소 중복적일 수 있다). 새 변수는 $\check{x}_{t,n}^{(k)} = x_{t-1,n}^{(k)}$과 같이 정의한다.

특성 개수가 충분치 않은 등의 일부 경우에는 특성 간의 비율 혹은 곱을 고려할 수 있다. 장부가 대비 시장가, 시장가 대비 장부가, 자본 대비 부채 같은 회계 비율은 원시적 특성으로 만든 의미 있는 함수들의 예시다. 더 넓은 특성 스펙트럼이 갖다주는 이득은 분명치 않다. 단순 선형 회귀에서 변수를 기계적으로 추가하면 R^2이 증가하는 것처럼 과적합의 위험은 증가한다. 특성 선택은 경제적으로 합리적이어야 한다.

특성 공간(위에서 언급한)을 늘리는 또 다른 방법은 변동을 고려하는 것이다. 때로는 절대적 수준보다 변화분이 더 중요하기 때문에 감성의 변화, 시장가 대비 장부가 비율의 변화 등이 적절한 예측 인자가 될 수 있다. 이런 경우 새로운 예측 인자는 $\check{x}_{t,n}^{(k)} = x_{t,n}^{(k)} - x_{t-1,n}^{(k)}$이다.

4.7.2 거시경제 변수

마지막으로, 매우 중요한 주제를 논의한다. 데이터는 데이터가 생성된 맥락(환경)과 분리돼서는 안 된다. 고전적인 재무 용어로, 이는 특정 모델이 종종 거시경제 지표로 대리되는 지배적인 상황에 의존할 가능성이 높다는 것을 뜻한다. 데이터 수준에서 이를 고려하는 한 가지 방법은 단순히 특성에 외생 지표 z_t를 곱하는 것이며, 이 경우 새로운 예측 인자는 다음과 같다.

$$\check{x}_{t,n}^{(k)} = z_t \times x_{t,n}^{(k)} \tag{4.3}$$

이 기법은 구 외(2020)가 사용했고, 여기서는 원래의 예측 인자($z_t = 1$)에 8개의 경제 지표를 더했다. 이렇게 해 특성 공간이 9배 늘어났다.

변화하는 경제 환경을 통합하는 또 다른 방법은 조건부 엔지니어링^{conditional engineering}이다. 레이블이 수식 (4.2)를 통해 코드화돼 있다고 가정해보자. 임계치는 어떤 외생 변수에 따라 달라질 수 있다. 변동성이 큰 시기에는 레이블이 더 보수적이 되도록 r_+(매수 임계치)와 r_-(매도 임계치)를 모두 높여 매수 범주에 들어가려면 더 높은 수익률이 필요하고 매도 포지션을 선호하도록 하는 것이 좋다. 동적 임계치를 설정하는 방식의 한 가지 예시는 다음과 같다.

$$r_{t,\pm} = r_\pm \times e^{\pm\delta(\mathrm{VIX}_t - \overline{\mathrm{VIX}})} \tag{4.4}$$

여기서 VIX_t는 t 시점에서의 VIX 값이고, $\overline{\mathrm{VIX}}$는 VIX의 평균 혹은 중앙값이다. VIX가 평균을 초과하고 위험이 증가하는 것처럼 보이면 임계치도 따라서 증가한다. 매개 변수 δ는 조정 폭의 크기를 조절한다. 위의 예시에서는 $r_- < 0 < r_+$라고 가정한다.

4.7.3 능동 학습

능동 학습^{active learning}이라는 개념으로 이 절을 마무리한다. 우리가 알기로는 능동적 학습이 퀀트 투자에서 널리 사용되는 개념은 아니지만, 이에 대한 기본 개념은 매우 중요하기 때문에 완성도를 위해 몇 단락을 할애해 이를 설명한다.

일반적인 지도 학습에서는 특성과 레이블을 수집하는 능력에 때때로 비대칭성이 존재한다. 예를 들어, 이미지에 대한 접근은 무료지만 이미지의 내용(예를 들어, 개, 트럭, 피자 등)에 대한 레이블링은 사람의 주석이 필요하기 때문에 비용이 많이 든다. 엄밀히 말해, $\mathbf{X}$는 저렴하지만 그에 상응하는 $\mathbf{y}$는 비싸다.

비용 제약 조건에 직면할 때 종종 그렇듯이 명백한 해결책은 욕심이다. 일반적인 학습 프로세스에 앞서, 쿼리^{query}라고도 불리는 필터를 사용해(머신러닝 알고리듬과의 관계 속에서) 어떤 데이터에 레이블을 지정하고 학습할지 결정한다. 레이블링은 이른바 오라클(진실을 알고 있는 사람/존재)이 수행하며, 일반적으로 사람이 수행한다. 가장 유용한 인스턴스에 초점을 맞추는 이 기술을 **능동 학습**이라고 한다. 이 분야에 대한 자세한 설명은 세틀스^{Settles}(2009)와 세틀스(2012)의 연구를 참고하라(아래에 간략하게 요약돼 있다). **능동**이라는 용어는 학습자가 데이터 표본을 수동적으로 받아들이는 것이 아니라 학습할 항목을 선택하는 데 적극적으로 참여한다는 점에서 유래했다.

능동 학습의 한 가지 주요 이분법은 쿼리의 기반이 되는 데이터 소스 $\mathbf{X}$와 관련 있다. 한 가지 명백한 케이스는 원본 샘플 $\mathbf{X}$가 매우 크고 레이블이 지정되지 않은 상태에서 학습자가 이 샘플 내의 특정 인스턴스에 레이블을 지정해달라고 요청하는 경우다. 두 번째 경우는 학습자가 자체 값 $\mathbf{x}_i$를 시뮬레이션/생성할 수 있는 기능이 있는 경우다. 이때 오라클이 기계가 생성한 데이터를 인식하지 못하는 경우에는 문제가 될 수 있다. 예를 들어, 문자와 숫자의 이미지에 레이블을 붙이는 것이 목적이라면 학습자가 문자나 숫자에 해당하지 않는 도형을 생성할 수 있는데, 오라클은 이를 레이블링할 수 없다.

능동 학습에서 한 가지 핵심 질문은 학습자가 레이블을 지정할 인스턴스를 어떻게 선택하느냐는 것이다. 휴리스틱적으로 답은 학습 효율을 극대화하는 관측치를 선택하는 것이다. 이진 분류에서 단순한 분류 기준은 어떤 특정 클래스에 속할 확률이다. 만약 이 확률이 0.5에서 멀리 떨어져 있다면 알고리듬이 어떤 한 클래스를 선택하는 것에는 (틀릴 수도 있지만) 어려움이 없다. 흥미로운 경우는 바로 이 확률이 0.5에 가까울 때다. 이 경우에는 기계가 특정 인스턴스를 선택하는 것을 주저할 수 있다. 따라서 오라클이 레이블을 지정하는 것은 이러한 경우에 유용하며, 그 이유는 결정이 되지 않은 환경에서는 이렇게 하는 것이 학습자를 도울 수 있기 때문이다.

다른 방법론들은 훈련 집합에 특정 (새로운) 인스턴스를 포함할 때 얻을 수 있는 적합도를 추정하고 이 적합도를 최적화하는 것이다. 분산–편향 트레이드 오프^{variance-bias tradeoff}에 관해서는 게만 외^{Geman et al.}(1992)의 3.1절을 상기해보면, 훈련 데이터셋 D와 하나의 인스턴스 x에 대해 다음과 같은 식으로 표현할 수 있다(단순성을 위해 굵은 글꼴은 생략한다).

$$
\mathbb{E}\left[(y - \hat{f}(x;D))^2 \,\middle|\, \{D, x\}\right] = \mathbb{E}\left[\underbrace{(y - \mathbb{E}[y|x])^2}_{D\text{와 }\hat{f}\text{에 독립적}} \,\middle|\, \{D, x\}\right] + (\hat{f}(x;D) - \mathbb{E}[y|x])^2
$$

여기서 $f(x;D)$는 모델 $\hat{f}$와 데이터셋 D 사이의 의존성을 강조하기 위한 표기법이며, 모델은 D를 갖고 훈련한다. 첫 번째 항은 $\hat{f}$에 의존하지 않기 때문에 더 이상 단순화할 수 없다. 따라서 관심이 있는 것은 오직 두 번째 항이다. 가능한 모든 D 값에 대해 이 값의 기댓값을 구하면 다음과 같다.

$$\mathbb{E}_D\left[(\hat{f}(x;D)-\mathbb{E}[y|x])^2\right]=\underbrace{\left(\mathbb{E}_D\left[\hat{f}(x;D)-\mathbb{E}[y|x]\right]\right)^2}_{\text{제곱 편향}}+\underbrace{\mathbb{E}_D\left[(\hat{f}(x,D)-\mathbb{E}_D[\hat{f}(x;D)])^2\right]}_{\text{분산}}$$

만약 이 식이 계산하기에 너무 복잡하지 않다면 학습자는 트레이드 오프를 최소화하는 x를 쿼리할 수 있다. 따라서 평균적으로 이 새로운 인스턴스가 (L^2 오차로 측정한) 가장 좋은 학습 각도를 산출하는 인스턴스가 된다. 이 접근 방식(이 방식은 관련성이 없어 보이는 인스턴스를 레이블하기 위해 오라클이 필요하므로 제한적이다) 외에도 쿼리를 위한 다른 많은 기준이 존재하며, 이에 관한 전체 목록은 세틀스(2009)의 3절을 참고하라.

마지막 질문은 능동 학습을 팩터 투자에 적용할 수 있는가 하는 것이다. 이에 대한 한 가지 단순한 답변은 데이터에는 사람의 개입으로 주석을 달 수 없다는 것이다. 따라서 학습자는 그들만의 인스턴스를 시뮬레이션하고 이에 상응하는 레이블을 요청할 수 없다. 한 가지 가능한 옵션은 학습자에게 $\mathbf{X}$는 제공하되 $\mathbf{y}$는 제공하지 않고 해당 레이블을 가진 쿼리된 관측치들의 부분 집합만을 유지하는 것이다. 이러한 방식은 기계가 아닌 사람이 쿼리를 수행한다는 점을 제외하면 코케렛과 귀다(2020)에서 수행한 방식과 비슷하다. 실제로 이 논문에서는 모든 관측치가 동일한 양의 신호를 전달하는 것은 아니라는 것을 보여준다. '평균' 레이블 값을 가진 인스턴스는 극단적인 레이블 값을 가진 인스턴스에 비해 평균적으로 적은 정보를 갖는 듯하다.

4.8 추가 코드 및 결과

4.8.1 리스케일링 효과: 시각적 표현

다양한 스케일링 방법에 대한 간단한 묘사로 시작한다. 임의의 시계열을 생성한 다음 다시 스케일을 조정한다. 이 시계열은 무작위가 아니므로 코드 덩어리를 실행할 때마다 출력 변수가 동일하게 유지된다.

```python
length = 100
x = np.exp(np.sin(np.linspace(1,length,length)))
data = pd.DataFrame(data=x,columns=['X'])
```

```python
data.reset_index(inplace=True)
plt.figure(figsize=(13,5)) # 그래프 크기 재조정
sns.barplot(y="X", data=data, x="index", color='black') # seaborn으로 시각화
plt.xticks(data['index'][::10]) # 10개 관측치 단위로 x축 눈금 재조정
```

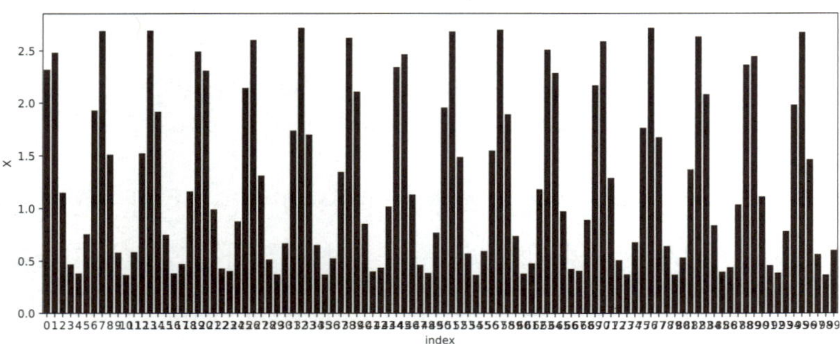

다음에서 스케일링한 변수를 정의하고 그래프를 그린다.

```python
from statsmodels.distributions.empirical_distribution import ECDF
# ECDF 내장 함수 사용
def norm_0_1(x):
    return (x-np.min(x))/(np.max(x)-np.min(x))
def norm_unif(x):
    return (ECDF(x)(x))
def norm_standard(x):
    return (x- np.mean(x))/np.std(x)

data_norm=pd.DataFrame.from_dict(dict(# 넘파이 배열을 딕셔너리로, 이후 다시 판다스 데이프레임으
로 변환
index=np.linspace(1,length,length), # 인덱스 생성
norm_0_1=norm_0_1(x), # 정규화 [0,1]
norm_standard=norm_standard(x), # 표준화
norm_unif=norm_unif(x))) # 균등화
data_norm.iloc[:,1:4].plot.bar( figsize=(14,10),
                        subplots=True, sharey=True, sharex=True)
plt.xticks(data['index'][::10]) # 10개 관측치 단위로 x축 눈금 재조정
```

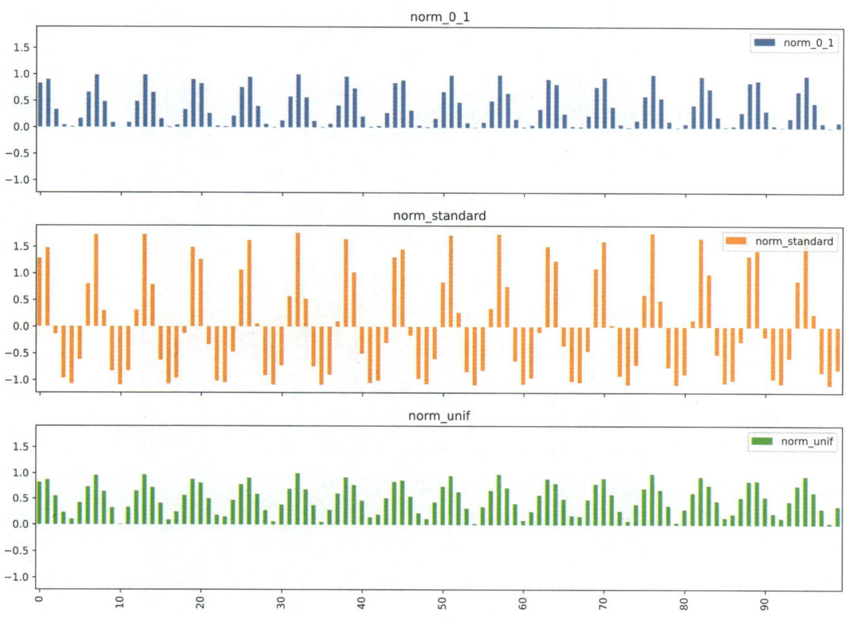

마지막으로, 새로 생성한 변수의 히스토그램을 살펴본다.

```
data_norm.iloc[:,1:4].plot.hist(alpha=0.5, bins=30, figsize=(14,5))
# 판다스로 그래프 시각화, alphas는 투명도
```

히스토그램의 모양과 관련해, 파란색과 주황색 분포는 원래 분포에 가깝다. 다만 그 범위만 달라졌을 뿐이다. 최소−최대 리스케일링으로 모든 값이 [0, 1] 구간 안에 놓인다. 두 경우 모두 가장 작은 값(왼쪽)은 분포상 스파이크가 발생하는 것을 관찰할 수 있다. 구조적으로 이 스파이크는 균등화를 통해 사라지며, 데이터 포인트는 단위 간격에 걸쳐 균등하게 분포한다.

4.8.2 리스케일링 효과: 토이 예시

특정 리스케일링 방법을 선택하는 것의 영향력을 설명하기 위해[4], 3개의 기업과 3개의 날짜

---

4 특성 공학에 대한 보다 자세한 기술적 논의는 갈리일리와 메일리슨(2016)을 참고하라.

로 구성된 간단한 데이터셋을 구축한다.

```python
from IPython.display import display, Markdown
cap=np.array([10,50,100, # 시가 총액
              15,10,15,
              200,120,80])
returns=np.array([0.06,0.01,-0.06, # 수익률 값
        -0.03,0.00,0.02,
        -0.04,-0.02,0.00])
date=np.array([1,2,3,1,2,3,1,2,3]) # 날짜
firm=np.array([1,1,1,2,2,2,3,3,3]) # 기업(각 기업별로 3줄씩)
toy_data=pd.DataFrame.from_dict(
    dict(firm=firm,date=date,cap=cap,returns=returns,
    cap_norm=norm_0_1(cap),cap_u=norm_unif(cap)))
display(Markdown(toy_data.to_markdown()))
# 표를 위한 마크다운 도입
```

표 4.3 토이 예시에 대한 샘플 데이터

기업	날짜	시가 총액	수익률	cap_0_1	cap_u
1	1	10	0.06	0.000	0.333
1	2	50	0.01	0.364	0.667
1	3	100	−0.06	1.000	1.000
2	1	15	−0.03	0.026	0.667
2	2	10	0.00	0.000	0.333
2	3	15	0.02	0.000	0.333
3	1	200	−0.04	1.000	1.000
3	2	120	−0.02	1.000	1.000
3	3	80	0.00	0.765	0.667

이 합성 데이터에 대해 간단히 설명한다. 각 날짜는 1년 또는 10년의 시작을 의미하지만 (선도) 수익률은 월 단위로 계산한다. 첫 번째 기업은 큰 성공을 거둬 해당 기간 동안 시가 총액이 10배 증가했다. 두 번째 기업은 시가 총액이 안정적으로 유지되는 반면 세 번째 기업은

시가 총액이 급락했다. '지엽적인' 미래 수익률을 보면 첫 번째와 세 번째 기업의 경우는 시가 총액과 강한 음의 상관관계를 보인다. 두 번째 기업의 경우에는 명확한 패턴이 없다.

날짜별 분석은 약간 미묘한 차이가 있으나 상당히 유사하다.

- 1일차에는 가장 작은 기업의 수익률이 제일 크고, 나머지 두 기업은 음의 수익률을 기록했다.
- 2일차에는 가장 큰 기업의 수익률이 마이너스인 반면, 2개의 작은 기업은 그렇지 않았다.
- 3일차에는 시가 총액이 큰 기업일수록 수익률이 감소한다. 이 관계가 항상 완벽히 단조적인 것은 아니지만, 사이즈와 수익률 사이에는 연관성이 있는 것으로 보이며, 일반적으로 이 샘플에서는 가장 작은 기업에 투자하는 것이 매우 좋은 전략이 될 수 있다.

이제 단순한 회귀 분석 결과를 살펴보자.

```python
X=toy_data.cap_norm.to_numpy() # 첫 번째 회귀(최소-최대 리스케일링)
X=sm.add_constant(X)
model = sm.OLS(returns, X)
results = model.fit()
print(results.summary())
```

```python
X=toy_data.cap_u.to_numpy() # 두 번째 회귀(특성 균등화)
X=sm.add_constant(X)
model = sm.OLS(returns, X)
results = model.fit()
print(results.summary())
```

p-값(마지막 열)을 보면, 시가 총액 관련 계수에 대한 첫 번째 추정치는 5% 이상이고(표 4.4), 두 번째 추정치는 1% 미만이다(표 4.5). 이러한 불일치에 대한 한 가지 가능성 있는 설명은 변수의 표준 편차다. cap_o와 cap_u에 대한 편차는 각각 0.47과 0.29다. 시가 총액 같은 값은 스케일링 후에도 범위가 매우 클 수 있으므로 상당한 편차가 발생할 수 있다. 균등화를 거친 변수로 작업하면 분산이 줄어들고 이 문제를 해결할 수 있다.

물론 이는 **양날의 검**^{double-edged sword}과 같다는 것에 유의해야 한다. 이러한 방법론은 **거짓 음성** ^{false negatives}을 방지하는 데 도움이 될 수 있지만, 동시에 **거짓 양성**^{false positives}으로 이어질 수 있다.

표 4.4 독립 변수에 최소–최대 리스케일링을 적용한 경우 회귀 분석 결과

```
OLS Regression Results
==============================================================
Dep. Variable:                  y   R-squared:                0.379
Model:                        OLS   Adj. R-squared:           0.290
Method:             Least Squares   F-statistic:              4.265
Date:            Tue, 12 Oct 2021   Prob (F-statistic):       0.0778
Time:                    22:09:35   Log-Likelihood:           19.892
No. Observations:               9   AIC:                      -35.78
Df Residuals:                   7   BIC:                      -35.39
Df Model:                       1
Covariance Type:        nonrobust
==============================================================
                 coef    std err      t      P>|t|     [0.025    0.975]
--------------------------------------------------------------
const          0.0124     0.014    0.912    0.392    -0.020     0.045
x1            -0.0641     0.031   -2.065    0.078    -0.137     0.009
==============================================================
Omnibus:                    0.200   Durbin-Watson:             0.872
Prob(Omnibus):              0.905   Jarque-Bera (JB):          0.152
Skew:                      -0.187   Prob(JB):                  0.927
Kurtosis:                   2.485   Cond. No.                  3.40
==============================================================
```

표 4.5 독립 변수에 균등화를 적용한 경우 회귀 분석 결과

```
OLS Regression Results
==============================================================
Dep. Variable:                  y   R-squared:                0.488
Model:                        OLS   Adj. R-squared:           0.415
Method:             Least Squares   F-statistic:              6.672
Date:            Tue, 12 Oct 2021   Prob (F-statistic):       0.0363
Time:                    22:10:01   Log-Likelihood:           20.764
No. Observations:               9   AIC:                      -37.53
Df Residuals:                   7   BIC:                      -37.13
Df Model:                       1
```

```
Covariance Type:                 nonrobust
==============================================================
             coef  std err    t      P>|t|      [0.025   0.975]
--------------------------------------------------------------
const       0.0457  0.022    2.056    0.079     -0.007   0.098
x1         -0.0902  0.035   -2.583    0.036     -0.173  -0.008
==============================================================
Omnibus:                   1.603   Durbin-Watson:       0.918
Prob(Omnibus):             0.449   Jarque-Bera (JB):    0.895
Skew:                     -0.428   Prob(JB):            0.639
Kurtosis:                  1.715   Cond. No.            5.20
==============================================================
```

4.9 코딩 예제

1. 세인트루이스 연방 준비 은행(https://fred.stlouisfed.org)은 조건부 변수로 사용할 수 있는 수천 개의 시계열 경제 지표를 보유하고 있다. 예측 인자의 수를 확장하기 위해 그 중 하나를 선택하고 수식 (4.3)을 적용하라. 필요하다면 위에서 정의한 함수를 사용하라.

2. 수식 (4.4)와 (4.2)를 기반으로 새 범주형 레이블을 생성하라. VIX 시계열은 연방 준비 제도 이사회의 웹 사이트(https://fred.stlouisfed.org/series/VIXCLS)에서도 얻을 수 있다.

3. R12M_Usd 변수의 히스토그램을 그려라. 분명히 일부 이상치가 있다. 이 변수에 대해 가장 높은 값을 가진 주식을 식별하고 해당 값이 올바른지 여부를 결정하라.

2부

지도 학습 알고리듬

05

페널티 회귀와 최소 분산 포트폴리오를 위한 희소 헤징

5장에서는 선형 모델에 널리 사용되는 규제화^{regularization} 개념을 소개한다. 사실 이러한 모델에는 몇 가지 응용 분야가 있다. 첫 번째는 팩터 기반 예측 회귀의 견고성을 개선하기 위해 페널티를 적용하는 것이다. 그런 다음 그 결과를 포트폴리오 배분함으로써 발전시키는 데 사용한다. 예를 들어, 한 외(2019), 라파치와 조우(2019)는 개별 특성에서 비롯된 예측을 결합할 때 페널티 회귀를 사용해 주식 수익률 예측을 개선했다.

또한, 우에마츠^{Uematsu}와 타나카^{Tanaka}(2019)처럼 거시경제 예측을 위해서도 비슷한 아이디어를 개발할 수 있다. 두 번째 응용은 스티븐스^{Stevens}(1998)가 제시했지만 그리 잘 알려지지 않은 결과에서 유래한다. 이 방법은 최적 평균–분산 포트폴리오의 가중치를 특정 횡단면 회귀와 연결한다. 이 아이디어의 목적은 평균–분산 포트폴리오 가중치의 품질을 개선하는 것이다. 선형 모델에 대한 규제화 기법을 소개한 후 이 두 가지 접근법을 다룬다.

페널티의 금융 분야 적용에 대한 다른 예를 다스프레몽^{d'Aspremont}(2011), 반 외(2016), 크레머 외^{Kremer et al.}(2019)에서 찾을 수 있다. 모든 케이스에서 아이디어는 기본적으로 티브시라니^{Tibshirani}(1996)의 논문과 동일하다. 이 아이디어는 제약이 없는 표준 최적화 프로그램이 잡음 있는 추정치를 야기할 수 있으므로 구조화된 제약 조건을 추가하면(편향 가능성이 있는 대신) 일부 잡음을 제거할 수 있다는 것이다. 예를 들어, 보다 견고한 평균–분산 포트폴리오(마코위츠(1952))를 만들기 위해 크레머 외(2019)는 이 개념을 사용했고, 프레이버거 외(2020)는 주식 수익률의 횡단면을 설명하는 데 실제로 도움이 되는 특성을 골라내기 위해 이 개념을 사용했다.

5.1 페널티 회귀

5.1.1 단순 회귀

선형 모델에 대한 아이디어는 적어도 2세기 전에 나온 것이다(최소 제곱 최적화에 대한 초기 참고 문헌은 레겐드레^{Legendre}(1805)다). 예측 인자 $\mathbf{X}$에 대한 행렬이 주어지면 출력 벡터 $\mathbf{y}$를 $\mathbf{X}$의 열($\mathbf{X}\beta$로 표기)에 오차항 ϵ를 더한 선형 함수로 분해한다.

$$\mathbf{y} = \mathbf{X}\beta + \epsilon$$

β에 대한 최선의 선택은 당연히 오차를 최소화하는 값이다. 수학적 계산의 단순성을 위해 여기서 오차는 잔차 제곱 합이 되며 이 값을 최소화한다. $L = \epsilon'\epsilon = \sum_{i=1}^{I} \epsilon_i^2$. 손실 L은 잔차 제곱 합^{SSR, Sum of Squared Residuals}이라고 부른다. 최적 β를 찾기 위해서는 1계 조건에서 기울기가 0이어야 하므로 이 손실 L을 β에 대해 미분해야 한다.

$$\nabla_\beta L = \frac{\partial}{\partial \beta}(\mathbf{y} - \mathbf{X}\beta)'(\mathbf{y} - \mathbf{X}\beta) = \frac{\partial}{\partial \beta}\beta'\mathbf{X}'\mathbf{X}\beta - 2\mathbf{y}'\mathbf{X}\beta$$
$$= 2\mathbf{X}'\mathbf{X}\beta - 2\mathbf{X}'\mathbf{y}$$

1계 조건 $\nabla_\beta = 0$을 만족시키기 위한 β는 다음과 같다.

$$\beta^* = (\mathbf{X}'\mathbf{X})^{-1}\mathbf{X}'\mathbf{y} \tag{5.1}$$

위의 식은 선형 모델의 표준적인 OLS의 해로 알려져 있다. 만약 행렬 $\mathbf{X}$가 $I \times K$차원인 경우, 행의 개수 I가 열의 개수 K보다 확실하게 큰 경우에만 $\mathbf{X}'\mathbf{X}$에 대한 역행렬을 구할 수 있다. 물론 인스턴스보다 예측 인자가 더 많고 손실을 최소화하는 β가 유일한 값이 아닌 경우에는 그렇지 않을 수 있다. 만약 $\mathbf{X}'\mathbf{X}$가 정칙^{non-singular} 행렬(혹은 양정^{positive definite} 행렬)이라면 2계 조건은 β*가 손실 L에 대한 전역적 최솟값을 산출하도록 보장한다(β에 대한 L의 2계 도함수, 즉 헤시안 행렬^{Hessian matrix}은 정확히 $\mathbf{X}'\mathbf{X}$다).

지금까지 우리는 위의 수치들에 대한 어떠한 분포적 가정도 하지 않았다. 표준적인 가정들은 다음과 같다.

- $\mathbb{E}[\mathbf{y}|\mathbf{X}] = \mathbf{X}\beta$: 회귀 함수에 대한 선형적 형태
- $\mathbb{E}[\epsilon|\mathbf{X}] = 0$: 오차는 **예측 인자와 독립**이다.
- $\mathbb{E}[\epsilon\epsilon'|\mathbf{X}] = \sigma^2\mathbf{I}$: **등분산성**^{homoscedasticity} – 오차 간 상관관계는 없으며 균일한 분산값을 갖는다.
- ϵ_i는 정규 분포를 따른다.

이러한 가설하에서 $\hat{\beta}$ 계수에 대한 통계적 검정을 수행할 수 있다. 선형 모델에 대한 자세한 내용은 그린(2018)의 2장부터 4장까지를 참고하고, 해당 검정에 대한 자세한 내용은 같은 책의 5장을 참고하라.

5.1.2 페널티의 형태

페널티 회귀는 티브시라니(1996)의 저명한 연구 이후 대중화됐다. 이 아이디어는 회귀 계수에 제약을 가하는 것, 즉 계수의 전체 크기를 제한하는 것이다. 티브시라니(1996)는 그의 논문에서 어떤 양의 상수 δ에 대해 다음과 같은 모델(라쏘)을 제안했다.

$$y_i = \sum_{j=1}^{J} \beta_j x_{i,j} + \epsilon_i, \quad i = 1, \ldots, I, \quad \text{s.t.} \quad \sum_{j=1}^{J} |\beta_j| < \delta \tag{5.2}$$

최소 제곱의 최소화 문제하에서 이 모델은 다음과 같은 라그랑지안^{Lagrangian} 방식의 문제를 푸는 것으로 귀결된다.

$$\min_{\beta} \left\{ \sum_{i=1}^{I} \left(y_i - \sum_{j=1}^{J} \beta_j x_{i,j} \right)^2 + \lambda \sum_{j=1}^{J} |\beta_j| \right\} \tag{5.3}$$

여기서 λ는 양수이며 이는 δ에 따라 달라진다(δ가 낮을수록 λ가 더 높아지므로 제약 조건은 더 강해진다). 사실 라쏘 회귀에 앞서 이러한 제약 사항은 릿지^{ridge} 회귀(L^2 규제화)에서 더 잘 나타난다.

$$\min_{\beta} \left\{ \sum_{i=1}^{I} \left(y_i - \sum_{j=1}^{J} \beta_j x_{i,j} \right)^2 + \lambda \sum_{j=1}^{J} \beta_j^2 \right\} \tag{5.4}$$

위의 최적화 문제는 다음의 모델을 추정하는 것과 동일하다.

$$y_i = \sum_{j=1}^{J} \beta_j x_{i,j} + \epsilon_i, \quad i = 1, \ldots, I, \quad \text{s.t.} \quad \sum_{j=1}^{J} \beta_j^2 < \delta \tag{5.5}$$

하지만 두 결과는 실질적으로 꽤 다르기 때문에 별도의 처리가 필요하다. 페널티 강도 λ가 증가하면(혹은 수식 (5.5)의 δ가 감소하면) 모든 릿지 회귀 계수들은 기계적으로 서서히 그 크기가 0으로 줄어든다. 라쏘의 경우 일부 계수가 0으로 빠르게 줄어들기 때문에 라쏘의 수렴은 다소 거칠다. λ가 충분히 큰 경우 오직 하나의 계수만이 0이 아닌 상태를 유지하는 반면, 릿지 회귀에서는 모든 계수가 점근적으로 0에 도달한다. 만약 교차 검증^{CV, Cross-Validation} 및 드롭아웃 규제화 등의 다른 주제와도 관련된 릿지 회귀의 모든 응용 분야에 관심이 있다면 하스티(2020)의 연구를 읽어볼 것을 권한다.

라쏘 회귀와 릿지 회귀의 차이를 묘사하기 위해 그림 5.1과 같이 예측 인자 개수가 $K = 2$인 경우를 고려해보자. 제약 조건이 없는 상황에서의 최적해 β^*를 공간의 중앙에 빨간색으로 표시했다. 문제는 당연히 이 점이 부여된 조건을 만족하지 못한다는 것이다. 이러한 제약 조건은 연한 회색으로 표시했다. 라쏘의 경우 $|\beta_1| + |\beta_2| \leq \delta$처럼 정사각형, 릿지 회귀의 경우 $\beta_1^2 + \beta_2^2 \leq \delta$처럼 원 모양이다. 이러한 제약 조건을 만족하기 위해 최적화는 더 큰 오차 수준을 허용해 β^*의 주변부를 탐색해야 한다. 이러한 오차 수준을 그림에서 주황색 타원으로 표시한다. 오차에 대한 요구 사항이 충분히 느슨해지면 타원체 하나가 허용 가능한 경계(회색)에 닿게 되며, 이 지점이 바로 제약 조건 상에서의 해가 위치한 곳이다.

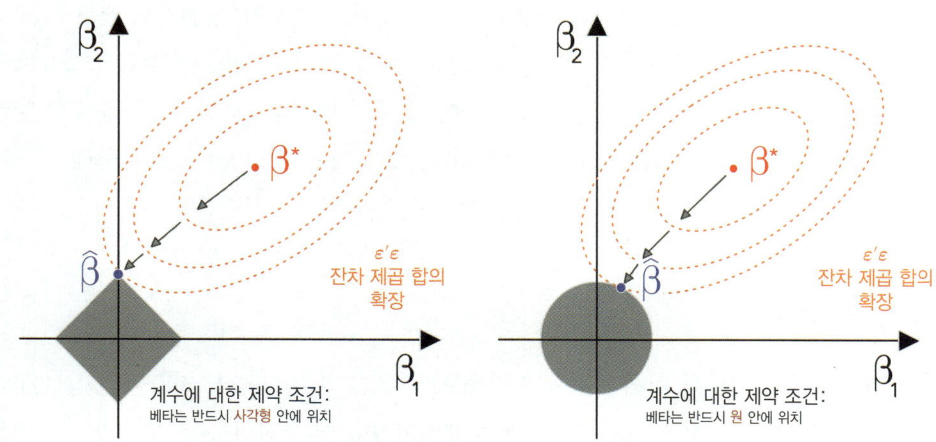

그림 5.1 라쏘 회귀(왼쪽)와 릿지 회귀(오른쪽)에 대한 개념도

두 방법 모두 외생 변수의 개수가 관측치의 개수를 초과하는 경우, 즉 고전적인 회귀가 잘못 정의되는 경우에 효과적이다. 이러한 사실은 릿지 회귀에서 OLS 해가 다음과 같이 단순한 경우 쉽게 알 수 있다.

$$\hat{\boldsymbol{\beta}} = (\mathbf{X}'\mathbf{X} + \lambda\mathbf{I}_N)^{-1}\mathbf{X}'\mathbf{Y}$$

수식 (5.1)과 비교했을 때 추가적인 항 $\lambda\mathbf{I}_N$은 $\lambda > 0$일 때마다 역행렬을 잘 정의할 수 있도록 한다. λ가 증가하면 $\hat{\beta}_i$의 크기가 감소하므로 페널티를 때로는 **축소 기법**shrinkage method이라고 도 한다(추정한 계수의 값이 줄어드는 것을 볼 수 있다).

조우Zou와 하스티(2005)는 두 가지 페널티를 볼록한 방식으로 결합할 때 두 가지 장점을 모두 누릴 수 있다고 제안한다(이를 엘라스틱넷elasticnet이라고 부른다).

$$y_i = \sum_{j=1}^{J} \beta_j x_{i,j} + \epsilon_i, \quad \text{s.t.} \quad \alpha \sum_{j=1}^{J} |\beta_j| + (1-\alpha) \sum_{j=1}^{J} \beta_j^2 < \delta, \quad i = 1, \ldots, N \quad (5.6)$$

이 모델을 최적화 프로그램으로 표현하면 다음과 같다.

$$\min_{\beta} \left\{ \sum_{i=1}^{I} \left(y_i - \sum_{j=1}^{J} \beta_j x_{i,j} \right)^2 + \lambda \left(\alpha \sum_{j=1}^{J} |\beta_j| + (1-\alpha) \sum_{j=1}^{J} \beta_j^2 \right) \right\} \quad (5.7)$$

릿지 회귀와 비교했을 때 라쏘 회귀의 가장 큰 장점은 선택 가능성이다. 실제로 매우 많은 수의 변수(또는 예측 인자)가 주어졌을 때 라쏘는 관련성이 가장 낮은 변수를 점진적으로 배제한다. 엘라스틱넷은 이러한 선택 능력을 유지하며, 조우와 하스티(2005)는 경우에 따라 엘라스틱넷이 라쏘보다 훨씬 더 효과적이라고 주장한다. 매개 변수 $\alpha \in [0, 1]$는 0을 향해 (계수의) 수렴 평활도를 조율해나간다. α가 0에 가까울수록 수렴이 더 매끄러워진다.

5.1.3 실제 예시

페널티 회귀에 대한 간단한 실제 예시로 시작해보자. 우선 라쏘 회귀다. 저자들은 이전에 이 모델들을 R로 구현한 적이 있으며, 이는 꽤 실용적이었다. 일반적인 선형 모델과 비교했을 때 구현을 위한 문법은 다소 차이가 있다. 전체 데이터셋을 갖고 해당 예시를 수행한다. 먼저, 계수를 추정한다. 기본적으로 이 함수는 다양한 페널티 강도(λ)에 대한 결과를 바로 보여 줄 수 있도록 페널티 값에 대한 큰 배열을 선택한다.

```python
from sklearn.linear_model import Lasso, Ridge, ElasticNet
y_penalized = data_ml['R1M_Usd'].values # 종속 변수
X_penalized = data_ml[features].values # 예측 인자
alphas = np.arange(1e-4,1.0e-3,1e-5)
# 여기서 alpha는 사이킷런의 lambda로 사용된다.
lasso_res = {} # 모델 결과를 받기 위한 딕셔너리 선언
```

계수를 계산한 후에는 그래프를 그리기 전에 약간의 실랑이가 필요하다. 또한, 계수가 너무 많기 때문에 여기서는 일부 계수만을 대상으로 그래프로 그린다.

```python
for alpha in alphas: # 다른 alpha/lambda 값을 사용하며 루프문 실행
    lasso = Lasso(alpha=alpha) # 모델
    lasso.fit(X_penalized,y_penalized)
    lasso_res[alpha] = lasso.coef_ # LASSO 계수 추출
df_lasso_res = pd.DataFrame.from_dict(lasso_res).T
# 시각화를 위한 데이터프레임 전치
df_lasso_res.columns = features # 팩터 이름 추가
```

```python
predictors = (df_lasso_res.abs().sum() > 0.05)
# 가장 신뢰성 높은 예측 인자 선택
df_lasso_res.loc[:,predictors].plot(
    xlabel='Lambda',ylabel='Beta',figsize=(12,8)) # 시각화!
```

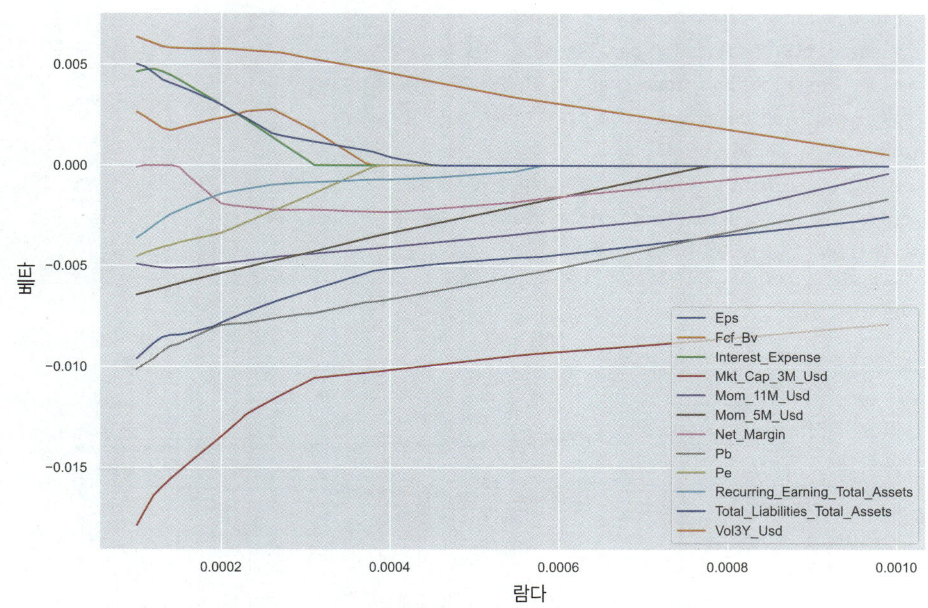

그림 5.2 라쏘 모델. 종속 변수는 1개월 선행 수익률

그림 5.2의 그래프는 페널티 강도 λ의 증가에 따른 계수의 변화를 보여준다. Ebit_Ta(주황색) 와 같은 일부 특성의 경우 0으로 수렴하는 속도가 빠르다. 다른 변수들은 페널티에 더 오래 저항하며, Mkt_Cap_3M_Usd의 경우 가장 마지막에 사라진다. 이는 기본적으로 이 변수가 샘플상 향후 1개월 수익률에 대한 가장 중요한 동인이라는 것을 의미한다. 또한, 계수의 음 의 부호는 (이 샘플에서 다시 한번) 작은 기업이 큰 기업에 비해 더 높은 미래 수익률을 안겨다 줄 것이라는 이른바 사이즈 이상 현상size anomaly을 확인시켜준다.

이제 릿지 회귀로 넘어가자.

```python
n_alphas = 50 # 릿지 회귀를 위한 alpha 개수 선언
alphas = np.logspace(-2, 4, n_alphas)
# 애스펙트 비(Aspect ratio)를 위한 로그 변환
ridge_res = {}
# 모델 결과를 받기 위한 딕셔너리 선언
for alpha in alphas:
    ridge = Ridge(alpha=alpha) # 모델
    ridge.fit(X_penalized,y_penalized) # 모델 피팅
    ridge_res[alpha] = ridge.coef_ # RIDGE 계수 추출
df_ridge_res = pd.DataFrame.from_dict(ridge_res).T
# 시각화를 위한 데이터프레임 전치
df_ridge_res.columns = features # 팩터 이름 추가
df_ridge_res.loc[:,predictors].plot( xlabel='Lambda',ylabel='Beta',
    figsize=(13,8)) # 시각화!
```

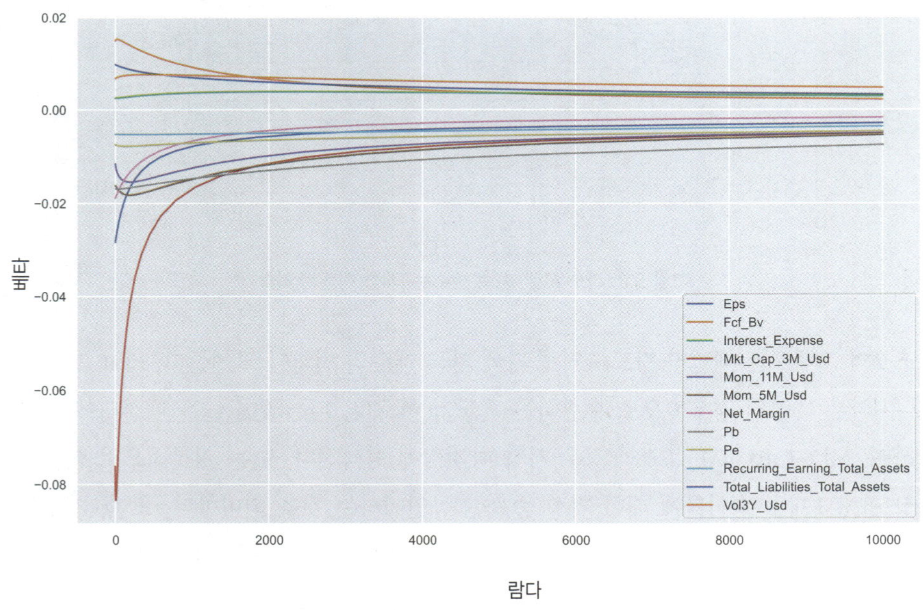

그림 5.3 릿지 회귀. 종속 변수는 1개월 선행 수익률

그림 5.3에서는 0으로의 수렴이 훨씬 더 부드럽다. 우리는 x축(페널티 강도)에 로그 스케일이 있다는 점을 강조하고자 한다. 이를 통해 초기 패턴(0에 가까운 왼쪽)을 더 명확하게 볼 수

118

있다. 그림 5.2에서와 마찬가지로, 예측 인자 Mkt_Cap_3M_Usd가 명백히 우세하며, 또다시 큰 음의 계수를 보여준다. 하지만 λ가 증가함에 따라 다른 예측 인자 대비 우세성은 약해진다.

정의상 엘라스틱넷은 위의 두 가지 접근법을 혼합한 것 같은 곡선을 생성한다. 하지만 $\alpha > 0$인 경우 라쏘의 선택적 특성이 유지돼 일부 특성의 계수가 0으로 급격히 줄어든다. 실제로 라쏘의 강도는 너무 강하기 때문에 두 가지 페널티의 균형 잡힌 혼합을 위해서는 $\alpha = 1/2$이 아니라 이보다 훨씬 작은 값(아마도 0.1 미만)으로 설정해야 한다.

5.2 최소 분산 포트폴리오를 위한 희소 헤징

5.2.1 표현 및 전개

희소 포트폴리오sparse portfolio를 구축하는 아이디어는 그 자체로 새로운 것은 아니며(브로디에 외Brodie et al.(2009), 파스트리치 외Fastrich et al.(2015) 참조), 라쏘가 가진 선택적 특성과의 연결은 고전적인 이차 계획법quadratic program에서 다소 직관적이다. 단순 L^2 노름norm을 적용하면 포트폴리오의 분산 투자 효과가 증가하므로 L^1 노름의 선택은 필수적이다(코케렛(2015) 참고).

이 절의 아이디어는 고토와 수(2015)에서 비롯됐으나, 스티븐스(1998)의 연구로 처음 그 초석이 다져졌으며, 그 결과를 다음과 같이 제시한다. 이에 대한 전개 과정은 참고 문헌에서 흔히 볼 수 없기에 여기서 자세한 디테일을 제공한다.

일반적인 평균−분산 배분에서 한 가지 핵심 재료는 자산 간 공분산 행렬의 역행렬 Σ^{-1}이다. 예를 들어, 최대 샤프 비율MSR, Maximum Sharpe Ratio 포트폴리오는 다음과 같다.

$$\mathbf{w}^{\mathrm{MSR}} = \frac{\Sigma^{-1}\mu}{\mathbf{1}'\Sigma^{-1}\mu} \tag{5.8}$$

여기서 μ는 기대 (초과) 수익률의 벡터다. $\mu = 1$로 하면 기대 수익률의 1차 적률에 구애받지 않는 최소 분산 포트폴리오가 나온다(따라서 최소 분산 포트폴리오는 μ를 추정하려고 시도하지만 종종 실패하는 대부분의 대안들보다 일반적으로 훨씬 견고하다).

일반적으로 전통적인 방법은 Σ를 추정한 뒤 그 역행렬을 계산해 MSR 가중치를 구하는 것이다. 하지만 몇 가지 방법은 Σ^{-1}을 직접 추정하며 다음에서 그중 한 가지 방법을 소개하고자 한다. 한 번에 1개의 자산, 즉 한 번에 Σ^{-1}의 한 줄씩을 수행한다.

만약 행렬 Σ를 다음과 같이 분해하면

$$\Sigma = \begin{bmatrix} \sigma^2 & \mathbf{c}' \\ \mathbf{c} & \mathbf{C} \end{bmatrix}$$

고전적인 분할의 결과(예를 들어, 슈어 보수 행렬^{Schur complements})는 다음과 같다.

$$\Sigma^{-1} = \begin{bmatrix} (\sigma^2 - \mathbf{c}'\mathbf{C}^{-1}\mathbf{c})^{-1} & -(\sigma^2 - \mathbf{c}'\mathbf{C}^{-1}\mathbf{c})^{-1}\mathbf{c}'\mathbf{C}^{-1} \\ -(\sigma^2 - \mathbf{c}'\mathbf{C}^{-1}\mathbf{c})^{-1}\mathbf{C}^{-1}\mathbf{c} & \mathbf{C}^{-1} + (\sigma^2 - \mathbf{c}'\mathbf{C}^{-1}\mathbf{c})^{-1}\mathbf{C}^{-1}\mathbf{c}\mathbf{c}'\mathbf{C}^{-1} \end{bmatrix}$$

우리가 관심을 갖는 것은 요인 $(\sigma^2 - \mathbf{c}'\mathbf{C}^{-1}\mathbf{c})^{-1}$과 선 벡터 $\mathbf{c}'\mathbf{C}^{-1}$, 이 두 가지 요소를 갖고 있는 첫 번째 줄이다. 여기서 $\mathbf{C}$는 2번째 자산부터 N번째 자산까지의 공분산 행렬이며, $\mathbf{c}$는 첫 번째 자산과 다른 모든 자산간의 공분산 행렬이다. Σ^{-1}의 첫 번째 줄은 다음과 같다.

$$(\sigma^2 - \mathbf{c}'\mathbf{C}^{-1}\mathbf{c})^{-1} \begin{bmatrix} 1 & \underbrace{-\mathbf{c}'\mathbf{C}^{-1}}_{N-1\text{개의 항들}} \end{bmatrix} \tag{5.9}$$

이제 다른 설정을 고려해보자. 다른 모든 자산의 수익률과 첫 번째 자산 수익률 간의 회귀 분석을 수행한다.

$$r_{1,t} = a_1 + \sum_{n=2}^{N} \beta_{1|n} r_{n,t} + \epsilon_t, \quad \text{i.e.,} \quad \mathbf{r}_1 = a_1 \mathbf{1}_T + \mathbf{R}_{-1}\beta_1 + \epsilon_1 \tag{5.10}$$

여기서 $\mathbf{R}_{-1}$은 첫 번째 자산을 제외한 다른 모든 자산의 수익률을 포함한다. β_1에 대한 OLS 추정치는 다음과 같다.

$$\hat{\beta}_1 = \mathbf{C}^{-1}\mathbf{c} \tag{5.11}$$

이 추정치는 프리슈-워-로벨 정리^{Frisch-Waugh-Lovell Theorem}에서 비롯한 분할된 형태(상수가 회귀식에 포함된 경우)다(그린(2018)의 3장 참고).

또한,

$$(1 - R^2)\sigma_{\mathbf{r}_1}^2 = \sigma_{\mathbf{r}_1}^2 - \mathbf{c}'\mathbf{C}^{-1}\mathbf{c} = \sigma_{\epsilon_1}^2 \qquad (5.12)$$

이 마지막 사실에 대한 증명은 아래에 있다.

행렬 $\mathbf{X}$가 $\mathbf{1}_T$와 수익률 $\mathbf{R}_{-1}$의 결합이고 $\mathbf{y} = \mathbf{r}_1$인 경우, R^2의 고전적인 표현 방식은 다음과 같다.

$$R^2 = 1 - \frac{\epsilon'\epsilon}{T\sigma_Y^2} = 1 - \frac{\mathbf{y}'\mathbf{y} - \hat{\beta}'\mathbf{X}'\mathbf{X}\hat{\beta}}{T\sigma_Y^2} = 1 - \frac{\mathbf{y}'\mathbf{y} - \mathbf{y}'\mathbf{X}\hat{\beta}}{T\sigma_Y^2}$$

이때 회귀 분석 결과로 피팅된 값은 $\mathbf{X}\hat{\beta} = \hat{a}_1\mathbf{1}_T + \mathbf{R}_{-1}\mathbf{C}^{-1}\mathbf{c}$다. 따라서

$$T\sigma_{\mathbf{r}_1}^2 R^2 = T\sigma_{\mathbf{r}_1}^2 - \mathbf{r}_1'\mathbf{r}_1 + \hat{a}_1\mathbf{1}_T'\mathbf{r}_1 + \mathbf{r}_1'\mathbf{R}_{-1}\mathbf{C}^{-1}\mathbf{c}$$

$$T(1 - R^2)\sigma_{\mathbf{r}_1}^2 = \mathbf{r}_1'\mathbf{r}_1 - \hat{a}_1\mathbf{1}_T'\mathbf{r}_1 - \left(\tilde{\mathbf{r}}_1 + \frac{\mathbf{1}_T\mathbf{1}_T'}{T}\mathbf{r}_1\right)'\left(\tilde{\mathbf{R}}_{-1} + \frac{\mathbf{1}_T\mathbf{1}_T'}{T}\mathbf{R}_{-1}\right)\mathbf{C}^{-1}\mathbf{c}$$

$$T(1 - R^2)\sigma_{\mathbf{r}_1}^2 = \mathbf{r}_1'\mathbf{r}_1 - \hat{a}_1\mathbf{1}_T'\mathbf{r}_1 - T\mathbf{c}'\mathbf{C}^{-1}\mathbf{c} - \mathbf{r}_1'\frac{\mathbf{1}_T\mathbf{1}_T'}{T}\mathbf{R}_{-1}\mathbf{C}^{-1}\mathbf{c}$$

$$T(1 - R^2)\sigma_{\mathbf{r}_1}^2 = \mathbf{r}_1'\mathbf{r}_1 - \frac{(\mathbf{1}_T'\mathbf{r}_1)^2}{T} - T\mathbf{c}'\mathbf{C}^{-1}\mathbf{c}$$

$$(1 - R^2)\sigma_{\mathbf{r}_1}^2 = \sigma_{\mathbf{r}_1}^2 - \mathbf{c}'\mathbf{C}^{-1}\mathbf{c}$$

여기 위의 네 번째 줄에 $\hat{a}_1 = \frac{\mathbf{1}_T'}{T}(\mathbf{r}_1 - \mathbf{R}_{-1}\mathbf{C}^{-1}\mathbf{c})$을 대입했다. 그린(2018)의 3.5절에서는 보다 더 간단한 증명 방식을 보여준다.

수식 (5.9), (5.11), (5.12)를 결합하면 $\boldsymbol{\Sigma}^{-1}$의 첫 번째 줄은 다음과 같다.

$$\frac{1}{\sigma_{\epsilon_1}^2} \times \begin{bmatrix} 1 & -\hat{\boldsymbol{\beta}}_1' \end{bmatrix} \qquad (5.13)$$

$\boldsymbol{\Sigma}^{-1}$의 첫 번째 줄이 구해지면 첫 번째 자산의 포트폴리오 가중치(와 스케일링 상수까지)를 구하기 위해 $\boldsymbol{\mu}$를 곱하면 된다.

위 계산 결과의 이면에는 '희소 헤징^{sparse hedging}'이라는 용어를 정당화하는 훌륭한 경제적 통찰력이 있다. $\boldsymbol{\mu} = \mathbf{1}$인 최소 분산 포트폴리오의 경우를 예로 들어보자. 수식 (5.10)은 첫 번

째 자산의 수익률을 다른 모든 자산의 수익률로 설명하고자 한다. 수식 (5.10)에서 스케일링 상수를 제하면, 첫 번째 자산은 단위 포지션^{unit position}을 가지며, 다른 모든 자산은 $-\hat{\boldsymbol{\beta}}_1$의 포지션을 가진다. 따라서 명백하게도 다른 자산의 목적은 첫 번째 자산의 수익률을 헤지하는 것이다. 사실 이러한 포지션은 첫 번째 자산에 대한 전체 포트폴리오의 제곱 오차를 최소화하는 것이 목표다(이 오차는 정확히 ϵ_1이다). 더불어 스케일링 팩터 $\sigma_{\epsilon_1}^{-2}$도 해석이 간단하다. 회귀 결과를 더 신뢰할수록 $\sigma_{\epsilon_1}^2$가 작아지기 때문에 자산의 헤지 포트폴리오에 더 많이 투자하게 된다는 것이다.

이러한 추론은 다른 모든 자산 수익률에 대해 자산 i의 수익률을 회귀시켜 계산한 $\boldsymbol{\Sigma}^{-1}$의 어떤 줄에도 쉽게 일반화할 수 있다. 만약 주어진 값 $\boldsymbol{\mu}$에 대해 배분 방식이 (5.8)의 형태를 갖는다면 희소 포트폴리오 전략의 의사 코드^{pseudo-code}는 다음과 같다.

(표기 편의상 생략한) 각 날짜와 모든 주식 i에 대해,

1. $\hat{\boldsymbol{\Sigma}}^{-1}$의 i번째 줄을 얻기 위해 $t = 1,\ldots,T$ 샘플에 대해 엘라스틱넷 회귀를 수행

$$\left[\hat{\boldsymbol{\Sigma}}^{-1}\right]_{i,\cdot} = \underset{\beta_{i|}}{\operatorname{argmin}} \left\{ \sum_{t=1}^{T} \left(r_{i,t} - a_i + \sum_{n\neq i}^{N} \beta_{i|n} r_{n,t} \right)^2 + \lambda\alpha||\beta_{i|}||_1 + \lambda(1-\alpha)||\beta_{i|}||_2^2 \right\}$$

2. 자산 i의 가중치를 얻기 위해 μ-가중 합을 계산 $w_i = \sigma_{\epsilon_i}^{-2}\left(\mu_i - \sum_{j\neq i}\beta_{i|j}\mu_j\right)$

여기서 벡터 $\beta_{i|} = [\beta_{i|1},\ldots,\beta_{i|i-1},\beta_{i|i+1},\ldots,\beta_{i|N}]$는 다른 모든 자산 수익률에 대한 자산 i 수익률의 회귀 계수다.

스티븐스(1998)의 독창적인 접근 방식과 비교했을 때 **페널티 노름**^{penalization norm}의 도입은 새로운 재료다. 이 방식의 장점은 두 가지다. 첫째, 제약 조건을 도입하면 가중치가 더 견고해지고 μ의 추정 오차에 영향을 덜 받는다. 둘째, 희소성^{sparsity}으로 인해 가중치가 더 안정적으로 변하고 레버리지가 적어 전략이 거래 비용의 영향을 덜 받는다. 수치적 응용 사례로 넘어가기 전에 견고한 **역 공분산 행렬**^{robust inverse covariance matrix}을 추정하기 위한 보다 직접적인 방식인 그래프 라쏘^{GLASSO, Graphical LASSO}에 대해 짚고 넘어가고자 한다. 그래프 라쏘는 최우도를 통해 정밀도 행렬^{precision matrix}(역공분산 행렬)을 추정하는 동시에 행렬의 가중치에 제약/

페널티를 부과한다. 페널티가 충분히 강하면 희소 행렬, 즉 몇몇 많은 계수가 0이 될 수 있는 행렬이 만들어진다. 이 주제에 대한 자세한 내용은 프리드먼 외[Friedman et al.](2008)의 원본 논문을 참고하라.

5.2.2 예시

희소 헤징 포트폴리오의 관심사는 최소 분산 정책 추정에 대한 견고한 접근법을 제안하는 것이다. 실제로 기대 수익률 벡터 μ는 일반적으로 잡음이 매우 많기 때문에 간단한 해법은 $\mu = 1$로 설정해 불가지론적 관점을 채택하는 것이다. 희소성 제약 조건의 부가 가치를 검증하기 위해서는 전체적인 백테스트를 수행해야 한다. 이를 통해 12장의 내용을 예상해볼 수 있다.

먼저 변수를 준비한다. 희소 포트폴리오는 수익률만을 사용한다. 따라서 1장 마지막에서 만든 행렬/직사각형 형태의 변수[returns]를 기반으로 분석한다.

그다음 포트폴리오 가중치와 포트폴리오 수익률이라는 출력 변수를 초기화한다. 우리는 모든 주식에 대한 동일 가중[EW, Equally Weighted] 벤치마크, 고전적인 글로벌 최소 분산[GMV, Global Minimum Variance] 포트폴리오, 최소 분산에 대한 희소 헤지 방법, 이 세 가지 전략을 비교하고자 한다.

```python
t_oos=returns.index[returns.index>separation_date].values
# 표본 외 데이터
Tt = len(t_oos) # 날짜 개수
nb_port = 3 # 포트폴리오/전략 개수
port_weights = {} # 포트폴리오 가중치를 위한 딕셔너리 초기화
port_returns = {} # 포트폴리오 수익률을 위한 딕셔너리 초기화
```

다음으로, 이 절의 목적에 따라 희소 헤징 포트폴리오의 가중치 계산값을 따로 분리한다. $\mu = 1$인 최소 분산 포트폴리오의 경우 자산 1의 가중치는 수식 (5.13)의 모든 항의 합이 되고 다른 가중치도 비슷한 형태를 갖는다.

```python
def weights_sparsehedge(returns, alpha, Lambda):
    weights = [] # 가중치를 위한 리스트 초기화
    lr = ElasticNet(alpha=alpha,l1_ratio=Lambda) # 엘라스틱넷 모델
    for col in returns.columns: # 자산별로 루프
        y = returns[col].values
        # 종속 변수
        X = returns.drop(col, axis=1).values
        # 독립 변수
        lr.fit(X,y)
        err = y - lr.predict(X) # 예측 오차
        w = (1-np.sum(lr.coef_))/np.var(err)
        # 출력 변수: 자산 i에 대한 가중치
        weights.append(w)
    return weights / np.sum(weights) # 가중치 정규화
```

우리의 전략을 벤치마킹하기 위해 (1) EW 벤치마크, (2) 고전적 GMV, (3) 희소 헤징 최소 분산, 이 세 가지 전략을 모두 포함하는 메타 가중 함수meta-weighting function를 정의한다. GMV 의 경우 날짜보다 자산의 개수가 훨씬 많기 때문에 공분산 행렬은 특이성singular을 갖는다. 따라서 여기에는 작은 휴리스틱적 축소 항shrinkage term이 있다. 이 기법을 보다 엄밀히 다루기 위해서는 르두아와 울프(2004)의 논문 및 르두아와 울프(2017)가 언급한 최근의 개선 사항을 참고하라. 간단히 말해, 어떤 작은 상수 δ(다음 코드에서는 0.01임)에 대해 $\hat{\boldsymbol{\Sigma}} = \boldsymbol{\Sigma}_S + \delta\boldsymbol{I}$를 사용한다.

```python
def weights_multi(returns, j, alpha, Lambda):
    N = returns.shape[1]
    if j == 0: # j = 0 => 동일 가중
        return np.repeat(1/N,N)
    elif j == 1: # j = 1 => 최소 분산
        sigma = np.cov(returns.T) + 1e-2 * np.identity(N)
        # 공분산 행렬 + 규제 항
        w = np.matmul(np.linalg.inv(sigma),np.repeat(1,N))
        # 행렬 곱과 역행렬 계산
        return w / np.sum(w) # 정규화
    elif j == 2: # j = 2 => 규제화 / 엘라스틱넷
        return weights_sparsehedge(returns, alpha, Lambda)
```

마지막으로, 백테스팅 루프문을 실행한다. 자산의 개수를 감안할 때 루프를 실행하는 데 몇 분 정도가 걸린다. 루프가 끝나면 포트폴리오 수익률의 표준 편차(월간 변동성)를 계산한다. 최소 분산은 이 특정 지표를 최소화하고자 하므로 이 수치는 핵심 지표다.

```python
for m, month in np.ndenumerate(t_oos): # 루프 = 리밸런싱 날짜
    temp_data = returns.loc[returns.index < month] # 가중치별 날짜
    realised_returns = returns.loc[returns.index == month].values
    # 표본 외 수익률
    weights_temp = {}
    returns_temp = {}

    for j in range(nb_port): # 전략별 루프
        wgts = weights_multi(temp_data, j, 0.1, 0.1) # 하드 코딩한 매개 변수!
        rets = np.sum(wgts * realised_returns) # 포트폴리오 수익률
        weights_temp[j] = wgts
        returns_temp[j] = rets

    port_weights[month] = weights_temp # 사용하지 않지만 생성함
    port_returns[month] = returns_temp

port_returns_final = pd.concat(
            {k: pd.DataFrame.from_dict(v, 'index') for k, v in port_returns.
 ↪items()},
            axis=0).reset_index()
# 딕셔너리 컴프리헨션 방법 -- https://www.python.org/dev/peps/pep-0274/
colnames = ['date','strategy','return'] # 열 이름
port_returns_final.columns = colnames # 열 이름
strategies_name = {0:'EW',1:'MV',2:'Sparse'}
port_returns_final['strategy']=port_returns_final['strategy'].replace(
    strategies_name)
pd.DataFrame(port_returns_final.groupby('strategy')['return'].std(
)).T # 포트폴리오 변동성 (월간 단위)
```

```
strategy      EW        MV      Sparse
return     0.041804  0.033504  0.034736
```

희소 헤징 제약의 목적은 자산의 공분산 구조를 더 잘 추정해 최소 분산 포트폴리오의 가중치를 더 정확하게 추정하는 것이다. 위의 연습을 통해, 희소 헤징 관계에 기반한 공분산 행렬 계산이 월간 변동성을 실제로 감소시킨다는 것을 알 수 있다. 이는 단순히 표본 공분산 행렬을 축소한다고 해서 되는 문제가 아니다. 왜냐하면 자산 간 상관계수 추정에 너무 많은 잡음이 있을 수 있기 때문이다. 일별 수익률로 작업을 하면 추정치의 품질이 향상될 가능성이 높다. 하지만 위의 백테스트는 자산 개수에 비해 관측치(날짜) 수가 적은 경우에도 페널티 방법론이 잘 작동한다는 것을 보여준다.

5.3 예측 회귀

5.3.1 참고 문헌 리뷰 및 원칙

예측 회귀는 매우 흥미로운 논문들이 공통적으로 다루는 주제다. 그중 영향력 있는 논문 중 하나는 스탬버그(1999)로, 저자는 독립 변수가 자기 상관관계를 갖는 경우 회귀 분석의 위험성을 보여준다. 이 경우 일반적인 OLS 추정치는 편향돼 있으므로 반드시 이를 보정해야 한다. 이후 이 결과는 여러 방향으로 확장됐다(캠벨Campbell과 요고(2006), 할마슨(2011), 곤잘로와 피타라키스(2019)의 조사, 최근 들어 여러 기간별로 예측성을 연구한 수(2020)의 연구를 참고하라).

두 번째로 중요한 주제는 예측 회귀에서 계수의 시간 의존성에 관한 것이다. 댕글Dangl과 할링Halling(2012)은 이 연구 방향에 대한 한 가지 기여를 했는데, 그들은 베이지안 절차를 통해 계수를 추정했다. 최근에 켈리 외(2019)는 주식의 횡단면 수익률을 모델링하기 위해 시간 의존적 팩터 로딩을 사용했다. 헨켈 외Henkel et al.(2011)는 단기 수익률의 측면에서 예측 회귀 계수의 시간 가변적 속성을 자세히 설명한다. 마지막으로, 파머 외(2019)는 예측 가능성 주머니 pockets of predictability라는 개념을 도입했다. 이 개념은 자산 혹은 시장이 다른 국면을 경험할 수 있어서, 어떤 국면에서는 예측이 가능하지만 다른 어떤 국면에서는 예측이 불가능한 현상을 의미한다. 주머니는 t-통계량이 특정 임계치를 초과하는 날의 횟수와 그 기간 동안의 R^2 크기로 측정한다. 공식적인 통계 검정은 데미트레스쿠 외Demetrescu et al.(2022)가 개발했다.

예측 회귀에 페널티를 도입한 것은 적어도 라파치 외(2013)까지 거슬러 올라간다. 그들은 미국 시장과 다른 국제적인 주식 거래소 간의 선행-후행 관계를 평가하기 위해 이 방법을 사용했다. 최근에는 친코 외(2019a)가 라쏘 회귀를 사용해 다양한 기간의 과거 수익률(횡단면)을 기반으로 고빈도 수익률을 예측하고자 했다. 그들은 통계적으로 유의미한 수확이 있었음을 보고했다. 한 외(2019), 라파치와 조우(2019)는 예측 조합을 개선하고 주식 수익률을 설명할 때 중요한 특성을 선별하고자 각각 라쏘 회귀와 엘라스틱넷 회귀를 사용했다.

이러한 연구 기여는 예측 회귀와 페널티 회귀 간 공통 분모에 관한 관련성을 강조한다. 간단한 머신러닝 기반 자산 가격 결정에서는 종종 수식 (3.7)과 같은 모델을 구축하고자 한다. 만약 선형 관계를 고수하고 페널티 조건을 추가한다면 다음과 같은 모델이 된다.

$$r_{t+1,n} = \alpha_n + \sum_{k=1}^{K} \beta_n^k f_{t,n}^k + \epsilon_{t+1,n}, \quad \text{s.t.} \quad (1-\alpha)\sum_{j=1}^{J}|\beta_j| + \alpha \sum_{j=1}^{J}\beta_j^2 < \theta$$

여기서 $f_{t,n}^k$와 $x_{t,n}^k$는 서로 바꿔 사용할 수 있고, θ는 페널티 강도를 나타낸다. 다시 말하지만, 규제화의 목표 중 하나는 보다 견고한 추정치를 생성하는 것이다. 만약 추출한 패턴이 표본 외에서도 유지된다면, 다음과 같이 나타낼 수 있다.

$$\hat{r}_{t+1,n} = \hat{\alpha}_n + \sum_{k=1}^{K} \hat{\beta}_n^k f_{t,n}^k$$

이 모델은 미래 성과에 대한 비교적 신뢰할 수 있는 대용치가 될 것이다.

5.3.2 코드 및 결과

우리가 가진 데이터셋의 형태를 고려할 때 페널티 예측 회귀를 구현하는 일은 쉽다.

```python
training_sample = data_ml[data_ml.index.isin(idx_train)]
testing_sample = data_ml[data_ml.index.isin(idx_test)]


y_penalized_train=training_sample['R1M_Usd'].values # 종속 변수
X_penalized_train=training_sample[features].values # 예측 인자
model = ElasticNet(alpha=0.1, l1_ratio=0.1) # 모델
fit_pen_pred=model.fit(X_penalized_train,y_penalized_train)
# 모델 피팅
```

그런 다음 MSE와 적중률^{hit ratio}이라는 두 가지 주요 성과 지표를 보고한다. 여기서 적중률이란 예측이 수익률 부호를 정확하게 추측한 횟수의 비율을 의미한다. 지표에 대한 자세한 설명은 책 뒷부분(12장)에 나와 있다.

```python
y_penalized_test = testing_sample['R1M_Usd'].values # 종속 변수
X_penalized_test = testing_sample[features].values # 예측 인자
mse=np.mean((fit_pen_pred.predict(X_penalized_test)-y_penalized_test)**2)
print(f'MSE: {mse}')
```

```
MSE: 0.03699695809185004
```

```python
hitratio=np.mean(fit_pen_pred.
 →predict(X_penalized_test)*y_penalized_test>0)
print(f'Hit Ratio: {hitratio}')
```

```
Hit Ratio: 0.5460346399270738
```

투자자의 입장에서 볼 때 MSE(혹은 평균 절대 오차^{MAE, Mean Absolute Error})는 해석이 어렵다. 왜냐하면 이 지표를 어떤 직관적인 금융 지표에 매핑하는 것은 복잡하기 때문이다. 따라서 이러한 관점에서 볼 때는 적중률이 훨씬 더 자연스럽다. 적중률은 예측이 달성한 정확한 시그널의 비율이다. 만약 투자자가 양의 시그널에 롱 포지션을 취하고 음의 시그널에 숏 포지션을 취하는 경우, 적중률은 '올바른' 베팅(예상한 방향으로 가는 포지션)의 비율을 나타낸다. 일반적인 임계치는 50%다. 하지만 거래 비용 때문에 만약 정확한 예측이 51%라도 수익이 나지 않을 수 있다. 위의 0.546이라는 수치는 매우 인상적인 수치는 아니나 비교적 좋은 적중률로 간주할 수 있다.

5.4 코딩 예제

테스트 샘플상에서 두 엘라스틱 넷의 매개 변수가 표본 외 정확도에 미치는 영향을 평가하라.

06

트리 기반 기법

분류 및 회귀 트리는 간단하면서도 강력한 클러스터링 알고리듬으로, 브레이만 외[Breiman et al.](1984)의 논문에 의해 대중화됐다. 의사결정 트리와 그 확장은 표 형식 데이터로 작업할 때 매우 효율적인 예측 도구로 알려져 있다. 머신러닝 경진대회에서 우승한 솔루션의 상당수(특히 캐글[Kaggle] 웹 사이트[1])가 단순한 트리를 개선함으로써 만들어졌다. 예를 들어, 올슨 외[Olson et al.](2018)의 생물정보학 메타 연구에 따르면 부스트 트리와 랜덤 포레스트가 신경망을 제외한 13개 알고리듬 그룹에서 1, 2위를 차지했다.

최근 금융 분야에서 머신러닝 응용이 급증하면서 포트폴리오 배분 문제에 트리를 사용하는 다양한 응용 방식이 등장했다. 여기에는 전체 리스트는 아니나 상당히 긴 목록의 연구들, 가령 벌링스 외(2015), 파텔 외[Patel et al.](2015a), 파텔 외(2015b), 모리츠[Moritz]와 짐머만(2016), 크라우스 외[Krauss et al.](2017), 구 외(2020), 코케렛과 귀다(2020), 시모니안 외[Simonian et al.](2019) 등이 있다. 주목할 만한 연구로는 브리즈갈로바 외(2019b)가 있는데, 저자들은 자산 가격 결정 트리[asset pricing trees]라고 부르는 간단한 트리를 통해 포트폴리오를 정렬해 팩터를 생성한다.

6장에서는 트리와 관련된 방법론 및 포트폴리오 선택에 트리를 적용하는 방법을 검토한다.

---

1 다음 링크(www.kaggle.com)를 확인하라.

6.1 단순 트리

6.1.1 원칙

의사결정 트리는 데이터셋을 **동질적인 클러스터**^{homogeneous cluster}로 분할하고자 한다. 외생 변수 $\mathbf{Y}$와 특성 $\mathbf{X}$가 주어지면 의사결정 트리는 샘플을 가능한 한 $\mathbf{Y}$가 동질적인 그룹을 형성하도록 (보통 한 번에 2개씩) 반복적으로 분할한다. 분할은 특성 집합 내의 한 변수에 따라 이뤄진다. 용어에 대해 간단히 짚고 넘어가자면 $\mathbf{Y}$가 실수로 구성된 경우 회귀 트리^{regression tree}라고 하고, $\mathbf{Y}$가 범주형인 경우 분류 트리^{classification tree}라는 용어를 사용한다.

이 아이디어를 공식화하기 전에 그림 6.1을 사용해 이 과정을 설명한다. 여기에는 색상, 크기, 복잡도(별의 꼭짓점 개수)라는 세 가지 특성을 가진 12개의 별이 있다.

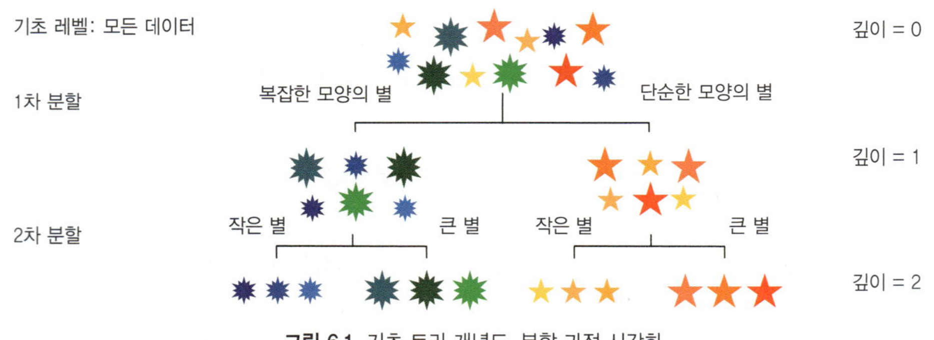

그림 6.1 기초 트리 개념도, 분할 과정 시각화

종속 변수는 색상이다(단순화를 위해 색의 파장을 고려한다). 첫 번째 분할은 크기 또는 복잡도에 따라 이뤄진다. 복잡한 별은 파란색과 녹색이고, 단순한 별은 노란색, 주황색, 빨간색이므로 복잡도가 더 나은 선택이다. 크기에 따라 분할하면 파란색과 노란색 별(작은 별), 녹색과 주황색 별(큰 별)이 서로 섞인다.

두 번째 단계는 두 클러스터를 한 단계 더 분할하는 것이다. 관련 변수(크기)는 하나뿐이므로 2차 분할은 간단하다. 결국 양식화된 트리에는 4개의 일관성 있는 클러스터가 있다. 팩터 투자에 비유하자면 빨간색은 높은 성과를 나타내고, 파란색은 중간 정도의 성과를 나타낸다. 특성(별의 크기와 복잡도)은 시가 총액, 회계 비율 등과 같은 기업별 속성으로 대체된다. 따라서 이 연습의 목적은 기업을 성과가 좋은 기업과 성과가 저조할 가능성이 높은 기업으로 분류할 수 있는 특성을 찾는 것이다.

이제 회귀 트리의 기술적 구축 단계(분할 과정)로 넘어간다. 여기서는 브레이만 외(1984) 혹은 하스티 외(2009)의 9장에서 소개된 표준 참고 문헌을 따른다. 크기 I의 $(y_i, \mathbf{x}_i)$ 샘플이 주어지면 회귀 트리는 두 자식 클러스터 내부에서 y_i의 총 변화량을 최소화하는 분할 지점을 찾는다. 이 두 클러스터의 크기가 같을 필요는 없다. 이를 위해 회귀 트리는 두 단계로 진행된다. 먼저, 각각의 특성 $x_i^{(k)}$에 대해 클러스터가 $\mathbf{Y}$가 균일해지도록 하는 최적의 분할점을 찾는다. 둘째, 가장 높은 수준의 동질성^{homogeneity}을 달성하는 특성을 선택한다.

회귀 트리의 동질성은 분산과 밀접한 관련이 있다. 각 클러스터 내부의 y_i가 유사하기를 원하므로 각 클러스터 내부의 **변화량**^{variability}(혹은 확산^{dispersion})을 **최소화**한 다음 두 수치를 더한다. 분산은 클러스터의 상대적 크기를 고려하지 않기 때문에 분산을 더할 수는 없다. 따라서 클러스터 내부의 요소 개수에 분산을 곱한 값인 총 변화량으로 작업한다.

다음에서는 위첨자 k(특성의 인덱스)를 사용하기 때문에 표기가 다소 복잡하지만, 이해를 돕기 위해 이러한 위첨자는 무시해도 된다. 첫 번째 단계는 각 특성에 대한 최적의 분할을 찾는 것이며, 이는 결국 $\underset{c^{(k)}}{\operatorname{argmin}}\, V_I^{(k)}(c^{(k)})$을 푸는 것이다.

$$
V_I^{(k)}(c^{(k)}) = \underbrace{\sum_{x_i^{(k)} < c^{(k)}} \left(y_i - m_I^{k,-}(c^{(k)})\right)^2}_{\text{첫 번째 클러스터의 총 확산}} + \underbrace{\sum_{x_i^{(k)} > c^{(k)}} \left(y_i - m_I^{k,+}(c^{(k)})\right)^2}_{\text{두 번째 클러스터의 총 확산}} \tag{6.1}
$$

$$
m_I^{k,-}(c^{(k)}) = \frac{1}{\#\{i, x_i^{(k)} < c^{(k)}\}} \sum_{\{x_i^{(k)} < c^{(k)}\}} y_i \quad \text{그리고}
$$

$$
m_I^{k,+}(c^{(k)}) = \frac{1}{\#\{i, x_i^{(k)} > c^{(k)}\}} \sum_{\{x_i^{(k)} > c^{(k)}\}} y_i
$$

여기서는 각각 $X^{(k)}$가 c보다 작거나 큰 경우에서의 Y의 평균값이다. 기수 함수 $\#\{\cdot\}$는 조건에 해당하는 인스턴스의 개수를 센다. 특성 k에 대해, 최적 분할 $c^{k,*}$는 두 하위 그룹에 대한 총 확산이 가장 작은 분할이다.

최적 분할은 $c^{k,*} = \underset{c^{(k)}}{\operatorname{argmin}}\, V_I^{(k)}(c^{(k)})$을 만족한다. 가능한 모든 분할 변수 중에서 트리는 모든 분할뿐만 아니라 $k^* = \underset{k}{\operatorname{argmin}}\, V_I^{(k)}(c^{k,*})$과 같이 모든 변수에 대한 총 확산도 최소화하는

분할을 선택한다.

한 번의 분할이 수행된 후, 새로 형성된 2개의 클러스터에서 똑같은 절차가 계속된다. 분할 과정을 중지할 시점을 결정할 수 있는 몇 가지 기준이 있다(6.1.3절 참고). 한 가지 간단한 기준은 트리의 최대 레벨 수(깊이^{depth})를 고정하는 것이다. 일반적인 조건은 각 분할에 대해 예상되는 최소 이득을 부과하는 것이다. 분할 후 확산의 감소가 미미하고 이것이 지정한 임계치보다 낮게 나오면 분할이 실행되지 않는다. 의사결정 트리에 대한 자세한 기술적 논의는 하스티 외(2009)의 9.2.4절과 같은 예시를 참고하라.

트리가 만들어지면(학습되면) 새로운 인스턴스에 대한 예측을 쉽게 할 수 있다. 특성값이 주어지면 인스턴스는 트리의 한 잎사귀에 속하게 된다. 각 잎사귀에는 레이블의 평균값이 있는데, 이것이 바로 예측 결과다. 물론 이것은 레이블이 숫자인 경우에만 작동한다. 이어지는 절에서는 레이블이 범주형일 때 발생하는 변경 사항에 대해 설명한다.

6.1.2 분류에 대한 추가적인 디테일

분류 연습은 회귀 작업보다 다소 복잡하다. 가장 분명한 차이점은 확산 혹은 이질성에 대한 척도다. 이 손실 함수는 최종 출력이 단순한 숫자가 아니라 벡터라는 사실을 고려해야 한다. 출력 $\hat{\mathbf{y}}_i$는 레이블 범주의 개수만큼의 요소를 가지며, 각 요소는 인스턴스가 해당 범주에 속할 확률을 나타낸다.

예를 들어, 매수, 유지, 매도의 세 가지 클래스가 있는 경우 각 인스턴스에는 클래스 수만큼의 열이 있는 레이블이 있다. 가령 매수 포지션의 경우 하나의 레이블은 $(1, 0, 0)$이 될 것이다. 이 주제에 대한 개요는 4.5.2절을 참고하라.

트리 내에서 레이블은 각 클러스터 수준에서 집계된다. 이때 전형적인 출력 결과는 $(0.6, 0.1, 0.3)$과 같은 모습을 띤다. 여기서 이 값들은 각 클래스에 속할 확률이다. 이 경우 클러스터는 매수 60%, 유지 10%, 매도 30%의 확률을 가진다.

손실 함수는 이러한 레이블의 다차원성을 고려해야 한다. 트리를 구축할 때 동질성을 선호하는 것이 목표이므로 손실은 한 클래스에 집중되지 않은 출력값에 불이익을 준다. 실제로, $(0.3, 0.4, 0.3)$과 같은 분산된 출력값에 직면하는 것은 $(0.8, 0.1, 0.1)$처럼 집중된 경우보다 훨씬 처리하기가 어렵다.

따라서 알고리듬은 순도purity를 추구한다. 가능한 한 순수한 클러스터, 즉 매우 지배적인 클래스가 하나이거나 적어도 몇 개만 있는 클러스터로 이어지는 분할 기준을 찾는다. 문헌에서 제안하는 몇 가지 지표들이 있으며 이는 모두 출력값에서 생성된 비율을 기반으로 한다. 만약 J개의 클래스가 있는 경우 이러한 비율을 p_j로 표시한다. 각 잎사귀에 관해 일반적인 손실 함수는 다음과 같다.

- 지니 순도 지수Gini purity index: $1 - \sum_{j=1}^{J} p_j^2$
- 오분류 오차misclassification error: $1 - \max_j p_j$
- 엔트로피entropy: $-\sum_j^J \log(p_j) p_j$

지니 지수는 포트폴리오의 분산 정도를 측정하는 허핀달 지수Herfindahl index를 1에서 뺀 값에 불과하다. 트리는 가장 덜 분산된 파티션을 찾는다. 지니 지수의 최솟값은 0이며 이는 1개의 $p_j = 1$이 나머지가 전부 0일 때 가능하다. 최댓값은 $1 - 1/J$이며 이는 모든 $p_j = 1/J$일 때 가능하다. 다른 두 손실 함수도 이와 비슷한 관계를 가진다. 오분류 오차의 한 가지 단점은 식별 가능성의 부족이다. 다른 두 가지 옵션이 선호되는 경우가 많은 것은 바로 이러한 오분류 오차의 단점 때문이다.

트리가 성장하면 새 인스턴스는 자동으로 하나의 최종 잎사귀에 속하게 된다. 이 잎사귀는 속해 있는 클래스의 비율과 연관된다. 일반적으로 예측을 하기 위해서는 새 인스턴스가 잎사귀에 연결될 때 가장 높은 비율(또는 확률)을 가진 클래스를 선택한다.

6.1.3 가지치기의 기준

트리를 만들 때 전체 트리가 성장할 때까지 분할 프로세스가 진행될 수 있다. 다시 말해,

- 모든 인스턴스가 개별적인 잎사귀에 속하거나 혹은
- 모든 잎이 현재 특성 집합을 기반으로 더 이상 분리할 수 없는 인스턴스로 구성되는 경우다.

이 단계가 되면 분할 프로세스를 진행할 수 없다.

물론 예측 인자의 관련성이 높고 다양하며 수치적일 때 완전히 자란 트리는 거의 완벽한 적합도를 보이는 경우가 종종 있다. 하지만 훈련 샘플의 세분화된 고유성은 표본 외 예측에는 거의 관심이 없다. 예를 들어, 2000년부터 2006년까지의 패턴과 완벽히 일치하는 것이 2007년부터 2009년까지의 기간에는 그다지 흥미롭지 않을 수 있다. 트리에서 가장 신뢰할 수 있는 부분은 뿌리에서 가장 가까운 부분이며 그 이유는 그 부분이 데이터의 상당량을 포함하고 있기 때문이다. 초기 클러스터의 평균값은 많은 수의 관측치를 통해 계산한 값이므로 신뢰할 수 있다. 첫 번째 분할은 가장 일반적인 패턴을 강조하기 때문에 가장 중요한 분할이다. 가장 깊은 분할은 샘플의 특이한 부분만을 처리한다.

따라서 트리의 크기를 제한하는 것은 필수적이다. 트리를 가지치기하는 방법에는 여러 가지가 있으며 이는 모두 특정 기준에 따라 달라진다. 그중 몇 가지를 나열하면 다음과 같다.

- 각 최종 노드(잎사귀)에 대해 최소 인스턴스 수를 부과한다. 이렇게 하면 각 최종 클러스터가 충분한 수의 관측치으로 구성된다. 따라서 많은 양의 데이터를 사용하기 때문에 레이블의 평균값은 신뢰가 가능하다.
- 마찬가지로 더 이상의 분할을 고려하기 전에 클러스터의 크기가 최소가 되도록 할 수도 있다. 이 기준은 물론 위의 기준과 관련 있다.
- 적합도 개선에서의 특정 임계치가 필요하다. 분할이 손실을 충분히 줄이지 못하면 분할을 불필요한 것으로 간주할 수 있다. 사용자가 $\epsilon > 0$라는 작은 숫자를 정하고 분할 후 얻은 손실이 분할 전 손실의 $1 - \epsilon$배보다 작은 경우에만 분할이 유효하다.
- 트리의 깊이를 제한한다. 깊이는 트리의 뿌리와 모든 잎사귀 사이의 전체 최대 분할 수로 정의한다.

다음 예에서는, 이러한 모든 기준을 동시에 구현했지만 일반적으로는 최대 두 가지 기준이면 충분하다.

6.1.4 코드 및 해석

간단한 트리와 그 해석부터 시작해보자. 레이블은 향후 1개월 수익률이며, 특성은 샘플에서 사용 가능한 모든 예측 인자다. 이 트리는 전체 샘플을 학습한다.

```python
from sklearn import tree # 트리 모듈
X = data_ml.iloc[:,3:95] # 특성/예측 인자 전체 샘플 불러오기
y = data_ml['R1M_Usd'] # 레이블/종속 변수 전체 샘플 불러오기

fit_tree = tree.DecisionTreeRegressor(# 모델 정의
    min_samples_split=8000, # 분할을 지속하기 위한 관측치 최소 개수
    max_depth = 3, # 최대 깊이(즉, 트리 레벨)
    ccp_alpha=0.000001, # 복잡도 매개 변수
    min_samples_leaf = 3500
# 각 최종 노드에 필요한 관측치 최소 개수(나뭇잎)
    )
fit_tree.fit(X, y) # 모델 피팅
fig, ax = plt.subplots(figsize=(13, 8)) # 사이즈 조정
tree.plot_tree(fit_tree,feature_names=X.columns.values,ax=ax)
# 트리 그래프 시각화
plt.show()
```

일반적으로 트리 표현에는 규칙이 있다. 각 노드에서 조건은 불리언^{Boolean} 표현식으로 분할을 설명한다. 만약 표현식이 **참**^{true}이면, 인스턴스는 **왼쪽 클러스터**로 이동하고, 그렇지 않으면 오른쪽 클러스터로 이동한다. 전체 샘플이 주어지면 이 트리(그림 6.2)는 장부가 대비 가격 비율에 따라 초기 분할을 수행한다. 인스턴스의 Pb 점수(또는 값)가 0.025보다 크면 인스턴스는 왼쪽 버킷에 배치되고, 그렇지 않으면 **오른쪽 버킷**에 배치된다.

각 노드에는 두 가지 중요한 지표가 있다. 첫 번째는 클러스터 내 레이블의 평균값이고, 두 번째는 클러스터 내 인스턴스의 비율이다. 트리의 맨 위에는 모든 인스턴스(100%)가 있으며 1개월 후 평균 수익률은 1.3%다. 한 단계 아래의 왼쪽 클러스터에는 관측치의 약 98%가 평균 1.2%의 수익률로 가장 밀집돼 있다. 오른쪽 클러스터에는 훨씬 작지만(2%) 평균 수익률이 더 높은 인스턴스(5.9%)가 집중돼 있다. 이는 샘플의 고유성 때문일 수 있다.

분할 프로세스는 특정 조건이 충족될 때까지 각 노드에서 유사하게 계속된다(일반적으로는 최대 깊이에 도달할 때까지). 색깔은 흰색(낮은 수익률)부터 파란색(높은 수익률)까지 평균 수익률을 나타낸다. 평균 수익률이 가장 낮은 가장 왼쪽의 클러스터는 다음 기준을 모두 충족하는 기업들로 구성된다.

- Pb 스코어가 0.025 이상

- 3개월 시가 총액 스코어가 0.16 이상

- 과거 3개월 동안 평균 일간 거래량 스코어가 0.085 이상

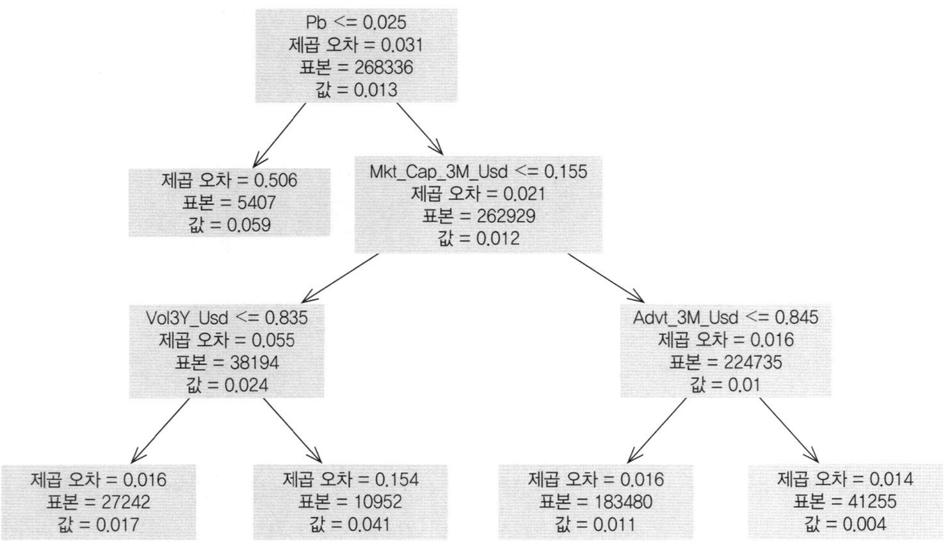

그림 6.2 단순 특성 기반 트리. 종속 변수는 1개월 미래 수익률

트리의 한 가지 특징은 클러스터 크기에서 이질성이 발생할 수 있다는 점이다. 때로는 몇 개의 클러스터가 거의 모든 관측치을 가져가는 한편, 몇 개의 작은 그룹은 일부 이상치만을 포함하는 경우가 있다. 작은 그룹은 이상치일 가능성이 높고 표본 외를 일반화하지 못할 수 있으므로 이는 트리의 좋은 특성이라고 할 수 없다.

이 사실이 트리를 만드는 데 제약을 부여하는 이유다. 첫 번째 제약(코드에서 minbucket = 3500)은 각 클러스터가 최소 3,500개의 인스턴스를 포함해야 한다는 것이다. 두 번째 제약 (minsplit)은 분할 프로세스를 수행하기 위해 클러스터가 최소 8,000개의 관측치을 지녀야 한다는 것이다. 이러한 값은 훈련 샘플의 크기에 따라 당연히 달라진다. 코드의 cp = 0.0001 매개 변수는 분할 전 원래 값의 0.9999배 이하로 손실을 줄이기 위해 모든 분할을 요구한다. 마지막으로, 최대 깊이가 3이라는 것은 기본적으로 트리의 루트와 모든 최종 잎사귀 사이에 최대 3번의 분할이 있음을 의미한다.

트리의 복잡도(최종 잎사귀의 개수로 측정)는 minbucket, minsplit, cp에 대해 감소하는 함수이며, 최대 깊이에 대해서는 증가하는 함수다.

모델이 학습을 마치면(즉, 트리가 성장하면) 인스턴스에 대한 예측은 인스턴스가 위치해야 하는 클러스터 내 레이블의 평균값이 된다.

```python
y_pred=fit_tree.predict(X.iloc[0:6,:])
# 샘플의 첫 6개 인스턴스에 대한 테스트(예측)
```

```python
print(f'y_pred: {y_pred}')
```

```
y_pred: [0.01088066 0.01088066 0.01088066 0.01088066 0.01088066 0.01088066]
```

그림 6.2에서 처음 6개의 인스턴스는 모두 왼쪽에서 두 번째에 있는 클러스터에 속한다는 결론을 내릴 수 있다.

첫 번째 분할을 검증하기 위해 시가 총액, 과거 수익률, 거래량을 조건으로 미래 수익률의 평활화된 평균값을 그래프로 그린다.

```python
unpivoted_data_ml = pd.melt(
    data_ml[['R1M_Usd','Mkt_Cap_12M_Usd','Pb','Advt_3M_Usd']],
    id_vars='R1M_Usd')
# 변수 선택 및 벡터에 편입
sns.lineplot(data = unpivoted_data_ml, y='R1M_Usd',
                x='value', hue='variable')
# seaborn으로 그래프 그리기
plt.figure(figsize=(15, 5),dpi = 1200)
```

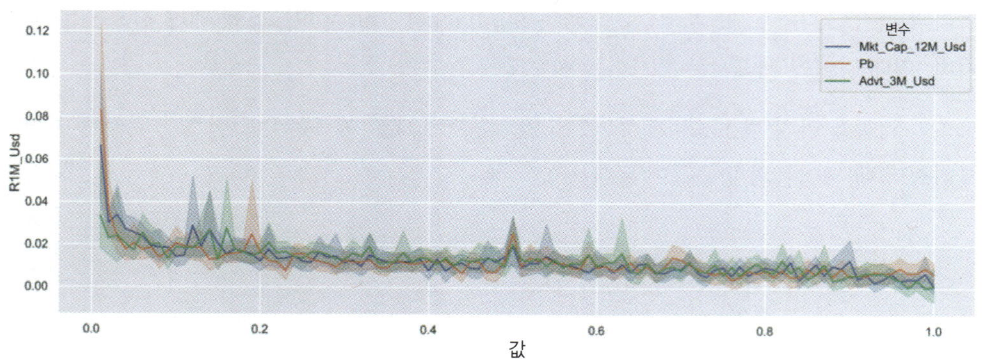

그림 6.3 시가 총액, 장부가 대비 시장가, 변동성 스코어에 따른 1개월 미래 평균 수익률

그래프는 시가 총액과 장부가 대비 가격 비율을 기준으로 클러스터의 관련성을 보여준다. 이 두 가지 특성의 점수가 낮을수록 평균 수익률이 높다(곡선 왼쪽에서 월간 기준 +4%에 가깝다). 이 패턴은 거래량에 비해 더 뚜렷하다.

마지막으로, 테스트셋에서 단일 트리의 예측 품질을 평가한다(트리는 훈련셋에서 학습한다). 최대 깊이가 5인 더 깊은 트리를 사용한다.

```python
y_train = training_sample['R1M_Usd'].values
# 특성/예측 인자 전체 샘플 불러오기
X_train = training_sample[features].values
# 레이블/종속 변수 전체 샘플 불러오기

y_test = testing_sample['R1M_Usd'].values
X_test = testing_sample[features].values

fit_tree2 = tree.DecisionTreeRegressor( # 모델 정의
    min_samples_split = 4000,
        # 분할에 필요한 관측치 최소 개수
    max_depth = 5, # 최대 깊이(즉, 트리 레벨)
    ccp_alpha=0.0001, # 복잡도 매개 변수
    min_samples_leaf =1500
        # 각 최종 노드(나뭇잎)에 필요한 관측치 최소 개수
        )
```

```python
fit_tree2 = fit_tree2.fit(X_train, y_train) # 모델 피팅

mse = np.mean((fit_tree2.predict(X_test) - y_test)**2)
print(f'MSE: {mse}')
```

```
MSE: 0.03699695809185004
```

평균 결과를 적중률로 변환한다.

```python
hitratio = np.mean(fit_tree2.predict(X_test)*y_test>0)
print(f'Hit Ratio: {hitratio}')
```

```
Hit Ratio: 0.5460346399270738
```

MSE는 일반적으로 해석하기가 어렵다. 수익률에 대한 오차를 투자 결정에 미치는 영향으로 매핑하는 것은 쉽지 않다. 적중률은 정확한 추측(따라서 수익성 있는 투자)의 비율을 평가하기 때문에 보다 직관적인 지표다. 물론 45%의 큰 손실이 55%의 작은 수익을 갉아먹을 수 있기 때문에 이는 완벽하지 않다. 하지만 이는 널리 사용되는 지표이며, 이진 분류 연습에서 종종 계산하는 일반적인 정확도 측정값과도 일치한다. 여기서 0.546의 정확도는 만족스러운 편이다. 50%가 넘는 수치는 가치가 있어 보일 수 있으나, 거래 비용으로 인해 메리트가 줄어들 수 있다는 사실을 잊으면 안 된다. 따라서 벤치마크의 임계치는 최소 52% 정도는 돼야 한다.

6.2 랜덤 포레스트

트리는 **Y**와 **X**의 관계를 직관적으로 표현하지만, 예측 도구를 결합한 앙상블^{ensemble}이라는 간단한 아이디어는 이를 개선할 수 있다(모델 결합^{model aggregation}에 대한 주제는 11장에서 더 넓고 자세히 설명한다).

6.2.1 원칙

대부분의 경우 여러 가지 모델링 옵션이 있을 때 어떤 개별 모델이 가장 좋은지 미리 알 수 없다. 따라서 이러한 경우에는 예측 오차를 분산시키기 위해(상관관계가 크지 않은 경우) 여러 모델을 결합하는 것이 합리적인 선택이 될 수 있다. 샤피어Schapire(1990)는 모델 분산화에 대한 이론적 토대를 제시했다.

보다 실무적인 고려 사항은 나중에 호Ho(1995)가 제안했으며, 더 중요하게는 랜덤 포레스트random forest에 대한 주요 참고 문헌인 브레이만(2001)이 있다. 단순 트리simple tree에서 여러 예측 인자를 만드는 방법에는 두 가지가 있으며, 랜덤 포레스트는 이 두 가지를 결합한 것이다.

- 첫째, 유사하지만 서로 다른 데이터셋으로 모델을 학습할 수 있다. 이를 달성하는 한 가지 방법은 부트스트랩bootstrap을 사용하는 것이다. 인스턴스를 교체하거나 교체없이(각 개별 트리마다) 리샘플링할 수 있고, 이는 새 트리가 만들어질 때마다 새로운 학습 데이터를 생성한다.
- 둘째, 예측 인자의 수를 줄임으로써 데이터를 변경할 수 있다. 대체 모델은 다양한 특성 집합을 기반으로 만들어진다. 사용자가 유지할 특성 수를 선택하면 알고리듬이 매번 시도할 때마다 이러한 특성을 무작위로 선택한다.

따라서 수많은 다양한 트리를 만드는 것이 간단해지며, 앙상블은 단순히 모든 트리의 **가중치 결합**weighted combination이다. 일반적으로는 동일 가중치를 사용하며, 이는 불가지론적이고 강건한 선택이다. 단순 조합(배깅bagging이라고도 한다)에 대한 아이디어가 그림 6.4에 나와 있다. 최종 예측은 단순히 모든 중간 예측의 평균이다.

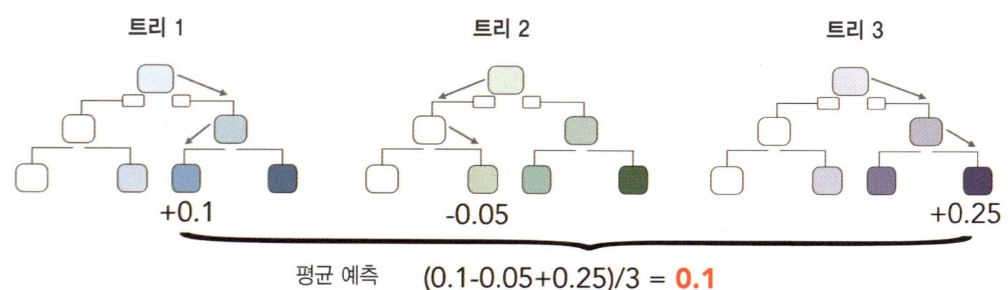

그림 6.4 랜덤 포레스트에 기반한 트리 결합 결과

랜덤 포레스트는 부트스트랩이라는 개념을 기반으로 만들어졌기 때문에 단순 트리보다 더 효율적이다. 벌링스 외(2015), 파텔 외(2015a), 크라우스 외(2017), 헉^{Huck}(2019)은 랜덤 포레스트를 사용했으며, 이 논문들에서 랜덤 포레스트는 우수한 성능을 보였다. 분류 트리에 대한 브레이만(2001)의 논문은 랜덤 포레스트의 근본적인 이론적 특성을 입증했다. 분류 과제에서 결정은 투표로 이뤄진다. 각 트리는 특정 클래스에 투표하고 가장 많은 표를 얻은 클래스가 승리한다(만약 동점일 경우 무작위로 선택이 가능하다). 브레이만(2001)은 마진 함수$^{margin\ function}$를 다음과 같이 정의한다.

$$mg = M^{-1} \sum_{m=1}^{M} 1_{\{h_m(\mathbf{x})=y\}} - \max_{j \neq y} \left(M^{-1} \sum_{m=1}^{M} 1_{\{h_m(\mathbf{x})=j\}} \right)$$

여기서 왼쪽 부분은 올바른 클래스에 대한 M개의 트리 h_m을 기준으로 한 평균 투표 수다(x에 기반한 모델 h_m은 데이터 값 y와 일치한다). 오른쪽 부분은 다른 클래스에 대한 평균의 최댓값이다. 마진은 전체 포레스트가 제대로 분류할 것이라는 신뢰도를 반영한다. 일반화 오차는 mg가 엄격하게 음수일 확률이다. 브레이만^{Breiman}(2001)에 따르면 일반화 오차로 측정한 집계의 부정확도는 $\bar{\rho}(1 - s^2) = s^2$으로 제한되며, 여기서

- s는 개별 분류기의 강도(평균 품질[2])이고,
- $\bar{\rho}$는 학습자 간 평균 상관계수다.

특히 브레이만(2001)은 트리 수가 무한대로 증가함에 따라 부정확도가 어떤 유한한 수에 수렴한다는 것을 보여줬고, 이는 랜덤 포레스트가 과적합으로 이어지기 어려운 이유를 설명한다.

브레이만(2001)의 원래 논문은 분류 모델에 관한 것이었지만, 그 이후 많은 논문에서 회귀 트리 문제를 다뤘다. 관심 있는 독자는 비아우^{Biau}(2012)와 스코넷 외$^{Scornet\ et\ al.}$(2015)를 참고하라. 마지막으로, 앙상블 분류에 대한 추가적인 결과는 비아우 외(2008)에서 확인할 수 있으며, 이 분야의 최근 결과를 요약한 데닐 외$^{Denil\ et\ al.}$(2014)의 짧은 서베이 논문도 있다.

---

2 강도는 평균 마진, 즉 트리가 하나뿐인 경우의 평균 mg로 측정한다.

6.2.2 코드 및 결과

랜덤 포레스트의 구현은 여러 가지 방법이 있다. 여기서는 간단하게 하기 위해 사이킷런 라이브러리에 있는 것을 사용할 것이지만, 다른 선택지도 존재한다. 랜덤 포레스트 구현을 위한 문법은 많은 머신러닝 라이브러리의 문법을 그대로 따른다. 랜덤 포레스트 구현을 위한 전체 선택지 리스트는 엄청나게 길다. 다음 코드는 모델을 훈련한 뒤 테스트 샘플의 처음 5개 인스턴스에 대해서만 예측을 수행한다.

```python
from sklearn.ensemble import RandomForestRegressor
fit_RF = RandomForestRegressor(n_estimators = 40,
                               # 랜덤 트리의 개수
criterion ='squared_error', # 분할 퀄리티 측정을 위한 함수
min_samples_split= 250, # 최종 클러스터의 최소 사이즈
bootstrap=True, # 대체
max_features=30, # 각 트리별 예측 변수의 개수
max_samples=10000 # 각 트리별 (랜덤) 샘플의 사이즈
)
fit_RF.fit(X_train, y_train) # 모델 피팅
fit_RF.predict(pd.DataFrame(X_test).iloc[0:5,])
# 첫 5개 테스트 인스턴스에 대한 예측
```

```
array([ 0.00139083, 0.02137373, 0.04259802, -0.01310026, 0.00028897])
```

우선, 첫 번째로 강조할 만한 것은 각 인스턴스마다 고유한 예측이 있으며, 이는 단순한 트리 기반 결과와는 대조된다는 것이다. 많은 트리를 결합하면 맞춤형 예측이 가능하다. 위 코드 덩어리에서 두 번째 줄은 난수 생성을 동결시킨다는 점에 유의하라. 실제로 랜덤 포레스트는 개별 학습자를 구축하기 위해 선택한 특성과 인스턴스의 임의적 조합에 의해 만들어진다.

위의 예시에서 각 개별 학습자(트리)는 무작위로 선택된 10,000개의 인스턴스(교체 없이)를 기반으로 구축되며, 각각의 최종 잎사귀(클러스터)는 최소 240개의 요소(관측치)를 포함해야 한다. 총 40개의 트리가 결합되며, 각 트리는 전체 특성 집합 중 무작위로 선택된 30개의 예측 인자를 기반으로 구축된다.

단순 트리의 경우와 달리, 학습 과정의 결과를 간단히 설명하는 것은 불가능하다(물론 13.1.1 절과 같이 해결책은 존재한다). 40개의 트리를 모두 추출하는 것은 가능할 수 있으나 이를 합성한 것의 시각화는 불가능하다. 13.1.2절에서 설명하는 것처럼 변수 중요도^{variable importance}를 통해 보다 단순화된 시각을 얻을 수 있다.

마지막으로, 모델의 정확도를 평가할 수 있다.

```python
from sklearn.metrics import mean_squared_error
mse=mean_squared_error(y_test, fit_RF.predict(X_test))
print(f'MSE: {mse}')
```

```
MSE: 0.03686227217696956
```

```python
hitratio = np.mean(fit_RF.predict(X_test) * y_test > 0)
print(f'Hit Ratio: {hitratio}')
```

```
Hit Ratio: 0.5320476298997265
```

MSE는 4%보다 작고 적중률은 53%보다 높아서 50%와 52%라는 두 임계치 모두를 상당한 수준으로 초과한다.

분류 작업을 통해 적중률을 개선할 수 있을지 살펴보자. 먼저, 새 수식(레이블은 R1M_Usd_C) 으로 모델을 훈련한다.

```python
from sklearn.ensemble import RandomForestClassifier
fit_RF_C = RandomForestClassifier(
n_estimators = 40, # 랜덤 트리 개수
criterion ='gini', # 분할의 퀄리티를 측정하기 위한 함수
min_samples_split= 250, # 최종 클러스터의 최소 사이즈
bootstrap=True,  # 대체
max_features=30, # 각 트리별 예측 변수의 개수
max_samples=20000 # 각 트리별 (랜덤) 샘플의 사이즈
)
```

```python
y_c_train = training_sample['R1M_Usd_C'].values
y_c_test = testing_sample['R1M_Usd_C'].values

fit_RF_C=fit_RF_C.fit(X_train, y_c_train) # 모델 피팅
```

그런 다음 정확한(이진) 추측의 비율을 평가할 수 있다.

```python
hitratio = np.mean(fit_RF_C.predict(X_test) == y_c_test)
print(f'Hit Ratio: {hitratio}')
```

```
Hit Ratio: 0.5030480856882407
```

정확도는 실망스럽다. 이에 대해서는 두 가지 잠재적인 설명이 가능하다(훈련셋과 데이터셋의 패턴이 매우 다를 수 있다는 가능성은 제외하고). 첫 번째는 샘플의 크기가 너무 작을 수 있다는 점이다. 원래의 훈련셋에는 20만 개 이상의 관측치가 있지만, 위의 모델 훈련 사양에서는 오직 10개 중 하나 꼴로만 데이터를 유지하고 있다. 따라서 관련 정보는 누락될 수 있으며 비용이 많이 들 수 있다. 두 번째 이유는 예측 인자 개수가 30개로만 설정돼 있다는 점이다. 즉, 전체 예측 인자의 3분의 1만을 사용한다. 이렇게 하면 안타깝게도 알고리듬이 관련성 낮은 예측 인자를 선택할 여지가 있다. 분류와 회귀 작업을 위해 통상적으로 필요한 예측 인자의 기본 개수는 각각 $\sqrt{p}$개와 $p/3$개다. 여기서 p는 전체 특성의 개수다.

6.3 부스트 트리: 에이다부스트

부스팅^{boosting}의 개념은 불가지론적 결합^{agnostic aggregation}에 비해 조금 더 발전한 개념이다. 랜덤 포레스트에서는 많은 트리를 통한 분산화가 모델의 전반적인 품질을 향상할 것이라고 기대한다. 부스팅에서는 새로운 트리가 추가될 때마다 모델을 반복적으로 개선하고자 한다. 학습을 부스팅하는 방법에는 여러 가지가 있지만, 여기서는 트리로 쉽게 구현할 수 있는 두 가지 방법을 소개한다. 첫 번째 방법(적응형 부스팅 관점의 에이다부스트^{Adaboost})은 가장 큰 오류가 발생하는 인스턴스에 점진적으로 집중해 학습 프로세스를 개선한다. 두 번째(xgboost)

는 각각의 새 트리가 훈련 샘플 손실을 최소화하는 데 초점을 맞추고 있는 유연한 알고리듬이다.

6.3.1 방법론

에이다부스트의 기원은 프룬드[Freund]와 샤피어(1997) 그리고 프룬드와 샤피어(1996)로 거슬러 올라가며, 완결성을 위해 샤피어와 프룬드(2012)가 저술한 부스팅 전용 책도 언급하고자 한다. 실질적인 에이다부스트 알고리듬을 위한 프리드먼 외(2000)의 연구와 회귀 분석을 위한 드러커[Drucker](1997)의 연구는 이러한 아이디어의 확장을 제안했다. 브레이만 외(2004)는 이 방법론의 이론적 처리를 도출했다.

알고리듬의 일반적인 구조를 직접 설명하는 것에서 시작해보자.

- 동일 가중치를 설정한다. $w_i = I^{-1}$
- $m = 1,\ldots,M$에 대해

1. 가중 손실 $\sum_{i=1}^{I} w_i L(l_m(\mathbf{x}_i), \mathbf{y}_i)$을 최소화하는 학습자 l_m을 찾는다.
2. 학습자의 가중치를 계산한다.

$$a_m = f_a(\mathbf{w}, l_m(\mathbf{x}), \mathbf{y}) \tag{6.2}$$

3. 인스턴스 가중치를 업데이트한다.

$$w_i \leftarrow w_i e^{f_w(l_m(\mathbf{x}_i), \mathbf{y}_i)} \tag{6.3}$$

4. w_i의 총합이 1이 되도록 정규화한다.

- 인스턴스 $\mathbf{x}_i$에 대한 출력 변수는 $\sum_{m=1}^{M} a_m l_m(\mathbf{x}_i)$에 대한 단순한 함수다.

$$\tilde{y}_i = f_y \left(\sum_{m=1}^{M} a_m l_m(\mathbf{x}_i) \right) \tag{6.4}$$

알고리듬의 단계에 대해 설명해보자. 이 공식은 에이다부스트의 다양한 변형에서 동일하게 유지되며 다음과 같이 함수 f_a와 f_w를 나타낼 수 있다.

1. 첫 번째 단계는 가중 손실을 최소화하는 학습자(트리) l_m을 찾는 것이다. 여기서 기본적인 손실 함수 L은 기본적으로 과제의 종류(회귀 대 분류)에 따라 달라진다.

2. 두 번째 단계와 세 번째 단계는 에이다부스트의 핵심이기에 가장 흥미로운 부분이다. 여기서는 알고리듬이 순차적으로 적용하는 방식을 정의한다. 모델을 결합하는 것이 목적이기 때문에 학습자에게 균일한 가중치를 부여하는 것보다 더 정교한 접근 방식을 사용하며, 이 방식은 각 학습자에게 맞춤화된 가중치를 부여하는 것이다. f_a가 갖고 있는 당연한 성질은 더 작은 오류를 산출하는 학습자가 더 정확하므로 더 큰 가중치를 가져간다는 것이다.

3. 세 번째 단계는 관측치의 가중치를 변경하는 것이다. 이때 모델의 목표는 학습 과정을 개선하는 것이다. 따라서 현재 모델이 제대로 작동하지 못하는(즉, 가장 큰 오차를 생성하는) 관측치에 더 높은 가중치를 부여하도록 f_w를 설계한다. 따라서 이러한 병리적 사례에 더 많은 주의를 기울이도록 다음 학습자를 유도한다.

4. 세 번째 단계는 단순한 스케일링 절차다.

표 6.1은 논문에서 사용한 가중치 함수의 두 가지 예를 자세히 설명한다. 원래의 에이다부스트(프룬드와 샤피어(1996), 프룬드와 샤피어(1997))에서는 레이블이 +1과 −1의 값만을 가진다. 두 번째 예시는 드러커(1997)에서 유래한 것으로, 회귀 분석(실수 값 레이블을 사용)을 위한 것이다. 관심 있는 독자는 샤피어(2003)와 릿지웨이 외[Ridgeway et al.](1999)에서 다른 가능성을 살펴볼 수 있다.

표 6.1 에이다부스트 계열 알고리듬을 위한 함수 예시

	이진 분류(오리지널 에이다부스트)	회귀(드러커, 1997)
개별 오차	$\epsilon_i = \mathbf{1}_{\{y_i \neq l_m(\mathbf{x}_i)\}}$	$\epsilon_i = \dfrac{\lvert y_i - l_m(\mathbf{x}_i) \rvert}{\max\limits_i \lvert y_i - l_m(\mathbf{x}_i) \rvert}$
f_a에 기반한 학습자 가중치	$f_a = \log\left(\frac{1-\epsilon}{\epsilon}\right)$ $\epsilon = I^{-1} \sum_{i=1}^{I} w_i \epsilon_i$	$f_a = \log\left(\frac{1-\epsilon}{\epsilon}\right)$ $\epsilon = I^{-1} \sum_{i=1}^{I} w_i \epsilon_i$
$f_w(i)$에 기반한 인스턴스 가중치	$f_w = f_a \epsilon_i$	$f_w = f_a \epsilon_i$
f_y에 기반한 출력 함수	$f_y(x) = \mathrm{sign}(x)$	예측의 가중 중앙값

오리지널 버전의 에이다부스트 사양에 대해 설명해보자. 기본 오차 항 $\epsilon_i = \mathbf{1}_{\{y_i \neq l_m(\mathbf{x}_i)\}}$은 예측이 맞는지를 나타내는 더미 숫자다(+1과 −1, 2개의 값만 가능하다). 평균 오차 $\epsilon \in [0, 1]$는 단순히 개별 오차의 가중 평균이며, 수식 (6.2)에서 정의한 m번째 학습자의 가중치

는 $a_m = \log\left(\frac{1-x}{\epsilon}\right)$이다. 함수 $x \mapsto \log((1-x)x^{-1})$는 $[0, 1]$ 구간에서 감소하는 함수이며 $x = 1/2$에서 그 부호가 양수에서 음수로 바뀐다. 따라서 평균 오차가 작을 때 학습자는 더 큰 양수 가중치를 갖지만, 만약 오차가 커지면 학습자는 음수 가중치를 가질 수도 있다. 실제로 임계치 $\epsilon > 1/2$은 학습자가 50% 이상 틀렸다는 것을 나타낸다. 이는 분명히 문제가 있음을 의미하며 이 경우 학습자를 폐기해야 할 수도 있다.

인스턴스 가중치의 변경도 비슷한 논리를 따른다. 새로운 가중치는 $w_i \left(\frac{1-x}{\epsilon}\right)^{\epsilon_i}$에 비례한다. 만약 예측이 맞고 $\epsilon_i = 0$이면 가중치는 변하지 않는다. 만약 예측이 틀리고 $\epsilon_i = 1$이면 가중치는 종합 오차 ϵ에 따라 조정된다. 만약 오차가 작고 학습자가 효율적이면$(\epsilon < 1/2)$ $(1 - \epsilon)/\epsilon > 1$이 성립하고 인스턴스 가중치가 증가한다. 이는 다음 라운드에서 학습자가 인스턴스 i에 더 집중해야 한다는 것을 의미한다.

마지막으로, 모델의 최종 예측은 개별 예측 가중치 합의 부호에 상응한다. 만약 총합이 양수라면 모델은 +1을 예측할 것이고, 그렇지 않으면 −1을 예측할 것이다.[3] 제로섬이 발생할 확률은 무시할 수 있다. 수치형 레이블의 경우 절차가 약간 더 복잡하다. 이를 어떻게 수행할 것인지에 대한 자세한 내용은 드러커(1997)의 3절, 단계 8을 참고하라.

인스턴스 가중치에 대한 한 가지 추가적인 언급으로 이 내용을 마무리하고자 한다. 이 주제를 다루는 방법에는 두 가지가 있다. 첫 번째 방법은 손실 함수 레벨에서 작동한다. 회귀 트리의 경우 수식 (6.1)은 자연스럽게 다음과 같이 일반화된다.

$$V_N^{(k)}(c^{(k)}, \mathbf{w}) = \sum_{x_i^{(k)} < c^{(k)}} w_i \left(y_i - m_N^{k,-}(c^{(k)})\right)^2 + \sum_{x_i^{(k)} > c^{(k)}} w_i \left(y_i - m_N^{k,+}(c^{(k)})\right)^2$$

따라서 가중치가 큰 인스턴스는 클러스터의 확산 정도에 더 많이 기여하게 된다. 분류가 목적인 경우 변경이 더 복잡하며 인스턴스 가중 트리 성장 알고리듬의 한 예로는 팅^{Ting}(2002)을 참고하라. 이 아이디어는 손실 행렬^{loss matrix}을 통한 오분류 위험의 변경과 밀접한 관련이 있다(하스티 외(2009)의 9.2.4절을 참고하라).

---

3 프리드먼 외(2000)의 리얼 에이다부스트는 특정 클래스에 속할 확률이라는 다른 산출값을 가진다.

인스턴스 가중치를 적용하는 두 번째 방법은 무작위 샘플링을 사용하는 것이다. 인스턴스에 가중치 w_i가 있는 경우 학습자의 훈련은 w_i와 동일한 분포로 무작위 추출된 샘플을 통해 수행할 수 있다. 이 경우 가중치가 더 큰 인스턴스가 훈련 샘플에 포함될 확률이 더 높아진다. 원래 버전의 에이다부스트 알고리듬은 이 방법을 사용한다.

6.3.2 실제 예시

다음에서는 오리지널한 에이다부스트 분류기에 대한 구현을 테스트한다. 따라서 R1M_ Usd_C 변수를 갖고 작업하며 모델의 수식을 변경한다. 대규모 데이터셋에서는 에이다부스트의 계산 비용이 높기 때문에 여기서는 더 작은 샘플로 작업하고 반복을 단순히 세 번만 수행한다.

```python
from sklearn.tree import DecisionTreeClassifier
from sklearn.ensemble import AdaBoostClassifier
fit_adaboost_C = AdaBoostClassifier(DecisionTreeClassifier(
        max_depth=3), # 트리의 깊이
        n_estimators=3) # 트리의 개수
fit_adaboost_C.fit(X_train, y_c_train) # 모델 피팅
```

```
AdaBoostClassifier(base_estimator=DecisionTreeClassifier(max_depth=3), n_estimators=3)
```

마지막으로, 분류기의 성과를 평가한다.

```python
from sklearn.metrics import accuracy_score
# 정확도를 위한 내장 함수 소개
hitratio=accuracy_score(y_c_test, fit_adaboost_C.predict(X_test))
# 적중률
print(f'Hit Ratio: {hitratio}')
```

```
Hit Ratio: 0.49641066545123064
```

적중률로 평가한 정확도가 만족스럽지 않은 것은 분명하다. 그 이유 중 하나는 훈련에 사용한 제약 사항(표본이 작고 트리가 3개뿐이다) 때문일 수 있다.

6.4 부스트 트리: 익스트림 그래디언트 부스팅

메이슨 외^{Mason et al.}(2000), 프리드먼(2001), 프리드먼(2002)은 **트리 부스팅**^{tree boosting}이라는 아이디어를 대중화했다. 이 경우 학습자(예측 도구)의 조합은 랜덤 포레스트에서처럼 불가지론적이지 않으며, 학습자 수준에서 조정(또는 최적화)된다. 각 단계 s에서 모델의 합은 $M_S = \sum_{s=1}^{S-1} m_s + m_S$이며, 이때 훈련 샘플상에서 M_S의 손실을 줄이도록 마지막 학습자 m_s를 정밀하게 설계한다.

다음에서는 첸과 게스트린^{Geustring}(2016)의 원래 작업을 그대로 따르는데, 그 이유는 그들의 알고리듬이 믿을 수 없을 정도로 정확한 예측을 산출하고 또한 고도로 커스텀화가 가능하기 때문이다. 우리가 실제 예제 부분에서 사용하는 것 또한 그들이 만든 구현 방식이다. 또 다른 인기 있는 대안은 lightgbm이다(케 외(2017) 참고). XGBoost가 최소화하고자 하는 목표는 다음과 같다.

$$O = \underbrace{\sum_{i=1}^{I} \mathrm{loss}(y_i, \tilde{y}_i)}_{\text{오차 항}} \quad + \quad \underbrace{\sum_{j=1}^{J} \Omega(T_j)}_{\text{규제 항}}$$

첫 번째 항(모든 인스턴스에 걸쳐)은 실제 레이블과 모델이 출력한 값 사이의 거리를 측정한다. 두 번째 항(모든 트리에 걸쳐)은 너무 복잡한 모델에 페널티를 부여한다.

단순성을 위해 가장 간단한 손실 함수 $\mathrm{loss}(y, \tilde{y}) = (y - \tilde{y})^2$를 사용해 전체 식을 도출하면 다음과 같다.

$$O = \sum_{i=1}^{I} \left(y_i - m_{J-1}(\mathbf{x}_i) - T_J(\mathbf{x}_i) \right)^2 + \sum_{j=1}^{J} \Omega(T_j)$$

6.4.1 손실 관리

만약 모든 트리 T_j를 $j = 1,\dots,J-1$까지 이미 만들었다고 가정하자(따라서 모델은 M_{J-1}이다). 이때 어떻게 하면 최적의 트리 T_j를 선택할 수 있을까? 다음과 같이 써보자.

$$
\begin{aligned}
O &= \sum_{i=1}^{I} \left(y_i - m_{J-1}(\mathbf{x}_i) - T_J(\mathbf{x}_i) \right)^2 + \sum_{j=1}^{J} \Omega(T_j) \\
&= \sum_{i=1}^{I} \left\{ y_i^2 + m_{J-1}(\mathbf{x}_i)^2 + T_J(\mathbf{x}_i)^2 \right\} + \sum_{j=1}^{J-1} \Omega(T_j) + \Omega(T_J) \ \ \text{(제곱 항+페널티 항)} \\
&\quad - 2\sum_{i=1}^{I} \left\{ y_i m_{J-1}(\mathbf{x}_i) + y_i T_J(\mathbf{x}_i) - m_{J-1}(\mathbf{x}_i)T_J(\mathbf{x}_i) \right\} \ \ \text{(교차 항)} \\
&= \sum_{i=1}^{I} \left\{ -2y_i T_J(\mathbf{x}_i) + 2m_{J-1}(\mathbf{x}_i)T_J(\mathbf{x}_i) + T_J(\mathbf{x}_i)^2 \right\} + \Omega(T_J) + c
\end{aligned}
$$

J 단계에서 알 수 있는 모든 항(즉, $j-1$로 인덱싱된 항)은 최적화 프로그램에 투입되지 않기 때문에 사라진다. 이들은 상수 c에 포함된다.

이차 손실을 사용하면 문제는 매우 간단하다. 더 복잡한 손실 함수의 경우에는 테일러 전개를 사용한다(원본 논문을 참고하라.).

6.4.2 페널티 적용

더 나아가기 위해서는 페널티가 작동하는 방식을 지정해야 한다. 주어진 트리 T에 대해 $T(x) = w_{q(x)}$로 그 구조를 정하는데, 여기서 w는 일부 잎사귀의 출력값이며 $q(\cdot)$는 입력 변수와 그 최종 잎을 매핑하는 함수다. 그림 6.5는 이 방식의 인코딩을 설명한다. 함수 q는 경로를 나타내고, 벡터 $\mathbf{w} = w_i$는 최종 잎사귀의 값을 의미한다.

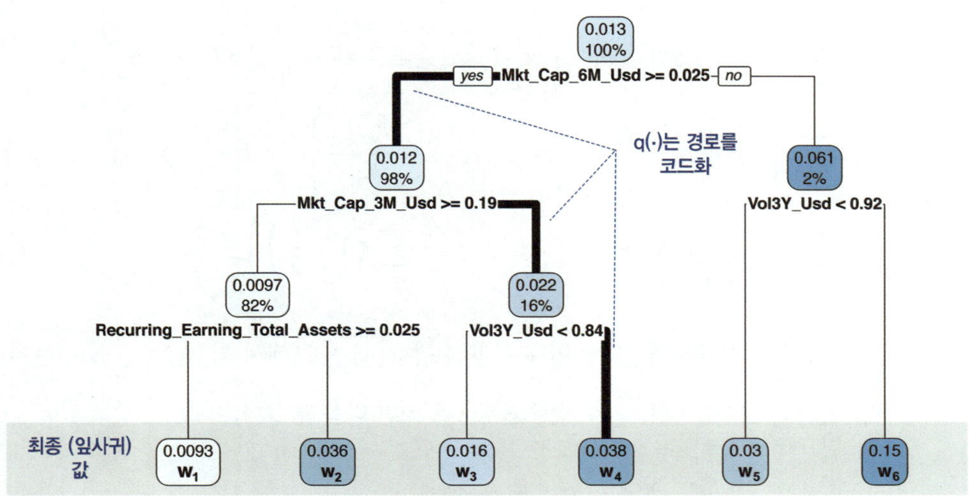

그림 6.5 의사결정 트리 코딩: 구조, 노드, 잎사귀 값 분해

트리 잎사귀의 인덱스를 $l = 1,...,L$과 같이 쓴다. XGBoost에서 복잡도는 $\Omega(T) = \gamma L + \frac{\lambda}{2} \sum_{l=1}^{L} w_l^2$과 같이 정의한다.

- 첫 번째 항은 **전체 잎의 개수**를 규제한다.
- 두 번째 항은 **출력값의 크기**를 규제한다(이는 분산은 줄이는 데 도움이 된다).

첫 번째 페널티 항은 트리의 깊이를 줄이고, 두 번째 페널티 항은 최신 트리에서 발생할 조정의 크기를 축소한다.

6.4.3 결합

목적 함수의 두 부분(손실과 페널티)을 결합한다. 잎사귀 l에 속하는 인스턴스의 인덱스 집합을 I_l로 쓴다. 그러면 다음과 같이 쓸 수 있다.

$$O = 2 \sum_{i=1}^{I} \left\{ -y_i T_J(\mathbf{x}_i) + m_{J-1}(\mathbf{x}_i) T_J(\mathbf{x}_i)) + \frac{T_J(\mathbf{x}_i)^2}{2} \right\} + \gamma L + \frac{\lambda}{2} \sum_{l=1}^{L} w_l^2$$

$$= 2 \sum_{i=1}^{I} \left\{ -y_i w_{q(\mathbf{x}_i)} + m_{J-1}(\mathbf{x}_i) w_{q(\mathbf{x}_i)} + \frac{w_{q(\mathbf{x}_i)}^2}{2} \right\} + \gamma L + \frac{\lambda}{2} \sum_{l=1}^{L} w_l^2$$

$$= 2 \sum_{l=1}^{L} \left(w_l \sum_{i \in I_l} (-y_i + m_{J-1}(\mathbf{x}_i)) + \frac{w_l^2}{2} \sum_{i \in I_l} \left(1 + \frac{\lambda}{2} \right) \right) + \gamma L$$

이 함수는 $aw_l + \frac{b}{2} w_l^2$의 형태를 띠며, 이때 이 함수는 $w_l = -a/b$에서 최솟값 $-\frac{a^2}{2b}$을 갖는다. 따라서 집합 원소의 개수를 세는 기수 함수를 #(·)로 쓰면 다음과 같다.

$$\rightarrow \quad w_l^* = \frac{\sum_{i \in I_l}(y_i - m_{J-1}(\mathbf{x}_i))}{\left(1 + \frac{\lambda}{2}\right) \#\{i \in I_l\}}, \ \text{따라서} \tag{6.5}$$

$$O_L(q) = -\frac{1}{2} \sum_{l=1}^{L} \frac{\left(\sum_{i \in I_l}(y_i - m_{J-1}(\mathbf{x}_i))\right)^2}{\left(1 + \frac{\lambda}{2}\right) \#\{i \in I_l\}} + \gamma L$$

여기서 q(트리 구조)와 L(잎사귀의 개수)로 목적 함수의 종속성을 추가했다. 실제로 트리의 메타 형태는 아직 결정되지 않았다.

6.4.4 트리 구조

마지막 문제인 **트리 구조**^{tree structure}다! 한 걸음 물러서서 생각해보자. 단순 회귀 트리를 구성할 때 각 노드의 출력값은 노드(또는 클러스터) 내 레이블의 평균값과 같다. 손실을 줄이기 위해 새로운 트리를 추가할 때는 노드 값을 완전히 다르게 계산해야 하는데, 이것이 바로 수식 (6.5)의 목적이다.

그럼에도 반복적인 트리의 성장은 단순 트리와 비슷한 흐름을 따른다. 주어진 각 분할에 대해 목적 함수를 최소화하는 특성을 선택하기 위해서는 특성을 테스트해야 한다. 마지막 질문은 바로 이것이다. 최적 깊이는 어느 정도이며 언제 트리의 성장을 중지해야 하는가? 방법은 다음과 같다.

- 노드별로 진행한다.

- 각 노드에 대해 분할이 유용한지(목적 함수의 관점에서) 그렇지 않은지를 살핀다. $\mathrm{Gain} = \frac{1}{2}\left(\mathrm{Gain}_L + \mathrm{Gain}_R - \mathrm{Gain}_O\right) - \gamma$
- 각 버킷(클러스터) 내의 인스턴스에 대해서 각각의 이득을 계산한다. $\mathrm{Gain}_\mathcal{X} = \frac{\left(\sum_{i \in I_\mathcal{X}}(y_i - m_{J-1}(\mathbf{x}_i))\right)^2}{\left(1 + \frac{\lambda}{2}\right)\#\{i \in I_\mathcal{X}\}}$ 여기서 $I_\mathcal{X}$는 클러스터 $\mathcal{X}$ 내 인스턴스의 집합이다.

Gain_O는 분할이 없을 경우 원래의 이득이며, Gain_L과 Gain_R은 각각 왼쪽 클러스터와 오른쪽 클러스터의 이득이다. 위 공식에서 $-\gamma$ 조정에 대해 한 마디만 덧붙이자면, 새 잎은 1개만 난다(새로 난 2개에서 원래 1개를 빼야 하기 때문이다). 이는 한 잎사귀만큼의 차이를 만든다. 따라서 $\Delta L = 1$이며 각 새 잎사귀에 대한 페널티 강도는 γ와 같다.

마지막으로, XGBoost는 **학습률**^{learning rate} 또한 적용한다는 사실을 강조하고자 한다. $\eta \in (0, 1]$인 계수 η는 각각의 새로운 트리를 스케일링한다. 부스팅의 각 단계 후에 새로운 트리 T_j는 그 값이 η과의 곱에 의해 할인된다. 이러한 방식은 매우 유용한데 그 이유는 100개의 최적화된 트리를 단순히 결합하는 것은 훈련 샘플을 과적합하는 가장 좋은 방법이기 때문이다.

6.4.5 확장

부스트 트리의 과적합을 방지하기 위해 몇 가지 추가적인 기능을 사용할 수 있다. 실제로 충분히 많은 수의 트리가 주어지면 결합은 훈련 샘플과 매우 잘 일치할 수 있으나 샘플을 벗어난 경우 일반화에 실패할 수 있다.

스리바스타바 외^{Srivastava et al.}(2014)의 선구적인 연구에 이어 라쉬미^{Rashmi}와 길라드−바흐라크^{Gilad-Bachrach}(2015)는 DART^{Dropout for Additive Regression Tree} 모델을 제안했다. 이 아이디어는 훈련 도중 지정된 수의 트리를 생략하는 것이다. 모델에서 제거해야 할 트리를 무작위로 선택한다. 이 모델에 대한 전체 사양은 다음 사이트(https://xgboost.readthedocs.io/en/latest/tutorials/dart.html)에서 확인할 수 있으며, 아래의 첫 번째 예시에서는 10% 드롭아웃을 사용한다.

단조성 제약 조건은 XGB와 lightgbm 모두에서 등장하는 또 다른 요소다. 때로는 특정 특성 하나가 레이블에 단조로운 영향을 미칠 것으로 예상할 수 있다. 예를 들어, 모멘텀을 매

우 신뢰한다면 과거 수익률은 (주식 횡단면의) 미래 수익률에 대해 증가하는 영향력을 가져야
한다.

분할 알고리듬의 재귀적 특성을 고려할 때 특정 변수에 따라 분할을 수행할 시기와 그렇지
않을 시기를 선택할 수 있다. 그림 6.6은 알고리듬이 어떻게 진행되는지 보여준다. 모든 분
할은 동일한 특성에 의해 수행된다. 첫 번째 분할의 경우 문제는 쉽다. 왜냐하면 각 클러스
터의 평균이 올바른 방향으로 순위가 매겨졌는지 확인하는 것만으로도 충분하기 때문이다.
그 아래의 분할이 발생할 때 상황은 더 복잡해진다. 실제로 위의 모든 분할에서 설정된 평균
값은 중요하다. 왜냐하면 그 값이 하위 분할의 향후 평균값에 대한 허용 가능 범위를 제시하
기 때문이다. 만약 분할이 이러한 범위를 위반하는 경우 해당 분할은 무시되고 대신 다른 변
수가 선택된다.

6.4.6 코드 및 결과

이 절에서는 XGBoost 라이브러리를 사용해 모델을 훈련한다. 다른 옵션으로는 catboost,
gbm, lightgbm, h20 같은 부스트 머신의 자체 버전이 있다. 다른 많은 패키지와 다르게
XGBoost 함수는 특정 구문과 전용 형식을 필요로 한다. 따라서 첫 번째 단계는 이에 맞게
데이터를 캡슐화하는 것이다.

또한, 훈련 시간이 길어질 수 있기 때문에 코케렛과 귀다(2020)가 주장한 대로 훈련 샘플을
줄였다. 가장 극단적인 관측치 40%(레이블 값 기준 상하위 20%)만 유지하고 특성에 대한 작은
하위 집합으로 작업한다. 이 책의 모든 부스트 트리 전용 코드에서 모델은 오직 7개의 특성
만을 갖고 훈련한다.

```python
import xgboost as xgb # 부스팅 트리를 위한 패키지
data_ml['R1M_Usd_quantile']=data_ml.groupby('date')['R1M_Usd'].transform(
# 분위 생성...
        lambda x: pd.qcut(x, 100, labels=False,
                        duplicates=('drop'), precision=50))
# ...극단치 선택을 위한
```

```python
separation_mask = data_ml['date'] < separation_date

boolean_quantile=(
    data_ml.loc[separation_mask]['R1M_Usd_quantile'].values<=20)|(
    data_ml.loc[separation_mask]['R1M_Usd_quantile'].values>=80)
# 행 선택을 위한 불리언 배열
# 극단치 선택
train_features_xgb=training_sample.loc[boolean_quantile,features_short]
# 독립 변수
train_label_xgb=training_sample.loc[boolean_quantile,'R1M_Usd']
# 종속 변수
train_matrix_xgb=xgb.DMatrix(train_features_xgb,label=train_label_xgb)
# XGB 형식!
```

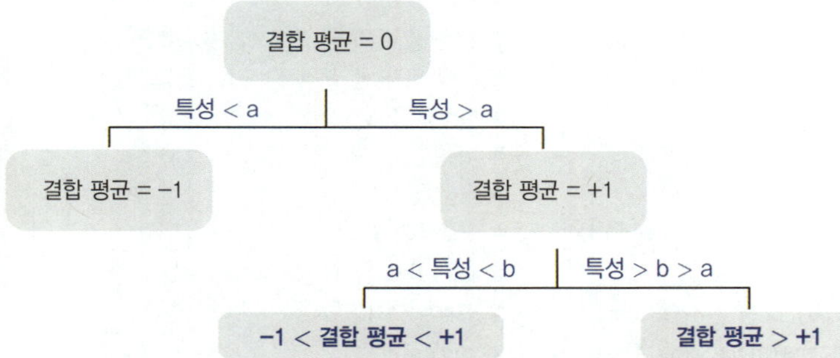

그림 6.6 단조성 제약 조건 부과. 제약 조건은 아래 굵은 파란색으로 된 잎사귀로 표시

선택 사항이지만 두 번째 단계는 우리가 부과하길 원하는 단조성 제약 조건을 결정하는 것이다. 단순하게 다음의 세 가지 제약 조건만 적용한다.

1. **시가 총액**(음수, 사이즈 이상 현상하에서 대형주는 수익률이 더 낮기 때문)
2. **장부가 대비 주가 비율**(음수, 밸류 이상 현상하에서 고평가 주식 또한 수익률이 더 낮기 때문)
3. **과거 연간 수익률**(양수, 모멘텀 이상 현상하에서 패자주보다 승자주가 초과 성과를 내기 때문)

```python
mono_const="(0, 0, -1, 1, 0, -1, 0)"
# 벡터 초기화 -- "-1"은 감소, "+1"은 증가
# 시가 총액 감소 -- mono_const[2]
```

```
# 과거 수익률 상승 -- mono_const[3]
# 장부가 대비 시장가 하락 -- mono_const[5]
```

세 번째 단계는 형식화된 훈련 데이터로 모델을 훈련하는 것이다. 여기에는 단조성 제약 조건과 rate_drop을 통한 DART 특성을 포함한다. 랜덤 포레스트와 마찬가지로 부스트 트리는 데이터의 하위 집합에서 행별(무작위 인스턴스 선택함으로써)과 열별(예측 인자의 일부만 유지함으로써) 모두에 대해 개별 트리를 성장시킬 수 있다. 다음과 같이 함수 인수에 subsample 및 colsample_bytree를 사용해 이러한 옵션을 구현한다.

```python
params={'eta'  : 0.3,                       # 학습률
'objective'  : "reg:squarederror",         # 목적 함수
'max_depth'  : 4,                           # 트리의 최고 깊이
'subsample'  : 0.6,                         # 샘플 중 무작위적으로 60%를 선택해 훈련
'colsample_bytree'  : 0.7,                  # 예측 인자 중 무작위적으로 70%를 선택해 훈련
'lambda'  : 1,                              # 나뭇잎 값에 대한 규제화
'gamma'  : 0.1,                             # 나뭇잎 개수에 대한 규제화
'nrounds'  : 30,                            # 사용한 트리 개수
'monotone_constraints'  : mono_const,       # 단조성 제약 조건
'rate_drop'  : 0.1,                         # DART를 위한 드롭률(drop rate)
'verbose'  : 0}                             # 메시지 없음
fit_xgb =xgb.train(params, train_matrix_xgb)
```

마지막으로, 모델의 성과를 평가한다. 그 전에 테스트 샘플에 대한 적절한 형식은 필수적이다.

```python
test_features_xgb=testing_sample[features_short]
# 테스트 샘플 => XGB 형식
test_matrix_xgb=xgb.DMatrix(test_features_xgb, label=y_test)
# XGB 형식!
fit_xgb.predict(test_matrix_xgb)
mse = np.mean((fit_xgb.predict(test_matrix_xgb)-y_test)**2)
print(f'MSE: {mse}')
```

```
MSE: 0.03781719994386558
```

```python
hitratio = np.mean(fit_xgb.predict(test_matrix_xgb)*y_test>0)
print(f'Hit Ratio: {hitratio}')
```

```
Hit Ratio: 0.5460346399270738
```

성능은 다른 예측 도구에서 관찰한 것과 비슷하다. 마지막 실습으로, XGBoost하에서의 분류 작업 중 한 가지 구현 방식을 살펴보자. 여기서는 레이블만 바뀐다. XGBoost에서 레이블은 정확히 0부터 시작하는 정수로 코딩해야 한다.

```python
train_label_xgb_C=training_sample.loc[boolean_quantile,'R1M_Usd_C']
# 종속 변수
train_matrix_xgb_C=xgb.
  ↪DMatrix(train_features_xgb,label=train_label_xgb_C)
# XGB 형식!
```

범주로 작업할 때 손실 함수는 일반적으로 소프트맥스 함수다(1.1절 참고).

```python
params_C={'eta'    : 0.8,            # 학습률
  'objective'   : "multi:softmax",  # 목적 함수
  'max_depth'   : 4,                # 트리의 최고 깊이
  'num_class'   : 2,                # 클래스의 개수
  'nrounds'   : 10,                 # 사용한 트리의 개수(여기선 다소 적다)
  'verbose'   : 0}                  # 메시지 없음
fit_xgb_C =xgb.train(params_C, train_matrix_xgb_C)
```

그런 다음 모델의 품질 평가를 진행할 수 있다. 예측을 실제 레이블의 값에 맞게 조정하고 정확한 예측 비율을 계산한다.

```python
hitratio = np.mean(fit_xgb_C.predict(test_matrix_xgb)==y_c_test)
print(f'Hit Ratio: {hitratio}')
```

```
Hit Ratio: 0.49846171376481313
```

이전의 분류 시도와 마찬가지로 이진 레이블로 바꾸면 마치 정보 손실이 발생하는 것 같은 압도적인 결과가 나왔다.

6.4.7 인스턴스 가중치 부여

총 손실을 계산할 때 약간의 유연성을 도입해 인스턴스에 가중치를 할당할 수 있다.

$$
O = \underbrace{\sum_{i=1}^{I} \mathcal{W}_i \times \text{loss}(y_i, \tilde{y}_i)}_{\text{가중 오차 항}} \quad + \quad \underbrace{\sum_{j=1}^{J} \Omega(T_j)}_{\text{규제 항(변화 없음)}}
$$

팩터 투자에서 이러한 가중치는 특성 값 $(\mathcal{W}_i = \mathcal{W}_i(\mathbf{x}_i))$에 따라 달라질 수 있다. 예를 들어, 어떤 특정한 특성 $\mathbf{x}^k$에 대해 가중치를 높여 이 특성 값이 높은 자산에 더 많은 중요성을 부여할 수 있다(예를 들어, 성장주 대비 가치주를 선호하는 경우). 또 다른 옵션은 특성 값이 극단적으로 높아질 때 가중치를 높이는 것이다(가치주와 성장주의 스코어가 극심할수록 더 큰 가중치를 부여). 특성이 균일할 경우, 가중치는 간단히 $\mathcal{W}_i(x_i^k) \propto |x_i^k - 0.5|$이 될 수 있다. 이는 특성의 중앙 값이 0.5인 주식은 가중치가 0이고, 특성 값이 0 혹은 1로 움직일수록 가중치가 증가함을 의미한다. 블랙[Black]과 리터먼[Litterman](1992)이 도입한 시장에 대한 전망이 자산 배분 과정에 영향을 미친 것처럼 인스턴스에 가중치를 부여하면 학습 과정에 대한 편향이 생긴다. 차이점은 넛지[nudge]가 포트폴리오 선택 문제보다 훨씬 앞서서 수행된다는 점이다.

XGB에서 xgb.DMatrix의 정의에 따라 인스턴스 가중치에 대한 구현이 매우 일찍 수행된다.

```python
inst_weights = np.random.uniform(0,1,(train_features_xgb.shape[0],1))
# 랜덤 가중치
train_matrix_xgb=xgb.DMatrix(train_features_xgb, label=train_label_xgb,
                    # XGB  형식!
                    weight = inst_weights) # 가중치!
```

이후 후속 단계에서 이러한 하드 코딩된 가중치를 사용해 최적화가 이뤄진다. 분할 지점은 클러스터의 총 가중 손실을 통해 변할 수 있으며, 최종 가중 값(6.5)도 영향을 받는다.

6.5 논의

포트폴리오 구축을 위한 예측 엔진 선택에 대한 논의로 6장을 마무리한다. 2장에서 살펴본 것처럼 머신러닝 시그널은 투자 전략 구축의 한 단계에 불과하다. 언젠가는 이 시그널을 포트폴리오 가중치로 변환해야 한다.

이러한 관점에서 보면 단순 트리는 차선책으로 보인다. 트리 깊이는 일반적으로 3에서 6 사이로 설정한다. 이는 최대 8개에서 64개까지 최종 잎사귀가 있다는 것을 의미하며, 클러스터는 매우 불균형할 수 있다. 1개의 클러스터가 20%에서 30%의 샘플을 차지할 가능성이 높다. 즉, 예측과 관련해 대략 20%에서 30%의 인스턴스에 동일한 값이 부여된다는 의미다.

이 과정의 다른 측면에서 볼 때 일반적으로 포트폴리오 정책에서 자산 개수는 고정돼 있다. 따라서 동일한 시그널을 가진 자산을 갖고 있어도 포트폴리오에 포함할 하위 집합을 구별해 선택할 수는 없다. 예를 들어, 정책에 정확히 100개의 주식이 필요한 경우 105개 종목의 시그널이 동일하다면 이 신호는 선택 목적으로 사용할 수 없다. 이 신호는 평균-분산 유형의 배분에서 공분산 행렬과 같은 외생 정보와 결합돼야 한다.

전반적으로 이러한 사실은 결합 모델을 선호하는 한 가지 이유다. 학습자 수가 충분히 많으면(5개 정도면 충분하다) 자산에 대한 예측은 고유성을 띠며 해당 자산에 맞게 조정된다. 그러면 시그널을 통해 구별하고 가장 유리한 시그널을 가진 자산만 선택하는 것이 가능해진다. 실무적으로는 랜덤 포레스트와 부스트 트리가 가장 좋은 선택일 것이다.

6.6 코딩 예제

1. 위에서 나온 공식을 사용해 훈련 샘플에 매개 변수가 cp 하나만 있는 2개의 간단한 트리를 만들어라. 첫 번째 트리의 경우 cp=0.001을, 두 번째 트리의 경우 cp=0.01을 사용하라. 테스트 샘플에서 두 모델의 성능을 평가하라.
2. 더 작은 예측 인자 집합을 사용해 훈련 샘플로 랜덤 포레스트를 구축하라. 30,000개의 인스턴스와 5개 이상의 예측 인자로 제한하라. 10개, 20개, 40개, 80개, 160개의 나무에 대해 포레스트를 구축하고 훈련 샘플에 대한 성능을 평가하라. 이 경우 복잡성이 가치가 있는가? 그렇다면 왜인가?
3. 2008년 데이터로 트리를 시각화하고 2009년에 대해서도 시각화한 후 둘을 비교하라.

07

신경망

신경망[NN, Neural Network]은 매우 풍부하며 복잡한 주제다. 7장에서는 가장 단순한 아키텍처인 NN의 간단한 아이디어와 개념을 소개한다. NN의 고유성에 대한 보다 자세한 내용은 헤이킨[Haykin](2009), 두와 스와미(2013), 굿펠로우 외(2016)의 논문을 참고하라. 후자는 온라인 (www.deeplearningbook.org)에서 무료로 이용할 수 있다. 실용적인 개론서를 원한다면 숄레[Chollet](2017)의 훌륭한 책을 추천한다.

우선, '신경망'이라는 용어에 대해 간략히 설명한다. 대부분의 전문가는 신경망이 인간의 뇌가 작동하는 방식과 거의 관련이 없기 때문에 이 용어가 적절하지 않다는 데 동의한다(인간 뇌의 작동 방식에 대해 우리가 아는 바는 많지 않다). 이것이 바로 신경망을 '인공 신경망[artificial neural network]'이라고 부르는 이유다. 우리는 표기상 단순성을 위해 이 형용사를 사용하지는 않는다. 하지만 이러한 표현이 더 적절하기 때문에 프랑수아 숄레[François Chollet]가 제시한 '(연쇄 법칙으로 얻은 경사를 갖고) 경사 하강으로 학습한 미분 가능하고 매개 변수화된 기하학적 함수의 사슬'이라는 신경망의 정의를 다시 언급하고자 한다.

금융 분야에서 신경망에 대한 초기 참고 문헌으로는 밴살과 비스와나탄(1993), 이킨스 외 [Eakins et al.](1998)가 있다. 두 연구는 서로 다른 목표를 갖고 있다. 첫 번째 논문에서 저자는 가격 결정 커널에 대한 **비선형 형태**[non-linear form]를 추정하는 것을 목표로 한다. 두 번째는 주식에 대한 기관의 투자와 기업의 속성(팩터 투자에 대한 초창기 기여) 사이의 관계를 파악하고 정량화하고자 한다. 초기 리뷰(뷰렐Burrell과 포라린Folarin(1997))에서는 1990년대 신경망의 금융 응용 사례가 나와 있다. 최근에는 세저 외Sezer et al.(2019), 지앙Jiang(2020), 임Lim과 조흐렌Zohren(2020)이 딥러닝deep-learning 모델을 사용해 금융 시계열을 예측하려는 시도들을 조사했다. 이러한 연구들은 주로 컴퓨터 과학자들을 중심으로 이뤄졌다.

금융 시장에서 신경망의 순수한 예측 능력은 인기 있는 주제이며, 우리는 키모토 외Kimoto et al.(1990), 엔케Enke와 타원옹Thawornwong(2005), 장Zhang과 우Wu(2009), 구레센 외Guresen et al.(2011), 크라우스 외(2017), 피셔Fischer와 크라우스(2018), 얼드릿지Aldridge와 아벨라네다Avellaneda(2019), 솔레이마니Soleymani와 파켓Paquet(2020) 등의 연구를 인용한다.[1] 마지막 참고 문헌은 지배적인 강화학습 구조 안에 포함된 여러 유형의 신경망을 결합하기도 한다. 물론 이 연구 목록은 완전한 것이 아니다. 금융 경제학 분야에서 신경망에 대한 최근 연구는 다음을 포함한다.

- 펑 외(2019)는 신경망을 사용해 주식 수익률의 횡단면을 가장 잘 설명할 수 있는 팩터를 찾는다.
- 구 외(2020)는 기업의 속성과 거시경제 변수를 미래 수익률에 매핑한다. 이를 통해 미래 수익률을 매우 정확하게 예측할 수 있는 강력한 예측 도구를 만든다.
- 첸 외(2020)는 생성형 적대적 네트워크를 포함한 복잡한 신경망 구조로 가격 결정 커널을 추정한다. 이는 주식의 기대 수익률 구조에 대한 중요한 정보를 제공하며, (정확한 최대 샤프 비율 정책을 설정해) 포트폴리오 구축에 사용할 수 있다.

7.1 오리지널 퍼셉트론

신경망의 기원은 적어도 로센블라트Rosenblatt(1958)까지 거슬러 올라간다. 그것의 목적은 이진 분류다. 단순성을 위해 결괏값을 {0 = 투자하지 않음}과 {1 = 투자함}(예를 들어, 수익률의 마이너스 대 플러스에서 산출)으로 가정하자. 현재의 명명법을 감안할 때 퍼셉트론은 활성화된 선형 매핑으로 정의할 수 있다. 이 모델은 다음과 같다.

---

1 신경망은 최근 파생상품 가격 책정 및 헤징에도 적용되고 있으며, 이와 관련해서는 부어러 외(Buehler et al.)(2019), 앤더슨(Andersson)과 우스터리(Oosterlee)(2020)의 연구, 루프(Ruf)와 왕(2019)의 조사를 참고하라. 호가창 모델링 또한 신경망 응용 분야에서 커지고 있는 분야다(시리그나노와 콘트(2019), 월브리지(Wallbridge)(2020)).

$$f(\mathbf{x}) = \begin{cases} 1 & \text{만일 } \mathbf{x}'\mathbf{w} + b > 0 \\ 0 & \text{그렇지 않으면} \end{cases}$$

가중치 벡터 $\mathbf{w}$는 변수의 스케일을 조정하고 편향 b는 의사결정 배리어를 이동시킨다. b와 w_i 값이 주어지면 오차는 $\epsilon_i = y_i - 1_{\{\sum_{j=1}^{J} x_{i,j} w_j + w_0 > 0\}}$ 이다. 관례에 따라 $b = w_0$으로 설정하고 x에 초기 상수 열을 추가한다. $x_{i,0} = 1$ 따라서 $\epsilon_i = y_i - 1_{\{\sum_{j=0}^{J} x_{i,j} w_j > 0\}}$ 이다. 회귀와 다르게 퍼셉트론은 닫힌 해를 갖지 않는다. 최적 가중치는 오직 근사화만 가능하다. 회귀와 마찬가지로, 좋은 가중치를 도출하는 한 가지 방법은 제곱 오차 합을 최소화하는 것이다. 이를 위한 가장 간단한 방법은 다음과 같다.

1. 점 $\mathbf{x}_i$에서 현재 모델의 값 $\tilde{y}_i = 1_{\{\sum_{j=0}^{J} w_j x_{i,j} > 0\}}$ 을 계산하고,
2. 가중치 벡터 $w_j \leftarrow w_j + \eta(y_i - \tilde{y}_i)x_{i,j}$를 조정한다.

이 방식은 가중치를 올바른 방향으로 이동시킨다. 트리 방법과 마찬가지로, 스케일링 계수 η는 학습 속도다. η가 클수록 이동이 빠르다. 다시 말해, 학습은 빠르지만 수렴이 느리거나 아예 일어나지 않을 수 있다. η가 작을수록 과최적화의 위험을 줄이는 데 도움이 되므로 일반적으로 작은 η를 선호한다.

그림 7.1은 이러한 메커니즘을 보여준다. 초기 모델(회색 점선)은 7개의 점(빨간색 3개, 파란색 4개)으로 훈련했다. 이때 새로운 검은색 점이 들어온다.

- 만약 점이 빨간색이면 조정할 필요가 없다. 이 점은 경계선의 오른쪽에 위치하므로 레이블이 올바르게 지정된다.
- 만약 점이 파란색이면 모델을 적절하게 업데이트해야 한다. 위에서 언급한 규칙을 따른다면, 이는 선의 기울기가 아래쪽으로 조정된다는 것을 의미한다. η에 따라 이동은 새 점의 분류를 변경하기에 충분할 수도 있고 그렇지 않을 수도 있다.

퍼셉트론은 처음 등장했을 당시 언론의 집중적인 조명을 받았던 엄청난 혁신이었다(올라자란 Olazaran(1996), 앤더슨Andersson와 로젠펠드Rosenfeld(2000) 참고). 다소 단순한 구조였던 퍼셉트론은 점차 퍼셉트론의 네트워크(조합)로 일반화됐다. 각각의 퍼셉트론은 단순 유닛이며, 이 유닛들은 층layer을 구성한다. 7.2절에서는 간단한 다층 퍼셉트론MLP, MultiLayer Perceptron이라는 조직에 대해 설명한다.

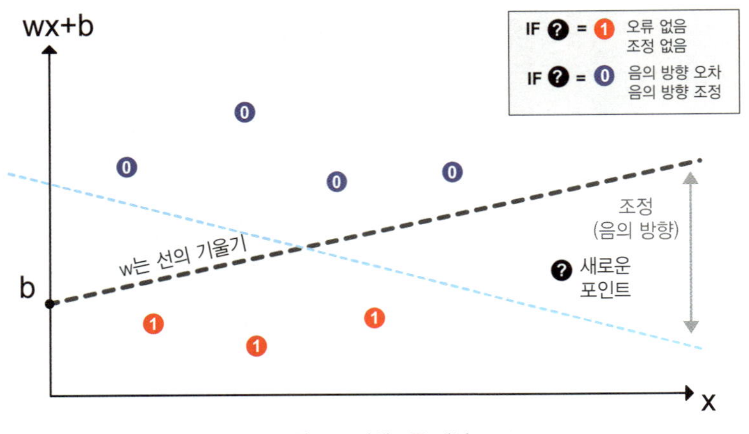

그림 7.1 퍼셉트론 개념도

7.2 다층 퍼셉트론

7.2.1 개요 및 표기법

퍼셉트론은 헤비사이드^{Heaviside}(계단) 함수라는 특정 함수가 적용된 선형 모델로 볼 수 있다. 물론 다른 함수를 선택하는 것도 가능하다. 신경망 용어로는 이를 활성화 함수$^{\text{activation function}}$라고 한다. 활성화 함수의 목적은 매우 선형적인 모델에 비선형성을 도입하는 것이다.

트리가 있는 랜덤 포레스트와 마찬가지로 신경망의 기본 아이디어는 퍼셉트론 같은 빌딩 블록들을 결합하는 것이다. 신경망의 일반적인 표현은 그림 7.2와 같다. 이 개념도는 지나치게 단순하다. 이 구조는 내부에서 어떤 일이 일어나고 있는지를 숨긴다. 각 녹색 원 안에 퍼셉트론이 있고, 각 출력은 출력값들의 최종적인 결합으로 전송되기 전에 어떤 함수에 의해 활성화된다. 이러한 모델을 다층 퍼셉트론이라고 부르는 이유가 바로 여기에 있다.

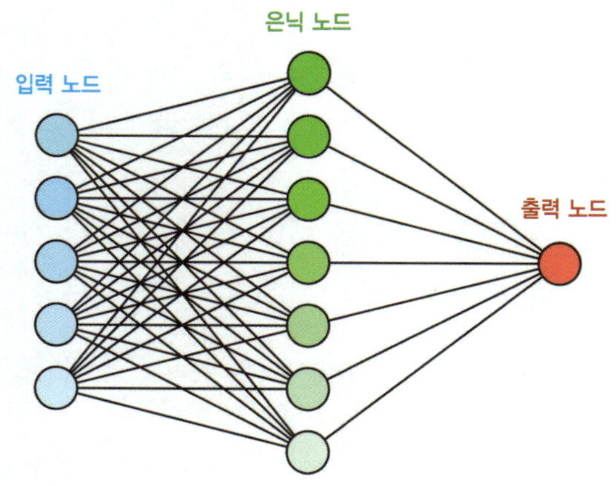

그림 7.2 다층 퍼셉트론에 대한 단순한 개념도

그림 7.3은 무슨 일이 일어나고 있는지를 더 충실하게 설명한다.

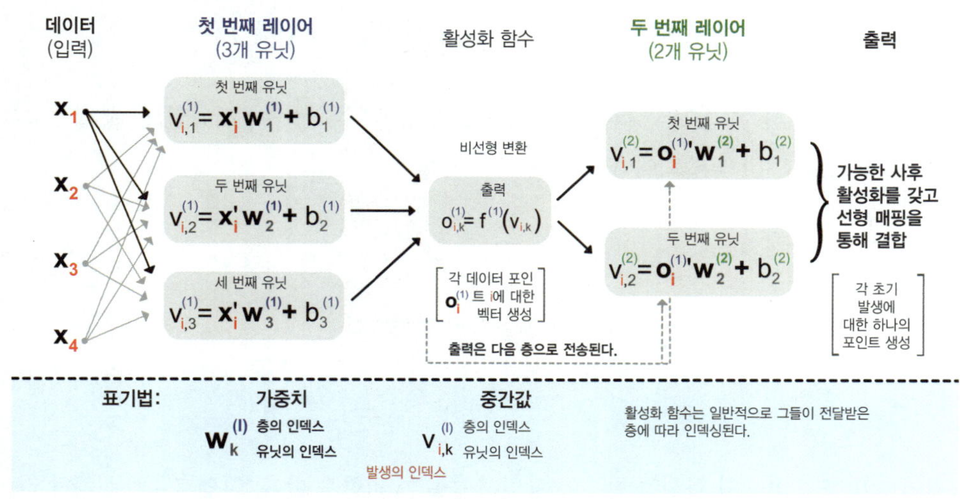

그림 7.3 2개의 중간 레이어가 있는 퍼셉트론의 자세한 개념도

추가적으로 설명하기에 앞서 7장 전체에서 사용할 몇 가지 표기법을 소개한다.

- 데이터는 특성 행렬 $\mathbf{X} = x_{i,j}$와 출력값의 벡터 $\mathbf{y} = y_i$로 구분되며, $\mathbf{x}$ 혹은 $\mathbf{x}_i$는 $\mathbf{X}$의 한 줄을 나타낸다.

- 신경망은 $L \geq 1$개의 층을 가지며, 각 층 l에 대해 유닛의 개수는 $U_l \geq 1$이다.
- 층 l에 위치한 유닛 k의 가중치는 $\mathbf{w}_k^{(l)} = w_{k,j}^{(l)}$와 그에 상응하는 편향 $b_k^{(l)}$로 표기한다. $\mathbf{w}_k^{(l)}$의 길이는 U_{l-1}이다. k는 층 l에 있는 유닛의 위치를, j는 층 $l-1$에 있는 유닛의 위치를 나타낸다.
- (활성화 이후) 출력은 $o_{i,k}^{(l)}$로 나타내는데, 이는 i번째 인스턴스, l번째 층, k번째 유닛에 대한 출력을 의미한다.

절차는 다음과 같다. 네트워크에 진입할 때 데이터는 초기 선형 매핑을 거친다.

$$v_{i,k}^{(1)} = \mathbf{x}_i' \mathbf{w}_k^{(1)} + b_k^{(1)}, \text{for } l = 1, \quad k \in [1, U_1]$$

그다음 이 값은 비선형 함수 f^1에 의해 변형된다. 이렇게 변형된 결과는 다음 층의 입력으로 주어지는 식으로 반복된다. 선형 형태는 네트워크의 각 층별로 (가중치를 달리해) 반복된다.

$$v_{i,k}^{(l)} = (\mathbf{o}_i^{(l-1)})' \mathbf{w}_k^{(l)} + b_k^{(l)}, \text{for } l \geq 2, \quad k \in [1, U_l]$$

층간 연결은 이른바 출력으로, 이는 기본적으로 활성화 함수 $f^{(l)}$이 적용된 선형 매핑이다. 층 l의 출력은 층 $l+1$의 입력이다.

$$o_{i,k}^{(l)} = f^{(l)} \left(v_{i,k}^{(l)} \right)$$

마지막으로, 최종 단계에서는 마지막 층의 출력을 결합한다.

$$\tilde{y}_i = f^{(L+1)} \left((\mathbf{o}_i^{(L)})' \mathbf{w}^{(L+1)} + b^{(L+1)} \right)$$

입력의 순방향 전파에서 활성화 함수는 당연히 중요한 역할을 한다. 그림 7.4는 신경망 라이브러리에서 가장 일반적으로 사용하는 활성화 함수를 제시한다.

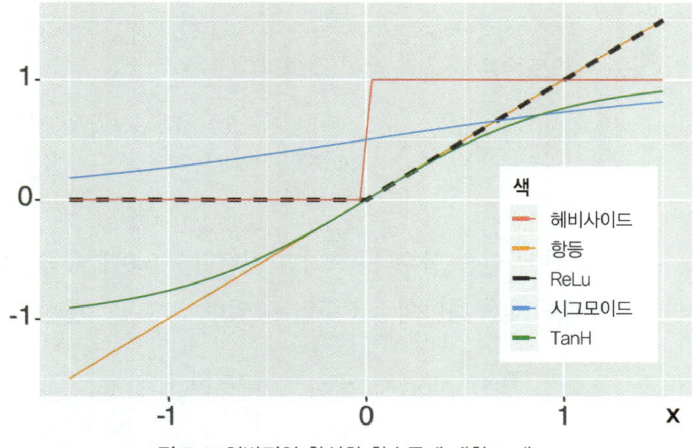

그림 7.4 일반적인 활성화 함수들에 대한 그래프

팩터 투자의 관점에서 이 프로세스의 표현을 달리해보자. 입력 **x**는 기업의 특성이다. 첫 번째 단계는 해당 값에 가중치를 곱하고 편향을 추가하는 것이다. 이 작업은 첫 번째 레이어의 모든 유닛에 대해 수행된다. 이후 선형 조합인 출력이 활성화 함수를 통해 변환된다. 각 유닛은 하나의 값을 제공하며, 이 모든 값은 동일한 프로세스를 따라 두 번째 계층에 공급된다. 이 과정은 네트워크가 끝날 때까지 반복된다. 마지막 레이어의 목적은 레이블에 해당하는 출력 형태를 생성하는 것이다. 레이블이 숫자인 경우 출력은 단일 수치이며, 범주형인 경우 일반적으로 길이가 범주의 개수와 같은 벡터다. 이 벡터는 값이 특정 카테고리에 속할 확률을 나타낸다.

출력 후 최종 활성화 함수를 사용할 수 있다. 이것은 결과에 큰 영향을 미칠 수 있다. 실제로 레이블이 수익률인 경우 시그모이드가 항상 양수이기 때문에 가장 마지막에 시그모이드 함수를 적용하면 이는 재앙이 될 수 있다.

7.2.2 보편 근사화

신경망이 잘 작동하는 이유 중 하나는 보편 근사화[universal approximation]를 수행하기 때문이다. 어떤 유계 연속 함수가 주어지면 이 함수를 임의의 정밀도까지 근사화할 수 있는 단일 계층 네트워크가 존재한다(초기 참고 문헌은 사이벤코[Cybenko](1989), 자세한 논문 목록은 두와 스와미(2013)의 4.2절과 굿펠로우 외(2016)의 6.4.1절, 그리고 최근 결과는 걸리예프[Guliyev]와 이스마일로프

Ismailov(2018)를 참고하라).

형식적으로 단일 계층 퍼셉트론은 다음과 같이 정의한다.

$$f_n(\mathbf{x}) = \sum_{l=1}^{n} c_l \phi(\mathbf{x}\mathbf{w}_l + \mathbf{b}_l) + c_0$$

여기서 ϕ는 (상수가 아닌) 유계 연속 함수다. 그러면 어떠한 $\epsilon > 0$에 대해 단위 하이퍼큐브 $[0,1]^d$의 모든 연속 함수 f에 대한 하나의 n을 구할 수 있다.

$$|f(\mathbf{x}) - f_n(\mathbf{x})| < \epsilon, \quad \forall \mathbf{x} \in [0,1]^d$$

이 결과는 다소 직관적이다. 적합도를 개선하기 위해 레이어에 유닛을 추가하는 것만으로도 충분하기 때문이다. 이 프로세스는 다항식 근사화와 어느 정도 유사하지만, 활성화 함수의 속성(경계, 평활도, 볼록성 등)에 따라 약간의 미묘한 차이가 발생한다. 이 주제에 대한 연구 조사는 코스타렐리 외Costarelli et al.(2016)를 참고하라.

보편 근사에 대한 원초적인 결과는 유닛의 개수를 늘릴 수 있는 한 간단한 신경망을 잘 작동하는 함수 f로 충분히 만들 수 있음을 의미한다. 이제 학습 단계, 즉 모델이 언제 특정 데이터셋에 대해 최적화되는가 하는 것과는 직접적인 관련이 없어졌다. 몇 편의 논문(특히, 바론Barron(1993), 바론(1994))에서 바론은 신경망이 어떤 것을 달성할 수 있는가에 대한 훨씬 더 정확한 특성을 제시했다. 예를 들어, 바론(1993)에서는 보다 정확한 버전의 보편 근사를 증명하기도 했는데, 이는 어떤 특정 신경망(시그모이드 활성화 함수가 있는)에서 네트워크 크기와 관련된 수렴 속도를 제공하는 $\mathbb{E}[(f(\mathbf{x}) - f_n(\mathbf{x}))^2] \le c_f / n$이었다. 평균 안에 들어 있는 무작위 항은 $\mathbf{x}$다. 이는 데이터가 고정된 분포의 i.i.d. 관찰 표본으로 간주되는 경우에 해당한다(이는 머신러닝에서 가장 일반적인 가정이다).

다음에서는 해석하기 쉬운 한 가지 중요한 결과를 제시한다. 이는 바론(1994)에서 가져온 것이다.

여기서 f_n은 n개의 유닛과 시그모이드 활성화 함수를 가진 하나의 중간 레이어만 있는 페널티 신경망에 해당한다. 또한, 예측 인자와 레이블의 서포트support를 전부 유계로 가정한다(이는 큰 제약 조건은 아니다). 회귀 연습에서 가장 중요한 지표는 MSE이며, 주요 결과는 이 값에 대한 한계치(크기 순서대로)다. 무작위로 샘플링한 N개의 i.i.d. 포인트 $y_i = f(x_i) + \epsilon_i$에 대해 f_n이 훈련된 경우 가능한 최고의 경험칙적 MSE는 다음과 같다.

$$\mathbb{E}\left[(f(x) - f_n(x))^2\right] = \underbrace{O\left(\frac{c_f}{n}\right)}_{\text{네트워크 크기}} + \underbrace{O\left(\frac{nK \log(N)}{N}\right)}_{\text{샘플 크기}} \tag{7.1}$$

여기서 K는 입력의 차원(열 개수)이고, c_f는 생성 함수 f에 따라 달라지는 상수다. 위의 값은 크기 N의 데이터셋이 주어졌을 때 가능한 최고의 신경망으로 달성할 수 있는 오차의 한곗값을 제공한다.

이 한곗값은 분명하게 두 가지로 분류할 수 있다. 첫째는 네트워크의 복잡성과 관련 있다. 원래의 보편 근사 정리에서처럼 오차는 네트워크의 유닛 수에 따라 감소한다. 하지만 이것만으로는 충분치 않다! 실제로 표본의 크기는 (i.i.d. 관측치의) 학습 품질을 결정하는 핵심 요소다. 한곗값의 두 번째 구성 요소는 오차가 관측 수에 비해 약간 느린 속도로 감소하며 ($\log(N)/N$), 유닛 개수와 입력 크기에 따라 선형임을 나타낸다. 이는 표본 크기와 모델 복잡성 사이의 연관성(트레이드 오프?)을 명확하게 보여준다. 단순한 모델이 대규모 데이터셋의 미세한 관계를 포착하지 못하는 것처럼 표본이 작으면 매우 복잡한 모델은 쓸모가 없다.

전반적으로 신경망은 많은 매개 변수를 가진 매우 복잡한 함수일 수 있다. 선형 회귀에서는 외생 변수를 가짜로 추가해 적합도를 높일 수 있다. 신경망에서는 레이어에 임의로 유닛을 추가해 매개 변수의 개수를 늘리는 것으로 과최적화가 가능하다. 물론 고차원 네트워크는 학습하려는 샘플의 특수성까지를 대부분 포착하기 때문에 이는 매우 나쁜 생각이다.

7.2.3 역전파를 통한 학습

트리 방식과 마찬가지로 신경망은 약간의 불이익을 감수하고 손실 함수를 최소화하는 방식으로 학습한다.

$$O = \sum_{i=1}^{I} \text{loss}(y_i, \tilde{y}_i) + \text{페널티 항}$$

여기서 $\tilde{y}_i$는 모델에서 얻은 값이고, y_i는 인스턴스의 실제 값이다. 계산을 편리하게 만드는 한 가지 간단한 요구 조건은 손실 함수가 미분 가능해야 한다는 것이다. 회귀 작업에서는 제곱 오차, 분류 작업에서는 교차 엔트로피가 가장 일반적인 선택이다. 다음 하위 절에서는 분류의 기술에 대해 설명한다.

신경망의 학습은 모든 층에서 모든 유닛의 가중치(그리고 편향)를 변경해 위에서 정의한 O가 가장 최소가 되도록 하는 것이다. y_i가 고정이라 주어진 상태에서 표기법을 단순화하기 위해 $D(\tilde{y}_i(\mathbf{W})) = \text{loss}(y_i, \tilde{y}_i)$,과 같이 쓰자. 여기서 $\mathbf{W}$는 네트워크상 가중치 및 편향 전체를 의미한다. 경사 하강법에 의한 가중치의 업데이트는 다음과 같이 수행된다.

$$\mathbf{W} \leftarrow \mathbf{W} - \eta \frac{\partial D(\tilde{y}_i)}{\partial \mathbf{W}} \tag{7.2}$$

이 메커니즘은 최적화 관련 문헌에서 가장 고전적인 방식이며, 이는 그림 7.5에 잘 나와 있다.

다이어그램에서 큰 η값과 관련된 경사는 최적 포인트 근처에서 흔들리며, 반대로 작은 에타 ^{eta} 값과 관련된 경사는 보다 직접적으로 수렴한다.

수식 (7.2)에서 복잡한 작업은 경사(도함수)를 계산하는 것이며, 이 경사는 조정이 어떤 방향으로 이뤄져야 하는지를 말해준다. 문제는 연속적인 망으로 구성된 계층들과 관련된 활성화가 미분 연쇄 법칙의 수많은 반복을 요구한다는 것이다.

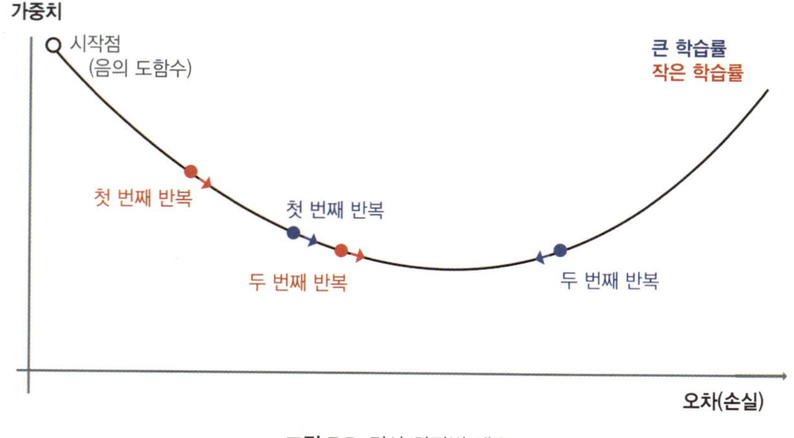

그림 7.5 경사 하강법 개요

도함수를 근사하는 가장 일반적인 방법은 아마도 유한 차분법일 것이다. 일반적인 가정(손실 함수는 이차 미분이 가능하다)하에서 중앙 차분은 다음을 만족한다.

$$\frac{\partial D(\tilde{y}_i(w_k))}{\partial w_k} = \frac{D(\tilde{y}_i(w_k + h)) - D(\tilde{y}_i(w_k - h))}{2h} + O(h^2)$$

여기서 $h > 0$는 임의의 작은 수다. 유한 차분법의 명백한 단순성에도 불구하고, 이 방법은 계산적으로 비용이 많이 드는데, 그 이유는 이 방법이 엄청나게 많은 가중치들의 대량 연산을 요구하기 때문이다.

다행히도 이 연산을 상당히 쉽게 하고 또 속도를 높일 수 있는 한 가지 작은 묘책이 있다. 그 아이디어는 바로 단순히 연쇄 법칙을 따르도록 그 과정에서 항들을 재활용하는 것이다. 다음과 같은 수식을 생각해보는 것에서 출발해보자.

$$\tilde{y}_i = f^{(L+1)}\left((\mathbf{o}_i^{(L)})'\mathbf{w}^{(L+1)} + b^{(L+1)}\right) = f^{(L+1)}\left(b^{(L+1)} + \sum_{k=1}^{U_L} w_k^{(L+1)} o_{i,k}^{(L)}\right)$$

이 수식에서 만약 가장 뒤에 있는 가중치와 편향에 대해 미분하면 다음과 같다.

$$\frac{\partial D(\tilde{y}_i)}{\partial w_k^{(L+1)}} = D'(\tilde{y}_i)\left(f^{(L+1)}\right)'\left(b^{(L+1)} + \sum_{k=1}^{U_L} w_k^{(L+1)} o_{i,k}^{(L)}\right) o_{i,k}^{(L)} \tag{7.3}$$

$$= D'(\tilde{y}_i)\left(f^{(L+1)}\right)'\left(v_{i,k}^{(L+1)}\right) o_{i,k}^{(L)} \tag{7.4}$$

$$\frac{\partial D(\tilde{y}_i)}{\partial b^{(L+1)}} = D'(\tilde{y}_i)\left(f^{(L+1)}\right)'\left(b^{(L+1)} + \sum_{k=1}^{U_L} w_k^{(L+1)} o_{i,k}^{(L)}\right) \tag{7.5}$$

이 부분은 가장 쉬운 부분이다. 이제 연쇄 법칙을 사용해 한 계층 뒤로 가야 한다. 계층 L에 접근하기 위해 항등식 $v_{i,k}^{(L)} = (\mathbf{o}_i^{(L-1)})'\mathbf{w}_k^{(L)} + b_k^{(L)} = b_k^{(L)} + \sum_{j=1}^{U_L} o_{i,j}^{(L-1)} w_{k,j}^{(L)}$을 생각해보자. 그러면 우리는 다음을 수행할 수 있다.

$$\frac{\partial D(\tilde{y}_i)}{\partial w_{k,j}^{(L)}} = \frac{\partial D(\tilde{y}_i)}{\partial v_{i,k}^{(L)}} \frac{\partial v_{i,k}^{(L)}}{\partial w_{k,j}^{(L)}} = \frac{\partial D(\tilde{y}_i)}{\partial v_{i,k}^{(L)}} o_{i,j}^{(L-1)} \tag{7.6}$$

$$= \frac{\partial D(\tilde{y}_i)}{\partial o_{i,k}^{(L)}} \frac{\partial o_{i,k}^{(L)}}{\partial v_{i,k}^{(L)}} o_{i,j}^{(L-1)} = \frac{\partial D(\tilde{y}_i)}{\partial o_{i,k}^{(L)}} (f^{(L)})'(v_{i,k}^{(L)}) o_{i,j}^{(lL1)} \tag{7.7}$$

$$= \underbrace{D'(\tilde{y}_i) \left(f^{(L+1)}\right)' \left(v_{i,k}^{(L+1)}\right)}_{\text{위에서 계산됨!}} w_k^{(L+1)} (f^{(L)})'(v_{i,k}^{(L)}) o_{i,j}^{(L-1)} \tag{7.8}$$

수식의 마지막 줄에서 볼 수 있듯이 이미 이전 단계(수식 (7.4))에서 도함수의 한 부분이 계산됐다. 따라서 우리는 이 숫자를 재활용할 수 있고 이 표현식의 오른쪽 부분에만 집중하면 된다.

이른바 역전파라고 불리는 마법은 각 미분 단계에서 항상 성립한다. l번째 레이어에서 가중치와 편향에 대한 경사를 계산할 때 여기에는 두 부분이 있다. 하나는 이전 레이어로부터 재활용할 수 있는 부분이며, 다른 지엽적 부분은 현재 레이어의 값과 활성화 함수로부터만 얻을 수 있는 부분이다. 구글 개발자팀은 playground.tensorflow.org에서 이 과정에 대한 아주 자세한 설명을 보여준다.

텐서를 사용해 데이터의 형태를 바꾸면 벡터화를 사용해 호출 횟수를 네트워크 노드(유닛) 수의 크기에 비례하는 수준으로 제한할 수 있다.

역전파 알고리듬은 데이터 포인트 샘플이 주어졌을 때 다음과 같이 정리할 수 있다.

1. 그림 7.6에서처럼 데이터는 좌측에서 흘러 들어온다. 파란색 화살표는 **순전파**forward pass를 보여준다.
2. 이 순전파는 오차 혹은 손실 함수를 계산한다.
3. (가중치와 편향에 대한) 이 함수의 모든 도함수는 마지막 층계에서 시작해 좌측으로 확산하는 방식(따라서 역전파라는 용어를 사용한다)으로 계산된다. 녹색 화살표는 **역전파**backward pass다.
4. 샘플 포인트를 기반으로 모든 가중치와 편향이 업데이트된다(모델은 이러한 데이터 포인트를 반영해 손실/오차를 감소하는 방향으로 조정된다).

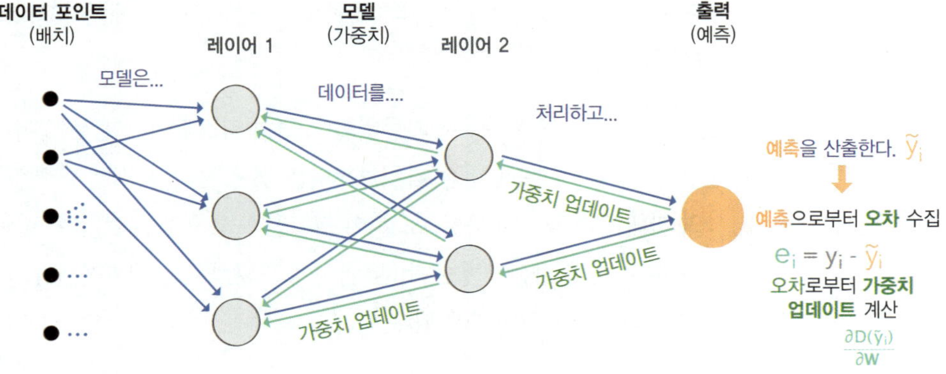

그림 7.6 역전파 다이어그램

이러한 연산은 다른 샘플 크기에 대해서도 언제든지 수행할 수 있다. 이러한 이슈에 대해서는 7.3절에서 좀 더 논의한다.

또한, 학습률 η를 조정할 수 있다. 과최적화를 줄이는 한 가지 옵션은 각 에포크^{epoch}가 지난 후 업데이트의 강도를 줄이는 것이다. 한 가지 가능한 매개 변수 형태는 $\eta = \alpha e^{-\beta t}$이며, 여기서 t는 에포크를 나타내고 $\alpha, \beta > 0$이다. 한 가지 추가적인 기교는 이른바 모멘텀^{momentum}이라 부르는 것을 사용하는 것이다(이는 폴리악^{Polyak}(1964)에서 그 기원을 찾을 수 있다).

$$\mathbf{W}_{t+1} \leftarrow \mathbf{W}_t - \mathbf{m}_t \quad \text{with}$$
$$\mathbf{m}_t \leftarrow \eta \frac{\partial D(\tilde{y}_i)}{\partial \mathbf{W}_t} + \gamma \mathbf{m}_{t-1} \tag{7.9}$$

여기서 t는 가중치 업데이트의 인덱스를 나타낸다. 모멘텀의 아이디어는 최근 조정 $(\mathbf{m}_{t-1})$에 대한 기억 항을 추가하고 현재의 업데이트를 같은 방향으로 진행시킴으로써 수렴의 속도를 높이는 것이다. 매개 변수 γ는 종종 0.9의 값을 갖는다.

좀 더 복잡하고 발전된 형태의 방법들이 점진적으로 발전해왔다.

- 네스테로프^{Nesterov}(1983)는 매개 변수의 향후 이동을 예측함으로써 모멘텀 항을 개선했다.
- 에이다그래드^{Adagrad}(두치 외$^{Duchi\ et\ al.}$(2011))는 각 매개 변수에 다른 학습률을 사용한다.

- 에이다델타^{Adadelta}(질러^{Zeiler}(2012))와 아담^{Adam}(킹마^{Kingma}와 바^{Ba}(2014))은 에이다그래드
  와 모멘텀의 아이디어를 결합한다.

마지막으로, 몇몇 좋지 못한 경우에 경사는 폭주해 가중치를 그들의 최적값에서 매우 멀어지게 할 수 있다. 이러한 현상을 방지하기 위해 학습 라이브러리는 경사 클리핑^{gradient clipping}을 구현한다. 사용자는 경사의 최대 크기를 지정하며, 보통 이 크기를 노름으로 표현한다. 만약 경사가 이 크기를 벗어나게 되면 이 경사는 허용 가능한 역치에 도달하도록 재조정된다. 따라서 방향은 유지되지만 조정 폭이 보다 작아지게 된다.

7.2.4 분류에 관한 추가적인 디테일

의사결정 트리에서 궁극적인 목표는 동질적인 클러스터를 생성하는 것이며, 6장에서는 이 목표에 도달하기 위한 과정을 살펴봤다. 신경망에서는 이 일이 다소 다른 방식으로 작동하는데, 왜냐하면 예측 $\hat{\mathbf{y}}_i$과 목표 레이블 $\mathbf{y}_i$ 간의 오차를 최소화하는 것이 명백한 목표이기 때문이다. 다시 한번 말하지만, 여기서 $\mathbf{y}_i$는 인스턴스의 클래스를 표시하는 오직 1개의 1과 나머지가 모두 0으로 구성된 벡터다.

분류 문제를 다룸에 있어서 비법은 네트워크의 가장 끝에서 적절한 활성화 함수를 사용하는 것이다. 네트워크에서 최종 결괏값의 차원은 J(예측하려는 클래스의 개수)가 돼야 하며, 단순성을 위해 만약 이 결괏값을 $\mathbf{x}_i$라고 쓴다면 가장 일반적으로 사용하는 활성화 함수는 이른바 소프트맥스 함수가 된다.

$$\tilde{\mathbf{y}}_i = s(\mathbf{x})_i = \frac{e^{x_i}}{\sum_{j=1}^{J} e^{x_j}}$$

이러한 선택에 대한 정당화는 명백하다. 이 함수는 입력값(실수상에서)으로 어떤 값이든 받을 수 있으며, (유한한 값을 가진) 어떠한 결괏값들의 합은 1이 되기 때문이다. 트리와 마찬가지로 이 또한 클래스에 대한 '확률' 벡터를 산출한다. 종종, 선택한 손실 함수는 트리에서 사용하는 일반화된 엔트로피다. 목표 레이블 $\mathbf{y}_i = (y_{i,1}, ..., y_{i,L}) = (0, 0, ..., 0, 1, 0, ..., 0)$과 예측된 결괏값 $\mathbf{y}_i = (y_{i,1}, ..., y_{i,L}) = (0, 0, ..., 0, 1, 0, ..., 0)$이 주어지면 교차 엔트로피^{cross-entropy}는 다음과 같이 정의할 수 있다.

$$\mathrm{CE}(\mathbf{y}_i, \tilde{\mathbf{y}}_i) = -\sum_{j=1}^{J} \log(\tilde{y}_{i,j}) y_{i,j} \tag{7.10}$$

기본적으로 이 값은 두 인자 간 비유사도^{dissimilarity}에 대한 대용치다. 한 가지 단순한 해석은 다음과 같다. 0이 아닌 레이블 값에 대해 손실은 $-\log(\tilde{y}_{i,l})$이며, 그 외 다른 경우 이 손실은 0이 된다. 로그 안에서 $\tilde{y}_{i,l} = 1$일 때 손실은 최소가 되며, 이는 우리가 추구하는 (즉, $y_{i,l} = \tilde{y}_{i,l}$) 바와 정확히 일치한다. 실제 응용에서 이러한 최선의 시나리오는 발생하지 않으며, $\tilde{y}_{i,l}$이 1 에서 아래쪽으로 내려옴에 따라 손실은 단순히 증가한다.

7.3 신경망이 얼마나 깊어야 하는지에 대한 문제 그리고 다른 실무적 이슈들

앞에서 다룬 이슈들 외에도 사용자는 신경망을 구축할 때 여러 자유도를 맞닥뜨린다. 여기서 는 신경망을 구축하고 학습시킬 때 가능한 몇 가지 고전적인 선택지들을 제시한다.

7.3.1 구조 선택

아마도 첫 번째 선택은 네트워크 구조와 관련 있을 것이다. 피드 포워드 대 순환(7.5절 참고) 이라는 이분법적 구분을 넘어서서 당면한 문제는 네트워크의 크기(또는 깊이)를 얼마나 크게 해야 하는가다. 먼저 네트워크에서 추정(최적화)해야 하는 매개 변수(즉, 가중치와 편향)의 개수 를 계산해보자.

- 첫 번째 레이어의 경우 $(U_0 + 1)U_1$개의 매개 변수를 제공하며, 여기서 U_0은 $\mathbb{X}$의 열 개수(즉, 설명 변수의 개수)이고 U_1은 레이어에 있는 유닛의 개수다.
- 레이어 $l \in [2, L]$에 대해 매개 변수의 개수는 $(U_{l-1} + 1)U_l$다.
- 최종 출력에는 단순히 $U_L + 1$개의 매개 변수가 있다.
- 정리하면 최적화해야 하는 값의 전체 개수는 다음과 같다.

$$\mathcal{N} = \left(\sum_{l=1}^{L} (U_{l-1} + 1)U_l \right) + U_L + 1$$

다른 모델과 마찬가지로 매개 변수 개수는 인스턴스 개수보다 훨씬 작아야 한다. 정해진 비율은 없지만, 샘플 크기가 매개 변수 개수보다 최소 10배 이상 큰 것이 바람직하다. 비율이 5 미만이면 과최적화의 위험이 높다. 쉽게 사용할 수 있는 데이터의 양을 고려할 때 매우 큰 네트워크로 작업하려는 경우가 아니면 이 제약 조건은 거의 문제되지 않는다.

현재 금융 응용 분야에서 은닉층의 개수는 서너 개를 넘지 않는다. 레이어당 유닛 개수(U_k)는 기하학적 피라미드를 따르도록 선택하는 경우가 많다(예를 들어, 마스터스^{Masters}(1993) 참고). 입력에 I개의 특성, 출력에 O개의 차원(회귀의 경우 $O = 1$), L개의 은닉층이 있을 때 k번째 레이어의 경우 유닛 개수에 대한 경험칙은 다음과 같다.

$$U_k \approx \left\lfloor O \left(\frac{I}{O} \right)^{\frac{L+1-k}{L+1}} \right\rfloor$$

중간 레이어가 하나만 있는 경우 권장하는 대용치는 $\sqrt{IO}$의 정수 부분이다. 그렇지 않은 경우 네트워크는 많은 유닛으로 시작하지만 출력 크기에 따라 유닛 개수가 기하급수적으로 감소한다. 고차원에서는 네트워크가 그래픽 처리 유닛$^{GPU, \; Graphics \; Processing \; Unit}$ 또는 텐서 처리 유닛$^{TPU, \; Tensor \; Processing \; Unit}$에서 학습되기 때문에 레이어 개수가 2의 거듭제곱인 경우가 많다. 입력의 크기가 2의 거듭제곱과 같을 때 두 하드웨어를 최적으로 사용할 수 있다.

여러 연구에 따르면 매우 큰 아키텍처가 더 얕은 아키텍처보다 항상 더 나은 성능을 발휘하는 것은 아니다(예를 들어, 팩터 기반이 아닌 고빈도 데이터의 경우 구 외(2020)와 오리모로예 외^{Orimoloye} $^{et\,al.}$(2019) 참고). 경험칙상 예측 목적을 위해서 최대 3개의 은닉층이면 충분한 것으로 보인다.

7.3.2 가중치 업데이트의 빈도와 학습 듀레이션

수식 (7.2)에서 계산은 주어진 인스턴스 하나에 대해 수행된다는 것을 암시한다. 샘플 크기가 매우 큰 경우(수십만 혹은 수백만 개의 인스턴스), 각 데이터 포인트별로 가중치를 업데이트하는 것은 너무 많은 계산 비용이 든다. 그렇기 때문에 배치^{batch}라고 부르는 인스턴스 그룹에 대해 업데이트가 수행된다. 샘플은 고정된 크기의 배치만큼 무작위적으로 분할되며, 각 업데이트는 다음과 같은 규칙에 따라 수행된다.

$$\mathbf{W} \leftarrow \mathbf{W} - \eta \frac{\partial \sum_{i \in \text{batch}} D(\tilde{y}_i)/\text{card}(\text{batch})}{\partial \mathbf{W}} \tag{7.11}$$

가중치의 변화는 배치의 모든 인스턴스에 대해 계산한 평균 손실에 대해 계산한다. 훈련과 관련된 용어에는 다음과 같은 것들이 있다.

- **에포크**: 샘플의 각 인스턴스가 가중치 업데이트(즉, 훈련)에 기여했을 때 하나의 에포크에 도달한다. 종종 신경망을 훈련하려면 몇 번의 에포크에서 최대 수십 번의 에포크가 필요하다.
- **배치 크기**: 배치 크기는 가중치의 단일 업데이트에서 사용하는 샘플의 개수다.
- **반복 횟수**: 반복 횟수는 샘플 크기를 배치 크기로 나눈 비율 혹은 이 비율에 에포크 수를 곱한 값을 의미한다. 하나의 에포크에 도달하는 데 필요한 가중치 업데이트 횟수 또는 전체 훈련 기간 동안의 총 업데이트 횟수다.

배치가 오직 하나의 인스턴스일 때 이 방법을 '확률적 경사 하강^{SGD, Stochastic Gradient Descent}'이라고 하며 이때는 인스턴스를 무작위로 선택한다. 배치 크기가 엄격하게 1을 초과하고 총 인스턴스 수보다 작으면 '미니' 배치, 즉 소규모 인스턴스 그룹을 통해 학습이 진행된다. 배치도 무작위로 선택하지만, 한 에포크의 경우 배치들의 합집합이 전체 훈련 샘플과 같아야 하므로 샘플에서는 비복원 추출을 한다.

좋은 에포크 개수가 얼마인지 미리 아는 것은 불가능하다. 때로는 네트워크가 단 5개의 에포크 후 학습을 중단하기도 한다(검증 손실이 더 이상 감소하지 않는다). 검증 샘플이 훈련 샘플과 유사한 분포에서 추출되는 경우 네트워크는 200개의 에포크가 지난 후에도 계속 학습을 진행한다. 학습 속도를 평가하기 위해 다양한 값을 테스트하는 것은 사용자의 몫이다. 다음 예에서는 계산을 위해 에포크 수를 낮게 유지한다.

7.3.3 페널티와 드롭아웃

각 수준(레이어)에서 가중치(및 편향)에 대한 제약 조건이나 페널티를 적용할 수 있다. 트리 방식과 마찬가지로, 이는 학습 속도를 낮추는 데 도움이 되는데, 이는 훈련 샘플에 대한 과최적화를 방지하기 위함이다. 페널티는 손실 함수에 직접 적용되며 목적 함수는 다음과 같은 형태를 취한다.

$$O = \sum_{i=1}^{I} \text{loss}(y_i, \tilde{y}_i) + \sum_{k} \lambda_k \|\mathbf{W}_k\|_1 + \sum_{j} \delta_j \|\mathbf{W}_j\|_2^2$$

여기서 첨자 k와 j는 각각 L^1 및 (또는) L^2 페널티가 적용되는 가중치와 관련 있다.

또한, 훈련 중 가중치에 직접적으로 특정 제약 조건을 적용할 수도 있다. 일반적으로 두 가지 유형의 제약 조건을 사용한다.

- 노름 제약: 가중치 벡터 또는 행렬에 대한 최대 노름을 고정한다.
- 비음수non-negativity 제약: 모든 가중치는 양수이거나 0이어야 한다.

마지막으로, 과최적화 위험을 줄이는 또 다른 (다소 이색적인) 방법은 단순히 모델의 크기(매개변수의 개수)를 줄이는 것이다. 스리바스타바 외(2014)는 훈련 중에 유닛을 생략할 것을 제안한다(따라서 '드롭아웃dropout'이라는 용어를 사용한다). 무작위로 선택한 유닛의 가중치를 훈련 중에 0으로 설정한다. 해당 유닛을 오가는 모든 연결은 무시되며 이에 따라 네트워크가 기계적으로 축소된다. 테스트 단계에서는 모든 유닛이 다시 돌아오지만, 훈련 단계에서 누락된 활성화를 고려해 값(가중치)의 크기를 조정해야 한다.

관심 있는 독자는 신경망 구성 방법에 대한 추가적인 팁을 얻기 위해 벤지오Bengio(2012)와 스미스Smith(2018)가 정리한 조언을 확인할 수 있다. 주식 수익률 예측을 위한 하이퍼파라미터hyperparameter 튜닝에 관한 논문은 리Lee(2020)가 있다.

7.4 코드 샘플 및 바닐라 MLP에 대한 코멘트

견고하고 유연한 신경망 구축을 가능케 하는 몇 가지 프레임워크와 라이브러리가 존재한다. 그것들 중 구글이 개발한 케라스Keras와 텐서플로Tensorflow는 아마도 우리가 이 책을 쓰는 시점에 가장 널리 사용되는 도구일 것이다(페이스북이 만든 파이토치PyTorch 또한 하나의 대안책이다). 우리는 케라스가 단순할 뿐만 아니라 최고의 선택이라고 생각하기 때문에 여기서 케라스를 활용해 신경망을 구현할 것이다. 케라스는 텐서플로의 고차원 API다. 다음 사이트(https://www.tensorflow.org)를 확인하라). 원래의 파이썬 구현은 다음 사이트(https://keras.io)에서 참고할 수 있다.

7.4절에서는 케라스로 신경망을 훈련하는 방법에 대한 자세한(완전하지는 않지만) 설명을 제시한다. 또한, 완전성을 위해 두 단계로 진행한다. 첫 번째 단계는 매우 간단한 회귀 연습과 관련 있다. 이 연습의 목적은 독자가 케라스의 구문에 익숙해지도록 하는 것이다. 두 번째 단계에서는 분류 연습을 수행하기 위해 케라스가 제안하는 많은 선택지를 펼쳐놓는다. 따라서 이 두 예시를 통해 피드 포워드^{feed-forward} 다층 퍼센트론의 범주에 속하는 대부분의 주류 주제를 다루게 된다.

7.4.1 회귀 예시

신경망의 핵심으로 들어가기 전에 간단한 데이터 준비 단계가 필요하다. 페널티 회귀 및 부스트 트리와 마찬가지로 훈련 대 테스트, 레이블 대 특성이라는 두 가지 이분법의 조합으로 데이터를 네 부분으로 분류해야 한다. 다음에서는 해당 변수를 정의한다. 단순성을 위해 첫 번째 예시는 회귀 연습이다. 분류 작업은 다음에서 자세하게 다룬다.

```python
import tensorflow as tf
from plot_keras_history import show_history, plot_history
NN_train_features = training_sample[features].values # 훈련셋 특성
NN_train_labels = training_sample['R1M_Usd'].values # 훈련셋 레이블
NN_test_features = testing_sample[features].values # 테스트셋 특성
NN_test_labels = testing_sample['R1M_Usd'].values # 테스트셋 레이블
```

케라스에서는 세 단계를 거쳐 신경망 훈련이 진행된다.

1. 네트워크의 구조/아키텍처를 정의한다.
2. 손실 함수 및 학습 프로세스(가중치 업데이트에 대한 옵션)를 설정한다.
3. 배치 크기와 라운드 개수(에포크)를 지정해 훈련한다.

2개의 은닉층이 있는 매우 간단한 아키텍처로 시작해보자.

```python
from tensorflow import keras
from tensorflow.keras import layers
model = keras.Sequential()
model.add(layers.
  ↪Dense(16,activation="relu",input_shape=(len(features),)))
model.add(layers.Dense(8,activation="tanh"))
model.add(layers.Dense(1))
```

구조의 정의는 매우 직관적이다. 하나의 입력이 층계에 의해 반복적으로 변환되고 마지막 반복에서 출력값을 산출하는 sequential 구문을 사용한다. 각 층계는 두 가지 매개 변수에 의존한다. 이 매개 변수는 각각 유닛의 개수와 층계의 출력값에 적용되는 활성화 함수다. 한가지 중요한 점은 첫 번째 층계의 input_shape 매개 변수다. 이는 첫 번째 층계에서 필요하며 특성의 개수와 같다. 후속 층계의 경우 input_shape은 이전 층계의 유닛 수에 따라 결정되므로 필요하지 않다. 현재 가능한 활성화 함수는 다음 사이트(https://keras.io/activations/)에 나열돼 있다. 쌍곡선 탄젠트는 양수 출력과 음수 출력을 모두 생성하기 때문에 마지막에서 두 번째 층계에 사용한다. 물론 마지막 층계도 음수 값을 생성할 수 있지만, 최종 출력보다 한 단계 앞서 이 속성을 만족하는 것이 좋다.

```python
model.compile(optimizer='RMSprop',
              loss='mse',
              metrics=['MeanAbsoluteError'])
model.summary()
```

```
Model: "sequential_1"
-------------------------------------------------------------
Layer (type)                 Output Shape              Param #
=============================================================
dense_3 (Dense)              (None, 16)                1504
dense_4 (Dense)              (None, 8)                 136
dense_5 (Dense)              (None, 1)                 9
=============================================================
Total params: 1,649
Trainable params: 1,649
Non-trainable params: 0
-------------------------------------------------------------
```

모델 요약에서는 입력에서 출력(순전파)까지의 순서대로 레이어가 나열돼 있다. 93개의 특성으로 작업을 하고 있기 때문에 첫 번째 레이어(16개 유닛)의 매개 변수 개수는 93개에 1(편향)을 더하고 그 값에 16을 곱한 1,504개가 된다. 두 번째 레이어의 경우 입력값의 수는 이전 층계의 출력 크기(16)와 같다. 따라서 두 번째 층계에 8개의 유닛이 있다는 사실을 감안하면 총 매개 변수의 개수는 $(16 + 1) * 8 = 136$개다.

손실 함수는 MSE로 설정한다. 다른 손실 함수는 다음 사이트(https://keras.io/losses/)에 나열돼 있으며, 일부는 회귀(MSE, MAE)에만 작동하고 다른 일부는 분류(범주형 교차 엔트로피, 수식 (7.10) 참고)에만 작동한다. RMS 전파 최적화기는 고전적인 미니 배치 역전파 구현이다. 다른 가중치 업데이트 알고리듬은 다음 사이트(https://keras.io/optimizers/)를 참고하라. 메트릭은 모델의 품질을 평가하는 데 사용하는 함수다. 예를 들어, 엔트로피를 훈련에 사용하고 정확도를 성능 지표로 사용하는 등 손실 함수와는 다를 수 있다.

마지막 단계는 모델을 데이터에 맞추고 몇 가지 추가적인 훈련 매개 변수가 필요한 단계다.

```python
fit_NN = model.fit(
        NN_train_features,
        NN_train_labels,
        batch_size=256,
        epochs = 10,
        validation_data=(NN_test_features,NN_test_labels),
        verbose = True
)
show_history(fit_NN) # 그래프를 그리자!
```

배치 크기는 매우 임의적이다. GPU 훈련과 관련된 기술적 이유로 인해 이 크기는 2의 거듭제곱인 경우가 많다.

케라스에서 훈련된 모델의 플롯은 네 가지 곡선을 보여준다(그림 7.7 참고). 위쪽 그래프는 에포크 수가 증가함에 따라 손실이 개선되는 것(또는 개선되지 않은 것)을 보여준다. 일반적으로 알고리듬은 빠르게 학습을 시작한 다음 에포크를 추가해도 적합도가 개선되지 않는 지점에 수렴한다. 위의 예에서는 네 번째 에포크 이후 이득을 확인하기 어렵기 때문에 이 지점에 매우 빠르게 도달한다. 두 가지 색상은 훈련 샘플과 테스트 샘플, 이 두 샘플에 대한 성능을 보여준다. 구조상 훈련 샘플에서는 손실이 항상 약간이라도 개선된다. 테스트 샘플에서는 영향이 무시할 수 있을 정도로 미미한 경우(그림 7.7의 경우처럼 곡선이 평평함), 모델은 표본 외를 일반화하지 못한다. 즉, 원본 샘플을 학습해 얻은 이득이 이전에 보지 못한 데이터상의 이득으로 이전되지 않기 때문에 결국 모델이 노이즈를 학습하는 것처럼 보인다.

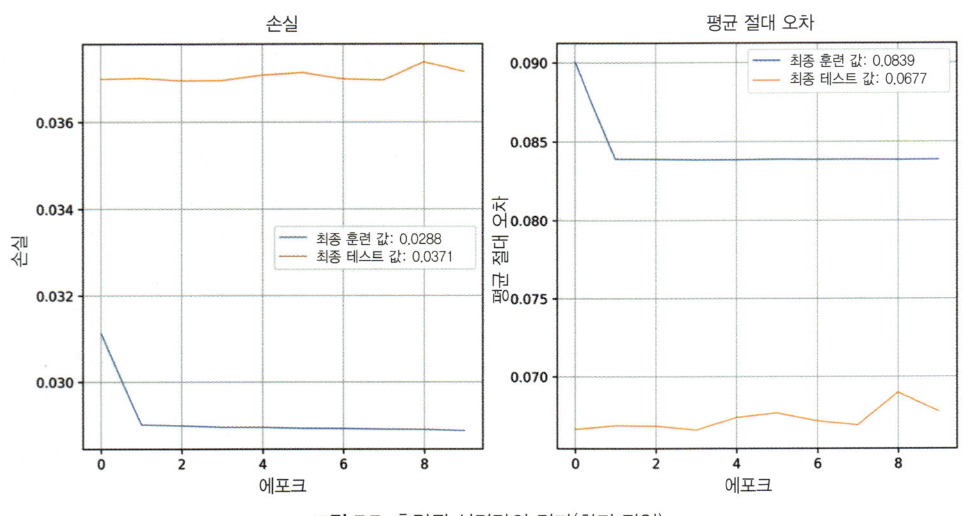

그림 7.7 훈련된 신경망의 결과(회귀 작업)

두 번째 그래프는 동일한 행동을 보여주지만 메트릭 함수를 사용해 계산한다. 두 곡선(손실과 메트릭) 사이의 상관관계(절댓값 기준)는 일반적으로 높다. 둘 중 하나가 평평하다면 다른 하나도 평평해야 한다.

모델의 매개 변수를 얻기 위해 사용자는 get_weights(모델) 함수를 호출할 수 있다. 여기서는 가중치가 수천 개이기 때문에 출력 크기가 너무 커서 코드를 실행하지 않는다.

마지막으로, 실무적인 관점에서 예측은 일반적인 predict() 함수를 통해 얻는다. 다음 테스트 샘플에서 이 함수를 사용해 적중률을 계산한다.

```python
hitratio=np.mean(model.predict(NN_test_features)*NN_test_labels>0)
print(f'Hit Ratio: {hitratio}')
```

```
Hit Ratio: 0.5416737440003773
```

다시 말하지만, 적중률은 50%에서 55% 사이로 상당히 양호해 보인다. 대부분의 경우 신경망은 가중치를 무작위로 초기화한다. 따라서 동일한 아키텍처와 동일한 훈련 데이터를 갖고 훈련한 2개의 독립된 네트워크는 예측과 성능이 서로 다를 수 있다! 이 문제를 우회하는 한 가지 방법은 난수 생성기를 고정하는 것이다. 또한, set_weights() 함수를 통해 가중치를 불러와 모델을 쉽게 교환할 수도 있다.

7.4.2 분류 예시

훨씬 더 자세한 예제를 통해 신경망에 대한 탐구를 이어 가보자. 이진 레이블 R1M_Usd_C에 대한 분류 작업을 수행하는 것이 목표다. 작업을 진행하기 전에 레이블의 형식을 올바르게 지정해야 한다. 이를 위해 원핫 인코딩one-hot encoding을 사용한다(4.5.2절 참고).

```python
from tensorflow.keras.utils import to_categorical
NN_train_labels_C=to_categorical(training_sample['R1M_Usd_C'].values)
# 레이블 원 핫 인코딩
NN_test_labels_C=to_categorical(testing_sample['R1M_Usd_C'].values)
# 레이블 원 핫 인코딩
```

NN_train_labels_C과 NN_test_labels_C 레이블에는 2개의 열이 있다. 첫 번째 열은 중간값 이상의 수익률을 가진 인스턴스에 플래그를 지정하며, 두 번째 열은 중간값 미만의 수익률을 가진 인스턴스에 플래그를 지정한다. 특성 변수는 변경하지 않고 그대로 유지한다. 다음에서는 첫 번째 네트워크에 비해 많은 추가 기능을 가진 네트워크 구조를 설정한다.

```python
from tensorflow.keras import initializers
from tensorflow.keras.constraints import non_neg
# 케라스 레이어 사용:
initializer =initializers.RandomNormal()
model_C = keras.Sequential()
# 어떻게 레이어가 조직돼 있는지 그 네트워크의 구조를 정의
model_C.add(layers.Dense(16, activation="tanh",
                # 유닛 개수 및 활성화 함수
```

```python
                    input_shape=(len(features),),
                        # 입력 변수의 크기
                    kernel_initializer=initializer,
                        # 가중치 초기화
                    kernel_constraint = non_neg()))
# 가중치가 음수가 돼서는 안 됨
model_C.add(layers.Dropout(.25))
# 전체 유닛의 25%를 드롭아웃
model_C.add(layers.Dense(8, activation="relu", # 유닛 개수와 활성화 함수
                    bias_initializer = initializers.Constant(0.2),
                        # 편향 초기화
                    kernel_regularizer='l2'))
# 가중치 페널티 적용
model_C.add(layers.Dense(2,activation='softmax'))
# 범주형 출력 변수를 위한 소프트맥스
```

첫째, 위와 아래에 사용된 옵션은 예시를 보여주기 위해 선택한 것으로 모델의 품질을 특별히 개선하는 데는 도움이 되지 않는다. 7.4.1절과 비교했을 때 바꾼 첫 번째 요소는 활성화 함수다. 처음 2개는 단순히 새로운 경우인 반면, 세 번째 경우(출력층의 경우)는 필수적이다. 실제로 분류가 목표이기 때문에 출력의 차원은 레이블 범주의 개수와 같아야 한다. 다변량을 산출하는 활성화 함수는 소프트맥스 함수다. 최종 레이어에서는 클래스(범주)의 개수도 지정해야 한다는 점에 유의하라.

두 번째 주요 혁신은 매개 변수와 관련된 옵션이다. 옵션들의 한 집합은 가중치와 편향의 초기화를 다룬다. 케라스에서는 가중치를 '커널kernel'이라고 부른다. 이니셜라이저initializer의 리스트는 상당히 길기 때문에 관심 있는 독자는 케라스 참고(https://keras.io/initializers/)를 살펴보는 것이 좋다. 대부분 무작위적이지만, 일부는 상수다.

또 다른 옵션 집합은 훈련 중에 가중치와 편향에 적용하는 제약 조건과 노름 페널티다. 위의 예에서 첫 번째 레이어의 가중치를 음수가 되지 않도록 강제하며, 두 번째 레이어의 가중치는 L^2 노름의 0.01배만큼 그 크기가 페널티를 받는다.

마지막으로, 첫 번째 레이어와 두 번째 레이어 사이에 있는 드롭아웃 레이어(7.3.3절 참고)가 마지막 혁신이다. 이 레이어에 따르면 첫 번째 레이어에 있는 유닛 중 4분의 1이 훈련 중에

(무작위로) 생략된다.

훈련 사양은 다음과 같다.

```python
model_C.compile(# 모델 구체화
        optimizer=keras.optimizers.Adam(
                learning_rate=0.01,
        # 최적화 기법(가중치 업데이트)
                beta_1 = 0.9,
        # 1차 적률 추정치의 지수적 감소율
                beta_2 = 0.95),
        # 2차 적률 추정치의 지수적 감소율
                loss=keras.losses.BinaryCrossentropy(from_logits=True),
        # 손실 함수
                metrics=['categorical_accuracy']) # 출력 지표
model_C.summary() # 모델 구조
```

```
Model: "sequential_2"
=================================================================
Layer (type)                 Output Shape              Param #
=================================================================
dense_6 (Dense)              (None, 16)                1504
dropout (Dropout)            (None, 16)                0
dense_7 (Dense)              (None, 8)                 136
dense_8 (Dense)              (None, 2)                 18
=================================================================
Total params:1,658, Trainable params:1,658, Non-trainable params:0
=================================================================
```

여기서도 많은 변화가 있었다. 모든 레벨에서 대대적인 수정이 이뤄졌다. 이제 손실 함수는
교차 엔트로피다. 두 가지 범주로 작업하므로 특정 선택(이진 교차 엔트로피)에 의존하지만, 더
일반적인 형태는 categorical_crossentropy 옵션이며 이는 클래스의 개수와 상관없이 (엄밀
하게는 1개 보다 많은) 작동한다. 최적화 도구 또한 다르며 여러 매개 변수를 허용한다. 킹마와
바(2014)를 참고하라. 간단히 말해서 2개의 베타 매개 변수는 가중치 업데이트에 사용되는
지수 가중 이동 평균의 감쇠율을 제어한다. 이 두 평균값은 기울기의 첫 번째 그리고 두 번째

적률에 대한 추정치이며, 이는 학습 속도를 높이는 데 활용할 수 있다. 위 코드에서 사용한 성과 지표는 범주 정확도다. 다중 클래스 분류에서 정확도는 모든 클래스 및 모든 예측에 대한 평균 정확도로 정의된다. 한 인스턴스에 대한 예측은 가중치 벡터이므로 '최종' 예측은 가장 큰 가중치와 연관된 클래스다. 그렇기에 정확도는 예측이 실현값과 동일한 경우(즉, 모델이 클래스를 올바르게 추측한 경우)의 비율을 측정한다.

마지막으로, 모델 학습을 진행한다.

```python
callback=tf.keras.callbacks.EarlyStopping(monitor="val_loss",
                            # 초기 중단:
                            min_delta = 0.001,
                            # 개선 임계치
                            patience = 4,
                            # 개선이 없을 시 사용할 에포크 수
                            verbose = 0 )
# 경고 메시지 출력 안 함
fit_NN_C = model_C.fit(
            NN_train_features, # 훈련 특성
            NN_train_labels_C, # 훈련 레이블
            batch_size=512, # 훈련 매개 변수
            epochs = 20, # 훈련 매개 변수
            validation_data=(NN_test_features,NN_test_labels_C),
            # 테스트 데이터
            verbose = True, # 메시지 출력하지 않음
            callbacks=[callback] # 위에서 정의한 callback 객체
            )
show_history(fit_NN_C)
```

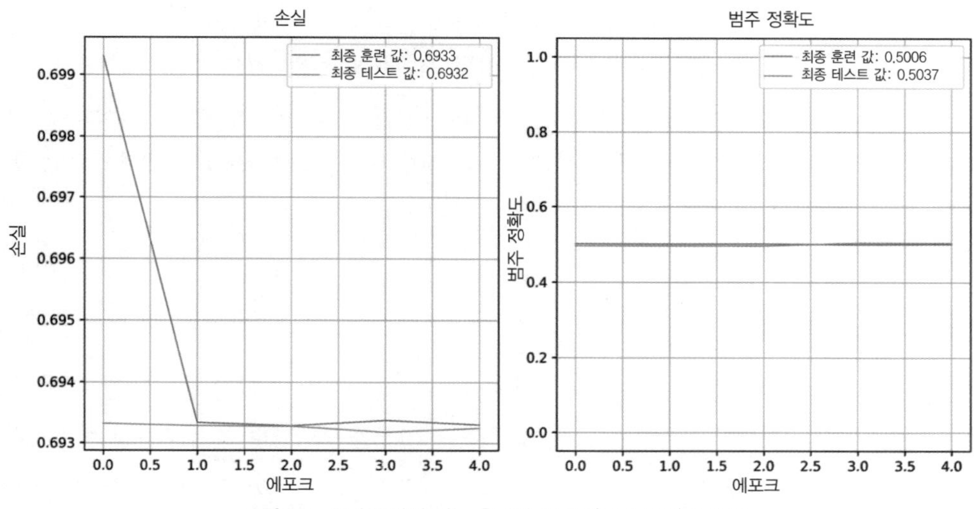

그림 7.8 초기 중단이 있는 훈련된 신경망(분류 작업)의 결과

이전 훈련 호출과 비교했을 때 여기에는 한 가지 큰 차이점이 있다. 케라스에서 콜백은 학습 과정의 특정 단계에서 사용할 수 있는 함수다. 위의 예시에서는 이러한 함수 중 하나를 사용해 일정 시간 동안 진전이 없을 시 알고리듬을 중지한다.

데이터셋이 큰 경우, 특히 배치 크기가 작거나 에포크 수가 많은 경우 학습이 길어질 수 있다. 손실 또는 지표 함수가 훨씬 더 빠르게 정체될 수 있으므로 전체 에포크 수만큼 수행하는 것이 유용하다고 보장할 수는 없다. 따라서 지정된 기간 동안 개선이 이뤄지지 않으면 프로세스를 중지하는 것이 매우 편리할 수 있다. 에포크 수를 20으로 설정했지만 그 전에 프로세스가 중지될 가능성이 높다.

위 코드의 개선 사항은 유효성 검사 정확도("val_loss", 한 가지 대안은 "val_acc")에 초점을 맞추고 있다. min_delta 값은 알고리듬이 계속 작동하기 위해 달성해야 하는 최소 개선 사항을 설정한다. 따라서 유효성 검사 정확도가 각 에포크마다 0.001 포인트 증가하지 않으면 학습이 중지된다. 그럼에도 patience 매개 변수를 통해 약간의 유연성을 확보할 수 있다. 우리의 예시에서는 세 번 연속으로 개선되지 않은 경우 중단 결정이 내려진다. 옵션에서 verbose 매개 변수는 함수가 작성해야 할 주석의 양을 지정한다. 간단하게 하기 위해 코멘트를 원하지 않으므로 이 값을 0으로 설정한다.

그림 7.8에서 두 그래프는 매우 다른 곡선을 만든다. 그 이유 중 하나는 두 번째 그래프의 스케일 때문이다. 정확도의 범위는 매우 좁다. 이 범위의 변화는 전체적으로 큰 변화를 나타내지 않는다. 훈련 샘플에서 패턴은 비교적 명확하다. 손실은 감소하고 정확도는 향상된다. 안타깝게도 이 패턴은 테스트 샘플에는 적용되지 않으며, 이는 모델이 표본 외에서 잘 일반화되지 못함을 나타낸다.

7.4.3 커스텀 손실

케라스에서는 사용자가 손실 함수를 지정할 수 있다. 이는 경우에 따라 흥미로울 수 있다. 예를 들어, 이차 오차$^{\text{quadratic error}}$는 세 항 y_i^2, $\tilde{y}_i^2$, $-2y_i\tilde{y}_i$을 포함한다. 실무적으로는 마지막 항이 가장 중요하기 때문에 여기에 더 집중하는 것이 합리적일 수 있다. 우리는 예측값과 실현값의 부호가 같기를 원한다! 다음은 케라스에서 간단한 (곱) 함수인 $l(y_i, \tilde{y}_i) = (\tilde{y}_i - \tilde{m})^2 - \gamma(y_i - m)(\tilde{y}_i - \tilde{m})$을 최적화하는 방법을 보여준다. 여기서 m과 $\tilde{m}$는 y_i와 $\tilde{y}_i$의 표본 평균이다. γ가 2를 초과하면 교차 항에 더 많은 가중치를 부여한다. 우선 간단한 아키텍처부터 시작해보자.

```python
model_custom = keras.Sequential()
# 레이어가 어떻게 조직돼 있는지 그 네트워크의 구조를 정의
model_custom.add(layers.
 ↪Dense(16,activation="relu",input_shape=(len(features),)))
model_custom.add(layers.Dense(8, activation="sigmoid"))
model_custom.add(layers.Dense(1))
# 활성화가 없으면 선형 활성화를 의미: f(x) = x
```

그런 다음 손실 함수를 코딩하고 모델에 통합한다. 여기서 중요한 요령은 라이브러리 전용 함수(k_functions)를 사용하는 것이다. 예측값의 분산에서 실제 값과 예측값 간의 공분산을 뺀 값을 코딩한다. 다음에서는 5 정도의 스케일을 사용한다.

```python
def custom_loss(y_true, y_pred): # 손실 정의, 감마를 5로 설정
  loss = tf.reduce_mean(
```

```python
        tf.square(y_pred - tf.reduce_mean(y_pred)))-5*tf.reduce_mean(
        (y_true-tf.reduce_mean(y_true))*(y_pred-tf.
↪reduce_mean(y_pred)))
  return loss
model_custom.compile( # 모델 상세
        optimizer='RMSprop',  # 최적화 방식
        loss=custom_loss, # 새로운 손실 함수
        metrics=['MeanAbsoluteError'])
```

마침내 모델을 훈련하고 간단하게 성과를 평가할 준비가 됐다.

```python
fit_NN_cust = model_custom.fit(
NN_train_features, # 훈련 특성
NN_train_labels, # 훈련 레이블
batch_size=512, epochs = 10, # 훈련 매개 변수
validation_data=(NN_test_features,NN_test_labels),
# 테스트 데이터
verbose = False) # 경고 메시지 출력 안 함
show_history(fit_NN_cust)
```

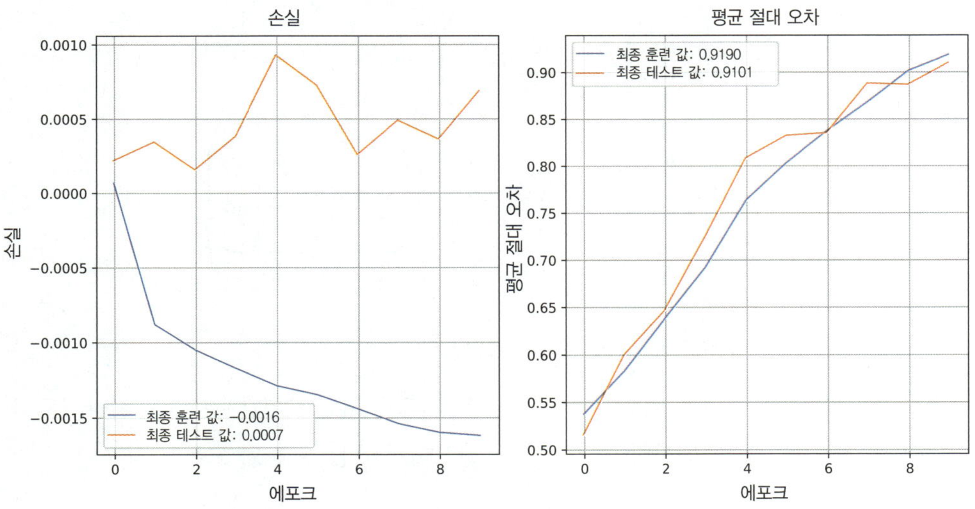

```python
hitratio=np.mean(model_custom.predict(NN_test_features)*NN_test_labels>0)
# 적중률
print(f'Hit Ratio: {hitratio}')
```

```
Hit Ratio: 0.44688639471285324
```

결과를 개선할 수 있으며, 도움되는 몇 가지 방향이 있다. 그중 하나는 모델이 정적이 아닌 동적이어야 한다는 것이다(12장 참고).

7.5 순환 신경망

7.5.1 묘사

다층 퍼셉트론은 데이터가 중간에 반복되지 않고 왼쪽에서 오른쪽으로 흐르기 때문에 피드 포워드 네트워크다. 시계열 또는 음성 인식과 같이 순차적으로 연결되는 일부 특정 작업의 경우 이전 샘플에서 어떤 일이 일어났는지 추적하는 것이 유용할 수 있다(즉, 자연스러운 순서가 있다). '기억'을 모델링하는 간단한 방법 중 하나는 중간 레이어가 1개만 있는 다음과 같은 네트워크를 고려하는 것이다.

$$\tilde{y}_i = f^{(y)}\left(\sum_{j=1}^{U_1} h_{i,j} w_j^{(y)} + b^{(2)}\right)$$

$$\mathbf{h}_i = f^{(h)}\left(\sum_{k=1}^{U_0} x_{i,k} w_k^{(h,1)} + b^{(1)} + \underbrace{\sum_{k=1}^{U_1} w_k^{(h,2)} h_{i-1,k}}_{\text{기억 부분}}\right)$$

여기서 h_0는 관례적으로 (벡터별로) 0으로 설정된다.

이러한 종류의 모델은 종종 엘만[Elman](1990) 모델 혹은 조던[Jordan](1997) 모델이라고도 하며, 후자의 경우에는 h_i을 계산할 때 h_{i-1}을 y_{i-1}로 대체한다. 두 모델 모두 순환 신경망[RNN, Recurrent Neural Network]이라는 포괄적인 범주에 속한다.

190

h_i는 일반적으로 상태 혹은 은닉층이라고 한다. 이 모델의 훈련은 복잡하며 모든 인스턴스에 걸쳐 네트워크를 펼친 후 간단한 피드 포워드 네트워크를 얻고 정기적으로 훈련해야 한다. 그림 7.9는 이러한 전개 원리를 묘사한다. 이 그림은 매우 심층적인 네트워크를 보여준다. 첫 번째 입력은 첫 번째 레이어에 영향을 미치고, h_1을 통해 두 번째 레이어 및 이후 같은 방식으로 모든 레이어에 영향을 미친다. 마찬가지로 두 번째 입력은 첫 번째 레이어를 제외한 모든 레이어에 영향을 미치며, 각 인스턴스 $i-1$은 출력 $\tilde{y}_i$와 $j > i$인 모든 $\tilde{y}_j$에 영향을 미친다. 그림 7.9에서 훈련된 매개 변수는 파란색으로 표시돼 있다. 실제로 이들은 펼쳐진 네트워크의 각 레벨에서 여러 번 나타난다.

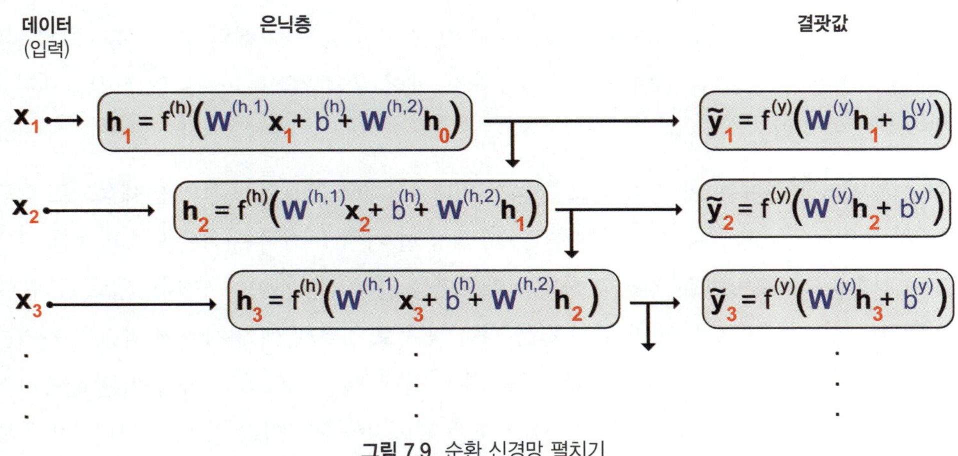

그림 7.9 순환 신경망 펼치기

위 아키텍처의 주요 문제점은 **기울기 소실**vanishing gradient로 인한 기억의 손실이다. 모델의 깊이 때문에 역전파에 사용되는 연쇄 규칙은 활성화 함수 도함수의 많은 곱셈을 암시한다. 그림 7.4에서 볼 수 있듯이 이러한 함수는 매우 매끄럽고 그 미분값은 대부분 1보다 작다(절댓값 기준). 따라서 1보다 작은 수를 많이 곱하면 매우 작은 수치가 나오며, 몇몇 레이어를 지나면 조정이 너무 작아 학습이 전파되지 않는다.

이러한 기억의 점진적 할인을 방지하는 한 가지 방법은 호치레이터Hochreiter와 슈미드후버Schmidhuber(1997)에서 장단기 기억LSTM, Long-Short Term Memory 모델로 소개된 바 있다. 이후 청 외Chung et al.(2015)는 이 모델을 단순화했다. 다음에서는 이 모델 보다 더 간결한 모델을 제시한다. 게이트 순환 유닛GRU, Gated Recurrent Unit은 위에서 정의한 기본적인 순환 신경망보다 약간 더 복잡한 버전이다. 이 모델은 다음과 같이 표현할 수 있다.

$$\tilde{y}_i = z_i\tilde{y}_{i-1} + (1-z_i)\tanh\left(\mathbf{w}'_y\mathbf{x}_i + b_y + u_y r_i\tilde{y}_{i-1}\right) \quad \text{출력(예측)}$$
$$z_i = \text{sig}(\mathbf{w}'_z\mathbf{x}_i + b_z + u_z\tilde{y}_{i-1}) \quad \text{업데이트 게이트} \in (0,1)$$
$$r_i = \text{sig}(\mathbf{w}'_r\mathbf{x}_i + b_r + u_r\tilde{y}_{i-1}) \quad \text{리셋 게이트} \in (0,1)$$

이를 더 단순하게 표현하자면 다음과 같다.

$$\tilde{y}_i = \underbrace{z_i}_{\text{가중치}}\ \underbrace{\tilde{y}_{i-1}}_{\text{이전 값}} + \underbrace{(1-z_i)}_{\text{가중치}}\underbrace{\tanh\left(\mathbf{w}'_y\mathbf{x}_i + b_y + u_y r_i\tilde{y}_{i-1}\right)}_{\text{후보 값(고전적인 순환 신경망)}}$$

여기서 z_i는 현재 값과 이전 값 사이의 최적 조합을 결정한다. 후보 값의 경우 r_i는 유보할 과거/기억의 양을 결정한다. 일반적으로 r_i는 '리셋 게이트reset gate'로, z_i는 '업데이트 게이트 update gate'로 불린다.

순환 신경망의 훈련에는 몇 가지 미묘한 점이 있다. 실제로 인스턴스 간의 연쇄성으로 인해 각 배치는 일관된 시계열에 상응해야 한다. 따라서 한 가지 논리적 선택은 인스턴스를 (논리적으로) 시간순으로 정렬하고 자산당 하나의 배치만을 가져가는 것이다. 마지막으로, 일부 프레임워크의 한 가지 옵션은 $\tilde{y}_i$의 최종 값을 다음 배치로 전달해 배치 사이에 약간의 기억을 유지하는 것이다(이 경우 $\tilde{y}_0$이 될 것이다). 이를 종종 상태 저장 모드라고 하며 이는 신중하게 다뤄져야 한다. 배치 크기가 각 자산에 대한 모든 관측치에 해당하는 경우, 즉 자산 간에 특별한 연결 고리가 없는 경우에는 포트폴리오 예측 설정이 바람직하지 않다. 만약 데이터셋이 주어진 각 자산별로 여러 부분으로 나뉘어 있는 경우 훈련을 매우 신중하게 처리해야 한다.

특히 순환 신경망과 LSTM은 금융 맥락에서 좋은 예측 도구임이 밝혀졌다(예를 들어, 피셔 Fischer와 크라우스(2018), 왕 외(2020) 참고).

7.5.2 코드 및 결과

순환 신경망은 다층 퍼셉트론에 비해 이론적으로 더 복잡하다. 실무적으로도 구현하기가 더 어렵다. 실제로 순차적 연결은 피드 포워드 아키텍처에 비해 더 많은 주의가 필요하다. 자산 가격 결정 프레임워크에서는 주식 기반 시계열을 함께 묶을 수 없기 때문에 자산을 분리해야 한다. 학습은 한 번에 한 종목씩 순차적으로 이뤄진다.

변수의 차원은 매우 중요하다. 케라스에서 변수는 순환 신경망에 대해 다음과 같이 정의된다.

1. 배치의 크기: 여기서는 자산의 개수다. 실제로 순환 관계는 자산 수준에서 유지되므로 각 자산은 모델이 학습할 새로운 배치를 나타낸다.
2. 시간 단계: 여기서는 단순히 날짜의 개수다.
3. 특성의 수: 여기서 가능한 수치는 단 하나, 즉 예측 인자의 개수다.

계산 시간을 줄이고 보다 단순하게 하기 위해 5.2.2절의 주식 하위 집합과 동일한 하위 집합을 사용한다. 이렇게 하면 모든 날짜의 관측 횟수가 동일한 완벽한 직사각형 데이터셋을 생성할 수 있다.

우선, 새로운 중간 변수를 생성한다.

```python
data_rnn=data_ml[data_ml['stock_id'].isin(stock_ids_short)]
# 지정된 데이터셋
training_sample_rnn=data_rnn[data_rnn['date']<separation_date]
# 훈련셋
testing_sample_rnn=data_rnn[data_rnn['date']>separation_date]
# 테스트셋
nb_stocks=len(stock_ids_short)
# 주식 개수
nb_feats=len(features)
# 특성 개수
nb_dates_train=training_sample_rnn.shape[0] // nb_stocks
# 훈련 날짜 개수
nb_dates_test = testing_sample_rnn.shape[0] // nb_stocks
# 테스트 날짜 개수
nn_train_features = training_sample_rnn[features].values
# 배열 형태의 훈련 특성
nn_test_features = testing_sample_rnn[features].values
# 배열 형태의 테스트 특성
nn_train_labels = training_sample_rnn['R1M_Usd'].values
# 배열 형태의 훈련 레이블
nn_test_labels = testing_sample_rnn['R1M_Usd'].values
# 배열 형태의 테스트 레이블
```

이후 인자로 전달할 변수를 구성한다. 데이터 파일은 먼저 주식별로 정렬된 다음 날짜별로 정렬돼 있다는 것을 기억하자(1.2절 참고).

```
train_features_rnn = np.reshape(nn_train_features,
# 훈련 데이터를 까다로운 순서 배열로 포맷
                            (nb_stocks, nb_dates_train, nb_feats))
# 순서는 주식, 날짜, 특성순
test_features_rnn = np.reshape(nn_test_features,
# 테스트 데이터를 까다로운 순서 배열로 포맷
                            (nb_stocks, nb_dates_test, nb_feats))

# 순서는 주식, 날짜, 특성순
train_labels_rnn=np.reshape(nn_train_labels,(nb_stocks,nb_dates_train,1))
test_labels_rnn=np.reshape(nn_test_labels,(nb_stocks,nb_dates_test,1))
```

마지막으로, 훈련 부분으로 넘어간다. 단순성을 위해 레이어가 하나뿐인 간단한 순환 신경망을 고려한다. 구조는 다음과 같다. 순환 구조에 기반해 GRU를 선택한다.

```
model_RNN = keras.Sequential()
model_RNN.add(layers.GRU(16, # 은닉층 유닛 개수
 ↪batch_input_shape=(nb_stocks,nb_dates_train,nb_feats),
                    # 차원 = 까다로운 부분
                    activation='tanh', # 활성화 함수
                    return_sequences=True)) # 모든 시퀀스 반환

model_RNN.add(layers.Dense(1)) # 최종 결합 레이어
model_RNN.compile(optimizer='RMSprop', # 손실 = 이차
          loss='mse', # 역전파
          metrics=['MeanAbsoluteError']) # 출력 지표 MAE
```

순환 레이어에는 다양한 옵션을 사용할 수 있다. GRU의 경우 케라스 문서(https://keras.io)를 참고하라. 활성화할 return_sequences 옵션에 대해 간단히 설명하고자 한다. 대부분의 경우 출력은 단순히 시퀀스의 최종값이다. 시퀀스 전체를 반환할 필요가 없는 경우 레이블이 실제로 전체 시퀀스이기 때문에 차원 문제에 직면하게 된다. 구조를 결정한 후에는 훈련 단계로 넘어갈 수 있다.

```python
fit_RNN = model_RNN.fit(train_features_rnn, # 훈련 특성
          train_labels_rnn, # 훈련 레이블
          epochs = 10, # 에포크 개수
          batch_size = nb_stocks, # 시퀀스 길이
          verbose=False) # 경고 메시지 출력 안 함
show_history(fit_RNN)
```

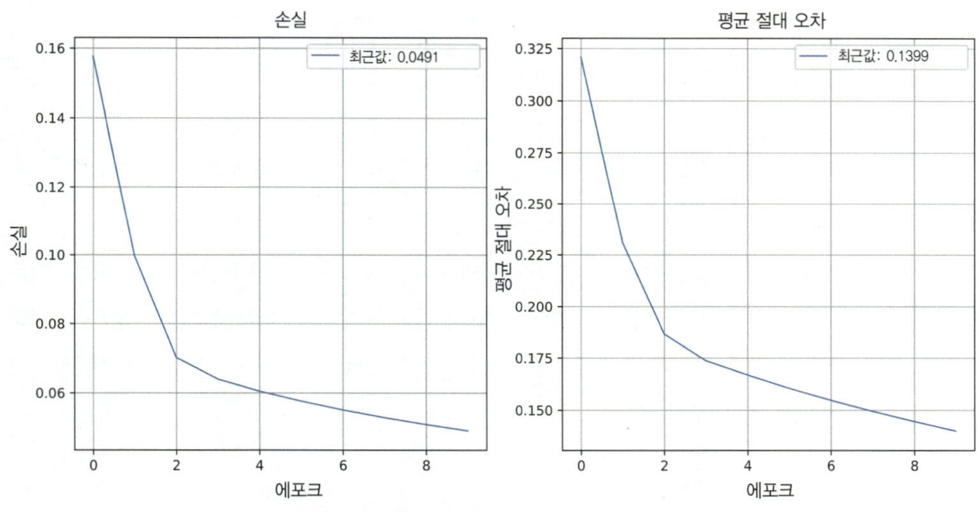

그림 7.10 훈련된 순환 신경망의 결과(회귀 작업)

이전 모델과 비교했을 때 출력(그림 7.10)과 입력(코드) 모두에서 가장 큰 차이점은 검증(또는 테스트) 데이터가 없다는 것이다. 그 이유 중 하나는 케라스가 순환 신경망을 매우 제한적으로 사용하며, 훈련 및 테스트 샘플이 모두 동일한 차원을 공유해야 하기 때문이다. 물론 우리의 상황에서는 이렇게 돼서는 안 되므로 모델을 복제해 이 장애물을 우회해야 한다.

```python
new_model = keras.Sequential()
new_model.add(layers.GRU(16,
    batch_input_shape=(nb_stocks,nb_dates_test,nb_feats),# 새로운 차원
    activation='tanh', # 활성화 함수
    return_sequences=True)) # 전체 시퀀스 반환
new_model.add(layers.Dense(1)) # 출력 차원
new_model.set_weights(model_RNN.get_weights())
```

마지막으로, 새 모델이 준비되고 차원이 일치하면 테스트 값 예측을 진행할 수 있다. predict() 함수를 사용해 모델이 얻은 적중률을 바로 계산한다.

```python
pred_rnn = new_model.predict(test_features_rnn,batch_size=nb_stocks)
# 예측
hitratio = np.mean(np.multiply(pred_rnn,test_labels_rnn)>0) # 적중률
print(f'Hit Ratio: {hitratio}')
```

```
Hit Ratio: 0.498276586801177
```

적중률이 50%에 가깝기 때문에 이 모델은 동전 던지기보다 나은 성능을 발휘한다고 할 수 없다.

순환 신경망에 대한 이 절을 마무리하기 전에 LSTM과 GRU에 비해 더 간단한 α-RNN이라 불리는 새로운 유형의 아키텍처에 대해 언급하고자 한다. 이는 장기 메모리를 생성하기 위해 간단한 자동 상관관계가 추가되는 기본적인 순환 신경망으로 구성된다. 이 주제에 대한 자세한 내용은 딕슨(2020)의 논문을 참고하라.

7.6 다른 일반적 구조

7.6절에서는 다른 신경망 구조에 대해 다룬다. 이 구조들은 주류가 아닐뿐더러 종종 구현이 어렵기 때문에 여기서는 코드 샘플을 제시하지 않고 단지 이론적 소개에만 집중한다.

7.6.1 생성형 적대적 네트워크

생성형 적대적 네트워크의 아이디어는 고전적인 신경망을 속임으로써 고전적 신경망의 정확도를 개선하고자 한다. 굿펠로우 외(2014)가 바로 이 매우 유명한 아이디어를 소개했다. 당신이 피카소 그림의 전문가이며 그렇기에 당신이 피카소의 작품을 쉽게 알아볼 수 있는 것에 자부심을 느낀다고 상상해보라. 당신의 실력을 개선할 수 있는 한 방법은 바로 피카소 작품과 위작을 테스트해보는 것이다. 진짜 전문가는 피카소의 진품과 위작을 구분할 수 있어야

한다. 이것이 바로 GAN의 원칙이다.

GAN은 두 신경망으로 구성돼 있다. 한 신경망은 학습하려 하고, 다른 신경망은 첫 번째 신경망을 (오차로 끌어들여) 속이려 한다. 위의 예시처럼 두 데이터셋이 있다. 하나(x)는 고전적인 훈련 샘플로부터 나온 진짜(혹은 옳음)이며, 다른 하나(z)는 위조 신경망이 생성한 가짜다.

GAN의 용어를 빌리자면 학습을 하는 신경망은 D다. 그 이유는 이 신경망이 판별discriminate을 담당하는 신경망이기 때문이다. 또한, 위조 신경망이 가짜 데이터를 만들기 때문에 위조 신경망은 G라고 부른다. GAN의 초창기 모델은 분류를 목표로 한다. 쉽게 설명하기 위해 이 정도 범위를 유지한다. 판별 신경망은 간단한 (스칼라) 출력, 즉 입력이 (가짜 데이터 대비) 실제 데이터에서 나올 확률을 갖는다. G의 입력은 임의의 잡음이며, 출력은 D의 입력과 동일한 모양/형태를 갖는다.

다음에서 GAN의 이론적 공식을 직접 제시하고 이에 대해 설명하고자 한다. D와 G는 다음과 같이 최소극대화minimax 게임을 한다.

$$\min_{G} \max_{D} \ \{\mathbb{E}[\log(D(\mathbf{x}))] + \mathbb{E}[\log(1 - D(G(\mathbf{z})))]\} \tag{7.12}$$

우선, 이 표현식을 두 부분(최적화 도구)으로 분해해보자. 첫 번째 부분(즉, 첫 번째 최댓값)은 고전적인 부분으로, 알고리듬은 분류하고자 하는 모든 예제에 맞는 레이블 할당 확률을 최대화하고자 한다. 경제 및 금융에서처럼 이 계획법은 평균적으로 $D(\mathbf{x})$ 자체를 최대화하는 것이 아니라 (효용 함수와 같은) 함수 형태를 최대화한다.

왼쪽에서는 기댓값이 $\mathbf{x}$에 의해 작동하므로 출력에서는 목표가 증가해야 한다. 오른쪽에서는 가짜 인스턴스에 대해 기댓값이 평가되므로 옳은 분류는 그 반대, 즉 $1 - D(G(\mathbf{z}))$가 된다.

두 번째 부분은 대단히 중요하다. 이 부분은 시뮬레이션 데이터에 대한 알고리듬 성능을 최소화하고자 하며, D가 실제 데이터 손상을 발견할 확률을 줄이는 것을 목표로 한다. 네트워크 구조의 요약 버전은 수식 (7.13)과 같다.

$$\left. \begin{array}{l} \text{훈련 샘플} = \mathbf{x} = \text{진짜 데이터} \\ \text{잡음} = \mathbf{z} \quad \overset{G}{\hookrightarrow} \quad \text{가짜 데이터} \end{array} \right\} \overset{D}{\hookrightarrow} \text{출력} = \text{레이블에 대한 확률} \tag{7.13}$$

첸 외(2020)는 머신러닝 기반 자산 가격 결정에서 가장 주목할 만한 GAN의 적용을 소개했다. 그들의 목표는 적률 표현 방법을 활용하는 것이다.

$$\mathbb{E}[M_{t+1}r_{t+1,n}g(I_t, I_{t,n})] = 0$$

이는 수식 (3.8)을 응용한 것으로 도구 변수 $I_{t,n}$은 기업 의존적 변수(예를 들어, 특성과 속성)이고, I_t는 거시경제적 변수(총 배당 수익률, 변동성 수준, 회사채 스프레드, 텀 스프레드 등)다. 함수 g는 d−차원 출력을 산출하므로 위의 방정식은 d차 적률 조건으로 이어진다. 여기서 비결은 SDF^{Stochastic Discount Factor}를 미지의 자산 조합으로 모델링하는 것이다. $M_{t+1} = 1 - \sum_{n=1}^{N} w(I_t, I_{t,n})r_{t+1,n}$. 1차 판별 네트워크 (D)는 가중치 $w(I_t, I_{t,n})$를 통해 SDF를 근사하는 네트워크다. 2차 생성 네트워크는 위 방정식에서 $g(I_t, I_{t,n})$을 통해 적률 조건을 생성하는 네트워크다.

이 네트워크의 전체 사양은 다음과 같다.

$$\min_{w} \max_{g} \sum_{j=1}^{N} \left\| \mathbb{E}\left[\left(1 - \sum_{n=1}^{N} w(I_t, I_{t,n})r_{t+1,n}\right) r_{t+1,j}g(I_t, I_{t,j}) \right] \right\|^2$$

여기서 L^2 노름은 g를 통해 생성한 d 값에 적용한다. 자산 가격 결정 방정식(적률)은 등식이 아닌 근사화된 관계로 간주한다. w로 정의된 네트워크는 자산 가격 결정 모델러이며 가능한 최상의 모델을 결정하려 하는 반면, g로 정의된 네트워크는 가능한 최악의 조건을 찾아서 모델의 성능이 나빠지도록 한다. 두 네트워크의 전체 사양은 원래 논문을 참고하라. 첸 외(2020)는 실증 섹션에서 자산 가격 결정 명령에 의해 작동하는 강력한 구조를 채택하는 것이 구 외(2020)에서 설명한 것과 같은 순수 예측 '바닐라' 접근법에 비해 가치를 지닌다고 보고했다. (모델의 예측에 기반해) 10분위로 정렬된 포트폴리오의 표본 외 행태는 10분위 순서에 따라 단조적 패턴을 보인다.

GAN은 인공 금융 데이터를 생성하는 데에도 사용할 수 있지만(에피모프^{Efimov}와 수(2019), 마르티^{Marti}(2019), 위즈 외^{Wiese et al.}(2020)를 참고), 이 주제는 이 책의 범위를 벗어난다.

7.6.2 오토인코더

최근 문헌에서 혁(2019)과 구 외(2021)는 각각 포트폴리오 운용과 자산 가격 결정에 오토인코더를 사용했다.

오토인코더는 비지도 알고리듬으로 분류하기 때문에 신경망 중에서도 이상한 집단에 속한다. 지도 학습의 용어를 쓰면 레이블은 입력과 동일하다. GAN과 마찬가지로 오토인코더는 2개의 신경망으로 구성돼 있으나, 그 구조는 사뭇 다르다. 우선, 첫 번째 신경망은 입력을 어떤 중간적인 출력(일반적으로 코드라고 한다)으로 인코딩하고, 두 번째 신경망은 그 코드를 입력의 수정 버전으로 디코딩한다.

$$\mathbf{x} \quad \xrightarrow{E} \quad \mathbf{z} \quad \xrightarrow{D} \quad \mathbf{x}'$$

입력   인코더   코드   디코더   변형된 입력

오토인코더는 지도 학습 알고리듬 계열에 속하지 않으므로 우리는 이에 대한 설명을 15.2.3절로 미룰 것이다.

구 외(2021)의 논문은 오토인코더의 아이디어를 차용하는 동시에 자산 가격 결정 모델의 복잡성을 보강한다. 그들은 베타가 기업 특성에 따라 달라지며 팩터는 수익률 자체의 비선형 함수일 수 있다는 가정을 추가한다(표기상 단순화를 위해 자산 의존성은 생략한다). 모델은 다음과 같은 형태를 취한다.

$$r_{t,i} = \mathbf{NN_{beta}}(\mathbf{x}_{t-1,i}) + \mathbf{NN_{factor}}(\mathbf{r}_t) + e_{t,i} \tag{7.14}$$

여기서 $\mathbf{NN_{beta}}$와 $\mathbf{NN_{factor}}$는 2개의 신경망이다. 위의 방정식은 반환값이 입력과 출력 둘 다이기 때문에 오토인코더처럼 보인다. 그러나 추가적인 복잡성은 두 번째 신경망인 $\mathbf{NN_{beta}}$에서 비롯된다. 케라스와 같은 최신 신경망 라이브러리를 사용하면 위와 같은 맞춤형 모델을 만들 수 있다. 이 구조의 코딩은 예제로 남겨졌다(아래 참고).

7.6.3 합성곱 신경망에 관한 한마디

신경망은 컴퓨터 비전 대회에서의 연이은 성공 덕분에 2010년에 인기를 누렸다. 이러한 발전의 배경이 된 알고리듬은 합성곱 신경망^{CNN, Convolutional Neural Network}이다. 이 도구가 금

융 예측을 위한 의외의 선택으로 보일 수 있으나, 컴퓨터 과학 분야의 여러 연구팀은 이 신경망의 변형에 기반한 접근법을 제안했다(첸 외(2016), 로리지아 외^{Loreggia et al.}(2016), 딩리 ^{Dingli}와 푸니어^{Fournier}(2017), 찬테키디스 외^{Tsantekidis et al.}(2017), 호세인자데^{Hoseinzade}와 하라티자데 ^{Haratizadeh}(2019)). 따라서 신경망에 관한 이 마지막 절에서는 합성곱 신경망의 원리를 간략하 게 소개한다. 여기서는 2차원의 CNN에 대해 설명하지만, 이를 1차원 혹은 3차원에서도 사 용할 수 있다.

CNN이 유용한 이유는 지엽적 정보를 유지함으로써 대규모 데이터셋의 크기를 점진적으로 줄일 수 있기 때문이다. 이미지는 픽셀로 이뤄진 직사각형이다. 각 픽셀은 일반적으로 빨강, 파랑, 초록의 각 색상에 대해 하나씩 3개의 층으로 구성된다. 간단히 설명하기 위해 각 픽셀 에 하나의 값이 있는 $1{,}000 \times 1{,}000$ 픽셀의 레이어 하나만 갖고 생각해보자. 이미지의 내용 을 분석하기 위해 **합성곱 레이어**^{convolutional layer}는 약간의 합성곱을 사용해 입력의 크기를 줄 인다. 시각적으로 이 단순화는 임의의 가중치를 가진 직사각형을 사용해 값을 스캔하고 변경 함으로써 진행된다.

그림 7.11은 이 과정을 스케치한 것이다(호세인자데와 하라티자데(2019)에서 크게 영감을 받았다). 원본 데이터는 $(I \times K)$ $x_{i,k}$ 행렬이며 가중치는 $J < I$이며 $L < K$인 크기 $(J \times L)$의 행렬 $w_{j,l}$ 이다. 스캐닝^{scanning}은 크기 $(J \times L)$의 직사각형을 하나의 실수로 변환한다. 따라서 출력의 크기는 더 작아진다. $(I - J + 1) \times (K - L + 1)$. 만약 $I = K = 1{,}000$이고 $J = L = 201$이 면 출력의 크기는 (800×800)으로 이미 훨씬 작아진다. 출력값은 다음과 같다.

$$o_{i,k} = \sum_{j=1}^{J} \sum_{l=1}^{L} w_{j,l} x_{i+j-1,k+l-1}$$

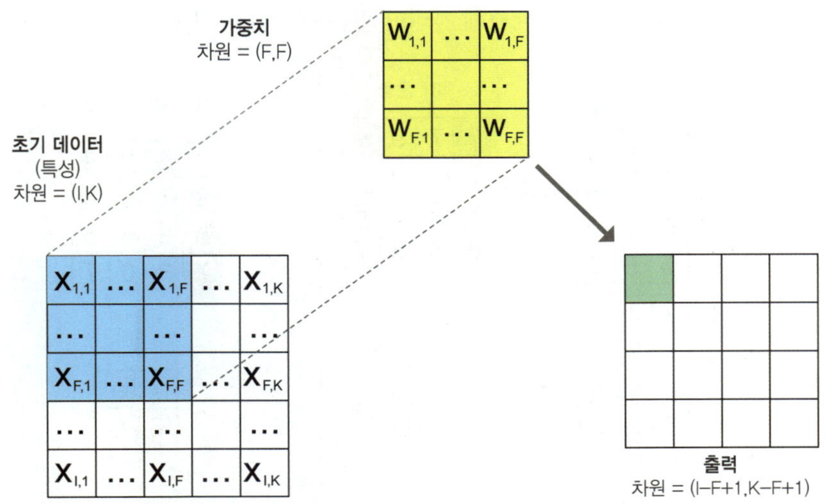

그림 7.11 합성곱 유닛의 개념도. 차원은 일반적 개념으로 여기 있는 사각형 개수와는 다를 수 있다.

위와 같은 합성곱 레이어 시퀀스를 통해 출력의 크기를 반복적으로 줄이면 계산 비용이 많이 들고 가중치 개수가 엄청나게 증가하기 때문에 과최적화가 발생할 수 있다. 출력의 크기를 효율적으로 줄이기 위해 **풀링 레이어**pooling layer를 사용하는 경우가 많다. 풀링 유닛pooling unit 의 임무는 행렬을 행렬의 최소, 최대 또는 평균값과 같은 간단한 지표로 줄여 행렬을 단순화하는 것이다.

$$o_{i,k} = f(x_{i+j-1,k+l-1}, 1 \leq j \leq J, 1 \leq l \leq L)$$

여기서 f는 최소, 최대 또는 평균값이다. 풀링의 예는 그림 7.12에 나와 있다. 압축 속도를 높이기 위해 보폭을 추가해 셀을 생략할 수 있다. 보폭 값이 v면 모든 v 값에 대해서만 연산을 수행하므로 중간 단계를 생략할 수 있다. 그림 7.12에서 왼쪽의 두 경우는 풀링에 의존하지 않으므로 차원 감소는 풀링 크기와 정확히 같다. 보폭이 작동하는 경우(오른쪽 그림)에는 감소가 더 두드러진다. $1,000 \times 1,000$ 입력에서 보폭이 2인 2×2 풀링 레이어는 그림 7.12의 오른쪽 그림에서처럼 500×500 출력을 생성하므로 차원이 4배 축소된다.

이러한 도구를 사용하면 새로운 예측 도구를 만들 수 있다. 호세인자데와 하라티자데(2019)는 가격 호가, 기술적 지표, 거시경제 데이터와 같은 예측 변수를 6개의 레이어로 구성된 복잡한 신경망에 입력해 가격 변화의 징후를 예측했다. 이는 흥미로운 컴퓨터 과학 연구임에는 분명하나, 이러한 아키텍처 선택의 배경에 자리한 깊은 경제적 동기는 아직 명확하지 않다.

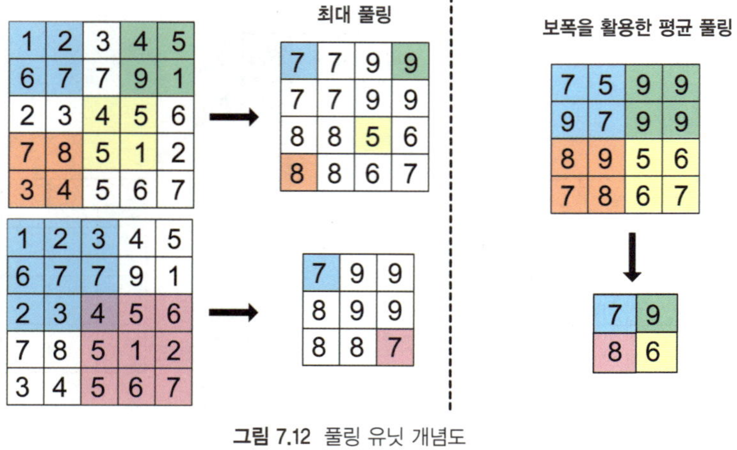

그림 7.12 풀링 유닛 개념도

7.6.4 고급 아키텍처

컴퓨터 비전 및 자연어 처리와 관련한 작업에서 신경망의 우수성은 이제 잘 알려져 있다. 그러나 2010년부터 10년간 많은 머신러닝 토너먼트에서 표 형식의 데이터를 처리할 때 신경망은 종종 트리 기반 모델에 그 자리를 내줬다. 이 문제를 해결하기 위해 연구자들은 표 형식의 데이터베이스에 더 적합한 새로운 신경망 구조를 구축하기 시작했다. 그 예로 아리크[Arik]와 히스터[Pfister](2019), 포포브 외[Popov et al.](2019)를 들 수 있지만, 이들의 아이디어는 이 책의 범위를 벗어난다. 놀랍게도 그 반대의 아이디어도 존재한다. 누티 외[Nuti et al.](2019)는 트리와 랜덤 포레스트가 신경망처럼 작동하도록 조정하려 시도했다. 관심 있는 독자는 원본 논문을 살펴보라.

7.7 코딩 예제

이 연습의 목적은 구 외(2012)에서 설명한 오토인코더 모델을 코딩하는 것이다(7.6.2절 참고). 신경망을 코딩할 때는 차원을 엄격하게 보고해야 한다. 모델의 다이어그램을 사용해 그림 7.13에서 입력과 출력을 그 차원과 함께 명확히 보여주는 이유다.

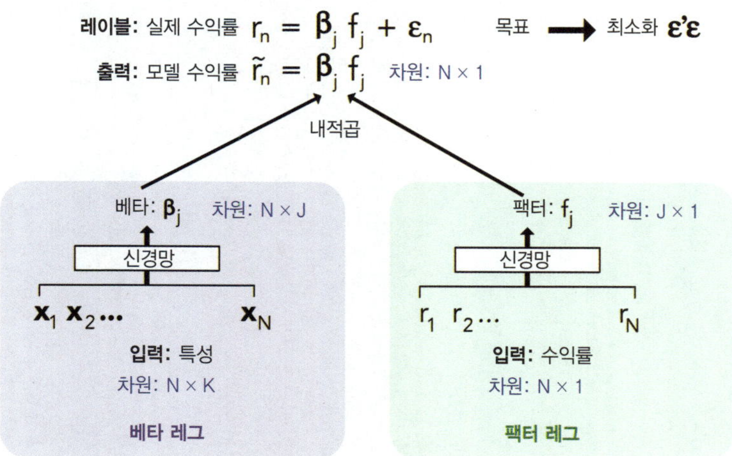

그림 7.13 오토인코더 가격 결정 모델의 개념도

케라스의 잠재력을 최대한 활용하기 위해서는 보다 일반적인 형태의 신경망으로 전환하는 것이 필수적이다. 이는 이른바 기능적 API(https://keras.io/guides/functional_api/)라고 불리는 것을 통해 수행할 수 있다.

08

서포트 벡터 머신

서포트 벡터 머신[SVM, Support Vector Machine]의 기원은 오래됐지만(이는 바프니크[Vapnik]와 러너 [Lerner](1963)로 거슬러 올라간다), 이 방법의 현대적 적용은 보서 외[Boser et al.](1992), 코르테스 [Cortes]와 바프니크[Vapnik](1995)(이진 분류), 드러커 외(1997)(회귀)에서 시작했다. SVM의 이론적, 실증적 특성에 대한 자세한 참고 문헌은 다음 사이트(http://www.kernel-machines.org)를 참 고하라. SVM은 탄생 이래로 머신러닝 커뮤니티에서 매우 인기가 높았다. 하지만 다른 도구 들(특히 신경망)이 인기를 얻으면서 컴퓨터 비전과 같은 많은 응용 분야에서 SVM을 점진적으 로 대체하고 있다.

8.1 분류를 위한 SVM

머신러닝에서 종종 그렇듯이 이진 분류가 있는 그림을 통해 복잡한 도구를 설명하는 것이 훨 씬 쉽다. 사실 때로는 이러한 방식이 원래 이 도구를 설계한 방식이기도 하다(예를 들어, 퍼셉 트론의 경우). 두 가지 특성으로 구성된 평면에서의 단순한 예시를 생각해보자. 그림 8.1에서 목표는 채워진 원과 비어 있는 사각형을 정확히 구분하는 모델을 찾는 것이다.

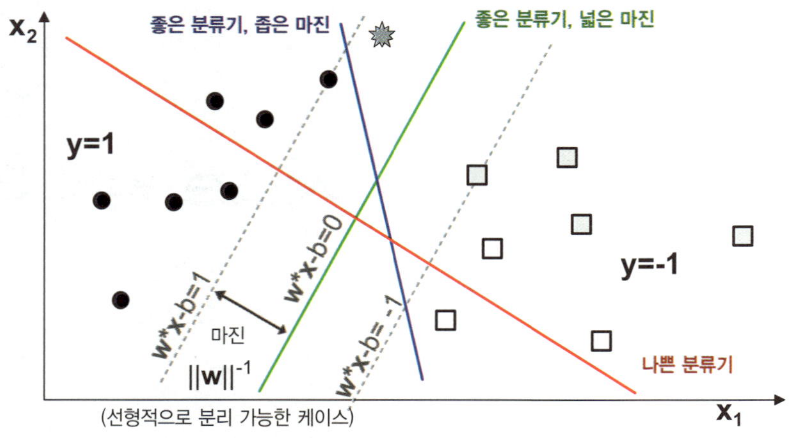

그림 8.1 서포트 벡터를 통한 이진 분류 다이어그램

모델은 변수에 부하를 주고 평면에서 자연스러운 선형 분리를 생성하는 2개의 가중치 $\mathbf{w} = (w_1, w_2)$로 구성된다. 위의 예시에서는 세 가지 분리를 보여준다. 빨간색은 위와 아래에 원과 사각형이 있기 때문에 좋은 분류기가 아니다. 파란색 선은 모든 원이 왼쪽에 있고 모든 사각형이 오른쪽에 있으므로 좋은 분류기다. 마찬가지로 녹색 선은 완벽한 분류 점수를 얻는다. 하지만 이 둘 사이에는 눈에 띄는 차이점이 있다.

그래프 상단의 회색 별은 그 위치를 고려할 때 미스터리한 포인트다. 만약 데이터 패턴이 유지된다면 이 별은 원이 돼야 한다. 파란색 모델은 이를 인식하지 못하지만 녹색 모델은 이를 인식할 수 있다. 이 방식에서 흥미로운 특성은 아직 언급하지 않은 회색 점선들이다. 이 점선들은 녹색 모델을 시행할 때 어떠한 관측도 불가능한 접근 불가 구역이다. 이 영역에서 녹색 선 위아래의 각 부분은 모델에 대한 오차의 마진이라고 볼 수 있다. 회색 별은 이 마진의 안쪽에 위치한다.

이 두 마진은 모델과 양쪽 모두에서 올바르게 분류된 가장 가까운 점들 사이의 거리를 최대화하는 평행선으로 계산된다. 이 점들을 **서포트 벡터**라고 하며, 이것이 이 기법의 이름을 정당화한다. 분명히 녹색 모델이 파란색 모델보다 더 넓은 마진을 가진다. SVM의 핵심 아이디어는 분류기가 실수하지 않는다는 제약 조건하에서 마진을 극대화하는 것이다. 달리 말하면, SVM은 올바른 분류를 산출하는 모든 모델들 중에서 가장 강력한 모델을 선택하려 노력한다.

보다 형식적으로, 원을 +1, 사각형을 −1로 정의하면 어떠한 '좋은' 선형 모델도 다음을 만족할 것으로 기대할 수 있다.

$$\begin{cases} \sum_{k=1}^{K} w_k x_{i,k} + b \geq +1 & y_i = +1 \text{ 일 때} \\ \sum_{k=1}^{K} w_k x_{i,k} + b \leq -1 & y_i = -1 \text{ 일 때} \end{cases} \tag{8.1}$$

위 식을 축약된 형태로 표현하면 $y_i \times \left(\sum_{k=1}^{K} w_k x_{i,k} + b \right) \geq 1$과 같다. 이제 녹색 모델과 회색 점선상의 서포트 벡터 간 마진은 $\|\mathbf{w}\|^{-1} = \left(\sum_{k=1}^{K} w_k^2 \right)^{-1/2}$이다. 이 값은 점 (x_0, y_0)과 매개변수화된 선 $ax + by + c = 0$ 사이의 거리가 $d = \frac{|ax_0 + by_0 + c|}{\sqrt{a^2 + b^2}}$이라는 사실에 기반한다. 수식 (8.1)에서 정의한 모델의 경우, 분자는 1이고 노름은 $\mathbf{w}$다. 따라서 최종적인 문제는 다음과 같다.

$$\operatorname*{argmin}_{\mathbf{w},b} \frac{1}{2} \|\mathbf{w}\|^2 \ \text{ s.t. } \ y_i \left(\sum_{k=1}^{K} w_k x_{i,k} + b \right) \geq 1 \tag{8.2}$$

이 프로그램의 이중 형태(보이드Boyd와 반덴버그Vandenberghe(2004)의 5장 참고)는 다음과 같다.

$$L(\mathbf{w}, b, \boldsymbol{\lambda}) = \frac{1}{2} \|\mathbf{w}\|^2 + \sum_{i=1}^{I} \lambda_i \left(y_i \left(\sum_{k=1}^{K} w_k x_{i,k} + b \right) - 1 \right) \tag{8.3}$$

여기서는 $\lambda_i = 0$이거나 $y_i \left(\sum_{k=1}^{K} w_k x_{i,k} + b \right) = 1$이다. 따라서 해에서는 이른바 서포트 벡터라고 불리는 오직 일부 포인트만 중요하다. 1계 조건은 이 라그랑지안의 도함수가 0이어야 한다는 것이다.

$$\frac{\partial L}{\partial \mathbf{w}} L(\mathbf{w}, b, \boldsymbol{\lambda}) = \mathbf{0}, \quad \frac{\partial L}{\partial b} L(\mathbf{w}, b, \boldsymbol{\lambda}) = 0$$

1계 조건을 풀면 다음과 같다.

$$\mathbf{w}^* = \sum_{i=1}^{I} \lambda_i u_i \mathbf{x}_i$$

이 해는 실제로 특성에 대한 선형 형태이지만, 오직 일부 포인트만을 고려한다. 이 포인트들은 수식 (8.1)이 등식인 경우 성립한다.

당연히 이 문제는 조건을 만족할 수 없는 경우, 즉 어떤 계수를 선택하든 단순한 선으로 레이블을 완벽하게 분리할 수 없는 경우 실행 불가능해진다. 이는 가장 일반적인 사양이며, 이때 데이터셋은 선형적으로 분리할 수 없는 데이터셋이라고 부른다. 만약 이런 상황인 경우 절차가 다소 복잡해지지만 한 가지 트릭을 사용할 수 있다. 그것은 바로 조건을 충족할 수 있는 보정 변수를 추가해 수식 (8.1)에 약간의 유연성을 도입하는 것이다.

$$\begin{cases} \sum_{k=1}^{K} w_k x_{i,k} + b \geq +1 - \xi_i & y_i = +1 \text{ 일 때} \\ \sum_{k=1}^{K} w_k x_{i,k} + b \leq -1 + \xi_i & y_i = -1 \text{ 일 때} \end{cases} \qquad (8.4)$$

여기서 새로운 항 ξ_i은 조건을 실현 가능케 만드는 이른바 **'여유' 변수**^{'slack' variable}라 불리는 양의 변수다. 그림 8.2에서 이를 설명하고 있다. 이 새로운 사양에서는 두 클래스를 완벽히 구분할 수 있는 단순한 선형 모델은 없다.

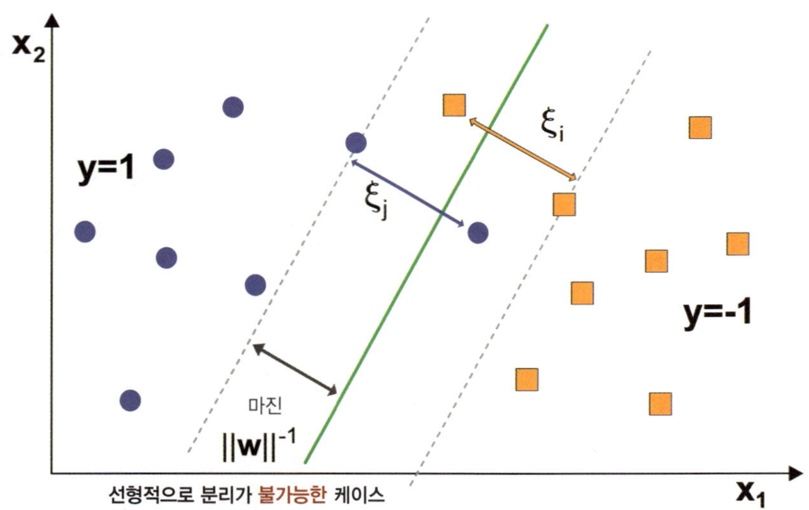

그림 8.2 SVM을 활용한 이진 분류 다이어그램 – 선형적으로 분리가 불가능한 데이터

이때 최적화 프로그램은 다음과 같다.

$$\operatorname*{argmin}_{\mathbf{w},b,\boldsymbol{\xi}} \frac{1}{2}\|\mathbf{w}\|^2 + C\sum_{i=1}^{I}\xi_i \quad \text{s.t.} \quad \left\{ y_i\left(\sum_{k=1}^{K} w_k\phi(x_{i,k}) + b\right) \geq 1 - \xi_i \ \text{ 그리고 } \xi_i \geq 0, \ \forall i \right\}$$

$$(8.5)$$

여기서 양수인 매개 변수 C는 분류 오차에 대한 비용을 조율한다. C가 증가하면 오차는 보다 큰 페널티를 받는다.

또한, 이 프로그램은 입력 포인트 $x_{i,k}$에 적용하는 커널 ϕ를 통해 비선형 모델로 일반화할 수 있다. 비선형 커널은 직선보다 더 복잡한 패턴에 대처하는 데 도움이 될 수 있다(그림 8.3 참고). 일반적인 커널은 다항식, 방사형 혹은 시그모이드가 있다. 제약 조건이 있는 이차 프로그램에 관한 어느 정도 표준적인 기술을 사용해 해를 찾을 수 있다. 학습을 통해 가중치 $\mathbf{w}$와 편향 b를 설정하고 나면 단순히 $\sum_{k=1}^{K} w_k\phi(x_{j,k}) + b$를 계산하고 표현식 부호에 기반해 클래스를 선택함으로써 새로운 벡터 $\mathbf{x}_j$에 대한 예측을 할 수 있다.

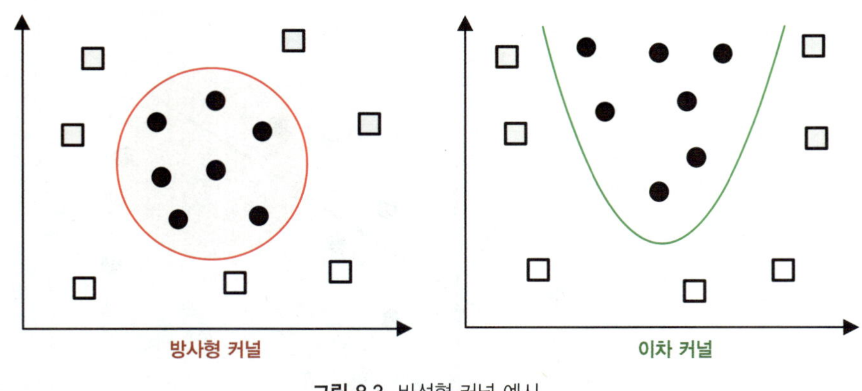

그림 8.3 비선형 커널 예시

8.2 회귀를 위한 SVM

분류 SVM의 아이디어를 회귀 문제로 바꿀 수 있지만, 여기서 마진의 역할은 달라진다. 한 가지 일반적인 공식은 다음과 같다.

$$\operatorname*{argmin}_{\mathbf{w},b,\boldsymbol{\xi}} \frac{1}{2}\|\mathbf{w}\|^2 + C\sum_{i=1}^{I}(\xi_i + \xi_i^*) \qquad (8.6)$$

$$\text{s.t.} \quad \sum_{k=1}^{K} w_k \phi(x_{i,k}) + b - y_i \leq \epsilon + \xi_i \tag{8.7}$$

$$y_i - \sum_{k=1}^{K} w_k \phi(x_{i,k}) - b \leq \epsilon + \xi_i^* \tag{8.8}$$

$$\xi_i, \xi_i^* \geq 0, \ \forall i \tag{8.9}$$

그림 8.4는 이 수식을 묘사한다. 사용자가 **마진** ϵ를 지정하면 모델은 레이블 y_i와 입력 변수 $\mathbf{x}_i$ 사이의 선형 관계(에서 커널 변환까지)를 찾으려 시도한다. 분류 작업과 마찬가지로, 데이터 포인트가 스트립^{strip} 내부에 있으면 여유 변수 ξ_i와 ξ_i^*를 0으로 설정한다. 데이터 포인트가 임계치를 위반하면 목적 함수(코드의 첫 번째 줄)에는 페널티를 적용한다. ϵ를 크게 설정하면 오류가 더 많이 발생할 가능성이 있다는 것에 유의하라. 모델이 학습을 하고 나면 $\mathbf{x}_j$에 대한 예측은 단순히 $\sum_{k=1}^{K} w_k \phi(x_{j,k}) + b$다.

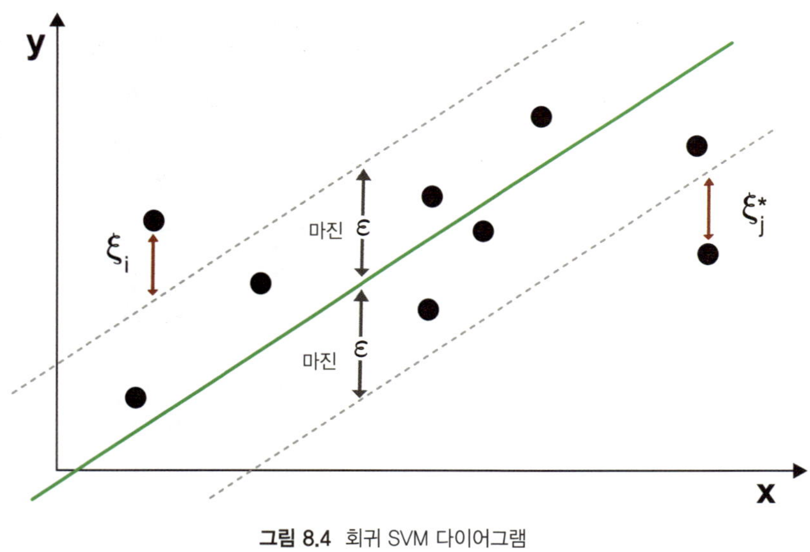

그림 8.4 회귀 SVM 다이어그램

한 걸음 뒤로 물러나 알고리듬이 수행하는 작업을 단순화하자. 이 작업은 결국 오차가 충분히 작다는 전제하에 가중치의 제곱 합 $\lVert \mathbf{w}^2 \rVert$을 최소화하는 것이다(여유 변수의 나머지$^{\text{modulo a}}$ $^{\text{slack variable}}$). 이는 가중치가 충분히 작다는 전제하에 오차를 최소화하려는 페널티 선형 회귀와는 다소 반대되는 방식이다.

8.2절에서 다룬 모델은 SVM 엔진의 세계에 대한 예고편이며 다른 여러 공식이 이미 개발됐다. C와 C++로 코딩한 참고 라이브러리 중 하나는 **LIBSVM**이며, 이 라이브러리는 다른 많은 프로그래밍 언어에서 널리 사용하고 있다. 관심 있는 독자는 SVM 동물원에 대한 자세한 내용을 창Chang과 린Lin(2011)의 논문에서 살펴볼 수 있다(2019년 11월 최신 버전도 온라인에서 확인할 수 있다).

8.3 연습

일관성을 위해 다음의 코드 스니펫에서는 사이킷런의 SVM 구현을 그대로 사용한다. LIBSVM을 구현할 때 패키지는 레이블과 특성을 따로 지정하길 요구한다. 이러한 이유 때문에, 트리 부스팅에서 사용했던 변수들을 재활용한다. 또한, 학습이 느리기 때문에 이러한 데이터셋의 하위 샘플(처음 1,000개의 인스턴스)에서 학습을 수행한다.

```python
from sklearn import svm
# 몇몇 변수들 불러오기
y = train_label_xgb.iloc[0:1000] # 훈련셋 레이블
x = train_features_xgb.iloc[0:1000,] # 훈련셋 특성
test_feat_short=testing_sample[features_short]
y_c=train_label_xgb_C.iloc[0:1000] # 종속 변수

model_svm=svm.SVR(
    kernel='rbf',    # SVM 커널 (혹은:  선형, 다항식, 시그모이드)
    C=0.1,           # 여유 변수 페널티 적용
    epsilon=0.1,     # 오차에 대한 스트립 너비
    gamma=0.5        # 방사형 커널 상수
    )
fit_svm=model_svm.fit(x, y) # 모델 피팅
mse = np.mean((fit_svm.predict(test_feat_short) - y_test)**2)
print(f'MSE: {mse}')
```

```
MSE: 0.04226507027049866
```

```python
hitratio = np.mean(fit_svm.predict(test_feat_short)*y_test>0)
print(f'Hit Ratio: {hitratio}')
```

Hit Ratio: 0.4678811531449407

결과는 트리 부스팅의 결과보다 낮다. 모든 매개 변수, 특히 커널의 선택은 완전히 임의적이다. 마지막으로, 분류 예제를 살펴본다.

```python
model_svm_c=svm.SVC(
    kernel='sigmoid',
    C=0.2, # 여유 변수 페널티 적용
    gamma=0.5, # 시그모이드 커널 매개 변수
    coef0=0.3  # 시그모이드 커널 매개 변수
    )
fit_svm_c=model_svm_c.fit(x,y_c)  # 모델 피팅
hitratio=np.mean(fit_svm_c.predict(test_feat_short)==y_c_test)
print(f'Hit Ratio: {hitratio}')
```

Hit Ratio: 0.49082725615314493

훈련 샘플이 적고 매개 변수 선택이 임의적이기 때문에 예측 정확도가 낮은 것으로 보인다.

8.4 코딩 예제

1. 위에 나온 간단한 예제에서 SVM 모델을 다른 커널로 확장하고 적합도에 미치는 영향을 논의하라.
2. 12개월 선행(즉, 미래) 수익률로 레이블을 지정해 바닐라 SVM 모델을 훈련하고 테스트 샘플에 대해 평가하라. 간단한 랜덤 포레스트에 대해서도 동일한 작업을 수행하고 비교하라.

09

베이지안 기법

9장에서는 매개 변수에 대한 사전적 가정을 하는 머신러닝의 하위 집합에 대해 설명한다. 베이즈 정리를 머신러닝의 간단한 구성 요소에 어떻게 적용할 수 있는가를 설명하기 전에, 다음의 하위 절에서 몇 가지 표기법과 개념을 소개한다. 베이지안 분석에 대한 좋은 참고 문헌으로는 겔만 외[Gelman et al.(2013)], 크러슈케[Kruschke(2014)]가 있다. 후자는 수많은 줄의 코드로 개념을 설명한다.

9.1 베이지안 프레임워크

지금까지 다룬 모델은 오직 데이터에만 의존한다. 이러한 접근 방식을 흔히 '빈도주의[frequentist]'라고 한다. 한 데이터셋이 주어지면 빈도주의자는 고유한 최적 매개 변수 집합을 추출(즉, 추정)하고 이를 최상의 모델로 간주한다. 반면 베이지안주의자[Bayesians]는 데이터셋을 **현실의 스냅샷**[snapshots of reality]으로 간주하며, 따라서 매개 변수는 무작위적이다! 베이지안주의자들은 매개 변수의 한 가지 값(예를 들어, 선형 모델의 계수)을 추정하는 대신 더 야심차게 매개 변수의 **전체 분포**[whole distribution]를 파악하려 한다.

그것이 어떻게 가능한지 설명하기 위해 기본적인 표기법과 결과를 소개한다. 베이지안 분석의 기본 개념은 **조건부 확률**[conditional probability]이다. 2개의 무작위적 집합(또는 사건) A와 B가 주어졌을 때, A가 B를 알 확률(즉, B가 조건부로 있는 상황에서 A가 있을 확률)은 다음과 같이 정의할 수 있다.

$$P[A|B] = \frac{P[A \cap B]}{P[B]}$$

즉, 두 집합 사이의 교집합 확률을 B의 확률로 나눈 값이다. 마찬가지로, 두 사건이 모두 일어날 확률은 $P[A \cap B] = P[A]P[B \mid A]$과 같다. n개의 서로소인 사건들 A_i, $i = 1, \dots n$이 주어지고, 따라서 $\sum_{i=1}^{n} P(A_i) = 1$일 때 어떤 사건 B에 대해 전확률 법칙^{law of total probability}은 다음과 같다.

$$P(B) = \sum_{i=1}^{n} P(B \cap A_i) = \sum_{i=1}^{n} P(B|A_i)P(A_i)$$

이 식이 주어지면 베이즈 정리의 일반적인 버전을 만들어낼 수 있다.

$$P(A_i|B) = \frac{P(A_i)P(B|A_i)}{P(B)} = \frac{P(A_i)P(B|A_i)}{\sum_{i=1}^{n} P(B|A_i)P(A_i)} \tag{9.1}$$

이 결과를 바탕으로 9장의 핵심 주제인 데이터셋이 주어졌을 때 어떤 매개 변수 $\boldsymbol{\theta}$(벡터일 수 있다)를 추정하는 것으로 넘어갈 수 있으며, 이 매개 변수는 겔만 외(2013)의 관습에 따라 $\mathbf{y}$로 표기한다. 하지만 다른 모든 장에서 $\mathbf{y}$는 데이터셋의 레이블을 의미하므로 이 책에서는 이 표기법을 따르지 않는다.

베이지안 분석에서 (빈도주의적 접근 방식과 다른) 한 가지 정교함은 데이터가 전능하지 않다는 사실에서 비롯된다. 매개 변수 θ의 분포는 통계학자(사용자 또는 분석가)가 설정한 어떤 **사전**^{prior} 분포와 데이터의 경험적 분포가 혼합된 형태다. 보다 정확하게 베이즈 공식의 간단한 응용은 다음과 같다.

$$p(\boldsymbol{\theta}|\mathbf{y}) = \frac{p(\boldsymbol{\theta})p(\mathbf{y}|\boldsymbol{\theta})}{p(\mathbf{y})} \propto p(\boldsymbol{\theta})p(\mathbf{y}|\boldsymbol{\theta}) \tag{9.2}$$

해석은 직관적이다. 데이터 $\mathbf{y}$를 알고 있을 때 매개 변수 $\boldsymbol{\theta}$의 분포는 $\boldsymbol{\theta}$의 분포에 $\boldsymbol{\theta}$를 알고 있을 때의 $\mathbf{y}$ 분포를 곱한 값에 비례한다는 것이다. $p(\mathbf{y})$라는 용어를 종종 생략할 수 있는데, 그

이유는 이 값이 밀도를 1로 더하거나 통합되도록 하는 단순한 배율 값이기 때문이다.

수식 (9.1)과 (9.2) 사이에는 약간 다른 표기법을 사용한다. 전자의 경우 P는 실제 확률, 즉 숫자를 나타낸다. 후자에서 p는 θ 혹은 $\mathbf{y}$의 전체 확률 밀도 함수를 나타낸다.

베이지안 분석의 전반적인 목적은 사전 분포 $p(\mathbf{y})$와 우도 함수^{likelihood function} $p(\mathbf{y}|\theta)$를 통해 이른바 **사후**^{posterior} 분포라 불리는 $p(\theta|\mathbf{y})$를 계산하는 것이다. 사전 분포는 사용자가 사전 분포의 관련성 혹은 견고함에 대해 확신하는 정도에 따라 정보적, 약정보적 혹은 비정보적이라고 보기도 한다. 비정보적 사전 확률을 정의하는 가장 간단한 방법은 현실적인 간격에 걸쳐 일정한 (균일한) 분포를 설정하는 것이다.

가장 어려운 부분은 일반적으로 우도 함수다. 이 문제를 해결하는 가장 쉬운 방법은 간단한 최대 우도 추론과 마찬가지로 데이터 분포에 대한 특정 분포(어떤 매개 변수 균일 수 있음)에 의존한 다음 관측치들이 i.i.d.라고 간주하는 것이다. 분포에 대한 새로운 매개 변수들이 λ로 모인다고 가정한다면 우도는 다음과 같다.

$$p(\mathbf{y}|\theta, \lambda) = \prod_{i=1}^{I} f_{\lambda}(y_i; \beta) \tag{9.3}$$

하지만 이 경우 새로운 매개 변수를 추가하면 사후 분포가 $p(\theta, \lambda|\mathbf{y})$로 바뀌므로 문제가 약간 더 복잡해진다. 사용자는 $\mathbf{y}$가 주어졌을 때 θ와 λ의 결합 분포^{joint distribution}를 구해야 한다. 중첩된 구조로 인해 이러한 모델을 종종 **계층적 모델**^{hierarchical model}이라고도 한다.

베이지안 기법은 포트폴리오 선택에 널리 사용된다. 그 논리는 자산 수익률 분포가 어떤 매개 변수에 따라 달라진다는 것이며, 여기서의 주요 이슈는 사후 분포를 결정하는 것이다. 아래에서 방대한 문헌을 매우 간단히 살펴보자. 베이지안 자산 배분은 (확률적 최적화를 통한) 라이 외^{Lai et al.}(2011), 기돌린^{Guidolin}과 리우(2016), 댕글과 바이센슈타이너^{Weissensteiner}(2020)가 연구했다. (평균과 공분산 행렬의) 축소 기법은 프로스트^{Frost}와 사바리노^{Savarino}(1986), 칸^{Kan}과 조우(2007), 데미구엘 외(2015)가 검증했다. 비슷한 맥락에서 투^{Tu}와 조우(2010)는 자산 가격 결정 이론과 일관성 있는 사전 확률을 구축한다. 마지막으로, 바우더 외^{Bauder et al.}(2020)는 베이지안 최적 경계선을 도출할 수 있는 포트폴리오 수익률을 샘플링했다. 관심 있는 독자는 이 몇 편의 논문에서 인용한 참고 문헌도 자세히 살펴보기 바란다.

9.2 베이지안 샘플링

9.2.1 깁스 샘플링

베이즈 정리와 인접해 있는 응용 분야 중 하나는 시뮬레이션이다. 밀도 $p = p(x_1,...,x_J)$로 주어진 임의의 벡터 $\mathbf{X}$의 다변량 분포를 시뮬레이션한다고 가정해보자. 전체 분포는 복잡하지만, 종종 그 주변 확률은 더 접근하기 쉬운 법이다. 실제로 이 주변 확률은 (다른 모든 값을 알 수 있는 경우) 하나의 변수에만 의존하기 때문에 더 간단하다.

$$p(X_j = x_j | X_1 = x_1, \ldots, X_{j-1} = x_{j-1}, X_{j+1} = x_{j+1}, \ldots, X_J = x_J) = p(X_j = x_j | \mathbf{X}_{-j} = \mathbf{x}_{-j})$$

여기서 X_j를 제외한 모든 변수를 나타내기 위해 $\mathbf{X}_{-j}$라는 간결한 표기법을 사용한다. 법칙 p를 통해 샘플을 생성하는 한 가지 방법은 다음과 같으며, 이는 다음에서 설명하는 조건부 확률 $p(x_j|x_{-j})$에 대한 지식과 **마르코프 체인 몬테 카를로**^{Marko Chain Monte Carlo}라는 개념에 의존한다. 이 절차는 반복적이며 앞서 언급한 조건부 확률의 표본을 추출할 수 있다고 가정한다. j번째 변수 (X_j)의 m번째 표본을 x_j^m이라고 표기한다. 사전(또는 고정, 또는 무작위) 표본 $\mathbf{x}^0 = (x_1^0,...,x_J^0)$에서 시뮬레이션이 시작한다. 이후 충분히 큰 횟수 T에 대해 다음과 같이 새로운 표본을 추출한다.

$$x_1^{m+1} = p(X_1 | X_2 = x_2^m, \ldots, X_J = x_J^m);$$
$$x_2^{m+1} = p(X_2 | X_1 = x_1^{m+1}, X_3 = x_3^m, \ldots, X_J = x_J^m);$$
$$\cdots$$
$$x_J^{m+1} = p(X_J | X_1 = x_1^{m+1}, X_2 = x_2^{m+1}, \ldots, X_{J-1} = x_{J-1}^{m+1})$$

중요한 디테일은 각 줄 이후 변수 값이 업데이트된다는 점이다. 따라서 두 번째 줄에서 X_2는 $X_1 = x_1^{m+1}$에 대한 지식을 갖고 샘플링하고, 마지막 줄에서는 X_J를 제외한 모든 변수가 $(m+1)$번째의 상태로 업데이트돼 있다. 위의 알고리듬을 깁스 샘플링^{Gibbs sampling}이라고 부른다. 각각의 새로운 반복은 오직 그 이전 반복에만 의존하기 때문에 마르코프 체인과 관련 있다.

몇 가지 기술적 가정하에서, T가 증가함에 따라 $\mathbf{x}_T$의 분포는 p의 분포에 수렴한다. 1990년대 발표된 일련의 논문들은 수렴이 발생하는 조건을 광범위하게 논의했다. 관심 있는 독자는 티어니^{Tierney}(1994), 로버츠와 스미스(1994), 겔만 외(2013)의 11.7절을 참고하라.

때로는 전체 분포가 복잡하며 조건부 법칙을 결정하고 표본을 추출하는 것이 어려운 경우가 있다. 이때는 무작위 변수의 시뮬레이션을 위해 거부^{rejection} 방법에 의존하는 메트로폴리스-헤이스팅스라는 보다 일반적인 방법을 사용할 수 있다.

9.2.2 메트로폴리스-헤이스팅스 샘플링

깁스 알고리듬은 메트로폴리스^{Metropolis}와 울람^{Ulam}(1949)이 소개한 가장 단순한 버전인 메트로폴리스-헤이스팅스$^{\text{MH, Metropolis-Hastings}}$의 특별한 케이스로 간주할 수 있다. 전제는 비슷하다. 과거 상태 $\mathbf{y}$가 주어졌을 때 미래 상태 $\mathbf{x}$의 확률을 제공하는 더 간단한 형태인 $p(\mathbf{x}|\mathbf{y})$에서 표본을 추출할 수 있는 기능을 사용해 $p(\mathbf{x})$를 따르는 무작위 변수를 시뮬레이션하는 것이 목표다.

$\mathbf{x}$의 초기 값이 샘플링되면$(\mathbf{x}_0)$ 시뮬레이션의 각 신규 반복(m)은 세 단계로 진행된다.

1. $p(\mathbf{x}|\mathbf{x}_m)$에서 후보 값 $\mathbf{x}'_{m+1}$을 생성
2. 수용 비율$^{\text{acceptance ratio}}$ $\alpha = \min\left(\frac{p(\mathbf{x}'_{m+1})p(\mathbf{x}_m|\mathbf{x}'_{m+1})}{p(\mathbf{x}_m)p(\mathbf{x}'_{m+1}|\mathbf{x}_m)}\right)$ 계산
3. 확률 α로 $\mathbf{x}_{m+1} = \mathbf{x}'_{m+1}$을 선택하거나 확률 $1 - \alpha$로 이전 값$(\mathbf{x}_{m+1} = \mathbf{x}_m)$을 유지

일반적인 경우 수용 비율의 해석은 직관적이지 않다. 샘플링 생성기가 대칭인 경우 $p(\mathbf{x}|\mathbf{y}) = p(\mathbf{y}|\mathbf{x})$, $p(\mathbf{x}'_{m+1}) \geq p(\mathbf{x}_m)$이기만 하면 항상 후보 값은 선택된다. 반대 조건이 $p(\mathbf{x}'_{m+1}) < p(\mathbf{x}_m)$을 유지할 경우 후보 값은 우도 비율인 $p(\mathbf{x}'_{m+1})\,/\,p(\mathbf{x}_m)$과 동일한 확률로 유지된다. 새로운 제안의 가능성이 높을수록 유지될 확률이 높아진다.

연쇄 작용이 높은 확률 영역으로 수렴하는 시간을 확보하기 위해 첫 번째 시뮬레이션은 종종 폐기된다. '번인$^{\text{burn in}}$'이라고도 불리는 이 절차는 처음 보존된 샘플이 시뮬레이션하려는 법칙을 더 잘 대표할 수 있도록 하는 영역에 위치하도록 만든다.

간결성을 위해 여기서는 이 정도로 간단히 설명하나, 이에 대한 몇 가지 추가적인 세부 사항은 겔만 외(2013)의 11.2절과 크러슈케(2014)의 7장에 요약돼 있다.

9.3 베이지안 선형 회귀

베이지안 개념은 다소 추상적이기 때문에 간단한 예시를 통해 이론적 개념을 설명하는 것이 유용하다. 선형 모델은 $y_i = \mathbf{x}_i \mathbf{b} + \epsilon_i$이며, 여기서는 ϵ_i가 i.i.d.이며 평균이 0이고 분산이 σ^2인 정규 분포를 따른다고 통계적으로 가정한다. 따라서 수식 (9.3)의 우도는 다음과 같다.

$$p(\boldsymbol{\epsilon}|\mathbf{b}, \sigma) = \prod_{i=1}^{I} \frac{e^{-\frac{\epsilon_i^2}{2\sigma}}}{\sigma\sqrt{2\pi}} = (\sigma\sqrt{2\pi})^{-I} e^{-\sum_{i=1}^{I} \frac{\epsilon_i^2}{2\sigma^2}}$$

회귀 분석에서 데이터는 $\mathbf{y}$와 $\mathbf{X}$로 주어지므로 표기법에는 두 가지가 모두 표시된다. $\boldsymbol{\epsilon} = \mathbf{y} - \mathbf{Xb}$을 받아들이면 다음과 같이 쓸 수 있다.

$$p(\mathbf{y}, \mathbf{X}|\mathbf{b}, \sigma) = \prod_{i=1}^{I} \frac{e^{-\frac{\epsilon_i^2}{2\sigma}}}{\sigma\sqrt{2\pi}} \tag{9.4}$$

$$= (\sigma\sqrt{2\pi})^{-I} e^{-\sum_{i=1}^{I} \frac{(y_i - \mathbf{x}_i'\mathbf{b})^2}{2\sigma^2}} = (\sigma\sqrt{2\pi})^{-I} e^{-\frac{(\mathbf{y}-\mathbf{Xb})'(\mathbf{y}-\mathbf{Xb})}{2\sigma^2}}$$

$$= \underbrace{(\sigma\sqrt{2\pi})^{-I} e^{-\frac{(\mathbf{y}-\mathbf{X}\hat{\mathbf{b}})'(\mathbf{y}-\mathbf{X}\hat{\mathbf{b}})}{2\sigma^2}}}_{\sigma\text{에는 의존하나, }\mathbf{b}\text{에는 의존하지 않음}} \times \underbrace{e^{-\frac{(\mathbf{b}-\hat{\mathbf{b}})'\mathbf{X}'\mathbf{X}(\mathbf{b}-\hat{\mathbf{b}})}{2\sigma^2}}}_{\sigma\text{와 }\mathbf{b}\text{에 모두 의존함}} \tag{9.5}$$

마지막 줄에서 두 번째 항은 차이 $\mathbf{b} - \hat{\mathbf{b}}$의 함수이며, 여기서 $\hat{\mathbf{b}} = (\mathbf{X}'\mathbf{X})^{-1}\mathbf{X}'\mathbf{y}$다. 이는 전혀 놀라운 일이 아니며, $\hat{\mathbf{b}}$는 $\mathbf{b}$의 평균에 대한 자연스러운 벤치마크다. 또한, $\hat{\mathbf{b}}$를 도입하면 확률에 관한 비교적 간단한 형태가 된다.

위의 표현식은 사후 확률의 빈도주의적 (데이터 기반의) 블록, 즉 우도다. 사후 확률에 대한 단순한 표현식을 얻으려면 이 우도와 잘 결합할 수 있는 사전 요인을 찾아야 한다. 이러한 형태를 **켤레 사전**conjugate prior 확률이라고 한다. (b와 σ 모두에 의존하는) 오른쪽 부분에 대한 자연스러운 후보 값은 다변량 가우스 밀도multivariate Gaussian density다.

$$p[\mathbf{b}|\sigma] = \sigma^{-k} e^{-\frac{(\mathbf{b}-\mathbf{b}_0)'\boldsymbol{\Lambda}_0(\mathbf{b}-\mathbf{b}_0)}{2\sigma^2}} \tag{9.6}$$

여기서 우리는 σ에 대한 조건을 지정할 의무가 있다. 밀도는 사전 평균 $\mathbf{b}_0$와 사전 공분산 행렬 $\boldsymbol{\Lambda}_0^{-1}$을 갖는다. 이 사전 값들은 다음과 같은 이유로 사후 값에 한 걸음 더 가까워진다.

$$p[\mathbf{b}, \sigma | \mathbf{y}, \mathbf{X}] \propto p[\mathbf{y}, \mathbf{X} | \mathbf{b}, \sigma] p[\mathbf{b}, \sigma]$$
$$\propto p[\mathbf{y}, \mathbf{X} | \mathbf{b}, \sigma] p[\mathbf{b} | \sigma] p[\sigma] \tag{9.7}$$

확률들의 폭포를 완전히 지정하기 위해서는 σ를 처리하는 동시에 다음과 같은 형태의 밀도를 설정해야 한다.

$$p[\sigma^2] \propto (\sigma^2)^{-1-a_0} e^{-\frac{b_0}{2\sigma^2}} \tag{9.8}$$

수식 (9.8)은 수식 (9.5)의 왼쪽 부분과 비슷하다. 이 값은 사전 매개 변수 a_0 및 b_0의 분산에 대한 역감마 분포에 상응한다(이 스칼라 표기법은 사전 평균 $\mathbf{b}_0$와 혼동할 수 있기에 최적이 아니므로 주의가 필요하다).

이제 수식 (9.5), (9.6), (9.8)로 $p[b, \sigma \,|\, \mathbf{y}, \mathbf{X}]$를 단순화할 수 있다.

$$p[\mathbf{b}, \sigma | \mathbf{y}, \mathbf{X}] \propto (\sigma\sqrt{2\pi})^{-I} \sigma^{-2(1+a_0)} e^{-\frac{(\mathbf{y}-\mathbf{X}\hat{\mathbf{b}})'(\mathbf{y}-\mathbf{X}\hat{\mathbf{b}})}{2\sigma^2}}$$
$$\times\, e^{-\frac{(\mathbf{b}-\hat{\mathbf{b}})'\mathbf{X}'\mathbf{X}(\mathbf{b}-\hat{\mathbf{b}})}{2\sigma^2}} \sigma^{-k} e^{-\frac{(\mathbf{b}-\mathbf{b}_0)'\mathbf{\Lambda}_0(\mathbf{b}-\mathbf{b}_0)}{2\sigma^2}} e^{-\frac{b_0}{2\sigma^2}}$$

또한, 이는 다음과 같이 쓸 수 있다.

$$p[\mathbf{b}, \sigma | \mathbf{y}, \mathbf{X}] \propto \sigma^{-I-k-2(1+a_0)}$$
$$\times \exp\left(-\frac{\left(\mathbf{y}-\mathbf{X}\hat{\mathbf{b}}\right)'\left(\mathbf{y}-\mathbf{X}\hat{\mathbf{b}}\right) + (\mathbf{b}-\hat{\mathbf{b}})'\mathbf{X}'\mathbf{X}(\mathbf{b}-\hat{\mathbf{b}}) + (\mathbf{b}-\mathbf{b}_0)'\mathbf{\Lambda}_0(\mathbf{b}-\mathbf{b}_0) + b_0}{2\sigma^2}\right)$$

위의 표현식은 단순히 $\mathbf{b}$의 이차 형태이며, 번거로운 대수학을 거쳐 훨씬 간결한 방식으로 다시 쓸 수 있다.

$$p(\mathbf{b} | \mathbf{y}, \mathbf{X}, \sigma) \propto \left[\sigma^{-k} e^{-\frac{(\mathbf{b}-\mathbf{b}_*)'\mathbf{\Lambda}_*(\mathbf{b}-\mathbf{b}_*)}{2\sigma^2}}\right] \times \left[(\sigma^2)^{-1-a_*} e^{-\frac{b_*}{2\sigma^2}}\right] \tag{9.9}$$

여기서 각 값들은 다음과 같다.

$$\mathbf{\Lambda}_* = \mathbf{X}'\mathbf{X} + \mathbf{\Lambda}_0$$
$$\mathbf{b}_* = \mathbf{\Lambda}_*^{-1}(\mathbf{\Lambda}_0 \mathbf{b}_0 + \mathbf{X}'\mathbf{X}\hat{\mathbf{b}})$$

$$a_* = a_0 + I/2$$

$$b_* = b_0 + \frac{1}{2}\left(\mathbf{y'y} + \mathbf{b}_0'\boldsymbol{\Lambda}_0\mathbf{b}_0 + \mathbf{b}_*'\boldsymbol{\Lambda}_*\mathbf{b}_*\right)$$

이 표현식은 두 부분으로 구성된다. 하나는 거의 $\mathbf{b}$와 관련된 가우스 성분이며, 다른 하나는 σ와 전적으로 연관된 역감마 성분이다. 사전 값과 데이터 간의 혼합은 명확하다. 가우스 부분의 사후 공분산 행렬 ($\boldsymbol{\Lambda}_*$)은 사전 값 그리고 데이터에서 나온 이차 형태 사이의 합이다. 사후 평균 $\mathbf{b}_*$는 사전 평균 $\mathbf{b}_0$와 표본 추정치 $\hat{\mathbf{b}}$의 가중 평균이다. 데이터에서 추정한 수량과 사용자가 제공한 버전의 수량 간 혼합을 흔히 **축소**^{shrinkage}라고 한다. 예를 들어, 교차항 $\mathbf{X'X}$의 원래 행렬은 사전 값 $\boldsymbol{\Lambda}_0$를 향해 축소된다. 이를 **규제화**^{regularization} 절차로 볼 수도 있다. 데이터에서 비롯된 순수 적합도에 일부 '외부' 재료를 혼합해 최종 추정치에 어떤 구조를 부여하는 것이다.

관심 있는 독자는 그린(2018)의 16.3절을 참고할 수 있다(켤레 사전 분포의 경우는 16.3.2절에서 다룬다).

9.4 나이브 베이스 분류기

베이즈 정리는 손쉽게 **분류**^{classification} 문제에 적용 가능하다. 레이블과 특성에 관한 공식화를 하자면 다음과 같이 쓸 수 있다.

$$P[\mathbf{y}|\mathbf{X}] = \frac{P[\mathbf{X}|\mathbf{y}]P[\mathbf{y}]}{P[\mathbf{X}]} \propto P[\mathbf{X}|\mathbf{y}]P[\mathbf{y}] \tag{9.10}$$

그런 다음 입력 행렬을 그것의 행 벡터 $\mathbf{X} = (\mathbf{x}_1,\dots,\mathbf{x}_K)$로 분할 가능하다. 이렇게 되면 다음과 같다.

$$P[\mathbf{y}|\mathbf{x}_1,\dots,\mathbf{x}_K] \propto P[\mathbf{x}_1,\dots,\mathbf{x}_K|\mathbf{y}]P[\mathbf{y}] \tag{9.11}$$

이 방법론의 '나이브^{naïve}'한 자격은 특성에 관한 단순화된 가정에서 비롯된다.[1] 만약 특성들

---

[1] 이 가정을 느슨하게 만들 수는 있지만, 알고리듬이 더 복잡해져 이 책에서 다루는 범위를 벗어난다. 나이브 베이즈 접근법을 일반화한 한 가지 예로 프리드먼 외(1997)를 들 수 있다.

이 모두 상호 독립적이라면 수식 (9.11)의 우도는 다음과 같이 확장이 가능하다.

$$P[\mathbf{y}|\mathbf{x}_1,\ldots,\mathbf{x}_K] \propto P[\mathbf{y}] \prod_{k=1}^{K} P[\mathbf{x}_k|\mathbf{y}] \tag{9.12}$$

그다음 단계는 우도에 대해 더 구체적으로 들어가는 것이다. 이는 커널 추정을 통한 비모수적 혹은 일반적 분포(연속 데이터인 경우 가우스 분포, 이진 데이터인 경우 베르누이^{Bernoulli} 분포)를 사용해 수행할 수 있다. 팩터 투자에서는 특성이 연속적이므로 가우스적 원칙이 더 적합하다.

$$P[x_{i,k} = z|\mathbf{y}_i = c] = \frac{e^{-\frac{(z-m_c)^2}{2\sigma_c^2}}}{\sigma_c\sqrt{2\pi}}$$

여기서 c는 y가 취한 클래스 값이고, σ_c와 m_c는 y_i가 c와 같다는 조건하에서의 $x_{i,k}$의 표준 오차와 평균이다. 실제로 각 클래스는 스팬^{span}되고, 그에 따라 훈련셋이 필터링되며 σ_c와 m_c가 샘플 통계로 사용된다. 이 가우시안 매개 변수화는 특성이 균일하게 분포돼 있기 때문에 우리가 가진 데이터셋에 적합하지 않을 수 있다. 조건부화 이후에도 분포가 가우스 분포에 조금이라도 가까워질 가능성은 거의 없다. 기술적으로는 이중 변환 방법을 통해 이 문제를 극복할 수 있다. 실증적 누적 밀도 함수 $F_{\mathbf{x}_k}$를 갖는 특성 벡터 $\mathbf{x}_k$가 주어졌을 때 변수는 다음과 같다.

$$\tilde{\mathbf{x}}_k = \Phi^{-1}\left(F_{\mathbf{x}_k}(\mathbf{x}_k)\right) \tag{9.13}$$

$F_{\mathbf{x}_k}$가 병리적이지 않기만 한다면 이 변수는 표준 정규 법칙을 갖는다. 병리적이지 않은 경우는 누적 밀도 함수가 연속적이고 엄격하게 증가하는 경우와 관측치가 개방 구간 $(0, 1)$에 있는 경우다. 모든 특성이 독립적인 경우 변환은 상관 관계 구조에 영향을 미치지 않아야 한다. 그렇지 않은 경우 노말-투-애니싱$^{NORTA, NORmal-To-Anything}$ 방법에 대한 문헌을 참고하라(예를 들어, 첸(2001)과 코케렛(2017)).

마지막으로, 수식 (9.12)의 사전 확률 $P[\mathbf{y}]$는 클래스 전체에 걸쳐 균일하거나(모든 k에 대해 $1/K$) 샘플 분포와 같다고 가정하는 경우가 많다.

간단한 예제를 통해 나이브 베이즈 분류 도구를 설명한다. 아래에서는 특성이 균일하게 분포돼 있으므로 수식 (9.13)의 변환은 가우시안 사분위수 함수$^{Gaussian\ quantile\ function}$(역누적 밀도 함수)를 적용하는 것과 같다.

시각적 명확성을 위해 여기서는 일부 특성만을 사용한다.

```python
from sklearn.naive_bayes import GaussianNB # 패키지 불러오기
from sklearn.preprocessing import QuantileTransformer

quantile = QuantileTransformer(output_distribution='normal')
gauss_features_train = quantile.fit_transform(# 데이터 정규화
    training_sample[features_short]*0.999 + 0.0001)
# 0에서 1 사이의 훈련 특성
gauss_features_test = quantile.fit_transform(
    testing_sample[features_short]*0.999 + 0.0001)
# 0에서 1 사이의 테스트 특성
fit_NB_gauss = GaussianNB() # 분류기
fit_NB_gauss.fit(gauss_features_train, y_c_train) # 모델 피팅
data_GNB=pd.DataFrame(fit_NB_gauss.predict(
    gauss_features_test),columns=['proba']) # 모델로부터 예측
data_GNB_cond=pd.concat([data_GNB,pd.DataFrame(
    gauss_features_test,columns=features_short)],axis=1)
df_TRUE=data_GNB_cond.loc[data_GNB_cond['proba']==1,features_short]
# TRUE 클래스를 위한 데이터프레임
df_FALSE=data_GNB_cond.loc[data_GNB_cond['proba']==0,features_short]
# FALSE 클래스를 위한 데이터프레임

fig = plt.figure()
ax1 = fig.add_subplot(121) # 서브플롯을 위한 axis 준비
ax2 = fig.add_subplot(122) # 서브플롯을 위한 axis 준비
df_TRUE.plot.kde(bw_method=3,title='TRUE',ax=ax1,legend=False)
df_FALSE.plot.kde(bw_method=3,title='FALSE',ax=ax2,legend=False)
handles, labels = ax2.get_legend_handles_labels()
fig.legend(handles, labels, loc="upper left", bbox_to_anchor=(0.8,0.8))
plt.figure(figsize=(15,6))
plt.show()
```

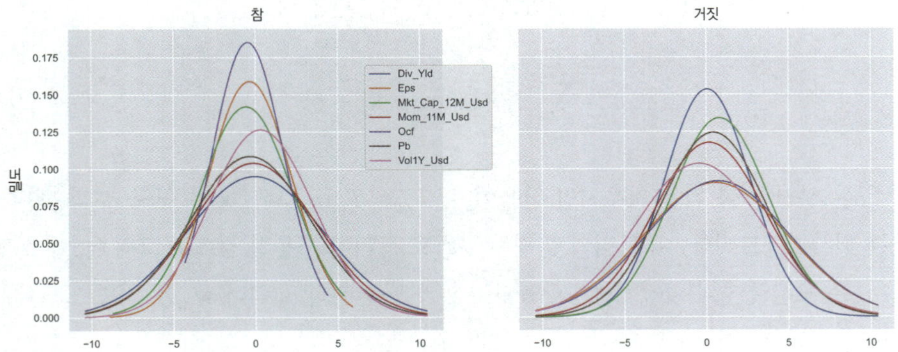

그림 9.1 레이블 클래스에 기반한 예측 인자 변수 분포. 인스턴스가 수익률 중위값 이상이면 참, 이하면 거짓

그림 9.1에 있는 그래프는 각 레이블의 값에 따른 특성 분포를 보여준다. 기본적으로 이 값들은 밀도 $P[\mathbf{x}_k | \mathbf{y}]$이다. 각 특성에 대해 두 분포가 매우 유사하다.

일반적으로 모델이 학습을 하고 나면 예측의 정확도를 평가할 수 있다.

```python
hitratio=np.mean(fit_NB_gauss.predict(
    gauss_features_test)==testing_sample['R1M_Usd_C'].values) # 적중률
print(f'Hit Ratio: {hitratio}')
```

```
Hit Ratio: 0.49599760711030083
```

분류기의 성능은 무작위 추측보다 하회하므로 만족스럽지 못하다.

9.5 베이지안 가법 트리

9.5.1 일반적인 형태

베이지안 가법 회귀 트리[BART, Bayesian Additive Regression Tree]는 베이지안적 사고와 회귀 트리를 결합한 앙상블 기법이다. 6장에서 살펴본 트리 앙상블과 비슷하나 구현 방식에는 큰 차이가 있다. BART에서는 베이지안 회귀와 마찬가지로 규제화가 사전 값에서 비롯된다. 원본 논문은 칩맨 외[Chipman et al.](2010)다.

형식적으로 이 모델은 M개 모델의 결합이며, 이는 다음과 같다.

$$y = \sum_{m=1}^{M} \mathcal{T}_m(q_m, \mathbf{w}_m, \mathbf{x}) + \epsilon \tag{9.14}$$

여기서 ϵ는 분산 σ^2를 갖는 가우시안 잡음이며, $\mathcal{T}_m = \mathcal{T}_m(q_m, \mathbf{w}_m, \mathbf{x})$은 구조 q_m과 벡터 $\mathbf{w}_m$을 갖는 의사결정트리다. 이 트리의 분해는 부스트 트리에 사용된 것으로 그림 6.5에 설명돼 있다. q_m은 모든 분할(분할에 선택된 변수 및 분할 레벨)을 정하고 벡터 $\mathbf{w}_m$은 최종 노드에서의 잎사귀 값에 해당한다.

거시적 수준에서 BART는 전통적 베이지안 객체로 볼 수 있는데, 여기서 매개 변수 $\boldsymbol{\theta}$는 q_m, $\mathbf{w}_m$, σ^2를 통해 정해진 모든 미지수이며, 이 방법론은 사후 값을 결정하는 것에 초점을 맞춘다.

$$\left(q_m, \mathbf{w}_m, \sigma^2\right) \mid (\mathbf{X}, \mathbf{Y}) \tag{9.15}$$

q_m, $\mathbf{w}_m$, σ^2에 대한 사전 값의 특정 형태가 주어지면 알고리듬은 메트로폴리스-헤이스팅스 및 깁스 샘플러의 결합을 사용해 매개 변수를 도출한다.

9.5.2 사전 값

트리 모델에서 사전 값의 정의는 섬세하고 복잡하다. 첫 번째 중요한 가정은 독립성이다. σ^2와 다른 모든 매개 변수 간의 독립성, 트리 간의 독립성, 즉 $m \neq n$인 순서쌍 $(q_m, \mathbf{w}_m)$과 $(q_n, \mathbf{w}_n)$ 간의 독립성이다. 이 가정은 BART를 랜덤 포레스트에 가깝게 만들며 부스트 트리와는 멀어지게 한다. 이러한 독립성은 다음과 같은 결과를 수반한다.

$$P((q_1, \mathbf{w}_1), \ldots, (q_M, \mathbf{w}_M), \sigma^2) = P(\sigma^2) \prod_{m=1}^{M} P(q_m, \mathbf{w}_m)$$

또한, 단순화를 위해 트리의 구조(q_m)와 최종 가중치$(\mathbf{w}_m)$를 분리하는 것이 일반적이므로 베이지안 조건부화에 따라 다음과 같이 계산한다.

$$
P((q_1, \mathbf{w}_1), \ldots, (q_M, \mathbf{w}_M), \sigma^2) = \underbrace{P(\sigma^2)}_{\text{잡음 항}} \prod_{m=1}^{M} \underbrace{P(\mathbf{w}_m | q_m)}_{\text{트리 가중치}} \underbrace{P(q_m)}_{\text{트리 구조}} \tag{9.16}
$$

세 부분 각각에 대한 가정을 정형화하는 작업이 남았다.

트리 구조인 q_m부터 시작하자. 노드에서의 분할로 트리를 정의하며, 이러한 분할은 분할 변수와 분할 레벨로 특징지어진다. 첫째, 트리의 크기는 깊이 d에서의 한 노드가 다음과 같은 확률로 최종 노드가 되지 않도록 매개 변수화된다.

$$
\alpha(1 + d)^{-\beta}, \quad \alpha \in (0, 1), \quad \beta > 0 \tag{9.17}
$$

저자들은 $\alpha = 0.95$, $\beta = 2$로 설정할 것을 권장한다. 이렇게 하면 노드가 1개일 확률은 5%, 2개일 확률은 55%, 3개일 확률은 28%, 4개일 확률은 9%, 5개일 확률은 3%가 된다. 따라서 상대적으로 얕은 구조를 강제하는 것이 목표다.

둘째, 분할 변수의 선택은 하나의 특정 특성을 선택할 확률을 정의하는 베르누이 (범주형) 분포에 의해 결정된다. 칩맨 외(2010)의 원래 논문에서는 확률 벡터가 균일하다(각 예측 인자는 분할에서 선택될 확률이 동일하다). 이 벡터는 무작위적일 수도 있고 더 유연한 디리클레^{Dirichlet}분포에서 샘플링할 수도 있다. 분할 수준은 선택한 예측 인자에 대해 가능한 값들의 집합에 균일하도록 추출된다.

트리 구조의 사전 값을 결정했으면 이제 잎사귀의 최종 값$(\mathbf{w}_m | q_m)$을 고정해야 한다. 모든 잎사귀의 가중치는 가우시안 분포 $\mathcal{N}(\mu_\mu, \sigma_\mu^2)$를 따르는 것으로 가정하며, 여기서 $\mu_\mu = (y_{\min} + y_{\max})/2$은 레이블 값 범위의 중심이다. 분산 σ_μ^2는 μ_μ에서 σ_μ^2의 두 배를 더하거나 뺀 값이 훈련 데이터셋에서 관찰되는 범위의 95%를 포함하도록 선택된다. 이 값들은 기본값이며 사용자가 변경할 수 있다.

마지막으로, 선형 회귀와 유사한 계산 목적을 위해 매개 변수 σ^2(식 (9.14)에서 ϵ의 분산)는 베이지안 회귀에서 사용한 것과 유사한 역감마 법칙 $\mathrm{IG}(\nu/2, \lambda\nu/2)$을 따르는 것으로 가정한다. 매개 변수는 기본적으로 데이터에서 계산되므로 σ^2의 분포는 현실적이며 과최적화를 방지할 수 있다. 이 주제에 대한 자세한 내용은 원 논문의 2.2.4절을 참고하라.

요약하면, 사전 값은 M(트리 개수) 외에도 트리 구조를 위한 α와 β, 트리 가중치를 위한 μ_μ와 σ_μ^2, 잡음 항을 위한 ν와 λ에 따라 달라진다.

9.5.3 샘플링 및 예측

수식 (9.15)의 사후 분포는 분석적으로 구할 수 없으나 시뮬레이션은 수식 (9.14)에 대한 효율적인 지름길이다. 깁스 및 메트로폴리스–헤이스팅스 샘플링에서와 마찬가지로, 시뮬레이션의 분포는 원하는 사후 값에 수렴할 것으로 예상할 수 있다. 일부 번인^{burn-in}시킨 표본 이후 새로 관측된 집합 $\mathbf{x}_*$에 대한 예측은 단순히 시뮬레이션 예측의 평균(혹은 중위값)이 될 것이다. 번인 후 S 번의 시뮬레이션을 가정하면 평균은 다음과 같다.

$$\tilde{y}(\mathbf{x}_*) := \frac{1}{S} \sum_{s=1}^{S} \sum_{m=1}^{M} \mathcal{T}_m \left(q_m^{(s)}, \mathbf{w}_m^{(s)}, \mathbf{x}_* \right)$$

복잡한 부분은 당연히 시뮬레이션을 생성하는 부분이다. 각 트리는 메트로폴리스–헤이스팅스 방법을 사용해 샘플링한다. 즉, 트리를 제안하나 일부 (어쩌면 임의의) 기준하에서만 기존 트리를 대체한다. 그런 다음 이 절차를 깁스와 유사한 방식으로 반복한다.

MH 빌딩 블록부터 시작해보자. 우리는 조건부 분포를 시뮬레이션하려고 한다.

$$(q_m, \mathbf{w}_m) \mid (q_{-m}, \mathbf{w}_{-m}, \sigma^2, \mathbf{y}, \mathbf{x})$$

여기서 q_{-m}과 $\mathbf{w}_{-m}$은 트리 번호 m을 제외한 모든 트리의 구조와 가중치를 수집한다. BART의 한 가지 비결은 위의 깁스 추출을 다음과 같이 단순화하는 것이다.

$$(q_m, \mathbf{w}_m) \mid (\mathbf{R}_m, \sigma^2)$$

여기서 $\mathbf{R}_m = \mathbf{y} - \sum_{l \neq m} \mathcal{T}_l(q_l, \mathbf{w}_l, \mathbf{x})$은 m번째 트리를 제외한 예측에서의 부분 잔차다.

q_m에 대한 새로운 MH 명제는 이전 트리를 기반으로 하며, 트리에는 세 가지 (무작위적으로) 변경 가능한 사항들이 있다.

- 최종 노드 성장(보조 잎사귀를 추가해 트리의 복잡도 증대)
- 한 쌍의 최종 노드 가지치기(반대 작업: 복잡성 감소)

- 분할 규칙 변경

단순화를 위해 세 번째 옵션은 종종 제외된다. 트리 구조를 정의하면(즉, 샘플링하면) 가우시 안 분포 $\mathcal{N}(\mu_\mu, \sigma_\mu^2)$에 따라 최종 가중치가 독립적으로 추출된다.

트리가 샘플링된 후에는 MH 원칙은 일정 확률에 따라 트리를 받아들이거나 거부할 것을 요구한다. 이 확률은 새로운 트리가 모델의 우도를 높일 승산에 따라 증가한다. 자세한 계산은 번거롭기 때문에 이 주제에 대한 디테일에 대해서는 스파라파니 외$^{Sparapani\ et\ al.}$(2019)의 2.2 절을 참고하라.

이제 중요한 깁스 절차에 대해 간략히 설명해야 한다. 먼저, 알고리듬은 단순한 노드를 가진 트리에서 시작한다. 그런 다음 지정된 수의 루프는 다음과 같은 순차적 단계를 포함한다.

단계	작업
1	샘플링 $(q_1, \mathbf{w}_1) \mid (\mathbf{R}_1, \sigma^2)$
2	샘플링 $(q_2, \mathbf{w}_2) \mid (\mathbf{R}_2, \sigma^2)$
...	...
m	샘플링 $(q_m, \mathbf{w}_m) \mid (\mathbf{R}_m, \sigma^2)$
...	...
M	샘플링 $(q_M, \mathbf{w}_M) \mid (\mathbf{R}_M, \sigma^2)$, (마지막 트리)
M+1	전체 잔차가 주어졌을 때 σ^2 샘플링 $\mathbf{R} = \mathbf{y} - \sum_{l=1}^{M} \mathcal{T}_l(q_l, \mathbf{w}_l, \mathbf{x})$

각 단계 m에서 잔차 $\mathbf{R}_m$은 $m-1$ 단계로부터의 값으로 업데이트된다. 그림 9.2에서는 이 과정을 $M = 3$으로 가정해 설명한다. 1단계에서는 단순 노드인 첫 번째 트리에 대한 구분이 제안된다. 이러한 특별한 경우 트리는 받아들여진다. 여기서는 단순화를 위해 최종 가중치를 생략했다. 2단계에서는 트리에 대한 다른 구분이 제안되거나 거부된다. 세 번째 단계에서는 세 번째 제안이 받아들여진다. 세 번째 단계가 끝나면 σ^2에 대한 새로운 값이 추출되고, 새로운 깁스 샘플링의 라운드가 다시 시작될 수 있다.

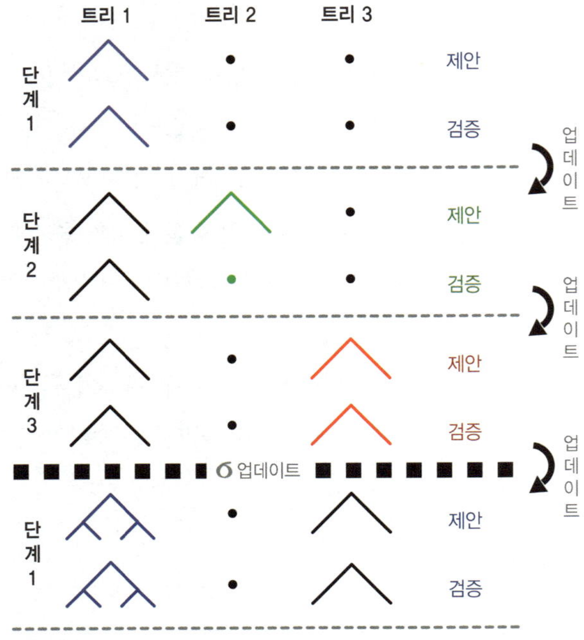

그림 9.2 BART의 MH/깁스 샘플링 다이어그램. 2단계에서 제안된 트리가 검증되지 않는다.

9.5.4 코드

다음의 코드 스니펫에서는 수식 (9.17)에서 정의한 β와 α 같은 몇 가지 매개 변수만을 사용한다. 이 프로그램은 약간 장황하며 몇 가지 매개 변수의 세부 정보를 제공한다.

```python
import xbart                        # 패키지 로딩
fit_bart = xbart.XBART(            # 메인 함수
    num_trees = 20,                 # 모델 내 트리 개수
    num_sweeps = 300,               # 추출된 사후 값 개수
    burnin = 100,                   # 번인 샘플 크기
    alpha = 0.95,                   # 사전 트리 구조에서의 알파
    beta = 2.0)                     # 사전 트리 구조에서의 베타
fit_bart.fit(training_sample[features_short],
            training_sample["R1M_Usd"]) # 모델 피팅
```

```
XBART(num_trees = 20, num_sweeps = 300, n_min = 1, num_cutpoints = 100,
 alpha =0.95, beta = 2.0, tau = 0.05, burnin = 100, mtry = 7, max_depth_num = 250, kap
=16.0, s = 4.0, verbose = False, parallel = False, seed = 0, model_num = 0,
 no_split_penality = 4.6051, sample_weights_flag = True, num_classes=1)
```

모델 학습이 완료되면[2] 성능을 평가한다. 단순히 적중률을 계산한다. 예측 결과는 적합도 변수 내에 'yhat.test'라는 이름으로 포함된다.

```python
hitratio = np.mean(fit_bart.predict(
    testing_sample[features_short]) * y_test > 0)
print(f'Hit Ratio: {hitratio}')
```

```
Hit Ratio: 0.5438269143117593
```

성능은 합리적으로 보이나 결코 인상적이지는 않다. 샘플링된 모든 트리의 데이터는 fit_bart 변수에서 사용할 수 있다. 하지만 트리의 경우 종종 그렇듯이 이 변수는 복잡한 구조를 갖고 있다. 우리가 추출할 수 있는 가장 간단한 정보는 300개의 모든 시뮬레이션에서의 σ값이다 (그림 9.3 참고).

```python
sigma_df=pd.DataFrame(fit_bart.sigma_draws)  # 모델 피팅에서의 데이터
sigma_df=sigma_df.mean(axis=1).reset_index() # 모든 트리 평균화
sigma_df.rename(columns={"index":"Simulation",0:"Sigma"},inplace=True)
sigma_df.plot.scatter(x='Simulation',y="Sigma") # 시각화!
```

---

2 BART의 경우, 훈련은 정확히 사후 샘플을 추출하는 것으로 이뤄진다.

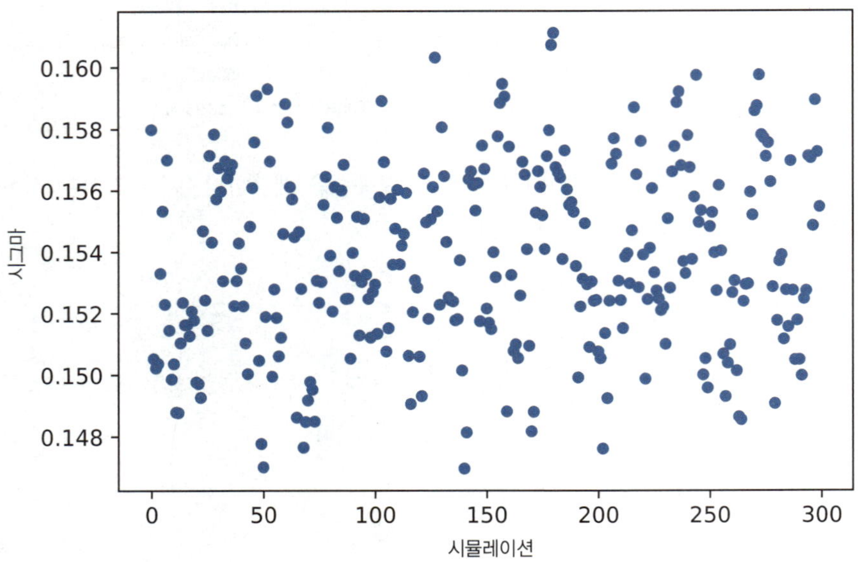

그림 9.3 BART 시뮬레이션을 통한 시그마 생성

## 3부

예측에서 포트폴리오로

10

검증 및 튜닝

5장에서 11장까지 살펴본 바와 같이 머신러닝 모델을 학습하려면 사용자 지정 선택 사항이 필요하다. 이러한 선택 사항에는 매개 변수 값(학습 속도, 규제화 강도 등) 또는 아키텍처 선택(예를 들어, 네트워크 구조)이 포함된다. 머신러닝 엔진에서 다른 설계를 선택하면 예측 결과가 달라질 수 있으므로 좋은 설계를 선택하는 것이 중요하다. 하이퍼파라미터 튜닝이 모델 성능에 미치는 영향에 대한 연구는 프로브스트 외[Probst et al.(2018)]의 연구를 참고하라. 일부 모델(신경망 및 부스트 트리)의 경우 자유도가 너무 커서 올바른 매개 변수를 찾는 것이 복잡하고 어려울 수 있다. 10장에서는 이러한 문제를 다루지만, 좋은 모델을 구축하는 데 지름길은 없다는 사실을 독자는 알고 있어야 한다. 효과적인 모델을 만드는 데는 많은 시간이 소요되며 이는 종종 수많은 반복의 결과다.

10.1 학습 지표

학습 전에 설정하는 매개 변수 값을 **하이퍼파라미터**라고 한다. 좋은 하이퍼파라미터를 선택하기 위해서는 머신러닝 모델의 성능을 평가하는 지표를 정의하는 것이 필수적이다. 머신러닝에서 흔히 그렇듯이 숫자(회귀)를 예측하려는 모델과 범주(분류)를 예측하려는 모델 사이에는 이분법이 존재한다. 일반적인 평가 벤치마크를 설명하기 전에 리 외[Li et al.(2020)]의 계량경제학적 접근법을 언급하고자 한다. 그들은 특정 외부 변수가 **조건**으로 주어진 벤치마크와 비교해 예측 방법의 성능을 평가할 것을 제안한다. 이는 어떤 (경제적) 조건에서 모델이 벤치마크를 능가하는지 모니터링하는 데 도움이 된다. 테스트에 대한 전체적인 구현은 복잡하므로 관심 있는 독자라면 이 논문에서 파생된 내용을 살펴볼 것을 권한다.

10.1.1 회귀 분석

회귀 분석의 오차는 보통 직관적인 방법으로 평가된다. L^1 및 L^2 노름이 주류이며, 이 둘은 모두 해석과 계산이 쉽다. 여기서 두 번째 방법인 **평균 제곱근 오차**^{RMSE, Root Mean Squared Error}는 모든 구간에서 미분 가능하지만 이해하기 어려우며 이상치에 더 많은 가중치를 부여한다. 첫 번째 방법인 평균 절대 오차는 실현된 값과의 평균 거리를 제공하나 0에서 미분할 수 없다. 수식적으로는 다음과 같이 정의하며, RMSE는 단순히 MSE의 제곱근이다.

$$\text{MAE}(\mathbf{y}, \tilde{\mathbf{y}}) = \frac{1}{I} \sum_{i=1}^{I} |y_i - \tilde{y}_i| \tag{10.1}$$

$$\text{MSE}(\mathbf{y}, \tilde{\mathbf{y}}) = \frac{1}{I} \sum_{i=1}^{I} (y_i - \tilde{y}_i)^2 \tag{10.2}$$

인스턴스의 중요도에 이질성을 생성하기 위해 가중치 w_i를 추가해 이러한 공식을 일반화할 수 있다. MSE에 대해 간단히 설명해보자. 이 방법은 머신러닝에서 가장 일반적인 손실 함수이지만 포트폴리오 배분 작업에서 수익률 예측을 위한 최선의 선택은 아니다. 손실을 3개의 항으로 분해하면 실현 수익률의 제곱합, 예측 수익률의 제곱합, 이 둘의 곱(대략적으로 0을 의미한다고 가정하면 공분산 항)을 얻는다. 첫 번째 항은 중요하지 않다. 두 번째 항은 예측값의 0 주위 분산을 제어한다. 세 번째 항은 자산 배분 의사결정자의 입장에서 가장 흥미로운 항이다. 두 항이 모두 양수이고 모델이 수익성 있는 자산을 인식했거나 두 항이 음수이고 모델이 나쁜 기회를 식별한 경우, 교차 곱 $-2y_i\tilde{y}_i$이 음수가 되면 항상 투자자에게 이익이 된다. 문제가 발생하는 것은 y_i와 $\tilde{y}_i$가 같은 부호를 갖지 않을 때다. 따라서 $\tilde{y}_i^2$보다 그 교차항이 더 중요하다. 하지만 알고리듬은 이 지표와 관련해 최적화를 하지는 않는다.[1]

---

1 여기에는 스피어만 로(Spearman rho)처럼 좀 더 이색적인 기준을 최적화하려는 시도와 비슷한 몇 가지 예외가 있다. 이러한 기준은 순위에 기반하며 출력값과 예측값 간의 상관관계를 최대화하는 것과 가깝다. 이 로(rho) 값은 미분할 수 없기에 수치적 문제가 발생한다. 이러한 문제는 엥길버그 외(Engilberge et al.)(2019)에서와 같이 복잡한 아키텍처를 사용하면 부분적으로 완화할 수 있다.

이러한 지표(MSE 및 RMSE)는 예측 오차를 평가하기 위해 머신러닝 밖에서 널리 사용된다. 아래에는 모델의 품질을 정량화하는데 때때로 사용되는 다른 지표도 소개한다. 선형 회귀와 마찬가지로, R^2는 모든 예측 작업에서 계산할 수 있다.

$$R^2(\mathbf{y}, \tilde{\mathbf{y}}) = 1 - \frac{\sum_{i=1}^{I}(y_i - \tilde{y}_i)^2}{\sum_{i=1}^{I}(y_i - \bar{y})^2} \tag{10.3}$$

여기서 $\bar{y}$는 레이블의 표본 평균이다. 기존 R^2와의 한 가지 중요한 차이점은 위의 수치를 **훈련 샘플**이 아닌 **테스트 샘플**에서 계산할 수 있다는 것이다. 이때 분자의 MSE가 테스트 샘플의 (편향된) 분산보다 큰 경우 R^2는 음수가 될 수 있다. 때로는 분모에서 평균값 $\bar{y}$가 생략되기도 한다(예를 들어, 구 외(2020)와 같이). 평균값을 제거하면 모델의 예측을 0 예측과 비교할 수 있다는 장점이 있다. 이는 특히 수익률과 관련이 있는데 그 이유는 가장 단순한 예측이 상수 0 값이기 때문이며, 그렇기에 R^2는 모델이 이 단순한 벤치마크를 능가하는지를 측정할 수 있다. 0 예측은 표본 평균보다 항상 더 바람직한 선택인데 왜냐하면 후자는 훨씬 더 기간 의존적이기 때문이다. 또한, 분모에서 $\bar{y}$를 제거하면 기계적으로 R^2가 감소하므로 지표가 더 보수적으로 변한다.

위에서 설명한 간단한 지표 외에도 몇 가지 이색적이고 확장된 지표가 존재한다. 이 지표들은 모두 평균을 구하기 전에 오차를 변경하는 방식으로 구성된다. 주목할 만한 두 가지 예는 평균 절대 백분율 오차^{MAPE, Mean Absolute Percentage Error}와 평균 제곱 백분율 오차^{MSPE, Mean Squared Percentage Error}다. 원시 오차를 관찰하는 대신 이 지표들은 원래의 값(예측할 값)에 대해 상대적인 오차를 계산한다. 따라서 오차는 백분율 점수로 표시되며, 평균은 단순히 다음과 같다.

$$\text{MAPE}(\mathbf{y}, \tilde{\mathbf{y}}) = \frac{1}{I}\sum_{i=1}^{I}\left|\frac{y_i - \tilde{y}_i}{y_i}\right| \tag{10.4}$$

$$\text{MSPE}(\mathbf{y}, \tilde{\mathbf{y}}) = \frac{1}{I}\sum_{i=1}^{I}\left(\frac{y_i - \tilde{y}_i}{y_i}\right)^2 \tag{10.5}$$

여기서 후자는 필요한 경우 제곱근으로 스케일링할 수 있다. 레이블이 양수이고 값이 매우 클 가능성이 있는 경우 자칫 매우 커질 수 있는 오차의 크기를 조정할 수 있다. 이를 위한 한 가지 방법은 다음에서 정의하고 있는 근평균 제곱 로그 오차^{RMSLE, Root Mean Squared Logarithmic Error}를 사용하는 것이다.

$$\text{RMSLE}(\mathbf{y}, \tilde{\mathbf{y}}) = \sqrt{\frac{1}{I} \sum_{i=1}^{I} \log\left(\frac{1 + y_i}{1 + \tilde{y}_i}\right)} \tag{10.6}$$

여기서 $y_i = \tilde{y}_i$일 때 오차 지표는 0과 같다는 것이 명백하다.

범주형 손실로 넘어가기 전에 회귀 작업에서 가장 널리 사용되는 지표이자 객관적인 지표인 MSE의 한 가지 단점에 대해 간략히 설명하고자 한다. 이 지표를 간단히 분해하면 다음과 같은 결과가 나온다.

$$\text{MSE}(\mathbf{y}, \tilde{\mathbf{y}}) = \frac{1}{I} \sum_{i=1}^{I} (y_i^2 + \tilde{y}_i^2 - 2y_i\tilde{y}_i)$$

전체 합의 내부를 보면 첫 번째 항은 이미 주어졌으나 이와 관련해서 할 수 있는 일은 없으므로 모델은 나머지 두 항을 최소화하는 데 중점을 둔다. 두 번째 항은 모델 값의 분산이다. 세 번째 항은 교차곱이다. $\tilde{y}_i$의 변화도 중요하지만, 특히 횡단면에서는 세 번째 항이 가장 중요하다. $y_i\tilde{y}_i$를 증가시킴으로써 MSE를 줄이는 것이 더 가치가 있다. 이 곱은 두 항의 부호가 같을 때 실제로 양수이며, 이는 투자자가 원하는 베팅의 **정확한 방향**과 완전히 일치한다. 신경망과 같은 일부 알고리듬의 경우 사용자 지정 손실을 수동으로 지정할 수 있다. $y_i\tilde{y}_i$의 합을 최대화하는 것은 일반적인 이차 최적화에 대한 좋은 대안이 될 수 있다(구현에 대한 예시는 7.4.3절 참고).

10.1.2 분류 분석

범주형 결과에 대한 성과 지표는 수치형 결과와 비교했을 때 상당히 다르다. 이러한 지표의 대부분은 이진 클래스 전용이나 일부 지표는 멀티 클래스 모델로 쉽게 일반화할 수 있다.

이러한 지표와 관련된 개념들을 쉬운 것부터 차례로 제시하고자 한다. 우선 참 대 거짓, 긍정 대 부정이라는 두 가지 이분법에서부터 출발해보자. 이진 분류에서는 참과 거짓의 관점에서 생각하는 것이 편리하다. 투자 환경에서 참은 양의 수익률 또는 벤치마크보다 높은 수익률과 관련이 있으며, 거짓은 그 반대를 의미한다.

이렇게 하면 예측에 대한 네 가지 유형의 가능한 결과가 나온다. 이 중 2개는 예측이 맞는(참을 예측했는데 실제 참이거나 거짓을 예측했는데 실제 거짓인) 경우이며, 다른 두 가지는 예측이 틀린(참을 예측했는데 실제 거짓이거나 거짓을 예측했는데 실제 참인) 경우다. 이에 상응하는 결합 지표들은 다음과 같이 정의한다.

- 참 양성 빈도: $TP = I^{-1} \sum_{i=1}^{I} 1_{\{y_i = \tilde{y}_i = 1\}}$
- 참 음성 빈도: $TN = I^{-1} \sum_{i=1}^{I} 1_{\{y_i = \tilde{y}_i = 0\}}$
- 거짓 양성 빈도: $FP = I^{-1} \sum_{i=1}^{I} 1_{\{\tilde{y}_i = 1,\, y_i = 0\}}$
- 거짓 음성 빈도: $FN = I^{-1} \sum_{i=1}^{I} 1_{\{\tilde{y}_i = 0,\, y_i = 1\}}$

여기서 참은 일반적으로 1로 인코딩되고 거짓은 0으로 인코딩된다. 네 숫자의 합은 1이다. 그림 10.1에 표시된 것처럼 이 네 가지 숫자는 표본 외 결과에 매우 다른 영향을 미친다. **혼동 행렬**confusion matrix이라고도 불리는 이 표에서는 모델에서 미래 수익성에 대한 어떤 대용치를 예측한다고 가정한다. 가장 중요한 경우는 맨 윗줄에 있는 경우로 예측 수익률이 플러스인 자산(벤치마크 대비)이 포트폴리오에 포함될 가능성이 높기 때문에 모델이 긍정적인 결과를 예측하는 경우다. 물론 자산의 수익률이 좋으면 문제가 되지 않지만(왼쪽 셀), 모델이 틀린 경우 포트폴리오에 손실이 발생하기 때문에 불이익이 된다.

		실현된 수익성 = 실제 발생한 값	
		양성	음성
예측한 수익성 = 모델이 말해준 값	양성	참 양성 작동하는 전략에 투자를 했다.	거짓 양성 = 1종 오류 작동하는 않는 전략에 투자를 했다.
	음성	거짓 음성 = 2종 오류 작동하는 전략에 투자하지 않았다.	참 음성 작동하지 않는 전략에 투자하지 않았다.

그림 10.1 혼동 행렬: 이진 결과 요약

두 가지 유형의 오류 중 **1종** 오류는 포트폴리오에 직접적인 영향을 미치기 때문에 투자자에게 가장 부담스러운 오류다. **2종** 오류는 단순히 기회를 놓친 것이기 때문에 영향이 다소 적다. 마지막으로, 참 음성은 포트폴리오에서 올바르게 제외된 자산이다.

네 가지 기본 수치를 바탕으로 다음과 같은 다른 종류의 흥미로운 지표를 도출할 수 있다.

- **정확도**^{accuracy} $= TP + TN$는 올바른 예측의 비율이다.
- **재현율**^{recall} $= \dfrac{TP}{TP + FN}$은 성공적인 전략/자산을 감지하는 능력을 측정한다(왼쪽 열 분석). 민감도 혹은 참 양성률$^{TPR,\ True\ Positive\ Rate}$이라고도 한다.
- **정밀도**^{precision} $= \dfrac{TP}{TP + FP}$는 좋은 투자 확률을 계산한다(맨 윗줄 분석).
- **특이도**^{specificity} $= \dfrac{TN}{FP + TN}$는 올바르게 식별된 실제 음성의 비율을 측정한다(오른쪽 열 분석).
- **위양성률**^{fallout} $= \dfrac{FP}{FP + TN} = 1 -$특이도는 거짓 경보(또는 거짓 양성 비율), 즉 알고리듬이 잘못 작동하는 자산을 탐지하는 빈도를 나타낸다(오른쪽 열 분석).
- **F-스코어**, $\mathbf{F}_1 = 2\dfrac{\text{recall} \times \text{precision}}{\text{recall} + \text{precision}}$는 재현율과 정밀도의 조화 평균이다.

이 모든 항목들은 단위 간격에 위치하며, 이 값들이 증가하면 모델이 더 나은 성능을 발휘하는 것으로 간주할 수 있다(위양성률의 경우는 반대이므로 제외). 오탐률이나 오누락률 같은 다른 많은 지표도 있지만, 이들은 주류가 아니며 사용 빈도가 낮다. 게다가 그러한 지표들은 종종 위에서 언급한 지표들의 단순 함수인 경우가 많다.

더 복잡하지만 유명한 측정 지표 하나는 흔히 AUC$^{Area\ Under\ Curve}$라고 불리는 수신기 작동 특성$^{ROC,\ Receiver\ Operating\ Characteristic}$ 곡선 아래의 영역이다. 복잡한 부분은 ROC 곡선인데, 여기서 ROC는 신호 이론에서 유래한 이름이다. 다음에는 이 곡선이 어떻게 만들어지는지 설명한다.

6장과 7장에서 살펴본 것처럼 분류기는 한 인스턴스가 한 클래스에 속할 확률인 출력을 생성한다. 그런 다음 이러한 확률은 가장 높은 값을 가진 클래스를 선택함으로써 클래스로 변환된다. 이진 분류에서는 점수가 0.5 이상인 클래스가 기본적으로 승리한다.

실무적으로 이 0.5라는 임계치는 최적이 아닐 수 있으며, 확률이 0.4 미만일 때는 모델이 거짓 인스턴스를 정확하게 예측하고 그렇지 않으면 참 인스턴스를 예측할 수 있다. 따라서 결정 임계치가 바뀌면 어떤 일이 발생하는지 테스트하는 것은 당연한 일이다. ROC 곡선은 바로 이 작업을 수행하며 임계치가 0에서 1로 증가했을 때 위양성률의 함수로 재현율을 그린다.

임계치가 0이면 모델이 양수 값을 예측하지 않기 때문에 참 양성은 0이 된다. 따라서 재현율과 위양성률은 모두 0이 된다. 임계치가 1이면 거짓 음성이 0으로 줄어들고 참 음성도 0으로 줄어들기 때문에 재현율과 위양성률은 모두 1이 된다. 이 두 극단 사이의 관계에 대한 동작을 **ROC 곡선**이라고 한다. 그림 10.2에서는 정형화된 예시를 제공한다. 무작위 분류기는 재현율과 위양성률에 대해 똑같이 잘 작동하므로 ROC 곡선은 $(0, 0)$에서 $(1, 1)$까지의 직선이 될 것이다. 이를 증명하기 위해 참 인스턴스의 비율이 $p \in (0, 1)$인 샘플과 확률 $p' \in (0, 1)$로 무작위적인 참을 예측하는 분류기를 상상해보자. 그러면 샘플과 예측은 독립적이기에 $TP = p'p$, $FP = p'(1 - p)$, $TN = (1 - p')(1 - p)$, $FN = (1 - p')p$이다. 위와 같이 정의가 주어지면, 재현율과 위양성률은 모두 p'이 된다.

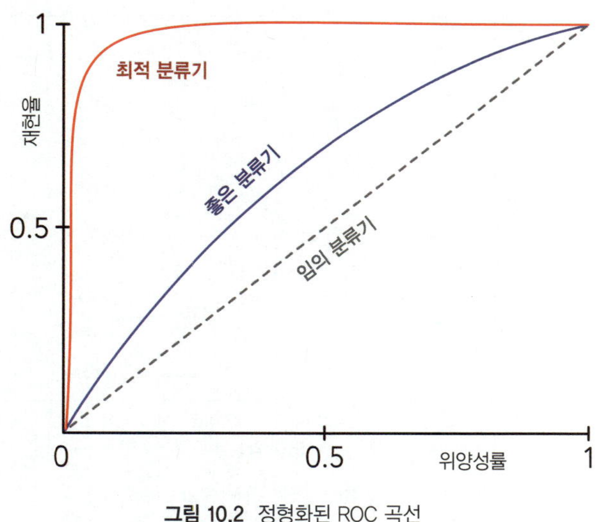

그림 10.2 정형화된 ROC 곡선

ROC 곡선이 45° 이상인 알고리듬은 평균적인 분류기보다 더 나은 성능을 발휘한다. 실제로 이 곡선은 이익(y축에서 좋은 전략을 탐지할 확률)에서 비용(x축에서 잘못된 자산을 선택할 확률)을 뺀 값의 트레이드 오프라고 볼 수 있다. 따라서 45°를 넘는 것이 가장 중요하다. 가장 좋은 분류기는 점 $(0, 0)$에서 점 $(0, 1)$로, 점 $(1, 1)$에서 점 $(0, 1)$로 이어지는 ROC 곡선을 가진다. 점 $(0, 1)$에서 위양성률은 0이므로 거짓 양성이 없으며 재현율은 1이므로 거짓 음성도 없기에, 모델은 항상 옳다. 그 반대 또한 성립한다. 점 $(1, 0)$에서 모델은 항상 틀리다.

다음에서는 테스트 샘플에서 주어진 예측 집합에 대한 ROC 곡선을 계산한다.

```python
from sklearn.metrics import roc_curve, RocCurveDisplay, auc
# AUC 계산을 위한 모듈
fpr,tpr,thresholds=roc_curve(testing_sample['R1M_Usd_C'].values,
        fit_RF_C.predict(testing_sample[features]))
roc_auc = auc(fpr,tpr)
display = RocCurveDisplay(fpr=fpr, tpr=tpr, roc_auc=roc_auc,
                                estimator_name='example estimator')
display.plot()
plt.show()
```

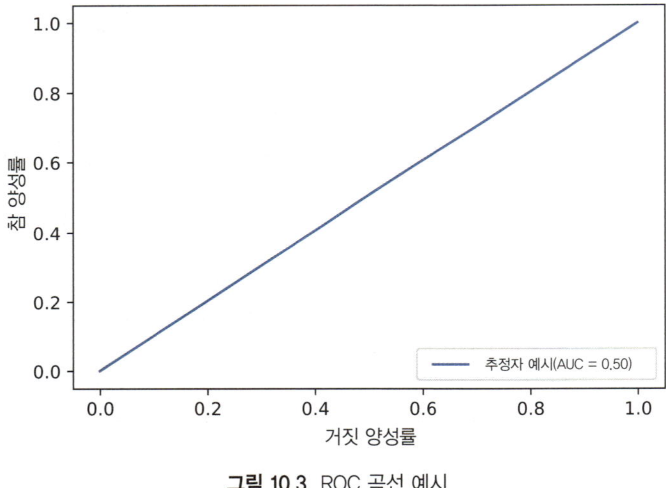

그림 10.3 ROC 곡선 예시

```python
print(f'AUC: {roc_auc}')
```

```
AUC: 0.5021678143170378
```

그림 10.3에서 곡선은 45°에 매우 가깝고 모델은 무작위 분류기 정도로 좋은(혹은 오히려 나쁜) 것처럼 보인다.

마지막으로, 전체 곡선 하나를 갖는 것은 비교 목적으로는 실용적이지 않기 때문에 전체 곡선 정보는 곡선 아래 영역, 즉 해당 함수의 적분으로 합성된다. 45° 각도(사분면의 이등분선)의 면적은 0.5다(단위 면적을 갖는 단위 정사각형의 절반). 따라서 좋은 모델이라면 AUC가 0.5 이상이 되는 것을 기대한다. 완벽한 모델은 AUC가 1이다.

이 하위 절은 멀티 클래스 데이터에 대한 한마디로 마무리하고자 한다. 출력(즉, 레이블)에 2개 이상의 범주가 있는 경우 상황은 더 복잡해진다. 혼동 행렬을 계산하는 것은 여전히 가능하지만, 차원이 더 커지고 해석하기가 더 어려워진다. TP, TN 등과 같은 간단한 지표는 비표준 방식으로 일반화해야 한다. 이 경우 가장 간단한 지표는 수식 (7.10)에서 정의한 교차 엔트로피corss-entropy다. 범주형 레이블과 관련된 손실에 대한 자세한 내용은 6.1.2절을 참고하라.

10.2 검증

검증은 실제 또는 라이브 데이터(예를 들어, 트레이딩 목적)를 배포하기 전에 모델을 테스트하고 조정하는 단계다. 따라서 이 부분은 두 말할 필요도 없이 중요하다.

10.2.1 분산-편향 트레이드 오프: 이론

분산-편향 트레이드 오프variance-bias tradeoff는 지도 학습의 핵심 개념 중 하나다. 이를 설명하기 위해 다음과 같은 간단한 모델에 의해 데이터가 생성됐다고 가정해보자.

$$y_i = f(\mathbf{x}_i) + \epsilon_i, \quad \mathbb{E}[\epsilon] = 0, \quad \mathbb{V}[\epsilon] = \sigma^2$$

물론 추정해야 하는 모델은 다음과 같다.

$$y_i = \hat{f}(\mathbf{x}_i) + \hat{\epsilon}_i$$

알 수 없는 샘플 $\mathbf{x}$가 주어지면 MSE는 다음과 같이 분해할 수 있다.

$$\mathbb{E}[\hat{\epsilon}^2] = \mathbb{E}[(y - \hat{f}(\mathbf{x}))^2] = \mathbb{E}[(f(\mathbf{x}) + \epsilon - \hat{f}(\mathbf{x}))^2] \tag{10.7}$$

$$= \underbrace{\mathbb{E}[(f(\mathbf{x}) - \hat{f}(\mathbf{x}))^2]}_{\text{2차 오차의 총합}} + \underbrace{\mathbb{E}[\epsilon^2]}_{\text{줄이지 못하는 오차}}$$

$$= \mathbb{E}[\hat{f}(\mathbf{x})^2] + \mathbb{E}[f(\mathbf{x})^2] - 2\mathbb{E}[f(\mathbf{x})\hat{f}(\mathbf{x})] + \sigma^2$$

$$= \mathbb{E}[\hat{f}(\mathbf{x})^2] + f(\mathbf{x})^2 - 2f(\mathbf{x})\mathbb{E}[\hat{f}(\mathbf{x})] + \sigma^2$$

$$= \left[\mathbb{E}[\hat{f}(\mathbf{x})^2] - \mathbb{E}[\hat{f}(\mathbf{x})]^2\right] + \left[\mathbb{E}[\hat{f}(\mathbf{x})]^2 + f(\mathbf{x})^2 - 2f(\mathbf{x})\mathbb{E}[\hat{f}(\mathbf{x})]\right] + \sigma^2$$

$$= \underbrace{\mathbb{V}[\hat{f}(\mathbf{x})]}_{\text{모델의 분산}} + \underbrace{\mathbb{E}[(f(\mathbf{x}) - \hat{f}(\mathbf{x}))]^2}_{\text{제곱 편향}} + \sigma^2$$

위의 유도식에서 $f(x)$는 랜덤하지 않지만 $\hat{f}(x)$는 랜덤하다. 또한, 두 번째 줄에서는 $\mathbb{E}[\epsilon(f(x) - \hat{f}(x))] = 0$이라고 가정했지만, 이 가정이 항상 성립하는 것은 아니다(비록 매우 일반적인 가정이지만). 따라서 MSE는 세 가지 구성 요소가 있다.

- (예측에 대한) 모델의 분산
- 모델의 제곱 편향
- (특정 모델의 선택과는 독립적인) 1개의 **줄일 수 없는 오차**irreducible error

마지막 구성 요소는 모델 변경에 영향을 받지 않으므로 앞선 두 구성 요소의 합을 최소화하는 것이 과제다. 이를 분산-편향 트레이드 오프라고 하는데, 그 이유는 한쪽을 줄이면 다른 한쪽이 증가하는 경우가 많기 때문이다. 따라서 어느 한쪽을 조금만 증가시키면 다른 한쪽이 더 크게 감소할 수 있게 되는 순간을 평가하는 것이 목표다.

이 트레이드 오프를 표현하는 방법에는 여러 가지가 있으며, 여기서 우리는 그중 두 가지를 제시할 것이다. 첫 번째는 양궁과 관련된 것이다(그림 10.4 참고). 가장 좋은 경우(왼쪽 위)는 모든 화살이 가운데에 집중되는 경우로, 이때 궁수는 평균적으로 정확하게 조준하며 모든 화살은 서로 매우 가깝다. 최악의 경우(오른쪽 아래)는 정반대로, 평균적 화살이 과녁의 중앙 위에 있고(편향이 0이 아님) 화살들의 분산이 큰 경우다.

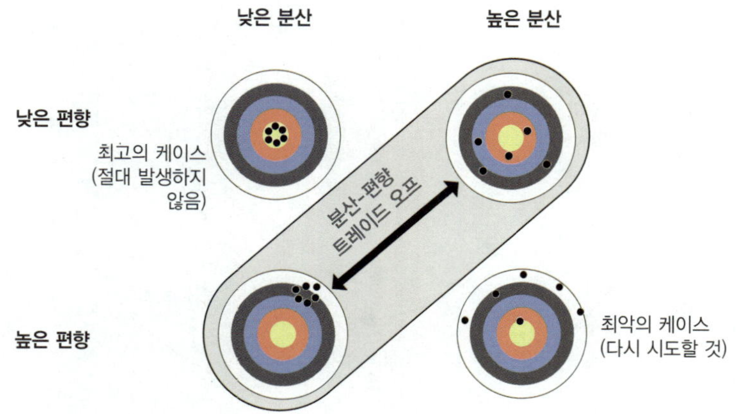

그림 10.4 분산-편향 트레이드 오프에 대한 첫 번째 묘사

머신러닝에서 가장 자주 접하는 두 가지 경우는 화살들(예측)이 작은 둘레에 집중돼 있지만 그 둘레가 과녁의 중앙이 아니거나, 화살들이 평균적으로 중심 주변에 잘 분포돼 있지만 평균적으로 중심에서 멀리 떨어져 있는 경우다.

분산-편향 트레이드 오프를 설명하기 위한 두 번째 방법은 **모델 복잡도**^{model complexity} 개념을 사용하는 것이다. 가장 단순한 모델은 상수 모델이다. 예를 들어, 예측은 항상 동일하며, 이는 훈련셋 내 레이블의 평균값과 같다. 물론 이 예측은 테스트셋의 실제 값과는 거리가 먼 경우가 많지만(편향이 클 수 있음), 적어도 분산은 0이다. 반면 인스턴스 수만큼 많은 잎사귀를 가진 의사결정 트리는 매우 복잡한 구조를 가진다. 이 경우 아마도 편향이 더 작을 수 있지만, 이 편향 감소가 모델 복잡성으로 인한 분산 증가를 보상할 수 있을지는 분명치 않다.

이러한 트레이드 오프의 측면은 그림 10.5에 나와 있다. 그래프의 왼쪽은 분산이 작고 편향이 큰 단순한 모델이며, 오른쪽은 그 반대, 즉 복잡한 모델이다. 좋은 모델은 종종 이 중간의 어딘가에 있지만 최적의 조합을 찾기는 어렵다.

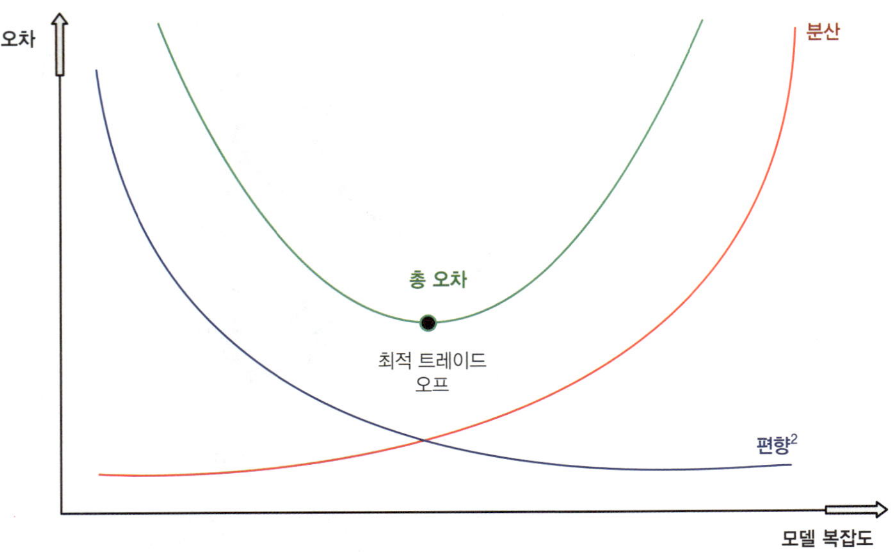

그림 10.5 분산-편향 트레이드 오프에 대한 두 번째 묘사

분산-편향 트레이드 오프의 가장 단순한 이론적 형태는 릿지 회귀다.[2] 이 유형의 회귀에서 계수 추정치는 $\hat{\mathbf{b}}_\lambda = (\mathbf{X}'\mathbf{X}+\lambda\mathbf{I}_N)^{-1}\mathbf{X}'\mathbf{Y}$으로 주어지며, 여기서 λ는 페널티 강도다(5.1.1절 참고). 데이터 생성 프로세스에 대한 참 선형 형태를 가정하면($\mathbf{y} = \mathbf{X}\mathbf{b} + \epsilon$, 여기서 $\mathbf{b}$는 미지수이며 σ^2은 오차 분산으로 단위 상관 행렬을 가진다) 이는 다음과 같다.

$$\mathbb{E}[\hat{\mathbf{b}}_\lambda] = \mathbf{b} - \lambda(\mathbf{X}'\mathbf{X} + \lambda\mathbf{I}_N)^{-1}\mathbf{b}, \tag{10.8}$$

$$\mathbb{V}[\hat{\mathbf{b}}_\lambda] = \sigma^2(\mathbf{X}'\mathbf{X} + \lambda\mathbf{I}_N)^{-1}\mathbf{X}'\mathbf{X}(\mathbf{X}'\mathbf{X} + \lambda\mathbf{I}_N)^{-1} \tag{10.9}$$

기본적으로 위 수식은 추정기의 편향이 $-\lambda(\mathbf{X}'\mathbf{X}+\lambda\mathbf{I}_N)^{-1}\mathbf{b}$과 같으며, 만약 페널티가 없는 경우(고전적 회귀)에는 이 편향이 0이 되며 $\lambda \to \infty$, 즉 모델이 상수가 되면 이 편향이 어떤 유한한 수에 수렴한다는 것을 의미한다. 추정기의 편향이 0이면 예측도 마찬가지가 된다. 즉 $\mathbb{E}[\mathbf{X}(\mathbf{b} - \hat{\mathbf{b}})] = 0$이 된다.

비제약적 회귀의 경우, (추정치의) 분산은 $\mathbb{V}[\hat{\mathbf{b}}] = \sigma(\mathbf{X}'\mathbf{X})^{-1}$과 같다. 수식 (10.9)에서 λ는 역행렬에서 수치의 크기를 감소시킨다. 전반적인 효과는 λ가 증가함에 따라 분산이 감소하고

---

2 게만 외(1992)는 신경망에 대한 또다른 비판적 관점을 제시했다.

모델이 상수일 때 λ의 극한에서 분산은 0이 된다는 것이다. 예측의 분산은 다음과 같다.

$$\mathbb{V}[\mathbf{X\hat{b}}] = \mathbb{E}[(\mathbf{X\hat{b}} - \mathbb{E}[\mathbf{X\hat{b}}])(\mathbf{X\hat{b}} - \mathbb{E}[\mathbf{X\hat{b}}])']$$
$$= \mathbf{X}\mathbb{E}[(\mathbf{\hat{b}} - \mathbb{E}[\mathbf{\hat{b}}])(\mathbf{\hat{b}} - \mathbb{E}[\mathbf{\hat{b}}])']\mathbf{X}'$$
$$= \mathbf{X}\mathbb{V}[\mathbf{\hat{b}}]\mathbf{X}$$

대체로 릿지 회귀는 단일 매개 변수로 분산-편향 트레이드 오프를 직접 조정하는 커서[cursor]를 제공할 수 있기 때문에 매우 편리하다.

릿지 회귀를 통해 트레이드 오프를 보여주는 것이 얼마나 간단한지 쉽게 설명할 수 있다. 다음 예시에서는 5장에서 학습한 릿지 모델을 재활용한다.

```python
### 5장의 변수 재호출
ridge_bias = []
ridge_var = []
for alpha in range(0,len(alphas),1):
    predictions=np.dot((df_ridge_res.iloc[alpha,:].values),X_penalized.T)
    ridge_bias.append(np.sum(np.square(predictions - y_penalized)))
    ridge_var.append(np.var(predictions))
df = pd.DataFrame(list(zip(ridge_bias, ridge_var)),
                columns =['ridge_bias^2', 'ridge_var'])
df['total']=df['ridge_bias^2']+df['ridge_var']
df.plot(subplots=True,title='Error Component',xlabel='Lambda')
```

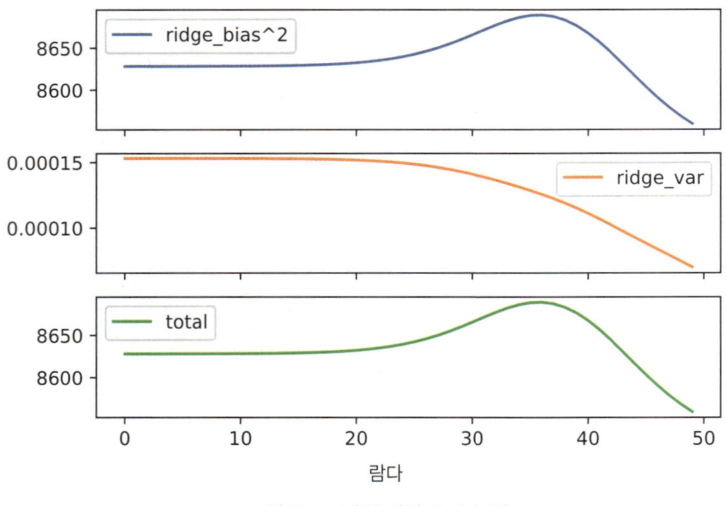

그림 10.6 릿지 회귀 오차 분해

그림 10.6의 패턴은 그림 10.5에 표시된 것과 다르다. 그래프에서 강도 람다^{lambda}가 증가하면 매개 변수의 크기가 줄어들고 모델은 더 단순해진다. 따라서 가장 단순한 모델이 최선의 선택인 것처럼 보인다. 복잡도를 추가하면 분산은 증가하나 편향은 개선되지 않는다. 이에 대한 그럴듯한 이유 한 가지는 특성의 예측 가치가 실제로는 크지 않다는 것이다. 따라서 상수 모델은 관련 없는 변수를 기반으로 한 더 정교한 모델만큼 충분히 좋다.

10.2.2 분산-편향 트레이드 오프: 묘사

분산-편향 트레이드 오프는 이해하기 쉬운 이론적 용어로 제시되는 경우가 많다. 그럼에도 실제 알고리듬 선택에서 이것이 어떻게 작동하는지를 시현하는 것은 유용하다. 다음에는 트리를 예로 들어 설명하는데, 그 이유는 트리의 복잡성이 평가하기 쉽기 때문이다. 기본적으로 많은 최종 노드가 있는 트리는 소수의 클러스터만 있는 트리보다 더 복잡하다.

우선 다음과 같이 단순한 모델부터 훈련을 시작해보자.

```python
X = training_sample[features] # 전체 샘플의 특성/예측 인자 재호출
y = y_train # 전체 샘플의 레이블/종속 변수 재호출
fit_tree_simple = tree.DecisionTreeRegressor( # 모델 정의
  max_depth = 3, # 최대 깊이(즉, 트리 레벨)
  ccp_alpha=0.000001) # 복잡도 매개 변수
fit_tree_simple.fit(X, y) # 모델 피팅
fig, ax = plt.subplots(figsize=(13, 8)) # 사이즈 조정
tree.plot_tree(fit_tree_simple,feature_names=X.columns.values, ax=ax)
# 트리 시각화
plt.show()
```

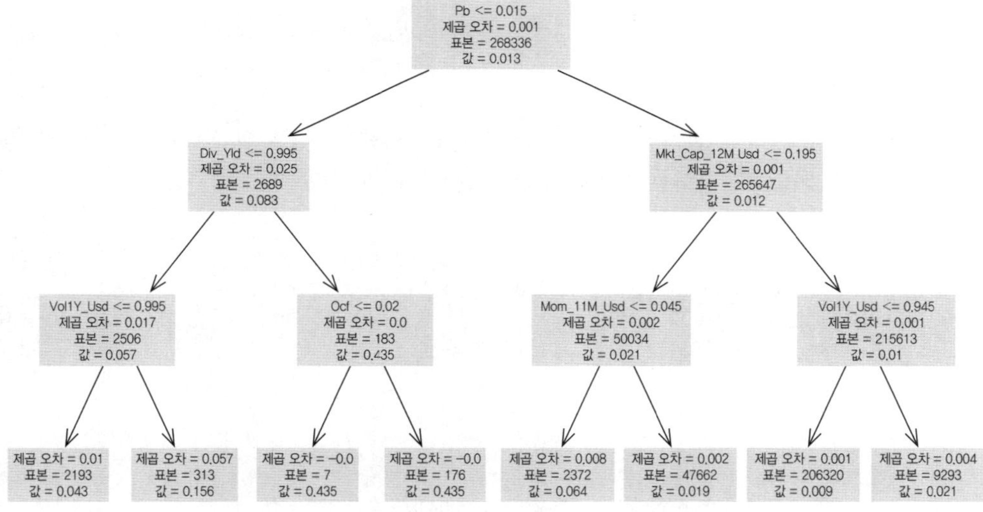

그림 10.7 단순 트리

그림 10.7에 표시된 모델에는 4개의 클러스터만 존재하므로 예측은 오직 4개의 값만 가질 수 있다. 가장 작은 클러스터는 0.011로 표본의 대부분(85%)을 포함하며, 가장 큰 클러스터는 0.062로 훈련 샘플의 4%만을 가져간다. 이렇게 하면 테스트셋에 대한 예측의 편향과 분산을 계산할 수 있다.

```python
bias_tree = np.mean(fit_tree_simple.predict(X_test) - y_test)
print(f'bias: {bias_tree}')
```

```
bias: 0.004973916538330352
```

```python
var_tree = np.var(fit_tree_simple.predict(X_test))
print(f'var: {var_tree}')
```

```
var: 0.0001397982854475224
```

평균적으로 오차는 살짝 양수이며, 전체적으로 0.005만큼 과대 추정됐다. 예상대로 분산은 매우 작다(10^{-4}).

복잡한 모델의 경우 6.4.6절에서 다룬 부스트 트리를 사용한다(fit_xgb). 이 모델은 최대 깊이가 4인 40개의 트리를 결합하므로 의심의 여지없이 더 복잡하다.

```python
bias_xgb = np.mean(fit_xgb.predict(test_matrix_xgb) - y_test)
print(f'bias: {bias_xgb}')
```

```
bias: 0.019378203027941212
```

```python
var_xgb = np.var(fit_xgb.predict(test_matrix_xgb))
print(f'var: {var_xgb}')
```

```
var: 0.0011795820901170373
```

편향은 단순 모델에 비해 실제로 더 작지만 그 대신 분산이 크게 증가한다. (제곱 편향을 통한) 순 효과는 더 단순한 모델에 유리하다.

10.2.3 과최적화의 위험: 원리

과최적화^{overfitting}라는 개념은 머신러닝에서 가장 중요한 개념 중 하나다. 모델이 과최적화되면 예측의 정확도가 실망스럽게 변하고, 이는 왜 몇몇 전략이 표본 외에서 실패하는가에 대한 주요 원인 중 하나다. 따라서 과최적화가 무엇인지 이해하는 것뿐만 아니라 그 영향을 완화하는 방법을 이해하는 것도 중요하다.

이 주제 및 포트폴리오 전략에 미치는 영향에 관한 최신 참고 문헌으로는 화이트(2000)의 연구를 기반으로 한 추 외^{Hsu et al.}(2018)가 있다. 이 두 참고 문헌 모두 머신러닝 모델을 다루지는 않지만 원리는 동일하다. 데이터셋이 주어지면 충분히 강도 높은 수준의 분석(사람 혹은 기계)을 통해 항상 몇 가지의 패턴을 감지할 수 있다. 이러한 패턴이 가성적 패턴인지 아닌지가 핵심 질문이다.

그림 10.8에서는 간단한 시각적 예시를 통해 이 아이디어를 설명한다. 여기서는 x를 y로 매핑하는 모델을 찾으려고 한다. (훈련) 데이터 포인트는 작은 검은색 원이다. 가장 간단한 모델은 상수 모델(매개 변수가 하나뿐인 모델)이지만, 2개의 매개 변수(레벨과 기울기)를 사용하면 적합도는 이미 상당히 좋아진다. 이 적합은 파란색 선으로 표시된다. 매개 변수가 충분하면 모든 포인트를 통과하는 모델을 구축할 수 있다. 한 가지 예로 고차원 다항식을 들 수 있다. 이러한 모델 중 하나가 빨간색 선으로 표시돼 있다. 이제 데이터셋에 이상한 데이터 포인트가 있더라도 복잡한 모델은 이 포인트에 매우 잘 맞는다.

새로운 데이터 포인트가 연한 녹색으로 추가된다. 이 포인트는 다른 포인트들의 일반적인 패턴을 따른다고 충분히 말할 수 있다. 이때 단순한 모델은 완벽하지 않으며 오차는 무시할 수 없는 수준이다. 하지만 복잡한 모델로부터 발생하는 오차(회색 점선으로 표시)는 단순 모델보다 약 2배 정도 크다. 이 단순한 예시는 학습 데이터에 너무 가까운 모델이 다른 데이터셋에는 발생하지 않는 고유성을 포착할 수 있음을 보여준다. 좋은 모델은 이러한 고유성을 무시하고 데이터의 지속적인 구조에 충실하다.

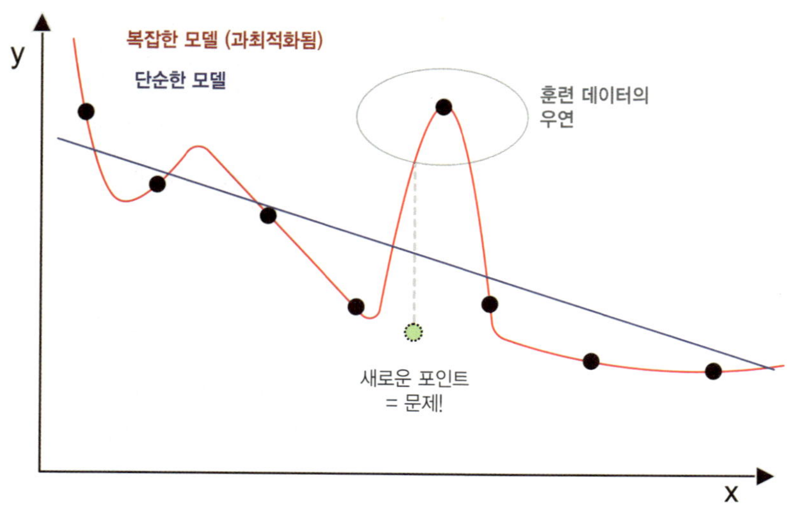

그림 10.8 과최적화 묘사: 훈련 데이터에 아주 잘 맞는 모델이 좋은 아이디어는 아니다.

10.2.4 과최적화의 위험: 몇 가지 해결책

과최적화를 피하는 가장 쉬운 방법은 복잡한 모델(예를 들어, 고차원 신경망 혹은 트리 앙상블)의 유혹을 거부하는 것이다.

모델의 복잡성은 종종 모델의 매개 변수 개수와 그 크기(종종 노름을 통해 합성됨)라는 두 가지 척도를 통해 근사된다. 일부 복잡한 모델에는 적은 수의 매개 변수(또는 작은 매개 변수 값)만 필요할 수 있기 때문에 적어도 간단하고 다루기 쉽다는 장점이 있다. 과최적화를 처리하는 보편적인 방법은 없다. 다음에서는 몇 가지 머신러닝 도구 집합에 관한 몇 가지 기교를 자세히 설명한다.

회귀regression에서는 과최적화를 처리하는 두 가지 간단한 방법이 있다. 첫 번째는 매개 변수의 개수, 즉 예측 인자의 개수다. 특히 일부 특성의 상관관계가 높은 경우에는 특성의 하위 샘플만을 선택하는 것이 더 나을 수 있다(종종 70%의 임계치는 특성 간 절대적 상관관계가 너무 높은 것으로 간주된다). 두 번째 해결책은 라쏘, 릿지 혹은 엘라스틱넷을 통한 페널티 적용으로, 이 방법은 추정치의 크기와 예측의 분산을 줄이는 데 도움이 된다.

트리 기반 방법의 경우, 과최적화의 위험을 줄일 수 있는 다양한 방법이 있다. **단순 트리**를 다룰 때는 잎사귀의 개수를 제한하는 방법밖에 없다. 이는 여러 방법으로 가능하다. 첫째, 최대 깊이를 부과한다. 만약 최대 깊이가 d라면 트리는 2^d개의 최종 노드를 가질 수 있다. 때로는 $d = 6$을 초과하지 않는 것이 좋다. 복잡도 매개 변수는 트리의 크기를 축소하는 또 다른 방법으로, 새로운 분할은 최소한 cp 정도의 손실 감소를 가져와야 한다. 그렇지 않으면 분할은 유용하지 않은 것으로 간주된다. 따라서 cp가 크면 트리가 성장하지 않는다. 사용 가능한 나머지 두 매개 변수는 각 잎사귀에 필요한 최소 인스턴스 개수와 분할 프로세스를 계속하기 위해 필요한 클러스터당 최소 인스턴스 개수다. 이 수치가 높을수록(즉, 더 강압적일수록) 복잡한 트리를 성장시키기가 더 어려워진다.

이러한 옵션 외에도 **랜덤 포레스트**에서는 포레스트의 트리 개수를 제어할 수 있다. 이론적으로(브레이만(2001) 참고), 새로운 트리는 다양화를 통한 전체 오차를 줄이는 데 도움이 되기 때문에 이 매개 변수는 과최적화 위험에 영향을 미치지 않는 것으로 알려져 있다. 하지만 실무적으로는 계산 시간 때문에 1,000개 이상의 트리를 사용하지 않는 것이 좋다. 다른 두 가지 하이퍼파라미터는 (각 학습자가 훈련을 하는) 하위 샘플 크기 및 학습을 위해 유지하는 특성의 개수다. 이 매개 변수들은 편향과 트레이드 오프에 직접적인 영향을 미치지 않으며, 오히려 원시적 성과에 영향을 미친다. 예를 들어, 하위 샘플이 너무 작으면 트리가 충분히 학습하지 못한다. 특성의 개수가 너무 적으면 같은 문제가 발생한다. 반면 많은 수의 예측 인자를 선택하면(즉, 전체 개수에 가깝게) 훈련 샘플에 포함된 정보의 중복이 높을 수 있으므로 각 학습자의 예측 간 높은 상관관계가 발생할 수 있다.

부스트 트리^{boosted tree}에는 과최적화 위험을 완화하는 데 도움이 되는 다른 옵션이 있다. 가장 확실한 옵션은 각각의 새로운 트리의 영향을 $\eta \in (0, 1)$만큼 할인하는 학습 속도다. 학습 속도가 높으면 알고리듬이 너무 빨리 학습해 훈련 데이터에 가깝게 고착되기 쉽다. 만약 이 속도가 낮은 경우 모델은 매우 점진적으로 학습하므로 앙상블에 트리가 충분히 많은 경우 효율적일 수 있다. 실제로 학습 속도와 트리 개수는 동시에 선택해야 한다. 둘 다 낮으면 앙상블이 아무것도 학습하지 못하고, 둘 다 크면 과최적화가 된다. 부스트 트리 매개 변수의 강점은 여기서 끝나지 않는다. 점수 값과 잎사귀 개수에 대한 페널티는 당연히 모델이 훈련 샘플의 특수성에 깊게 들어가는 것을 방지하는 도구다. 마지막으로, 6.4.5절에서 언급한 것과 같이 단조성에 대한 제약 조건은 모델에 일정한 구조를 부여하고 특정 패턴을 감지하도록 강제하는 효율적인 방법이다.

끝으로, **신경망**에는 과최적화로부터 신경망을 보호하기 위한 다양한 옵션이 있다. 부스트 트리와 마찬가지로 학습 속도와 가중치 및 편향에 대한 페널티(노름을 통한)가 있다. 비음성 제약 조건과 같은 제약 조건은 모델에 이론적으로 양수 입력이 필요한 경우에도 도움이 될 수 있다. 마지막으로, 드롭아웃은 항상 네트워크의 차원(매개 변수의 개수)을 줄이는 직접적인 방법이다.

10.3 좋은 하이퍼파라미터 찾기

10.3.1 방법론

모델을 실행하기 전에 정의해야 할 매개 변수가 p개 있다고 가정해보자. 가장 간단한 방법은 이러한 매개 변수의 다양한 값을 테스트해 가장 좋은 결과를 산출하는 값을 선택하는 것이다. 이러한 테스트를 수행하는 방법에는 크게 독립적으로 수행하는 방법과 순차적으로 수행하는 방법 두 가지가 있다.

독립적인 테스트는 격자(결정론적) 탐색과 무작위 탐색의 두 가지로 쉽게 구분할 수 있다. 결정론적 접근 방식의 장점은 공간을 균일하게 커버하고 모서리가 누락되지 않도록 한다는 것이다. 단점은 계산 시간이다. 실제로 각 매개 변수에 대해 최소 5개의 값을 테스트하는 것이 합리적이며, 이는 $5p$개의 조합을 만든다. p가 작으면(3보다 작으면) 백테스팅이 너무 길지 않은 경우 감당할 수 있다. 만약 p가 너무 크면 조합의 개수가 엄청나게 많아질 수 있다. 이런 경우 무작위 탐색이 유용할 수 있는데, 그 이유는 사용자가 테스트 횟수를 미리 지정하고 매개 변수를 무작위로 추출(일반적으로 각 매개 변수에 대해 주어진 범위에서 균일하게)하기 때문이다. 무작위 탐색의 단점은 매개 변수 공간의 일부 영역이 포함되지 않을 수 있으며, 이 경우 최적 선택이 해당 영역에 위치할 경우 문제가 될 수 있다는 점이다. 그럼에도 버그스트라[Bergstra]와 벤지오(2012)는 무작위 탐색이 격자 탐색보다 더 바람직하다는 것을 보였다.

격자 탐색과 무작위 탐색은 모두 관련 없는 매개 변수 공간 영역에서 시간을 소비해 계산 시간을 낭비할 가능성이 높기에 차선책이다. 테스트된 여러 매개 변수 포인트가 주어졌을 때 가장 좋은 포인트가 있을 가능성이 가장 높은 영역에 탐색을 집중하는 것이 바람직하다. 이는 각각의 새로운 포인트를 테스트한 후 탐색을 조정하는 상호작용 절차를 통해 가능하다. 금융 분야에서 튜닝을 다룬 몇 가지 논문에는 리(2020)와 니스트럽[Nystrup], 린드스트롬

Lindstrom, 매드센Madsen(2020)이 있다.

이 영역의 또 다른 인기 있는 접근법 중 하나는 **베이지안 최적화**BO, Bayesian Optimization다. 주요 객체는 학습 절차의 목적 함수다. 우리는 이 함수를 O라고 부르며, 이는 페널티 및 제약 조건과 결합된 손실 함수로 볼 수 있다. 여기서는 단순하게 훈련/테스트 샘플은 언급하지 않으며 고정된 것으로 간주한다. 우리가 관심을 갖는 변수는 하이퍼파라미터(학습 속도, 페널티 강도, 모델 개수 등)를 합성하는 벡터 $\mathbf{p} = (p_1,...,p_l)$인데, 이 하이퍼파라미터들은 O에 영향을 미친다. 또한, 우리가 관심을 갖고 있는 최적화 계획법은 다음과 같다.

$$\mathbf{p}_* = \underset{\mathbf{p}}{\arg\min}\ O(\mathbf{p}) \tag{10.10}$$

이 최적화의 가장 큰 문제점은 $O(\mathbf{p})$ 계산에 많은 비용이 든다는 점이다. 따라서 $\mathbf{p}$에 대한 각 시도를 현명하게 선택하는 것이 중요하다. BO의 한 가지 핵심 가정은 O의 분포가 가우시안이고 O를 선형 조합으로 근사할 수 있다는 것이다. 달리 말하면, 목표는 입력 $\mathbf{p}$와 출력(종속 변수) O 사이에 베이지안 선형 회귀를 구축하는 것이다. 일단 모델이 추정되면 O의 사후 밀도에 집중된 정보를 사용해 새로운 $\mathbf{p}$ 값을 어디서 찾아야 할지에 대한 학습된 추측을 한다.

이러한 학습된 추측은 이른바 **획득 함수**acquisition function라고 불리는 함수를 기반으로 이뤄진다. $\mathbf{p}$에 대해 m의 값을 테스트했다고 가정하고, 이를 $\mathbf{p}^{(m)}$이라 쓴다. 현재의 최적 매개 변수는 $\mathbf{p}_m^* = \underset{1 \le k < m}{\arg\min}\ O(\mathbf{p}^{(k)})$으로 기록된다. 새로운 포인트 $\mathbf{p}$를 테스트하면 다음과 같은 경우 $O(\mathbf{p}) < O(\mathbf{p}_m^*)$에만 개선이 이뤄지며, 즉 이는 새로운 목표가 우리가 이미 알고 있는 최솟값을 개선하는 경우에만 개선으로 이어진다는 것을 의미한다. 이 개선의 평균값은 다음과 같다.

$$\mathbf{EI}_m(\mathbf{p}) = \mathbb{E}_m[[O(\mathbf{p}_m^*) - O(\mathbf{p})]_+] \tag{10.11}$$

여기서 양수 부분 $[\cdot]_+$은 $O(\mathbf{p}) \ge O(\mathbf{p}_m^*)$일 때 이득이 0이라는 것을 강조한다. 기댓값은 m으로 인덱싱되는데 그 이유는 m개의 샘플 $\mathbf{p}^{(m)}$을 기반으로 $O(\mathbf{p})$의 사후 분포에 대해 계산되기 때문이다. 이렇게 되면 다음 샘플 $\mathbf{p}^{(m)}$에 대한 최선의 선택을 다음과 같이 표현할 수 있다.

$$\mathbf{p}^{m+1} = \underset{\mathbf{p}}{\arg\max}\ \mathbf{EI}_m(\mathbf{p}) \tag{10.12}$$

이는 예상되는 개선의 최대 위치에 상응한다. EI 대신 개선 확률 $\mathbb{P}_m[O(\mathbf{p}) < O(\mathbf{p}_m^*)]$과 같은 다른 측정값을 사용해 최적화를 수행할 수도 있다.

반복 프로세스는 다음과 같이 간결하게 설명할 수 있다.

- **1단계:** $m = 1, \ldots, M_0$의 매개 변수 값에 대해 $O(\mathbf{p}^{(m)})$을 계산한다.
- **2a단계:** 사용 가능한 모든 포인트에서 O의 사후 밀도를 순차적으로 계산한다.
- **2b단계:** 수식 (10.12)에 주어진 $\mathbf{p}^{m+1}$을 테스트하기 위한 최적의 새 포인트를 계산한다.
- **2c단계:** 새로운 목표 값 $O(\mathbf{p}^{m+1})$을 계산한다.
- **3단계:** 2a~2c단계를 합리적이라고 생각되는 만큼 반복하고 가장 작은 객관적 값을 산출하는 $\mathbf{p}^m$을 반환한다.

이 방법의 수치적 측면에 대해 관심 있는 독자는 스노크 외^{Snoek et al.}(2012), 프라지에르^{Frazier}(2018)를 참고하라.

마지막으로, 완전성을 위해 하이퍼파라미터를 조정하는 마지막 방법을 언급하고자 한다. 최적화 체계가 $\underset{\mathbf{p}}{\mathrm{argmin}}\, O(\mathbf{p})$이므로 이를 자연스럽게 진행할 수 있는 방법은 $\mathbf{p}$에 대한 O의 민감도를 사용하는 것이다. 실제로 기울기 $\frac{\partial O}{\partial p_l}$를 알고 있다면 경사 하강은 항상 목적 값을 향상시킨다. 문제는 신뢰할 수 있는 경사도를 계산하기 어렵다는 것이다(유한 차분법은 비용이 많이 들 수 있다). 그럼에도 일부 방법(예를 들어, 맥클로린 외^{Maclaurin et al.}(2015))은 큰 차원의 매개 변수 공간에서 최적화를 수행하는 데 성공적이었다.

끝으로, 2019년에 개최된 2개의 주요 AI 컨퍼런스를 관통한 부트힐리에^{Bouthillier}와 바로콱스^{Varoquaux}(2020)의 연구를 언급하며 이 글을 마무리하고자 한다. 이 조사에 따르면 대부분의 논문은 하이퍼파라미터 튜닝에 의존하는 것으로 밝혀졌다. 가장 자주 인용되는 두 가지 방법은 바로 수동 튜닝^{manual tuning}(수작업)과 격자 탐색^{grid search}이다.

10.3.2 예시: 격자 탐색

격자 탐색 프로세스를 설명하기 위해 부스트 트리에 가장 적합한 매개 변수를 찾아보자. 여기서는 세 가지 매개 변수의 영향력을 정량화하고자 한다.

- **eta**: 학습 속도
- **n_estimators**: 성장하는 트리의 개수
- **lambda**: 제곱 가중치/스코어의 총합을 통해 목적 함수에 페널티를 주는 가중치 규제화 도구

이러한 매개 변수를 테스트하고자 다음 코드와 같이 격자를 만든다.

```python
from sklearn.model_selection import GridSearchCV
from sklearn.metrics import mean_squared_error,
make_scorer,mean_absolute_error
scorer = make_scorer(mean_absolute_error)
# XGBoost를 위한 매개 변수 격자
params = {
    'learning_rate': [0.1, 0.3, 0.5, 0.7, 0.9], # eta 값
    'n_estimators': [10, 50,100],           # nrounds 값
    'reg_lambda': [0.01, 0.1, 1, 10, 100] # lambda 값
}
```

```python
print(params)
```

```
{'learning_rate': [0.1, 0.3, 0.5, 0.7, 0.9], 'n_estimators': [10, 50, 100],
 'reg_lambda': [0.01, 0.1, 1, 10, 100]}
```

하이퍼파라미터 값의 영향력을 평가하기 위해 MSE를 선택한다.

```python
model = xgb.XGBRegressor(max_depth=3, n_jobs=-1,
        objective='reg:squarederror')
model_gs = GridSearchCV(
    model,param_grid=params,cv=2,scoring='neg_mean_squared_error')
model_gs.fit(X_train,y_train)
cv_results=pd.DataFrame(model_gs.cv_results_)
print(f'Best Parameters using grid search: {model_gs.best_params_}')
```

```
Best Parameters using grid search: {'learning_rate': 0.1,
 'n_estimators': 50,'reg_lambda': 100}
```

MSE가 수집되면 이를 그래프로 그릴 수 있다. 의도적으로 3개의 매개 변수를 사용하기로 선택한 이유는 각 매개 변수의 영향력을 하나의 그래프에 동시에 표시할 수 있기 때문이다.

```python
res_df = pd.DataFrame(cv_results,
        columns=["param_n_estimators","param_learning_rate",
                    "param_reg_lambda","mean_test_score"])
# 참고로, MAE가 최대가 되도록 사이킷런에서는 음수로 설정한다.
# 따라서 부호를 무시하고 모든 오차가 양수라고 가정할 수 있다.
res_df['mean_test_score']=-res_df['mean_test_score'].values
fig, axes = plt.subplots(figsize=(16, 9),nrows=3, ncols=5)
ax_all = plt.gca()
cnt = 0
for param,tmp in res_df.
 ↪groupby(["param_n_estimators","param_reg_lambda"]):
    ax = axes[cnt//5][cnt%5] # ax 설정
    np.round(
        tmp[["param_learning_rate","mean_test_score"]],2).plot.bar(
        ax=ax, x="param_learning_rate", y="mean_test_score",
                                    alpha=0.5,legend=None)
    ax.set_xlabel("") # xlabel 없음
    ax.set_ylim(0, 0.1) # y 범위 지정
    if cnt//5 < 2:
        ax.xaxis.set_ticklabels("")
    else:
        for label in ax.get_xticklabels():
            label.set_rotation(0);
    if cnt%5 > 0:
        ax.yaxis.set_ticklabels("")
    # 제목 지정
    ax.set_title(
        f"num_trees={param[0]},\n reg_lambda={param[1]}",fontsize=10);
    # 업데이트
    cnt =cnt+1
```

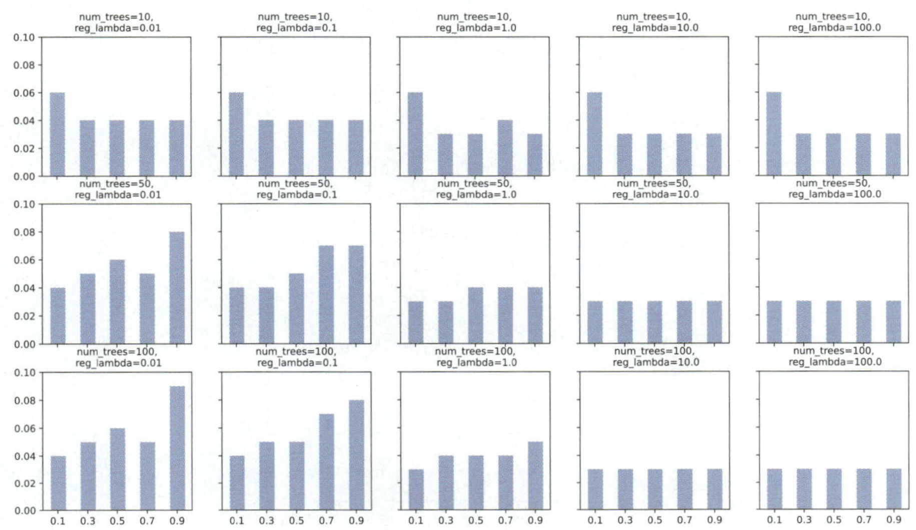

그림 10.9 여러 매개 변수 값에 대한 오차 지표(SME)의 그래프. 그래프의 각 행은 nrounds에 각 열은 lambda에 해당한다.

그림 10.9의 주요 정보는 작은 학습률($\eta = 0.1$)이 예측 품질에 해롭다는 것이다. 이는 트리 개수가 많을 때(nrounds=100), 알고리듬이 충분히 학습하지 못한다는 것을 의미한다.

격자 탐색은 두 단계로 수행할 수 있다. 첫 번째 단계에서는 관심 있는 영역(손실/목표 값이 가장 낮은 영역)을 찾은 다음 격자에서 매개 변수에 대한 정제된 값을 사용해 이러한 영역을 확대한다. 위의 결과에서 이는 많은 학습자(50명 이상, 100명 이상)를 고려하고 $\eta = 0.9$ 혹은 $\eta = 0.8$과 같은 큰 학습률을 피하는 것을 의미한다.

10.3.3 예시: 베이지안 최적화

파이썬에는 Scikit-optimize, PYMC, HyperOpt 등과 같은 베이지안 최적화와 관련된 여러 모듈이 있다. 여기서는 범용적이면서도 코딩이 덜 필요한 Scikit-optimize로 작업한다.

격자 탐색과 마찬가지로 하이퍼파라미터를 최적화할 목적 함수를 정해야 한다.

```python
from skopt import BayesSearchCV
# 사이킷런 백엔드에서 베이지안 최적화를 위한 모듈
search_spaces = params
# 이전 섹션의 params 격자를 그대로 사용
opt = BayesSearchCV(estimator=model,
                    # 베이지안 최적화 도구로 모든 것을 래핑
                    search_spaces=search_spaces,
                    scoring='neg_mean_squared_error',
                    cv=2)
# 2-겹 교차 검증, 계산 시간을 줄이기 위해 가벼운 구조를 유지
opt.fit(X_train,y_train)
cv_results_opt=pd.DataFrame(opt.cv_results_)
```

```python
print(f'Best Parameters using bayes opt: {opt.best_params_}')
```

```
Best Parameters using bayes opt: OrderedDict([('learning_rate', 0.1),
('n_estimators', 50), ('reg_lambda', 100.0)])
```

최종 매개 변수는 과최적화를 피하는 것이 좋다는 것을 보여준다. 학습자 수가 적고 페널티
가 큰 것이 가장 좋은 선택처럼 보인다. 이러한 결과를 확인하기 위해 이전 절과 동일한 방식
으로 손실과 하이퍼파라미터 간의 관계를 시각화한다. MSE가 구해지면 이를 그래프로 그릴
수 있다. 의도적으로 3개의 매개 변수만을 사용하는 이유는 각 매개 변수의 영향력을 하나의
그래프에 동시에 표시할 수 있기 때문이다.

```python
res_df = pd.DataFrame(cv_results_opt,
    columns =["param_n_estimators",
    "param_learning_rate",
    "param_reg_lambda","mean_test_score"])
# 참고로, MAE가 최대가 되도록 사이킷런에서는 음수로 설정한다.
# 따라서 부호를 무시하고 모든 오차가 양수라고 가정할 수 있다.
res_df['mean_test_score']=-res_df['mean_test_score'].values
fig, axes = plt.subplots(figsize=(16, 9),nrows=3, ncols=5)
ax_all = plt.gca()
cnt = 0
for param, tmp in res_df.groupby(["param_n_estimators",
                                  "param_reg_lambda"]):
    ax = axes[cnt//5][cnt%5] # ax 설정
    np.round(tmp[["param_learning_rate","mean_test_score"]],2).plot.bar(
        ax=ax, x="param_learning_rate", y="mean_test_score",
                                alpha=0.5,legend=None)
    ax.set_xlabel("") # xlabel 없음
    ax.set_ylim(0, 0.1) # y 범위 설정
    if cnt//5 < 2:
        ax.xaxis.set_ticklabels("")
    else:
        for label in ax.get_xticklabels():
            label.set_rotation(0);
    if cnt%5 > 0:
        ax.yaxis.set_ticklabels("")
    # 제목 설정
    ax.set_title(f"num_trees={param[0]},\n␣
↪reg_lambda={param[1]}",fontsize=10);
    # 업데이트
    cnt =cnt+1
```

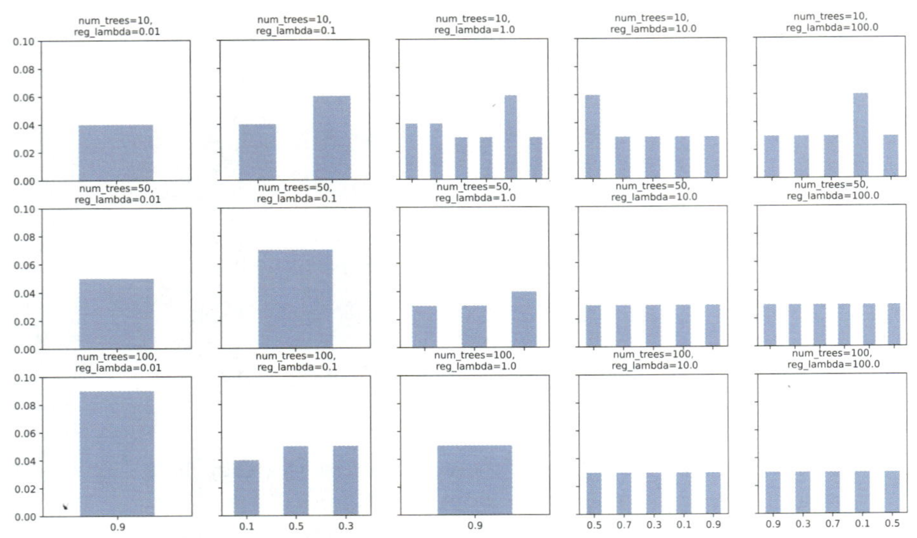

그림 10.10 손실(마이너스)과 하이퍼파라미터 값 사이의 관계

10.4 백테스팅 검증에 대한 짧은 논의

백테스팅에서 검증이라는 주제는 생각보다 복잡하다. 실제로 예측 모델이 동적인지(리밸런싱할 때마다 업데이트되는지) 아니면 고정된 것인지에 따라 두 가지 스케일로 작동할 수 있다.

첫 번째 옵션부터 시작해보자. 이 경우 고유한 모델을 구축해 여러 기간에 걸쳐 테스트하는 것이 목표다. 이 경우 모델의 유효성을 검사하기에 적합한 방법에 관한 논의가 계속되고 있다. 일반적으로 훈련 이후부터 연속적인 날짜에 모델을 테스트하는 것이 좋다. 이는 실제 상황에서 일어날 수 있는 상황을 재현하기 때문에 더 합리적이다.

머신러닝에서 널리 사용되는 접근 방식은 데이터를 K개의 파티션으로 분할하고 각 파티션 중 하나에 대해 테스트한 뒤 나머지 $K-1$개에 대해 학습시키는 것이다. 대부분의 경우 훈련셋에는 미래 날짜의 데이터와 과거 값에 대한 테스트가 포함된다는 단순한 이유 때문에 대부분의 전문가는 상식적으로 이 **교차 검증**을 금지한다. 그럼에도 일부에서는 훈련셋과 테스트셋 사이에 정보가 중복되지 않도록 하는 것을 목표로 하는 특정 형태의 교차 검증을 옹호하기도 한다(데 프라도(2018)의 7.4절과 12.4절). 수익률 단면의 구조가 시간에 따라 일정하다면 미래 시점에 대한 학습과 과거 데이터에 대한 테스트는 중복이 없는 한 문제가 되지 않는다는 전제가 있다. 슈나우벨트^{Schnaubelt}(2019)의 논문은 여러 검증 체계에 대한 포괄적이고 철저한 설명을 제공한다.

데 프라도(2018)에서 인용한 한 가지 예는 보지 못했던 위기에 대한 모델의 반응이다. 2008년 시장 폭락 이후 최소 11년 동안 어떠한 큰 금융 위기도 없었다. 폭락에 대한 최신 모델의 반응을 테스트하는 한 가지 옵션은 최근 몇 년(가령 2015년~2019년)을 학습시킨 후 2008년의 다양한 시점(가령 몇 달 동안)에서 테스트해 그 성능을 확인하는 것이다.

두 번째 주요 옵션은 리밸런싱할 때마다 모델을 업데이트(재훈련)하는 경우다. 이 방법의 기본 개념은 수익률 구조가 시간이 지남에 따라 변화하므로 동적 모델이 가장 최근의 추세를 반영한다는 것이다. 단점은 리밸런싱 날짜마다 검증을 다시 실행해야 한다는 점이다.

백테스팅의 차원이라는 것을 다시 상기해보자. 전략의 개수는 수십 개, 수백 개 또는 그 이상이며, 거래일 수는 매월 리밸런싱 시 수백 개, 자산 개수는 수백 또는 수천 개, 그리고 특성 개수는 수십 또는 수백 개다.

뛰어난 계산 능력(GPU 등)이 있어도 여러 날짜에 걸쳐 많은 모델을 훈련하는 것은 시간이 많이 걸리며, 특히 매개 변수 공간이 큰 경우 하이퍼파라미터 튜닝에 많은 시간이 소요된다. 따라서 표본에서 벗어난 기간의 각 거래일마다 모델을 검증하는 것은 현실적이지 않다.

한 가지 해결책은 훈련 데이터의 초기 부분을 보관하고 이 하위 샘플에 대해 소규모 검증을 수행하는 것이다. 하이퍼파라미터는 제한된 수의 날짜에 대해 테스트되며 대부분의 경우 안정성을 보여준다. 한 날짜에 만족스러운 매개 변수는 일반적으로 다음 날과 그다음 날에도 허용된다. 따라서 각 기간에 모델을 업데이트할 때 이러한 값으로 전체 백테스팅을 수행할 수 있다. 하지만 그럼에도 백테스팅은 각 리밸런싱 날짜에 대해 가장 최근 데이터로 모델을 재훈련해야 하므로 여전히 계산집약적이다.

11

앙상블 모델

솔직해지자. 예측 작업에 직면했을 때, 페널티 회귀, 트리 방법, 신경망, 서포트 벡터 머신 등 여러 머신러닝 도구 중 어떤 것이 최선의 선택인지 결정하는 것은 분명하지 않다. 자연스럽고 매력적인 대안은 여러 알고리듬(또는 알고리듬의 결과인 예측)을 **결합**해 각 엔진(또는 학습자)에서 가치를 추출하는 것이다. 이러한 의도는 새로운 것이 아니며, 이러한 목표에 대한 기여는 적어도 승객 흐름 예측을 목적으로 한 베이츠[Bates]와 그레인저[Granger](1969)의 연구로 거슬러 올라간다.

다음에서는 앙상블을 주제로 한 몇 권의 책을 간략히 소개한다. 앙상블은 **예측 결합**[forecast aggregation], **모델 평균화**[model averaging], **전문가 혼합**[mixture of experts] 또는 **예측 조합**[prediction combination]과 같은 많은 이름 및 동의어가 있다. 다음의 처음 네 권의 참고 문헌은 단행본이며, 마지막 두 편은 기고문 모음집이다.

- 조우(2012): 앙상블의 주요 아이디어를 다루는 매우 교훈적인 책이다.
- 샤피어와 프룬드(2012): 많은 이론적 결과와 강력한 수학적 근거를 바탕으로 부스팅(따라서 앙상블)을 위한 주요 참고 자료다.
- 세니[Seni]와 엘더[Elder](2010): 주로 트리 방법론에 대한 소개다.
- 클래스켄스[Claeskens]와 요르트[Hjort](2008): 모델 평균화에 초점을 맞춘 몇 개의 장으로 구성된 모델 선택 기법에 대한 개요다.

- 장과 마(2012): 앙상블 학습에 관한 주제별 챕터 모음
- 오쿤 외[Okun et al.](2011): 앙상블의 적용 사례

11장에서는 앙상블 개념의 기본 아이디어와 개념을 다룬다. 이 주제에 대한 자세한 내용은 위의 책을 참고하라. 몇 가지 앙상블 방법은 이미 앞서 6장에서 다룬 바 있다. 실제로 랜덤 포레스트와 부스트 트리는 앙상블의 예시다. 따라서 학습자 결합에 대한 다른 초기 논문으로는 샤피어(1990), 제이콥스 외(1991)(특히 신경망의 경우), 그리고 프룬드와 샤피어(1997)가 있다. 마지막으로, 베이지안 관점에서 앙상블에 대한 이론적 관점은 레비[Levy]와 라진[Razin](2021)을 참고하라.

11.1 선형 앙상블

11.1.1 원리

11장에서는 다음과 같은 표기법을 사용한다. 우리는 M개의 모델로 작업하며, 여기서 $\tilde{y}_{i,m}$은 인스턴스 i에 대한 모델 m의 예측값이고, 오차 $\epsilon_{i,m} = y_i - \tilde{y}_{i,m}$은 $(I \times M)$ 크기의 행렬 $\mathbf{E}$에 쌓여 있다. 모델의 선형 조합은 표본 오차가 $\mathbf{Ew}$와 같으며, 여기서 $\mathbf{w} = w_m$은 각 모델에 할당된 가중치고 $\mathbf{w}'\mathbf{1}_M = 1$이라고 가정한다. 따라서 전체 (제곱) 오차를 최소화하는 것은 고유한 제약 조건이 있는 이차 계획법이다. 라그랑지[Lagrange] 함수는 $\mathbf{w}'\mathbf{1}_M = 1$이므로 다음과 같다.

$$\frac{\partial}{\partial \mathbf{w}} L(\mathbf{w}) = \mathbf{E}'\mathbf{Ew} - \lambda \mathbf{1}_M = 0 \quad \Leftrightarrow \quad \mathbf{w} = \lambda (\mathbf{E}'\mathbf{E})^{-1} \mathbf{1}_M$$

제약 조건은 다음과 같은 결과를 낳는다.

$$\mathbf{w}^* = \frac{(\mathbf{E}'\mathbf{E})^{-1} \mathbf{1}_M}{(\mathbf{1}'_M \mathbf{E}'\mathbf{E})^{-1} \mathbf{1}_M}$$

이 형태는 최소 분산 포트폴리오의 형태와 유사하다. 오차가 편향되지 않은 $\mathbf{1}'_I \mathbf{E} = \mathbf{0}'_M$의 경우 $\mathbf{E}'\mathbf{E}$는 오차의 공분산 행렬이다.

이 표현식은 최적화된 선형 앙상블의 중요한 특징을 보여주는데, 그것은 바로 모델이 서로 다른 이야기를 할 때만 가치를 더할 수 있다는 것이다. 두 모델이 중복되면 $\mathbf{E}'\mathbf{E}$는 특이 행렬

에 가까워지며, $\mathbf{w}^*$는 다른 모델에 대해 가성적인 방식으로 차익 거래를 하게 된다. 이는 상관관계가 높은 자산으로 평균-분산 포트폴리오를 구성할 때와 똑같은 문제다. 이 경우 문제가 발생하면 모든 자산이 하락하기 때문에 분산 투자가 실패한다. 또 다른 문제는 자산 수에 비해 관측 횟수가 너무 적어 수익률 공분산 행렬이 특이 행렬일 때 발생한다. 앙상블의 경우 일반적으로 관측 수가 모델 수보다 훨씬 많기 때문에($I \gg M$) 이는 문제가 되지 않는다.

상관계수가 증가해 1로 다다르게 되면 위의 공식은 매우 불안정해지며 앙상블을 신뢰할 수 없게 된다. 이를 확인하는 한 가지 휴리스틱적 방법은 $M = 2$이고 다음과 같은 경우,

$$\mathbf{E'E} = \begin{bmatrix} \sigma_1^2 & \rho\sigma_1\sigma_2 \\ \rho\sigma_1\sigma_2 & \sigma_2^2 \end{bmatrix} \quad \Leftrightarrow \quad (\mathbf{E'E})^{-1} = \frac{1}{1-\rho^2} \begin{bmatrix} \sigma_1^{-2} & -\rho(\sigma_1\sigma_2)^{-1} \\ -\rho(\sigma_1\sigma_2)^{-1} & \sigma_2^{-2} \end{bmatrix}$$

$\rho \to 1$이면 오차가 가장 작은 모델(최소 σ_i^2)의 가중치는 무한대를 향해 증가하는 반면, 다른 모델은 마찬가지로 큰 **음의 가중치**를 가지므로 상관관계가 높은 두 변수 사이에서 모델이 차익 거래를 하게 된다. 이는 매우 나쁜 아이디어처럼 보인다.

상관관계로 인해 발생하는 문제를 보여주는 또 다른 예가 있다. 쌍별^{pairwise} 상관관계 ρ와 평균이 0, 분산이 σ^2를 가진 M개의 상관계수 오차 ϵ_m가 있다고 가정해보자. 오차의 분산은 다음과 같다.

$$\mathbb{E}\left[\frac{1}{M}\sum_{m=1}^{M}\epsilon_m^2\right] = \frac{1}{M^2}\left[\sum_{m=1}^{M}\epsilon_m^2 + \sum_{m\neq n}\epsilon_n\epsilon_m\right]$$
$$= \frac{\sigma^2}{M} + \frac{1}{M^2}\sum_{n\neq m}\rho\sigma^2$$
$$= \rho\sigma^2 + \frac{\sigma^2(1-\rho)}{M}$$

여기서 두 번째 항은 M이 증가함에 따라 0으로 수렴하는 반면, 첫 번째 항은 남아 있으며 ρ에 따라 **선형적으로 증가**한다. 지나가는 말이지만, 분산은 항상 양수이기 때문에 이 결과는 M개 변수들 간의 공통 쌍별 상관관계가 다음과 같이 $-(M-1)^{-1}$이라는 하방 경계를 갖고 있음을 의미한다. 이 결과는 흥미롭지만 교과서들에서는 이를 거의 찾아볼 수 없다.

상관계수로 인한 문제를 피하기 위해 제안된 한 가지 개선안은 어떤 한 중요한 논문(브레이만 (1996))에서 주장한 것처럼 가중치에 양수 제약을 적용하고 다음의 문제를 푸는 것이다.

$$\underset{\mathbf{w}}{\text{argmin}} \ \mathbf{w}'\mathbf{E}'\mathbf{E}\mathbf{w}, \quad \text{s.t.} \quad \begin{cases} \mathbf{w}'\mathbf{1}_M = 1 \\ w_m \geq 0 \quad \forall m \end{cases}$$

기계적으로 만약 여러 모델의 상관계수가 높은 경우 해당 제약 조건은 그중 하나의 모델에만 0이 아닌 가중치를 갖도록 만든다. 모델이 많으면 최소화 프로그램은 몇 개의 모델만을 선택한다. 포트폴리오 최적화의 맥락에서 자가나단과 마(2003)는 평균-분산 배분을 구축하는 데 있어 제약 조건의 이점을 제시했다. 우리의 설정에서도 제약 조건은 유사한 방식으로 '최상의' 모델을 현명하게 구별하는 데 도움이 될 것이다.

문헌에 따르면 예측 조합과 모델 평균(앙상블과 동의어)은 일찍이 폰 홀스타인$^{Von Holstein}$(1972)에 의해 주식 시장에서 검증된 바 있다. 놀랍게도 이 논문들은 금융 저널이 아닌 경영학(버타넨^{Virtanen}과 일리-올리$^{Yli-Olli}$(1987), 왕 외(2012)), 경제학 및 계량경제학(도널드슨^{Donaldson}과 캄스트라^{Kamstra}(1996), 클라크^{Clark}와 맥크라켄^{McCracken}(2009), 마스치오 외$^{Mascio et al.}$(2021)), 경영과학(황 외(2005), 룽 외$^{Leung et al.}$(2001), 보나콜토^{Bonaccolto}와 파텔리니^{Paterlini}(2019)), 컴퓨터과학(해럴드^{Harrald}와 캄스트라(1997), 핫산 외$^{Hassan et al.}$(2007)) 등 다양한 분야에서 연구돼왔다.

일반적인 예측 관련 문헌에서는 예측을 결합하는 여러 대안적(정제된) 방법이 연구돼왔다. 다듬어진 의견 풀^{pool}(그루슈카-코케인 외$^{Grushka-Cockyane et al.}$(2016))은 너무 극단적이지 않은 예측에 대한 평균을 계산한다. 보다 자세한 결합 목록과 각 결합의 효율성에 대한 실증적 연구는 가바 외$^{Gaba et al.}$(2017)를 참고하라. 전반적으로 연구들은 서로 엇갈린 결론을 내고 있으며, 평소처럼 휴리스틱적인 단순 평균을 이기는 것은 어렵다(예를 들어, 장르 외$^{Genre et al.}$(2013) 참고).

11.1.2 예시

앙상블을 구축하려면 예측과 그에 상응하는 오차를 $\mathbf{E}$ 행렬에 모아야 한다. 여기서는 이전 장들에서 학습한 다섯 가지 모델, 즉 페널티 회귀, 단순 트리, 랜덤 포레스트, xgboost, 피드 포워드 신경망을 이용한다. 훈련 오차는 평균이 0이므로 $\mathbf{E}'\mathbf{E}$는 모델 간 오차의 공분산 행렬이다.

```python
err_pen_train = fit_pen_pred.predict(
    X_penalized_train)-training_sample['R1M_Usd'] # 회귀
err_tree_train = fit_tree.predict(
    training_sample[features])-training_sample['R1M_Usd'] # 트리
err_RF_train = fit_RF.predict(
    training_sample[features])-training_sample['R1M_Usd'] # 랜덤 포레스트
err_XGB_train = fit_xgb.predict(
    train_matrix_xgb)-training_sample['R1M_Usd'] # XGBoost
err_NN_train = model_NN.predict(
    training_sample[features_short])-training_sample['R1M_Usd'].
    values.reshape((-1,1)) # 신경망
E= pd.concat(
    [err_pen_train,err_tree_train,err_RF_train,err_XGB_train,
 ↪pd.DataFrame(err_NN_train)],axis=1) # E 행렬
E.set_axis(['Pen_reg','Tree','RF','XGB','NN'], axis=1,
inplace=True) # 이름
E.corr() # 상관계수 행렬
```

	Pen_reg	Tree	RF	XGB	NN
Pen_reg	1.000000	0.998439	0.989132	0.982260	0.998416
Tree	0.998439	1.000000	0.990692	0.984177	0.998498
RF	0.989132	0.990692	1.000000	0.978393	0.990739
XGB	0.982260	0.984177	0.978393	1.000000	0.984303
NN	0.998416	0.998498	0.990739	0.984303	1.000000

```python
E.corr().mean()
```

```
Pen_reg    0.993649
Tree       0.994361
RF         0.989791
XGB        0.985826
NN         0.994391
dtype: float64
```

상관계수 행렬에서 볼 수 있듯이 모델은 예측에서 이질성을 생성하지 못한다. 최소 상관계수
(물론 95% 이상)는 부스트 트리 모델에서 얻을 수 있다. 다음 코드에서는 오차의 평균 절댓값
을 계산해 모델의 학습 정확도를 비교한다.

```
abs(E).mean() # 평균 절대 오차 혹은 E의 열
```

```
Pen_reg    0.083459
Tree       0.083621
RF         0.074806
XGB        0.084048
NN         0.083627
dtype: float64
```

가장 성능이 좋은 머신러닝 엔진은 랜덤 포레스트다. 부스트 트리 모델은 단연 최악이다. 다음 코드는 모델 결합에 대한 최적의(제약이 없는) 가중치를 계산한다.

```
w_ensemble=np.linalg.inv((E.T.values@E.values))@np.ones(5)
# 최적 가중치
w_ensemble /= np.sum(w_ensemble)
w_ensemble
```

```
array([ 1.02220538, -2.22814584, 3.93749133, 0.56469433, -2.29624521])
```

높은 상관관계로 인해 최적의 가중치는 균형이 잡혀 있지 않고 다변화돼 있지 않다. 즉, 랜덤 포레스트 학습자(샘플 모델에서 가장 좋은)에 과부하가 걸리고, 이를 보상하기 위해 몇 가지 모델에는 '숏 포지션'을 구축한다. 예상할 수 있듯이 음의 가중치가 가장 큰 모델(Pen_reg)은 랜덤 포레스트 알고리듬과 매우 높은 상관관계(0.997)을 가진다.

물론 가중치는 **학습 오차**를 포함해 계산된다는 점에 유의하자. 그런 다음 테스트 샘플에서 최적의 조합을 테스트한다. 다음 코드는 표본 외(테스트) 오차와 그 평균 절댓값을 계산한다.

```
err_pen_test=fit_pen_pred.predict(
    X_penalized_test)-testing_sample['R1M_Usd'] # 회귀
err_tree_test = fit_tree.predict(
    testing_sample[features])-testing_sample['R1M_Usd'] # 트리
err_RF_test = fit_RF.predict(
    testing_sample[features])-testing_sample['R1M_Usd'] # 랜덤 포레스트
```

```python
err_XGB_test = fit_xgb.predict(
    test_matrix_xgb)-testing_sample['R1M_Usd'] # XGBoost
err_NN_test = model_NN.predict(
    testing_sample[features_short])-testing_sample['R1M_Usd'].values.
 ↪reshape((-1,1)) # 신경망
E_test= pd.concat(
    [err_pen_test,err_tree_test,err_RF_test,err_XGB_test,
     pd.DataFrame(err_NN_test,index=testing_sample.index)],axis=1)
# E_test 행렬
E_test.set_axis(['Pen_reg','Tree','RF','XGB','NN'],axis=1,inplace=True)
# 이름
abs(E_test).mean() # 평균 절대 오차 혹은 E_test 열
```

```
Pen_reg      0.066182
Tree         0.066535
RF           0.067986
XGB          0.068569
NN           0.066613
dtype: float64
```

부스트 트리 모델은 여전히 가장 성능이 좋지 않은 알고리듬이며, 단순 모델(회귀 및 단순 트리)은 가장 성능이 좋은 알고리듬이다. 가장 단순한 조합은 모델과 예측의 단순 평균이다.

```python
err_EW_test = np.mean(np.abs(E_test.mean(axis=1)))
# 동일 가중치 결합
print(f'equally weight combination: {err_EW_test}')
```

```
equally weight combination: 0.06673125663086175
```

오차는 상관관계가 매우 높기 때문에 예측의 가중치를 동일하게 조합하면 개별 오차의 '중간'에 있는 평균 오차가 산출된다. 다변화의 이점은 너무 작다. 이제 '최적의' 조합 $\mathbf{w}^* = \dfrac{(\mathbf{E}'\mathbf{E})^{-1}1_M}{(1'_M\mathbf{E}'\mathbf{E})^{-1}1_M}$ 을 테스트해보자.

```python
err_opt_test =np.mean(np.abs(E_test.values@w_ensemble))
# 제약 조건이 없는 최적 결합
print(f'Optimal unconstrained combination: {err_opt_test}')
```

```
Optimal unconstrained combination: 0.08351002385399925
```

다시 말하지만, 모델 간 다양성이 부족하기 때문에 결과는 실망스럽다. 다음과 같이 학습 샘플뿐만 아니라 테스트 샘플에서도 오차 간의 상관관계가 높다.

```python
E_test.corr() # 상관계수 행렬
```

	Pen_reg	Tree	RF	XGB	NN
Pen_reg	1.000000	0.998707	0.991539	0.966304	0.998564
Tree	0.998707	1.000000	0.993818	0.968991	0.998854
RF	0.991539	0.993818	1.000000	0.972710	0.993923
XGB	0.966304	0.968991	0.972710	1.000000	0.969315
NN	0.998564	0.998854	0.993923	0.969315	1.000000

최적 솔루션으로부터의 레버리지는 문제를 악화시킬 뿐이며 휴리스틱한 균등 결합보다 성능이 떨어진다. 11.1.2절을 이차 최적화에 대한 브레이만(1996)의 제약 조건이 있는 공식으로 마무리하고자 한다. 오차의 공분산 행렬을 $\boldsymbol{\Sigma}$로 쓰면 우리는 다음을 구하고자 한다.

$$\mathbf{w}^* = \operatorname*{argmin}_{\mathbf{w}} \mathbf{w}'\boldsymbol{\Sigma}\mathbf{w}, \quad \mathbf{1}'\mathbf{w} = 1, \quad w_i \geq 0$$

제약 조건은 다음과 같이 처리된다.

$$\mathbf{A}\mathbf{w} = \begin{bmatrix} 1 & 1 & 1 \\ 1 & 0 & 0 \\ 0 & 1 & 0 \\ 0 & 0 & 1 \end{bmatrix} \mathbf{w} \qquad \text{compared to} \qquad \mathbf{b} = \begin{bmatrix} 1 \\ 0 \\ 0 \\ 0 \end{bmatrix}$$

여기서 첫 번째 줄은 등식(가중치가 1로 합산됨)이며, 마지막 세 줄은 부등식(가중치가 모두 양수임)이다.

```python
from cvxopt import matrix, solvers # 이차 계획법을 위한 라이브러리
sigma = E.T.values@E.values # 스케일링되지 않은 공분산 행렬
nb_mods= 5 # 모델의 개수
Q = 2*matrix(sigma, tc="d")
# 대칭적 이차-비용 행렬
p = matrix(np.zeros(nb_mods),tc="d")
# 이차-비용 벡터
G = matrix(-np.eye(nb_mods), tc="d")
# 선형 부등식 제약 행렬
h = matrix(np.zeros(nb_mods), tc="d")
# 선형 부등식 제약 벡터
A = matrix(np.ones(nb_mods), (1, nb_mods))
# 선형 등식 제약 조건을 위한 행렬
b = matrix(1.0)
# 선형 등식 제약 조건을 위한 벡터
w_const=solvers.qp(Q, p, G, h, A, b)
# 솔루션
print(w_const['x']) # 솔루션
```

```
     pcost       dcost       gap    pres   dres
 0:  3.3445e+03  3.3656e+03  5e+01  7e+00  1e+01
 1:  3.3575e+03  3.4486e+03  2e+01  4e+00  6e+00
 2:  3.4155e+03  3.5580e+03  2e+01  2e+00  4e+00
 3:  3.5873e+03  4.1600e+03  3e+02  2e+00  3e+00
 4:  3.9350e+03  4.4186e+03  2e+02  1e+00  2e+00
 5:  5.2828e+03  4.1593e+03  2e+03  8e-01  1e+00
 6:  4.9769e+03  4.6678e+03  3e+02  3e-16  2e-11
 7:  4.7556e+03  4.7111e+03  4e+01  1e-16  3e-12
 8:  4.7238e+03  4.7233e+03  6e-01  1e-16  5e-12
 9:  4.7234e+03  4.7234e+03  6e-03  2e-16  4e-12
10:  4.7234e+03  4.7234e+03  6e-05  4e-16  4e-12
Optimal solution found.
[ 5.66e-09]
[ 5.68e-09]
[ 1.00e+00]
[ 6.34e-08]
[ 5.70e-09]
```

제약 조건이 없는 솔루션에 비해 가중치는 희소하며 하나의 모델(일반적으로 훈련 샘플 오차가 작은 모델)에 편중돼 있다.

11.2 스택 앙상블

11.2.1 두 단계 학습

스택 앙상블은 선형 앙상블의 자연스러운 일반화다. 선형 앙상블을 일반화한다는 개념은 적어도 울퍼트(1992b)로 거슬러 올라간다. 일반적인 경우 훈련은 두 단계로 진행된다. 첫 번째 단계는 M개의 모델을 독립적으로 훈련해 인스턴스 i와 모델 m에 대한 예측값 $\tilde{y}_{i,m}$을 산출하는 간단한 단계다. 두 번째 단계는 훈련된 모델의 출력을 새로운 수준의 머신러닝 최적화를 위한 입력으로 고려하는 것이다. 두 번째 수준의 예측은 $\breve{y}_i = h(\tilde{y}_{i,1}, \ldots, \tilde{y}_{i,M})$이며, 여기서 h는 새로운 학습자다(그림 11.1 참고). 물론 선형 앙상블은 물론 두 번째 층이 선형 회귀인 스택 앙상블이다.

그런 다음 동일한 기법을 적용해 실제값 y_i와 예측값 $\breve{y}_i$ 사이의 오차를 최소화한다.

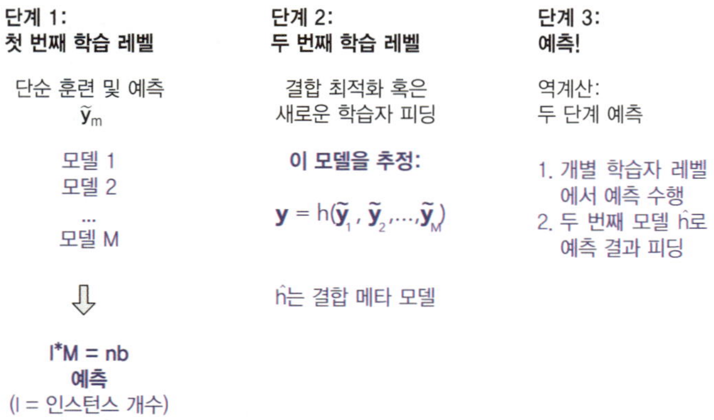

단계 1:
첫 번째 학습 레벨

단순 훈련 및 예측
$\tilde{y}_m$

모델 1
모델 2
...
모델 M

⇓

I*M = nb
예측
(I = 인스턴스 개수)

단계 2:
두 번째 학습 레벨

결합 최적화 혹은
새로운 학습자 피딩

이 모델을 추정:

$\mathbf{y} = h(\tilde{\mathbf{y}}_1, \tilde{\mathbf{y}}_2, \ldots, \tilde{\mathbf{y}}_M)$

$\hat{h}$는 결합 메타 모델

단계 3:
예측!

역계산:
두 단계 예측

1. 개별 학습자 레벨
   에서 예측 수행
2. 두 번째 모델 $\hat{h}$로
   예측 결과 피딩

그림 11.1 스택 앙상블 개념도

11.2.2 코드 및 결과

다음 코드는 각 모델의 개별 예측을 받아 합성 예측으로 컴파일하는 저차원 신경망을 생성한다.

```
model_stack = keras.Sequential()
# 네트워크 구조를 정의, 즉 레이어가 어떻게 조직화돼 있는지
model_stack.add(layers.Dense(8, activation="relu",␣
 ↪input_shape=(nb_mods,)))
model_stack.add(layers.Dense(4, activation="tanh"))
model_stack.add(layers.Dense(1))
```

사양은 매우 간단하다. 선택적 인수를 포함하지 않으므로 모델은 과최적화될 가능성이 높다. 수익률을 예측하기 위해 손실 함수는 표준적인 L^2 노름을 사용한다.

```
model_stack.compile(optimizer='RMSprop',
            # 최적화 방법(가중치 업데이트)
            loss='mse', # 손실 함수
            metrics=['MeanAbsoluteError']) # 결과 지표
model_stack.summary() # 모델 아키텍처
```

```
Model: "sequential_1"
-------------------------------- Layer (type)              Output.␣
 ↪Shape                Param #
=================================================================
dense_3 (Dense)                 (None, 8)                  48
dense_4 (Dense)                 (None, 4)                  36
dense_5 (Dense)                 (None, 1)                  5
=================================================================
Total params: 89
Trainable params: 89
Non-trainable params: 0
```

```python
y_tilde=E.values+np.tile(
    training_sample['R1M_Usd'].values.reshape(-1, 1), nb_mods) # 예측 훈련
y_test=E_test.values+np.tile(
    testing_sample['R1M_Usd'].values.reshape(-1, 1),nb_mods) # 테스트
fit_NN_stack = model_stack.fit(y_tilde, # 훈련 특성
                               NN_train_labels, # 훈련 레이블
                               batch_size=512, # 훈련 매개 변수
                               epochs=12, # 훈련 매개 변수
                               verbose=1, # 메시지 출력
                               validation_data=(y_test,NN_test_labels))
# 테스트 특성과 레이블
show_history(fit_NN_stack)
# 훈련 그래프 출력
```

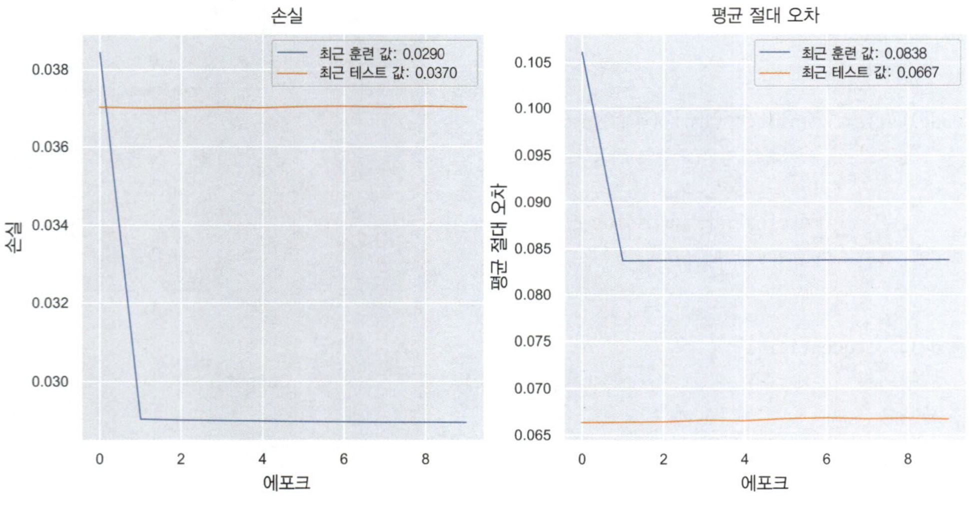

그림 11.2 앙상블 모델의 훈련 지표

앙상블의 성능은 다시 한번 실망스럽다. 그림 11.2에서 학습 곡선은 평평하므로 역전파 라운드는 쓸모가 없다. 학습은 거의 가치를 추가하지 못하며, 이는 머신러닝의 새로운 최상위 레이어가 원래 예측을 향상시키지 못한다는 것을 의미한다. 다시 말하지만, 이는 모든 머신러닝 엔진이 동일한 패턴을 포착하는 것으로 보이며 선형 및 비선형 조합 모두 성능을 개선하지 못하기 때문이다.

11.3 확장

11.3.1 외생 변수

금융 맥락에서 거시경제 지표는 이 절차에 가치를 더할 수 있다. 일부 모델은 특정 조건에서 더 나은 성능을 발휘할 수 있으며, 외생 예측 인자는 예측에 **경제 기반의 조건성**economic-driven conditionality을 도입하는 데 도움이 될 수 있다.

예측 인자 집합 $\hat{y}_{i,m}$(여기서는 예측)에 거시경제 변수를 추가하는 것은 이를 달성할 수 있는 한 가지 방법처럼 보일 수 있다. 그러나 이렇게 하면 예측값과 (아마도 스케일된) 경제 지표를 혼합하는 것이 되므로 그다지 의미가 없다.

앙상블을 사용하지 않는 한 가지 대안은 일련의 거시경제 지표에 대한 간단한 트리를 훈련하는 것이다. 레이블이 원래 예측에서 비롯된 (아마도 절대적인) 오차라면 트리는 동질적인 오차 값의 클러스터를 생성한다. 이렇게 하면 어떤 조건이 최상의 예측과 최악의 예측으로 이어지는지에 대한 힌트를 얻을 수 있다. 다음 코드는 세인트루이스 연준 은행Federal Reserve of Saint Louis이 집계한 데이터를 사용해 이 아이디어를 테스트한다. 다음 코드 청크chunk에서는 데이터를 다운로드하고 서식을 지정한다.

```python
macro_cond = pd.read_csv("macro_cond.csv")
# 텀 스프레드, 인플레이션과 소비자 물가 지수
macro_cond["Index"]=pd.to_datetime(macro_cond["date"])+pd.offsets.
 ↪MonthBegin(-1)
# 데이터 결합을 위해 날짜를 월초 날짜로 변경
ens_data=pd.DataFrame()
ens_data['date']=testing_sample["date"].values
ens_data['err_NN_test']=err_NN_test
# 이전 섹션의 오차를 사용
ens_data["Index"]=pd.to_datetime(ens_data["date"])+pd.offsets.
 ↪MonthBegin(-1)
# 데이터 결합을 위해 날짜를 월초 날짜로 변경
ens_data = pd.merge(
    ens_data,macro_cond,how="left",left_on="Index",right_on="Index")
ens_data.head() # 첫 몇 줄만 출력
```

date_x	err_NN_test	Index	date_y	CPIAUCSL	inflation	termspread
2014-01-31	0.0844	2014-01-01	31/01/2014	235.28	0.00242	2.47
2014-01-31	0.0738	2014-01-01	31/01/2014	235.28	0.00242	2.47
2014-01-31	-0.2549	2014-01-01	31/01/2014	235.28	0.00242	2.47
2014-01-31	0.2664	2014-01-01	31/01/2014	235.28	0.00242	2.47
2014-01-31	-0.0794	2014-01-01	31/01/2014	235.28	0.00242	2.47

이제 모델의 정확도를 매크로 변수의 함수로 설명하는 트리를 만들 수 있다.

```python
X_ens = ens_data[['inflation','termspread']] # 거시경제 특성 훈련
y_ens = abs(ens_data['err_NN_test']) # 이전 섹션의 레이블과 오차
fit_ens = tree.DecisionTreeRegressor( # 모델 정의
    max_depth = 2, # 최대 깊이(즉, 트리 레벨)
    ccp_alpha=0.00001 # 복잡도 매개 변수
        )
fit_ens.fit(X_ens, y_ens) # 모델 피팅
fig, ax = plt.subplots(figsize=(13, 8)) # 크기 재조정
tree.plot_tree(fit_ens ,feature_names=X_ens.columns.values, ax=ax)
# 트리 그래프 시각화
plt.show()
```

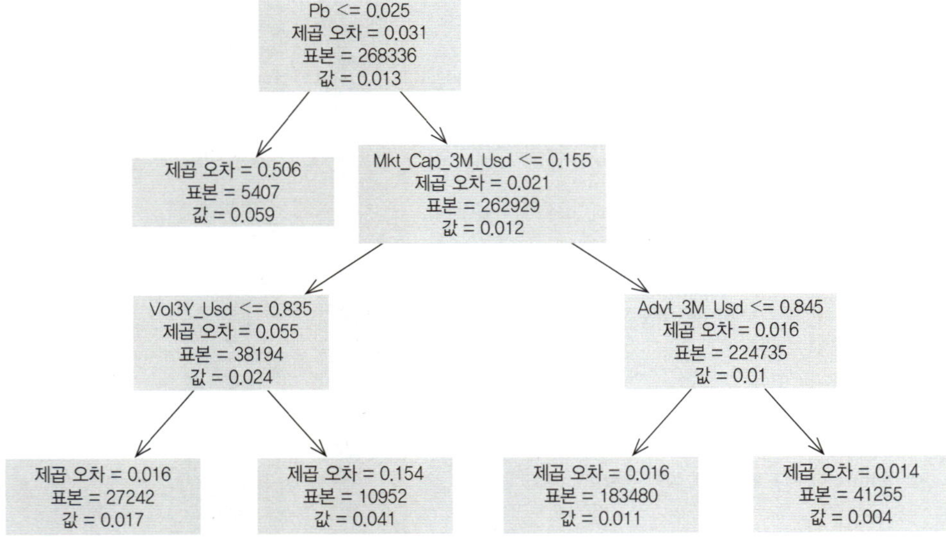

그림 11.3 머신러닝 엔진의 조건부 성과

트리는 절대 오차의 값이 균일한 클러스터를 생성한다. 하나의 큰 클러스터는 예측의 92%를 모으며(왼쪽 클러스터) 평균이 가장 작은 클러스터다. 이는 텀 스프레드^{term spread}가 0.29(백분율 포인트)를 초과하는 기간과 상관관계가 있다. 다른 두 그룹(텀 스프레드가 0.29% 미만인 경우)은 인플레이션 수준에 따라 결정된다. 후자가 양수면 평균 절대 오차는 7%, 그렇지 않으면 12%다. 세 클러스터 중 가장 높은 마지막 수치는 스프레드가 낮고 인플레이션이 음수일 때 모델의 예측 오차가 다른 기간에 비해 두 배나 크기에 이를 신뢰할 수 없음을 나타낸다. 경제 환경의 악화와 관련 있는 것으로 보이는 이러한 상황에서는 머신러닝 기반 예측을 사용하지 않는 것이 현명할 수 있다.

11.3.2 모델 간 상관계수 축소

11장의 앞부분에서 살펴본 바와 같이 앙상블의 한 가지 주요 문제는 예측의 첫 번째 레이어의 상관관계가 높을 때 발생한다. 이 경우 앙상블은 거의 쓸모가 없다. 이러한 상관관계를 줄이는 데 도움이 되는 몇 가지 기법이 있지만, 가장 간단하고 가장 좋은 방법은 학습 샘플을 변경하는 것이다. 만약 알고리듬이 동일한 데이터를 보지 못한다면 다른 패턴을 추론할 가능성이 높다.

훈련 샘플의 다양한 하위 집합을 구축하기 위해 훈련 데이터를 분할하는 방법에는 여러 가지가 있다. 첫 번째 이분법은 무작위 분할과 결정론적 분할이다. 무작위 분할은 간단하며 목표 샘플 크기만 고정하면 된다. 겹치는 부분이 너무 크지 않다면 훈련 샘플이 겹칠 수 있다는 점에 유의하라. 따라서 원래 훈련 샘플에 I개의 인스턴스가 있고 앙상블에 M개의 모델이 필요한 경우, 특히 훈련 샘플이 너무 크지 않을 때 $\lfloor I/M \rfloor$개라는 하위 샘플의 크기는 너무 보수적일 수 있다. 이런 경우엔 $\lfloor I/\sqrt{M} \rfloor$이 더 나은 대안이 될 수 있다. 랜덤 포레스트는 무작위 훈련 샘플로 구축한 앙상블의 한 예시다.

결정론적 분할의 한 가지 장점은 재현하기가 쉽고 결과가 무작위적 시드^{seed}에 의존하지 않는다는 것이다. 팩터 기반 훈련 샘플의 특성상 두 번째 분할 이분법은 시간과 자산 간의 분할이다. 자산 내 분할은 간단하다. 각 모델은 서로 다른 주식 집합에 대해 학습된다. 집합의 선택은 무작위적일 수도 있고, 사이즈, 모멘텀, 시장가 대비 장부가 등 일부 팩터 기반 기준에 따라 결정될 수도 있다.

데이터의 날짜를 분할하는 것에는 또 다른 의사결정이 필요하다. 데이터를 큰 블록(예를 들어, 연도)으로 분할하고 각 모델에 특정 종류의 시장 상황을 나타내는 블록을 부여할 것인가? 혹은 훈련 날짜를 더 규칙적으로 분할할 것인가? 예를 들어, 만약 앙상블에 12개의 모델이 있다면 각 모델은 특정 월(예를 들어, 첫 번째 모델의 경우 1월, 두 번째 모델의 경우 2월 등)의 데이터로 훈련할 수 있다.

다음 코드는 4개의 서로 다른 연도에 대해 4개의 모델을 훈련해 이 방법이 모델 간 상관관계를 줄이는 데 도움이 되는지를 확인한다. 이 과정은 샘플과 모델을 모두 재정의해야 하므로 다소 시간이 오래 걸린다. 먼저 4개의 훈련 샘플을 생성한다. 세 번째 모델은 특성의 작은 하위 집합에서 작동하므로 여기서는 샘플이 더 작다.

```python
training_sample_2007 = training_sample.loc[training_sample.index[(
    training_sample['date']>'2006-12-31')&(
    training_sample['date']<'2008-01-01')].tolist()]
training_sample_2009=training_sample.loc[training_sample.index[(
    training_sample['date']>'2008-12-31')&(
    training_sample['date']<'2010-01-01')].tolist()]
training_sample_2011 = training_sample.loc[training_sample.index[(
    training_sample['date']>'2010-12-31')&(
    training_sample['date']<'2012-01-01')].tolist()]
training_sample_2013 = training_sample.loc[training_sample.index[(
    training_sample['date']>'2012-12-31')&(
    training_sample['date']<'2014-01-01')].tolist()]
```

그런 다음 모델 훈련을 진행한다. 코드 구문은 이전 장들에서 사용한 구문이며 여기서 새로운 내용은 없다. 우선 페널티 회귀로 시작한다. 다음의 모든 예측에서는 모든 모델에 원래의 테스트 샘플이 사용된다.

```python
y_ens_2007 = training_sample_2007['R1M_Usd'].values # 종속 변수
x_ens_2007 = training_sample_2007[features].values # 예측 인자
model_2007 = ElasticNet(alpha=0.1, l1_ratio=0.1) # 모델
fit_ens_2007=model_2007.fit(x_ens_2007,y_ens_2007) # 모델 피팅
err_ens_2007=fit_ens_2007.
```

```
→predict(X_penalized_test)-testing_sample['R1M_Usd']
# 예측 오차
```

랜덤 포레스트로 학습을 지속한다.

```
fit_ens_2009 = RandomForestRegressor(n_estimators = 40, # 랜덤 트리 개수
criterion ='mse', # 분할의 질을 측정하기 위한 함수
min_samples_split= 250, # 최종 클러스터의 최소 크기
bootstrap=False, # 교체
max_features=30, # 각 트리별 예측 변수의 개수
max_samples=4000 # 각 트리별 (랜덤) 샘플의 크기
)
fit_ens_2009.fit(
    training_sample_2009[features].values,
    training_sample_2009['R1M_Usd'].values )
# 모델 피팅
err_ens_2009=fit_ens_2009.predict(
    pd.DataFrame(X_test))-testing_sample['R1M_Usd']
# 예측 오차
```

세 번째 모델은 부스트 트리다.

```
train_features_xgb_2011=training_sample_2011[features_short].values
# 독립 변수
train_label_xgb_2011=training_sample_2011['R1M_Usd'].values
# 종속 변수
train_matrix_xgb_2011=xgb.DMatrix(
    train_features_xgb_2011, label=train_label_xgb_2011)
# XGB 형태!
params={'eta'   : 0.3,                   # 학습률
  'objective'   : "reg:squarederror",    # 목적 함수
  'max_depth'   : 4,                      # 트리의 최대 깊이
  'subsample'   : 0.6,                    # 임의의 60% 샘플로 훈련
  'colsample_bytree'   : 0.7,             # 임의의 70% 예측 인자로 훈련
  'lambda'   : 1,                         # 잎사귀 값에 페널티 부여
```

```python
    'gamma'  : 0.1}                          # 잎사귀 개수에 페널티 부여
fit_ens_2011 =xgb.train(params, train_matrix_xgb_2011,
 ↪num_boost_round=18)
# 사용한 트리 개수
err_ens_2011=fit_ens_2011.
 ↪predict(test_matrix_xgb)-testing_sample['R1M_Usd']
# 예측 오차
```

마지막 모델은 단순한 신경망이다.

```python
model = keras.Sequential()
model.add(layers.
 ↪Dense(16,activation="relu",input_shape=(len(features),)))
model.add(layers.Dense(8, activation="tanh"))
model.add(layers.Dense(1))
model.compile(optimizer='RMSprop',
              loss='mse',
              metrics=['MeanAbsoluteError'])
model.summary()
fit_ens_2013 = model.fit(
        training_sample_2013[features].values, # 훈련 특성
        training_sample_2013['R1M_Usd'].values, # 훈련 레이블
        batch_size=128, # 훈련 매개 변수
        epochs = 9, # 훈련 매개 변수
        verbose = True # 메시지 출력
)
err_ens_2013=model.predict(
    X_penalized_test)-testing_sample['R1M_Usd'].values.reshape((-1,1))
# 예측 오차
```

네 가지 모델의 오차가 주어지면 상관계수 행렬을 계산할 수 있다.

```python
E_subtraining = pd.concat(
    [err_ens_2007,err_ens_2009,err_ens_2011,pd.DataFrame(
        err_ens_2013,index=testing_sample.index)], axis=1)
```

```python
# E_subtraining 행렬
E_subtraining.set_axis(
    ['err_ens_2007','err_ens_2009','err_ens_2011','err_ens_2013'],
    axis=1, inplace=True) # 이름
E_subtraining.corr()
```

	err_ens_2007	err_ens_2009	err_ens_2011	err_ens_2013
err_ens_2007	1.000000	0.953756	0.868026	0.998962
err_ens_2009	0.953756	1.000000	0.842201	0.955961
err_ens_2011	0.868026	0.842201	1.000000	0.868046
err_ens_2013	0.998962	0.955961	0.868046	1.000000

```python
E_subtraining.corr().mean()
```

```
err_ens_2007    0.955186
err_ens_2009    0.937980
err_ens_2011    0.894568
err_ens_2013    0.955742
dtype: float64
```

결과는 전반적으로 실망스럽다. 단 하나의 모델만이 다른 모델과 다소 다른 패턴을 추출할 수 있었으며, 그 결과 전반적으로 89%의 상관관계가 나타났다. 신경망(2013년 데이터)과 페널티 회귀(2007년)는 여전히 높은 상관관계를 유지하고 있다. 한 가지 가능한 설명은 모델이 주로 잡음만 포착하고 시그널은 거의 포착하지 못하기 때문일 수 있다는 것이다. 연간 수익률과 같은 장기 레이블로 작업하면 모델 간의 다변화를 개선하는 데 도움이 될 수 있다.

11.4 연습 문제

케라스로만 학습된 3개의 신경망 위에 통합 앙상블을 구축하라. 각 네트워크는 예측 인자의 3분의 1을 입력으로 받는다. 3개의 네트워크는 분류(예/아니오 또는 매수/매도)를 산출한다. 가장 중요한 네트워크는 세 가지 출력을 집계해 최종 결정을 내린다. 테스트 샘플에서 성능을 평가하라. 함수형 API를 사용하라.

12

포트폴리오 백테스팅

12장에서는 투자 전략을 분석하고 비교할 때 사용할 표기법과 프레임워크를 소개한다. 포트폴리오 백테스팅은 종종 최고의 전략, 혹은 적어도 수익성이 높은 전략을 찾기 위한 탐구로 인식된다. 철저하게 수행하면 오랜 시간이 소요될 수 있는 이 노력은 비전문가로 하여금 우연과 견고한 전략을 혼동하게끔 만들 수 있다. 최근 연이어 발표된 2개의 논문은 p-해킹과 관련한 **데이터 스누핑**data snooping의 위험에 대해 경고한다. 두 케이스 모두 연구자는 그들이 원하는 결과를 찾을 때까지 데이터를 고문할 것이다.

파보찌와 데 프라도(2018)는 (최소) 수천 개의 전략이 테스트를 거쳤지만 오직 효과만 있는 전략만이 대중에게 공개됐다는 것을 인정한다. 만족스러운 이상치(효과가 있는 것으로 보이는 유일한 전략)를 선택하는 것은 실제 트레이딩으로 전환했을 때 실망을 안겨줄 공산이 크다. 비슷한 맥락에서 아르노트 외(2019b)는 전략을 백테스트할 때 모든 유형의 오류를 피하기 위해 모든 분석가가 따라야 할 원칙과 안전 장치 목록을 제공한다. 최악의 유형은 체리피킹cherrypicking을 통해 특정 환경에서는 성과가 좋지만 실제 구현에서는 실패할 가능성이 높은 전략을 찾아내는 이른바 **거짓 양성**false positive이다.

이러한 포트폴리오 구축에 관한 권고 사항들 이외에도 아르노트 외(2019a)는 학술적 팩터와 관련한 스마트 베타 상품에 맹목적으로 투자하는 것의 위험에 대해서도 경고한다. 분명한 것은 기대치를 너무 높게 설정해서는 안 된다는 것이다. 그렇지 않으면 실망할 위험에 직면하게 된다. **경기 사이클**^{economic cycle}이 팩터 수익률에 큰 영향을 미친다는 것 또한 그들 논문의 또 다른 시사점이다. 상관관계는 빠르게 변하고, 경기 침체기에는 하락폭이 확대될 수 있다.

백테스팅은 생각보다 복잡하며, 겉보기에만 좋은 포트폴리오 정책으로 이어질 수 있는 작은 실수들을 범하는 것은 쉽다. 12장에서는 이 연습에 대한 엄격한 접근 방식을 설명하고, 몇 가지 주의 사항을 논하며, 다소 긴 예시를 제시할 것이다.

12.1 프로토콜 세팅

우리가 고려하는 데이터셋은 시간 $t = 1, \ldots, T$, 자산 $n = 1, \ldots, N$, 특성 $k = 1, \ldots, K$의 3차원 구조를 가진다. 이러한 특성 중 하나는 t 시점의 자산 n의 가격이어야 하며, 이를 $p_{t,n}$으로 표기한다. 이로부터 산술 수익률을 계산하는 것은 간단하며($r_{t,n} = p_{t,n}/p_{t-1,n} - 1$), 수익성에 대한 어떠한 휴리스틱적 측정 또한 마찬가지다. 단순성을 위해 시점들은 등거리 혹은 균일하다고 가정한다. 예를 들어, t는 거래일 또한 한 달의 인덱스라고 가정한다. 만약 각 시점 t에 모든 자산에 대한 데이터가 존재하는 경우 $I = T \times N$행의 데이터셋이 된다.

데이터셋은 먼저 표본 외 기간과 **초기 버퍼**^{initial buffer} 기간으로 나뉜다. 버퍼 기간은 첫 번째 포트폴리오 구축을 위해 모델을 훈련하고자 필요하다. 이 기간은 훈련 샘플의 크기에 따라 결정된다. 이 크기를 정하는 데에는 고정(보통 2~10년)과 확장 두 가지 선택이 있다. 첫 번째 경우 훈련 샘플은 시간이 지남에 따라 롤링^{rolling}해나가며 이는 오직 가장 최신 데이터만을 고려한다. 두 번째 케이스의 경우 모델은 가능한 모든 데이터에 기반에 돌아가며, 그렇기에 시간이 지남에 따라 데이터의 크기는 커진다. 이 선택지는 문제를 야기할 수 있는데 왜냐하면 초기 데이터가 최신 데이터보다 훨씬 더 적은 정보량을 갖고 있기 때문이다. 더불어 수익률과 특성에 대한 전체 기간 데이터를 포함하는 것이 이로운지 그렇지 않은지에 대해서는 지속적인 논쟁이 있다. 확장 방식을 옹호하는 쪽에서는 이 방식이 모델로 하여금 서로 다른 시장 상황을 겪을 수 있게끔 만들 수 있다고 주장한다. 반대쪽에서는 오래된 데이터가 기본적으로 구식이므로 현재 또는 미래의 단기 변동을 반영하지 못하기 때문에 쓸모없으며 오해의 소지가 있다고 주장한다.

따라서 여기서는 그림 12.1과 같이 훈련 샘플에 대해 롤링 기간에 대한 옵션을 선택한다.

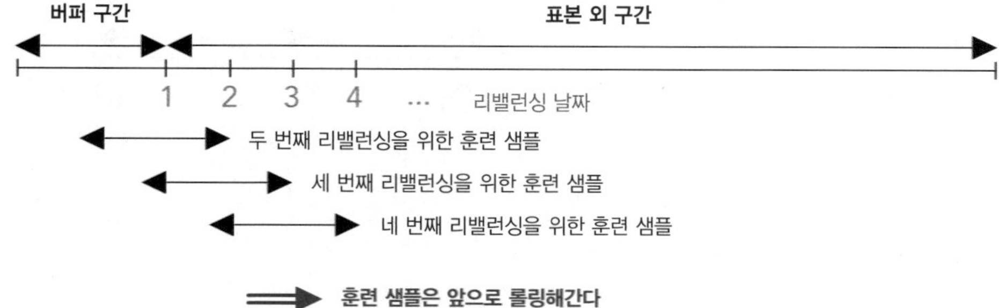

그림 12.1 롤링 윈도우를 활용한 백테스팅. 첫 번째 구간에 대한 훈련셋은 단순히 버퍼 구간이다.

두 가지 중요한 디자인 선택은 바로 **리밸런싱 주기**rebalancing frequency와 레이블을 계산하는 **시계열**horizon이다. 이 둘이 반드시 같아야 할 필요는 없으나, 이런 선택은 이치에 맞다. 장기 추세를 포착하는 12개월 선도 레이블로 훈련해 월별 혹은 분기별로 투자하는 것은 틀리지 않아 보인다. 하지만 이를 반대로 해 (월별 같은) 단기적 움직임을 훈련해 장기 시계열로 투자하는 것은 조금 이상해보인다.

이러한 선택들은 백테스트가 어떻게 이뤄질 것인가에 대해 직접적인 영향을 미친다. 몇 가지 표기법을 소개하면 다음과 같다.

- Δ_h는 두 리밸런싱 날짜 사이의 보유 기간(일 또는 월)을 나타낸다.
- Δ_s는 원하는 훈련 샘플의 크기(일 또는 월, 자산 개수는 고려하지 않음)를 나타낸다.
- Δ_l는 레이블이 계산되는 기간(일 또는 월)을 나타낸다.

이렇게 되면 훈련 샘플의 총 길이는 $\Delta_s + \Delta_l$이 돼야 한다. 실제로 어느 t 시점에서든 훈련 샘플은 $t - \Delta_l$ 시점에서 멈춰야 한다. 그래야만 데이터의 마지막 포인트가 t 시점까지 계산된 레이블이 될 수 있다. 이는 그림 12.2에서 빨간색으로 된 위험 영역의 형태로 강조 표시돼 있다. 이 구간을 레드 존red zone이라고 부르는 이유는 이 구간 $(t - \Delta_l, t]$ 내부에서 시간 인덱스 s를 갖는 모든 관측치은 미래 참조 편향을 발생시키기 때문이다. 실제로 어떤 특성의 인덱스가 $s \in (t - \Delta_l, t]$인 경우 정의에 따라 레이블은 $s + \Delta_l > t$의 기간 $[s, s + \Delta_l]$을 포함한다. t 시점에서 이는 미래에 대한 지식을 요구하기에 당연히 현실적이지 못하다.

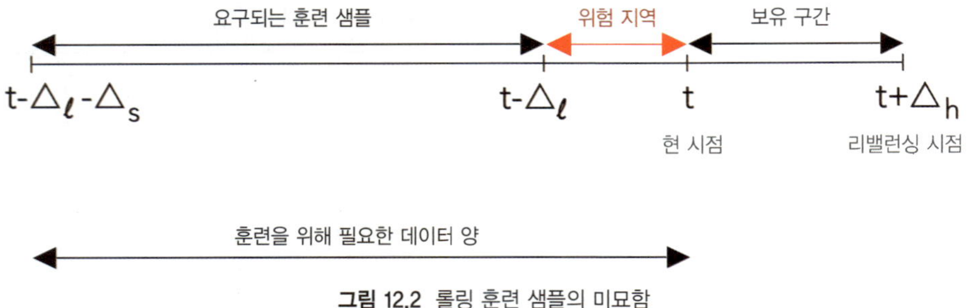

그림 12.2 롤링 훈련 샘플의 미묘함

12.2 신호를 포트폴리오 가중치로 변환하기

5장부터 11장까지 설명했던 예측 도구는 자산의 미래 수익성에 대한 일부 정보를 제공할 것으로 예상되는 신호를 제공하기 위한 것일 뿐이다. 이 신호를 투자 의사결정에 통합할 수 있는 방법은 여러 가지가 있다(머신러닝 도구를 이 작업에 통합하는 방법은 스노^{Snow}(2020) 참고).

첫 번째 단계는 **선택**^{selection}이다. 많은 자산에 대해 예측 연습을 할 수 있지만, 모든 자산에 투자를 할 필요는 없다. 실제로 롱온리 포트폴리오의 경우 향후 실적이 저조할 것으로 예상되는 자산을 제외하기 위해 신호를 활용하는 것이 합리적일 수 있다. 포트폴리오 정책은 종종 자산의 수를 일정하게 유지시키는 고정된 크기를 갖는 경우가 많다. 신호를 활용하는 한 가지 휴리스틱적인 방법은 가장 유리한 예측을 하는 자산을 선택하고 나머지는 버리는 것이다. 이 단순한 아이디어는 자산 가격 결정 문헌에서 자주 사용되는데, 기본 특성의 사분위수에 따라 포트폴리오를 구성하고, 해당되는 **정렬된 포트폴리오**$^{sorted\ portfolio}$가 매우 다른 수익성을 보이는 경우(예를 들어, 높은 사분위수의 평균 수익률이 높은 반면 낮은 사분위수의 평균 수익률이 낮은 경우) 일부 특성이 흥미로운 것으로 간주된다.

예를 들어, 이 방법은 신호의 유의미함을 테스트하는 효율적인 방법이다. Q개의 포트폴리오 $q = 1, \ldots, Q$가 신호에 대한 자산의 순위에 따라 구성되는 경우 포트폴리오의 표본 외 성과는 q에 대해 단조성을 가질 것으로 예상할 수 있다. 이러한 단조성을 엄밀하게 검증하기 위해서는 모든 포트폴리오를 고려해야 하지만(예를 들어, 로마노와 울프(2013) 참고), 종종 극단적인 포트폴리오만으로도 충분하다고 가정한다. 1번 포트폴리오와 Q번 포트폴리오의 차이가 크다면 신호는 가치가 있다. 투자자가 자산에 대한 숏 포지션을 가져갈 수 있다면 이는 달러 중립 전략에 해당한다.

두 번째 단계는 **가중치 부여**weighting다. 만약 선택 과정이 신호에 의존하는 경우 단순한 가중치 설정 모델이 좋은 아이디어가 될 수 있다. 동일 가중 포트폴리오는 특히 플리야크하 외 **Plyakha et al.**(2016)에서 볼 수 있듯이 시가총액 가중 방식과 비교해봐도 손색이 없을 정도다(데미구엘 외(2009b) 참고). 보다 더 발전된 방식으로는 동등 위험 기여도(마일라드 외Maillard et al.(2010))와 제약된 최소 분산(코케렛(2015))이 있다. 두 방식 모두 자산의 공분산 행렬에만 의존해 기대 수익률 벡터에 대한 프록시는 사용하지 않는다.

완전성을 위해 일반적인 제약된 이차 계획법인 코케렛(2015)의 일반화를 명시적으로 설명한다.

$$\min_{\mathbf{w}} \frac{\lambda}{2}\mathbf{w}'\Sigma\mathbf{w} - \mathbf{w}'\boldsymbol{\mu}, \quad \text{s.t.} \quad \begin{aligned} &\mathbf{w}'\mathbf{1} = 1, \\ &(\mathbf{w} - \mathbf{w}_-)'\Lambda(\mathbf{w} - \mathbf{w}_-) \leq \delta_R \\ &\mathbf{w}'\mathbf{w} \leq \delta_D \end{aligned} \tag{12.1}$$

왼쪽 부분을 보면 일반적인 **평균-분산 최적화**mean-variance optimization임을 쉽게 알아볼 수 있다. 오른쪽에는 세 가지 제약 조건이 있다.[1] 첫 번째는 예산 제약 조건이다(가중치의 합은 1). 두 번째 제약 조건은 거래 비용에 불이익을 주는 대각 행렬 Λ를 통해 (현재 가중치 $\mathbf{w}_-$와 비교한) 가중치 변화에 불이익을 준다. 이 조건은 매우 중요한 포인트다. 포트폴리오를 처음부터 새로 구성하는 경우는 거의 없으며 대부분 기존 포지션에서 조정하는 경우가 많다. 주문과 그에 따른 거래 비용을 줄이기 위해 기존 포트폴리오에서 큰 변동이 있을 경우 불이익을 줄 수 있다. 위의 프로그램에서 현재 가중치는 $\mathbf{w}_-$, 원하는 가중치는 $\mathbf{w}$이므로 $\mathbf{w} - \mathbf{w}_-$는 현재 포지션으로부터의 편차 벡터가 된다. $(\mathbf{w} - \mathbf{w}_-)\Lambda(\mathbf{w} - \mathbf{w}_-)$ 항은 대각 행렬 계수 $\Lambda_{n,n}$에 의해 가중치가 부여된 제곱 편차의 합을 나타내는 표현식이다. 일부 자산은 유동성으로 인해 거래 비용이 더 많이 들 수 있기 때문에 이 조건은 유용할 수 있다(대형주는 유동성이 풍부하고 거래 비용이 더 낮다). δ_R이 감소하면 가중치가 $\mathbf{w}_-$에서 너무 많이 벗어날 수는 없으므로 회전률이 감소한다. 마지막 제약 조건은 포트폴리오의 허핀달-허쉬만Herfindahl-Hirschmann 지수를 통해 **분산 투자**를 강제한다. δ_D가 작을수록 포트폴리오의 분산 투자 효과가 증가한다.

---

1 제약 조건은 종종 포트폴리오 구성에 유익한 영향을 미치기도 한다(자가나단과 마(2003) 및 데미구엘 외(2009a) 참고).

유니버스에 N개의 자산이 있다는 것을 상기한다면 수식 (12.1)의 라그랑지안 형태는 다음과 같다.

$$L(\mathbf{w}) = \frac{\lambda}{2}\mathbf{w}'\boldsymbol{\Sigma}\mathbf{w} - \mathbf{w}'\boldsymbol{\mu} - \eta(\mathbf{w}'\mathbf{1}_N - 1) + \kappa_R((\mathbf{w}-\mathbf{w}_-)\boldsymbol{\Lambda}(\mathbf{w}-\mathbf{w}_-) - \delta_R) + \kappa_D(\mathbf{w}'\mathbf{w} - \delta_D)$$

$$(12.2)$$

또한, 1계 조건은 다음과 같다.

$$\frac{\partial}{\partial \mathbf{w}} L(\mathbf{w}) = \lambda\boldsymbol{\Sigma}\mathbf{w} - \boldsymbol{\mu} - \eta\mathbf{1}_N + 2\kappa_R\boldsymbol{\Lambda}(\mathbf{w}-\mathbf{w}_-) + 2\kappa_D\mathbf{w} = 0$$

이는 결국 다음과 같은 결과를 보인다.

$$\mathbf{w}_\kappa^* = (\lambda\boldsymbol{\Sigma} + 2\kappa_R\boldsymbol{\Lambda} + 2\kappa_D\mathbf{I}_N)^{-1}(\boldsymbol{\mu} + \eta_{\lambda,\kappa_R,\kappa_D}\mathbf{1}_N + 2\kappa_R\boldsymbol{\Lambda}\mathbf{w}_-) \qquad (12.3)$$

여기서는

$$\eta_{\lambda,\kappa_R,\kappa_D} = \frac{1 - \mathbf{1}_N'(\lambda\boldsymbol{\Sigma} + 2\kappa_R\boldsymbol{\Lambda} + 2\kappa_D\mathbf{I}_N)^{-1}(\boldsymbol{\mu} + 2\kappa_R\boldsymbol{\Lambda}\mathbf{w}_-)}{\mathbf{1}_N'(\lambda\boldsymbol{\Sigma} + 2\kappa_R\boldsymbol{\Lambda} + 2\kappa_D\mathbf{I}_N)^{-1}\mathbf{1}_N}$$

이다.

이 매개 변수는 예산 제약 조건이 충족되도록 한다. 수식 (12.3)의 최적 가중치는 세 가지 튜닝 매개 변수인 λ, κ_R, κ_D에 따라 달라진다.

- λ가 크면 수익 극대화보다는 위험 감소에 더 중점을 두게 된다(위험이 더 예측하기 쉽다는 점에서 이는 좋은 아이디어인 경우가 많다.).
- κ_R이 크면 수식 (12.2)에서 거래 비용의 중요도가 높아지므로 $\kappa_R \to \infty$이면 (다른 매개 변수 값이 유한 값인 경우) 이전 가중치 $\mathbf{w}_-$와 같아진다.
- κ_D가 크면 포트폴리오의 분산 투자 효과가 더 커지며, $\kappa_D \to \infty$인 경우 (다른 모든 것이 동일할 때) 가중치는 동일 가중($1/N$)이 된다.
- $\kappa_R = \kappa_D = 0$이라면 $(\boldsymbol{\Sigma})^{-1}\boldsymbol{\mu}$에 비례하는 최대 샤프 비율 포트폴리오와 $(\boldsymbol{\Sigma})^{-1}\mathbf{1}_N$에 비례하는 최소 분산 포트폴리오를 혼합한 고전적인 평균-분산 가중치로 포트폴리오가 회귀한다.

복잡해 보이는 이 공식은 사실 매우 유연하고 적용하기 쉽다. λ, κ_R, κ_D에 대한 현실적인 값을 찾기 전에 몇 가지 테스트와 조정이 필요하다(12장의 마지막에 있는 연습 문제 참고). 페데르센 외(2020)에서 저자들은 공분산 행렬이 표본 분산의 대각선 행렬로 축소되고 기대 수익률이 시그널 포트폴리오와 기준 포트폴리오의 혼합이라는 점을 제외하고는 이와 유사한 형태를 제안한다. 저자들은 이 일반적인 공식이 강력한 최적화(김 외(2014) 참고), 베이지안 추론(라이 외(2011) 참고), 랜덤 행렬 이론을 통한 행렬 노이즈 제거, 그리고 당연히 축소와 연관성이 있다고 주장한다. 실제로, 축소된 기대 수익률은 꽤 오래전부터 사용돼 왔으며(조리온 Jorion(1985), 칸과 조우(2007), 보드나르 외Bodnar et al.(2013)), 이는 단순히 추정 위험을 줄이고 분산 투자 효과를 높이기 위한 것이다.

12.3 성과 지표

성과 평가는 백테스트의 핵심 단계다. 12.3절은 포괄적이지는 않지만 포트폴리오 평가의 가장 중요한 측면을 다루기 위한 것이다.

12.3.1 논의

머신러닝 도구의 정확도 평가(10.1절 참고)도 물론 중요하고 필수적이지만, 포트폴리오 수익률은 백테스트의 궁극적 척도다. 원시적 지표와 절대적 지표는 그 자체로는 큰 의미가 없기 때문에 이러한 연습에서 필수적인 요소 중 하나는 바로 **벤치마크**다.

이는 포트폴리오 레벨뿐만 아니라 머신러닝 엔진 레벨에서도 마찬가지다. 이전 장들의 대부분의 실험에서 테스트셋상 모델의 MSE는 0.037을 중심으로 분포돼 있다. 다소 흥미로운 수치는 이 데이터셋에 대한 1개월 수익률의 분산인데, 이는 항상 0으로 일정하게 예측할 때 발생하는 오류에 해당한다. 이 수치 또한 0.037이며, 이는 정교한 알고리듬이 단순한 휴리스틱에 비해 실제로 개선되지는 않는다는 것을 의미한다. 이 벤치마크는 구 외(2020)의 표본 외 R^2에 사용된 벤치마크다.

포트폴리오 선택에서 가장 기본적인 배분 방식은 각 자산에 동일한 가중치를 부여하는 동일 가중 배분이다. 이 단순해 보이는 솔루션은 사실 일관되게 이기기 어려운 놀라운 벤치마크다(데미구엘 외(2009b), 플리야크하 외(2016) 참고). 이론적으로 불확실성과 모호성 혹은 추정 위험이 높을 때 동일 가중 포트폴리오는 최적이 되며(플루그 외[Pflug et al.](2012), 마일렛 외[Maillet et al.](2015)), 실증적으로도 팩터 레벨에서 이를 능가할 수는 없다(디츨 외(2021b)). 다음에서는 모든 주식에 대한 **동일 가중**[EW, Equally Weighted] 포트폴리오를 벤치마크로 선택한다.

12.3.2 순수한 성과 및 위험 지표

이제 실무와 학계에서 모두 사용하는 일반적인 지표의 정의를 살펴보자. 여기서부터는 포트폴리오와 벤치마크의 수익률에 대해 각각 $r^P = (r_t^P)_{1 \le t \le T}$과 $r^B = (r_t^B)_{1 \le t \le T}$으로 표기한다. 일반적인 수익률을 언급할 때는 간단히 r_t로 표기한다. 수익률을 분석하는 방법에는 여러 가지가 있으며, 대부분은 수익률 분포에 의존한다.

가장 간단한 지표는 평균 수익률이다.

$$\bar{r}_P = \mu_P = \mathbb{E}[r^P] \approx \frac{1}{T} \sum_{t=1}^{T} r_t^P, \quad \bar{r}_B = \mu_B = \mathbb{E}[r^B] \approx \frac{1}{T} \sum_{t=1}^{T} r_t^B$$

여기서 당연히 $\mathbb{E}[r^P] > \mathbb{E}[r^B]$인 경우 포트폴리오는 주목할 만하다. 위에서는 산술 평균을 사용했지만, 기하 평균 또한 다음과 같이 하나의 선택지로 사용할 수 있다.

$$\tilde{\mu}_P \approx \left(\prod_{t=1}^{T}(1 + r_t^P) \right)^{1/T} - 1, \quad \tilde{\mu}_B \approx \left(\prod_{t=1}^{T}(1 + r_t^B) \right)^{1/T} - 1$$

기하 수익률 정의의 장점은 복리 수익률을 고려하므로 변동성 펌핑[pumping]을 보상한다는 것이다. 이를 확인하기 위해 수익률이 $-r$과 $+r$로 된 두 기간 모형을 생각해보자. 산술 평균은 0이지만, 기하 평균은 $\sqrt{1 - r^2} - 1$이므로 음수다.

정확도와 마찬가지로 적중률은 포지션이 올바른 방향(실현 수익률이 양수이면 매수, 음수이면 매도)이 되는 횟수의 비율을 평가한다. 따라서 적중률은 올바른 추측을 하는 성향을 평가한다. 이는 자산 수준(올바른 방향의 포지션 비율[2]) 혹은 포트폴리오 수준에서 계산할 수 있다. 또한,

---

2 자산이 양의 수익률이라면 롱 포지션 혹은 음의 수익률이라면 숏 포지션.

모든 경우에 원시 수익률 또는 상대 수익률(예를 들어, 벤치마크와 비교)로도 계산할 수 있다. 의미 있는 적중률은 전략이 벤치마크를 상회하는 횟수의 비율이다. 물론 작은 수익이 큰 손실 몇 개로 상쇄될 수 있으므로 이 수치만으로는 충분치 않다.

마지막으로, 한 가지 중요한 정밀도가 있다. 이 책의 모든 지도 학습 도구 예시에서는 적중률을 0.5와 비교했다. 하지만 투자자가 낙관적일 경우 항상 상승에 베팅할 수 있기 때문에 사실 이는 잘못됐다. 이 경우 적중률은 수익률이 양수인 시간의 비율이다. 장기적으로 이 확률은 0.5 이상이다. 이 샘플에서는 0.556으로 0.5를 훨씬 상회한다. 이 값을 극복해야 할 벤치마크로 볼 수 있다.

순수한 성과 측정에서는 거의 항상 **위험 측정**risk measure이 수반된다. 수익률의 두 번째 적률은 일반적으로 포트폴리오의 변동 규모를 정량화하는 데 사용된다. 분산이 크다는 것은 수익률과 포트폴리오 가치의 변동이 크다는 것을 의미한다. 이것이 수익률의 표준 편차를 포트폴리오의 변동성이라고 하는 이유다.

$$\sigma_P^2 = \mathbb{V}[r^P] \approx \frac{1}{T-1} \sum_{t=1}^{T} (r_t^P - \mu_P)^2, \quad \sigma_B^2 = \mathbb{V}[r^B] \approx \frac{1}{T-1} \sum_{t=1}^{T} (r_t^B - \mu_B)^2$$

이 경우 벤치마크에 비해 위험도가 낮은 때, 즉 $\sigma_P^2 < \sigma_B^2$이며, 평균 수익률이 같거나 비슷할 때 이 포트폴리오를 선호한다.

수익률에 대한 고차원 적률(왜도와 첨도)을 사용하는 경우도 있지만 일반적이지는 않다. 포트폴리오 구축 과정에서 이를 고려하는 한 가지 방법에 대해서는 하비 외(2010)의 예시를 참고하라.

어떤 사람들에게는 변동성이 위험의 불완전한 척도다. 변동성은 가격이 상승할 때의 '좋은' 변동성과 하락할 때의 '나쁜' 변동성으로 구분해야 한다고 주장할 수 있다. 하방 반-분산 downward semi-variance은 음의 수익률에 대한 분산으로 계산한다.

$$\sigma_-^2 \approx \frac{1}{\mathrm{card}(r_t < 0)} \sum_{t=1}^{T} (r_t - \mu_P)^2 1_{\{r_t < 0\}}$$

평균 수익률과 변동성은 실무자들이 사용하는 일반적인 적률 기반 지표다. 다른 지표는 수

익률 분포의 다양한 측면에 의존하며 꼬리 및 극단적 이벤트에 중점을 둔다. **최대 예상 손실액**
VaR, Value-at-Risk이 그러한 예시 중 하나다. F_r이 수익률의 실증적인 누적 밀도 함수인 경우 신
뢰 수준 α(보통 95%로 간주)에서의 VaR는 다음과 같다.

$$\mathrm{VaR}_\alpha(\mathbf{r}_t) = F_r(1 - \alpha)$$

이는 평균적으로 $(1-\alpha)\%$의 확률로 발생할 것으로 예상되는 나쁜 시나리오(수익률)의 실현과
같다. 이보다 더 보수적인 척도는 예상 부족액이라고도 불리는 조건부 최대 예상 손실액CVaR,
Conditional Value-at-Risk으로 최악 $(1-\alpha)\%$ 시나리오의 평균 손실을 계산한다. 이에 대한 실증적
평가는 다음과 같다.

$$\mathrm{CVaR}_\alpha(\mathbf{r}_t) = \frac{1}{\mathrm{Card}(r_t < \mathrm{VaR}_\alpha(\mathbf{r}_t))} \sum_{r_t < \mathrm{VaR}_\alpha(\mathbf{r}_t)} r_t$$

위험도 측정의 심각성이 높아지는 과정에서 손실에 관한 궁극적인 평가 지표는 바로 **최대 손
실폭**maximum drawdown이다. 이는 전략의 피크 값에서 발생한 최대 손실과 같다. 포트폴리오의
시간 t 값에 대해 P_t를 쓰면 손실폭은 다음과 같다.

$$D_T^P = \max_{0 \leq t \leq T} P_t - P_T$$

최대 손실폭은 다음과 같다.

$$MD_T^P = \max_{0 \leq s \leq T} \left(\max_{0 \leq t \leq s} P_t - P_s, 0 \right)$$

12.3.3 팩터 기반 평가

팩터 모델의 관점에 기반해 익스포저exposure라는 렌즈로 성과를 평가할 수도 있다. 수식
(3.1)의 원래 공식을 기억해보면 다음과 같다.

$$r_{t,n} = \alpha_n + \sum_{k=1}^{K} \beta_{t,k,n} f_{t,k} + \epsilon_{t,n}$$

그렇다면 추정된 $\hat{\alpha}_n$은 다른 팩터로는 설명할 수 없는 성과다.

수익률이 (무위험 수익률 이상의) 초과 수익률이고 팩터가 시장 팩터 하나만 있을 때 이 수치를 젠센의 알파$^{Jensen' alpha}$라고 부른다(젠센^{Jensen}(1968)). 종종 이를 단순히 알파라고도 부른다. 다른 추정치인 $\hat{\beta}_{t,M,n}$(시장의 경우 M)은 시장 베타$^{market beta}$다.

팩터 투자의 부상으로 인해 더욱 철저한 회귀 분석의 알파 또한 보고하는 것이 관례가 됐다. 사이즈와 밸류 프리미엄(파마와 프렌치(1993)), 심지어는 모멘텀(카하르트(1997))을 추가하면 어떤 전략이 일반적인 팩터를 통해 얻을 수 있는 가치 그 이상을 창출할 수 있는지 이해하는 데 도움이 된다.

12.3.4 위험 조정 지표

평균 수익률과 변동성 사이의 트레이드 오프는 마코위츠(1952) 이후 현대 금융의 초석이 됐다. 두 지표를 종합하는 가장 간단한 방법은 **정보 비율**$^{information ratio}$이다.

$$IR(P, B) = \frac{\mu_{P-B}}{\sigma_{P-B}}$$

여기서 인덱스 $P - B$는 롱숏 포트폴리오의 평균과 표준편차가 수익률 $r_t^P - r_t^B$로 계산됐음을 의미한다. 분모 σ_{P-B}는 때때로 **추적 오차**$^{tracking error}$라고도 한다.

가장 널리 사용되는 정보 비율은 벤치마크가 무위험 자산인 **샤프 비율**(샤프(1966))이다. 두 포트폴리오 또는 전략 간의 정보 비율을 직접 계산하는 대신 샤프 비율을 비교하는 것이 일반적이다. 단순 비교는 통계적 검정을 통해 이점을 얻을 수 있다(예를 들어, 르두아와 울프(2008) 참고).

보다 극단적인 위험 측정치를 위험 조정 지표에서 분모로 사용할 수 있다. 예를 들어, MAR$^{Managed Account Report}$ 비율은 다음과 같이 계산한다.

$$MAR^P = \frac{\tilde{\mu}_P}{MD^P}$$

동시에 트레이너 비율$^{Treynor ratio}$은 다음과 같다.

$$\text{트레이너} = \frac{\mu_P}{\hat{\beta}_M}$$

즉, (초과) 수익률을 시장 베타로 나눈 값이다(트레이너[Treynor](1965) 참고). 이 정의는 휴브너[Hübner](2005)에 의해 멀티 팩터 익스포저에 기반한 트레이너 비율로 일반화됐다.

$$\text{GT} = \mu_P \frac{\sum_{k=1}^{K} \bar{f}_k}{\sum_{k=1}^{K} \hat{\beta}_k \bar{f}_k}$$

여기서 $\bar{f}_k$는 팩터 $f_{t,k}$의 샘플 평균이다. 이 비율의 분석적 특성에 대한 자세한 설명은 원래의 논문을 참고하라.

12.3.5 거래 비용 및 회전율

포트폴리오 구성을 업데이트하는 것은 공짜가 아니다. 일반적으로 t 시점에서 한 번의 리밸런싱에 드는 총 비용은 $C_t = \sum_{n=1}^{N} |\Delta w_{t,n}| c_{t,n}$에 비례하며, 여기서 $\Delta w_{t,n}$은 자산 n에 대한 포지션 변화, $c_{t,n}$은 이에 상응하는 수수료다. 이 마지막 값은 예측하기 어려운 경우가 많으므로 가령 시가 총액(대형주일수록 유통 주식수가 많으므로 수수료가 적다) 또는 매수-매도 스프레드(스프레드가 작을수록 수수료가 적다)에 따라 달라지는 대용치를 사용하는 것이 일반적이다.

1차적인 근사치로써 평균 회전율을 계산하는 것이 종종 유용하다.

$$\text{회전율} = \frac{1}{T-1} \sum_{t=2}^{T} \sum_{n=1}^{N} |w_{t,n} - w_{t-,n}|$$

여기서 $w_{t,n}$은 t 시점에서 원하는 포트폴리오 가중치이고, $w_{t-,n}$은 리밸런싱 직전의 가중치다. 첫 번째 기간의 포지션(초기 가중치)은 관례상 계산에서 제외된다. 그런 다음 거래 비용은 회전율의 배수(기업 횡단면의 평균 또는 중위 비용 곱하기)로 대용할 수 있다. 이는 포트폴리오 규모의 변화를 고려하지 않은 실현 비용의 1차적인 추정치에 불과하다. 하지만 대략적인 수치가 전혀 없는 것보다는 훨씬 낫다.

거래 비용[TC, Transaction Cost]이 연율화되면 평균 수익률에서 이를 차감해 더욱 현실적인 수익성을 파악할 수 있다. 같은 맥락에서 포트폴리오 P의 거래 비용 조정 샤프 비율은 다음과 같다.

$$SR_{TC} = \frac{\mu_P - TC}{\sigma_P} \tag{12.4}$$

거래 비용은 학술 논문에서 간과되는 경우가 많지만, 실제 트레이딩에서는 상당한 영향을 미칠 수 있다(예를 들어, 노비-마르크스와 벨리코프(2015) 참고). 데미구엘 외(2020)는 팩터 투자 (및 익스포저)를 사용해 포지션을 결합 및 상쇄하고 전체 수수료를 줄이는 방법을 보여준다.

12.4 일반적인 오류 및 이슈

12.4.1 미래 참조 데이터

포트폴리오 백테스팅에서 가장 흔한 실수 중 하나는 미래 참조 데이터를 사용하는 것이다. 예를 들어, 그림 12.2에 표시된 위험 영역의 함정에 빠지기 쉽다. 이 경우 t 시점에 사용된 레이블은 $t+1$, $t+2$ 등의 시점에 어떤 일이 일어날지에 대한 지식을 갖고 계산된다. 전략이 예견된 데이터에 기반하지 않도록 코드의 모든 단계를 세 번 정도 확인하는 것이 좋다.

12.4.2 백테스트 과최적화

두 번째 주요 문제는 백테스트 과최적화다. 훈련셋 과최적화와 비교해보면 이를 쉽게 이해할 수 있다. 이는 잘 알려진 문제이며, 예를 들어 화이트(2000)와 로마노, 울프(2005)에서 공식화됐다. 포트폴리오 선택에 관해서는 바이그로비츠[Bajgrowicz]와 스카일렛[Scaillet](2012), 베일리[Bailey]와 데 프라도(2014), 그 참고 문헌을 참고하라.

특정 순간에 백테스트는 오직 하나의 특정 데이터셋에만 의존한다. 첫 번째 백테스트의 결과가 만족스럽지 않은 경우가 많은데, 이는 여러 가지 이유가 있을 수 있다. 따라서 최적이 아닌 일부 매개 변수를 변경해 다시 한번 시도하고 싶은 유혹을 느낄 수 있다. 이 두 번째 테스트는 더 좋을 수도 있지만 아직 충분치 않을 수 있다. 따라서 세 번째 테스트에서는 새로운 가중치 체계와 함께 (더 정교한) 새로운 예측 엔진을 테스트할 수 있다. 반복적으로 백테스터는 시간과 시도의 문제일 뿐 충분히 잘 작동하는 전략으로 끝날 수 있다.

백테스트 과최적화의 한 가지 결과는 백테스트에서 얻은 샤프 비율과 동일한 샤프 비율을 실제 거래에서 기대하는 것이 환상에 불과하다는 것이다. 합리적인 전문가들은 샤프 비율을 못해도 2로 나눈 값을 사용한다(하비와 리우(2015), 슈호넨 외$^{\text{Suhonen et al.}}$(2017)). 베일리와 데 프라도(2014))에서 저자들은 테스트된 모든 전략의 일부 지표가 메모리에 저장돼 있다면 샤프 비율에 대한 통계적 검정을 제안하기도 했다. 수축 샤프 비율$^{\text{deflated Sharpe ratio}}$의 공식은 다음과 같다.

$$t = \phi\left((SR - SR^*)\sqrt{\frac{T-1}{1 - \gamma_3 SR + \frac{\gamma_4 - 1}{4} SR^2}}\right) \tag{12.5}$$

여기서 SR은 테스트한 모든 전략 중 가장 좋은 전략으로부터 얻은 샤프 비율이다.

$$SR^* = \mathbb{E}[SR] + \sqrt{\mathbb{V}[SR]}\left((1-\gamma)\phi^{-1}\left(1 - \frac{1}{N}\right) + \gamma\phi^{-1}\left(1 - \frac{1}{Ne}\right)\right)$$

SR^*는 최대 SR의 이론적 평균이다. 더불어 다음과 같다.

- T는 거래일 수다.
- γ_3 및 γ_4는 선택한 (최적) 전략 수익률의 왜도와 첨도다.
- ϕ는 표준 가우시안 법칙의 누적 밀도 함수이며, $\gamma \approx 0.577$은 오일러-마스케로니$^{\text{Euler-Mascheroni}}$ 상수다.
- N은 전략 시도 횟수다.

만약 위에서 정의한 t가 특정 임계치(예를 들어, 0.95) 미만이면 SR은 유의미한 것으로 간주할 수 없다. 즉, 테스트한 모든 전략들과 비교했을 때 **최고의 전략은 그리 뛰어나지 않다**. 안타깝게도 대부분의 경우가 이렇다. 수식 (12.5)에서 실현된 SR은 이론적인 최대 SR^*보다 커야 하며, 스케일링 계수는 ϕ 내부의 인자를 2에 충분히 가깝게 해 t가 0.95를 초과할 수 있을 만큼 충분히 커야 한다.

과학계에서는 테스트 과최적화를 p-해킹이라고도 한다. 금융 경제학에서는 다소 흔한 현상이며, 이 현상의 규모를 파악하기 위해서는 하비(2017)를 읽어보는 것을 강력히 추천한다. p-해킹은 통계적 검정을 사용하는 대부분의 분야에서도 존재한다(예를 들어, 한 가지 참고 문헌으로는 헤드 외$^{\text{Head et al.}}$(2015)가 있다). p-해킹을 다루는 방법에는 여러 가지가 있다.

1. p-값에 의존하지 않는다(암레인 외$^{\text{Amrhein et al.}}$(2019)).

2. 탐지 도구를 사용한다(엘리엇 외$^{\text{Elliott et al.}}$(2019)).

3. 혹은 마지막으로 통계치의 배열을 처리하는 고급 방법(예를 들어, 하비(2017)의 사전 평가를 포함하는 베이지안화 버전의 p-값 혹은 로마노와 울프(2005), 사이먼슨 외$^{\text{Simonsohn et al.}}$(2014)에서 제안한 다른 테스트 방식 등)을 사용한다.

첫 번째 옵션은 현명한 방법이지만, 결정 과정이 또 다른 임의적 기준에 의존한다는 단점이 있다.

12.4.3 간단한 방지책

12장의 서두에서 언급했듯이 백테스팅에 대한 두 가지 상식적인 참고 문헌은 파보찌와 데 프라도(2018), 아르노트 외(2019b)다. 이 두 논문에서 제공하는 조언들은 종종 신중하면서도 사려 깊다.

한 가지 추가적인 코멘트는 백테스트의 출력과 관련 있다. 간단하고 직관적이며 널리 사용되는 지표 중 하나는 수식 (12.4)에 정의된 거래 비용 조정 샤프 비율이다. 백테스트에서 SR_{TC}^{B}를 벤치마크에 해당하는 값이라 부르자. 이 벤치마크는 트레이딩 유니버스$^{\text{trading universe}}$(우리의 데이터셋에 있는 약 1,000개의 미국 주식)에 있는 모든 자산에 대한 동일 가중 포트폴리오라고 정의하고자 한다. 만약 가장 좋은 전략의 SR_{TC}^{p}가 $2 \times SR_{TC}^{B}$보다 크다면 백테스트 어딘가에 결함이 있을 가능성이 높다.

이 기준은 두 가지 가정을 전제로 한다.

1. 충분히 긴 표본 외 기간
2. 롱온리 포트폴리오

현실적으로 어떤 전략도 장기적으로 견고한 벤치마크를 큰 폭으로 능가하기는 어렵다. 벤치마크의 연간 수익률을 (변동성이 비슷한 수준에서) 150 베이시스 포인트나 개선할 수 있다는 것은 이미 큰 성과다. 벤치마크 수익률보다 5% 이상 높은 수익률을 제공하는 백테스트는 의심스럽다.

12.5 비정상성에 대한 암시: 예측은 어렵다

12.5절은 두 부분으로 나뉜다. 첫 번째 부분에서는 예측이 어려운 작업인 이유에 대해 논의하고, 두 번째 부분에서는 원래 머신러닝을 위해 개발됐지만 표본 외 테스트와 관련된 모든 분야를 조명하는 중요한 이론적 결과를 제시한다. 이 주제와 관련된 흥미로운 연구로는 파머 외(2019)의 연구가 있다. 저자들은 시간에 따른 선형 모델의 예측 적합도를 평가한다. 그들은 적합도가 크게 변한다는 것을 보여준다. 때로는 모델이 매우 잘 맞지만 어떤 때는 그렇지 않다. 머신러닝 알고리듬에서 또한 이러한 현상이 일어나지 않을 이유는 없다.

12.5.1 일반적인 코멘트

주의 깊게 읽은 독자라면 5장부터 11장까지 머신러닝 엔진의 성능이 압도적이지 않다는 것을 눈치챘을 것이다. 이러한 실망스러운 결과는 머신러닝이 만병통치약도, 요술 지팡이도, 데이터를 황금빛 예측으로 바꿀 수 있는 마법사의 돌도 아니라는 중요한 진실을 강조하기 위해 의도적으로 나온 것이다. 대부분의 머신러닝 기반 예측은 실패한다. 이는 매우 향상되고 정교한 기법뿐만 아니라 단순한 계량경제학적 접근법(디츨 외(2021a))에서도 마찬가지며, 이는 결과를 복제해 그 유효성에 도전할 필요성을 다시 한번 강조한다.

이에 대한 한 가지 이유는 데이터셋이 잡음으로 가득 차 있고, 아주 작은 신호라도 추출하는 것이 어려운 과제이기 때문이다(이 주제에 대한 자세한 내용은 티머맨(2018)의 개요를 주의 깊게 읽어보라). 또한, 한 가지 논리는 주식 공간에서 시시각각 변하는 팩터 분석의 특성 때문이다. 일부 팩터는 한 해 동안 매우 좋은 성과를 냈다가 다음해에는 부진할 수 있으며, 이러한 반전은 완전 자동화된 데이터 기반 배분 절차의 맥락에서 볼 때 비용이 많이 들 수 있다.

실제로 이것은 머신러닝이 큰 발전을 이룬 많은 분야와 가장 큰 차이점 중 하나다. 이미지 인식에서 숫자는 항상 같은 모양을 가지며 고양이, 버스 등도 마찬가지다. 비슷하게 동사는 항상 동사이며 언어의 구문은 변하지 않는다. 이러한 불변성은 때때로 이해하기 어렵지만[3], 그럼에도 컴퓨터 비전과 자연어 처리를 크게 개선하는 데 핵심적인 역할을 한다.

---

3 이론적이기는 하지만 사려 깊은 아르조프스키 외(Arjovsky et al.)(2019)의 논문을 읽어보라.

팩터 투자에서는 이러한 불변성이 존재하지 않는 것으로 보인다(코넬^{Cornell}(2020) 참고). 수십 년에 걸친 장기 수익률을 설명하고 정확하게 예측할 수 있는 팩터와 팩터의 (아마도 비선형적인) 조합은 존재하지 않는다.[4] 학계에서는 아직 그러한 모델을 찾지 못했지만, 설사 찾았다고 해도 단순한 차익 거래성 추론은 향후 데이터셋에서 결론을 논리적으로 무력화시킬 수 있다.

12.5.2 공짜 점심은 없다

먼저, 머신러닝에서의 공짜 점심은 없다는 정리는 같은 이름을 가진 자산 가격 결정 조건과는 아무런 관련이 없다는 것을 강조하는 것으로 시작하고자 한다(예를 들어, 델바엔^{Delbaen}과 샤처마이어^{Schachermayer}(1994) 또한, 최근에는 쿠치에로 외^{Cuchiero et al.}(2016) 참고). 원래 공식은 울퍼트(1992a)에 의해 제시됐으나, 보다 최근의 참고 문헌인 호^{Ho}와 페핀^{Pepyne}(2002)도 살펴볼 것을 권장한다. 사실 몇 가지 정리가 있으며, 그중 두 가지 정리는 울퍼트와 맥레디^{Macready}(1997)에서 찾을 수 있다.

이 정리의 진술은 매우 추상적이며 몇 가지 표기법이 필요하다. 훈련 샘플 $S = (\{\mathbf{x}_1, y_1\}, \ldots, \{\mathbf{x}_I, y_I\})$에는 특성을 레이블에 완벽하게 매핑하는 오라클 함수 f가 존재한다고 가정한다. $y_i = f(\mathbf{x}_i)$. 오라클 함수 f는 매우 큰 함수 집합에 속한다. 또한, 예측자가 근사치 f에 의존하게 하는 함수 집합을 $\mathcal{H}$라고 표기한다. 예를 들어, $\mathcal{H}$는 피드 포워드 신경망의 공간, 의사 결정 트리의 공간 혹은 이 둘의 재통합이 될 수 있다. $\mathcal{H}$의 요소는 h로 표기하며, $\mathbb{P}[h|S]$는 샘플 S를 알고 있는 h의 (거의 알려지지 않은) 분포를 나타낸다. 마찬가지로, $\mathbb{P}[f|S]$는 S를 알고 있는 오라클 함수의 분포를 나타낸다. 마지막으로, 특성은 주어진 법칙 $\mathbb{P}[\mathbf{x}]$를 가진다.

이제 두 가지 모델, 즉 h_1과 h_2를 고려해보자. 이 정리의 진술은 일반적으로 분류 작업과 관련해 공식화된다. S를 안다면 훈련 샘플 S 외부의 샘플에 의해 유도된 h_k를 선택할 때의 오차는 다음과 같이 정량화할 수 있다.

---

4   X(https://twitter.com/fchollet/status/1177633367472259072)에서 케라스의 창시자인 프랑수아 숄레는 가격 데이터에 기반한 머신 러닝 예측이 장기적으로 수익을 낼 수 없다고 주장한다. 금융 데이터에 대한 광범위한 접근성을 고려할 때 이 주장은 팩터 관련 데이터에서 비롯된 예측에도 그대로 적용될 가능성이 높다.

$$E_k(S) = \int_{f,h} \int_{\mathbf{x} \notin S} \underbrace{(1 - \delta(f(\mathbf{x}), h_k(\mathbf{x})))}_{\text{오차 항}} \underbrace{\mathbb{P}[f|S]\mathbb{P}[h|S]\mathbb{P}[\mathbf{x}]}_{\text{분포 항}} \tag{12.6}$$

여기서 $\delta(\cdot, \cdot)$는 델타 크로네커 함수다.

$$\delta(x, y) = \begin{cases} 0 & \text{만일 } x \neq y \\ 1 & \text{만일 } x = y \end{cases} \tag{12.7}$$

공짜 점심은 없다는 정리 중 하나는 $E_1(S) = E_2(S)$, 즉 S에 대한 지식만으로는 평균적으로 우수한 알고리듬이 존재할 수 없다는 것이다. 성능이 우수한 알고리듬을 만들기 위해서는 분석가 또는 계량경제학자가 Y와 X 사이의 관계 구조에 대한 사전적 견해를 갖고 있어야 하며, 이러한 견해를 모델 구축에 통합해야 한다. 안타깝게도 이러한 뷰가 부정확할 경우에도 성능이 저조한 모델이 만들어질 수 있다.

12.6 첫 번째 예시: 완전한 백테스트

마지막으로, 조심성 있는 백테스트를 통해 실행된 머신러닝 기반 전략의 한 가지 구현 방식에 대한 자세한 예시를 제안한다. 다음은 5.2.2절의 내용을 일반화한 것이다. 같은 맥락에서, 백테스트를 네 부분으로 나눴다.

1. 변수의 생성 및 초기화
2. 하나의 메인 함수에서 전략들을 정의
3. 백테스팅 루프
4. 성과 지표

이에 따라 초기화부터 시작해보자.

```python
import datetime as dt
from datetime import datetime
sep_oos= "2007-01-01"
# 백테스트 시작 시점
ticks= list(data_ml['stock_id'].unique())
```

```python
# 모든 자산들의 식별 코드 리스트
N= len(ticks)
# 최대 자산 개수
t_oos= list(returns.index[returns.index>sep_oos].values)
# 표본 외 날짜
t_as= list(returns.index.values)
# 전체 날짜
Tt= len(t_oos)
# 날짜 개수
nb_port = 2
# 포트폴리오/전략 개수
portf_weights= np.zeros(shape=(Tt, nb_port, max(ticks)+1))
# 포트폴리오 가중치 초기화
portf_returns= np.zeros(shape=(Tt, nb_port))
# 포트폴리오 수익률 초기화
```

이 첫 번째 단계는 백테스트의 핵심을 위한 토대를 마련하는 매우 중요한 단계다. 여기서는 머신러닝 기반과 동일 가중(1/N) 기반 벤치마크라는 두 가지 전략만을 고려한다. 메인(가중치 설정) 함수는 이 두 가지 구성 요소를 갖고 있으나, 전용 래퍼[wrapper]에서 정교한 함수를 정의한다. 머신러닝 기반 가중치는 80개의 트리, 0.3의 학습률, 최대 트리 깊이 4를 가진 XGBoost 예측에서 파생된다. 따라서 모델이 복잡해지지만 지나치게 복잡하지는 않다. 예측이 나오면 가중치 체계는 간단하다. 즉, 상위 절반의 주식(예측값이 중앙값 이상이 주식)에 대한 동일 가중 포트폴리오가 된다.

다음 함수에서는, 모든 매개 변수(예를 들어, 학습률(eta) 혹은 트리 개수(nrounds))가 하드 코딩돼 있다. 이를 데이터 입력 옆에 인자로 쉽게 전달할 수 있다. 매우 중요한 세부 사항 중 하나는 책의 나머지 부분과 달리 레이블이 12개월 미래 수익률이라는 것이다. 그 주된 이유는 4.6절의 논의에 뿌리를 두고 있다. 또한, 계산 속도를 높이기 위해 코케렛과 귀다(2020)의 권고에 따라 레이블 분포의 대부분을 제거하고 상위 20%와 하위 20%만을 유지한다. 필터링 수준을 인자로 전달할 수도 있다.

```python
def weights_xgb(train_data, test_data, features):
    train_features= train_data[features] # 독립 변수
    train_label= train_data['R12M_Usd']/ np.exp(train_data['Vol1Y_Usd'])
    # 종속 변수 ##T##
    ind = (train_label < np.quantile(
        train_label, 0.2))|(train_label > np.quantile(train_label, 0.8)) # 필터
    train_features= train_features.loc[ind] # 필터를 거친 특성
    train_label= train_label.loc[ind] # 필터를 거친 레이블
    train_matrix=xgb.DMatrix(train_features, label=train_label) # XGB 형태!
    params={'eta'  : 0.3, # 학습률
      'objective'  : "reg:squarederror", # 목적 함수
      'max_depth'  : 4}    # 트리 최대 깊이
    fit_xgb =xgb.train(params, train_matrix,num_boost_round=80)
    # 사용된 트리 개수
    test_features=test_data[features]
    # 테스트 샘플 => XGB 형태
    test_matrix=xgb.DMatrix(test_features) # XGB 형태!
    pred = fit_xgb.predict(test_matrix) # 단일 예측
    w_names=test_data["stock_id"] # 주식 리스트
    w = pred > np.median(pred) # 최적 예측의 50%만 유지
    w = w / np.sum(w) # 최적 예측, 동일 가중
    return w, w_names
```

6.4.6절에서 제안한 구조와 비교하면 차이점은 레이블이 **장기 수익률**에 기반할 뿐만 아니라 변동성 요소에도 의존한다는 점이다. 레이블의 분모는 변동성의 지수 분위지만, 샤프 비율에서 영감을 얻었으며 이 모델은 원시 수익률 대신 위험 조정 수익률을 설명하고 예측하려 한다고 보는 것이 타당하다. 변동성이 매우 낮은 종목은 레이블상에서 수익률이 변하지 않고, 변동성이 매우 높은 종목은 수익률을 3에 가까운 계수(exp(1)=2.718)로 나눈 값으로 표시된다.

그런 다음 이 함수는 동일 가중 벤치마크와 머신러닝 기반 정책이라는 두 가지 방식만을 갖는 글로벌 가중치 설정 함수에 포함된다.

```python
def portf_compo(train_data, test_data, features, j):
    if j == 0:                                  # 벤치마크
        N = len(test_data["stock_id"])          # 테스트 데이터로 할당 결정
        w = np.repeat(1/N,N)                     # 동일 가중 포트폴리오
        w_names=test_data["stock_id"]            # 자산 이름
        return w, w_names
    elif j == 1:                                 # 머신러닝 전략
↵
        return weights_xgb(train_data, test_data, features)
```

이 함수를 사용하면 메인 백테스팅 루프로 전환할 수 있다. 대규모 모델을 사용한다는 사실을 감안할 때 루프의 계산 시간이 길어진다(CPU가 느린 컴퓨터에서는 몇 시간이 걸릴 수 있다). 함수형 프로그래밍을 사용하면 루프 속도를 높일 수 있다. 또한, 가중치가 동일한 간단한 벤치마크 포트폴리오는 함수만을 갖고 코딩할 수 있다.

```python
m_offset = 12   # 버퍼 기간(레이블)을 위한 오프셋 개월 수
train_size = 5 # 훈련셋 사이즈 연수
for t in range(len(t_oos)-1): # 마지막 날 전에서 중지: 선도 수익률 금지!
    ind= (
        data_ml['date'] < datetime.strftime(
            datetime.strptime(t_oos[t], "%Y-%m-%d")-dt.timedelta(
                m_offset*30), "%Y-%m-%d")) & (
        data_ml['date'] > datetime.strftime(
            datetime.strptime(t_oos[t], "%Y-%m-%d")-dt.timedelta(
                m_offset*30)-dt.timedelta(365 * train_size), "%Y-%m-%d"))
    train_data= data_ml.loc[ind,:] # 훈련 샘플
    test_data= data_ml.loc[data_ml['date'] == t_oos[t],:] # 테스트 샘플
    realized_returns= test_data["R1M_Usd"]
    # 1개월 홀딩 기간을 고려한 수익률 계산
    for j in range(nb_port):
        temp_weights, stocks = portf_compo(
            train_data, test_data, features, j)      # 가중치
        portf_weights[t,j,stocks] = temp_weights     # 가중치 할당
        portf_returns[t,j] = np.sum(temp_weights * realized_returns)
        # 수익률 계산
```

위 코드에는 두 가지 중요한 주석이 있다. 첫 번째 주석은 첫 번째 줄에 정의된 2개의 매개 변수와 관련 있다. 이는 그림 12.2에 표시된 훈련 샘플의 크기(5년)와 버퍼 기간의 길이를 나타낸다. 이 버퍼 기간은 레이블이 장기(12개월) 수익률을 기반으로 하기 때문에 필수적이다. 이러한 지연은 백테스트에서 미래 참조 편향을 피하기 위해 반드시 필요하다.

다음에서는 회전율(가중치의 변동)을 계산하는 함수를 만든다. 리밸런싱 직전의 가중치는 이전 기간에 할당된 가중치와 보유 기간 동안 원래 가중치를 변화시킨 자산 수익률에 따라 달라지므로 가중치 값과 모든 자산의 수익률이 둘 다 필요하다.

```python
def turnover(weights, asset_returns, t_oos):
    turn = 0
    for t in range(1, len(t_oos)):
        realised_returns = asset_returns[returns.index == t_oos[t]].values
        prior_weights = weights[t-1] * (1+realised_returns)
        # 리밸런싱 이전
        turn =turn + np.sum(np.abs(
            weights[t] - prior_weights/np.sum(prior_weights)))
    return turn/(len(t_oos)-1)
```

회전율이 정의되면 이를 몇 가지 주요 지표를 계산하는 함수에 포함시킨다.

```python
def perf_met(portf_returns, weights, asset_returns, t_oos):
    avg_ret = np.nanmean(portf_returns)
    # 산술 평균
    vol = np.nanstd(portf_returns, ddof=1)
    # 변동성
    Sharpe_ratio = avg_ret / vol
    # 샤프 비율
    VaR_5 = np.quantile(portf_returns, 0.05)
    # VaR
    turn = turnover(weights, asset_returns, t_oos)
    # turnover 함수 사용
    met = [avg_ret, vol, Sharpe_ratio, VaR_5, turn]
    # 모든 지표를 종합
    return met
```

마지막으로, 다양한 전략을 반복하는 함수를 구현한다.

```python
def perf_met_multi(portf_returns,weights,asset_returns,t_oos,strat_name):
    J = weights.shape[1]   # 전략의 개수
    met = []               # 지표 초기화
    for j in range(J):     # 약간 못생긴 루프 하나
        temp_met=perf_met(portf_returns[:,j],weights[:,j,:],
        asset_returns,t_oos)
        met.append(temp_met)
    return pd.DataFrame(
        met, index=strat_name,
        columns=['avg_ret','vol','Sharpe_ratio','VaR_5','turn'])
# 전략의 이름 저장
```

포트폴리오 가중치와 수익률이 주어지면 자산의 수익률을 계산해 종합 지표 함수에 연결해야 한다.

```python
asset_returns = data_ml[['date', 'stock_id', 'R1M_Usd']].pivot(
    index='date', columns='stock_id',values='R1M_Usd')
na = list(set(np.arange(
    max(asset_returns.columns)+1)).difference(set(asset_returns.columns)))
# 누락된 stock_id 찾기
asset_returns[na]=0 # asset_returns 데이터프레임에 추가
asset_returns = asset_returns.loc[:,sorted(asset_returns.columns)]
asset_returns.fillna(0, inplace=True) # 결측치에는 0 수익률 할당
perf_met_multi(portf_returns,portf_weights,
asset_returns,t_oos,strat_name=["EW","XGB_SR"])
```

```
         avg_ret       vol  Sharpe_ratio    VaR_5      turn
EW      0.009697  0.056429      0.171848 -0.077125  0.071451
XGB_SR  0.012603  0.063768      0.197635 -0.083359  0.567993
```

머신러닝 기반 전략이 마침내 좋은 성과를 냈다! 수익은 대부분 평균 수익률로 얻은 반면 변동성은 벤치마크보다 높다. 순효과는 샤프 비율이 벤치마크에 비해 개선됐다는 것이다. 이러한 개선은 숨이 멎을 정도로 놀랍지는 않으나 (오히려 그렇기 때문에?) 합리적으로 보인다.

정교한 전략의 경우 회전율이 훨씬 더 높다는 점을 강조하는 것이 주목할 만하다. 분자에서 비용을 제거하면(예를 들어, 고토와 수(2015)와 같이 보수적인 수치인 회전율의 0.005배), 머신러닝 기반 전략의 샤프 비율 우위가 약간만 감소할 뿐이다.

마지막으로, 언제나 해당 포트폴리오 값을 그래프로 그려보고 싶다. 따라서 그림 12.3과 같이 관련된 그래프 2개를 시각화했다.

```python
g1 = pd.DataFrame(
    [t_oos, np.cumprod(
        1+portf_returns[:,0]), np.cumprod(
        1+portf_returns[:,1])],index = ["date","benchmark","ml_based"]).T
# 누적 시계열 생성
g1.reset_index(inplace=True) # 데이터 랭글링
g1['date_month']=pd.to_datetime(g1['date']).dt.month
# 두 번째 그래프(연도별 성과)를 위해 데이터프레임 파티션을 선택하고자 새로운 열을 생성
g1.set_index('date',inplace=True)
# 시각화를 위한 날짜 인덱스 설정
g2=g1[g1['date_month']==12]
# 유사 연말 NAV 선택
g2=g2.append(g1.iloc[[0]])
# 첫째 날(2007년 1월) 추가
g2.sort_index(inplace=True) # 날짜 정렬
g1[["benchmark","ml_based"]].plot(figsize=[16,6],ylabel='Cumulated value')
# 명백하게 시각화!
g2[["benchmark","ml_based"]].pct_change(1).plot.bar(
    figsize=[16,6],ylabel='Yearly performance') # 명백하게 시각화!
```

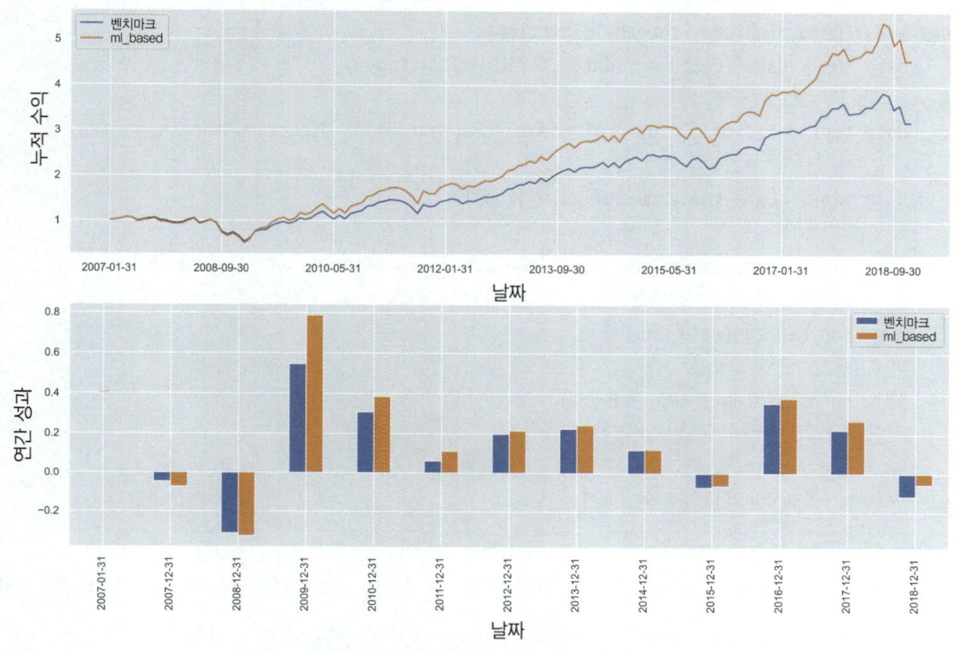

그림 12.3 포트폴리오 성과의 시각적 표현

백테스트 기간 12년 중 고급 전략은 10년 동안 벤치마크를 능가하는 성과를 냈다. 총 손실이 발생한 4년 중 2년(2015년, 2018년) 동안은 손실을 덜 입었다. 동일 가중 벤치마크는 이기기 어렵기 때문에 이는 만족스러운 개선이다!

12.7 두 번째 예시: 백테스트 과최적화

12장을 끝내기 위해, 12.4.2절의 개념을 정량화하고자 한다. 먼저, 일괄적으로 평가할 수 있는 간단한 전략에 대한 성과 지표를 생성할 수 있는 함수를 구현한다. 이 전략은 순수한 팩터 베팅이며 선택한 특성(예를 들어, 시가총액), 임계치 수준(특성의 사분위수), 방향(분포의 상단 혹은 하단에서의 롱 포지션)의 세 가지 입력에 따라 달라진다.

```python
def strat(data, feature, thresh, direction):
    data_tmp = data[[feature, 'date', 'R1M_Usd']].copy()
    # 개별 특성에 대한 데이터
    data_tmp['decision'] = direction*data_tmp[feature] > direction*thresh
    # 불리언 값으로 표현하는 투자 의사결정
    data_tmp = data_tmp.groupby('date').apply(
    # 일별 분석
        lambda x: np.sum(x['decision']/np.sum(x['decision'])*x['R1M_Usd']))
    # 자산 기여도, 가중치 * 수익률
    avg = np.nanmean(data_tmp)
    # 포트폴리오 평균 수익률
    sd = np.nanstd(data_tmp, ddof=1)
    # 연율화되지 않은 포트폴리오 변동성
    SR = avg / sd # 포트폴리오 샤프 비율
    return np.around([avg, sd, SR],4)
```

그런 다음 3개의 인자에 대해 함수를 테스트한다. 주가 순자산[Pb, Price-to-book] 비율을 선택한다. 포지션은 양수이고 임계치는 0.3이며, 이는 전략이 분포의 0.3 사분위수보다 높은 Pb 값을 가진 주식을 매수한다는 의미다.

```python
strat(data_ml, "Pb", 0.3, 1)
# 대형주
```

출력값은 수식 (12.5)와 같은 통계치를 계산하는 데 유용한 세 가지 값을 포함한다. 이제 많은 전략에 대해 이러한 지표를 생성해야 한다. 우선 매개 변수 격자를 만드는 것에서부터 시작한다.

```python
import itertools
feature = ["Div_Yld","Ebit_Bv","Mkt_Cap_6M_Usd",
           "Mom_11M_Usd","Pb","Vol1Y_Usd"]
thresh = np.arange(0.2, 0.9, 0.1) # 임계치
direction = np.array([1,-1]) # 의사결정 방향
```

이렇게 하면 총 84개의 전략이 된다. 이제 각 전략이 어떻게 작동하는지 살펴볼 수 있다. 그림 12.4에 상관관계가 있는 샤프 비율을 그래프로 시각화했다. 위쪽 그래프는 특성 분포의 하단에 투자하는 전략을 보여주고, 아래쪽 그래프는 이러한 분포의 하단에서 롱 포지션을 취하는 포트폴리오와 관련 있다.

```python
grd = [] # 빈 플레이스 홀더, 격자 탐색을 위한 매개 변수
for f, t, d in itertools.product(feature,thresh,direction):
    # 격자 탐색을 위한 매개 변수
    strat_data=[]
    # 빈 플레이스 홀더, 함수를 위한 데이터프레임
    strat_data=pd.DataFrame(strat(data_ml,f,t,d)).T
    # 격자 탐색을 적용할 함수
    strat_data.rename(columns={0: 'avg', 1: 'sd',2:'SR'}, inplace=True)
    # 열 이름 변경
    strat_data[['feature', 'thresh', 'direction']]=f, t, d
    # 데이터프레임 생성을 위한 피딩 매개 변수
    grd.append(strat_data) # 추가/삽입
grd = pd.concat(grd)[['feature','thresh','direction','avg','sd','SR']]
#  전부 결합 및 열 순서 재정렬


grd[grd['direction']==-1].pivot(index='thresh',
                                    columns='feature',values='SR').plot(
    figsize=[16,6],ylabel='Direction = -1') # 시각화!
grd[grd['direction']==1].pivot(index='thresh',
                                    columns='feature',values='SR').plot(
    figsize=[16,6],ylabel='Direction = 1') # 시각화!
```

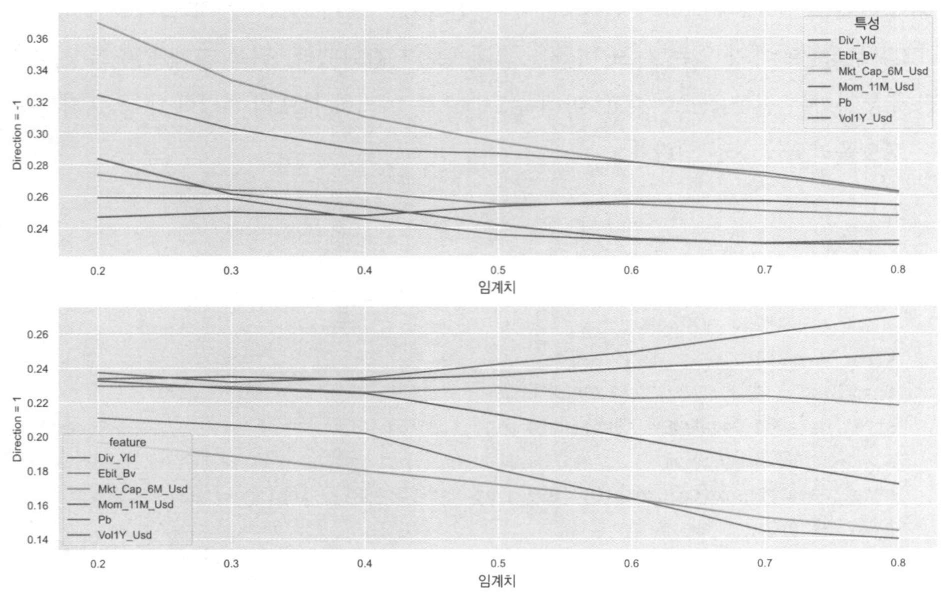

그림 12.4 모든 백테스팅 전략들의 샤프 비율

마지막 단계는 수식 (12.5)와 같은 통계치를 계산하는 것이다. 다음과 같이 코딩한다.

```python
from scipy import special as special
from scipy import stats as stats

def DSR(SR, Tt, M, g3, g4, SR_m, SR_v): # 먼저, 함수를 구현한다
    gamma = -special.digamma(1) # 오일러-마스케로니 상수
    SR_star = SR_m + np.sqrt(SR_v)*(
        (1-gamma)*stats.norm.ppf(1-1/M)+gamma*stats.norm.ppf(1-1/M/np.
 →exp(1)))
    # SR*
    num = (SR-SR_star) * np.sqrt(Tt-1) # 분자
    den = np.sqrt(1 - g3*SR + (g4-1)/4*SR**2) # 분모
    return round(stats.norm.cdf(num/den),4)
```

이제 남은 것은 함수의 인자를 평가하는 것이다. '가장 좋은' 전략은 그림 12.4의 왼쪽 상단에 있는 전략으로, 시가 총액을 기준으로 한다.

```python
M = grd.shape[0] # 검증할 전략 개수
SR = np.max(grd['SR']) # 검증하고자 하는 샤프 비율
SR_m = np.mean(grd['SR']) #  전체 전략에 걸친 평균 샤프 비율
SR_v = np.var(grd['SR'], ddof=1) # 샤프 비율의 표준 편차
data_tmp = data_ml[['Mkt_Cap_6M_Usd', 'date', 'R1M_Usd']].copy()
# 특성 =  Mkt_Cap
data_tmp.rename({'Mkt_Cap_6M_Usd':'feature'}, axis=1, inplace=True)
data_tmp['decision'] = data_tmp['feature'] < 0.2
# 투자 의사결정: 최적 임계치는 0.2
returns_DSR = data_tmp.groupby('date').apply(
# 일별 분석
    lambda x:np.sum(x['decision']/np.sum(x['decision'])*x['R1M_Usd']))
# 자산 기여도, 가중치 * 수익률
g3 = stats.skew(returns_DSR)
# Scipy.stats으로부터의 함수/메서드
g4 = stats.kurtosis(returns_DSR, fisher=False)
# Scipy.stats으로부터의 함수/메서드
Tt = returns_DSR.shape[0]
# 날짜 개수
DSR(SR, Tt, M, g3, g4, SR_m, SR_v)
# 우리가 찾던 값!
```

```
0.6657
```

값 0.6657은 테스트 배치에서 고려한 다른 전략보다 훨씬 우수한 전략을 만들기에는 충분히
높지 않다(90% 또는 95% 임계치에 도달하지 않는다).

12.8 코딩 예제

1. 동일 가중 포트폴리오의 수익률을 함수만으로 코딩하라(순환문 없음).
2. 수식 (12.3)에서 정의한 고급 가중치 함수를 코딩하라.
3. 작은 백테스팅에서 이를 테스트하고 매개 변수에 대한 민감도를 확인하라.

4부

추가적인 중요 주제들

13

해석성

13장에서는 모델이 입력을 출력으로 처리하는 방식을 이해하는 데 도움이 되는 기법을 다룬다. 이 주제에 관한 최근 책(몰나르Molnar (2019)(https://christophm.github.io/interpretable-ml-book/))은 전적으로 이 주제에 전념하고 있으므로 한번 읽어보기를 적극 권장한다. 좀 더 입문적이고 덜 기술적인 또 다른 참고 자료로는 홀Hall과 길Gill(2019)이 있다. 물론 13장에서는 팩터 투자에 초점을 맞추고 금융 데이터셋에서 학습된 머신러닝 모델과 관련된 예제를 논할 것이다.

머신러닝 모델의 해석 가능성을 목표로 하는 정량적 도구는 두 가지 간단한 조건을 충족해야 한다.

1. 모델에 대한 정보를 제공한다.
2. 이해도가 높아야 한다.

대개 이러한 도구는 읽기 쉽고 즉각적인 결론을 도출할 수 있는 시각적 결과물을 생성한다.

복잡한 머신러닝 모델을 화이트박스화하려는 시도에서는 한 가지 이분법적 구분이 두드러진다.

- **전역적 모델**global model은 모델이 학습된 후 예측을 구성하는 데 있어 특성의 상대적인 역할을 결정하려 한다. 이 작업은 전역적 수준에서 수행되므로 해석에서 보이는 패턴

이 전체 훈련셋에 걸쳐 평균적으로 유지된다.
- **지역적 모델**local model은 이 인스턴스 주변의 작은 변화를 고려해 모델이 특정 상황에서 어떻게 작동하는지를 특성화하는 것을 목표로 한다. 원래의 모델에서 이러한 변화를 처리하는 방식은 선형 방식 등으로 근사화해 모델을 단순화할 수 있다. 예를 들어, 이러한 근사치를 통해 원래의 인스턴스 주변에서 각각의 관련된 특성이 가진 영향의 부호화 크기를 결정할 수 있다.

몰나르(2019)는 특정 모델(예를 들어, 선형 회귀 또는 의사결정 트리)에 의존하는 해석과 모든 종류의 모델에서 얻을 수 있는 해석을 구분해 해석 가능성 솔루션의 또 다른 분류 체계를 제시한다. 여기서는 이후부터 전역적 대 지역적이라는 이분법에 따른 방법을 제시한다.

13.1 전역적 해석

13.1.1 대리 모델로서의 단순 모형

가장 간단한 예부터 시작해보자. 먼저, 선형 모델은 다음과 같다.

$$y_i = \alpha + \sum_{k=1}^{K} \beta_k x_i^k + \epsilon_i$$

일반적으로 β_k의 추정으로부터 다음과 같은 요소들이 추출된다.

- 모델의 **전체 적합도**를 평가하는 R^2(많은 회귀 변수로 인한 과최적화를 방지하기 위해 페널티를 부여할 수 있다). R^2는 일반적으로 표본 내에서 계산된다.
- y에 대한 각 특성 x^k의 영향에 대한 부호를 나타내는 추정치 $\hat{\beta}_k$의 부호
- 이 영향의 크기를 평가하는 t-통계량 $t_{\hat{\beta}_k}$ 방향에 관계없이 절댓값이 큰 통계량은 눈의 띄는 변수를 보여준다. 종종 t-통계량은 적절한 분포적 가정하에서 계산된 p-값으로 변환된다.

마지막 두 지표는 사용자에게 가장 중요한 특성과 각 예측 인자가 가진 효과의 부호를 알려주기 때문에 유용하다. 이를 통해 모델이 특성을 출력으로 처리하는 방식을 간소화해볼 수 있다. 블랙박스를 설명하기 위한 대부분의 도구는 동일한 원칙을 따른다.

의사결정 트리는 그림으로 표현하기 쉽기 때문에 해석 가능성 측면에서 훌륭한 모델이기도 하다. 이러한 장점 덕분에 의사결정 트리는 단순한 모델을 위한 벤치마킹 대상으로 사용된다. 최근 바이달 외[Vidal et al. (2020)]는 트리의 앙상블을 고유한 트리로 축소하는 방법을 제안했다. 복잡한 모델과 똑같이 작동하는 더 간단한 모델을 제안하는 것이 목표다.

보다 일반적으로, 더 복잡한 알고리듬을 프록시하기 위해 간단한 모델을 사용하는 것은 직관적인 아이디어다. 이를 위한 간단한 방법 중 하나는 이른바 **대리 모델**[surrogate model]을 구축하는 것이다. 절차는 간단하다.

1. 특성 $\mathbf{X}$와 레이블 $\mathbf{y}$에 대해 원래 모델 f를 훈련한다.
2. 특성 $\mathbf{X}$가 주어졌을 때 훈련된 모델 $\hat{f}$의 예측을 설명하기 위해 더 간단한 모델 g를 훈련한다.

$$\hat{f}(\mathbf{X}) = g(\mathbf{X}) + \text{오차 항}$$

추정 모델 $\hat{g}$는 초기 모델 $\hat{f}$가 특성을 레이블에 매핑하는 방법을 설명한다. 더 간단한 모델은 깊이가 2인 트리 모델이다.

```python
new_target = fit_RF.predict(X_short)
# 트리의 예측을 새로운 타깃으로 저장
decision_tree_model = tree.DecisionTreeRegressor(max_depth=3)
# 전역적 해석이 가능한 트리 대리 모델을 정의
TreeSurrogate=decision_tree_model.fit(X_short,new_target)
# 대리 모델 피팅
fig, ax = plt.subplots(figsize=(13, 8))
# 차트 매개 변수 세팅
tree.plot_tree(TreeSurrogate,feature_names=features_short, ax=ax)
plt.show() # 플롯!
```

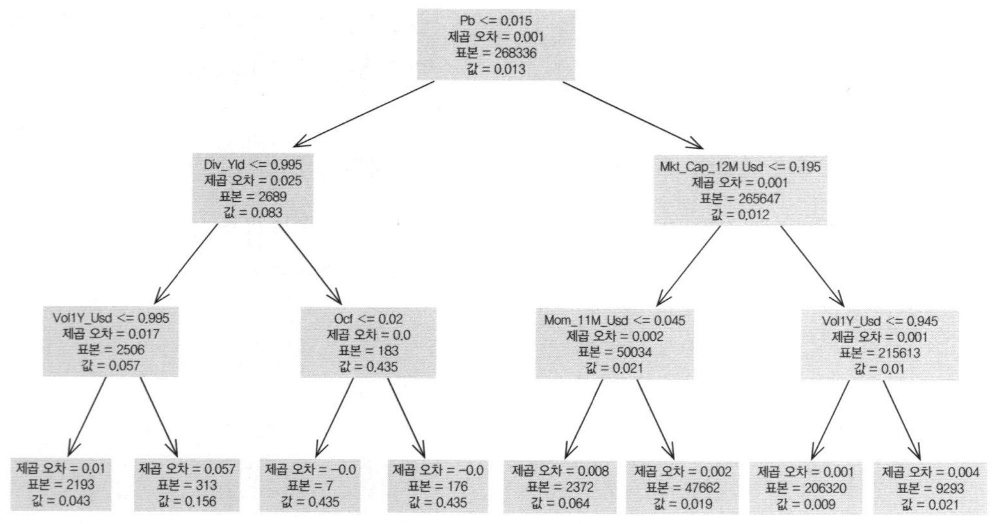

그림 13.1 대리적 트리 모델 예시

트리의 표현은 6장에서 본 것과는 상당히 다르나 모방하는 모델의 주요 복잡성을 적절히 포착하는 데는 성공했다.

13.1.2 트리 기반 변수 중요도

간단한 의사결정 트리의 매우 유리한 특징 중 하나는 해석 가능성이다. 시각적 표현이 명확하고 간단하다. 머신러닝의 또 다른 구성 요소인 회귀와 마찬가지로, 단순 트리는 이해하기 쉬우며 더 정교한 도구와 연관 있는 이른바 블랙박스라는 비난을 받지 않는다.

실제로 랜덤 포레스트와 부스트 트리 모두 엔진 내부에서 일어나는 일을 완벽하고 정확하게 설명하지 못한다. 이와는 대조적으로, 트리가 학습된 후에는 트리의 구조를 결정할 때 각 기능의 총 점유율(혹은 중요도)을 계산할 수 있다.

훈련 이후에는 각 노드 n에서 후속 분할이 있는 경우, 즉 노드가 최종 잎사귀가 아닌 경우 후속 분할로 얻은 이득 $G(n)$을 계산할 수 있다. 분할을 수행하기 위해 어떤 변수가 선택되는지도 쉽게 결정할 수 있으므로 분할에 대해 특성 k가 선택되는 노드 집합을 $\mathcal{N}_k$로 쓴다. 그러면 각 특성의 전역적 중요도는 다음과 같이 주어진다.

$$I(k) = \sum_{n \in \mathcal{N}_k} G(n)$$

또한, 종종 모든 k에 대한 $I(k)$의 총합이 1이 되도록 스케일을 재조정하는 경우가 있다. 이 경우에 $I(k)$는 훈련 중 손실 감소에 대한 특성 k의 상대적 기여도를 측정한다.

중요도가 높은 변수는 예측에 더 큰 영향을 미친다. 일반적으로 이러한 변수는 트리의 뿌리에 가까이 위치한 변수다.

다음 코드에서는 6장에서 학습한 트리 기반 모델에서 얻은 결과를 살펴본다. 앞서 사용한 세 가지 회귀 모델의 출력을 재활용하는 것으로 시작한다. 각각의 적합 출력은 고유한 구조를 가지며 중요도 벡터의 이름 또한 다르다.

```python
tree_VI = pd.DataFrame(
    data=fit_tree.
 ↪feature_importances_,index=features_short,columns=['Tree'])
# 트리 모델 변수 중요도
RF_VI = pd.DataFrame(data=fit_RF.feature_importances_,
                     index=features_short,columns=['RF'])
# 랜덤 포레스트 변수 중요도
XGB_VI = pd.DataFrame(data=fit_xgb.feature_importances_,
index=features_short,columns=['XGB'])
# 부스트 트리 변수 중요도
VI_trees=pd.concat([tree_VI,RF_VI,XGB_VI],axis=1)
# 변수 중요도 결합
VI_trees=VI_trees.loc[['Mkt_Cap_12M_Usd'
                       'Pb','Vol1Y_Usd']]/np.sum(
    VI_trees.loc[['Mkt_Cap_12M_Usd','Pb','Vol1Y_Usd']])

VI_trees.plot.bar(figsize=[10,6]) # 시퀀스 플롯
```

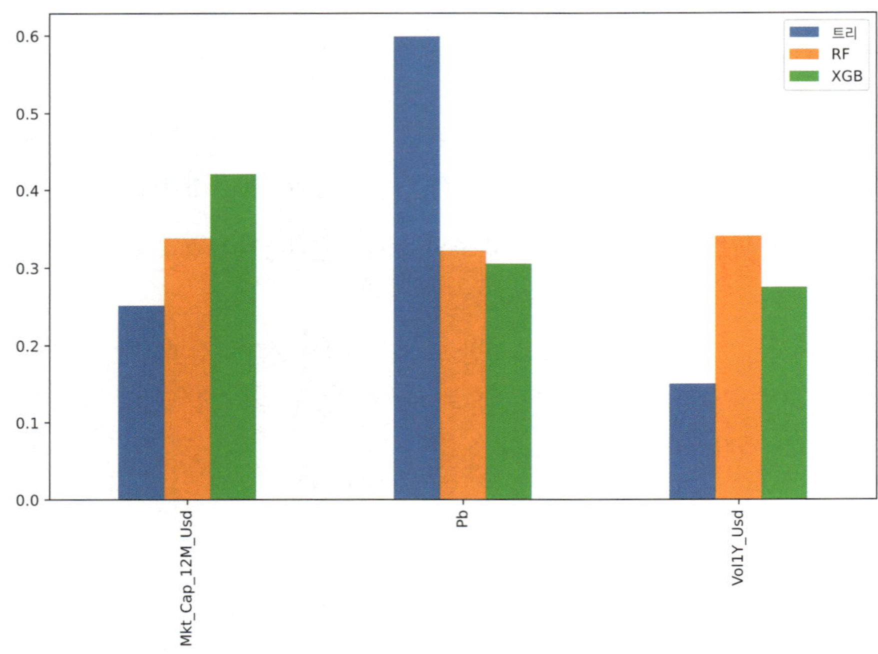

그림 13.2 트리 기반 모델의 변수 중요도

그래프가 코딩된 방식을 고려할 때 그림 13.2는 사실 오해의 소지가 있다. 실제로 단순 트리 모델에는 중요도가 0이 아닌 소수의 특성만이 존재한다. 그림 13.2의 그래프에는 시가 총액, 장부가 대비 가격, 변동성의 세 가지 변수만 있다. 이와 대조적으로 랜덤 포레스트와 부스트 트리는 훨씬 더 복잡하기 때문에 많은 예측 변수에 어느 정도 중요도를 부여한다. 그래프는 단순 트리 모델과 관련된 변수만 보여준다. 규모의 이유로 정규화는 특성의 하위 집합이 선택된 후에 수행된다. 가독성 문제를 고려해 그래프에 표시되는 특성의 수를 제한하는 것을 선호한다.

모델마다 특성에 의존하는 방식에 차이가 있다. 예를 들어, 단순 트리 모델은 장부가 대비 가격에 가장 큰 비중을 두는 반면, 랜덤 포레스트는 변동성에 더 많은 베팅을 하고 부스트 트리는 시가총액에 더 많은 가중치를 둔다.

랜덤 포레스트의 특징 중 하나는 모든 특성에 기회를 준다는 점이다. 실제로 예측 인자 선택에 무작위성을 부여함으로써 각 개별 외생 변수가 레이블을 설명할 수 있는 기회를 갖게 된다. 부스트 트리를 사용하면 대부분의 계란을 몇 개의 바구니만에 넣는 단순 트리에 비해 예측 인자 간 중요도 배분이 더 균형 있게 이뤄진다.

13.1.3 불가지론적 변수 중요도

학습 과정에서 각 특성의 중요도를 정량화하는 아이디어는 트리 기반이 아닌 모델로 확장할 수 있다. 이러한 문헌의 흐름에 대한 자세한 내용은 피셔 외[Fisher et al.](2019)의 연구에서 언급한 논문을 참고하라. 전제는 위와 동일하다. 하나의 특성이 학습 프로세스에 어느 정도 기여하는지 정량화하는 것이 목표다.

특정 특성의 부가가치를 추적하는 한 가지 방법은 훈련 집합 내에서 해당 특성의 값이 완전히 섞일 경우 어떤 일이 발생하는지 살펴보는 것이다. 원래의 특성이 종속 변수를 설명하는 데 중요한 역할을 하는 경우, 특성의 셔플 버전은 훨씬 더 큰 손실을 초래할 것이다.

일반적인 경우 특성 중요도를 평가하는 기준 방법은 다음과 같다.

원본 데이터에서 모델을 훈련하고 관련 손실 l^*를 계산한다. 각 특성 k에 대해 특성의 값이 무작위로 나열된 새로운 훈련 데이터셋을 생성한다. 그런 다음 이 변경된 샘플을 기반으로 모델의 손실 l_k를 평가한다. 각 특성의 변수 중요도에 순위를 매기고, 차이 $\mathrm{VI}_k = l_k - l^*$ 혹은 비율 $\mathrm{VI}_k = l_k/l^*$로 계산한다.

훈련셋에서 손실을 계산할지 테스트셋에서 손실을 계산할지는 아직 미지수이며 애널리스트가 판단할 문제다. 물론 위의 절차는 무작위적이며 여러 번의 시도에서 중요도가 평균화되도록 반복할 수 있으므로 결과의 안정성이 향상된다. 이 알고리듬은 몰나르(2019)가 개발한 iml R 패키지의 FeatureImp() 함수에 구현돼 있다. 다음 코드에는 그림 13.2에 나타난 특성에 대해 이 알고리듬을 파이썬에서 수동으로 구현했다. 이 접근법을 릿지 회귀에 대해 테스트하고 5장에서 사용한 변수를 재활용한다. 첫 번째 단계인 원래의 훈련 샘플의 손실을 계산하는 것부터 시작한다.

```python
import random
y_penalized = data_ml['R1M_Usd'].values # 종속 변수
X_penalized = data_ml[features].values # 예측 인자
```

```python
fit_ridge_0 = Ridge(alpha=0.01) # 훈련된 모델
fit_ridge_0.fit(X_penalized_train, y_penalized_train) # 모델 피팅
l_star= np.mean(np.square(
fit_ridge_0.predict(X_penalized_train)-y_penalized_train)) # 손실
```

다음으로, 각 예측 인자가 순차적으로 섞였을 때의 손실을 평가한다. 계산 시간을 줄이기 위해 셔플을 한 번만 수행한다.

```python
from collections import Counter
res = [] # 초기화
feature_random = random.sample(
    list((Counter(features)-Counter(features_short)).elements()), 12)
# 계산 시간을 위해 몇 가지 특성만 선택
for feat in (features_short+feature_random):
    # 특성에 대한 루프
    temp_data=training_sample[features].copy()
    # 모든 특성에 대한 임시 데이터프레임
    temp_data.loc[:,feat] = np.random.permutation(training_sample[feat])
    # feat[i] 셔플링
    fit_ridge_0.fit(temp_data[features], training_sample['R1M_Usd'])
    # 모델 피팅
    result_VI=pd.DataFrame([feat],columns=['feat'])
    result_VI['loss']=[np.mean(
        np.square(fit_ridge_0.predict(
            temp_data[features])-training_sample['R1M_Usd'])) - l_star]
    # 손실
    res.append(result_VI)
    # 특성 루프를 통해 이어붙이기
res = pd.concat(res)
res.set_index('feat',inplace=True)
```

마지막으로, 결과를 플롯한다.

```python
res.plot.bar(figsize=[10,6])
```

중요도 결과는 트리 기반 모델의 중요도와 일치한다. 가장 눈에 띄는 변수는 변동성 기반, 시가 총액 기반, 장부 대비 가격 비율이다. 이는 그림 13.2의 변수와 거의 일치한다. 일부 경우(예를 들어, 주식 회전율)에는 점수가 음수일 수도 있는데, 이는 예측 변수의 값이 섞여 있을 때의 기준 모델보다 예측의 정확도가 더 높다는 것을 의미한다!

13.1.4 부분 종속성 플롯

부분 종속성 플롯$^{PDP,\ Partial\ Dependence\ Plot}$은 모델의 출력과 특성값 사이의 관계를 보여주는 데 목적이 있다(이 주제에 대한 초창기 논의에 대해서는 프리드먼(2001)의 8.2절 참고).

특성 k를 고정시키자. 우리가 원하는 것은 훈련된 모델 f의 예측에 대한 k의 **평균 영향**$^{average\ impact}$을 이해하는 것이다. 이를 위해 특성 공간이 무작위라 가정하고, 특성 공간은 k를 제외한 모든 특성을 나타내는 k 대 $-k$로 분할한다. 부분 종속성 플롯을 다음과 같이 정의한다.

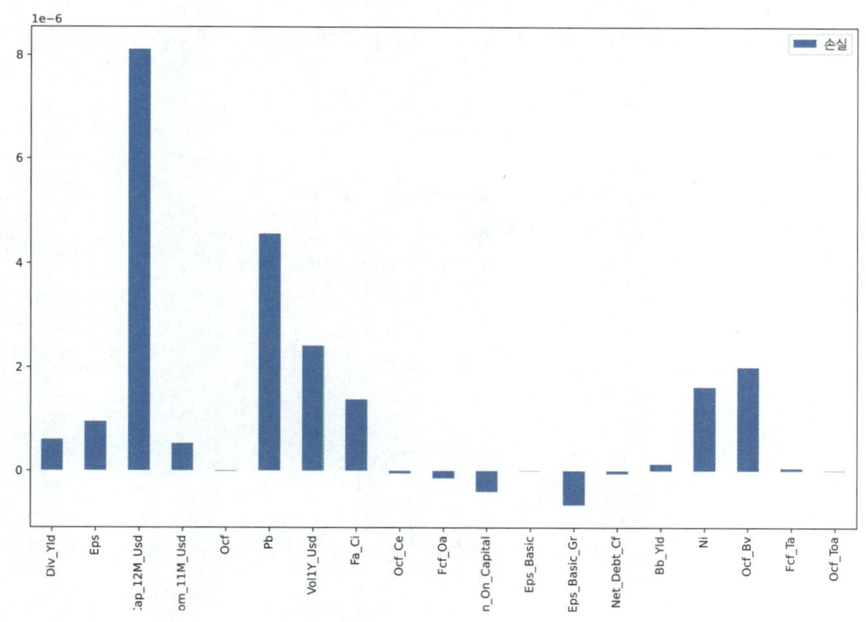

그림 13.3 릿지 회귀 모델의 변수 중요도

$$\bar{f}_k(x_k) = \mathbb{E}[\hat{f}(\mathbf{x}_{-k}, x_k)] = \int \hat{f}(\mathbf{x}_{-k}, x_k) d\mathbb{P}_{-k}(\mathbf{x}_{-k}) \tag{13.1}$$

여기서 $d\mathbb{P}_{-k}(\cdot)$는 k가 아닌 특성 $\mathbf{x}_{-k}$의 (다변량) 분포다. 위의 함수는 특성값 $\mathbf{x}_k$를 인자로 받으며 다른 모든 특성은 표본 분포를 통해 고정된 상태로 유지하므로 특성 k의 영향만을 보여준다. 실무적으로는 몬테카를로 시뮬레이션을 사용해 평균을 평가한다.

$$\bar{f}_k(x_k) \approx \frac{1}{M} \sum_{m=1}^{M} \hat{f}\left(x_k, \mathbf{x}_{-k}^{(m)}\right) \tag{13.2}$$

여기서 $\mathbf{x}_{-k}^{(m)}$은 k가 아닌 특성의 독립적인 샘플이다.

이론적으로 PDP는 한 번에 하나 이상의 특성에 대해 계산할 수 있다. 실무적으로는 2개의 특성(3D 곡면 생성)에 대해서 가능하며 이때는 계산량이 더 많이 소요된다.

우리가 설명하고자 하는 모델은 6.2절에서 구축한 랜덤 포레스트다. 여기서 사용한 일부 변수를 재활용한다. 장부가 대비 가격 비율이 모델 결과에 미치는 영향을 테스트하기로 선택한다.

```python
from sklearn.inspection import PartialDependenceDisplay
PartialDependenceDisplay.from_estimator(
    fit_RF,training_sample[features_short], ['Pb'],kind='average')
```

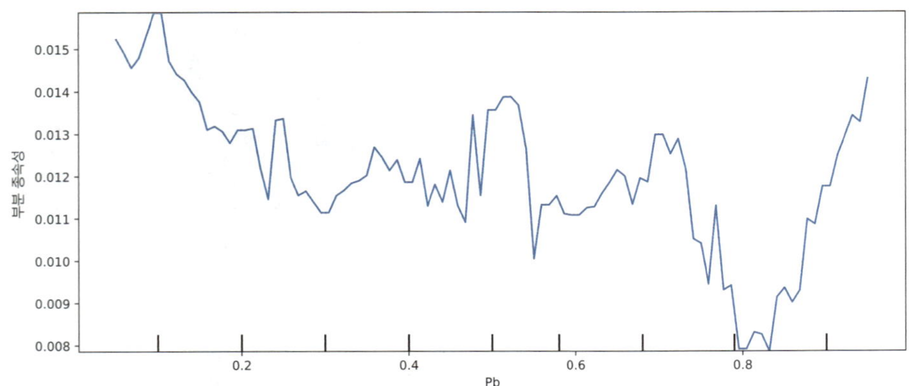

그림 13.4 랜덤 포레스트 모형에서 주가 순자산 비율에 대한 부분 종속성 플롯

장부가 대비 가격 비율이 예측에 미치는 평균 영향이 감소하고 있다. 이는 장부가 대비 가격 비율이 종속 변수의 조건부 평균임을 감안할 때 어느 정도 예상된 결과다. 이 후자의 함수는 그림 6.3에 표시돼 있으며 위의 곡선과 유사한 모습, 즉 장부가 대비 주가 비율 값이 작을수록 강하게 감소한 후 상대적으로 평탄해지는 모습을 보여준다. 장부가 대비 주가 비율이 낮으면 기업은 저평가된 것이다. 따라서 높은 수익률은 밸류 프리미엄과 일치한다.

마지막으로, PDP의 인과적 속성에 대한 이론적 논의는 자오[Zhao]와 하스티(2021)를 참고하라. 실제로 PDP의 구조를 자세히 살펴보면 모델 출력의 특성을 인과적 표현으로 해석할 수 있음을 알 수 있다.

13.2 지역적 해석

전역적 해석은 특성이 출력에 미치는 영향을 전체적으로 평가하려 하는 반면, 지역적 해석은 특정 인스턴스 또는 그 주변에서 모델의 동작을 정량화하려 한다. 지역적 해석 가능성은 최근 주목을 받고 있으며, 이 주제에 대한 많은 논문이 발표됐다. 이어지는 절에서 가장 널리 사용되는 방법을 간략하게 설명한다.[1]

13.2.1 LIME

LIME[Local Interpretable Model-agnostic Explanation]은 원래 리베이로 외[Ribeiro et al.](2016)가 제안한 방법론이다. 이 방법론의 목표는 두 가지 제약 조건에서 모델에 대한 충실한 설명을 제공하는 것이다.

- **단순 해석성**: 시각적 혹은 텍스트로 표현할 수 있는 제한된 수의 변수를 암시한다. 단순 해석성은 모든 사람이 도구의 결과를 쉽게 이해할 수 있도록 하기 위함이다.
- **지역적 충실도**: 인스턴스 근처에 대한 설명이 적용됨을 의미한다.

---

1 예를 들어, 우리는 호렐(Horel)과 지에세크(Giesecke)(2019)의 연구를 언급하지 않았으나, 관심 있는 독자는 신경망에 대한 그들의 연구(그리고 논문에 인용된 참고 문헌)을 살펴볼 수 있다.

원래의 (블랙박스) 모델은 f이며, 우리는 해석 가능한 모델 g를 사용해 인스턴스 x 주변에서 그 동작을 근사화하고자 한다고 가정한다.[2] 단순 함수 g는 더 큰 클래스 G에 속한다. x의 주변부는 π_x로 표시되고 g의 복잡도는 $\Omega(g)$라 표기한다. LIME은 다음과 같은 형태의 해석을 추구한다.

$$\xi(x) = \underset{g \in G}{\arg\min} \, \mathcal{L}(f, g, \pi_x) + \Omega(g)$$

여기서 $\mathcal{L}(f, g, \pi_x)$은 x의 부근 π_x에서 g에 의해 유도되는 손실 함수(오류/부정확도)다. 페널티 $\Omega(g)$는 예를 들어, 잎의 개수나 트리의 깊이 혹은 선형 회귀에서의 예측 인자 개수다.

이제 위의 용어들 중 몇 가지를 정의할 차례다. x의 주변부는 $\pi_x(z) = e^{-D(x,z)^2/\sigma^2}$과 같이 정의되며, 여기서 D는 거리 측정값이고 σ^2는 스케일링 상수다. 이 함수는 z가 x에서 멀어질 때 감소한다는 점을 강조한다.

까다로운 부분은 손실 함수다. 이를 최소화하기 위해 LIME은 x에 가까운 인공 샘플을 생성하고 단순한 표현이 만들어내는 레이블 오차를 평균/합산한다. 간단히 설명하기 위해 f에 대한 스칼라 출력을 가정하면 공식은 다음과 같다.

$$\mathcal{L}(f, g, \pi_x) = \sum_z \pi_x(z)(f(z) - g(z))^2$$

여기서 초기 인스턴트 x와의 거리에 따라 오차에 가중치를 부여한다. 가장 가까운 지점이 가장 큰 가중치를 받는다. 가장 기본적인 구현 방식에서 모델 집합 G는 모든 선형 모델로 구성된다.

그림 13.5는 LIME의 작동 방식을 단순화한 다이어그램이다.

설명의 명확성을 위해 종속 변수는 하나만 사용한다. 원래의 훈련 샘플은 검은색 점으로 표시돼 있다. 피팅된(훈련된) 모델은 파란색 선(평활화된 조건부 평균)으로 표시되며, 주위의 빨간색 사각형으로 강조 표시된 특정 인스턴스를 중심으로 모델이 작동하는 방식을 근사화하고

---

2 원본 논문에서 저자들은 해석 가능한 표현이라는 개념을 더 깊이 파고든다. 복잡한 머신러닝 환경(이미지 인식 혹은 자연어 처리)에서는 모델에 주어진 원래의 특성을 해석하기가 어려울 수 있다. 따라서 LIME의 결과를 이해하기 쉬운 수치로 표현해야 하기 때문에 추가적인 번역 계층이 필요하다. 팩터 투자에서는 특성이 기본이므로 이 문제를 다룰 필요가 없다.

자 한다. 근사치를 구축하기 위해 인스턴스 주변의 새로운 지점 5개를 샘플링한다(빨간색 삼각형 5개). 각 삼각형은 파란색 선(모델 예측)에 위치하며 크기에 비례하는 가중치를 가지므로 인스턴스에 가장 가까운 삼각형이 더 큰 가중치를 갖는다. 가중 최소 제곱을 사용해 이 5개의 점(회색 점선)에 맞는 선형 모델을 구축한다. 이것이 근사치의 결과다. 이 결과는 모델의 두 가지 매개 변수, 즉 절편과 기울기를 제공한다. 두 매개 변수 모두 표준적인 통계적 검증을 통해 평가할 수 있다.

기울기의 부호가 중요하다. 인스턴스를 $x = 0$과 가깝게 가져왔다면 기울기가 거의 평평했을 것이므로 예측 인자가 지역적으로 폐기될 수 있다는 것은 분명하다. 또 다른 중요한 세부 사항은 샘플 포인트의 개수다. 설명에서는 5개만 사용했지만 실제로는 강력한 추정을 위해 일반적으로 약 1,000개 이상의 포인트가 필요하다. 실제로 너무 적은 수의 이웃을 샘플링하면 추정 위험이 높고 근사치가 거칠어질 수 있다.

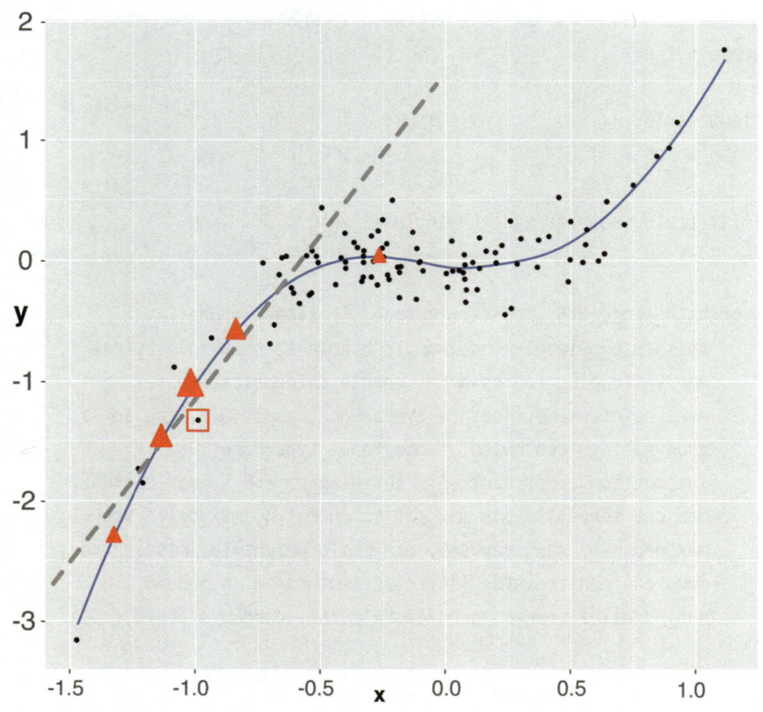

그림 13.5 LIME에 대한 간단한 설명: 설명된 인스턴스는 빨간색 네모로 표시돼 있다. 5개의 점들(세모)가 생성되며, 가중 선형 모델(회색 점선)이 이에 따라 피팅된다.

구현 예제를 진행한다. 몇 가지 단계가 있다.

1. 일부 학습 데이터를 모델에 피팅시킨다.
2. LIME 함수를 사용해 모든 것을 래핑한다.
3. 몇 가지 예측 변수에 집중해 몇 가지 특정 사례에 대한 영향을 확인한다.

첫 번째 단계부터 시작하자. 이번에는 부스트 트리 모델로 작업한다.

```python
import lime                        # LIME 해석을 위한 패키지
import lime.lime_tabular

xgb_model = xgboost.XGBRegressor(  # 부스트 트리를 위한 매개 변수
    max_depth=5,                   # 각 트리의 최대 깊이
    learning_rate=0.5,             # 학습률
    objective='reg:squarederror',  # 목적 함수를 위한 부스터 유형
    subsample=1,                   # 샘플링해야 하는 인스턴스 비중(1=전부)
    colsample_bytree=1,            # 샘플링해야 하는 예측 인자 비중(1=전부)
    gamma=0.1,                     # 페널티
    n_estimators=10,               # 트리 개수
    min_child_weight=10)           # 각 노드에서 인스턴스 최소 개수

xgb_model.fit(train_features_xgb, train_label_xgb) # 모델 훈련
```

```
XGBRegressor(base_score=0.5, booster='gbtree', callbacks=None,
             colsample_bylevel=1, colsample_bynode=1, colsample_bytree=1,
             early_stopping_rounds=None, enable_categorical=False,
             eval_metric=None, feature_types=None, gamma=0.1, gpu_id=-1,
             grow_policy='depthwise', importance_type=None,
             interaction_constraints='', learning_rate=0.5, max_bin=256,
             max_cat_threshold=64, max_cat_to_onehot=4, max_delta_step=0,
             max_depth=5, max_leaves=0, min_child_weight=10, missing=nan,
             monotone_constraints='()', n_estimators=10, n_jobs=0,
             num_parallel_tree=1, predictor='auto', random_state=0, ...)
```

그런 다음 2단계와 3단계로 넘어간다.

```python
explainer = lime.lime_tabular.LimeTabularExplainer(
    train_features_xgb.values,
    # 표 형태의 값, 즉 행렬
    mode='regression',
    # '분류' 혹은 '회귀'
    feature_names=train_features_xgb.columns,
    verbose=1)
# 만약 참이라면 선형 모델로부터 지역적 예측 값 출력


exp = explainer.explain_instance(train_features_xgb.iloc[0,:].values,
                                 # train_sample의 첫 번째 인스턴스
                                 predict_fn=xgb_model.predict,
                                 # 예측 함수
                                 labels=train_label_xgb.iloc[0].values,
                                 # 설명해야 하는 레이블로 반복 가능
                                 distance_metric='euclidean',
                                 # "gower" 분포 함수로 대체 가능
                                 num_samples=900,
                                 # 샘플 개수
                                 num_features=6)
                                 # 보여지는 특성 개수(중요 사항)


exp.show_in_notebook(show_table=True)
# 시각적 디스플레이
```

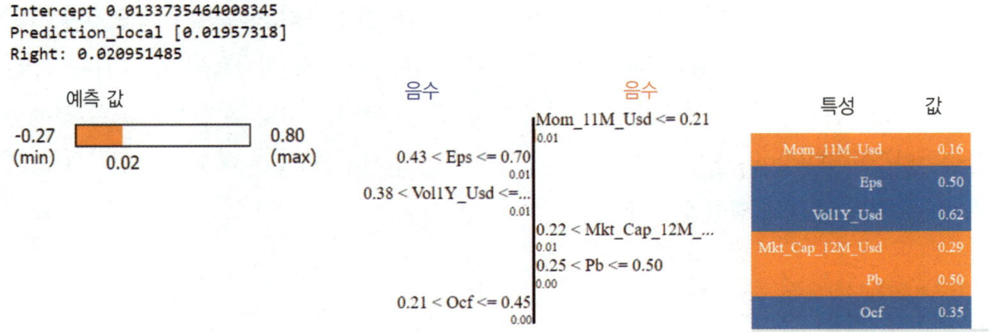

각 그래프(하나의 그래프는 하나의 인스턴스에 대한 설명에 해당한다)에는 영향력의 부호와 영향력의 크기라는 두 가지 유형의 정보가 있다. 부호는 색상(주황색은 양수, 파란색은 음수)으로 표시되며, 크기는 사각형의 크기로 표시된다.

그래프 왼쪽의 값은 지역적 근사치가 계산된 특성의 범위를 나타낸다.

마지막으로, 코드에서 선택한 거리 함수의 선택에 대해 간략하게 설명한다. 이 함수는 실제 인스턴스와 시뮬레이션된 인스턴스 간의 불일치를 평가해 샘플링된 인스턴스의 예측에 가중치를 더하거나 빼는 데 사용된다. 우리의 데이터셋은 숫자 데이터로만 구성돼 있으므로 유클리드 거리가 자연스러운 선택이다.

$$\text{Euclidean}(\mathbf{x}, \mathbf{y}) = \sqrt{\sum_{n=1}^{N} (x_i - y_i)^2}$$

또 다른 가능한 선택은 맨해튼 거리다.

$$\text{Manhattan}(\mathbf{x}, \mathbf{y}) = \sum_{n=1}^{N} |x_i - y_i|$$

이 두 거리의 문제점은 범주형 변수를 처리하지 못한다는 것이다. 바로 이 지점에서 가워 거리$^{\text{Gower distance}}$가 등장한다(가워^{Gower}(1971)). 이 거리는 서로 다른 유형의 특성(기본적으로 클래스 대 숫자이지만 누락된 데이터도 처리할 수 있다)에 대해 다른 취급 방식을 적용한다. 범주형 특성의 경우, 가워 거리는 이진 처리를 적용해 특성이 같으면 1이 되고, 같지 않으면 0이 된다(즉, $1\{x_n = y_n\}$). 숫자형 특성의 경우 스프레드는 $1 - \frac{|x_n - y_n|}{R_n}$으로 정량화되며, 여기서 R_n은 특성이 취할 수 있는 최대 절댓값이다. 그런 다음 모든 유사도 측정값을 합산해 최종 점수를 산출한다. 이 경우 논리가 반전돼 가워 거리가 1에 가까우면 $\mathbf{x}$와 $\mathbf{y}$는 매우 가까워지고 거리가 0에 가까우면 멀리 떨어져 있게 된다.

13.2.2 샤플리 값

샤플리 값$^{\text{Shapley value}}$의 접근 방식은 LIME과 비교하면 다소 다르며, 오히려 PDP에 더 가깝다. 이는 협동 게임 이론(샤플리^{Shapley}(1953))에서 유래했다. 그 근거는 다음과 같다. 변수의 영향력(또는 유용성)을 평가하는 한 가지 방법은 데이터셋에서 이 변수를 제거하면 어떤 일이 일어나는지 살펴보는 것이다. 이것이 모델의 품질(즉, 예측의 정확도)에 매우 해롭다면 그 변수가 상당히 가치 있다는 뜻이다.

가장 간단한 방법은 모든 변수를 취하고 한 변수를 제거해 예측 능력을 평가하는 것이다. 샤플리 값은 대상 예측 인자를 추가할 수 있는 모든 가능한 변수 조합을 고려하기 때문에 더 큰 규모로 계산된다. 이 샤플리 값의 공식은 다음과 같다.

$$\phi_k = \sum_{S \subseteq \{x_1,\ldots,x_K\}\setminus x_k} \underbrace{\frac{\mathrm{Card}(S)!(K - \mathrm{Card}(S) - 1)!}{K!}}_{\text{연합의 가중치}} \underbrace{\left(\hat{f}_{S\cup\{x_k\}}(S \cup \{x_k\}) - \hat{f}_S(S)\right)}_{x_k\text{를 추가했을 때의 이득}}$$

(13.3)

S는 특성 k를 포함하지 않는 **연합**coalition의 하위 집합이며, 그 크기는 $\mathrm{Card}(S)$다. 위의 방정식에서 특성들이 비는 경우 f를 평가할 수 없으므로 모델을 변경해야 한다. 이 경우에는 몇 가지 가능한 옵션이 있다.

- 결측치를 (전체 표본의) 평균 또는 중앙값으로 설정해 그 효과가 '평균' 효과가 되도록 한다.
- 평균값 $\int_{\mathbb{R}} f(x_1,\ldots,x_k,\ldots,x_K)d\mathbb{P}_{x_k}$을 직접 계산한다. 여기서 $d\mathbb{P}_{x_k}$는 샘플에서 x_k의 실증적 분포다.

물론, 예측 인자의 수가 많으면 샤플리 값을 계산하는 데 많은 시간이 걸릴 수 있다. 이 경우 계산 시간을 줄이는 단순화 방법에 대한 논의는 첸 외(2018)를 참고하라. 해석 가능성을 위한 샤플리 값의 확장에 대해서는 룬드버그Lundberg와 리Lee(2017)에서 연구했다.

LIME과 비교했을 때 두 가지 제약 사항이 있다. 첫째, 모든 특성이 그래프에 표시되기 때문에 특성을 미리 필터링해야 한다(특성이 20개가 넘으면 읽을 수 없게 된다). 이것이 바로 다음 코드에서 (1.2절의) 짧은 예측 인자 목록을 사용하는 이유다. 둘째, 인스턴스를 한 번에 하나씩 분석한다.

먼저, 랜덤 포레스트 모델을 피팅하는 것으로 시작한다.

```python
fit_RF_short = RandomForestRegressor(
    n_estimators=40,
    # 랜덤 트리 개수
    criterion='squared_error',
    # 분할의 질을 측정하기 위한 함수
    min_samples_leaf=250,
    # 최종 클러스터의 최소 사이즈
    max_features=4,
    # 각 트리별 예측 변수의 개수
    bootstrap=True,
    # 교체 없음
    max_samples=10000)
    # 각 트리별 (랜덤) 샘플의 사이즈


fit_RF_short.fit(training_sample[features_short],
                 training_sample['R1M_Usd'].values)
# 모델 피팅
```

그런 다음 훈련 샘플의 첫 번째 인스턴스를 중심으로 모델의 동작을 분석할 수 있다.

```python
import shap
explainer = shap.explainers.Exact(fit_RF_short.predict,
                                  # 샤플리 값 계산
                                  training_sample[features_short].values,
                                  # 훈련 데이터
                                  feature_names=features_short)
# 특성 이름, 예측 인자 fn으로 전달 가능
shap_values = explainer(training_sample[features_short].values[:1,])
# 첫 번째 인스턴스에서의
shap.plots.bar(shap_values[0])
# 시각적 디스플레이
```

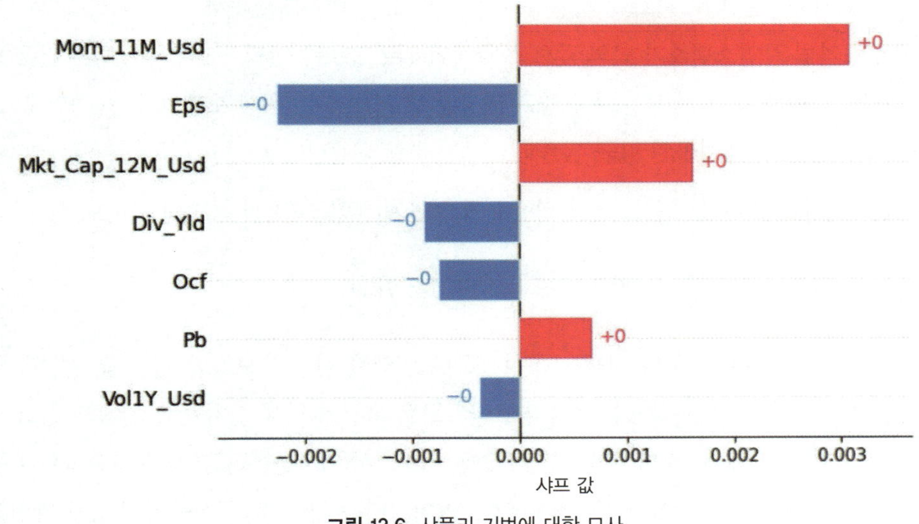

그림 13.6 샤플리 기법에 대한 묘사

그림 13.6에 표시된 결과에서 다시 두 가지 중요한 통찰력, 즉 특성의 영향력에 대한 **부호**와 (다른 특성과의 비교를 통한) **상대적 중요도**를 얻을 수 있다.

13.2.3 분해

분해breakdown(예를 들어, 스타니아크Staniak와 비에첵Biecek (2018) 참고)는 PDP와 샤플리 값의 아이디어가 혼합된 것이다. 분해의 핵심은 수식 (13.4)에서 정의된 이른바 **완화된 모델 예측**relaxed model prediction이다. 이는 수식 (13.1)과 비슷한 개념이다. 차이점은 우리가 지역적 수준에서, 즉 하나의 특정 관측치(예를 들어, x^*)에서 작업한다는 점이다. 우리는 예측 인자 집합이 x^*와 관련된 예측에 미치는 영향을 측정하고자 한다. 따라서 두 집합 $\mathbf{k}$(고정된 특성)와 $-\mathbf{k}$(자유로운 특성)를 고정하고 예측 인자 집합 $\mathbf{k}$가 x^*의 값, 즉 수식 (13.4)에서 $x_{\mathbf{k}}^*$와 같을 때 추정된 모델 $\hat{f}$의 평균 예측에 대한 프록시를 평가한다.

$$\tilde{f}_{\mathbf{k}}(x^*) = \frac{1}{M} \sum_{m=1}^{M} \hat{f}\left(x_{-\mathbf{k}}^{(m)}, x_{\mathbf{k}}^*\right) \tag{13.4}$$

수식 (13.4)의 $x^{(m)}$은 인스턴스의 시뮬레이션된 값 또는 데이터셋에서 단순히 샘플링된 값이다. 이 표기법은 인스턴스가 x^*의 값으로 대체된 일부 값, 즉 인덱스 $\mathbf{k}$에 해당하는 값을 가지고 있음을 의미한다. $\mathbf{k}$가 모든 특성들로 구성된 경우 $\tilde{f}_{\mathbf{k}}(x^*)$는 원시 모델 예측 $\hat{f}(x^*)$와 같고, $\mathbf{k}$가 비어 있는 경우 레이블의 평균 샘플 값(고정된 예측)과 같다.

관심 있는 수치는 데이터 포인트 x^*와 집합 $\mathbf{k}$에 대한 이른바 $j \notin \mathbf{k}$인 특성의 기여도다.

$$\phi_{\mathbf{k}}^{j}(x^*) = \tilde{f}_{\mathbf{k} \cup j}(x^*) - \tilde{f}_{\mathbf{k}}(x^*)$$

샤플리 값과 마찬가지로, 위의 지표는 특성 j로 예측 인자 집합을 보강할 때 평균 영향을 계산한다. 정의상, 이 지표는 집합 $\mathbf{k}$에 따라 달라지므로 모든 순열에 걸쳐 있는 샤플리 값과 주목할 만한 차이점이 있다. 스타니아크와 비에첵(2018)에서 저자들은 집합 $\mathbf{k}$를 점진적으로 늘리거나 줄이는 절차를 고안했다. 이 욕심 많은 아이디어는 가능한 모든 특성 조합을 계산하는 부담을 덜어준다. 또한, 이 알고리듬의 매우 편리한 특성은 모든 기여도의 합이 예측값과 같다는 것이다.

$$\sum_{j} \phi_{\mathbf{k}}^{j}(x^*) = f(x^*)$$

시각화를 통해 이를 매우 쉽게 확인할 수 있다(그림 13.7 참고).

분해의 한 가지 구현 방식을 설명하기 위해 다음과 같이 제한된 수의 특성에 대해 랜덤 포레스트를 훈련시킨다. 이렇게 하면 분해 결과의 가독성을 높일 수 있다.

```python
fit_RF_short = RandomForestRegressor(
    n_estimators=12,
    # 랜덤 트리의 개수
    criterion='squared_error',
    # 분할의 질을 측정하기 위한 함수
    min_samples_leaf=250,
    # 최종 클러스터의 최소 사이즈
    max_features=4,
    # 각 트리별 예측 변수의 개수
    bootstrap=True,
    # 교체 없음
```

```python
        max_samples=10000)
    # 각 트리별 (랜덤) 샘플의 사이즈

fit_RF_short.fit(
    training_sample[features_short],training_sample['R1M_Usd'].values)
    # 모델 피팅
```

```
RandomForestRegressor(max_features=4, max_samples=10000,
min_samples_leaf=250,n_estimators=12)
```

모델이 학습되면 예측을 분해하는 구문은 매우 간단하다.

```python
import dalex as dx # (초창기 R로부터) 이전 분해 패키지를 위한 모듈 도입
ex = dx.Explainer( # 설명자 생성
    model=fit_RF_short,
    # 예측 함수
    data=training_sample[features_short],
    y=training_sample['R1M_Usd'].values,
    label='fit_RF_short')

instance=pd.DataFrame(training_sample.loc[0,features_short]).T
# 필요한 형식에 맞게 전치
pp=ex.predict_parts(instance, type='break_down')
# 분해 계산
pp.plot() # 시각적 디스플레이
```

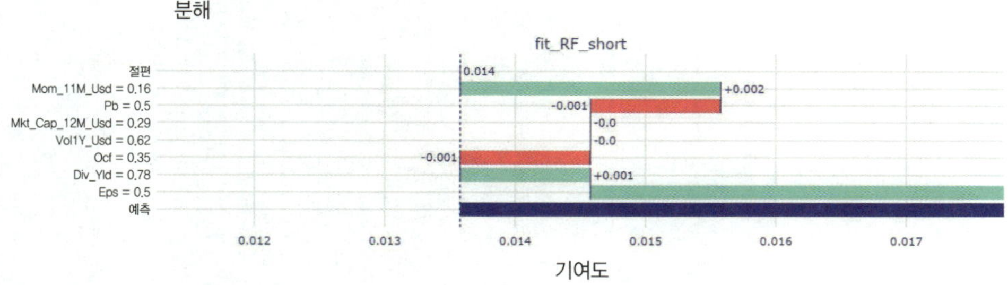

그림 13.7 분해 결과에 대한 예시

시각적 출력은 직관적으로 해석할 수 있다. 회색 막대는 선택한 인스턴스에서 모델의 예측이다. 녹색 막대는 긍정적인 기여도를 나타내고 빨간색 직사각형은 부정적인 영향을 미치는 변수를 나타낸다. 상대적인 크기는 각 특성의 중요도를 나타낸다.

14

두 가지 주요 개념:
인과성과 비정상성

머신러닝 도구가 직면한 대표적인 비판은 대부분 (그 설계상) 상관관계를 포착하는 데 초점을 맞추고 있어 특성과 레이블 간의 인과관계를 밝혀내지 못한다는 점이다. 상관관계는 인과관계보다 훨씬 약한데, 그 이유는 상관관계는 양방향 관계($X \leftrightarrow y$)를 특징짓는 반면, 인과관계는 $X \rightarrow y$ 또는 $X \leftarrow y$ 같은 방향성을 지정하기 때문이다. 많은 학술 논문에서는 (정의와 상관없이) 심리가 미래 수익률의 중요 동인이라고 한다. 특정 종목에 대한 심리가 높으면 해당 종목에 대한 수요가 증가해 가격이 상승할 수 있다(물론 반대로 심리가 높으면 평균 회귀가 일어날 가능성이 높다는 신호라는 반대 추론도 가능하다). 수익률이 심리를 유발할 수 있다는 역인과관계reverse causation 또한 그럴듯하다. 한 주식이 장기간의 시장 성장을 경험하면 사람들은 이 주식에 대해 낙관적으로 변하고 심리는 증가한다(이는 특히 외삽에서 비롯되며, 이에 대한 이론적 모델은 바버리스 외(2015)를 참고하라). 코케렛(2020)에서는 (이 분야에 있는 대부분의 연구 결과와는 반대로) 후자의 관계(수익률과 심리)가 더 가능성이 높다는 것을 발견했다. 이 결과는 인과관계 중심의 검증에 의해 뒷받침된다(14.1.1절 참고).

통계적 인과관계는 방대한 분야다. 이 주제에 대한 자세한 내용은 펄Pearl(2009)을 참고하라. 최근 연구자들은 인과관계를 머신러닝 접근 방식과 연결하려는 시도를 하고 있다(피터스 외Peters et al.(2017), 하인즈-뎀 외Heinze-Deml et al.(2018), 아르조프스키 외(2019) 참고). 이들 연구의 핵심 개념은 **불변성**invariance이다.

데이터는 한 번에 수집되는 것이 아니라 서로 다른 시점에 다른 소스로부터 수집되는 경우가 많다. 이러한 다양한 소스에서 발견되는 관계 중 일부는 변하는 반면, 일부는 동일하게 유지될 수 있다. **환경 변화**에 따라 변하지 않는 관계는 인과관계에서 비롯된 것일 가능성이 높다. 컴퓨터 비전 알고리듬이 소와 낙타를 구별하도록 훈련시키면 알고리듬이 풀과 모래에 초점을 맞추게 된다는 반론도 있다(비어리 외$^{Beery\ et\ al.}$(2018)와 관련). 대부분의 낙타는 사막에서 찍힌 반면, 소는 푸른 풀밭에서 찍히기 때문이다. 따라서 풀밭에 있는 낙타 사진은 소로 분류되고 모래 위에 있는 소는 '낙타'로 분류된다. 학습자는 서로 다른 상황(환경)에서 이 두 동물의 사진을 봐야만 소와 낙타의 진정한 차이를 찾을 수 있다. 낙타는 어디에 그려져 있든 낙타로 남아 있을 것이며, 학습자는 낙타를 낙타로 인식해야 한다. 그렇다면 낙타의 표현은 모든 데이터셋에서 변하지 않게 되고 학습자는 인과관계, 즉 낙타를 낙타로 만드는 진정한 속성, 즉 전체적인 실루엣, 등의 모양, 얼굴, 색상(오해의 소지가 있을 수 있다) 등을 발견한 셈이 된다.

이러한 불변성에 대한 탐색은 컴퓨터 비전이나 자연어 처리와 같은 많은 분야에서 의미가 있다(고양이는 항상 고양이처럼 보이고 언어는 크게 변하지 않는다). 금융 분야에서는 불변성이 존재할 수 있다는 것이 분명하지 않다. 시장 상황은 시간에 따라 변하는 것으로 알려져 있으며, 기업의 특성과 수익률 간의 관계도 해마다 달라진다. 이 문제에 대한 한 가지 해결책은 단순히 **비정상성**$^{non\text{-}stationarity}$을 수용하는 것일 수 있다(정상성의 정의는 1.1절을 참고). 12장에서는 롤링 훈련셋으로 모델을 가능한 한 자주 업데이트해 가장 최근의 추세를 기반으로 예측할 수 있도록 하는 방법을 제안한다. 14.2절에서는 다른 이론적 및 실무적 옵션을 소개한다.

14.1 인과성

기존의 머신러닝 모델은 변수 간의 관계를 파악하는 것을 목표로 하지만, 일반적으로 이러한 관계의 방향을 지정하지는 않는다. 대표적인 예로 선형 회귀를 들 수 있다. 만약 $y = a + bx + \epsilon$이라고 쓰면 y에 대한 또 다른 선형 관계인 $x = b^{-1}(y - a - \epsilon)$도 참이다. 이 방정식은 x가 y의 명확한 결정 인자라는 인과관계를 정의하지 않는다($x \to y$이라는 그 반대가 거짓이 될 수도 있다).

14.1.1 그랜저 인과성

그랜저(1969)가 처음 제안한 가장 주목할 만한 도구는 아마도 가장 단순한 것이다. 단순성을 위해 2개의 정상적인 과정, X_t와 Y_t만을 고려한다. 인과관계에 대한 엄격한 정의는 다음과 같다. 어떤 정수 k에 대해 다음의 식을 만족한다면 $\mathbf{X}$는 $\mathbf{Y}$를 야기한다고 할 수 있다.

$$(Y_{t+1}, \ldots, Y_{t+k}) | (\mathcal{F}_{Y,t} \cup \mathcal{F}_{X,t}) \overset{d}{\neq} (Y_{t+1}, \ldots, Y_{t+k}) | \mathcal{F}_{Y,t}$$

이는 두 과정에 대한 지식을 조건부로 했을 때의 Y_t에 대한 미래 값 분포가 오직 여과 $\mathcal{F}_{Y,t}$에 대한 지식만을 갖고 있는 경우의 분포와 다른 경우를 의미한다. 따라서 X의 궤적이 Y의 궤적을 변경하기 때문에 X는 Y에 영향을 미친다.

이제 이 공식은 너무 모호해 수치적으로 처리할 수 없으므로 선형 공식을 통해 설정을 단순화한다. 그랜저(1969)가 쓴 원본 논문의 5절과 동일한 표기를 유지한다. 검정은 2개의 회귀 분석으로 구성된다.

$$X_t = \sum_{j=1}^{m} a_j X_{t-j} + \sum_{j=1}^{m} b_j Y_{t-j} + \epsilon_t$$

$$Y_t = \sum_{j=1}^{m} c_j X_{t-j} + \sum_{j=1}^{m} d_j Y_{t-j} + \nu_t$$

여기서는 단순화를 위해 두 과정의 평균이 0이라고 가정한다. 가우시안 잡음 ϵ_t와 ν_t는 (상호적 및 시간 경과에 따른) 가능한 모든 방식에서 상관관계가 없다는 일반적인 가정이 적용된다. 검정은 다음과 같다. 하나의 b_j가 0이 아닌 경우 Y가 X를 그랜저 인과하며, 하나의 c_j가 0이 아닌 경우 X가 Y를 그랜저 인과한다고 말한다. 이 둘은 상호 배타적이지 않으며, 여기에서 피드백 루프가 매우 잘 발생할 수 있다는 것은 널리 받아들여진다.

통계적으로, 귀무가설 $b_1 = \cdots = b_m = 0(resp.\ c_1 = \cdots = c_m = 0)$은 피셔 분포를 통해 검증된다. 물론 이러한 선형 제한은 무시할 수 있긴 하지만 그렇게 되면 검정은 훨씬 더 복잡해진다. 이러한 연구 방향에 관한 주요한 재무금융 논문은 히엠스트라[Hiemstra]와 존스[Jones] (1994)다.

지난 6개월 동안의 시가 총액 평균이 특정 주식(샘플에서 첫 번째 주식)의 1개월 선행 수익률을 그랜저 인과하는지 테스트한다.

```python
from statsmodels.tsa.stattools import grangercausalitytests
granger = training_sample.loc[training_sample["stock_id"]==1,
                              # X 변수 = stock nb 1
                              ["R1M_Usd",
                              # Y 변수 = stock nb 1
                              "Mkt_Cap_6M_Usd"]]
# 시가 총액
fit_granger = grangercausalitytests(granger,maxlag=[6],verbose=True)
# 최대 래그
```

```
Granger Causality
number of lags (no zero) 6
ssr based F test:                F=4.1110   , p=0.0008 , df_denom=149, df_num=6
ssr based chi2 test:        chi2=26.8179 , p=0.0002 , df=6
likelihood ratio test:      chi2=24.8162 , p=0.0004 , df=6
parameter F test:               F=4.1110   , p=0.0008 , df_denom=149, df_num=6
```

이 검정은 방향성을 띠며, X가 Y를 그랜저 인과하는지 여부만을 테스트한다. 반대 방향의 효과를 테스트하기 위해서는 함수의 인자를 반전시켜야 한다. 위의 결과에서는 p-값이 매우 낮기 때문에 H_0가 성립할 확률은 무시할 정도로 낮다. 따라서 시가 총액이 1개월 수익률을 그랜저 인과하는 것으로 보인다. 그럼에도 그랜저 인과관계가 다음 하위 절에서 정의한 인과 관계보다는 약하다는 점을 강조하고자 한다. 그랜저 인과관계는 단순히 유용한 예측 정보를 포함할 뿐이며 엄격한 의미에서 인과관계를 증명하는 것은 아니다. 또한, 이 검정은 선형 모델에 국한돼 있으며 비선형성을 포함하면 결론이 달라질 수 있다. 마지막으로, 다른 회귀 변수(생략된 변수일 수 있음)를 포함하면 결과가 달라질 수도 있다(예를 들어, 초우 외[Chow et al.](2002) 참고).

14.1.2 인과적 가법성 모델

인과관계 모델의 동물원에는 다양한 짐승이 포함된다(심지어 9.5절의 BART도 한 외[Hahn et al.]

(2019)에서는 이러한 목적으로 사용한다). 관심 있는 독자는 펄(2009), 피터스 외(2017), 마투이스 외$^{\text{Maathuis et al.}}$(2018), 휴너문트^{Hünermund}와 바레인뵘^{Bareinboim}(2019) 및 그 참고 문헌을 살펴볼 수 있다. 인과 모델에서 핵심적인 도구 중 하나는 펄이 개발한 **do-calculus**다. 기존의 확률 $P[Y|X]$는 X가 어떤 값 x를 취하는 것을 조건부로 할 때의 Y의 확률을 연결하는 반면, $\mathrm{do}(\cdot)$는 X가 x 값을 취하도록 **강제**한다. 이는 관찰과 행동의 이분법이다. 한 가지 고전적인 예는 다음과 같다. 고기압은 맑은 날과 더 자주 연관되기 때문에 기압계를 관찰하면 날씨가 어떨지 단서를 얻을 수 있다.

$$P[\text{맑은 날} \mid \text{기압계가 "높음"을 표시}] > P[\text{맑은 날} \mid \text{기압계나 "낮음"을 표시}]$$

하지만 기압계를 해킹하면(강제로 어떤 값을 표시하도록 하면) 다음과 같다.

$$P[\text{맑은 날} \mid \text{기압계를 강제로 "높음"으로 표시}] = P[\text{맑은 날} \mid \text{기압계를 강제로 "낮음"으로 표시}]$$

이렇게 표현할 수 있는 이유는 기압계를 해킹해도 날씨에 영향을 미치지 않기 때문이다. 간단히 표기하자면 기압계에 개입이 있는 경우 $P[\text{날씨} \mid \mathrm{do}(\text{기압계})] = P[\text{날씨}]$가 된다. 이는 인과관계와 관련된 흥미로운 예시다. 가장 중요한 변수는 기압이다. 기압은 날씨와 기압계 모두에 영향을 미치며, 이러한 공동 효과를 혼동 효과^{confounding}라고 한다. 그러나 기압계가 날씨에 영향을 미친다는 것은 사실이 아닐 수 있다. 이러한 개념에 대해 더 자세히 알아보고 싶은 독자는 주디아 펄의 작품을 자세히 살펴봐야 한다. do-calculus는 아주 강력한 이론적 틀이지만, 어떤 상황이나 데이터셋에도 적용하기는 쉽지 않다(아로나우^{Aronow}와 사브제 ^{Sävje}(2019)의 서평을 참고).

여기서는 인과 추론 너머의 이론에 관한 자세한 설명을 공식적으로 제시하지는 않지만, 해석하기가 쉽다는 장점 때문에 몇 가지 실제 구현을 시연하고자 한다. 특히 한 가지 유형의 모델을 선택하기는 항상 어렵기 때문에 여기서는 간단한 수학적 도구로 설명할 수 있는 모델을 선택했다. 먼저 구조적 인과관계 모델$^{\text{SCM, Structural Causal Model}}$에 대한 가장 간단한 정의부터 살펴본다. 이는 피터스 외(2017)의 3장을 따른다. 이 모델의 기본 개념은 모델에 계층 구조(즉, 추가적인 구조)를 도입하는 것이다. 공식적으로, 다음과 같은 모델을 제시한다.

$$X = \epsilon_X$$
$$Y = f(X, \epsilon_Y)$$

여기서 ϵ_X와 ϵ_Y는 독립적인 노이즈 변수다. 간단히 말해 X의 실현은 무작위로 추출된 다음 f를 통해 Y의 실현에 영향을 미친다. 관찰되는 변수의 개수가 더 많으면 이 방식은 더 복잡해질 수 있다. 여기에 세 번째 변수가 들어와서 다음과 같이 된다고 가정해보자.

$$X = \epsilon_X$$
$$Y = f(X, \epsilon_Y)$$
$$Z = g(Y, \epsilon_Z)$$

이 경우 X는 Y에 인과관계가 있고, Y는 Z에 인과관계가 있으므로 다음과 같은 연결이 생긴다.

$$
\begin{array}{ccccc}
X & & & & \\
& \searrow & & & \\
& & Y & \rightarrow & Z \\
& \nearrow & & \nearrow & \\
\epsilon_Y & & \epsilon_Z & &
\end{array}
$$

위의 표현을 그래프라고 하며 그래프 이론에는 그 고유의 명명법이 있는데, 이를 간략하게 요약해보자. 변수를 정점^{vertice}(혹은 노드^{node})이라고 하고 화살표는 에지^{edge}라고 한다. 화살표는 방향이 있기 때문에 방향 에지라 한다. 두 정점이 에지를 통해 연결되면, 이 둘은 인접했다^{adjacent}고 표현한다. 인접한 정점의 시퀀스를 경로^{path}라고 하며, 모든 에지가 화살표인 경우 방향이 지정된다. 방향이 지정된 경로 내에서 가장 먼저 오는 정점은 부모 노드이고 바로 뒤에 오는 정점은 자식 노드다.

그래프는 인접 행렬로 요약할 수 있다. 인접 행렬 $\mathbf{A} = A_{ij}$은 0과 1로 채워진 행렬이다. 정점 i에서 정점 j까지 에지가 있을 때마다 $A_{ij} = 1$이다. 일반적으로 인접 행렬의 대각선이 0을 갖도록 자기 루프($X \rightarrow X$)는 금지돼 있다. 위 그래프의 단순화된 버전인 $X \rightarrow Y \rightarrow Z$을 고려하면, 해당 인접 행렬은 다음과 같다.

$$
\mathbf{A} = \begin{bmatrix} 0 & 1 & 0 \\ 0 & 0 & 1 \\ 0 & 0 & 0 \end{bmatrix}
$$

여기서 문자 X, Y, Z는 알파벳순으로 자연스럽게 정렬된다. 화살표는 X에서 Y(첫 번째 행, 두 번째 열)로, Y에서 Z(두 번째 행, 세 번째 열)로 2개만 존재한다.

사이클cycle은 루프를 생성하는 특정 유형의 경로, 즉 첫 번째 정점이 마지막 정점이기도 한 경로를 말한다. 시퀀스 $X \to Y \to Z \to X$은 사이클이다. 기술적으로 사이클은 문제가 있다. 이를 설명하기 위해 간단한 수열 $X \to Y \to X$를 생각해보자. 이는 X의 실현이 Y를 유발하고, 이는 다시 Y의 실현을 유발한다는 것을 의미한다. 그랜저 인과관계는 이러한 종류의 연결을 허용하는 것으로 볼 수 있지만, 일반적인 인과관계 모델은 일반적으로 사이클을 피하고 **유향 비순환 그래프**DAG, Directed Acyclic Graph로 작업한다.

이러한 도구를 사용하면 매우 일반적인 형태의 모델을 명시할 수 있다.

$$X_j = f_j \left(\mathbf{X}_{\mathrm{pa}_D(j)}, \epsilon_j \right) \tag{14.1}$$

여기서 노이즈 변수는 상호 독립적이다. $\mathrm{pa}_D(j)$라는 표기는 그래프 구조 D 내에서 정점 j의 부모 노드 집합을 나타낸다. 따라서 X_j는 모든 부모와 일부 노이즈 항 ϵ_j의 함수다. 가법적 인과 모델은 위의 사양을 약간 단순화한 것이다.

$$X_j = \sum_{k \in \mathrm{pa}_D(j)} f_{j,k} \left(\mathbf{X}_k \right) + \epsilon_j \tag{14.2}$$

여기서 각 변수의 비선형 효과는 누적되므로 '가법적additive'이라는 용어가 사용된다. 시간 인덱스가 없다는 점에 유의하라. 그랜저 인과관계와 달리 자연스러운 시간 순서가 존재하지 않는다. 이러한 모델은 매우 복잡하고 추정하기 어렵다. 자세한 내용은 뷸만 외(2014)에서 확인할 수 있다.

다음 코드에서는 작은 예측 변수 집합 및 1개월 전 수익률(훈련 샘플)과 관련된 인접 행렬을 구축한다. 또한, ICPy 패키지를 테스트한다.

```python
import icpy as icpy
B=training_sample[['Mkt_Cap_12M_Usd','Vol1Y_Usd']].values
# 노드 B1과 B2
C=training_sample['R1M_Usd'].values
```

```python
# 노드 C
ExpInd=np.round(np.random.uniform(size=training_sample.shape[0]))
# "환경"
icpy.invariant_causal_prediction(X=B,y=C,z=ExpInd,alpha=0.1)
# A 혹은 B가 C의 부모라면 테스트 수행
```

```
ICP(S_hat=array([0, 1], dtype=int64), q_values=array([1.34146064e-215, 1.34146064e-
215]), p_value=1.341460638715696e-215)
```

행렬이 너무 희소하지 않다는 것은 모델이 샘플 내의 변수 간에 많은 관계를 발견했음을 의미한다. 안타깝게도 우리가 원하는 예측 작업에서 관심 있는 방향의 관계는 없다. 실제로 첫 번째 변수는 우리가 예측하고자 하는 변수이며 해당 열은 비어 있다. 그러나 행은 가득 차 있어 미래 수익률이 예측값을 유발한다는 역효과를 보이며, 이는 특성의 성질을 고려할 때 다소 직관적이지 않은 것처럼 보일 수 있다.

완전성을 위해, 여기서는 파이썬 버전의 pcalg 패키지 구현도 제공한다(칼리쉬 외[Kalisch et al.](2012)). 다음 코드에서는 이른바 PC(저자 피터 스피르테스[Peter Spirtes]와 클라크 글리머[Clark Glymour]의 이름을 따서 명명)를 통한 추정이 수행된다. 알고리듬에 대한 자세한 내용은 이 책의 범위를 벗어나며, 관심 있는 독자는 이 주제와 관련된 정보에 관해 스피르테스 외[Spirtes et al.](2000)의 5.4절 혹은 칼리쉬 외(2012)의 2절을 참고하라.

```python
import cdt
import networkx as nx
data_caus = training_sample[features_short+["R1M_Usd"]]
dm = np.array(data_caus)
cm = np.corrcoef(dm.T) # 상관계수 계산
df=pd.DataFrame(cm)
glasso = cdt.independence.graph.Glasso()
# 그래프 라쏘 초기화
skeleton = glasso.predict(df)
# 데이터셋에 그래프 라쏘 적용
model_pc = cdt.causality.graph.PC()
# pcalg R 라이브러리로부터 PC 알고리듬 도입
graph_pc = model_pc.predict(df, skeleton)
```

```python
# 모델 추정
fig=plt.figure(figsize=[10,6])
nx.draw_networkx(model_pc)
# 모델 플롯
```

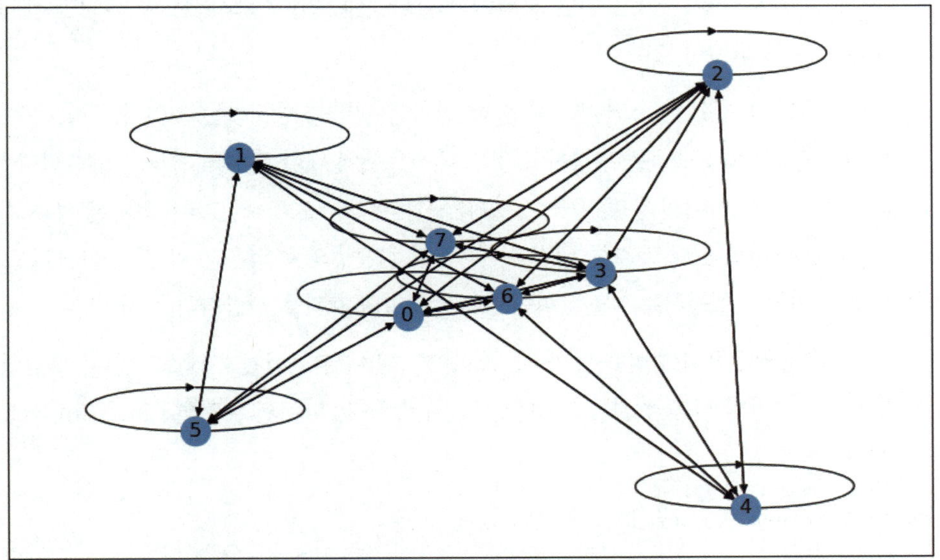

그림 14.1 유향 그래프 표현

양방향 화살표는 모델에서 에지edge 방향을 결정할 수 없는 경우 표시된다. 인접 행렬은 첫
번째 모델과 다르지만, 종속 변수(첫 번째 동그라미)에 명확한 인과관계가 있는 것으로 보이는
예측 변수는 여전히 없다.

14.1.3 구조적 시계열 모델

특정 유형의 구조적 모델인 **구조적 시계열**structural time series을 언급하면서 인과관계에 관한 주
제를 마무리하고자 한다. 특정 종류의 인과관계 추론에 대한 관련성을 설명하기 때문에 브로
더센 외Brodersen et al.(2015)의 표기법을 따르고 있다. 이 모델은 2개의 방정식으로 구동된다.

$$y_t = \mathbf{Z}'_t \boldsymbol{\alpha}_t + \epsilon_t$$
$$\boldsymbol{\alpha}_{t+1} = \mathbf{T}_t \boldsymbol{\alpha}_t + \mathbf{R}_t \boldsymbol{\eta}_t$$

종속 변수는 상태 변수 $\boldsymbol{\alpha}_t$에 오차 항을 더한 선형 함수로 표현된다. 이러한 변수는 과거 값에 또 다른 오차 항을 더한 선형 함수로, 복잡한 구조를 가질 수 있다(중심 가우스 항 η_t가 있는 행렬 $\mathbf{R}_t$의 곱이다). 이러한 사양은 많은 모델을 포함하는데, 이러한 모델들 중 특이한 케이스로는 ARIMA 같은 모델이 있다.

브로더센 외(2015)의 목표는 국면 변화를 통한 인과적 영향을 탐지하는 것이다. 그들은 주어진 훈련 기간 동안 위의 모델을 추정하고 일부 테스트셋에 대한 모델의 응답을 예측한다. 실현된 값과 예측된 값 사이의 총(합산/통합) 오차가 (일부 통계적 검정에 따라) 유의미한 경우 저자들은 중단점이 관련성 있다고 결론 내린다. 원래 이 접근법의 목적은 개입 전에 학습된 모델이 개입 후에 어떻게 행동하는지를 살펴봄으로써 개입의 효과를 정량화하는 것이다.

다음 코드에서는 샘플의 100번째 날짜 시점(2008년 4월)이 전환점인지 테스트한다. 틀림없이 이 날짜는 서브프라임 금융 위기가 발생한 시점에 속한다. 파이썬 버전의 CausalImpact 모듈을 사용한다.

모델과 관련된 시계열은 그림 14.2에 나와 있다.

```python
from causalimpact import CausalImpact

stock1_data = data_ml.loc[data_ml["stock_id"]==1, :]
# 첫 번째 주식에 대한 데이터
struct_data = stock1_data[["Advt_3M_Usd"]+features_short]
# 레이블과 특성 조합
struct_data.index = pd.RangeIndex(start=0, stop=228, step=1)
# 정수로 인덱스 설정
pre_period = [0, 99]
# 분할 이전 기간(2008년 이전)
post_period = [100, 199]
# 분할 이후 기간
impact = CausalImpact(struct_data, pre_period, post_period)
# 인과 모델 생성
```

```python
impact.run()                    # 실행!
print(impact.summary())         # 요약 분석
impact.plot()                   # 플롯!
```

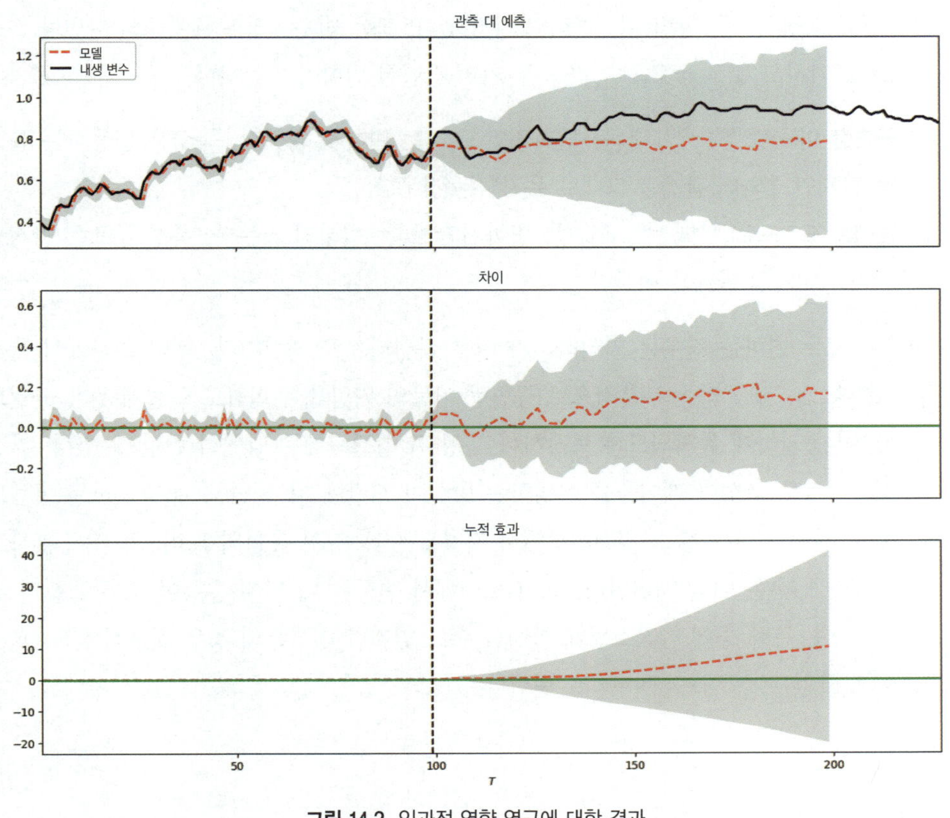

그림 14.2 인과적 영향 연구에 대한 결과

14.2 변화하는 환경 다루기

여러 머신러닝 기여에서의 가장 일반적인 가정은 연구 대상이 되는 샘플이 특성화하려는 현상의 고유한 실현이라는 것이다. X와 Y의 관계가 항상 변한다면 관찰에서 어떤 것도 추론하기가 매우 어렵기 때문에 이러한 제약은 당연하다. 금융의 주요 문제 중 하나는 시장, 행동, 정책 등이 항상 진화하는 경우가 많다는 것이다. 이는 적어도 부분적으로는 차익 거래의 부

재라는 개념과 관련 있다. 만약 어떤 트레이딩 전략이 항상 효과가 있다면, 모든 에이전트가 결국 여기에 몰려 해당 전략을 채택하게 되고 그에 따라 이익이 사라질 것이다.[1] 만약 전략이 비공개로 유지된다면 그 전략을 보유한 사람은 무한한 부자가 될 수 있지만, 그런 일은 결코 일어나지 않을 것이다.

환경의 변화를 정의하는 방법에는 여러 가지가 있다. 모든 변수(특성 및 레이블)의 다변량 분포를 $\mathbb{P}_{XY}$로 표기하고, $\mathbb{P}_{XY} = \mathbb{P}_X \mathbb{P}_{Y|X}$라면 두 가지 간단한 변화가 가능하다.

1. **공변량 이동**^{covariate shift} : $\mathbb{P}_X$는 변하지만 $\mathbb{P}_{Y|X}$는 변하지 않는다. 특성은 변동하는 분포를 갖지만 Y와의 관계는 그대로 유지되는 경우다.
2. **콘셉트 드리프트**^{concept drift} : $\mathbb{P}_{Y|X}$는 변하지만 $\mathbb{P}_X$는 변하지 않는다. 특성 분포는 안정적이지만 Y와의 관계는 변한다.

두 항목이 모두 변하는 경우는 처리하기가 너무 복잡하므로 생략한다. 팩터 투자에서 특성 공학 프로세스(4.4절 참고)는 부분적으로 공변량 이동의 위험을 우회하도록 설계됐다. 균일화는 한계값이 동일하게 유지되도록 보장하나 특성 간 상관관계는 당연히 변할 수 있다. 가장 큰 문제는 아마도 특성이 레이블을 설명하는 방식이 시간에 따라 변할 때 발생하는 콘셉트 드리프트일 것이다. 코뉘졸스 외(2018)[2]에서 저자들은 네 가지 유형의 드리프트를 구분하고 있으며, 그림 14.3은 이를 재현한다. 팩터 모델에서 변화는 네 가지 유형이 모두 결합된 것으로 추정되며, 폭락 중에 갑작스럽게 발생할 수도 있지만 대부분의 경우 진보적(점진적 혹은 점증적)이고 끝없는(지속적으로 반복되는) 변화다.

1 　예를 들어, 팩터 투자의 포화와 관련된 논문(크르코스카와 셍크-홉(2019), 산티(Santi)와 즈윙켈스(Zwinkels)(2018)을 참고하라.
2 　이 책은 아마도 머신러닝의 이론적 결과에 대한 가장 완벽한 참고서일 것이지만, 프랑스어로 쓰여 있다.

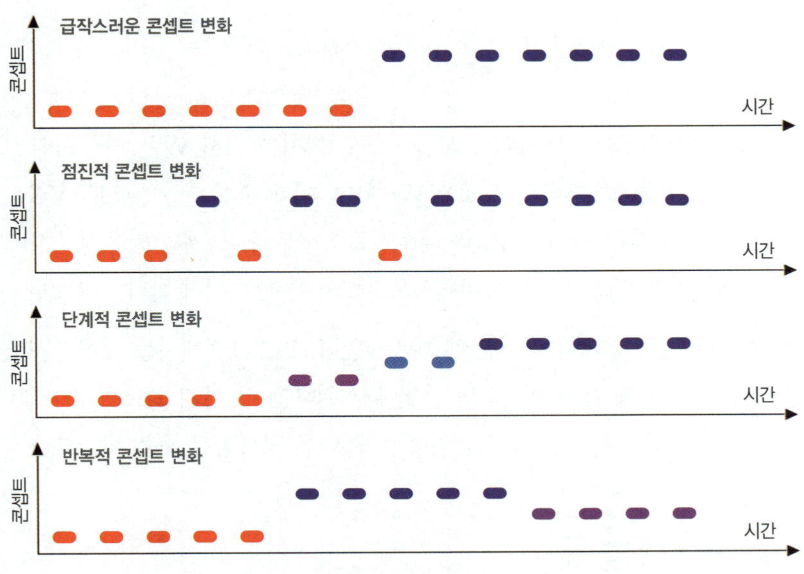

그림 14.3 콘셉트 변화의 다양한 유형

당연히 환경이 변화한다는 것을 인정한다면 그에 따라 모델을 동적으로 조정하는 것이 논리적으로 보인다. 이 때문에 이른바 **안정성-가소성 딜레마**stability-plasticity dilemma가 발생한다. 이 딜레마는 **모델 반응성**reactiveness(새로운 인스턴스가 업데이트에 중요한 영향을 미친다)과 **안정성**stability(이러한 인스턴스가 느린 추세를 대표하지 않을 수 있으므로 모델을 차선책으로 전환할 수 있다) 사이의 절충안이다.

실제로 이 딜레마와 관련해 커서cursor를 이동하는 방법에는 두 가지가 있다. 훈련 샘플의 시간적 깊이를 변경하거나(예를 들어, 시간을 더 거슬러 올라간다), 가능한 경우 최근 인스턴스에 더 많은 가중치를 할당하는 것이다. 첫 번째 옵션은 12.1절에서, 두 번째 옵션은 6.3절에서 설명한다(에이다부스트의 목적은 알고리듬이 가중치를 처리하도록 하는 것이지만). 신경망에서는 손실 함수 계산에 인스턴스 기반 가중치를 도입하는 것이 일반적으로 가능하나, 케라스에서는 아직 이 옵션을 사용할 수 없다(우리가 아는 한 이 프레임워크는 빠르게 발전하고 있다). 단순 회귀의 경우 이 아이디어를 **가중 최소 제곱**weighted least squares이라고 하며, 손실 내부의 오차에 가중치를 부여한다.

$$L = \sum_{i=1}^{I} w_i (y_i - \mathbf{x}_i \mathbf{b})^2$$

행렬 용어로 표현하자면 $L = (\mathbf{y} - \mathbf{Xb})'\mathbf{W}(\mathbf{y} - \mathbf{Xb})$이며 여기서 $\mathbf{W}$는 가중치의 대각 행렬이다. $\mathbf{b}$에 대한 기울기는 $2\mathbf{X}'\mathbf{WXb} - 2\mathbf{X}'\mathbf{Wy}$이며, 이때 손실은 $\mathbf{b}^* = (\mathbf{X}'\mathbf{WX})^{-1}\mathbf{X}'\mathbf{Wy}$으로 최소화된다. 표준 최소 제곱 해는 $\mathbf{W} = \mathbf{I}$으로 복구된다. 모델의 반응성을 미세 조정하려면 가중치는 샘플에서 인스턴스가 오래될수록 감소하는 함수여야 한다.

물론 변화하는 금융 환경에 대한 완벽한 해결책은 없다. 14.2.1절에서는 데이터 생성 과정의 비정상성 문제를 극복하기 위해 머신러닝 문헌에서 취하는 두 가지 경로를 소개한다. 먼저, 시장이 시간에 따라 변화하는 분포를 경험한다는 또 다른 명확한 검증을 제안한다.

14.2.1 비정상성: 또 다른 예시

(금융) 계량경제학의 가장 기본적인 방법 중 하나는 수익률(상대적 가격 변동)로 작업하는 것이다. 간단한 이유는 수익률은 시간이 지나도 일관되게 움직이기 때문이다(월별 수익률은 한계가 정해져 있으며, 보통 -1과 $+1$ 사이에 위치한다). 반면에 가격은 변하며, 일부 가격은 과거 값으로 돌아가지 않는 경우가 많다. 이 때문에 가격을 연구하기는 더 어렵다.

정상성은 금융 계량경제학의 핵심 개념으로, 시간이 지나도 동일하게 유지되는 분포 특성을 가진 현상의 특성을 파악하는 것이 훨씬 더 쉽다(정상성은 이를 포착하는 것을 가능케 한다). 안타깝게도 수익률 분포는 고정돼 있지 않다. 수익률의 평균과 분산은 주기에 따라 모두 변한다.

그림 14.4에서는 전체 데이터 집합의 모든 연도의 월별 평균 수익률을 계산해 이 사실을 보여준다.

```python
data_ml["year"] = pd.to_datetime(data_ml['date']).dt.year
# 이후에 사용할 groupby를 위해 year 열 추가
data_ml.groupby("year")["R1M_Usd"].mean().plot.bar(figsize=[16,6])
# 결합 및 플롯
```

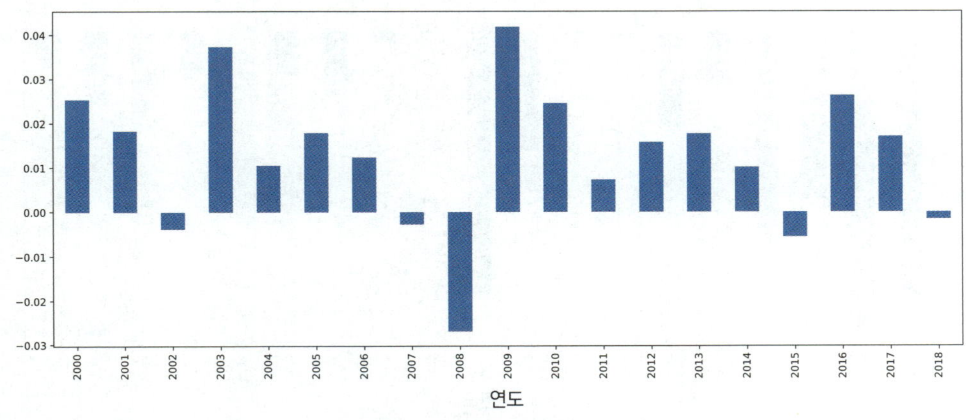

그림 14.4 연간 기준 평균 월별 수익률

이러한 평균의 변화는 두 번째 적률(분산/변동성)의 변화도 동반한다. 변동성 군집으로 알려진 이 효과는 엥글^{Engle}(1982)의 이론적 돌파구 이후(그리고 심지어 그 이전에도) 널리 문서화돼 왔다. 이 주제에 대한 자세한 내용은 콘트(2007)를 참고하라.

머신러닝 모델의 측면에서도 마찬가지다. 다음 코드에서는 지난 6개월 동안의 평균 시가 총액($r_{t+1,n} = \alpha + \beta x_{t,n}^{\text{cap}} + \epsilon_{t+1,n}$)이라는 하나의 예측 변수를 사용해 순수 특성 회귀를 추정한다. 레이블은 6개월 선도 수익률이며 매년 추정을 수행한다.

```python
def regress(df):  # 루프를 피하고...
    model=sm.OLS(df['R6M_Usd'],exog=sm.
↪add_constant(df[['Mkt_Cap_6M_Usd']]))
    # ... groupby 구조를 유지하기 위해...
    return model.fit().params[1]
    # ... statsmodel을 활용하는 함수를 사용한다
beta_cap = data_ml.groupby('year').apply(regress)
# 회귀 분석 수행
beta_cap=pd.DataFrame(beta_cap,columns=['beta_cap']).reset_index()
# 데이터프레임으로 형식화
beta_cap.groupby("year").mean().plot.bar(figsize=[16,6])
# 플롯
```

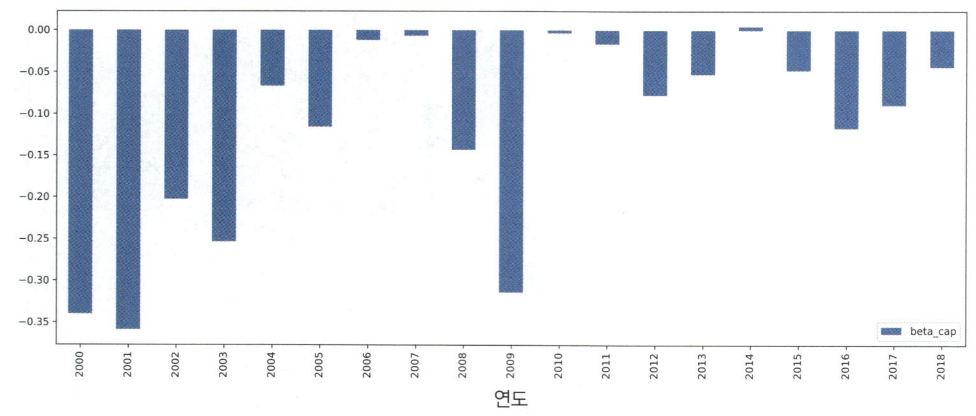

그림 14.5 6개월 시가 총액에 대한 베타의 변화

그림 14.5의 막대는 콘셉트 드리프트를 강조한다. 전반적으로 시가 총액과 수익률 간의 관계는 음수다(다시금 등장하는 사이즈 효과). 때로는 현저하게 음수이나 때로는 그렇지 않을 수 있다. 시가 총액이 수익률을 설명하는 능력은 시간 가변적이며, 모델도 그에 따라 적응해야 한다.

14.2.2 온라인 학습

온라인 학습은 새로운 정보가 점진적으로 도착하고 이러한 흐름의 통합이 반복적으로 수행되는 머신러닝의 하위 집합을 말한다('온라인'이라는 용어는 인터넷과 관련이 없다). 최신 데이터 업데이트를 고려하기 위해서는 (당연한 말이지만) 모델을 업데이트하는 것이 필수적이다. 이는 분명히 금융의 경우이며, 이 주제는 12.1절의 학습 기간에 대한 논의와 밀접한 관련이 있다.

문제는 2019년 모델을 2010년부터 2019년까지의 데이터로 학습시킨 경우 (동적인) 2020년 모델은 2020년의 최신 포인트를 포함한 전체 데이터 집합으로 다시 학습시켜야 한다는 것이다. 이 작업은 과중할 수 있으며, 학습 과정에 최신 포인트만 포함하면 계산 비용을 크게 줄일 수 있다. 신경망에서는 가중치를 순차적으로 일괄 업데이트하면 모델을 점진적으로 변경할 수 있다. 하지만 의사결정 트리에서는 분할이 한 번에 결정되기 때문에 일반적으로 불가능하다. 한 가지 주목할 만한 예외는 바사크[Basak](2004)이지만, 이 경우 트리의 구성이 원래 알고리듬과 크게 다르다.

온라인 학습의 가장 간단한 예는 위드로우–호프^{Widrow-Hoff} 알고리듬(원래 위드로우^{Widrow}와 호프^{Hoff}(1960)에서 유래)이다. 원래 이 아이디어는 선형 활성화 함수를 가진 하나의 은닉층을 보유한(즉, 퍼셉트론과 비슷하나 다른 활성화 함수를 가진) 이른바 ADALINE^{ADAptive LInear NEuron} 모델이라 불리는 신경망 모델에서 유래했다.

모델이 선형, 즉 $\mathbf{y} = \mathbf{X}\mathbf{b} + \mathbf{e}$(상수가 예측 인자 목록에 추가될 수 있다)라고 가정하자. 또한, 데이터의 양이 방대하며 고빈도이기 때문에 기술적으로 다루기 어려워 전체 샘플에서 모델을 업데이트하는 것은 금지돼 있다고 가정해보자. $\mathbf{b}$의 값을 업데이트하는 간단하고 휴리스틱적인 방법은 다음을 계산하는 것이다.

$$\mathbf{b}_{t+1} \longleftarrow \mathbf{b}_t - \eta(\mathbf{x}_t\mathbf{b} - y_t)\mathbf{x}_t'$$

여기서 $\mathbf{x}_t$는 인스턴스 t에 대한 행 벡터다. 그 이유는 간단하다. 이차 오차 $(\mathbf{x}_t\mathbf{b} - y_t)^2$은 $\mathbf{b}$에 대한 기울기 $2(\mathbf{x}_t\mathbf{b} - y_t)\mathbf{x}_t'$과 같다. 따라서 위의 업데이트는 경사 하강법의 간단한 예시다. 물론, ν는 매우 작아야 한다. 그렇지 않으면, 새로운 포인트마다 $\mathbf{b}$가 크게 변하기 때문에 변동성이 큰 모델이 된다.

온라인 학습과 관련된 기법에 대한 철저한 검토는 호이 외^{Hoi et al.}(2018)가 제시한다(4.11절에서는 포트폴리오 선택에 대해서도 다루고 있다). 하잔 외^{Hazan et al.}(2016)의 책에서는 온라인 학습과 겹치는 부분이 많은 매우 밀접한 영역인 온라인 볼록 최적화를 다루고 있다. 다음 내용은 첫 번째 연구의 두 번째 및 세 번째 파트를 각색한 것이다.

데이터셋은 시간별로 인덱싱된다. 특성과 레이블은 각각 $\mathbf{X}_t$ 및 $\mathbf{y}_t$로 표기한다(이 절에서는 일반적인 열 인덱스(k)와 행 인덱스(i)를 사용하지 않는다). 시간은 경계값 T를 가진다. 머신러닝 모델은 일부 매개 변수 θ에 따라 달라지며, 이를 $f_{\boldsymbol{\theta}}$로 표기한다. 시간 t(데이터셋 $(\mathbf{X}_t, \mathbf{y}_t)$이 수집되는 시점)에서 학습된 모델의 손실 함수 L은 자연스럽게 데이터 $(\mathbf{x}_t, \mathbf{y}_t)$와 시간 t 데이터에 피팅된 매개 변수 값인 θ_t를 통한 모델에 의존한다. 표기법을 간소화하기 위해 이제부터는 $L_t(\boldsymbol{\theta}_t) = L(\mathbf{x}_t, \mathbf{y}_t, \boldsymbol{\theta}_t)$으로 표기한다. 온라인 학습에서 핵심적인 값은 전체 시간 시퀀스에 대한 후회^{regret}다.

$$R_T = \sum_{t=1}^{T} L_t(\boldsymbol{\theta}_t) - \inf_{\boldsymbol{\theta}^* \in \Theta} \sum_{t=1}^{T} L_t(\boldsymbol{\theta}^*) \tag{14.3}$$

이 후회는 모델에 의해 발생한 총 손실 $\boldsymbol{\theta}_t$에서 데이터 순서를 완전히 알고 있었을 때 얻을 수 있었던 최소 손실(따라서 뒤늦게 계산)을 뺀 값이다. 온라인 학습의 기본 방법은 사실 신경망의 일괄 훈련과 매우 유사하다. 매개 변수 업데이트는 다음을 기반으로 한다.

$$\mathbf{z}_{t+1} = \boldsymbol{\theta}_t - \eta_t \nabla L_t(\boldsymbol{\theta}_t) \tag{14.4}$$

여기서 $\nabla L_t(\boldsymbol{\theta}_t)$는 현재 손실 L_t의 기울기를 나타낸다. $\mathbf{z}_{t+1}$가 $\boldsymbol{\theta}_t$에 대해 규정된 범위를 벗어나는 경우에 한 가지 문제가 발생할 수 있다. 따라서 새로운 매개 변수인 $\mathbf{z}_{t+1}$에 대한 후보 벡터를 실현 가능한 도메인에 투영하며, 여기서는 이를 S라고 부른다.

$$\boldsymbol{\theta}_{t+1} = \Pi_S(\mathbf{z}_{t+1}), \quad \text{with} \quad \Pi_S(\mathbf{u}) = \underset{\boldsymbol{\theta} \in S}{\operatorname{argmin}} ||\boldsymbol{\theta} - \mathbf{u}||_2 \tag{14.5}$$

따라서 $\boldsymbol{\theta}_{t+1}$은 중간 선택인 $\mathbf{z}_{t+1}$에 가능한 한 가깝다. 하잔 외(2007)에서는 적절한 가정(예를 들어, L_t가 유계 기울기 $\left\|\underset{\boldsymbol{\theta}}{\sup} \nabla L_t(\boldsymbol{\theta})\right\| \leq G$을 가지며 엄격하게 볼록함)하에서 후회 R_T가 다음을 만족함을 보여준다.

$$R_T \leq \frac{G^2}{2H}(1 + \log(T))$$

여기서 H는 학습 속도(단계 크기라고도 함)에 대한 스케일링 계수다. $\eta_t = (Ht)^{-1}$.

보다 정교한 온라인 알고리듬은 $\boldsymbol{\theta}_t$의 불안정성을 줄이기 위해 헤시안 행렬^{Hessian matrix}을 통합하거나 $\nabla^2 L_t(\boldsymbol{\theta}) := [\nabla^2 L_t]_{i,j} = \frac{\partial}{\partial \theta_i \partial \theta_j} L_t(\boldsymbol{\theta})$ 페널티를 포함함으로써 수식 (14.4)와 (14.5)를 일반화한다. 이러한 확장에 대한 자세한 내용은 호이 외^{Hoi et al.}(2018)의 2절을 참고하라.

매개 변수 업데이트의 흥미로운 흐름은 크래머 외^{Crammer et al.}(2006)에서 공식화한 수동적-능동적 알고리듬^{PAA, Passive-Aggressive Algorithm}의 흐름이다. 기본 케이스는 분류 작업을 포함하지만, 여기서는 아래의 회귀 설정을 고수한다(크래머 외(2006)의 5절). PAA의 한 가지 강력한 한계는 손실이 0이 되거나 무시할 수 있도록 만드는 매개 변수 집합에 의존한다는 것이다. $\Theta_\epsilon^* = \{\boldsymbol{\theta}, L_t(\boldsymbol{\theta}) < \epsilon\}$. 일반적인 손실 함수와 학습자 f의 경우 이 집합은 거의 접근이 불가능하다. 따라서 크래머 외(2006)의 알고리듬은 선형 f, 그리고 $\epsilon > 0$인 어떤 매개 변수 θ에 민감하지 않은 힌지 손실^{hinge loss} 같은 특정 경우로 제한된다.

$$
L_\epsilon(\boldsymbol{\theta}) = \begin{cases} 0 & \text{만일 } |\boldsymbol{\theta}'\mathbf{x} - y| \leq \epsilon \ (\text{예측에 충분히 가까움}) \\ |\boldsymbol{\theta}'\mathbf{x} - y| - \epsilon & \text{만일 } |\boldsymbol{\theta}'\mathbf{x} - y| > \epsilon \ (\text{예측이 너무 멀리 있음}) \end{cases}
$$

모델이 실제 값에 충분히 가깝도록 가중치 θ가 설정되면 손실은 0이 되고, 그렇지 않으면 손실은 오차의 절댓값에서 ϵ를 뺀 값과 같다. PAA에서 매개 변수의 업데이트는 다음과 같이 이뤄진다.

$$
\boldsymbol{\theta}_{t+1} = \underset{\boldsymbol{\theta}}{\mathrm{argmin}} \|\boldsymbol{\theta} - \boldsymbol{\theta}_t\|_2^2, \quad \text{s.t.} \quad L_\epsilon(\boldsymbol{\theta}) = 0
$$

따라서 새로운 매개 변수 값은 두 가지 조건이 충족되도록 선택된다.

1. 손실이 0인 경우(손실의 정의에 따르면 이는 모델이 실제 값에 충분히 가깝다는 것을 의미)
2. 매개 변수가 이전 매개 변수 값에 최대한 가까운 경우

구성상 모델이 충분히 좋은 경우 모델은 움직이지 않지만(수동적 단계), 그렇지 않은 경우 만족스러운 결과를 산출하는 값으로 빠르게 이동한다(능동적 단계).

한 가지 역사적 사실을 언급하며 이 절을 마무리하고자 한다. 온라인 학습의 아이디어 중 일부는 금융 문헌, 특히 커버[Cover(1991)]가 창안한 **보편적 포트폴리오**[universal portfolio] 개념에서 비롯됐다. 설정은 다음과 같다. 함수 f는 선형 $f(\mathbf{x}_t) = \boldsymbol{\theta}'\mathbf{x}_t$이라고 가정하고, 데이터 $\mathbf{x}_t$는 자산 수익률로 구성되므로 $\boldsymbol{\theta}'\mathbf{1}_N = 1$(예산 제약 조건)인 한, 그 값은 포트폴리오 수익률이다. 손실 함수 L_t는 오목한 효용 함수(예를 들어, 로그 함수)에 해당하며 후회는 역전된다.

$$
R_T = \sup_{\boldsymbol{\theta}^* \in \boldsymbol{\Theta}} \sum_{t=1}^{T} L_t(\mathbf{r}_t'\boldsymbol{\theta}^*) - \sum_{t=1}^{T} L_t(\mathbf{r}_t'\boldsymbol{\theta}_t)
$$

여기서 $\mathbf{r}_t'$는 수익률이다. 따라서 프로그램은 오목 함수를 최대화하도록 변환된다. 컴퓨터 과학 또는 머신러닝 커뮤니티의 여러 논문에서 이러한 유형의 문제에 대한 해결책을 제안했으며, 여기에는 블럼[Blum]과 칼라이[Kalai(1999)], 아가왈 외[Agarwal et al.(2006)], 하잔 외(2007) 등이 있다. 외부 데이터('부수적 정보')를 언급한 커버와 오덴틀리히[Ordentlich(1996)]를 제외하면 대부분의 논문은 가격 데이터로만 작동한다. 후자의 논문에서는 두 가지 무작위 분포에 따라 분포된 지속적으로 재조정된 포트폴리오가 도달할 수 없는 최적 수익률에 근접한 성장률을 달

성한다는 사실이 입증됐다. 이 두 분포는 각각 균등 분포(즉, 동일 가중치) 그리고 상수 매개 변수가 1/2인 디리클레 분포다. 커버와 오덴틀리히(1996)는 이 보편적 분포하에서 얻어진 부가 다음과 같은 경계를 가짐을 보였다.

$$\text{보편적 분포하에서 부의 수준} \geq \frac{\text{최적 전략하에서 부의 수준}}{2(n+1)^{(m-1)/2}}$$

여기서 m은 자산 개수, n은 기간 수다.

온라인 포트폴리오 배분에 관한 문헌은 리와 호이(2014)에서 검토하고 있으며, 리와 호이(2018)에서 더 자세히 설명한다. 웡 외[Wong et al.](2020)는 신경망의 조기 중지와 결합해 온라인 학습을 팩터 투자에 적용했다. 마지막으로, 온라인 학습은 포트폴리오 선택을 위한 클러스터링 방법과 관련 있는데, 이는 케드마티[Khedmati]와 아진[Azin](2020)에서 설명한다.

14.2.3 동질적 전이 학습

14.2.3절은 대부분 개념적인 내용이며 코딩이 있는 실제 사례로 설명하지는 않는다. 전이 학습의 이면에 있는 아이디어는 새로운 아이디어를 촉진할 수 있다는 점에서 가치가 있으므로 간략히 소개한다.

전이 학습은 여러 번 연구된 주제다. 고전적인 연구로는 판[Pan]과 양[Yang](2009)이 있지만, 웨이스 외[Weiss et al.](2016)가 더 최근의 연구이며 더 철저하게 연구했다. D_S(소스)와 D_T(타깃)이라는 2개의 데이터셋이 주어졌다고 가정해보자. 각 데이터셋에는 고유한 특성 $\mathbf{X}^S$와 $\mathbf{X}^T$가 있고 레이블은 $\mathbf{y}^S$와 $\mathbf{y}^T$다. 고전적인 지도 학습에서는 목표 집합의 패턴이 $\mathbf{X}^T$와 $\mathbf{y}^T$를 통해서만 학습된다. 전이 학습은 (소스 데이터에서 $y_i^S = f^S(\mathbf{x}_i^S) + \epsilon_i^S$를 통해 얻은) 함수 f^S를 통해 (타깃 데이터에 대한 적합도 $y_i^T = f^T(\mathbf{x}_i^T) + \epsilon_i^T$를 최소화해 얻은) 함수 f^T를 개선할 것을 제안한다. 동질적 전이 학습은 특성 공간이 변하지 않는 경우로, 우리의 설정은 여기에 해당한다. 자산 운용에서 만약 (예를 들어, 감정, 위성 이미지, 신용카드 기록 등과 같은 대체 데이터에 기반한) 새로운 예측 인자가 포함된 경우에는 항상 그렇지 않을 수 있다.

전이 학습에는 소스 S와 타깃 T 사이의 변화에 따라 많은 하위 범주가 있다. 특성 공간, 레이블의 분포, 혹은 둘 사이의 관계 중 어느 것이 더 중요할까? 이는 14.2절에서와 같은 질

문이다. 후자의 경우는 비정상성과의 연관성이 분명하기 때문에 금융 분야에서 관심이 많다. 이는 $\mathbf{y} = f(\mathbf{X})$의 모델 f가 시간 가변적인 경우다. 전이 학습의 용어로 표현하자면 $P[y^S|\mathbf{X}^S] \neq P[\mathbf{y}^T|\mathbf{X}^T]$으로, 이는 소스에서 타깃으로 전환할 때 특성을 아는 레이블의 조건부 법칙이 동일하지 않다는 뜻이다. 흔히 '도메인 적응'이라는 용어는 전이 학습과 동의어로 사용된다. 데이터가 바뀌면 정확도를 높이기 위해 모델을 조정해야 한다. 이러한 주제는 키오네로-칸델라 외Quionero-Candela et al.(2009)의 책에 수록된 내용에서 검토하고 있다.

벤-데이비드 외Ben-David et al.(2010)는 이진 분류의 케이스에서 이 이론의 중요하고 우아한 결과를 증명했다. 다음에서는 이를 설명한다. 값이 {0, 1}인 2개의 분류자 f와 h를 고려한다. 도메인 S에서 이 둘 사이의 평균 오차는 다음과 같이 정의된다.

$$\epsilon_S(f, h) = \mathbb{E}_S[|f(\mathbf{x}) - h(\mathbf{x})|]$$

그렇다면 다음을 만족한다.

$$\epsilon_T(f_T, h) \leq \epsilon_S(f_S, h) + \underbrace{2 \sup_B |P_S(B) - P_T(B)|}_{\text{도메인 간 차이}} + \underbrace{\min\left(\mathbb{E}_S[|f_S(\mathbf{x}) - f_T(\mathbf{x})|], \mathbb{E}_T[|f_S(\mathbf{x}) - f_T(\mathbf{x})|]\right)}_{\text{두 학습 작업 간 차이}}$$

여기서 P_S와 P_T는 두 도메인의 분포를 나타낸다. 위의 부등식은 h의 일반화 성능에 대한 경계다. f_S가 S에 대해 가능한 최상의 분류기이고 f_T가 T에 대한 최상의 분류기라 가정하면, h가 T에서 생성하는 오차는 세 가지 구성 요소의 합보다 작아진다. 여기서 이 세 가지 구성 요소는 각각 S 공간의 오차, 두 도메인 간의 거리(데이터 공간이 이동한 정도), 2개의 최적 모델(생성자) 간의 거리다.

전이 학습에서 자주 언급되는 솔루션 중 하나는 인스턴스 가중치다. 여기서는 일반적인 환경에서의 인스턴스 가중치를 소개한다. 머신러닝에서는 다음을 최소화하고자 한다.

$$\epsilon_T(f) = \mathbb{E}_T\left[L(\mathbf{y}, f(\mathbf{X}))\right]$$

여기서 L은 작업에 따라 달라지는 손실 함수(회귀 대 분류)다. 위의 식을 전개하면 다음과 같다.

$$\epsilon_T(f) = \mathbb{E}_T \left[\frac{P_S(\mathbf{y}, \mathbf{X})}{P_S(\mathbf{y}, \mathbf{X})} L(\mathrm{y}, f(\mathbf{X})) \right]$$

$$= \sum_{\mathbf{y}, \mathbf{X}} P_T(\mathbf{y}, \mathbf{X}) \frac{P_S(\mathbf{y}, \mathbf{X})}{P_S(\mathbf{y}, \mathbf{X})} L(\mathrm{y}, f(\mathbf{X}))$$

$$= \mathbb{E}_S \left[\frac{P_T(\mathbf{y}, \mathbf{X})}{P_S(\mathbf{y}, \mathbf{X})} L(\mathrm{y}, f(\mathbf{X})) \right]$$

따라서 핵심적인 값은 전이 비율 $\frac{P_T(\mathbf{y}, \mathbf{X})}{P_S(\mathbf{y}, \mathbf{X})}$ (몇 가지 가정하에서의 라돈-니코딤^{Radon–Nikodym} 도함수)이다. 물론 이 비율은 실제로는 거의 접근하기 어렵지만, 목표 공간의 오차보다 개선된 결과를 가져오는 (인스턴스에 대한) 가중치 스킴^{scheme}을 찾을 수 있다. 코케렛과 귀다(2020)에서와 마찬가지로 가중치 스킴은 이원적일 수 있으므로 오차 계산에서 일부 관측치를 제외할 수 있다. 훈련 샘플에서 관측치를 제거하는 것만으로도 유익한 효과를 얻을 수 있다.

보다 일반적으로, 위의 표현은 사용자가 지정한 인스턴스 가중치(6.4.7절에서와 같이)에 대한 이론적 권유로 볼 수 있다. 자산 배분 측면에서 보면 이는 어떤 관측이 가장 흥미로운지에 대한 관점을 도입하는 것으로 볼 수 있다. 예를 들어, 가치주가 더 많은 관련 정보를 담고 있다고 사용자가 생각하는 경우 손실 계산에서 가치주에 더 큰 가중치를 부여할 수 있다. 물론, 이러한 손실을 최소화하는 것은 항상 남겨진 과제다.

코시야마 외^{Koshiyama et al.}(2020)가 개발한 전이 학습의 실제 적용 사례를 언급하며 이 주제를 마무리하고자 한다. 저자들은 여러 시장에서 다양한 전략의 학습 과정을 공유할 수 있는 신경망 구조를 제안한다. 이 방법은 무엇보다도 백테스트 과최적화 문제를 완화하는 데 목적이 있다.

15

비지도 학습

5장부터 9장까지 소개된 모든 알고리듬은 지도 학습 도구라는 큰 부류에 속한다. 이러한 도구는 예측 인자 $\mathbf{X}$와 레이블 $\mathbf{Z}$ 사이의 매핑을 밝혀내고자 한다. 지도라는 단어는 데이터가 이 특정 변수 $\mathbf{Z}$를 설명하도록 요청한다는 사실에서 비롯된다. 머신러닝의 또 다른 중요한 부분은 비지도 작업, 즉 $\mathbf{Z}$가 지정되지 않고 알고리듬이 스스로 $\mathbf{X}$를 이해하려고 시도하는 경우로 구성된다. 종종 $\mathbf{X}$의 구성 요소 간의 관계가 식별된다. 이 분야는 한 장은 고사하고 한 권의 책에 요약하기에도 그 내용이 매우 방대하다. 다만 여기서는 특히 데이터 전처리 단계에서 비지도 학습을 어떤 방식으로 사용할 수 있는지에 대해서만 간략하게 설명하고자 한다.

15.1 상관관계가 있는 예측 인자의 문제점

종종 모든 예측 인자를 머신러닝 기반 예측 엔진에 공급하고 싶은 유혹에 빠질 때가 있다. 하지만 일부 예측 인자의 상관관계가 높은 경우 이는 좋은 생각이 아닐 수 있다. 이를 설명하기 위해 가장 간단한 예로 평균과 공분산 및 정밀도 행렬이 0인 두 변수에 대한 회귀를 살펴보도록 하자.

$$\Sigma = \mathbf{X}'\mathbf{X} = \begin{bmatrix} 1 & \rho \\ \rho & 1 \end{bmatrix}, \quad \Sigma^{-1} = \frac{1}{1-\rho^2} \begin{bmatrix} 1 & -\rho \\ -\rho & 1 \end{bmatrix}$$

공분산/상관계수 ρ가 1을 향해 증가하면(두 변수가 공선형) Σ^{-1}의 스케일링 분모는 0이 되고 공식 $\hat{\boldsymbol{\beta}} = \boldsymbol{\Sigma}^{-1}\mathbf{X}'\mathbf{Z}$은 1개의 계수가 양수, 다른 1개의 계수는 음수가 되는 정도가 매우 심해짐을 암시한다. 회귀는 두 변수 사이에 가성적 차익 거래를 생성한다. 물론 이것은 매우 비효율적이며 표본 외에서는 비참한 결과를 낳는다.

표 15.1에서는 회귀에 많은 변수가 사용될 때 어떤 일이 발생하는지에 대해 설명한다. 앞서 언급한 현상에 대한 한 가지 설명은 훈련 표본에서 상관관계가 99.6%인 Mkt_Cap_12M_Usd와 Mkt_Cap_6M_Usd 변수에서 비롯된다. 두 변수는 모두 매우 유의미한 것으로 선정됐으나 그 부호는 서로 반대다. 게다가 두 계수의 크기가 매우 근접하기 때문에(0.21 대 0.18) 순효과는 상쇄된다. 당연히 이 두 입력 변수 중 하나만 회귀 분석에 제공하는 것이 더 현명했을 것이다.

표 15.1 훈련 샘플에서의 중요 예측 인자

	estimate	std.error	statistic	p.value
const	0.040574	0.005343	7.594323	3.107512e-14
Ebitda_Margin	0.013237	0.003493	3.789999	1.506925e-04
Ev_Ebitda	0.006814	0.002256	3.020213	2.526288e-03
Fa_Ci	0.007231	0.002347	3.081471	2.060090e-03
Fcf_Bv	0.025054	0.005131	4.882465	1.048492e-06
Fcf_Yld	-0.015893	0.003736	-4.254127	2.099628e-05
Mkt_Cap_12M_Usd	0.204738	0.027432	7.463476	8.461142e-14
Mkt_Cap_6M_Usd	-0.179780	0.045939	-3.913443	9.101987e-05
Mom_5M_Usd	-0.018669	0.004431	-4.212972	2.521442e-05
Mom_Sharp_11M_Usd	0.017817	0.004695	3.795131	1.476096e-04
Ni	0.015461	0.004497	3.438361	5.853680e-04
Ni_Avail_Margin	0.011814	0.003861	3.059359	2.218407e-03
Ocf_Bv	-0.019811	0.005294	-3.742277	1.824119e-04
Pb	-0.017897	0.003129	-5.720637	1.062777e-08
Pe	-0.008991	0.002354	-3.819565	1.337278e-04
Sales_Ps	-0.015786	0.004628	-3.411062	6.472325e-04
Vol1Y_Usd	0.011425	0.002792	4.091628	4.285247e-05
Vol3Y_Usd	0.008459	0.002795	3.026169	2.477060e-03

```python
stat=sm.OLS(training_sample['R1M_Usd'],
            sm.add_constant(training_sample[features])).fit()
# 모델: R1M_Usd을 예측
reg_thrhld=3
# 중요한 예측 인자만을 보유
boo_filter = np.abs(stat.tvalues) >= reg_thrhld
# 회귀 변수의 유의성 임계치
estimate=stat.params[boo_filter]
# 추정
std_error=stat.bse[boo_filter]
# 표준 오차
statistic=stat.tvalues[boo_filter]
# 통계량
p_value=stat.pvalues[boo_filter]
# p-값
significant_regressors=pd.
concat([estimate,std_error,statistic,p_value],axis=1)
# 깔끔한 형태로 결과물 출력
significant_regressors.columns=['estimate','std.error','statistic','p.value']
# 열 이름 변경
significant_regressors
```

사실 시가 총액에 대한 지표는 여러 가지가 있으며 하나만 사용해도 충분할 수 있지만 어떤 지표가 최선의 선택인지는 알기 어렵다.

상관관계 문제를 더 자세히 설명하기 위해 다음 (훈련 샘플에서) 예측 인자의 상관계수 행렬을 계산한다. 차원이 크기 때문에 이를 시각화한다.

```python
sns.set(rc={'figure.figsize':(16,16)})
# seabon에서 figsize를 설정
sns.heatmap(training_sample[features].corr())
# 상관계수 행렬 시각화
```

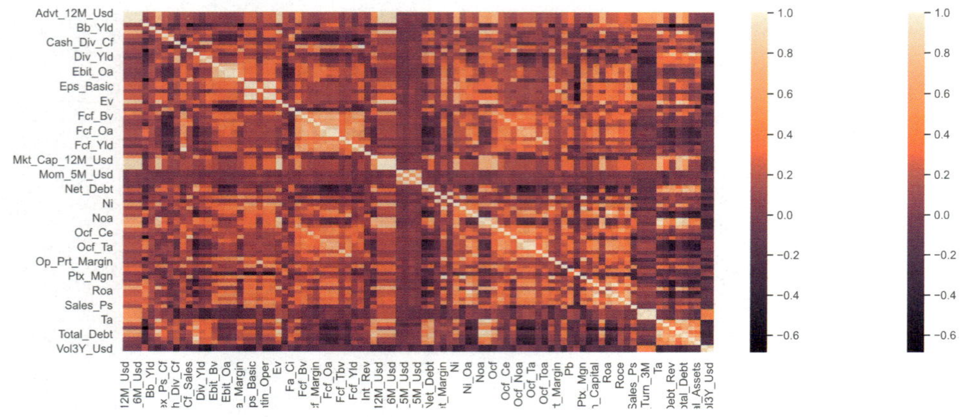

그림 15.1 예측 인자의 상관계수 행렬

그림 15.1의 그래프에는 대각선 주위에 여러 개의 밝은 사각형이 표시된다. 예를 들어, 첫 번째 1/3에 해당하는 가장 큰 사각형은 잉여 현금 흐름^{FCF, Free Cash Flow}에 기반한 모든 회계 비율과 관련이 있다. 계산에 이 공통적인 항목이 사용되기 때문에 특성들은 자연스레 높은 상관관계를 갖는다. 이러한 국지적 상관관계 패턴은 데이터셋에서 여러 번 발생하며, 이러한 특성 집합에 단순 회귀를 사용하는 것이 좋지 않은 이유를 설명한다.

솔직히 말해서, **다중공선성**^{multicollinearity}(예측 인자가 상관관계를 갖는 경우)은 순수한 통계적 추론에 비해 머신러닝 도구에서 훨씬 덜 문제가 될 수 있다. 통계학에서는 β 계수의 특성을 연구하는 것이 핵심 목표 중 하나다. 공선성은 이러한 종류의 분석을 방해한다. 머신러닝에서는 표본 외 정확도를 극대화하는 것이 목표다. 많은 예측 인자가 도움이 될 수 있다면 그렇게 해야 한다. 하나의 간단한 예를 통해 이 문제를 명확히 이해할 수 있다. 회귀 트리를 구축할 때 예측 인자가 많으면 분할에 대한 옵션이 더 많아진다. 특성이 합리적이라면 유용할 수 있다. 랜덤 포레스트와 부스트 트리에도 동일한 추론이 적용된다. 중요한 것은 특성의 스펙트럼이 넓으면 모델의 일반화 능력을 향상시키는 데 도움이 된다는 것이다. 이들의 공선성은 상관없다.

15장의 나머지 부분에서는 예측 인자의 개수를 줄이는 데 도움이 되는 두 가지 접근 방식을 소개한다.

- 첫 번째는 서로 상관관계가 없는 새로운 변수를 만드는 것이다. 낮은 상관관계는 알고리듬의 관점에서 볼 때 유리하지만, 새로운 변수는 해석 가능성이 부족하다.
- 두 번째는 예측 인자를 동질적인 클러스터로 모으고, 이 클러스터에서 하나의 특성만 선택하는 방법이다. 여기서는 그 근거를 뒤집는다. 해석 가능성이 통계적 특성보다 우선시되는데, 그 이유는 특성의 결과 집합이 원래 특성 집합에 비해 낮은 수준이지만 여전히 높은 상관관계를 포함할 수 있기 때문이다.

15.2 주성분 분석과 오토인코더

첫 번째 방법은 차원 축소의 초석이다. 이 방법은 더 적은 수의 팩터($K' < K$)를 결정하려 한다.

- (i) 설명력 수준을 가능한 한 높게 유지하는 경우
- (ii) 결과 팩터가 원래 변수들의 선형 조합인 경우
- (iii) 결과 팩터가 직교하는 경우

15.2.1 아주 조금의 선형대수

15.2.1절에서는 주성분 분석PCA, Principal Component Analysis의 도출을 완전히 이해하는 데 필요한 몇 가지 주요 개념을 정의한다. 이제부터는 굵은 글꼴로 표시된 행렬로 작업한다. $I > K$이고 $\mathbf{X}'\mathbf{X} = \mathbf{I}_K$인 경우 $I \times K$ 차원의 행렬 $\mathbf{X}$는 정규 직교를 이룬다. $I = K$일 때 (정사각형) 행렬을 직교 행렬이라고 하며, $\mathbf{X}'\mathbf{X} = \mathbf{X}\mathbf{X}' = \mathbf{I}_K$, 즉 $\mathbf{X}^{-1} = \mathbf{X}'$이 된다.

행렬 이론의 기초가 되는 결과 중 하나는 특잇값 분해SVD, Singular Vector Decomposition다(마이어 Meyer(2000)의 5장 참고). SVD는 다음과 같이 공식화된다. 즉, 모든 $I \times K$ 행렬 $\mathbf{X}$는 다음과 같이 분해될 수 있다.

$$\mathbf{X} = \mathbf{U}\mathbf{\Delta}\mathbf{V}' \tag{15.1}$$

여기서 $\mathbf{U}(I \times I)$와 $\mathbf{V}(K \times K)$는 직교하고, $\mathbf{\Delta}$(차원 $I \times K$)는 대각 행렬이다. 즉, $i \neq k$이면 $\Delta_{i,k} = 0$이다. 또한, $\Delta_{i,i} > 0$이다. 즉, $\mathbf{\Delta}$의 대각 원소들은 음수가 아니다.

단순성을 위해 다음에서는 $1'_I\mathbf{X} = 0'_K$, 즉 모든 열의 합계가 0이 되고 따라서 평균 또한 0이 된다고 가정한다.[1] 이렇게 하면 공분산 행렬이 표본 추정치 $\boldsymbol{\Sigma}_X = \frac{1}{I-1}\mathbf{X}'\mathbf{X}$와 같다고 쓸 수 있다.

공분산 행렬의 중요한 특징 중 하나는 대칭성이다. 실제로 실숫값 대칭(정사각형) 행렬은 훨씬 더 강력한 SVD를 활용한다. $\mathbf{X}$가 대칭인 경우 다음과 같은 직교 행렬 $\mathbf{Q}$와 대각 행렬 $\mathbf{D}$가 존재한다.

$$\mathbf{X} = \mathbf{QDQ}' \tag{15.2}$$

이 과정을 **대각화**diagonalization라고 하며(마이어(2000) 7장 참고), 공분산 행렬에 편리하게 적용할 수 있다.

15.2.2 PCA

PCA의 목표는 열 개수는 더 적지만 원래 데이터인 $\tilde{\mathbf{X}}$를 압축할 때 가능한 한 많은 정보를 유지하는 데이터셋 $\mathbf{X}$를 구축하는 것이다. 핵심 개념은 **기저의 변화**change of base로, 다음을 통해 $\mathbf{X}$를 동일한 차원의 행렬인 $\mathbf{Z}$로 선형 변환하는 것이다.

$$\mathbf{Z} = \mathbf{XP} \tag{15.3}$$

여기서 $\mathbf{P}$는 $K \times K$ 행렬이다. 물론 $\mathbf{X}$를 $\mathbf{Z}$로 변환하는 방법은 무한히 많지만, 두 가지 기본 제약 조건이 가능성을 줄이는 데 도움이 된다. 첫 번째 제약 조건은 $\mathbf{Z}$의 열이 상호 연관되지 않아야 한다는 것이다. 상호 연관성이 없는 특성들은 모두 서로 다른 이야기를 전달하고 중복성이 없기 때문에 바람직하다. 두 번째 제약 조건은 $\mathbf{Z}$ 열의 분산이 매우 집중돼 있다는 것이다. 즉, 몇 가지 팩터(열)이 대부분의 설명력(신호)을 포착하는 반면, 대부분(나머지)은 주로 노이즈로 구성된다는 뜻이다. 이 모든 것이 $\mathbf{Y}$의 공분산 행렬에 코딩돼 있다.

- 첫 번째 조건은 공분산 행렬이 대각 행렬이어야 한다는 것이다.

---

1 실무적으로 이는 큰 문제가 되지는 않는다. 균등하게 분포된 특성으로 작업하기 때문에 평균 제거는 모든 특성 값에서 0.5를 제거하는 것이다.

- 두 번째 조건은 대각 원소의 **크기**가 (가능하면 급격하게) 감소하는 순서에 따라 설정한다는 것이다.

$\mathbf{Z}$의 공분산 행렬은 다음과 같다.

$$\Sigma_Y = \frac{1}{I-1}\mathbf{Z'Z} = \frac{1}{I-1}\mathbf{P'X'XP} = \frac{1}{I-1}\mathbf{P'}\Sigma_X\mathbf{P} \tag{15.4}$$

이 표현식에서 Σ_X의 분해식 (15.2)를 대입한다.

$$\Sigma_Y = \frac{1}{I-1}\mathbf{P'QDQ'P}$$

따라서 $\mathbf{P} = \mathbf{Q}$라고 설정하면 직교성에 의해 $\Sigma_Y = \frac{1}{I-1}\mathbf{D}$, 즉 $\mathbf{Z}$에 대한 대각 공분산 행렬을 구할 수 있다. 그다음 $\mathbf{Z}$의 열을 분산이 감소하는 순서로 다시 섞어 Σ_Y의 대각 요소가 점차 줄어들도록 할 수 있다. 이 방법은 가장 많은 정보를 담고 있는 팩터(첫 번째 요인)를 찾는 데 도움이 되므로 유용하다. 극한에서 (분산이 0인) 상수 벡터는 신호를 전달하지 않는다.

행렬 $\mathbf{Z}$는 $\mathbf{X}$를 선형 변환한 것이므로 코딩된 정보가 다르더라도 동일한 정보를 전달할 것으로 예상된다. 열은 상대적 중요도에 따라 정렬되므로 일부 열을 생략하는 것은 간단하다. 새로운 특성 $\tilde{\mathbf{X}}$는 $\mathbf{Z}$의 첫 번째 $K'(K' < K)$열로 구성된다.

다음 코드에서는 사이킷런으로 PCA를 수행하고 파이썬 PCA 패키지로 결과를 시각화하는 방법을 제시한다. 가독성을 높이기 위해 예측 인자가 적은 샘플을 사용한다.

```python
from sklearn import decomposition

pca = decomposition.PCA(n_components=7)
# 요소 개수를 부과
pca.fit(training_sample[features_short])
# 적은 수의 예측 인자에 대해 PCA 수행
print(pca.explained_variance_ratio_)
# 구성 요소별 설명하는 분산 확인
P=pd.DataFrame(pca.components_,columns=features_short).T
# 회전 (n x k) = (7 x 7)
```

```python
P.columns = ['P' + str(col)  for col in P.columns]
# 열 이름 정리
P
```

```
[0.357182 0.19408 0.155613 0.104344 0.096014 0.070171 0.022593]
```

```
                      P0       P1       P2       P3       P4       P5       P6
Div_Yld          -0.2715   0.5790   0.0457  -0.5289   0.2266   0.5065   0.0320
Eps              -0.4204   0.1500  -0.0247   0.3373  -0.7713   0.3018   0.0119
Mkt_Cap_12M_Usd  -0.5238  -0.3432   0.1722   0.0624   0.2527   0.0029   0.7143
Mom_11M_Usd      -0.0472  -0.0577  -0.8971   0.2410   0.2505   0.2584   0.0431
Ocf              -0.5329  -0.1958   0.1850   0.2343   0.3575   0.0490  -0.6768
Pb               -0.1524  -0.5808  -0.2210  -0.6821  -0.3086   0.0386  -0.1687
Vol1Y_Usd         0.4068  -0.3811   0.2821   0.1554   0.0615   0.7625   0.0086
```

회전은 행렬 **P**를 제공한다. 이 도구는 행렬의 기저를 변경하는 도구다. 출력값의 첫 번째 행은 각각의 새로운 팩터(열)의 표준 편차를 나타낸다. 각 팩터는 PC 인덱스(주성분)를 통해 표시된다. 종종, 첫 번째 PC(출력의 첫 번째 열 PC1)는 모든 초기 특성에 대해 음수로 나타난다. 모든 예측 인자의 볼록 가중 평균은 많은 정보를 전달할 것으로 예상된다. 위의 예에서는 첫 번째 PC에서 양수 계수를 갖는 변동성을 제외하고는 거의 대부분 그렇다. 두 번째 PC는 장부가 대비 가격(숏)과 배당 수익률(롱) 사이의 차익 거래다. 세 번째 PC는 모멘텀에 크게 부정적인 영향을 미치므로 정반대다. 모든 주성분이 해석하기 쉬운 것은 아니다.

때로는 주성분이 구축되는 방식을 시각화하는 것이 유용할 수 있다. 그림 15.2에서는 두 가지 팩터(일반적으로는 처음 두 팩터)에 널리 사용되는 한 가지 표현 방식을 보여준다.

```python
from pca import pca
model = pca(n_components=7) # 초기화
results=model.fit_transform(
    training_sample[features_short],col_labels=features_short)
# 변환을 피팅시키고 열 레이블과 행 레이블을 포함
model.biplot(n_feat=7, PC=[0,1],cmap=None, label=None, legend=False)
# 2차원 그래프 생성
```

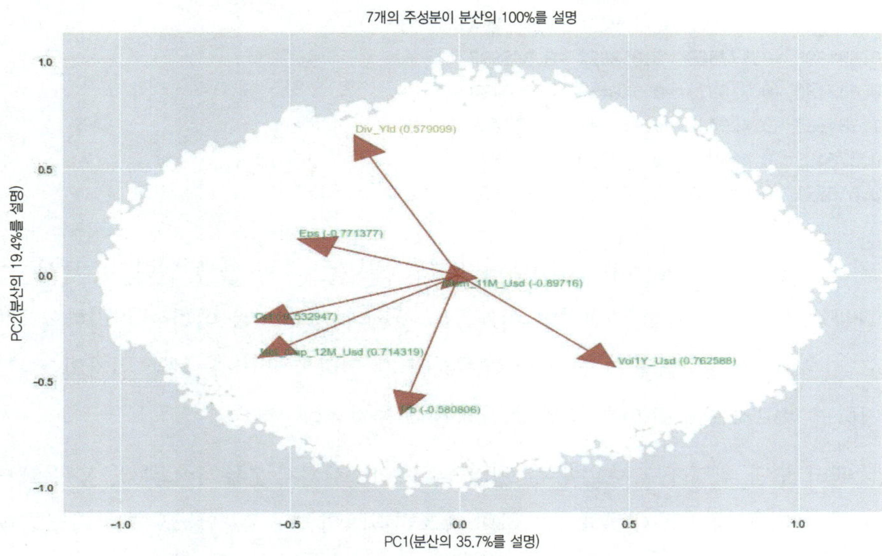

그림 15.2 2차원에서 PCA 시각화

축을 따라 표시된 숫자는 각 PC의 설명 분산 비율이다. 출력값의 첫 번째 줄에 있는 수치와 비교해 숫자를 제곱한 후 제곱의 총합으로 나눈다.

회전을 알고 나면 변환된 데이터의 하위 샘플을 선택할 수 있다. 원래의 7개 특성들 중 4개만을 선택한다.

```python
pd.DataFrame(  # 데이터프레임 포맷 사용
    np.matmul( # numpy를 이용한 행렬 곱
    training_sample[features_short].values,P.values[:, :4]),
    # 행렬 값
    columns=['PC1','PC2','PC3','PC4']
    # 열 이름 변경
    ).head()
# 첫 번째 5줄 출력
```

```
          PC1        PC2        PC3        PC4
0  -0.591998  -0.177306   0.058881  -0.349897
1  -0.043180  -0.718323  -0.510459  -0.050138
2  -1.104983  -0.429470   0.023240  -0.171445
3  -0.376485  -0.418983  -0.650190  -0.081842
4  -0.018831  -0.581435   0.242719  -0.358501
```

이 네 가지 팩터는 모든 머신러닝 엔진에서 직교된 특성들로 사용할 수 있다. 이 특성들이 서로 상관관계가 없다는 사실은 의심할 여지없는 장점이다. 하지만 이러한 편리함의 대가는 크다. 그것은 바로 특성들을 더 이상 바로 해석할 수 없다는 것이다. 예측 인자의 상관관계를 제거하면 알고리듬에 또 다른 '블랙박스' 계층이 추가된다.

PCA는 팩터 모델 추정에도 사용할 수 있다. 수식 (15.3)에서 $\mathbf{Z}$를 수익률로, $\mathbf{X}$를 팩터 값으로, $\mathbf{P}$를 팩터 로딩으로 대체하기만 하면 충분하다(초기 연구 문헌인 코노^{Connor}와 코라흐지크 ^{Korajczyk}(1988) 참고). 최근에는 르타우와 펠거(2020a), 르타우와 펠거(2020b)가 PCA 추정 기법에 대한 철저한 분석을 제안했다. 그들은 특히 수익률의 첫 번째 적률이 중요하다고 했으며, 이것이 두 번째 적률에 대한 최적화와 함께 목적 함수에 포함돼야 한다고 주장했다.

15.2.2절을 기술적인 참고 사항으로 마무리하고자 한다. 일반적으로 PCA는 수익률의 공분산 행렬에 대해 수행된다. 때로는 상관계수 행렬을 분해하는 것이 더 바람직할 수 있다. 변수의 분산이 매우 다른 경우 결과가 크게 조정될 수 있다(주식 분야에서는 실제로 그렇지는 않다). 투자 유니버스가 여러 자산군을 포함하는 경우 상관계수 기반 PCA는 변동성이 가장 큰 클래스의 중요도를 줄일 수 있다. 이런 경우 모든 수익률은 각각의 변동성에 따라 조정되는 것과 같은 효과가 발생한다.

15.2.3 오토인코더

PCA에서 $\mathbf{X}$부터 $\mathbf{Z}$까지의 코딩은 간단하고 선형적이며 양방향으로 작동했다.

$$\mathbf{Z} = \mathbf{XP} \text{ 그리고 } \mathbf{X} = \mathbf{YP}'$$

따라서 $\mathbf{Z}$로부터 $\mathbf{X}$를 복구했다. 이를 다음과 같이 달리 표현할 수 있다.

$$\mathbf{X} \xrightarrow{\mathbf{P}\text{를 통한 인코드}} \mathbf{Z} \xrightarrow{\mathbf{P}'\text{를 통한 디코드}} \mathbf{X} \qquad (15.5)$$

만약 잘린 버전을 가지고 더 작은 출력(K′ 열만 포함)을 구하면 다음과 같은 결과가 나온다.

$$\mathbf{X},\ (I \times K) \xrightarrow{\mathbf{P}_{K'}\text{를 통한 인코드}} \tilde{\mathbf{X}},\ (I \times K') \xrightarrow{\mathbf{P}'_{K'}\text{를 통한 디코드}} \check{\mathbf{X}},\ (I \times K) \quad (15.6)$$

여기서 $\mathbf{P}_{K'}$는 분산이 가장 큰 팩터에 해당하는 K' 열에 대한 $\mathbf{P}$의 제한이다. 행렬의 차원은 괄호 안에 표시된다. 이런 경우 레코드는 P를 정확히 복구할 수 없고 오직 근사치만을 복구할 수 있다. 이를 $\check{\mathbf{X}}$라고 표기한다. 이 근사치는 더 적은 정보로 코딩되므로 이 새로운 데이터 $\check{\mathbf{X}}$는 압축돼 원래 샘플 $\mathbf{X}$를 간결하게 표현한다.

오토인코더는 이 개념을 **비선형** 코딩 함수로 일반화한다. 단순 선형 오토인코더는 잠재 팩터 모델에 연결된다(단일 레이어 오토인코더인 경우 구 외(2021)의 제안 1을 참고). 이 방식은 다음과 같다.

$$\mathbf{X},\ (I \times K) \xrightarrow{N\text{을 통한 인코드}} \tilde{\mathbf{X}} = N(\mathbf{X}),\ (I \times K') \xrightarrow{N'\text{을 통한 디코드}} \check{\mathbf{X}} = N'(\tilde{\mathbf{X}}),\ (I \times K)$$
$$(15.7)$$

여기서 인코딩 및 디코딩 함수 N과 N'은 종종 신경망으로 간주된다. **오토인코더**라는 용어는 우리가 흔히 $\mathbf{Z}$라고 쓰는 타깃 출력값이 원래는 샘플 $\mathbf{X}$라는 사실에서 유래한다. 따라서 알고리듬은 $\mathbf{X}$와 출력 값 $\check{\mathbf{X}}$ 사이의 (정의되는) 거리를 최소화하는 함수 $\mathbf{N}$을 결정하고자 한다. 인코더는 $\mathbf{X}$의 대안적인 표현을 생성하는 반면, 디코더는 이를 원래의 값으로 재코딩한다. 당연히 중간 (코딩된) 버전 $\tilde{\mathbf{X}}$는 $\mathbf{X}$에 비해 더 작은 차원을 갖도록 타기팅^{targeting}된다.

15.2.4 응용

오토인코더는 케라스에서 쉽게 코딩할 수 있다(케라스에 대한 자세한 내용은 7장 참고). 프레임워크의 강력한 성능을 강조하기 위해 이른바 함수형 API라고 불리는 또 다른 코딩 방법인 NN을 사용한다. 단순성을 위해 우리는 적은 수의 예측 인자(7개)로 작업한다. 신경망 구조는 32개의 유닛을 가진 단 하나의 중간 계층을 포함한 2개의 대칭적 신경망으로 구성된다. 활성화 함수는 시그모이드이며, 이는 입력이 단위 간격의 값을 갖기 때문에 의미가 있다.

```python
input_layer = Input(shape=(7,))
# features_short은 7개의 열을 가진다.
encoder=tf.keras.layers.Dense(units=32, activation="sigmoid")(input_layer)
# 우선, 인코드한다.
encoder = tf.keras.layers.Dense(units=4)(encoder)
# (PCA 예시와 동일하게) 출력 레이어는 4 차원을 가진다.
decoder = tf.keras.layers.Dense(units=32, activation="sigmoid")(encoder)
# 그런 다음, 인코더로부터 디코드한다.
decoder = tf.keras.layers.Dense(units=7)(decoder)
# 원본 샘플은 7개의 특성을 갖는다.
```

훈련 부분에서는 MSE를 최적화하고 가중치에 대해 아담 업데이트를 사용한다(7.2.3절 참고).

```python
ae_model = keras.Model(input_layer, decoder)
# 모델 구성
ae_model.compile(# 학습 매개 변수
    optimizer='adam',
    loss='mean_squared_error',
    metrics='mean_squared_error')
```

마지막으로, 이제 데이터를 스스로 학습시킬 준비가 됐다. 훈련 및 테스트 샘플의 손실 변화는 그림 15.3에 나와 있다. 감소하는 패턴은 압축 품질이 향상되고 있음을 보여준다.

```python
history=ae_model.fit(NN_train_features, # 입력
                     NN_train_features, # 출력
                epochs=15,
                batch_size=512,
                validation_data=(NN_test_features, NN_test_features))
plot_history(history)
```

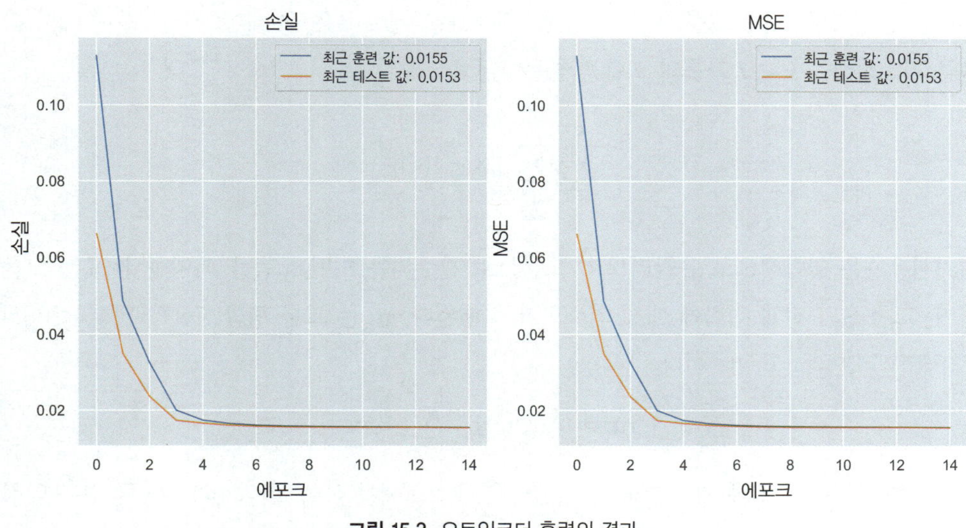

그림 15.3 오토인코더 훈련의 결과

모든 가중치와 편향에 대한 세부 정보를 얻기 위한 구문은 다음과 같다.

```
ae_weights=ae_model.get_weights()
```

인코더를 얻고 데이터를 압축된 형식으로 처리하는 것은 행렬 조작의 문제일 뿐이다. 실제로는 인코더에서 가중치를 로드해 하위 모델을 구축할 수 있다(다음의 연습 문제 참고).

```
ae_model.save_weights(filepath ="ae_weights.hdf5", overwrite = True)
# 이 장 끝부분의 연습 문제를 풀기 위해 저장
```

15.3 k-평균을 통한 클러스터링

비지도 도구의 두 번째 제품군은 군집화와 관련 있다. 특성은 동질적인 예측 인자 군으로 그룹화된다. 그런 다음 그룹 중 하나를 골라내거나 모든 예측 인자의 합성 평균을 생성할 수 있다. 기계적으로 예측 인자의 개수가 줄어든다.

원리는 간단하다. 변수 그룹(다른 차원의 관측치에 대해서도 추론은 동일하다) $\mathbf{x}_{\{1 \leq j \leq J\}}$ 중에서 다음을 최소화하는 $k < J$ 그룹의 조합을 찾는다.

$$\sum_{i=1}^{k} \sum_{\mathbf{x} \in S_i} \|\mathbf{x} - \mathbf{m}_i\|^2$$

여기서 $\|\cdot\|$은 일반적으로 유클리드 l^2 노름으로 간주되는 어떤 노름을 의미한다. S_i는 그룹이며, 그룹 $\mathbf{S}$의 전체 집합에 대해 최소화가 실행된다. $\mathbf{m}_i$는 그룹 평균(중심centroids 혹은 이원 중심barycenters이라고도 한다)이다.

$$\mathbf{m}_i = (\text{card}(S_i))^{-1} \sum_{\mathbf{x} \in S_i} \mathbf{x}$$

최적성을 보장하기 위해 가능한 모든 배열들을 테스트해야 하며, 만약 k와 j가 클 경우 엄청나게 긴 시간이 소요된다. 따라서 일반적으로 이 문제를 해결하기 위해서는 최적은 아니나 '충분히 좋은 해'를 추구하는 (그리고 찾는) 그리디 알고리듬greedy algorithm을 사용한다.

한 가지 휴리스틱적인 방법은 다음과 같다.

0. k개의 클러스터로 구성된 (아마도 임의의) 파티션으로 시작한다.
1. 각 클러스터에 대해 수식 (15.8)을 최소화하는 최적의 평균값 $\mathbf{m}_i^*$를 계산한다. 이것은 간단한 이차 계획법이다.
2. 최적의 중심값 $\mathbf{m}_i^*$가 주어지면 점 $\mathbf{x}_i$를 모두 중심에 가깝게 재할당한다.
3. 2단계에서 점의 군집이 변하지 않을 때까지 1단계와 2단계를 반복한다.

다음 코드에서는 이 과정을 예시를 들어 설명한다. 전체 93개의 특성을 갖고 10개의 클러스터를 구축한다.

```python
from sklearn import cluster
k_means = cluster.KMeans(n_clusters=10)
# 클러스터의 개수 설정
k_means.fit(training_sample[features].T)
# k-평균 클러스터링 수행
clusters=pd.DataFrame([features,k_means.labels_],index=["factor",
"cluster"]).T # 클러스터 데이터 조직화
```

```
clusters.loc[clusters['cluster']==4,:]
# 1개의 특정 그룹 시연
```

```
                factor cluster
6          Capex_Ps_Cf       4
19                 Eps       4
20           Eps_Basic       4
21        Eps_Basic_Gr       4
22      Eps_Contin_Oper       4
23             Eps_Dil       4
68        Op_Prt_Margin       4
69        Oper_Ps_Net_Cf       4
80             Sales_Ps       4
```

기업의 수익성과 관련된 회계 비율들이 주로 구성된 네 번째 클러스터를 골라낸다. 이 10개의 클러스터가 주어지면 5장부터 9장까지에 설명된 예측 엔진에 공급할 수 있는 훨씬 더 작은 규모의 특성 그룹들을 구축할 수 있다. 클러스터의 대표자는 중심에 가장 가까운 멤버가 될 수도 있고, 단순히 중심 자체가 될 수도 있다. 하지만 이 전처리 단계는 예측 단계에서 문제를 일으킬 수 있다. 일반적으로 학습 데이터도 클러스터링해야 한다. 테스트 데이터로 확장하는 것은 간단하지 않다(클러스터가 동일하지 않을 수 있다).

15.4 최근접 이웃

우리가 아는 한, 대규모 포트폴리오 선택에 관한 응용에서는 최근접 이웃이 사용되지 않는다. 그 이유는 간단하다. 계산 비용 때문이다. 그럼에도 이웃이라는 개념은 비지도 학습에 널리 퍼져 있으며, 해석 가능성 도구를 보완하기 위해 지역적으로 사용할 수 있다. 분류 작업의 오차율 한계와 관련된 k-NN에 대한 이론적 결과는 리플리[Ripley](2007)의 6.2절에서 확인할 수 있다. 그 근거는 다음과 같다.

1. 훈련 샘플이 $(\mathbf{y}, \mathbf{X})$의 분포를 정확하게 포괄할 수 있는 경우
2. 테스트 샘플이 훈련 샘플과 동일한 분포(또는 충분히 가까운 분포)를 따르는 경우

그렇다면 훈련 샘플에서 계산된 테스트 특성, 그리고 그 특성으로부터의 한 인스턴스 $\mathbf{x}_i$의 이웃은 y_i에 대한 유용한 정보를 얻을 수 있다.

따라서 다음에서는 특정 인스턴스 $\mathbf{x}_i$(K차원의 행 벡터)의 이웃을 찾고자 한다. 클러스터링은 예측 인자 수준(열)이 아닌 관측 수준(행)에서 수행된다는 점에서 이전 절과 큰 차이가 있다는 점을 유의하라.

동일한(대응되는) 열 $\mathbf{X}_{i,k}$가 있는 데이터셋이 주어지면 이웃은 유사성 측정값(또는 거리)을 통해 정의된다.

$$D(\mathbf{x}_j, \mathbf{x}_i) = \sum_{k=1}^{K} c_k d_k(x_{j,k}, x_{i,k}) \tag{15.9}$$

여기서 거리 함수 d_k는 다양한 데이터 유형(숫자, 범주형 등)에서 작동할 수 있다. 숫자 값의 경우 $d_k(x_{j,k}, x_{i,k}) = (x_{j,k} - x_{i,k})^2$ 또는 $d_k(x_{j,k}, x_{i,k}) = |x_{j,k} - x_{i,k}|$이다. 범주형 값의 경우 14개의 가능한 측정값을 나열한 보리아 외[Boriah et al.](2008)의 통합적인 연구 조사를 참고하라. 마지막으로, 수식 (15.9)의 c_k는 특성에 가중치를 부여해 약간의 유연성을 허용한다. 이는 원시값($x_{i,k}$ 대 $x_{i,k}$) 또는 측정값(d_k 대 $d_{k'}$) 모두 다른 척도를 가질 수 있기 때문에 유용하다.

전체 샘플에 대한 거리가 계산되면 그 값들은 인덱스 $l_1^i, \ldots, l_I^i$를 사용해 순위가 매겨진다.

$$D\left(\mathbf{x}_{l_1^i}, \mathbf{x}_i\right) \leq D\left(\mathbf{x}_{l_2^i}, \mathbf{x}_i\right) \leq \ldots, \leq D\left(\mathbf{x}_{l_I^i}, \mathbf{x}_i\right)$$

최근접 이웃은 $m = 1, \ldots, k$에 대해 l_m^i로 인덱스된다. 단순화를 위해 $D(\mathbf{x}_{l_m^i}, \mathbf{x}_i) = D(\mathbf{x}_{l_{m+1}^i}, \mathbf{x}_i)$ 유형의 동등성에 문제가 있는 경우에는 이러한 케이스를 생략한다. 이렇게 하는 또 다른 이유는 수치적 예측 인자가 충분히 많은 한 실제로는 이러한 현상이 거의 발생하지 않기 때문이다.

이러한 이웃이 주어지면 이제 레이블 y_i에 대한 예측을 구성할 수 있다. 그 근거는 명확하다. (특성이 레이블 y에 대한 예측 정보를 갖고 있다고 가정할 때) $\mathbf{x}_i$가 다른 인스턴스 $\mathbf{x}_j$에 가까우면 레이블 값 y_i도 y_j에 가까워야 한다.

y_i에 대한 직관적인 예측은 다음과 같은 가중 평균이다.

$$\hat{y}_i = \frac{\sum_{j \neq i} h(D(\mathbf{x}_j, \mathbf{x}_i)) y_j}{\sum_{j \neq i} h(D(\mathbf{x}_j, \mathbf{x}_i))}$$

여기서 h는 감소하는 함수다. 따라서 $\mathbf{x}_j$가 $\mathbf{x}_i$에서 멀어질수록 평균에서의 가중치는 작아진다. h에 대한 일반적인 선택은 어떤 매개 변수에 대한 $h(z) = e^{-az}$이다. $h(z) = e^{-az}$은 거리 $D(\mathbf{x}_j, \mathbf{x}_i)$가 얼마나 불이익을 주는지를 결정한다. 물론, 최근접 이웃 k개의 집합에서 평균을 구할 수도 있는데, 이 경우 특정 거리에 대한 임계치를 초과하면 h는 0이 된다.

$$\hat{y}_i = \frac{\sum_{j \ \text{neighbor}} h(D(\mathbf{x}_j, \mathbf{x}_i)) y_j}{\sum_{j \ \text{neighbor}} h(D(\mathbf{x}_j, \mathbf{x}_i))}$$

보다 불가지론적인 규칙은 이웃 집합에 대해 $h := 1$을 취하는 것이며, 이 경우 모든 이웃은 동일한 가중치를 갖는다(분류의 경우 베일리와 제인[Jain](1978)의 오래된 논의를 참고). 분류 작업의 경우 가장 많은 표를 얻은 클래스가 경쟁에서 승리하는 투표 규칙이 절차에 포함되며, 동점자 발생 시에는 타이브레이크가 가능하다. 관심 있는 독자는 바티아 외[Bhatia et al.](2010)의 짧은 연구 조사를 참고할 수 있다.

최적의 k를 선택하기 위해 몇 가지 복잡한 기법과 기준이 존재한다(고쉬[Ghosh](2006) 및 홀 외(2008) 참고). 휴리스틱 값은 종종 꽤 잘 작동한다. I이 과도하게 크지 않다면 경험칙상 $k = \sqrt{I}$ (I은 총 인스턴스 개수)은 최적값에서 크게 벗어나지 않는다.

다음 코드에서 이 개념을 설명한다. 한 날짜(2006년 12월 31일)를 선택하고 (stock_id가 13인) 하나의 자산을 골라낸다. 그런 다음 이 특정 날짜에 이 자산과 가장 가까운 주식의 개수 $k = 30$개를 찾는다.

```python
from sklearn import neighbors as nb
# 최근접 이웃 탐지를 위한 패키지
knn_data = data_ml.loc[data_ml['date']=='2006-12-31',:]
# k-NN 연습을 위한 데이터셋
knn_target = knn_data.loc[knn_data['stock_id'] == 13, features]
# 목표 관측치
knn_sample = knn_data.loc[knn_data['stock_id'] != 13, features]
```

```python
# 그 외 다른 관측치
neighbors = nb.NearestNeighbors(n_neighbors=30)
# 사용한 이웃 개수
neighbors.fit(knn_sample)
```

```
NearestNeighbors(n_neighbors=30)
```

```python
neigh_dist, neigh_ind = neighbors.kneighbors(knn_target)
print(pd.DataFrame(neigh_ind)) # k-최근접 이웃의 인덱스
```

이웃과 거리가 알려지면 목표 주식의 수익률 예측을 계산할 수 있다. 거리를 통해 인스턴스의 가중치를 부여하는 데는 $h(z) = e^{-z}$ 함수를 사용한다.

```python
knn_labels = knn_data.loc[:, 'R1M_Usd'].values[neigh_ind]
# neigh_ind에 대한 y 값
np.sum(knn_labels * np.exp(-neigh_dist)/np.sum(np.exp(-neigh_dist)))
# w.  k(z)=e^(-z) 예측
```

```
0.03092438258317905
```

```python
knn_data.loc[knn_data['stock_id'] == 13, 'R1M_Usd']
# 참 y 값
```

```
96734    0.089
Name: R1M_Usd, dtype: float64
```

예측이 매우 좋지도 나쁘지도 않다(부호는 정확하다). 그러나 이 예시는 2006년 12월 31일의 데이터를 사용해 같은 날짜의 수익률을 예측하기 때문에 예측 목적으로는 사용할 수 없다. 미래 예측 편향을 피하려면 knn_sample 변수를 이전 시점에서 선택해야 한다.

위의 계산은 빠르지만(최대 몇 초), 하나의 자산에 대해서만 가능하다. k-NN에서는 각 종목마다 맞춤화된 예측이 적용되며, 매번 이웃 종목 집합을 다시 평가해야 한다. N개의 자산에

대해 $N(N-1)/2$의 거리를 평가해야 한다. 특히 여러 매개 변수를 테스트해야 하는 경우(가중치 함수 $h(z) = e^{-az}$에서 이웃의 개수나 k 혹은 a), 백테스트에서 비용이 많이 들게 된다. 투자 유니버스가 작을 때(예를 들어, 지수를 거래할 때) k-NN 방법은 계산적 측면에서 매력적이다(예를 들어, 첸과 하오[Hao](2017) 참고).

15.5 코딩 예제

오토인코더의 인코더 부분을 통해 데이터의 압축 버전(즉, 좁은 훈련 샘플)을 코딩하라.

16

강화학습

머신러닝 커뮤니티에서 높아지는 인기 때문에 강화학습에 대한 장을 따로 마련했다. 2019년에만 25개 이상의 강화학습 관련 논문이 **q:fin**(계량 금융) 분류로 arXiv에 제출됐거나 업데이트됐다. 또한, 강화학습 기반 포트폴리오에 대한 초기 연구는 사토^{Sato}(2019)가 정리했으며(장 외(2020) 참고), 일반적인 금융에서의 응용은 콤^{Kolm}과 리터^{Ritter}(2019b), 멍^{Meng}과 쿠시^{Khushi}(2019), 차펜티어 외$^{Charpentier\ et\ al.}$(2020), 모사비 외$^{Mosavi\ et\ al.}$(2020) 등에서 논의되고 있다. 이는 최근 계량 금융 커뮤니티에서 강화학습이 주목받고 있음을 보여준다.[1]

강화학습은 특정 알고리듬 그 이상의 프레임워크이지만, 포트폴리오 운용에 이를 효율적으로 적용하는 것은 간단하지 않다.

16.1 이론적 구성

16.1.1 일반적인 프레임워크

16.1.1절에서는 강화학습의 핵심 개념을 소개하고, 베르체카스^{Bertsekas}(2017)와 더불어 이 분야에서 널리 참고할 만한 책으로 여겨지는 서튼과 바토(2018)의 표기법(과 구성)을 비교적 가

---

1 신경망과 마찬가지로 강화학습 방법도 최근 파생상품 프라이싱 및 헤징을 위해 개발됐다(예를 들어, 콤과 리터(2019a) 참고).

깝게 따른다. 이 분야의 핵심 도구 중 하나는 **마르코프 의사결정 과정**$^{\text{MDP, Markov Decision Process}}$ 이다(서튼과 바토(2018)의 3장 참고).

모든 강화학습 프레임워크와 마찬가지로 MDP는 **에이전트**^{agent}(예를 들어, 트레이더 혹은 포트폴리오 매니저)와 **환경**^{environment}(예를 들어, 금융 시장) 간의 상호작용을 포함한다. 에이전트는 환경의 상태를 바꿀 수 있는 **행동**^{action}을 수행하고 각 행동에 대해 보상(마이너스일 수도 있다)을 받는다. 이 짧은 시퀀스^{sequence}는 그림 16.1에 표시된 것처럼 임의의 횟수만큼 반복할 수 있다.

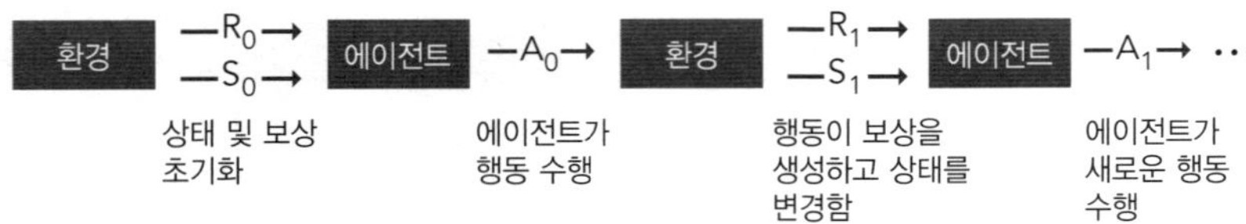

그림 16.1 마르코프 의사결정 과정의 개념도. R, S, A는 각각 보상, 상태, 행동을 의미한다.

환경 상태(S_0)와 보상(일반적으로 $R_0 = 0$)에 대해 초기화된 값이 주어지면 에이전트는 행동(예를 들어, 일부 자산에 투자)을 수행한다. 이렇게 하면 보상 R_1(예를 들어, 수익률, 이익, 샤프 비율)과 미래 환경 상태(S_1)가 생성된다. 이를 기반으로 에이전트는 새로운 행동을 수행하고 시퀀스는 계속된다. 상태, 행동, 보상의 집합이 유한할 때 MDP를 논리적으로 유한하다고 표현한다. 금융 프레임워크에서 이는 다소 비현실적인데, 이 문제는 나중에 설명하도록 하자. 그럼에도 단순화되고 이산화된 금융 문제를 생각하는 것은 어렵지 않다. 예를 들어, 보상은 돈을 벌거나 돈을 잃는 이진적인 것일 수 있다. 자산이 하나뿐인 경우 행동은 투자하기와 투자하지 않기라는 이분법적인 것일 수 있다. 자산의 수가 충분히 적을 경우 포트폴리오 선택 등의 조합에 대한 합리적인 경우의 수로 이어지는 고정 비율을 설정할 수 있다.

여기서는 유한 MDP를 사용해 설명하고자 한다. 이는 여러 문헌에서 자주 다뤄지는 동시에 형식적으로도 더 간단하다. MDP의 상대적 단순성은 다른 강화학습 기법에 공통적으로 적용되는 개념을 파악하는 데 도움이 된다. 마코비안 객체의 경우와 마찬가지로 핵심 개념은 **전이 확률**$^{\text{transition probability}}$이다.

$$p(s', r|s, a) = \mathbb{P}\left[S_t = s', R_t = r | S_{t-1} = s, A_{t-1} = a\right] \tag{16.1}$$

이 확률은 $t-1$ 시점에 상태 s 및 행동 a가 조건부인 상황에서, t 시점에 상태 s'와 보상 r로 도달할 확률이다. 상태와 행동에 대한 유한 집합은 이후부터 $\mathcal{S}$와 $\mathcal{A}$로 표기한다. 때때로 이 확률은 다음과 같은 분해로 표현되는 보상 집합에 대한 평균값이다.

$$\sum_r rp(s',r|s,a) = \mathcal{P}_{ss'}^a \mathcal{R}_{ss'}^a, \quad \text{여기서} \tag{16.2}$$

$$\mathcal{P}_{ss'}^a = \mathbb{P}\left[S_t = s'|S_{t-1} = s, A_{t-1} = a\right], \quad \text{그리고}$$
$$\mathcal{R}_{ss'}^a = \mathbb{E}\left[R_t|S_{t-1} = s, S_t = s', A_{t-1} = a\right]$$

에이전트의 목표는 일련의 보상에 대한 함수를 최대화하는 것이다. 이 이득은 일반적으로 다음과 같이 정의된다.

$$G_t = \sum_{k=0}^{T} \gamma^k R_{t+k+1}$$
$$= R_{t+1} + \gamma G_{t+1} \tag{16.3}$$

즉, 보상의 할인 버전으로 할인 계수는 $\gamma \in (0, 1]$이다. 시간 T는 무한대일 수 있으며, 이것이 바로 γ가 처음 도입된 이유다. 보상이 한정돼 있다고 가정하면 $\gamma = 1$에 대한 무한 합이 발산할 수 있다. 이는 시간이 지나도 보상이 감소하지 않고, 감소해야 할 이유도 없는 경우에 해당한다. $\gamma < 1$이고 보상이 한정돼 있으면 수렴이 보장된다. T가 유한한 경우의 작업을 에피소드적episodic이라고 하며, 그렇지 않으면 연속적continuous이라고 한다.

강화학습에서 최적화 또는 학습돼야 할 중요 미지수는 에이전트의 행동을 유도하는 **정책**policy π다. 보다 정확하게는 $\pi(a, s) = \mathbb{P}[A_t = a|S_t = s]$, 즉 π는 환경 상태가 s일 때 행동 a를 취할 확률과 같다. 이는 게임 이론의 혼합 전략과 마찬가지로 행동이 무작위성의 영향을 받는다는 것을 의미한다. 투자자는 최선의 행동 한 가지를 택하고 싶기 때문에 이러한 결과가 다소 실망스러울 수 있으나, 이는 무작위 결과에 직면하는 가장 좋은 방법이 행동도 무작위로 하는 것일 수 있음을 알려준다.

마지막으로, 최상best의 정책을 결정하기 위한 한 가지 핵심 지표는 이른바 가치 함수value function라고 불리는 것이다.

$$v_\pi(s) = \mathbb{E}_\pi\left[G_t|S_t = s\right] \tag{16.4}$$

여기서 시간 인덱스 t는 큰 관련이 없으므로 함수 표기에서 생략한다. 기댓값 연산자 $\mathbb{E}[\cdot]$ 아래의 인덱스 π는 단순히 정책 π가 시행될 때 평균이 취해진다는 것을 나타낸다. 가치 함수는 단순히 상태가 s일 때를 조건으로 한 평균 이익과 같다. 금융의 관점에서 봤을 때 이는 시장 환경이 s인 상태에서 에이전트가 π에 따라 행동을 했을 때의 평균 이익과 같다. 더 일반적으로는 상태뿐만 아니라 취한 행동에 대해서도 조건부가 붙을 수 있다. 따라서 행동-가치 함수 q_π를 소개한다.

$$q_\pi(s, a) = \mathbb{E}_\pi \left[G_t | S_t = s, \ A_t = a \right] \tag{16.5}$$

함수 q_π는 상태와 행동이 고정됐을 때의 평균 이득을 제공하기 때문에 매우 중요하다. 따라서 현재 상태를 알고 있는 경우 한 가지 확실한 선택은 $q_\pi(s, \cdot)$가 가장 높은 행동을 선택하는 것이다. 물론 이는 q_π의 최적값을 알고 있는 경우에서의 가장 좋은 해결책이며, 실제로 항상 그런 것은 아니다. 가치 함수는 q_π를 통해 쉽게 접근할 수 있다.

$$q_\pi : v_\pi(s) = \sum_a \pi(a, s) q_\pi(s, a)$$

최적 v_π 및 q_π는 다음과 같이 간단하게 정의할 수 있다.

$$v_*(s) = \max_\pi v_\pi(s), \ \forall s \in \mathcal{S} \quad \text{그리고} \quad q_*(s, a) = \max_\pi q_\pi(s, a), \ \forall (s, a) \in \mathcal{S} \times \mathcal{A}$$

오직 $v_*(s)$가 알려진 경우에만 에이전트는 행동 집합을 펼쳐보고 주어진 상태 s에 대해 최댓값을 산출하는 행동을 찾아야 한다.

이러한 최적값을 찾는 것은 매우 복잡한 작업이며, 이 문제를 해결하기 위한 많은 논문이 있다. 최적 $q_\pi(s, a)$를 찾는 것이 어려운 한 가지 이유는 바로 이 값이 한쪽의 두 요소(s와 a)와 다른 한쪽의 π에 따라 달라지기 때문이다. 일반적으로 고정된 정책 π의 경우 주어진 행동, 상태, 보상의 흐름에 대해 $q_\pi(s, a)$를 평가하는 데 많은 시간이 소요될 수 있다. $q_\pi(s, a)$를 추정하면 새로운 정책 π'을 테스트하고 평가해 원래 정책보다 더 나은지 확인해야 한다. 따라서 좋은 정책을 찾기 위한 이러한 반복적인 탐색은 시간이 오래 걸릴 수 있다. 정책 개선 및 가치 함수 업데이트에 대한 자세한 내용은 동적 계획법을 다룬 서튼과 바토(2018)의 4장을 참고할 것을 제안한다.

16.1.2 Q-러닝

$v_*(s)$와 $q_*(s, a)$를 구하는 문제에 대한 흥미로운 지름길은 정책에 대한 의존성을 제거하는 것이다. 그렇게 하면 결국 당연히 반복적인 개선을 할 필요가 없다. 이를 위해 필요한 중심적인 관계는 이른바 벨만 방정식$^{\text{Bellman equation}}$이라 불리는 $q_\pi(s, a)$가 만족하는 관계다. 다음에서는 이 방정식의 유도 과정을 자세히 설명하고 있다. 우선, 다음 사항을 상기시켜보자.

$$q_\pi(s, a) = \mathbb{E}_\pi[G_t | S_t = s, A_t = a]$$
$$= \mathbb{E}_\pi[R_{t+1} + \gamma G_{t+1} | S_t = s, A_t = a]$$

여기서 두 번째 방정식은 수식 (16.3)으로부터 도출한다. 수식 $\mathbb{E}_\pi[R_{t+1} | S_t = s, A_t = a]$은 더 분해할 수 있다. π에 대한 기댓값을 계산하기 때문에 가능한 모든 행동 a'와 상태 s'에 대해 합산하고 $\pi(a', s')$에 의존해야 한다. 또한, 확률 $p(s', r | s, a) = \mathbb{P}[S_{t+1} = s', R_{t+1} = r | S_t = s, A_t = a]$의 인자인 s' 및 r에 대한 합은 무작위 쌍 (S_{t+1}, R_{t+1})의 분포에 액세스를 부여하므로 결국 $\mathbb{E}_\pi[R_{t+1} | S_t = s, A_t = a] = \sum_{a', r, s'} \pi(a', s') p(s', r | s, a) r$ 같다. q_π의 두 번째 부분에도 비슷한 논리가 적용되며, 따라서 다음과 같다.

$$q_\pi(s, a) = \sum_{a', r, s'} \pi(a', s') p(s', r | s, a) \left[r + \gamma \mathbb{E}_\pi[G_{t+1} | S_t = s', A_t = a'] \right]$$
$$= \sum_{a', r, s'} \pi(a', s') p(s', r | s, a) \left[r + \gamma q_\pi(s', a') \right] \tag{16.6}$$

이 방정식은 (s, a)에서 접근할 수 있는 상태와 동작 (s', a')을 갖고 $q_\pi(s, a)$를 미래의 $q_\pi(s', a')$로 연결한다.

특히, 수식 (16.6)은 최적의 행동-가치 함수에서도 동일하게 참이다.

$$q_* = \max_\pi q_\pi(s, a)$$

$$q_*(s, a) = \max_{a'} \sum_{r, s'} p(s', r | s, a) \left[r + \gamma q_*(s', a') \right],$$
$$= \mathbb{E}_{\pi^*}[r | s, a] + \gamma \sum_{r, s'} p(s', r | s, a) \left(\max_{a'} q_*(s', a') \right) \tag{16.7}$$

왜냐하면 하나의 최적 정책은 주어진 상태 s와 가능한 모든 행동 a에 대해 $q_\pi(s, a)$를 최대화하는 정책이기 때문이다. 이 수식은 강화학습의 초석 알고리듬인 Q-러닝의 핵심이다(수렴에 대한 공식적인 증명은 왓킨스[Watkins]와 다얀[Dayan](1992)에 설명돼 있다). Q-러닝에서 상태-행동 함수는 더 이상 정책에 의존하지 않고 대문자 Q로 표기되며, 그 절차는 다음과 같다.

모든 상태 s와 행동 a에 대해 값 $Q(s, a)$를 초기화한다. 각 에피소드에 대해 다음을 수행한다.

$$(\textbf{QL}) \begin{cases} \text{0. 상태 } S_0 \text{을 초기화하고 에피소드가 끝날 때까지 각 반복 } i \text{마다 초기화한다.} \\ \text{1. 상태 } s_i \text{를 관찰한다.} \\ \text{2. } (Q\text{에 따른) 행동 } a_i \text{를 수행한다.} \\ \text{3. 보상 } r_{i+1} \text{을 받고 상태 } s_{i+1} \text{을 관찰한다.} \\ \text{4. 다음과 같이 } Q \text{를 업데이트한다.} \end{cases}$$

$$Q_{i+1}(s_i, a_i) \leftarrow Q_i(s_i, a_i) + \eta \left(\underbrace{r_{i+1} + \gamma \max_a Q_i(s_{i+1}, a)}_{\text{수식 (16.7)의 메아리}} - Q_i(s_i, a_i) \right) \tag{16.8}$$

이 업데이트 규칙이 작동하는 근본적인 이유는 수축 매핑의 고정점 정리와 관련 있다. 함수 f가 $|f(x) - f(y)| < \delta|x - y|$(립시츠[Lipshitz] 연속성)을 만족하는 경우 $f(z) = z$를 만족하는 고정점 z는 $z \leftarrow f(z)$을 통해 반복적으로 구할 수 있다. 이 업데이트 규칙은 고정점에 수렴한다. 학습률 η가 학습 과정을 느리게 한다는 점과 기술적인 가정하에 수렴이 기술적으로 보장된다는 점을 제외한다면 유사한 원리를 사용해 수식 (16.7)을 풀 수 있다.

보다 일반적으로 수식 (16.8)은 강화학습에서 널리 사용되는 형태로, 서튼과 바토(2018)의 수식 (2.4)에 요약돼 있다.

$$\text{신규 추정} \leftarrow \text{기존 추정} + \text{스텝 사이즈(학습률)} \times (\text{목표} - \text{기존 추정}) \tag{16.9}$$

여기서 마지막 부분은 오차 항으로 볼 수 있다. 따라서 이전 추청치에서 시작해 새로운 추정치는 이 방향의 크기가 너무 크지 않도록 만들어주는 할인 항을 기반으로 '올바른'(또는 원하는) 방향으로 이동한다. 수식 (16.8)의 업데이트 규칙은 종종 '시간차' 학습이라고도 하는데, 이는 시간 $t + 1$(목표)에 알려진 추정치와 시간 t에 알려진 추정치를 비교해 얻은 개선에 의해 작동하기 때문이다.

***Q*-러닝** 시퀀스의 중요한 단계 중 하나는 행동 a_i가 선택되는 두 번째 단계다. 강화학습에서 최고의 알고리듬은 **이용**exploitation과 **탐색**exploration이라는 두 가지 기능을 결합한다. 이용은 기계가 현재 사용 가능한 정보를 사용해 다음 작업을 선택하는 것이다. 이 경우 주어진 상태 s_i에 대해 기대 보상 $Q_i(s_i, a_i)$를 최대화하는 행동 a_i를 선택한다. 당연한 말이지만, 현재 함수 Q_i가 실제 Q와 상대적으로 멀리 떨어져 있는 경우 이 선택은 최적이 아니다. 국소적으로 최적 전략을 반복하면 제한된 수의 행동을 선호할 가능성이 높으며, 이로 인해 Q 함수의 정확도가 근소하게 향상된다.

테스트가 많이 이뤄지지 않았지만 잠재적으로 더 높은 보상을 얻을 수 있는 행동에서 새로운 정보를 수집하려면 탐험이 필요하다. 이때 행동 a_i가 무작위로 선택된다. 이 두 가지 개념을 결합하는 가장 일반적인 방법을 ϵ-그리디greedy 탐험이라 한다. 행동 a_i는 다음과 같이 할당된다.

$$
a_i = \begin{cases} \underset{a}{\mathrm{argmax}}\ Q_i(s_i, a) & 1 - \epsilon\text{의 확률로} \\ \mathcal{A}\text{로부터 임의적(균등적) 선택} & \epsilon\text{의 확률로} \end{cases} \tag{16.10}
$$

따라서 알고리듬은 ϵ의 확률로 탐색하고, $1 - \epsilon$의 확률로 기대 보상에 대한 현재 지식을 활용해 최상의 행동을 선택한다. 모든 행동이 선택될 확률이 0이 아니기 때문에 이 정책을 '소프트'라고 부른다. 실제로 최선의 행동은 $1 - \epsilon(1 - \mathrm{card}(\mathcal{A})^{-1})$와 같은 선택 확률을 가지며, 다른 모든 행동은 $\epsilon/\mathrm{card}(\mathcal{A})$의 확률로 선택된다.

16.1.3 SARSA

Q-러닝에서 알고리듬은 최적 정책의 행동-가치 함수를 찾으려 한다. 따라서 행동을 선택하기 위해 수반되는 정책은 (Q를 통해) 학습되는 정책과 다르다. 이러한 알고리듬을 오프-정책off-policy라 한다. 온-정책on-policy 알고리듬은 정책 π에 따라 지속적으로 행동함으로써 행동-가치 함수 q_π의 추정을 개선하고자 한다. 온-정책 학습의 대표적인 예로는 **SARSA** 기법이 있으며, 이 방법은 2개의 연속된 상태와 동작 SARSA가 필요하다. 5개의 항 $(S_t, A_t, R_{t+1}, S_{t+1}, A_{t+1})$이 처리되는 방식은 다음과 같다.

Q-러닝과 SARSA의 주요 차이점은 업데이트 규칙이다. SARSA에서는 다음과 같이 주어진다.

$$Q_{i+1}(s_i, a_i) \longleftarrow Q_i(s_i, a_i) + \eta \left(r_{i+1} + \gamma Q_i(s_{i+1}, a_{i+1}) - Q_i(s_i, a_i) \right) \qquad (16.11)$$

개선은 새로운 상태와 행동 (s_{i+1}, a_{i+1})을 기반으로 하는 **로컬**^{local} 포인트 $Q_i(s_{i+1}, a_{i+1})$에서만 발생하는 반면, Q-러닝에서는 가능한 모든 행동으로부터 최선의 값 $\max_a Q_i(s_{i+1}, a)$이 유지된다.

보다 견고하지만 동시에 계산량이 더 많이 필요한 버전의 SARSA는 기대^{expected} SARSA이며, 여기서 타깃 Q 함수는 모든 행동에 대한 평균이 된다.

$$Q_{i+1}(s_i, a_i) \longleftarrow Q_i(s_i, a_i) + \eta \left(r_{i+1} + \gamma \sum_a \pi(a, s_{i+1}) Q_i(s_{i+1}, a) - Q_i(s_i, a_i) \right)$$

$$(16.12)$$

기대 SARSA는 SARSA보다 덜 변동성을 보이는데 그 이유는 후자가 a_{i+1}에 대한 임의적 선택에 의해 더 강하게 영향을 받기 때문이다. 기대 SARSA에서 평균은 학습 절차를 평탄화시킨다.

16.2 차원의 저주

먼저, 강화학습은 특정 알고리듬과 연결되지 않은 프레임워크라는 점을 상기시켜보자. 사실, 강화학습 작업에는 다양한 도구가 공존할 수 있다(알파고는 트리 방법과 신경망을 모두 결합했다. 실버 외$^{Silver\ et\ al.}$(2016) 참고). 그럼에도 모든 강화학습 시도는 항상 상태, 행동, 보상이라는 세 가지 핵심 개념에 의존한다. 팩터 투자에서 이 세 가지 개념은 해석의 여지가 있긴 하지만 이를 식별하기는 상당히 쉽다. 행동은 포트폴리오 구성에 의해 명확하게 정의된다. 상태는 경제를 설명하는 현재 값으로 볼 수 있으며, 1차 근사치로서 특성 수준이 이러한 역할을 수행한다고 가정할 수 있다(거시 경제 데이터에 의해 조건부되거나 보완될 수 있다). 보상은 훨씬 더 간단하다. 수익률 또는 관련 성과 지표[2]가 보상을 설명할 수 있다.

---

2 예를 들어, 샤프 비율은 무디 외(Moody et al.)(1998), 베르톨루쪼와 코라짜(2012), 아부살라(Aboussalah)와 리(2020)에서 사용됐고, 낙폭 기반 비율은 알마디와 양(2017)에서 사용됐다.

가장 큰 문제는 상태와 행동의 차원성에 있다. 레버리지가 없다고 가정하면(음수가 아닌 가중치), 행동은 심플렉스^{simplex}의 값을 취한다.

$$\mathbb{S}_N = \left\{ \mathbf{x} \in \mathbb{R}^N \,\middle|\, \sum_{n=1}^{N} x_n = 1, \ x_n \geq 0, \ \forall n = 1, \ldots, N \right\} \qquad (16.13)$$

또한, 모든 특성이 균등하다고 가정하면 그 공간은 $[0, 1]^{NK}$다. 말할 필요도 없이 두 공간의 크기는 수치적으로 비현실적이다.

이 문제에 대한 간단한 해결책은 각 공간을 소수의 범주로 나누는 이산화다. 일부 저자는 이 방법을 사용하기도 한다. 양 외(2018)에서는 상태 공간을 변동성에 따라 세 가지 값으로 이산화하고, 행동도 세 가지 범주로 나눈다. 베르톨루쪼^{Bertoluzzo}와 코라짜^{Corazza}(2012), 시옹 외^{Xiong et al.}(2018)도 세 가지 행동(매수, 보유, 매도)을 선택한다. 알마디^{Almahdi}와 양(2019)의 연구에서는 학습자가 매수 또는 공매도에 대한 이진 신호를 산출하도록 돼 있다. 가르시아-갈리시아 외^{García-Galicia et al.}(2019)는 더 큰 상태 공간(8개 요소)을 고려하지만 행동 집합을 세 가지 옵션으로 제한한다.[3] 상태 공간의 측면에서 모든 논문은 경제 상태가 가격(또는 수익률)에 의해 결정된다고 가정한다.

이러한 접근법의 한 가지 강력한 한계는 지나치게 단순화돼 있다는 점이다. 여러 자산에 투자할 때 현실적인 이산화는 수치적으로 어렵다. 실제로 단위 간격을 h 포인트로 나누면 특성 값에 대한 h^{NK}의 가능성이 생긴다. 가중치 조합에 대한 옵션의 수는 N만큼 기하급수적으로 증가한다. 예를 들어, 10개 종목의 10개 특성에 대해 가능한 값이 10개만 있어도 10^{100}개의 순열이 생성된다.

물론 위에서 언급한 문제는 포트폴리오 구성에만 국한되지 않는다. 연속 공간에서 마르코프 의사결정 과정을 해결하기 위해 많은 해결책이 제안됐다. 예를 들어, (금융의 영역 밖에서 이뤄진) 초기 방법에 대한 검토는 파월^{Powell}과 마(2011)의 4절을 참고하라.

이러한 차원의 저주에는 훈련 데이터에 관한 근본적인 문제가 수반된다. 시장 데이터와 시뮬레이션이라는 두 가지 옵션을 생각할 수 있다. 주어진 통제된 샘플 생성기에서 알고리듬이

---

3 최근 일부 논문에서는 제한된 수의 자산에 대해 임의의 가중치를 고려하고 있다(예를 들어, 지앙 외(2017), 유 외(Yu et al.)(2019)).

주어진 효용 함수를 최대화하는 솔루션을 이길 것이라고 상상하기는 어렵다. 오히려 고정된 데이터 생성 과정에서는 정적인 최적 해를 향해 수렴해야 하는데, 이는 매우 강력한 모델링 가정이다(예를 들어, 트레이딩 작업의 경우 차오우키 외^{Chaouki et al.}(2020) 참고).

따라서 선호 솔루션으로 시장 데이터가 남았지만, 대규모 데이터셋이 있다 하더라도 위에서 언급한 모든 (행동, 상태) 조합을 포괄할 가능성은 거의 없다. 특성 기반 데이터셋은 수십 년의 월별 데이터에 걸쳐 깊이가 있으며, 이는 기껏해야 수백 개의 타임스탬프를 의미한다. 이는 신뢰할 수 있는 학습 과정을 구축하기에는 너무 제한적이다. 합성 데이터를 생성하는 것은 언제나 가능하지만(유 외(2019) 참고), 이것이 알고리듬의 성능을 확실하게 개선할 수 있을지는 불분명하다.

16.3 정책 경사

16.3.1 원칙

행동 및 상태 공간의 이산화 외에도 강력한 트릭은 **매개 변수화**다. a와 s가 이산 값을 취할 수 있는 경우 모든 쌍 (a, s)에 대해 행동-가치 함수를 계산해야 하는데, 이는 엄청나게 번거로울 수 있다. 이 문제를 피하는 우아한 방법은 정책이 비교적 적은 수의 매개 변수에 의해 구동된다고 가정하는 것이다. 그런 다음 학습 프로세스는 이 매개 변수 집합 $\boldsymbol{\theta}$를 최적화하는 데 집중한다. 그리고 상태 s에서 행동 a를 선택할 확률에 대해 $\pi_{\boldsymbol{\theta}}(a, s)$라 표기한다. $\pi_{\boldsymbol{\theta}}(a, s)$를 정의하는 직관적인 방법 중 하나는 소프트맥스 형태를 사용하는 것이다.

$$\pi_{\boldsymbol{\theta}}(a, s) = \frac{e^{\boldsymbol{\theta}'\mathbf{h}(a,s)}}{\sum_b e^{\boldsymbol{\theta}'\mathbf{h}(b,s)}} \tag{16.14}$$

여기서 $\boldsymbol{\theta}$와 같은 차원을 갖는 함수 $\mathbf{h}(a, s)$의 출력을 쌍 (a, s)를 나타내는 특성 벡터라고 한다. 일반적으로 $\mathbf{h}$는 2개의 입력 단위 및 길이 $\boldsymbol{\theta}$의 출력 차원을 가진 간단한 신경망일 수 있다.

$\pi_{\boldsymbol{\theta}}$에 대해 요구되는 속성 중 하나는 이 값이 $\boldsymbol{\theta}$에 대해 미분 가능해 결국 어떤 경사 기법을 통해 $\boldsymbol{\theta}$를 개선할 수 있어야 한다는 것이다. 정책 경사에 대한 가장 간단하고 직관적인 결과는 수식 (16.3)에서 이득이 정의된 평균 이득 $\mathbb{E}_{\boldsymbol{\theta}}[G_t]$를 최대화하고자 하는 에피소드 작업(유한

한 시계열)의 경우로 알려져 있다. 기댓값은 $\boldsymbol{\theta}$에 의존하는 특정 정책에 따라 계산되므로 단순 첨자를 사용한다. 한 가지 핵심적인 결과는 다음과 같은 이른바 정책 경사 정리$^{\text{policy gradient theorem}}$다.

$$\nabla\mathbb{E}_{\boldsymbol{\theta}}[G_t] = \mathbb{E}_{\boldsymbol{\theta}}\left[G_t\frac{\nabla\pi_{\boldsymbol{\theta}}}{\pi_{\boldsymbol{\theta}}}\right] \tag{16.15}$$

이 결과는 **경사 상승**$^{\text{gradient ascent}}$에 사용할 수 있다. 수치를 최대화하려는 경우 매개 변수 변경은 반드시 상방으로 진행돼야 한다.

$$\boldsymbol{\theta} \leftarrow \boldsymbol{\theta} + \eta\nabla\mathbb{E}_{\boldsymbol{\theta}}[G_t] \tag{16.16}$$

이 간단한 업데이트 규칙을 Reinforce 알고리듬이라고 한다. 이 간단한 아이디어의 한 가지 개선 사항은 기준선을 추가하는 것이며, 이 주제에 관한 자세한 설명은 서튼과 바토(2018)의 13.4절을 참고하라.

16.3.2 확장

Reinforce의 인기 있는 확장 기능은 정책 경사와 $Q-$ 혹은 $v-$러닝을 결합한 이른바 **행위자-비평가**$^{\text{AC, Actor-Critic}}$ 방식이다. AC 알고리듬은 정책 경사와 SARSA 간 일종의 혼합으로 볼 수 있다. 핵심적인 요구 사항은 상태-값 함수 $v(\cdot)$가 일부 매개 변수 벡터 $\mathbf{w}$의 미분 가능한 함수여야 한다는 것이다(종종 신경망으로 간주된다). 그러면 업데이트 규칙은 다음과 같다.

$$\boldsymbol{\theta} \leftarrow \boldsymbol{\theta} + \eta\left(R_{t+1} + \gamma v(S_{t+1}, \mathbf{w}) - v(S_t, \mathbf{w})\right)\frac{\nabla\pi_{\boldsymbol{\theta}}}{\pi_{\boldsymbol{\theta}}} \tag{16.17}$$

물론 비결은 벡터 $\mathbf{w}$도 업데이트해야 한다는 것이다. 행위자는 의사결정을 주도하는 정책 측면이다. 비평가 측면은 행위자의 성과를 평가하는 가치 함수다. 학습이 진행됨에 따라(두 매개 변수 집합이 모두 업데이트될 때마다) 두 측면 모두 개선된다. 정확한 알고리듬 공식은 다소 길며, AC에 관한 절차의 정확한 순서는 서튼과 바토(2018)의 13.5절을 참고하라.

매개 변수 정책의 또 다른 흥미로운 응용 사례는 아부살라와 리(2020)에 설명돼 있다. 이 논문에서 저자들은 순환 신경망에 기반한 트레이딩 정책을 정의한다. 따라서 이 경우 매개 변수 $\boldsymbol{\theta}$는 신경망의 모든 가중치와 편향을 포함한다.

매개 변수 정책의 또 다른 장점은 연속적인 작업 집합과 호환된다는 점이다. 수식 (16.14)의 형태 외에도 $\pi_{\boldsymbol{\theta}}$를 형성하는 다른 방법이 있다. 만약 $\mathcal{A}$가 $\mathbb{R}$의 부분 집합이고 f_{Ω}이 매개 변수 Ω를 갖는 밀도 함수라면, $\pi_{\boldsymbol{\theta}}$의 후보 형태는 다음과 같다.

$$\pi_{\boldsymbol{\theta}} = f_{\Omega(s,\boldsymbol{\theta})}(a) \tag{16.18}$$

여기서 매개 변수 Ω는 상태와 기본(2차) 매개 변수 $\boldsymbol{\theta}$의 함수다.

가우시안 분포(서튼과 바토(2018)의 13.7절 참고)가 선호되는 경우가 많지만, 단위 간격 내부에 있는 경우 약간의 처리가 필요하다. 이러한 값을 구하는 쉬운 방법 중 하나는 정규 누적 밀도 함수를 출력에 적용하는 것이다. 왕과 조우(2019)에서는 다변량 가우시안 정책을 이론적으로 탐구하지만, 가중치에 대한 제약은 없다고 가정한다.

일부 자연적인 매개 변수 분포가 대안으로 등장한다. 하나의 자산만 거래되는 경우 베르누이 분포를 사용해 자산 매수 여부를 결정할 수 있다. 무위험 자산을 구할 수 있는 경우 베타 분포는 위험 자산에 투자한 비율의 값이 전체 구간에 걸쳐 있고 나머지는 안전 자산에 투자할 수 있기 때문에 더 많은 유연성을 제공한다. 많은 자산이 거래되면 예산의 제약으로 인해 상황이 더 복잡해진다. 이상적인 후보 중 하나는 디리클레 분포인데, 이는 심플렉스에 정의돼 있기 때문이다(수식 (16.13) 참고).

$$f_{\boldsymbol{\alpha}}(w_1, \ldots, w_n) = \frac{1}{B(\boldsymbol{\alpha})} \prod_{n=1}^{N} w_n^{\alpha_n - 1}$$

여기서 $B(\boldsymbol{\alpha})$는 다항 베타 함수다.

$$B(\boldsymbol{\alpha}) = \frac{\prod_{n=1}^{N} \Gamma(\alpha_n)}{\Gamma\left(\sum_{n=1}^{N} \alpha_n\right)}$$

$\pi = \pi_{\boldsymbol{\alpha}} = f_{\boldsymbol{\alpha}}$로 설정하면, 팩터 또는 특성과의 연결 고리를 $\boldsymbol{\alpha}$를 통해 선형 형식으로 코딩할 수 있다.

$$(\mathbf{F1}) \quad \alpha_{n,t} = \theta_{0,t} + \sum_{k=1}^{K} \theta_t^{(k)} x_{t,n}^{(k)} \tag{16.19}$$

여기서 해를 찾는 것은 매우 쉬우나, $\theta_{k,t}$의 일부 값에 대해 $\alpha_{n,t} > 0$라는 조건을 위반할 수 있다. 실제로 학습 과정에서 $\boldsymbol{\theta}$를 업데이트하면 실현 가능한 $\boldsymbol{\alpha}_t$의 집합에서 벗어난 값이 나올 수 있다. 이 경우 온라인 학습에서 널리 사용되는 트릭을 사용할 수 있다(예를 들어, 호이 외 (2018)의 2.3.1절 참고). 아이디어는 알고리듬의 제안에 가장 근접한 허용 가능한 솔루션을 찾는 것이다. 주어진 알고리듬의 업데이트 규칙의 결과를 $\boldsymbol{\theta}^*$라고 한다면, 가장 근접한 실현 가능 벡터는 다음과 같다.

$$\boldsymbol{\theta} = \min_{\mathbf{z} \in \Theta(\mathbf{x}_t)} ||\boldsymbol{\theta}^* - \mathbf{z}||^2 \tag{16.20}$$

여기서 $||\cdot||$는 유클리드 노름이며, $\Theta(\mathbf{x}_t)$는 실현 가능한 집합, 즉 벡터 $\boldsymbol{\theta}$의 집합이다. 따라서 $\alpha_{n,t} = \theta_{0,t} + \sum_{k=1}^{K} \theta_t^{(k)} x_{t,n}^{(k)}$은 전부 음수가 아니다.

정책 형태 $\pi_{\boldsymbol{\theta}_t}^2$에 대한 두 번째 옵션은 좀 더 복잡하지만 항상 유효하다. 즉, 양의 $\alpha_{n,t}$ 값을 갖는다.

$$(\mathbf{F2}) \quad \alpha_{n,t} = \exp\left(\theta_{0,t} + \sum_{k=1}^{K} \theta_t^{(k)} x_{t,n}^{(k)}\right) \tag{16.21}$$

이는 단순히 첫 번째 버전의 지수 형태다. 약간의 대수학을 사용하면 정책 경사를 도출할 수 있다. 정책 $\pi_{\boldsymbol{\theta}_t}^j$는 위의 방정식 $(\mathbf{Fj})$에 의해 정의된다. F를 디감마 함수^{digamma function}라 정의한다. 또한, $\mathbf{1}$을 모든 정책에 대한 $\mathbb{R}^N$ 벡터라 정의한다. 그렇다면 결과는 다음과 같다.

$$\frac{\nabla_{\boldsymbol{\theta}_t} \pi_{\boldsymbol{\theta}_t}^1}{\pi_{\boldsymbol{\theta}_t}^1} = \sum_{n=1}^{N} \left(F\left(\mathbf{1}'\mathbf{X}_t \boldsymbol{\theta}_t\right) - F(\mathbf{x}_{t,n} \boldsymbol{\theta}_t) + \ln w_n\right) \mathbf{x}_{t,n}'$$

$$\frac{\nabla_{\boldsymbol{\theta}_t} \pi_{\boldsymbol{\theta}_t}^2}{\pi_{\boldsymbol{\theta}_t}^2} = \sum_{n=1}^{N} \left(F\left(\mathbf{1}'e^{\mathbf{X}_t \boldsymbol{\theta}_t}\right) - F(e^{\mathbf{x}_{t,n} \boldsymbol{\theta}_t}) + \ln w_n\right) e^{\mathbf{x}_{t,n} \boldsymbol{\theta}_t} \mathbf{x}_{t,n}'$$

여기서 $e^{\mathbf{X}}$는 행렬 $\mathbf{X}$의 원소별 지수다.

그런 다음 직접 샘플링하거나 $(1'\alpha)^{-1}\alpha$ 분포의 평균을 사용해 분배할 수 있다. 마지막으로, 한 가지 기술적인 참고 사항이 있다. 만약 N이 크다면(예를 들어, 50 이상) 밀도에서의 스케일링 상수는 수치적으로 다루기 어렵기 때문에 디리클레 분포는 오직 작은 포트폴리오에서만 사용할 수 있다.

16.4 단순한 예시

16.4.1 시뮬레이션으로 하는 Q-러닝

위에서 언급한 문제의 요점을 설명하기 위해 두 가지 Q-러닝 구현을 제안한다. 간단하게 설명하기 위해 첫 번째는 시뮬레이션을 기반으로 한다. 이는 단순화된 프레임워크에서 학습 과정을 이해하는 데 도움이 된다. 2개의 자산을 고려한다. 하나는 위험 자산이며 다른 하나는 수익률이 0인 무위험 자산이다. 위험 과정의 수익률은 $|\rho| < 1$이고, ϵ가 분산 σ^2인 백색 잡음을 따르는 $r_{t+1} = a + \rho r_t + \epsilon_{t+1}$의 차수 1(AR(1))인 자기 회귀 모형을 따른다. 실제로 개별(월별) 수익률은 거의 자기 상관관계가 없지만, 자기 상관관계를 조정하면 알고리듬이 올바르게 학습하는지를 이해하는 데 도움이 된다(다음의 연습 문제 참고).

환경은 과거 수익률 r_t를 관찰하는 것으로만 구성된다. 우리는 Q 함수를 추정하고자 하므로 이 상태 변수를 이산화해야 한다. 가장 간단한 방법은 이진 변수를 사용하는 것이다. r_t가 0보다 작으면 −1(음수), 0보다 크면 +1(양수)이 된다. 행동은 위험 자산에 투자한 수량으로 요약된다. 이는 다섯 가지 값을 가질 수 있다. 0(무위험 포트폴리오), 0.25, 0.5, 0.75, 1(위험 자산에 전액 투자). 이는 가령 펜드하카르^{Pendharkar}와 쿠사티스^{Cusatis}(2018)에서와 같은 선택이다.

이해를 돕기 위해 Q-러닝의 직관적인 구현을 직접 코딩해봤다. 여기에는 상태, 행동, 보상, 후속 상태와 같은 일반적인 입력이 포함된 데이터셋이 필요하다. 먼저, 수익률을 시뮬레이션해 상태와 보상(포트폴리오 수익률)을 결정한다. 행동은 무작위로 샘플링된다. 데이터는 아래의 청크에 구축된다.

```
from statsmodels.tsa.arima_process import ArmaProcess
# AR(1) 생성을 위한 서브 라이브러리
```

```python
n_sample = 10**5      # 생성 샘플의 개수
rho=0.8               # 자기회귀 계수
sd=0.4                # 잡음의 표준 편차
a=0.06*(1-rho)        # 스케일된 수익률 평균

ar1 = np.array([1,-rho]) # ar 매개 변수를 위한 템플릿, rho의 반대 부호
AR_object1 = ArmaProcess(ar1)    # AR 객체 생성
simulated_data_AR1 = AR_object1.generate_sample(nsample=n_sample,scale=sd)
# AR 객체로부터 생성된 샘플
returns=a/rho+simulated_data_AR1 # AR(1) 시뮬레이션을 통한 수익률
action = np.round(np.random.uniform(size=n_sample)*4) / 4 # 임의적 행동
state = np.where(returns < 0, "neg", "pos") # 상태 코딩
reward = returns * action                          # 보상 = 포트폴리오 수익률

data_RL = pd.DataFrame([returns, action, state, reward]).T
# 디스플레이 일관성을 위한 전치
data_RL.columns = ['returns', 'action', 'state', 'reward']
# 향후 표 출력을 위한 열 이름 지정
data_RL['new_state'] = data_RL['state'].shift(-1)
# lag를 통한 다음 상태
data_RL = data_RL.dropna(axis=0).reset_index(drop=True)
# 마지막 줄의 새로운 상태 결측 제거
data_RL.head()
# 첫 몇 줄 출력
```

```
    returns action state    reward new_state
0  0.063438   0.75   pos  0.047579       neg
1 -0.602351   0.25   neg -0.150588       pos
2  0.112012    0.5   pos  0.056006       pos
3  0.220316    0.5   pos  0.110158       pos
4  0.437028   0.75   pos  0.327771       pos
```

Q-러닝 알고리듬의 구현에는 세 가지 매개 변수가 있다.

- η는 업데이트하는 수식 (16.8)의 학습률이다. 강화학습에서는 알파로 코딩된다.

- γ는 보상에 대한 할인율(수식 (16.8)에도 표시된다)이다.

- ϵ는 탐사 대 이용의 비율을 제어한다(수식 (16.10) 참고).

```python
alpha = 0.1        # 학습률
gamma = 0.7        # 보상에 대한 할인 계수
epsilon = 0.5      # 탐험률
def looping_w_counters(obj_array):
    # 카운터가 있는 루프를 위한 유틸 함수 생성
    _dict = {z:i for i,z in enumerate(obj_array)}
    # 딕셔너리 컴프리헨션
    return _dict

s = looping_w_counters(data_RL['state'].unique()) # 상태 딕셔너리
a = looping_w_counters(data_RL['action'].unique()) # 행동 딕셔너리
fit_RL = np.zeros(shape=(len(s),len(a))) # Q 행렬을 위한 데이터 공간
r_final = 0
for z, row in data_RL.iterrows(): # Q-러닝 루프
    act = a[row.action]
    r = row.reward
    s_current = s[row.state]
    s_new = s[row.new_state]
    if np.random.uniform(size=1) < epsilon:
        best_new = a[np.random.choice(list(a.keys()))]
        # 행동 공간 탐험
    else:
        best_new = np.argmax(fit_RL[s_new,])
        # 학습된 값 사용
    r_final += r
    fit_RL[s_current,act]+=alpha*(
        r+gamma*fit_RL[s_new,best_new]-fit_RL[s_current,act])

fit_RL=pd.DataFrame(fit_RL,index=s.keys(),
                columns=a.keys()).sort_index(axis=1)
print(fit_RL)
print(f'Reward (last iteration): {r_final}')
```

출력값에는 상태와 행동에 따라 자연스럽게 달라지는 Q 함수가 표시된다. 상태가 음수일 때
는 위험도가 큰 포지션(0.75 또는 1.00과 같은 행동)에서 평균 보상이 가장 적고, 반대로 작은 포
지션에서 평균 보상이 가장 높다. 상태가 양수일 때는 가장 큰 포지션에서 평균 보상이 가장
높다. 두 경우 모두 보상은 위험 자산 비율에 대한 거의 단조로운 함수다. 따라서 알고리듬

(즉, 정책)의 권장 사항은 양수 상태에서는 전액 투자하고 음수 상태에서는 투자를 자제하는 것이다. 기본 프로세스의 양의 자기 상관관계를 고려할 때 이것은 의미가 있다.

기본적으로 알고리듬은 플러스(또는 마이너스) 수익률이 플러스(또는 마이너스) 수익률을 따를 가능성이 높다는 것을 학습한 것이다. 이는 어느 정도 안심할 수 있지만, 결코 인상적인 것은 아니며, 훨씬 더 간단한 도구로도 비슷한 결론과 지침을 얻을 수 있다.

16.4.2 시장 데이터와 Q-러닝

두 번째 응용은 금융 데이터셋을 기반으로 한다. 문제의 차원을 줄이기 위해 다음과 같이 가정한다. 하나의 특성(장부가 대비 가격 비율)만이 환경 상태를 포착한다. 이 특성은 가능한 값의 수가 제한되도록 처리한다. 행동은 세 가지 포지션으로 구성된 불연속적 집합에 대해 값을 취한다. 이는 +1(시장 매수), −1(시장 매도), 0(위험 포지션 보유 안 함)이다. stock_id가 3과 4인 두 자산만 거래되며, 두 자산 모두 245일간의 거래 데이터가 있다.

데이터셋의 구성은 다음과 같이 다소 비효율적으로 코딩돼 있다.

```python
return_3=pd.Series(data_ml.loc[data_ml['stock_id']==3, 'R1M_Usd'].values)
# 자산 3의 수익률
return_4=pd.Series(data_ml.loc[data_ml['stock_id']==4, 'R1M_Usd'].values)
# 자산 4의 수익률
pb_3 = pd.Series(data_ml.loc[data_ml['stock_id']==3, 'Pb'].values)
# 자산 3의 P/B 비율
pb_4 = pd.Series(data_ml.loc[data_ml['stock_id']==4, 'Pb'].values)
# 자산 4의 P/B 비율
action_3 = pd.Series(np.floor(np.random.uniform(size=len(pb_3))*3) - 1)
# 자산 3에 대한 (임의적) 행동
action_4 = pd.Series(np.floor(np.random.uniform(size=len(pb_4))*3) - 1)
# 자산 4에 대한 (임의적) 행동
RL_data = pd.concat([return_3,return_4,pb_3,
                     pb_4,action_3,action_4],axis=1)
# 데이터셋 구축
RL_data.columns=['return_3', 'return_4', 'Pb_3', 'Pb_4', 'action_3', 'action_4']
# 열 이름 추가
```

```python
RL_data['action']=RL_data.action_3.astype(int).apply(
    str)+" "+RL_data.action_4.astype(int).apply(str) # 행동 결합
RL_data['Pb_3'] = np.round(5*RL_data['Pb_3'])
# 상태 단순화 (P/B)
RL_data['Pb_4'] = np.round(5*RL_data['Pb_4'])
# 상태 단순화 (P/B)
RL_data['state'] = RL_data.Pb_3.astype(int).apply(
    str)+" "+RL_data.Pb_4.astype(int).apply(str) # 상태 통합
RL_data['new_state'] = RL_data['state'].shift(-1)
# 새로운 상태 추론
RL_data['reward']=RL_data.action_3*RL_data.return_3 \
+RL_data.action_4*RL_data.return_4
# 보상 계산
RL_data = RL_data[['action','state','reward','new_state']].dropna(
    axis=0).reset_index(drop=True)
# 마지막 줄의 새로운 상태 결측 제거
RL_data.head()
# 첫 몇 줄 표시
```

```
   action state  reward new_state
0    -1 0   1 1  -0.077       1 1
1    0 -1   1 1  -0.000       1 1
2    -1 0   1 1  -0.018       1 1
3     1 1   1 1   0.016       1 1
4     0 1   1 1   0.014       1 1
```

가능한 모든 조합을 산출하려면 행동과 상태를 병합해야 한다. 상태를 단순화하기 위해 장부
가 대비 가격 비율을 5배하여 반올림한다.

이전 예제에서와 같이 동일한 하이퍼파라미터를 유지한다. 아래 열은 행동을 나타낸다. 첫
번째(두 번째) 숫자는 첫 번째(두 번째) 자산의 포지션을 나타낸다. 행은 상태에 해당한다. 스케
일링된 P/B 비율은 점으로 구분된다(예를 들어, 'X2.3'은 첫 번째(두 번째) 자산의 스케일링된 P/B가
2(3)임을 의미한다).

```python
alpha = 0.1                # 학습률
gamma = 0.7                # 보상에 대한 할인 계수
```

```python
epsilon = 0.1              # 탐험률

s =looping_w_counters(RL_data['state'].unique())    # 상태 딕셔너리
a =looping_w_counters(RL_data['action'].unique())   # 행동 딕셔너리
fit_RL2 = np.zeros(shape=(len(s),len(a))) # Q 행렬을 위한 데이터 공간
r_final = 0
for z, row in RL_data.iterrows():                    # Q-러닝 루프
    act = a[row.action]
    r = row.reward
    s_current = s[row.state]
    s_new = s[row.new_state]
    if np.random.uniform(size=1) < epsilon:          # 행동 공간 탐험
        best_new = a[np.random.choice(list(a.keys()))]
    else:
        best_new = np.argmax(fit_RL2[s_new,]) # 학습된 값 사용
    r_final += r
    fit_RL2[s_current,act]+=alpha*(
        r+gamma*fit_RL2[s_new,best_new]-fit_RL2[s_current,act])
fit_RL2=pd.DataFrame(
    fit_RL2,index=s.keys(),columns=a.keys()).sort_index(axis=1)
print(fit_RL2)
print(f'Reward (last iteration): {r_final}')
```

출력 결과에는 데이터에 포함되지 않은 상태와 작업의 조합이 많이 있음을 보여준다. 기본 적으로 Q 함수는 0이며, 해당 조합이 탐색되지 않았을 가능성이 높다. 어떤 상태는 더 자주 ('X1.1', 'X1.2', 'X2.1'), 어떤 상태는 더 적게('X3.1', 'X3.2') 표현되는 것처럼 보인다. 권장 사항을 이해하는 것은 어렵다. 일부 상태는 'X0.1'과 'X1.1'에 가깝지만 이와 관련된 결과는 매우 다르다(매수 및 공매도와 보유 및 매수). 또한, 개별 상태 값과 관련해 행동에 일관성과 단조성이 없으며, 낮은 상태 값은 매우 다른 행동과 연관될 수 있다.

이러한 결론을 신뢰할 수 없는 이유 중 하나는 데이터 크기와 관련돼 있다. 200개 이상의 시점과 99개의 상태-행동 쌍(11 곱하기 9)만으로는 Q 함수를 계산할 수 있는 데이터 포인트가 평균적으로 2개밖에 되지 않는다. 더 많은 무작위 행동을 테스트하면 이 문제를 개선할 수 있지만, 어쨌든 샘플 크기의 한계에 결국 (빠르게) 도달하게 된다. 이것은 연습 문제로 남겨둔다.

16.5 결론

강화학습은 오랫동안 금융 문제에 적용돼 왔다. 1990년대 후반의 초기 연구로는 뉴니어 **Neuneier**(1996), 무디와 우(1997), 무디 외(1998), 뉴니어(1998) 등이 있다. 그 이후로 컴퓨터 과학 분야의 많은 연구자가 포트폴리오 문제에 강화학습 기법을 적용하려고 노력했다. 방대한 데이터셋의 출현과 차원성의 증가로 인해 강화학습 도구는 팩터 투자에 마주하는 매우 풍부한 환경에 잘 적응하기 어렵다.

최근 일부 접근법은 강화학습을 연속 행동 공간에 적용하려고 시도했지만(왕과 조우(2019), 아부살라와 리(2020)), 고차원 상태 공간에는 적용하지 않았다. 이러한 공간은 모든 기업이 경제 상황을 특징짓는 수백 개의 데이터 포인트를 산출하기 때문에 팩터 투자에 필요한 공간이다. 또한, 금융 프레임워크에서 강화학습을 적용하는 것은 다른 일반적인 강화학습 작업과 비교할 때 특수성이 있다. 금융 시장에서 에이전트의 행동은 **환경에 영향을 미치지 않는다**(에이전트가 대량 거래를 수행할 수 있는 경우가 아니라면 이는 드물며 가격을 잘못된 방향으로 밀어붙이기 때문에 바람직하지 않다). 이러한 행위의 영향력 부족은 전통적인 강화학습 접근법의 효율성을 떨어뜨릴 수 있다.

이러한 문제들은 강화학습이 대체적인(지도) 기법에 대해 경쟁력을 갖추기 위해 해결해야 할 과제다. 그럼에도 점진적(온라인 방식과 유사한) 강화학습 작동 방식은 새로운 데이터가 도착하면 알고리듬이 천천히 패러다임을 전환하는 비정상적 환경에 적합한 것으로 보인다. 정상적인 환경에서는 강화학습이 최적 솔루션으로 수렴하는 것으로 나타났다(콩 외**Kong et al.**(2019), 차오우키 외(2020)). 따라서 비정상적 시장에서 강화학습은 변화하는 거시경제 상황에 적응하는 동적 예측을 구축하기 위한 수단이 될 수 있다. 이 분야에서는 대규모 데이터셋에 대한 더 많은 연구가 진행돼야 한다.

16장에서는 강화학습이 복잡한 이론적 모델을 추정하는 데에도 사용됐다는 점을 강조하며 마무리하고자 한다(할퍼린**Halperin**과 펠드슈타인**Feldshteyn**(2018), 가르시아-갈리시아 외(2019)). 이 분야의 연구는 놀라울 정도로 다양하며 여러 방향을 지향한다. 가까운 시일 내에 흥미로운 연구 결과가 발표될 가능성이 높다.

16.6 예제

1. 수익률 생성 프로세스에 음의 자기 상관관계가 있는 경우 어떤 일이 발생하는지 테스트하라. Q 함수와 정책에 미치는 영향은 무엇인가?

2. 16.4.2절에서와 동일한 2개의 자산을 유지하면서 각 원본 데이터 포인트에 대해 **가능한 모든 작업 조합**을 테스트해 RL_data의 크기를 늘린다. Q 학습 함수를 다시 실행하고 어떤 일이 발생하는지 확인하라.

5부

부록

## 17

데이터 설명

표 17.1 데이터셋의 모든 변수(특성 및 레이블)에 대한 리스트

열 이름	간단한 설명
stock_id	증권 식별 코드
date	데이터 날짜
Advt_12M_Usd	12개월간 일 평균 거래량(USD 기준)
Advt_3M_Usd	3월간 일 평균 거래량(USD 기준)
Advt_6M_Usd	6월간 일 평균 거래량(USD 기준)
Asset_Turnover	평균 자산에 대한 총 매출
Bb_Yld	환매 수익률
Bv	장부 가치
Capex_Ps_Cf	매출 대비 가격 현금 흐름에 대한 자본 지출
Capex_Sales	매출 대비 자본 지출
Cash_Div_Cf	현금 배당 현금 흐름
Cash_Per_Share	주당 현금
Cf_Sales	주당 현금 흐름
Debtequity	자기 자본 대비 부채
Div_Yld	배당 수익률

열 이름	간단한 설명
Dps	주당 배당금
Ebit_Bv	장부가 대비 EBIT
Ebit_Noa	비영업 자산 대비 EBIT
Ebit_Oa	영업 자산 대비 EBIT
Ebit_Ta	총 자산 대비 EBIT
Ebitda_Margin	EBITDA 마진
Eps	주당 순이익
Eps_Basic	기본 주당 순이익
Eps_Basic_Gr	주당 순이익 성장률
Eps_Contin_Oper	계속 기업 주당 순이익
Eps_Dil	희석 주당 순이익
Ev	기업 가치
Ev_Ebitda	EBITDA 대비 기업 가치
Fa_Ci	보통주 대비 고정 자산 비율
Fcf	잉여 현금 흐름
Fcf_Bv	장부가 대비 잉여 현금 흐름
Fcf_Ce	사용 자본 대비 잉여 현금 흐름
Fcf_Margin	잉여 현금 흐름 마진
Fcf_Noa	순영업 자산 대비 잉여 현금 흐름
Fcf_Oa	영업 자산 대비 잉여 현금 흐름
Fcf_Ta	총 자산 대비 잉여 현금 흐름
Fcf_Tbv	유형 장부가 대비 잉여 현금 흐름
Fcf_Toa	총 영업 자산 대비 잉여 현금 흐름
Fcf_Yld	잉여 현금 흐름 수익률
Free_Ps_Cf	매출 대비 잉여 현금 흐름
Int_Rev	매출 대비 무형 자산
Interest_Expense	이자 비용 커버리지
Mkt_Cap_12M_Usd	12개월 평균 시가 총액(USD 기준)

열 이름	간단한 설명
Mkt_Cap_3M_Usd	3개월 평균 시가 총액(USD 기준)
Mkt_Cap_6M_Usd	6개월 평균 시가 총액(USD 기준)
Mom_11M_Usd	12개월 – 1개월 가격 모멘텀(USD 기준)
Mom_5M_Usd	6개월 – 1개월 가격 모멘텀(USD 기준)
Mom_Sharp_11M_Usd	12개월 – 1개월 가격 모멘텀 나누기 변동성(USD 기준)
Mom_Sharp_5M_Usd	6개월 – 1개월 가격 모멘텀 나누기 변동성(USD 기준)
Nd_Ebitda	EBITDA 대비 순부채
Net_Debt	순부채
Net_Debt_Cf	현금 흐름 대비 순부채
Net_Margin	순마진
Netdebtyield	순부채 수익률
Ni	당기 순이익
Ni_Avail_Margin	순이익 가용 마진
Ni_Oa	영업 자산 대비 순이익
Ni_Toa	총 영업 자산 대비 순이익
Noa	순 영업 자산
Oa	영업 자산
Ocf	영업 현금 흐름
Ocf_Bv	장부가 대비 영업 현금 흐름
Ocf_Ce	사용 자본 대비 영업 현금 흐름
Ocf_Margin	영업 현금 흐름 마진
Ocf_Noa	순 영업 자산 대비 영업 현금 흐름
Ocf_Oa	영업 자산 대비 영업 현금 흐름
Ocf_Ta	총 자산 대비 영업 현금 흐름
Ocf_Tbv	유형 장부가 대비 영업 현금 흐름
Ocf_Toa	총 영업 자산 대비 영업 현금 흐름
Op_Margin	영업 마진
Op_Prt_Margin	순 마진 1년 성장률

열 이름	간단한 설명
Oper_Ps_Net_Cf	주당 순 영업 활동 현금 흐름
Pb	장부가 대비 가격
Pe	가격 이익
Ptx_Mgn	세전 마진
Recurring_Earning_Total_Assets	총 자산 대비 반복 이익
Return_On_Capital	자본 수익률
Rev	매출
Roa	자산 수익률
Roc	자본 수익률
Roce	사용 자본 수익률
Roe	자기 자본 수익률
Sales_Ps	매출 대비 가격
Share_Turn_12M	12개월 평균 주식 회전율
Share_Turn_3M	3개월 평균 주식 회전율
Share_Turn_6M	6개월 평균 주식 회전율
Ta	총 자산
Tev_Less_Mktcap	총 기업 가치 − 시가 총액
Tot_Debt_Rev	매출 대비 총 부채
Total_Capital	총 자본
Total_Debt	매출 대비 총 부채
Total_Debt_Capital	자본 대비 총 부채
Total_Liabilities_Total_Assets	총 자산 대비 총 부채
Vol1Y_Usd	1년 수익률 변동성
Vol3Y_Usd	3년 수익률 변동성
R1M_Usd	1개월 선도 수익률(레이블)
R3M_Usd	3개월 선도 수익률(레이블)
R6M_Usd	6개월 선도 수익률(레이블)
R12M_Usd	12개월 선도 수익률(레이블)

18

예제 정답

18.1 3장

연간 값에 대해서는 그림 18.1을 참고하자.

```python
df_median=[]
# 임시 딕셔너리를 위한 빈 공간 생성
df=[]
df_median=data_ml[['date','Pb']].groupby(['date']).median().reset_index()
# 중위값 계산
df_median.rename(columns = {'Pb': 'Pb_median'}, inplace = True)
# 명확성을 위한 이름 수정
df = pd.merge(
    data_ml[["date",'Pb','R1M_Usd']],df_median,how='left',on=['date'])
df = df.groupby(
    [pd.to_datetime(
        df['date']).dt.year,np.where(
        df['Pb'] > df['Pb_median'],
        "Growth", "Value")])['R1M_Usd'].mean().reset_index()
# 연도 및 시가 총액 로직 설정해 그룹화하기
df.rename(columns = {'level_1': 'val_sort'},inplace = True)
df.pivot(
```

```python
        index='date',columns='val_sort',values='R1M_Usd').plot.bar(
        figsize=(10,6)) # 플롯!
plt.ylabel('Average returns')
plt.xlabel('year')
```

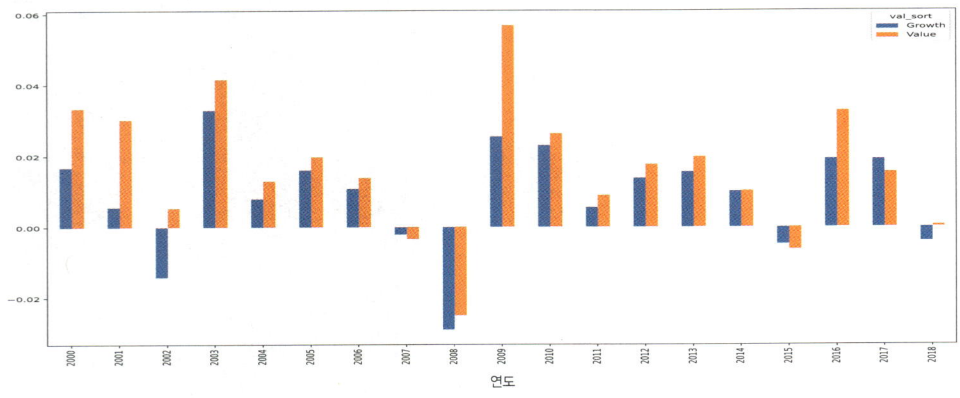

그림 18.1 밸류 팩터: 연간 수익률

월간 값에 대해서는 그림 18.2를 참고하자.

```python
df_median=[]
# 임시 딕셔너리를 위한 빈 공간 생성
df=[]
df_median=data_ml[["date","Pb"]].groupby(["date"]).median().reset_index()
# 중위값 계산
df_median.rename(columns = {'Pb': 'Pb_median'}, inplace=True)
# 명확성을 위한 이름 수정
df = pd.merge(data_ml[["date", "R1M_Usd", "Pb"]], df_median,on=["date"])
# 중위값에서 선택하기 위한 데이터프레임 결합
df["growth"] = np.where(df["Pb"] > df["Pb_median"],"Growth","Value")
# 조건에 따른 새로운 열 생성
df = df.groupby(["date", "growth"])["R1M_Usd"].mean().unstack()
# 평균 수익률 계산
(1+df.loc[:, ["Value", "Growth"]]).cumprod().plot(figsize = (10, 6));
# 플롯!
plt.ylabel('Average returns')
plt.xlabel('year')
```

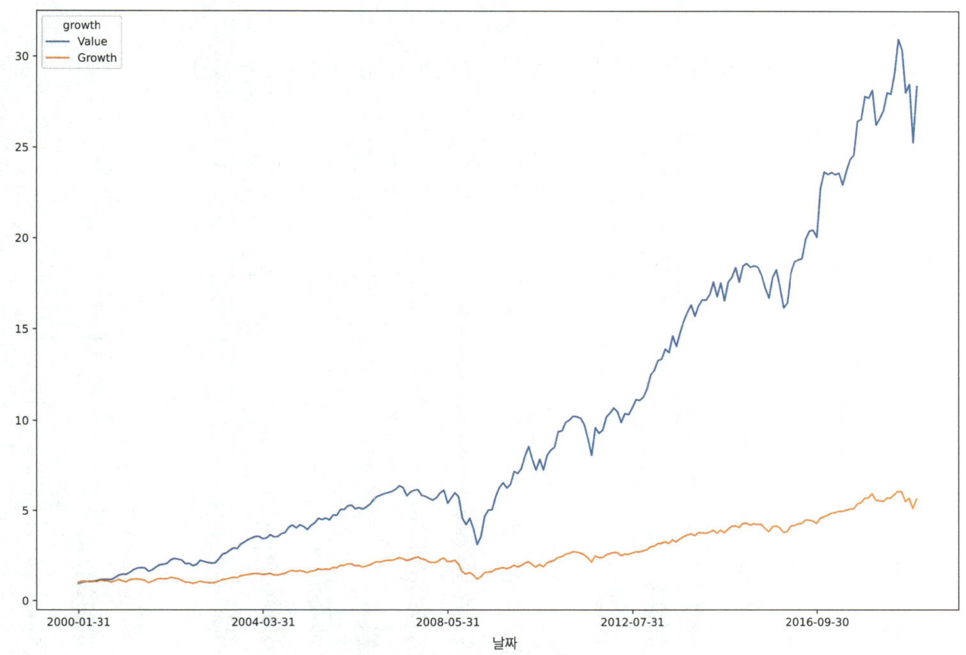

그림 18.2 밸류 팩터: 포트폴리오 가치

포트폴리오의 성과는 사분위수 정렬을 기반으로 한다. 특성이 균일화돼 있다는 사실, 즉 주어진 날짜마다 분포가 균일하다는 사실에 크게 의존한다. 전반적으로 시가 총액이 작은 기업이 더 높은 성과를 냈다(그림 18.3 참고).

```python
df=[]
values = ["small", "medium", "large", "xl"]
conditions = [data_ml["Mkt_Cap_6M_Usd"] <= 0.25, # 작은 기업...
             (data_ml["Mkt_Cap_6M_Usd"] > 0.25) &
             (data_ml["Mkt_Cap_6M_Usd"] <= 0.5),
             (data_ml["Mkt_Cap_6M_Usd"] > 0.5) &
             (data_ml["Mkt_Cap_6M_Usd"] <= 0.75),
             data_ml["Mkt_Cap_6M_Usd"] > 0.75] # ...큰 기업
df = data_ml[["date", "R1M_Usd", "Mkt_Cap_6M_Usd"]].copy()
df["Mkt_cap_quartile"] = np.select(conditions, values)
df["year"] = pd.to_datetime(df['date']).dt.year
df = df.groupby(["year", "Mkt_cap_quartile"])["R1M_Usd"].mean().unstack()
```

```python
# 평균 수익률 계산
df.loc[:, ["large","medium","small","xl"]].plot.bar(figsize = (10, 6));
# 플롯!
plt.ylabel('Average returns')
plt.xlabel('year')
```

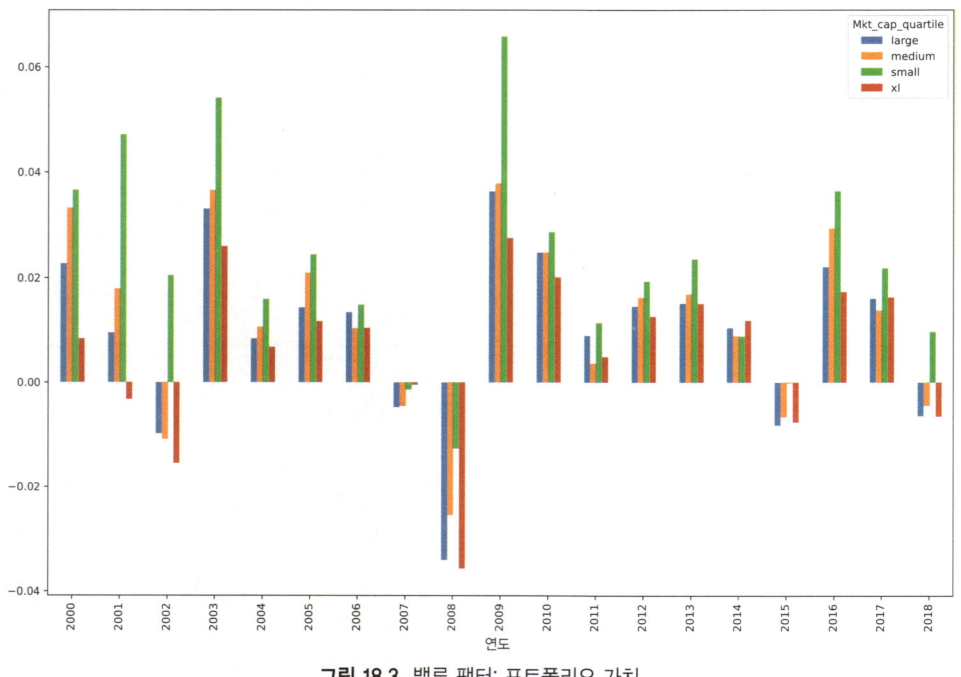

그림 18.3 밸류 팩터: 포트폴리오 가치

18.2 4장

다음 내용은 뱅크 오브 아메리카^{Bank of America}에서 제공하는 신용 스프레드를 가져왔다. 심벌/티커^{symbol/ticker}는 BAMLC0A0CM이다. 메모리 공간을 절약하기 위해 적은 수의 예측 인자에 데이터 확장을 적용한다. 간과해서는 안 되는 한 가지 중요한 트릭은 수식 (4.3)의 곱이 계산된 후의 균일화 단계다. 실제로 우리는 새로운 특성이 이전 특성과 동일한 속성을 갖기를 원한다. 이 단계를 건너뛰면 다음 예제에서 볼 수 있듯이 분포가 변한다.

데이터 추출 및 결합부터 시작한다. 누락된 데이터를 **근처 값**으로 바꾸려면 데이터 빈도를 가장 높은 수준(매일)으로 유지하기 위해 결합을 가능한 한 일찍 하는 것이 중요하다. 교체 전에 월별 데이터를 결합하면 불필요한 지연이 발생한다.

```python
cred_spread=pd.read_csv("BAMLC0A0CM.csv",index_col=0).reset_index()
# 데이터프레임으로 변환
```

```python
cred_spread.columns = ["date", "spread"]
# 열 이름 변경
dates_vector=pd.DataFrame(data_ml["date"].unique(),columns=['date'])
# 이후 결합을 위한 날짜 벡터 생성
cred_spread=pd.merge(
    dates_vector,cred_spread,how="left", on="date").sort_values(["date"])
# 결합!
cred_spread.drop_duplicates(); # 잠재적 중복값 제거
```

증강된 데이터셋을 생성하려면 약간의 조작이 필요하다. 그림 18.4에 표시된 것처럼 특성이 더 이상 균일해지지 않는다.

```python
data_cond = data_ml[list(["stock_id", "date"] + features_short)]
# 새로운 데이터셋 생성
names_cred_spread=list(map(lambda x: x+str("_cred_spread"),features_short))
# 새로운 열 이름
feat_cred_spread=pd.merge(data_cond, cred_spread, how="inner", on="date")
# 기존 값들
feat_cred_spread = feat_cred_spread[features_short].apply(
# 이 곱은 중복된 열을 사용한...
    lambda x: x.multiply(feat_cred_spread["spread"].astype(float)),axis=0)
# 새로운 값들을 생성한다.
feat_cred_spread.columns = names_cred_spread
# 새로운 열 이름
data_cond=pd.merge(
↪data_cond,feat_cred_spread,how="inner",left_index=True,right_index=True)
```

```python
# 기존 값과 신규 값을 결합
data_cond[["Eps_cred_spread"]].plot.hist(bins=30,figsize=[10,5]);
# 플롯 예시
```

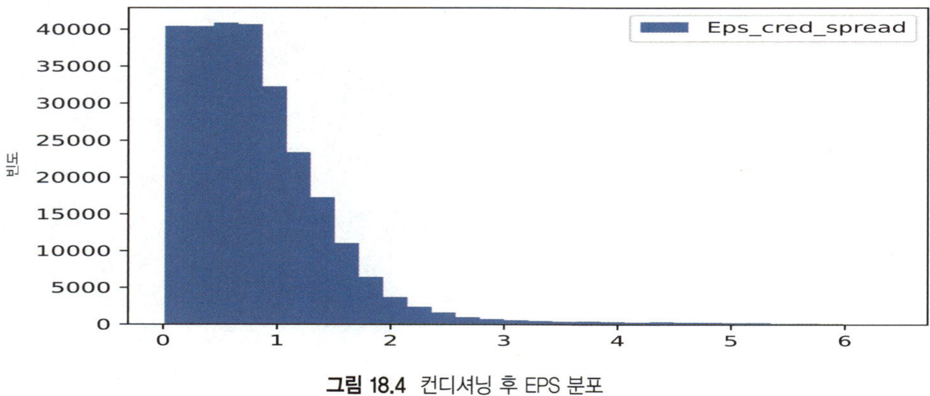

그림 18.4 컨디셔닝 후 EPS 분포

이 문제를 방지하려면 균일화가 필요하며 그림 18.5에서 이를 확인할 수 있다.

```python
data_tmp = data_cond.groupby(
# 새 데이터셋에서 날짜별로 그룹화하고...
["date"]).apply(lambda df: norm_0_1(df))
# 새로운 특성들을 통일하기
data_tmp[["Eps_cred_spread"]].plot.hist(bins=100,figsize=[10,5])
# 검증
```

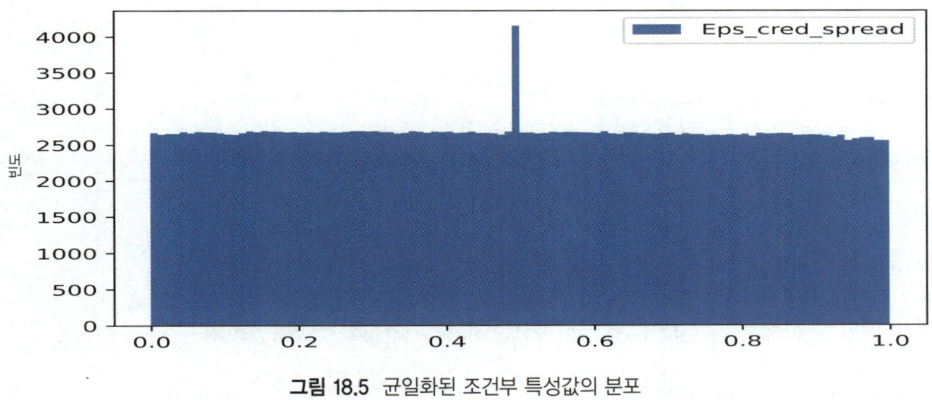

그림 18.5 균일화된 조건부 특성값의 분포

두 번째 문제는 자연스럽게 VIX 시리즈를 먼저 다운로드하고 원본 데이터와 결합하는 것을 요구한다.

```python
vix=pd.read_csv("VIXCLS.csv",index_col=0).reset_index()
# 데이터프레임으로 변환
```

```python
vix.columns = ["date", "vix"]
# 열 이름 변경
vix=pd.merge(dates_vector,vix,how="left",on="date").sort_values(["date"])
# 결합!
vix.fillna(method="pad", inplace=True)
# 이전 값으로 결측치 교체
vix.drop_duplicates();
# 잠재적 중복값 제거
```

그런 다음 범주화를 진행할 수 있다. 새로운 (더 작은) 데이터셋에 벡터 레이블을 생성하지만 큰 data_ml 변수에는 첨부하지 않는다. 또한, 레이블의 균형 및 시간에 따른 변화를 확인한다(그림 18.6 참고).

```python
delta = 0.5
# vix 조정의 크기
vix_bar = np.median(vix["vix"])
# vix의 중위값
data_vix = pd.merge(
    data_ml[["stock_id","date","R1M_Usd"]],vix,how="inner",on="date")
# 더 작은 데이터셋
data_vix["r_minus"]=(-0.02) * np.exp(-delta*(data_vix["vix"]-vix_bar))
# r_-
data_vix["r_plus"] = 0.02 * np.exp(delta*(data_vix["vix"]-vix_bar))
# r_+
rules=[data_vix["R1M_Usd"]>data_vix["r_plus"],
    (data_vix["R1M_Usd"]>=data_vix["r_minus"]) &
    (data_vix["R1M_Usd"]<=data_vix["r_plus"]),
    data_vix["R1M_Usd"]<data_vix["r_minus"]]
data_vix["R1M_Usd_Cvix"] = np.select(rules, [1, 0, -1]) # 새로운 레이블!
data_vix["year"] = pd.to_datetime(data_vix["date"]).dt.year
# 이후 그룹화를 위한 연도 열 생성
data_vix=data_vix.groupby(
    ['year','R1M_Usd_Cvix'])['stock_id'].count().unstack()
data_vix.plot(kind='bar', stacked=True, figsize=[16,6]) # 플롯 예시
```

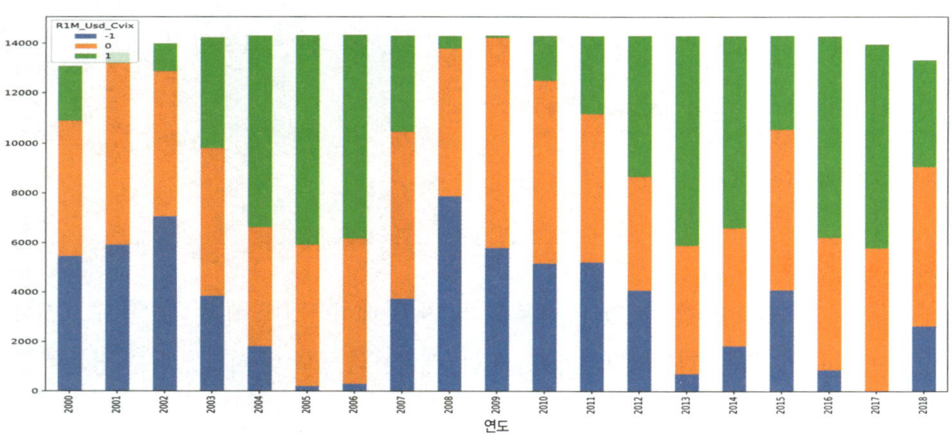

그림 18.6 시간 흐름에 따른 카테고리의 진화

414

마지막으로, 이상치로 전환한다(그림 18.7).

```
data_ml[["R12M_Usd"]].hist(figsize=[10,5])
```

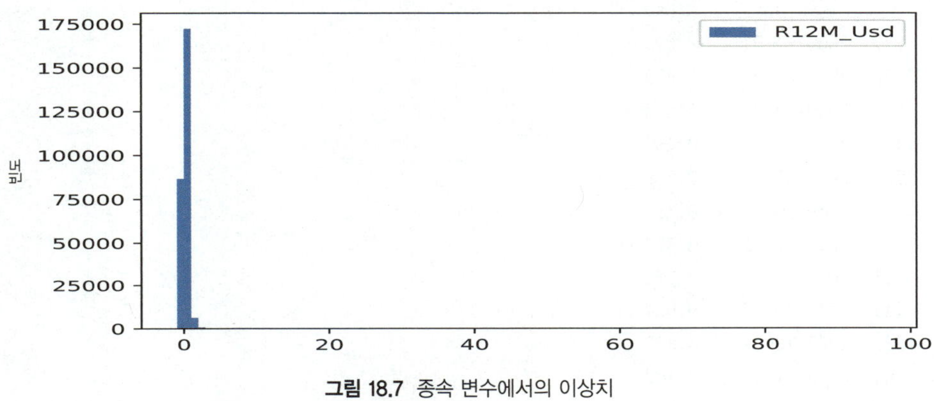

그림 18.7 종속 변수에서의 이상치

50이 넘는 수익률은 정말 드문 경우다.

```
data_ml.loc[data_ml["R12M_Usd"]>50,["stock_id","date","R12M_Usd"]]
```

```
          stock_id        date   R12M_Usd
12737          212   2000-12-31    52.993
32506          296   2002-06-30    72.240
125558         221   2008-12-31    53.474
126751         221   2009-01-31    55.161
127944         221   2009-02-28    54.804
128020         683   2009-02-28    95.972
128937         862   2009-02-28    57.976
128950         683   2009-03-31    64.830
```

가장 큰 수익률은 주식 #683에서 나왔다. 이 주식의 2009년 월별 수익률 흐름을 살펴보자.

```python
data_tmp = data_ml.loc[data_ml["stock_id"] == 683,:].copy()
data_tmp["year"] = pd.to_datetime(data_tmp["date"]).dt.year
data_tmp.loc[data_tmp["year"]==2009,["date","R1M_Usd"]].
    sort_values(['date'])
```

```
               date   R1M_Usd
126827   2009-01-31    -0.625
128020   2009-02-28     0.472
128950   2009-03-31     1.440
130144   2009-04-30     0.139
131338   2009-05-31     0.086
132533   2009-06-30     0.185
133727   2009-07-31     0.363
134921   2009-08-31     0.103
136115   2009-09-30     9.914
137308   2009-10-31     0.101
138501   2009-11-30     0.202
139692   2009-12-31    -0.251
```

수익률은 모두 매우 높다. 연간 값은 그럴듯하다. 또한, Vol1Y 값을 간략히 살펴보면 이 주식이 데이터셋 중 가장 변동성이 크다는 것을 알 수 있다.

18.3 5장

5장(특히 코딩 섹션)에서 생성한 훈련 및 테스트 데이터 변수를 재활용한다.

```python
y_penalized_train = training_sample['R1M_Usd'].values
# 종속 변수
X_penalized_train = training_sample[features].values
# 예측 인자
y_penalized_test = testing_sample['R1M_Usd'].values
# 종속 변수
X_penalized_test = testing_sample[features].values
# 예측 인자
```

```python
lasso_sens=[]
alpha_seq=list(np.round(np.arange(0.1,1.1,0.2),2))
# 알파 값들의 시퀀스
lambda_seq = [1e-5,1e-4,1e-3,1e-2,1e-1,1]
# 람다 값들의 시퀀스

for i,j in itertools.product(alpha_seq,lambda_seq):
        model = ElasticNet(alpha=i, l1_ratio=j) # 모델
        fit_temp=model.fit(X_penalized_train,y_penalized_train)
        # 모델 피팅
        rmse=np.sqrt(
            np.mean(
                (fit_temp.
 ↪predict(X_penalized_test)-y_penalized_test)**2))
        lasso_sens.append([rmse,i,j])

lasso_sens=pd.DataFrame(lasso_sens,columns=['rmse','alpha','lambda'])
rmse_elas=lasso_sens.pivot(index='alpha',columns='lambda',values='rmse')
# 플롯을 위한 행렬 형식
new_col_names= list(map(lambda x: str(x)+str(" Lambda"),lambda_seq))
# 새로운 열 이름
rmse_elas.columns=new_col_names
rmse_elas.plot(
    figsize=(14,12),
    subplots=True,sharey=True,sharex=True,kind='bar',ylabel='rmse')
plt.show() # 플롯!
```

그림 18.8에 설명된 것처럼 매개 변수는 매우 미미한 영향을 미친다. 모델이 작업에 적합하지 않을 수도 있다.

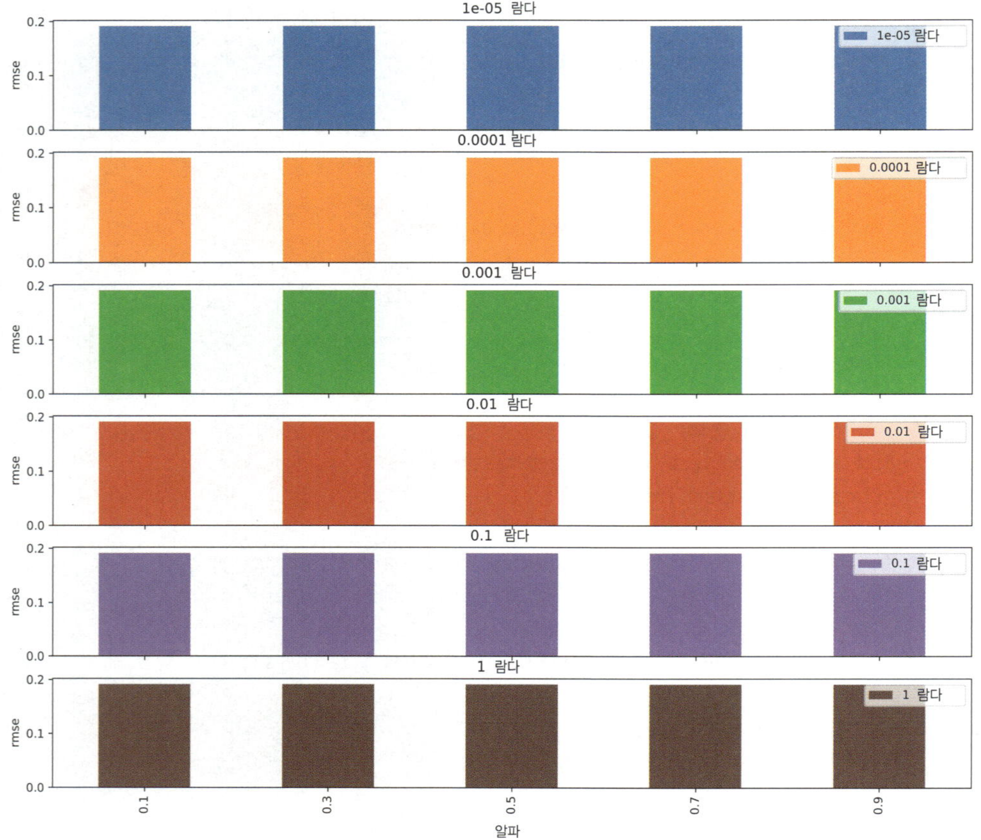

그림 18.8 매개 변수 값에 따른 엘라스틱넷의 성과

18.4 6장

```python
fit1 = tree.DecisionTreeRegressor( # 모델 정의
  max_depth = 5, # 최대 깊이(즉, 트리 레벨)
  ccp_alpha=0.00001, # 정확성: 더 작은 값 = 더 많은 잎사귀
      )
fit1.fit(X, y) # 모델 피팅
mse = np.mean((fit1.predict(X_test) - y_test)**2)
print(f'MSE: {mse}')
```

MSE: 0.014679220247642136

```python
fit2 = tree.DecisionTreeRegressor( # 모델 정의
    max_depth = 5, # 최대 깊이(즉, 트리 레벨)
    ccp_alpha=0.01, # 정확성: 더 작은 값 = 더 많은 잎사귀
            )
fit2.fit(X, y) # 모델 피팅
mse = np.mean((fit2.predict(X_test) - y_test)**2)
print(f'MSE: {mse}')
```

MSE: 0.03698756837337339

```python
fig, ax = plt.subplots(figsize=(13, 8)) # 사이즈 재조정
tree.plot_tree(fit1,feature_names=X.columns.values, ax=ax)
# 트리 플롯
plt.show()
```

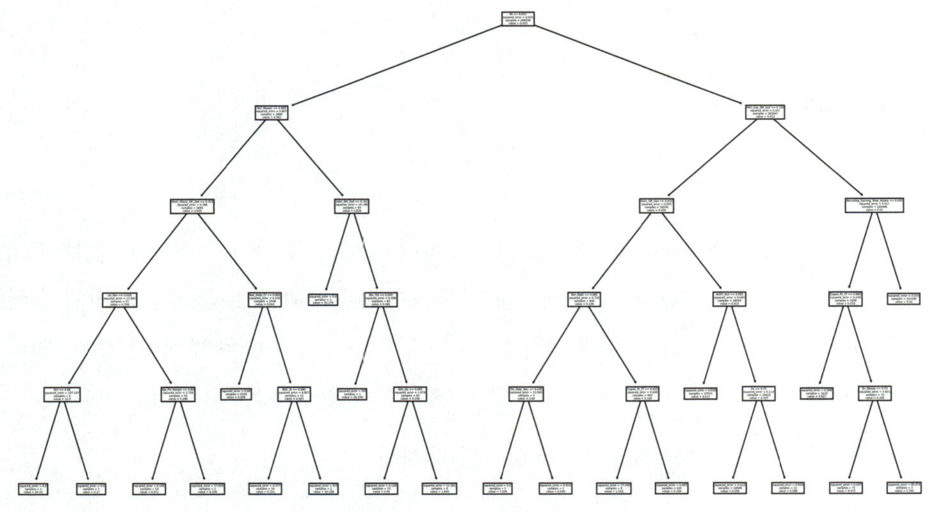

그림 18.9 (복잡한) 샘플 트리

첫 번째 모델(그림 18.9)은 **너무** 정확해서 훈련 샘플의 세부 사항으로 들어가면 표본 외에서 좋은 성능으로 이어지지 않는다. 보다 간단한 두 번째 모델이 더 나은 결과를 가져온다.

```python
n_trees=[10,20,40,80,160]
mse_rf=[]
for i in range(len(n_trees)):
    # 여기서는 함수형 프로그래밍이 필요 없음...
    fit_RF = RandomForestRegressor(n_estimators = n_trees[i],
    # 랜덤 트리의 개수
    criterion ='squared_error',
    # 분할의 퀄리티를 측정하기 위한 함수
    bootstrap=True, # 교체
    max_depth=5, # 각 트리별 예측 인자 개수
    max_samples=30000) # 각 트리별(랜덤) 샘플의 크기
    fit_RF.fit(X_train, y_train) # 모델 피팅
    mse=np.mean((fit_RF.predict(X_test) - y_test)**2)
    mse_rf.append([mse])
mse_rf
```

```
[[0.03864985167856587],
 [0.03819487650392408],
 [0.037083813469538304],
 [0.03709626863784633],
 [0.03642950985370603]]
```

트리는 기본적으로 무작위이므로 결과는 테스트마다 다를 수 있다. 전반적으로 많은 수의 트리가 바람직하며, 그 이유는 각각의 새로운 나무가 새로운 이야기를 들려주고 전체 숲의 위험을 분산하기 때문이다. 그 이유에 대한 좀 더 기술적인 세부 사항은 브레이만(2001)의 원본 논문에 설명돼 있다.

마지막 예제에서는 6장에서 사용한 공식을 재활용한다.

```python
training_sample_2008 = training_sample.loc[training_sample.index[(
    training_sample['date'] > '2007-12-31') &
    (training_sample['date'] < '2009-01-01')].tolist()]
```

```python
training_sample_2009 = training_sample.loc[training_sample.index[(
    training_sample['date'] > '2008-12-31')
    & (training_sample['date'] < '2010-01-01')].tolist()]

fit_2008 = tree.DecisionTreeRegressor( # 모델 정의
  max_depth = 2, # 최대 깊이(즉, 트리 레벨)
  ccp_alpha=0.00001, # 정확성: 더 작은 값 = 더 많은 잎사귀
      )
fit_2008.fit(
    training_sample_2008.iloc[:,3:96],training_sample_2008['R1M_Usd'])
# 모델 피팅
fig, ax = plt.subplots(figsize=(13, 8)) # 사이즈 재조정
tree.plot_tree(fit_2008,feature_names=X.columns.values, ax=ax)
# 트리 플롯
plt.show()
```

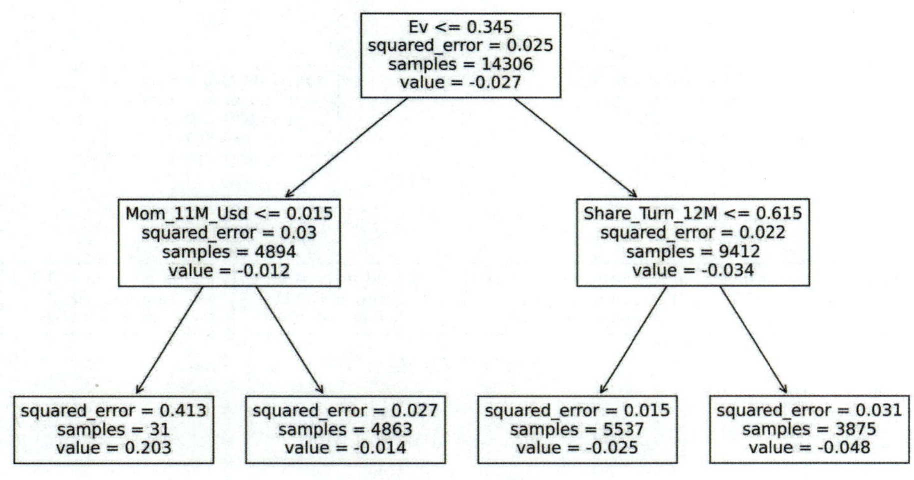

그림 18.10 2008년도 트리

그림 18.10의 첫 번째 분할 기준은 기업 가치^{EV, Enterprise Value}다. EV는 부채를 빼고 현금을 추가해 시가 총액을 조정하는 지표다. 이는 기업의 진정한 가치를 보다 충실하게 설명한다. 2008년에 가장 저조한 실적을 거둔 기업은 EV가 가장 높은 기업(즉, 크고 견실한 기업)이었다.

```python
fit_2009 = tree.DecisionTreeRegressor( # 모델 정의
  max_depth = 2, # 최대 깊이(즉, 트리 레벨)
  ccp_alpha=0.00001, # 정확성: 더 작은 값 = 더 많은 잎사귀
        )
fit_2009.fit(training_sample_2009.iloc[:,3:
  ↪96],training_sample_2009['R1M_Usd'])
# 모델 피팅
fig, ax = plt.subplots(figsize=(13, 8)) # 사이즈 재조정
tree.plot_tree(fit_2009,feature_names=X.columns.values, ax=ax)
# 트리 플롯
plt.show()
```

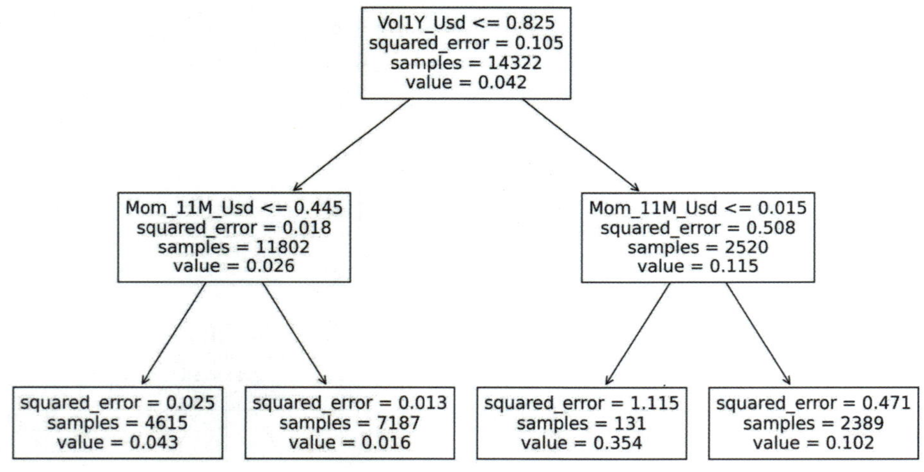

그림 18.11 2009년도 트리

2009년(그림 18.11)에 가장 빠르게 회복한 기업은 과거에 변동성이 컸던 기업(하락 변동성이 컸을 가능성이 높다)이었다. 모멘텀도 매우 중요한데, 과거 수익률이 가장 낮은 기업이 가장 빠르게 반등한 기업이다. 이는 바로소[Barroso]와 산타-클라라[Santa-Clara](2015), 다니엘과 모스코비츠(2016)에서 연구한 모멘텀 붕괴 현상의 전형적인 예다. 그 근거는 다음과 같다. 시장 침체기 이후 성장 가능성이 가장 높은 주식은 가장 큰 손실을 입은 주식이다. 따라서 모멘텀 팩터의 마이너스(숏) 구간이 롱 구간보다 성과가 좋은 경우가 많다. 실제로 2009년 모멘텀 팩터에 롱 포지션을 취했다면 마이너스 수익이 났을 것이다.

18.5 7장: 오토인코더 모델과 보편 근사화

먼저, 입력 변수의 형식을 올바르게 지정하는 것이 중요하다. 문제를 방지하기 위해 완벽한 직사각형 데이터로 작업하므로 누락된 포인트가 없는 주식으로 투자 집합을 제한한다. 차원 또한 올바른 순서여야 한다.

```python
data_short=data_ml.loc[(
    data_ml.stock_id.isin(
        stock_ids_short)),["stock_id","date"] + features_short+["R1M_Usd"]]
# 더 짧은 데이터셋
dates = data_short["date"].unique()
N = len(stock_ids_short)   # 자산에 대한 차원
Tt = len(dates)            # 날짜에 대한 자원
K = len(features_short)    # 특성에 대한 차원
factor_data=data_short[["stock_id", "date", "R1M_Usd"]].pivot(
    index="date",columns="stock_id",values="R1M_Usd").values
# 팩터 측 데이터
beta_data=np.swapaxes(
    data_short[features_short].values.reshape(N, Tt, K), 0, 1)
# 베타 측 데이터: 아래 순열에 주의!
```

다음으로, 함수형 API 양식을 사용해 네트워크 사양을 살펴본다.

```python
main_input = Input(shape=(N,))
# 메인 입력 변수: 수익률
factor_network = tf.keras.layers.Dense(
    8, activation="relu", name="layer_1_r")(main_input)
# 팩터 측 네트워크 정의
factor_network= tf.keras.layers.Dense(
    4, activation="tanh", name="layer_2_r")(factor_network)
aux_input = Input(shape=(N,K))
# 보조 입력 변수: 특성
beta_network =tf.keras.layers.Dense(
    units=8, activation="relu",name="layer_1_1")(aux_input)
beta_network=tf.keras.layers.Dense(
```

```python
    units=4, activation="tanh",name="layer_2_1")(beta_network)
beta_network= tf.keras.layers.Permute((2, 1))(beta_network)
# 순열!

main_output=tf.keras.layers.
 ↪Dot(axes=[1,1])([beta_network,factor_network])
# 두 네트워크의 곱
model_ae = keras.Model([main_input,aux_input], main_output)
# AE 모델의 사양
```

마지막으로, 모델의 구조를 요청하고 학습시킨다.

```python
model_ae.summary() # 모델 세부 정보 / 구조 보기
```

```
Model: "model_1"
 Layer (type)            Output Shape         Param #     Connected to
==================================================================
 input_3 (InputLayer)    [(None, 793, 7)]     0           []
 layer_1_1 (Dense)       (None, 793, 8)       64
['input_3[0][0]']
 input_2 (InputLayer)    [(None, 793)]        0           []
 layer_2_1 (Dense)       (None, 793, 4)       36
['layer_1_1[0][0]']
 layer_1_r (Dense)       (None, 8)            6352
['input_2[0][0]']
 permute (Permute)       (None, 4, 793)       0
['layer_2_1[0][0]']
 layer_2_r (Dense)       (None, 4)            36
['layer_1_r[0][0]']
 dot (Dot)               (None, 793)          0
['permute[0][0]',
'layer_2_r[0][0]']
==================================================================
Total params: 6,488
Trainable params: 6,488
Non-trainable params: 0
```

```python
model_ae.compile(
    optimizer="rmsprop",loss='mean_squared_error',
    metrics='mean_squared_error')
# 매개 변수 학습
fit_model_ae=model_ae.fit(
    (factor_data, beta_data),y=factor_data,epochs=20,batch_size=49,verbose=0)
```

두 번째 예제에서는 간단한 아키텍처를 사용한다. 활성화 함수, 에포크 수, 배치 크기가 중요할 수 있다.

```python
raw_data=np.arange(0,10,0.001)
# 사인 함수를 위한 임의의 숫자
df_sin = pd.DataFrame([raw_data, np.sin(raw_data)],index = ["x", "sinx"]).T
# 사인 데이터
model_ua = keras.Sequential()
model_ua.add(layers.Dense(16, activation="sigmoid", input_shape=(1,)))
model_ua.add(layers.Dense(1))
model_ua.summary() # 단순한 모델!
```

```
Model: "sequential_3"
Layer (type)                    Output Shape              Param #
=================================================================
dense_10 (Dense)                (None, 16)                32
dense_11 (Dense)                (None, 1)                 17
=================================================================
Total params: 49
Trainable params: 49
Non-trainable params: 0
```

```python
model_ua.compile(optimizer='RMSprop',loss='mse',metrics=['MeanAbsoluteError'])
fit_ua = model_ua.fit(
    raw_data,df_sin['sinx'].values,batch_size=64,epochs = 30,verbose=0)
```

전부 공개하자면, 적합도를 개선하기 위해 표본 사이즈를 늘렸다. 그림 18.12에서 개선된 결과를 확인할 수 있다.

```python
model_ua2 = keras.Sequential()
model_ua2.add(layers.Dense(128, activation="sigmoid", input_shape=(1,)))
model_ua2.add(layers.Dense(1))
model_ua2.summary() # 단순한 모델!
```

```
Model: "sequential_4"
Layer (type)                  Output Shape               Param #
=================================================================
dense_12 (Dense)              (None, 128)                256
dense_13 (Dense)              (None, 1)                  129
=================================================================
Total params: 385
Trainable params: 385
Non-trainable params: 0
```

```python
model_ua2.compile(
    optimizer='RMSprop',loss='mse',metrics=['MeanAbsoluteError'])
fit_ua2 = model_ua2.fit(
    raw_data,df_sin['sinx'].values,batch_size=64,epochs = 60,verbose=0)
df_sin['Small Model']=model_ua.predict(raw_data)
df_sin['Large Model']=model_ua2.predict(raw_data)
df_sin.set_index('x',inplace=True)
df_sin.plot(figsize=[10,4])
```

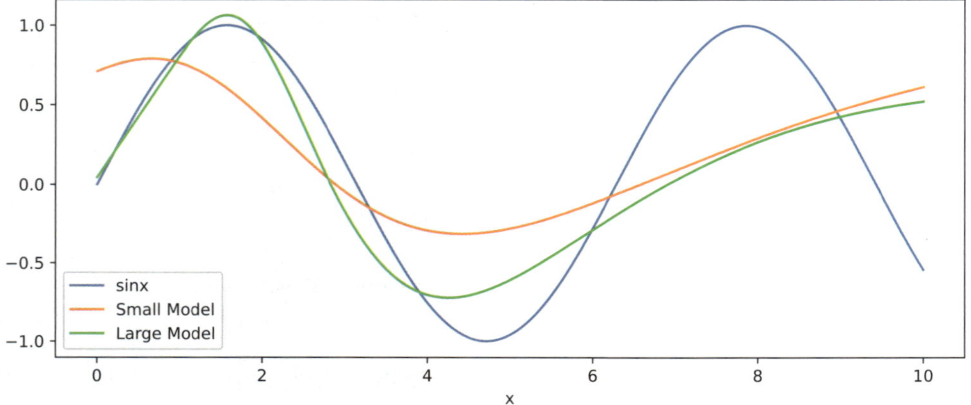

그림 18.12 128개 유닛에 대한 케이스

426

18.6 8장

비슷한 분석을 여러 번 반복할 것이기 때문에 두 가지 팁을 통해 작업을 단순화해보자. 첫째, svm 함수에 공통 인자로 전달되는 기본 매개 변수 값을 사용한다. 둘째, MSE를 계산하는 사용자 정의 함수를 만든다. 다음 코드에는 6장에서 만든 데이터셋을 재활용한다.

```python
y = train_label_xgb.iloc[1:1000]
# 훈련 레이블
x = train_features_xgb.iloc[1:1000,]
# 훈련 특성
test_feat_short=testing_sample[features_short]

def svm_func(_kernel,_C,_gamma,_coef0):
    model_svm=svm.SVR(kernel=_kernel,C=_C,gamma=_gamma,coef0=_coef0)
    fit_svm=model_svm.fit(x,y) # 모델 피팅
    mse = np.mean((fit_svm.predict(test_feat_short)-y_test)**2)
    print(f'MSE: {mse}')
kernels=['linear', 'rbf', 'poly', 'sigmoid']

for i in range(0,len(kernels)):
    svm_func(kernels[i],0.2,0.5,0.3)
```

```
MSE: 0.041511597922526976
MSE: 0.04297549469926879
MSE: 0.04405276977547405
MSE: 0.6195078379395168
```

처음 두 커널이 가장 적합하지만 마지막 커널은 피해야 한다. 선형 커널을 제외한 다른 모든 옵션에는 매개 변수가 필요하다는 점에 유의하라. 기본값을 사용했기 때문에 일부 비선형 커널의 성능이 저하될 수 있다.

다음 코드에는 모든 관측치가 포함된 훈련 샘플에 대해 SVM 모델을 훈련하지만, 이는 7가지 주요 예측 인자로 제한된다. 더 적은 수의 특성을 사용하더라도 훈련에는 많은 시간이 소요된다.

```python
y = train_label_xgb.iloc[1:50000]
# 훈련 레이블
x = train_features_xgb.iloc[1:50000,]
# 훈련 특성
test_feat_short=testing_sample[features_short]

model_svm_full=svm.SVR(
    kernel='linear',
# SVM 커널(or: 선형, 다항식, 시그모이드)
    C=0.1,
# 슬랙 변수 페널티
    epsilon=0.1,
# 오차에 대한 스트립 폭
    gamma=0.5
# 방사형 커널의 상수
    )
fit_svm_full=model_svm_full.fit(x, y) # 모델 피팅

hitratio = np.mean(fit_svm_full.predict(test_feat_short)*y_test>0)
print(f'Hit Ratio: {hitratio}')
```

Hit Ratio: 0.5328595031905196

다음 코드에서는 비교를 위해 아주 간단한 형태의 부스트 트리를 테스트해본다.

```python
train_matrix_xgb=xgb.DMatrix(x, label=y) # XGB 형식!
params={'eta'  : 0.3,                    # 학습률
    'objective'  : "reg:squarederror",   # 목적 함수
    'max_depth'  : 4}                    # 트리 최대 깊이
fit_xgb_full =xgb.train(params, train_matrix_xgb,num_boost_round=60)
test_features_xgb=testing_sample[features_short] # 테스트 샘플 XGB 형식
test_matrix_xgb=xgb.DMatrix(test_features_xgb, label=y_test) # XGB 형식
```

```python
hitratio = np.mean(fit_xgb_full.predict(test_matrix_xgb) * y_test > 0)
print(f'Hit Ratio: {hitratio}')
```

```
Hit Ratio: 0.5311645396536008
```

예측은 약간 일치하지만 계산 시간이 더 짧다. 모델의 성능이 좋지 않은 두 가지 이유는 1. 예측 인자가 충분하지 않고, 2. 모델이 정적이어서 거시적 조건에 따라 동적으로 조정되지 않기 때문이다.

18.7 11장: 앙상블 신경망

먼저, 세 가지 특성 집합을 생성한다. 첫 번째 집합은 3부터 93 사이의 모든 3의 배수가 있다. 두 번째는 동일한 인덱스에서 1개를 뺀 값이고, 세 번째는 초기 인덱스에서 2개를 뺀 값이다.

```python
feat_train_1 = training_sample[features[::3]].values
# 특성의 첫 번째 집합
feat_train_2 = training_sample[features[1::3]].values
# 특성의 두 번째 집합
feat_train_3 = training_sample[features[2::3]].values
# 특성의 세 번째 집합
feat_test_1 = testing_sample[features[::3]].values
# 테스트 특성 1
feat_test_2 = testing_sample[features[1::3]].values
# 테스트 특성 2
feat_test_3 = testing_sample[features[2::3]].values
# 테스트 특성 3
```

그런 다음 네트워크 구조를 지정한다. 먼저, 3개의 독립적인 네트워크를 지정한 다음 결합한다.

```python
first_input = Input(shape=(31,), name='first_input')
# 첫 번째 입력 변수
first_network=tf.keras.layers.Dense(
    8,activation="relu",name="layer_1")(first_input)
```

```python
# 첫 번째 네트워크 정의
first_network=tf.keras.layers.Dense(
    2,activation="softmax")(first_network)
# 범주화 출력을 위한 소프트맥스
second_input=Input(shape=(31,),name='second_input')
# 두 번째 입력 변수
second_network=tf.keras.layers.Dense(
    units=8,activation="relu",name="layer_2")(second_input)
# 두 번째 네트워크 정의
second_network=tf.keras.layers.Dense(
    units=2,activation="softmax")(second_network)
# 범주화 출력을 위한 소프트맥스
third_input=Input(shape=(31,),name='third_input')
# 세 번째 입력 변수
third_network=tf.keras.layers.Dense(
    units=8,activation="relu",name="layer_3")(third_input)
# 세 번째 네트워크 정의
third_network=tf.keras.layers.Dense(
    units=2,activation="softmax")(third_network)
# 범주화 출력을 위한 소프트맥스
main_output=tf.keras.layers.concatenate(
    [first_network,second_network,third_network])
main_output=tf.keras.layers.Dense(
    units=2,activation='softmax')(main_output)
# 결합
model_ens=keras.Model([first_input,second_input,third_input],main_output)
# 모델 사양 결합
```

마지막으로, 훈련하고 평가한다(그림 18.13 참고).

```python
model_ens.summary()  # 모델 세부 정보 / 구조 보기
```

```
Model: "model_2"
 Layer (type)                   Output Shape         Param #       Connected to
==================================================================================
 first_input (InputLayer)       [(None, 31)]          0             []
 second_input (InputLayer)      [(None, 31)]          0             []
 third_input (InputLayer)       [(None, 31)]          0             []
 layer_1 (Dense)                (None, 8)             256
['first_input[0][0]']
 layer_2 (Dense)                (None, 8)             256
['second_input[0][0]']
 layer_3 (Dense)                (None, 8)             256
['third_input[0][0]']
 dense_14 (Dense)               (None, 2)             18
['layer_1[0][0]']
 dense_15 (Dense)               (None, 2)             18
['layer_2[0][0]']
 dense_16 (Dense)               (None, 2)             18
['layer_3[0][0]']
 concatenate (Concatenate)      (None, 6)             0
['dense_14[0][0]',
 'dense_15[0][0]',
 'dense_16[0][0]']
 dense_17 (Dense)               (None, 2)             14
['concatenate[0][0]']

==================================================================================
Total params: 836
Trainable params: 836
Non-trainable params: 0
```

```python
NN_train_labels_C = to_categorical(training_sample['R1M_Usd_C'].values)
# 레이블에 대한 원-핫 인코딩
NN_test_labels_C = to_categorical(testing_sample['R1M_Usd_C'].values)
# 레이블에 대한 원-핫 인코딩
model_ens.compile( # 학습 매개 변수
    optimizer = "adam",
    loss='binary_crossentropy',
    metrics='categorical_accuracy')
fit_NN_ens=model_ens.fit(
```

```
    (feat_train_1, feat_train_2,feat_train_3),
    y = NN_train_labels_C,verbose=0,
    epochs=12, # 라운드(에포크) 개수
    batch_size=512, # 라운드별 관측치 개수
    validation_data=([feat_test_1,feat_test_2,feat_test_3],
                     NN_test_labels_C))
show_history(fit_NN_ens) # 확실하게 플롯!
```

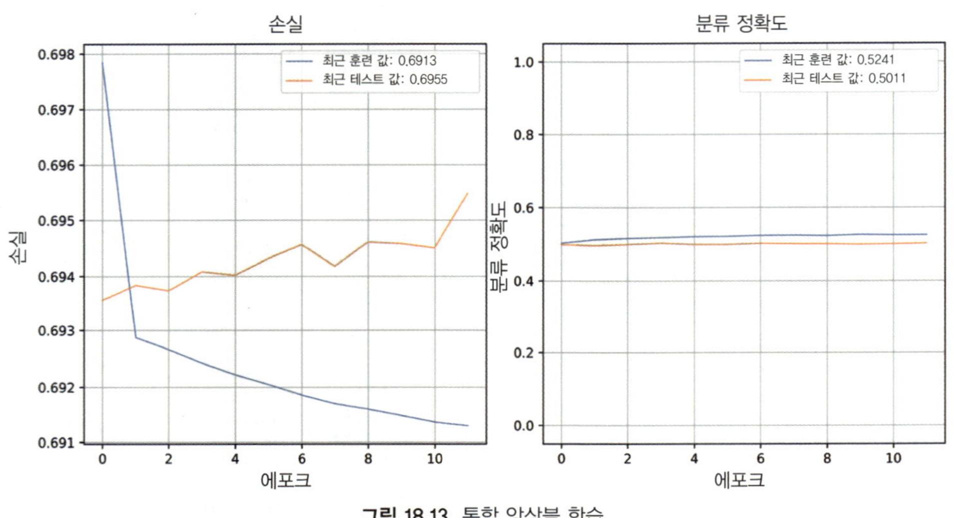

그림 18.13 통합 앙상블 학습

18.8 12장

18.8.1 동일 가중 포트폴리오

이 예제는 매우 쉽다. 더 단순하고 간결하지만 그림 3.1을 생성하는 코드와 비슷하다. 반환 값은 그림 18.14에 표시돼 있다.

```
data_ml.groupby("date").mean()['R1M_Usd'].plot(
    figsize=[16,6],ylabel='Return')
```

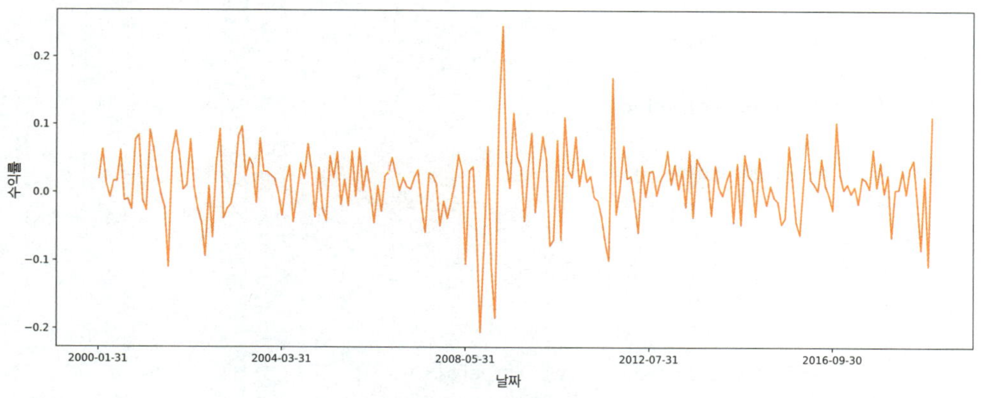

그림 18.14 수익률 시계열

18.8.2 고급 가중 함수

첫째, 모든 입력 변수가 포함된 함수를 코딩한다.

```python
def weights(Sigma, mu, Lambda, lamda, k_D, k_R, w_old):
    N = Sigma.shape[0]
    M = np.linalg.inv(lamda * Sigma + 2*k_R*Lambda + 2*k_D*np.eye(N))
# 역행렬
    num = 1 - np.sum(M@(mu + 2*k_R*Lambda@w_old))
# eta의 분자
    den = np.sum(M@np.ones(N))
# eta의 분모
    eta = num / den
# eta
    vec = mu + eta * np.ones(N) + 2*k_R*Lambda@w_old
# 가중치 벡터
    return M@vec
```

둘째, 임의의 데이터셋에서 테스트한다. 여기서는 1장의 마지막에 생성됐고 5.2.2절의 라쏘 배분에 사용된 수익률을 사용한다. μ의 경우 표본 평균을 사용하는데, 이는 실제로 좋은 생각은 아니다. 설명을 위한 예시 목적으로만 사용한다.

```python
Sigma = returns.cov().values
# 공분산 행렬
mu = returns.mean(axis=0).values
# 기대 수익률 벡터
Lambda = np.eye(Sigma.shape[0])
# 거래비용 행렬
lamda = 1
# 위험 회피
k_D = 1
k_R = 1
w_old = np.ones(Sigma.shape[0]) / Sigma.shape[0]
# 이전 가중치: 동일 가중
weights(Sigma, mu, Lambda, lamda, k_D, k_R, w_old)[:5]
# 처음 6개 가중치 예시
```

```
array([ 0.00313393, -0.00032435,  0.00119447,  0.00141942,  0.00150862])
```

물론, 일부 가중치는 음수일 수 있다. 마지막으로, 민감도를 테스트한다. 세 가지 주요 지표를 살펴본다.

- 가중치 제곱 합의 역수를 통해 측정하는 **분산화 정도**(역 허쉬만-허핀달^{inverse Hirschman-Herfindahl} 지수)
- 음수 가중치의 절댓값 합을 통해 평가하는 **레버리지**
- $w'\Sigma x$로 계산하는 **표본 내 변동성**

이를 위해 다음 코드에 전용 함수를 만든다.

```python
def sensi(lamda, k_D, Sigma, mu, Lambda, k_R, w_old):
    w = weights(Sigma, mu, Lambda, lamda, k_D, k_R, w_old)
    out = []
    out.append(1/np.sum(np.square(w)))
# 분산 투자
    out.append(np.sum(np.abs(w[w<0])))
# 레버리지
    out.append(w.T@Sigma@w)
# 표본 내 변동성
    return out
```

기본적인 map2 함수를 사용하는 대신, 결과를 데이터프레임에 직접 연결하는 버전을 사용한다.

```python
lamda = np.power(10, np.arange(-3, 3, 1, dtype=float)) # 매개 변수 값
k_D = 2*np.power(10, np.arange(-3, 3, 1, dtype=float)) # 매개 변수 값
res = []
for i, j in itertools.product(lamda, k_D): # 격자를 위한 매개 변수
    res.append([i, j] + sensi(i, j, Sigma, mu, Lambda, k_R, w_old))
res = pd.DataFrame(res, columns=['lamda','k_D','div', 'lev', 'vol'])
res.set_index(['lamda','k_D']).plot(
    figsize=(14,12), subplots=True, sharey=False, sharex=True,
 ↪kind='bar')
```

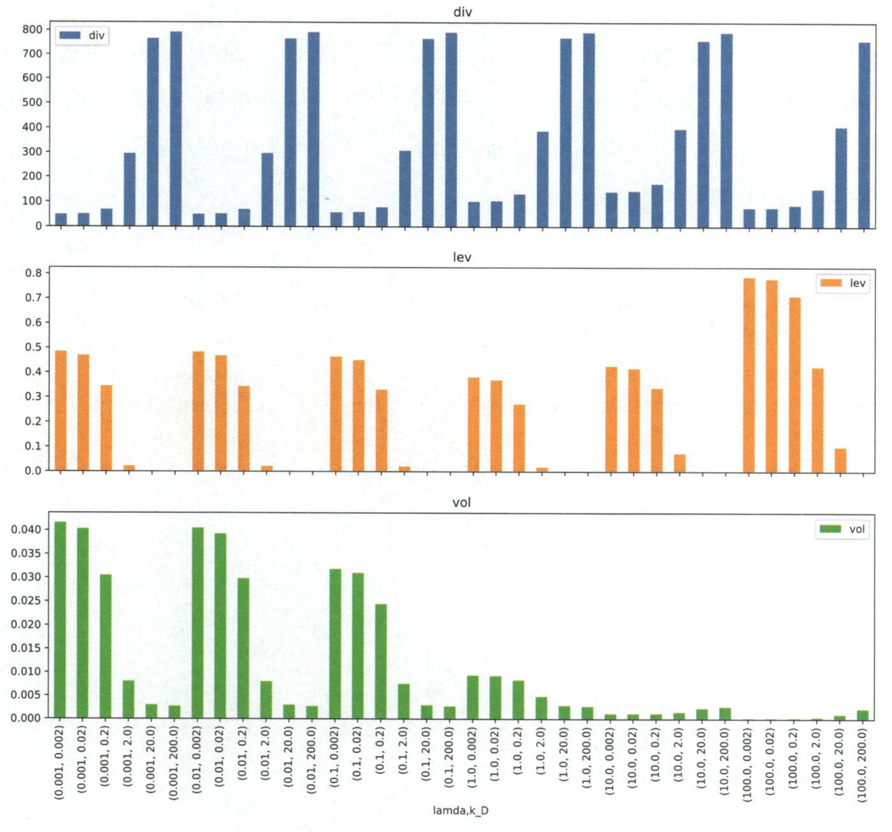

그림 18.15 포트폴리오 가중치와 관련된 지표들

그림 18.15에서 각 패널은 지표를 나타낸다. 첫 번째 패널에서는 k_D에 따라 분산 투자 정도가 증가하는 것을 볼 수 있다. 실제로 이 숫자가 증가함에 따라 포트폴리오는 균등한(동일 가중) 값으로 수렴한다. 매개 변수 λ는 미미한 영향을 미친다. 두 번째 패널은 레버리지의 반비례 효과를 보여준다. k_D에 따라 분산 투자가 증가하면 레버리지(즉, 총 마이너스 포지션 – 공매도)는 감소한다. 끝으로, 마지막 패널은 표본 내 변동성이 위험 회피 매개 변수에 의해 크게 좌우된다는 것을 보여준다. λ가 증가하면 변동성은 논리적으로 크게 감소한다. λ의 값이 작을 경우 k_D는 변동성과 음의 관계를 보이지만, λ의 값이 클 경우 패턴이 반전된다. 이는 동일 가중치 포트폴리오가 레버리지가 높은 평균-분산 정책보다는 덜 위험하나 최소-분산 포트폴리오보다는 더 위험하기 때문이다.

18.9 15장

15장에서 학습한 AE 모델을 재활용한다. 이상하게도 큰 모델(AE)로부터 작은 모델(인코더)을 구축하려면 가중치를 저장한 다음 다시 로드해야 한다. 이렇게 하면 외부 파일이 생성되는데, 이를 'ae_weights'라 부른다. 출력값에 7개의 열(원본 데이터)이 아닌 4개의 열(압축된 데이터)이 있는 것을 확인할 수 있다.

```python
ae_model.save_weights(filepath ="ae_weights.hdf5", overwrite = True)
input_layer = Input(shape=(7,))
# features_short에는 7개의 열이 있음
encoder2 = tf.keras.layers.Dense(units=32,activation="sigmoid")(input_layer)
# 우선, 인코드
encoder2 = tf.keras.layers.Dense(units=4)(encoder2)
# 출력층의 4차원(PCA 예시와 동일)
encoder_model = keras.Model(input_layer, encoder2)
# 모델 구축

encoder_model.compile(# 학습 매개 변수
    optimizer='adam',
    loss='mean_squared_error',
    metrics='mean_squared_error')
encoder_model.summary()
```

```
encoder_model.load_weights('ae_weights.hdf5',
                            skip_mismatch=True,by_name=True)
encoder_model.predict_on_batch(training_sample[features_short])
```

```
Model: "model_3"
Layer (type)                    Output Shape              Param #
=================================================================
input_4 (InputLayer)            [(None, 7)]               0
dense_18 (Dense)                (None, 32)                256
dense_19 (Dense)                (None, 4)                 132
=================================================================
Total params: 388
Trainable params: 388
Non-trainable params: 0
array([[-0.22249778,  1.0324544 ,  0.28617164,  0.38589922],
       [-0.2874641 ,  0.9946462 ,  0.23732972,  0.3335044 ],
       [-0.20421052,  1.0427837 ,  0.26523346,  0.34406054],
       ...,
       [-0.16267133,  1.0322567 ,  0.29166117,  0.32939866],
       [-0.14826688,  1.037591  ,  0.27122724,  0.33380592],
       [-0.1614114 ,  1.0171033 ,  0.33961502,  0.35193536]],
      dtype=float32)
```

18.10 16장

16장의 코드에서 rho 계수를 변경하기만 하면 된다.

```
n_sample = 10**5
# 생성할 샘플 개수
rho=(-0.8)
# 자기회귀 매개 변수
sd=0.4
# 잡음의 표준 편차
a=0.06*(rho)
# 수익률의 스케일된 평균
ar1 = np.array([1, -rho])
```

```python
# ar 매개 변수에 대한 템플릿, rho의 부호를 반전시켜야 한다는 점에 유의
AR_object1 = ArmaProcess(ar1)
# AR 객체 생성
simulated_data_AR1 = AR_object1.generate_sample(nsample=n_sample,scale=sd)
# AR 객체로부터 샘플 생성
returns=a/rho+simulated_data_AR1
# AR(1) 시뮬레이션을 통한 수익률
action = np.round(np.random.uniform(size=n_sample)*4) / 4
# 랜덤 액션(포트폴리오)
state = np.where(returns < 0, "neg", "pos") # 상태 코드
reward = returns * action
# 보상 = 포트폴리오 수익률
data_RL = pd.DataFrame([returns, action, state, reward]).T
# 시각적 일관성을 위한 전치
data_RL.columns = ['returns', 'action', 'state', 'reward']
# 향후 테이블 출력을 위한 열 이름 지정
data_RL['new_state'] = data_RL['state'].shift(-1)
# 지연을 사용한 다음 상태
data_RL = data_RL.dropna(axis=0).reset_index(drop=True)
# 마지막 행의 누락된 신규 상태 제거
```

그런 다음 학습을 진행할 수 있다.

```python
alpha = 0.1            # 학습률
gamma = 0.7            # 보상을 위한 할인 계수
epsilon = 0.1          # 탐험률


def looping_w_counters(obj_array):
# 카운터가 있는 반복문을 위한 유틸 함수 생성
    _dict = {z:i for i,z in enumerate(obj_array)}
# 딕셔너리 컴프리헨션
    return _dict
s =looping_w_counters(data_RL['state'].unique())
# 상태 딕셔너리
a =looping_w_counters(data_RL['action'].unique())
# 행동 딕셔너리
fit_RL3 = np.zeros(shape=(len(s),len(a)))
```

```python
# Q 행렬을 위한 데이터 공간
r_final = 0
for z, row in data_RL.iterrows():
# Q-러닝을 위한 반복문
    act = a[row.action]
    r = row.reward
    s_current = s[row.state]
    s_new = s[row.new_state]
    if np.random.uniform(size=1) < epsilon:
        best_new = a[np.random.choice(list(a.keys()))]
# 행동 공간 탐험
    else:
        best_new = np.argmax(fit_RL3[s_new,])
# 학습된 값 사용
    r_final += r
    fit_RL3[s_current,act]+=alpha*(
        r+gamma*fit_RL3[s_new,best_new]-fit_RL3[s_current,act])
fit_RL3=pd.DataFrame(fit_RL3,index=s.keys(),columns=a.keys()).sort_index(axis=1)
print(fit_RL3)
print(f'Reward (last iteration): {r_final}')
```

```
          0.00      0.25      0.50      0.75      1.00
neg   0.682169  0.588050  0.483037  0.372552  0.205051
pos   0.547007  0.701769  0.836607  1.135833  1.115316
Reward (last iteration): 3028.0978527016036
```

두 번째 예제에서는 모든 날짜의 두 자산에 대해 가능한 모든 액션, 즉 모든 조합(+1, 0, −1)을 정의하는 것이 요령이다. 16장의 데이터를 재활용한다.

```python
return_3=pd.Series(data_ml.loc[data_ml['stock_id']==3,'R1M_Usd'].values)
# 자산 3의 수익률
return_4=pd.Series(data_ml.loc[data_ml['stock_id']==4,'R1M_Usd'].values)
# 자산 4의 수익률
pb_3 = pd.Series(data_ml.loc[data_ml['stock_id']==3, 'Pb'].values)
# 자산 3의 P/B 비율
pb_4 = pd.Series(data_ml.loc[data_ml['stock_id']==4, 'Pb'].values)
# 자산 4의 P/B 비율
```

```python
RL_data = pd.concat([return_3, return_4, pb_3, pb_4],axis=1)
# 데이터셋 구축
RL_data = np.repeat(RL_data.values, 9, axis=0).reshape(-1,4)
action_3 = pd.Series(np.floor(np.random.uniform(size=len(RL_data))*3) - 1)
# 자산 3에 대한 (임의의) 행동
action_4 = pd.Series(np.floor(np.random.uniform(size=len(RL_data))*3) - 1)
# 자산 4에 대한 (임의의) 행동
RL_data=pd.concat(
    [pd.DataFrame(RL_data),pd.DataFrame(action_3),
     pd.DataFrame(action_4)],axis=1)
# 데이터셋 구축
RL_data.columns = ['return_3','return_4','Pb_3',
                   'Pb_4','action_3','action_4']
# 열 이름 추가
RL_data.dtypes
RL_data['action']=RL_data.action_3.astype(int).apply(
    str)+" "+RL_data.action_4.astype(int).apply(str) # 통합 작업
RL_data['Pb_3'] = np.round(5*RL_data['Pb_3'])
# 상태 단순화 (P/B)
RL_data['Pb_4'] = np.round(5*RL_data['Pb_4'])
# 상태 단순화 (P/B)
RL_data['state'] = RL_data.Pb_3.astype(int).apply(
    str)+" "+RL_data.Pb_4.astype(int).apply(str) # 통합 작업
RL_data['new_state'] = RL_data['state'].shift(-1)
# 새로운 상태 추론
RL_data['reward']=RL_data.action_3*RL_data.return_3 \
+RL_data.action_4*RL_data.return_4
# 보상 계산
RL_data = RL_data[['action','state','reward','new_state']].dropna(
    axis=0).reset_index(drop=True)
# 마지막 행의 누락된 신규 상태 제거
```

이 데이터를 RL 함수에 연결하면 된다.

```python
alpha = 0.1 # 학습률
gamma = 0.7 # 보상을 위한 할인 계수
epsilon = 0.1 # 탐험률
```

```python
s =looping_w_counters(RL_data['state'].unique())
# 상태 딕셔너리
a =looping_w_counters(RL_data['action'].unique())
# 행동 딕셔너리
fit_RL4 = np.zeros(shape=(len(s),len(a)))
# Q 행렬을 위한 데이터 공간
r_final = 0
for z, row in RL_data.iterrows():
# Q-러닝에 대한 반복문
    act = a[row.action]
    r = row.reward
    s_current = s[row.state]
    s_new = s[row.new_state]
    if np.random.uniform(size=1) < epsilon:
# 행동 공간 탐험
        best_new = a[np.random.choice(list(a.keys()))]
    else:
        best_new = np.argmax(fit_RL4[s_new,])
# 학습된 값 사용
    r_final += r
    fit_RL4[s_current,act]+=alpha*(
        r+gamma*fit_RL4[s_new,best_new]-fit_RL4[s_current,act])
fit_RL4=pd.DataFrame(
    fit_RL4,index=s.keys(),columns=a.keys()).sort_index(axis=1)
print(f'State-Action function Q: {fit_RL4}')
print(f'Reward (last iteration): {r_final}')
```

행렬은 16장의 행렬에 비해 덜 희소하지만, 훨씬 더 많은 내용을 다뤘다. 더 작은 표본과 비교했을 때 일부 정책 권장 사항은 변경되지 않았지만 일부는 변경됐다. 더 많은 데이터가 있으면 의사결정이 변한다.

Abbasi, A., Albrecht, C., Vance, A., and Hansen, J. (2012). Metafraud: a meta-learning framework for detecting financial fraud. *MIS Quarterly*, pages 1293–1327.

Aboussalah, A. M. and Lee, C.-G. (2020). Continuous control with stacked deep dynamic recurrent reinforcement learning for portfolio optimization. *Expert Systems with Applications*, 140:112891.

Adler, T. and Kritzman, M. (2008). The cost of socially responsible investing. *Journal of Portfolio Management*, 35(1):52–56.

Agarwal, A., Hazan, E., Kale, S., and Schapire, R. E. (2006). Algorithms for portfolio management based on the newton method. In *Proceedings of the 23rd international conference on Machine learning*, pages 9–16. ACM.

Aggarwal, C. C. (2013). *Outlier analysis*. Springer.

Aldridge, I. and Avellaneda, M. (2019). Neural networks in finance: Design and performance. *Journal of Financial Data Science*, 1(4):39–62.

Alessandrini, F. and Jondeau, E. (2020). Optimal strategies for ESG portfolios. *SSRN Working Paper*, 3578830.

Allison, P. D. (2001). *Missing data*, volume 136. Sage publications.

Almahdi, S. and Yang, S. Y. (2017). An adaptive portfolio trading system: A risk-return portfolio optimization using recurrent reinforcement learning with expected maximum drawdown. *Expert Systems with Applications*, 87:267–279.

Almahdi, S. and Yang, S. Y. (2019). A constrained portfolio trading system using particle swarm algorithm and recurrent reinforcement learning. *Expert Systems with Applications*, 130:145–156.

Alti, A. and Titman, S. (2019). A dynamic model of characteristic-based return predictability. *Journal of Finance*, 74(6):3187–3216.

Ammann, M., Coqueret, G., and Schade, J.-P. (2016). Characteristics-based portfolio choice with leverage constraints. *Journal of Banking & Finance*, 70:23–37.

Amrhein, V., Greenland, S., and McShane, B. (2019). Scientists rise up against statistical significance. *Nature*, 567:305–307.

Anderson, J. A. and Rosenfeld, E. (2000). *Talking nets: An oral history of neural networks*. MIT Press.

Andersson, K. and Oosterlee, C. (2020). A deep learning approach for computations of exposure profiles for high-dimensional bermudan options. *arXiv Preprint*, (2003.01977).

Ang, A. (2014). *Asset management: A systematic approach to factor investing*. Oxford University Press.

Ang, A., Hodrick, R. J., Xing, Y., and Zhang, X. (2006). The cross-section of volatility and expected returns. *Journal of Finance*, 61(1):259–299.

Ang, A. and Kristensen, D. (2012). Testing conditional factor models. *Journal of Financial Economics*, 106(1):132–156.

Ang, A., Liu, J., and Schwarz, K. (2018). Using individual stocks or portfolios in tests of factor models. *SSRN Working Paper*, 1106463.

Arik, S. O. and Pfister, T. (2019). Tabnet: Attentive interpretable tabular learning. *arXiv Preprint*, (1908.07442).

Arjovsky, M., Bottou, L., Gulrajani, I., and Lopez-Paz, D. (2019). Invariant risk minimization. *arXiv Preprint*, (1907.02893).

Arnott, R., Harvey, C. R., Kalesnik, V., and Linnainmaa, J. (2019a). Alice's adventures in factorland: Three blunders that plague factor investing. *Journal of Portfolio Management*, 45(4):18–36.

Arnott, R., Harvey, C. R., and Markowitz, H. (2019b). A backtesting protocol in the era of machine learning. *Journal of Financial Data Science*, 1(1):64–74.

Arnott, R. D., Clements, M., Kalesnik, V., and Linnainmaa, J. T. (2020). Factor momentum. *Journal of the American Statistical Association*, 3116974.

Arnott, R. D., Hsu, J. C., Liu, J., and Markowitz, H. (2014). Can noise create the size and value effects? *Management Science*, 61(11):2569–2579.

Aronow, P. M. and Sävje, F. (2019). Book review. The book of Why: The new science of cause and effect. *Journal of the American Statistical Association*, 115(529):482–485.

Asness, C., Chandra, S., Ilmanen, A., and Israel, R. (2017). Contrarian factor timing is deceptively difficult. *Journal of Portfolio Management*, 43(5):72–87.

Asness, C. and Frazzini, A. (2013). The devil in hml's details. *Journal of Portfolio Management*, 39(4):49–68.

Asness, C., Frazzini, A., Gormsen, N. J., and Pedersen, L. H. (2020). Betting against correlation: Testing theories of the low-risk effect. *Journal of Financial Economics*, 135(3):629–652.

Asness, C., Frazzini, A., Israel, R., Moskowitz, T. J., and Pedersen, L. H. (2018). Size matters, if you control your junk. *Journal of Financial Economics*, 129(3):479–509.

Asness, C., Ilmanen, A., Israel, R., and Moskowitz, T. (2015). Investing with style. *Journal of Investment Management*, 13(1):27–63.

Asness, C. S., Moskowitz, T. J., and Pedersen, L. H. (2013). Value and momentum everywhere. *Journal of Finance*, 68(3):929–985.

Astakhov, A., Havranek, T., and Novak, J. (2019). Firm size and stock returns: A quantitative survey. *Journal of Economic Surveys*, 33(5):1463–1492.

Atta-Darkua, V., Chambers, D., Dimson, E., Ran, Z., and Yu, T. (2020). Strategies for responsible investing: Emerging academic evidence. *Journal of Portfolio Management*, 46(3):26–35.

Back, K. (2010). *Asset pricing and portfolio choice theory*. Oxford University Press.

Baesens, B., Van Vlasselaer, V., and Verbeke, W. (2015). *Fraud analytics using descriptive, predictive, and social network techniques: a guide to data science for fraud detection*. John Wiley & Sons.

Bailey, D. H. and de Prado, M. L. (2014). The deflated sharpe ratio: correcting for selection bias, backtest overfitting, and non-normality. *Journal of Portfolio Management*, 40(5):94–107.

Bailey, T. and Jain, A. (1978). A note on distance-weighted k-nearest neighbor rules. *IEEE Trans. on Systems, Man, Cybernetics*, 8(4):311–313.

Bajgrowicz, P. and Scaillet, O. (2012). Technical trading revisited: False discoveries, persistence tests, and transaction costs. *Journal of Financial Economics*, 106(3):473–491.

Baker, M., Bradley, B., and Wurgler, J. (2011). Benchmarks as limits to arbitrage: Understanding the low-volatility anomaly. *Financial Analysts Journal*, 67(1):40–54.

Baker, M., Hoeyer, M. F., and Wurgler, J. (2020). Leverage and the beta anomaly. *Journal of Financial and Quantitative Analysis*, 55(5):1491–1514.

Baker, M., Luo, P., and Taliaferro, R. (2017). Detecting anomalies: The relevance and power of standard asset pricing tests. *SSRN Working Paper*.

Bali, T. G., Engle, R. F., and Murray, S. (2016). *Empirical asset pricing: the cross section of stock returns*. John Wiley & Sons.

Ballings, M., Van den Poel, D., Hespeels, N., and Gryp, R. (2015). Evaluating multiple classifiers for stock price direction prediction. *Expert Systems with Applications*, 42(20):7046–7056.

Ban, G.-Y., El Karoui, N., and Lim, A. E. (2016). Machine learning and portfolio optimization. *Management Science*, 64(3):1136–1154.

Bansal, R., Hsieh, D. A., and Viswanathan, S. (1993). A new approach to international arbitrage pricing. *Journal of Finance*, 48(5):1719–1747.

Bansal, R. and Viswanathan, S. (1993). No arbitrage and arbitrage pricing: A new approach. *Journal of Finance*, 48(4):1231–1262.

Banz, R. W. (1981). The relationship between return and market value of common stocks. *Journal of Financial Economics*, 9(1):3–18.

Barberis, N. (2018). Psychology-based models of asset prices and trading volume. In *Handbook of behavioral economics: applications and foundations 1*, volume 1, pages 79–175. Elsevier.

Barberis, N., Greenwood, R., Jin, L., and Shleifer, A. (2015). X-CAPM: An extrapolative capital asset pricing model. *Journal of Financial Economics*, 115(1):1–24.

Barberis, N., Jin, L. J., and Wang, B. (2020). Prospect theory and stock market anomalies. *SSRN Working Paper*, 3477463.

Barberis, N., Mukherjee, A., and Wang, B. (2016). Prospect theory and stock returns: An empirical test. *Review of Financial Studies*, 29(11):3068–3107.

Barberis, N. and Shleifer, A. (2003). Style investing. *Journal of Financial Economics*, 68(2):161–199.

Barillas, F. and Shanken, J. (2018). Comparing asset pricing models. *Journal of Finance*, 73(2):715–754.

Barron, A. R. (1993). Universal approximation bounds for superpositions of a sigmoidal function. *IEEE Transactions on Information Theory*, 39(3):930–945.

Barron, A. R. (1994). Approximation and estimation bounds for artificial neural networks. *Machine Learning*, 14(1):115–133.

Barroso, P. and Santa-Clara, P. (2015). Momentum has its moments. *Journal of Financial Economics*, 116(1):111–120.

Basak, J. (2004). Online adaptive decision trees. *Neural Computation*, 16(9):1959–1981.

Bates, J. M. and Granger, C. W. (1969). The combination of forecasts. *Journal of the Operational Research Society*, 20(4):451–468.

Bauder, D., Bodnar, T., Parolya, N., and Schmid, W. (2020). Bayesian inference of the multi-period optimal portfolio for an exponential utility. *Journal of Multivariate Analysis*, 175:104544.

Baz, J., Granger, N., Harvey, C. R., Le Roux, N., and Rattray, S. (2015). Dissecting investment strategies in the cross section and time series. *SSRN Working Paper*, 2695101.

Beery, S., Van Horn, G., and Perona, P. (2018). Recognition in terra incognita. In *Proceedings of the European Conference on Computer Vision (ECCV)*, pages 456–473.

Belsley, D. A., Kuh, E., and Welsch, R. E. (2005). *Regression diagnostics: Identifying influential data and sources of collinearity*, volume 571. John Wiley & Sons.

Ben-David, S., Blitzer, J., Crammer, K., Kulesza, A., Pereira, F., and Vaughan, J. W. (2010). A theory of learning from different domains. *Machine Learning*, 79(1-2):151–175.

Bengio, Y. (2012). Practical recommendations for gradient-based training of deep architectures. In *Neural networks: Tricks of the trade*, pages 437–478. Springer.

Berg, F., Koelbel, J. F., and Rigobon, R. (2020). Aggregate confusion: The divergence of ESG ratings. *SSRN Working Paper*, 3438533.

Bergstra, J. and Bengio, Y. (2012). Random search for hyper-parameter optimization. *Journal of Machine Learning Research*, 13(Feb):281–305.

Berk, J. B., Green, R. C., and Naik, V. (1999). Optimal investment, growth options, and security returns. *Journal of Finance*, 54(5):1553–1607.

Bernstein, A., Gustafson, M. T., and Lewis, R. (2019). Disaster on the horizon: The price effect of sea level rise. *Journal of Financial Economics*, 134(2):253–272.

Bertoluzzo, F. and Corazza, M. (2012). Testing different reinforcement learning configurations for financial trading: Introduction and applications. *Procedia Economics and Finance*, 3:68–77.

Bertsekas, D. P. (2017). *Dynamic programming and optimal control - Volume II, Fourth Edition*. Athena Scientific.

Betermier, S., Calvet, L. E., and Jo, E. (2019). A supply and demand approach to equity pricing. *SSRN Working Paper*, 3440147.

Betermier, S., Calvet, L. E., and Sodini, P. (2017). Who are the value and growth investors? *Journal of Finance*, 72(1):5–46.

Bhamra, H. S. and Uppal, R. (2019). Does household finance matter? small financial errors with large social costs. *American Economic Review*, 109(3):1116–54.

Bhatia, N. et al. (2010). Survey of nearest neighbor techniques. *arXiv Preprint*, (1007.0085).

Bhattacharyya, S., Jha, S., Tharakunnel, K., and Westland, J. C. (2011). Data mining for credit card fraud: A comparative study. *Decision Support Systems*, 50(3):602–613.

Biau, G. (2012). Analysis of a random forests model. *Journal of Machine Learning Research*, 13(Apr):1063–1095.

Biau, G., Devroye, L., and Lugosi, G. (2008). Consistency of random forests and other averaging classifiers. *Journal of Machine Learning Research*, 9(Sep):2015–2033.

Black, F. and Litterman, R. (1992). Global portfolio optimization. *Financial Analysts Journal*, 48(5):28–43.

Blank, H., Davis, R., and Greene, S. (2019). Using alternative research data in real-world portfolios. *Journal of Investing*, 28(4):95–103.

Blitz, D. and Swinkels, L. (2020). Is exclusion effective? *Journal of Portfolio Management*, 46(3):42–48.

Blum, A. and Kalai, A. (1999). Universal portfolios with and without transaction costs. *Machine Learning*, 35(3):193–205.

Bodnar, T., Parolya, N., and Schmid, W. (2013). On the equivalence of quadratic optimization problems commonly used in portfolio theory. *European Journal of Operational Research*, 229(3):637–644.

Boehmke, B. and Greenwell, B. (2019). *Hands-on Machine Learning with R*. Chapman & Hall / CRC.

Boloorforoosh, A., Christoffersen, P., Gourieroux, C., and Fournier, M. (2020). Beta risk in the cross-section of equities. *The Review of Financial Studies*, 33(9):4318–4366.

Bonaccolto, G. and Paterlini, S. (2019). Developing new portfolio strategies by aggregation. *Annals of Operations Research*, pages 1–39.

Boriah, S., Chandola, V., and Kumar, V. (2008). Similarity measures for categorical data: A comparative evaluation. In *Proceedings of the 2008 SIAM international conference on data mining*, pages 243–254.

Boser, B. E., Guyon, I. M., and Vapnik, V. N. (1992). A training algorithm for optimal margin classifiers. In *Proceedings of the fifth annual workshop on Computational learning theory*, pages 144–152. ACM.

Bouchaud, J.-p., Krueger, P., Landier, A., and Thesmar, D. (2019). Sticky expectations and the profitability anomaly. *Journal of Finance*, 74(2):639–674.

Bouthillier, X. and Varoquaux, G. (2020). Survey of machine-learning experimental methods at neurips2019 and iclr2020. Research report, Inria Saclay Ile de France.

Boyd, S. and Vandenberghe, L. (2004). *Convex optimization*. Cambridge University Press.

Branch, B. and Cai, L. (2012). Do socially responsible index investors incur an opportunity cost? *Financial Review*, 47(3):617–630.

Brandt, M. W., Santa-Clara, P., and Valkanov, R. (2009). Parametric portfolio policies: Exploiting characteristics in the cross-section of equity returns. *Review of Financial Studies*, 22(9):3411–3447.

Braun, H. and Chandler, J. S. (1987). Predicting stock market behavior through rule induction: an application of the learning-from-example approach. *Decision Sciences*, 18(3):415–429.

Breiman, L. (1996). Stacked regressions. *Machine Learning*, 24(1):49–64.

Breiman, L. (2001). Random forests. *Machine Learning*, 45(1):5–32.

Breiman, L. et al. (2004). Population theory for boosting ensembles. *Annals of Statistics*, 32(1):1–11.

Breiman, L., Friedman, J., Stone, C. J., and Olshen, R. (1984). *Classification And Regression Trees*. Chapman & Hall.

Brodersen, K. H., Gallusser, F., Koehler, J., Remy, N., Scott, S. L., et al. (2015). Inferring causal impact using bayesian structural time-series models. *Annals of Applied Statistics*, 9(1):247–274.

Brodie, J., Daubechies, I., De Mol, C., Giannone, D., and Loris, I. (2009). Sparse and stable markowitz portfolios. *Proceedings of the National Academy of Sciences*, 106(30):12267–12272.

Brown, I. and Mues, C. (2012). An experimental comparison of classification algorithms for imbalanced credit scoring data sets. *Expert Systems with Applications*, 39(3):3446–3453.

Bruder, B., Cheikh, Y., Deixonne, F., and Zheng, B. (2019). Integration of ESG in asset allocation. *SSRN Working Paper*, 3473874.

Bryzgalova, S. (2016). Spurious factors in linear asset pricing models. *Unpublished Manuscript, Stanford University*.

Bryzgalova, S., Huang, J., and Julliard, C. (2019a). Bayesian solutions for the factor zoo: We just ran two quadrillion models. *SSRN Working Paper*, 3481736.

Bryzgalova, S., Pelger, M., and Zhu, J. (2019b). Forest through the trees: Building cross-sections of stock returns. *SSRN Working Paper*, 3493458.

Buehler, H., Gonon, L., Teichmann, J., and Wood, B. (2019). Deep hedging. *Quantitative Finance*, 19(8):1271–1291.

Bühlmann, P., Peters, J., Ernest, J., et al. (2014). Cam: Causal additive models, high-dimensional order search and penalized regression. *Annals of Statistics*, 42(6):2526–2556.

Burrell, P. R. and Folarin, B. O. (1997). The impact of neural networks in finance. *Neural Computing & Applications*, 6(4):193–200.

Bustos, O. and Pomares-Quimbaya, A. (2020). Stock market movement forecast: A systematic review. *Expert Systems with Applications*, 156:113464.

Camilleri, M. A. (2021). The market for socially responsible investing: A review of the developments. *Social Responsibility Journal*, 17(3):412–428.

Campbell, J. Y. and Yogo, M. (2006). Efficient tests of stock return predictability. *Journal of Financial Economics*, 81(1):27–60.

Cao, L.-J. and Tay, F. E. H. (2003). Support vector machine with adaptive parameters in financial time series forecasting. *IEEE Transactions on Neural Networks*, 14(6):1506–1518.

Carhart, M. M. (1997). On persistence in mutual fund performance. *Journal of Finance*, 52(1):57–82.

Carlson, M., Fisher, A., and Giammarino, R. (2004). Corporate investment and asset price dynamics: Implications for the cross-section of returns. *Journal of Finance*, 59(6):2577–2603.

Castaneda, P. and Sabat, J. (2019). Microfounding the fama-macbeth regression. *SSRN Working Paper*, 3435141.

Cattaneo, M. D., Crump, R. K., Farrell, M. H., and Schaumburg, E. (2020). Characteristic-sorted portfolios: Estimation and inference. *Review of Economics and Statistics*, 102(3):531–551.

Cazalet, Z. and Roncalli, T. (2014). Facts and fantasies about factor investing. *SSRN Working Paper*, 2524547.

Chakrabarti, G. and Sen, C. (2020). Time series momentum trading in green stocks. *Studies in Economics and Finance*.

Chandola, V., Banerjee, A., and Kumar, V. (2009). Anomaly detection: A survey. *ACM Computing Surveys (CSUR)*, 41(3):15.

Chang, C.-C. and Lin, C.-J. (2011). LIBSVM: A library for support vector machines. *ACM Transactions on Intelligent Systems and Technology (TIST)*, 2(3):27.

Chaouki, A., Hardiman, S., Schmidt, C., de Lataillade, J., et al. (2020). Deep deterministic portfolio optimization. *arXiv Preprint*, (2003.06497).

Charpentier, A., Elie, R., and Remlinger, C. (2020). Reinforcement learning in economics and finance. *arXiv Preprint*, (2003.10014).

Che, Z., Purushotham, S., Cho, K., Sontag, D., and Liu, Y. (2018). Recurrent neural networks for multivariate time series with missing values. *Scientific Reports*, 8(1):6085.

Cheema-Fox, A., LaPerla, B. R., Serafeim, G., Turkington, D., and Wang, H. S. (2020). Decarbonization factors. *SSRN Working Paper*, 3448637.

Chen, A. Y. (2019). The limits of p-hacking: A thought experiment. *SSRN Working Paper*, 3272572.

Chen, A. Y. (2020). Do t-stat hurdles need to be raised? *SSRN Working Paper*, 3254995.

Chen, A. Y. and Velikov, M. (2020). Zeroing in on the expected returns of anomalies. *SSRN Working Paper*, 3073681.

Chen, A. Y. and Zimmermann, T. (2020). Publication bias and the cross-section of stock returns. *The Review of Asset Pricing Studies*, 10(2):249–289.

Chen, H. (2001). Initialization for NORTA: Generation of random vectors with specified marginals and correlations. *INFORMS Journal on Computing*, 13(4):312–331.

Chen, J., Song, L., Wainwright, M. J., and Jordan, M. I. (2018). L-shapley and c-shapley: Efficient model interpretation for structured data. *arXiv Preprint*, (1808.02610).

Chen, J.-F., Chen, W.-L., Huang, C.-P., Huang, S.-H., and Chen, A.-P. (2016). Financial time-series data analysis using deep convolutional neural networks. In *2016 7th International Conference on Cloud Computing and Big Data (CCBD)*, pages 87–92. IEEE.

Chen, L., Da, Z., and Priestley, R. (2012). Dividend smoothing and predictability. *Management Science*, 58(10):1834–1853.

Chen, L., Pelger, M., and Zhu, J. (2020). Deep learning in asset pricing. *SSRN Working Paper*, 3350138.

Chen, T. and Guestrin, C. (2016). Xgboost: A scalable tree boosting system. In *Proceedings of the 22nd ACM SIGKDD International conference on knowledge discovery and data mining*, pages 785–794. ACM.

Chen, Y. and Hao, Y. (2017). A feature weighted support vector machine and k-nearest neighbor algorithm for stock market indices prediction. *Expert Systems with Applications*, 80:340–355.

Chib, S., Zeng, X., and Zhao, L. (2020). On comparing asset pricing models. *Journal of Finance*, 75(1):551–577.

Chinco, A., Clark-Joseph, A. D., and Ye, M. (2019a). Sparse signals in the cross-section of returns. *Journal of Finance*, 74(1):449–492.

Chinco, A., Hartzmark, S. M., and Sussman, A. B. (2019b). Necessary evidence for a risk factor's relevance. *SSRN Working Paper*, 3487624.

Chinco, A., Neuhierl, A., and Weber, M. (2021). Estimating the anomaly base rate. *Journal of financial economics*, 140(1):101–126.

Chipman, H. A., George, E. I., and McCulloch, R. E. (2010). BART: Bayesian additive regression trees. *Annals of Applied Statistics*, 4(1):266–298.

Choi, S. M. and Kim, H. (2014). Momentum effect as part of a market equilibrium. *Journal of Financial and Quantitative Analysis*, 49(1):107–130.

Chollet, F. (2017). *Deep learning with Python*. Manning Publications Company.

Chordia, T., Goyal, A., and Saretto, A. (2020). Anomalies and false rejections. *Review of Financial Studies*, 33(5):2134–2179.

Chordia, T., Goyal, A., and Shanken, J. (2019). Cross-sectional asset pricing with individual stocks: betas versus characteristics. *SSRN Working Paper*, 2549578.

Chow, Y.-F., Cotsomitis, J. A., and Kwan, A. C. (2002). Multivariate cointegration and causality tests of wagner's hypothesis: evidence from the UK. *Applied Economics*, 34(13):1671–1677.

Chung, J., Gulcehre, C., Cho, K., and Bengio, Y. (2015). Gated feedback recurrent neural networks. In *International Conference on Machine Learning*, pages 2067–2075.

Claeskens, G. and Hjort, N. L. (2008). *Model selection and model averaging*. Cambridge University Press.

Clark, T. E. and McCracken, M. W. (2009). Improving forecast accuracy by combining recursive and rolling forecasts. *International Economic Review*, 50(2):363–395.

Cocco, J. F., Gomes, F., and Lopes, P. (2020). Evidence on expectations of household finances. *SSRN Working Paper*, 3362495.

Cochrane, J. H. (2009). *Asset pricing: Revised edition*. Princeton University Press.

Cochrane, J. H. (2011). Presidential address: Discount rates. *Journal of Finance*, 66(4):1047–1108.

Cong, L. W., Liang, T., and Zhang, X. (2019a). Analyzing textual information at scale. *SSRN Working Paper*, 3449822.

Cong, L. W., Liang, T., and Zhang, X. (2019b). Textual factors: A scalable, interpretable, and data-driven approach to analyzing unstructured information. *SSRN Working Paper*, 3307057.

Cong, L. W. and Xu, D. (2019). Rise of factor investing: asset prices, informational efficiency, and security design. *SSRN Working Paper*, 2800590.

Connor, G. and Korajczyk, R. A. (1988). Risk and return in an equilibrium apt: Application of a new test methodology. *Journal of Financial Economics*, 21(2):255–289.

Cont, R. (2007). Volatility clustering in financial markets: empirical facts and agent-based models. In *Long memory in economics*, pages 289–309. Springer.

Cooper, I. and Maio, P. F. (2019). New evidence on conditional factor models. *Journal of Financial and Quantitative Analysis*, 54(5):1975–2016.

Coqueret, G. (2015). Diversified minimum-variance portfolios. *Annals of Finance*, 11(2):221–241.

Coqueret, G. (2017). Approximate NORTA simulations for virtual sample generation. *Expert Systems with Applications*, 73:69–81.

Coqueret, G. (2020). Stock-specific sentiment and return predictability. *Quantitative Finance*, 20(9):1531–1551.

Coqueret, G. and Guida, T. (2020). Training trees on tails with applications to portfolio choice. *Annals of Operations Research*, 288:181–221.

Cornell, B. (2020). Stock characteristics and stock returns: A skeptic's look at the cross section of expected returns. *Journal of Portfolio Management*.

Cornuejols, A., Miclet, L., and Barra, V. (2018). *Apprentissage artificiel: Deep learning, concepts et algorithmes*. Eyrolles.

Cortes, C. and Vapnik, V. (1995). Support-vector networks. *Machine Learning*, 20(3):273–297.

Costarelli, D., Spigler, R., and Vinti, G. (2016). A survey on approximation by means of neural network operators. *Journal of NeuroTechnology*, 1(1).

Cover, T. M. (1991). Universal portfolios. *Mathematical Finance*, 1(1):1–29.

Cover, T. M. and Ordentlich, E. (1996). Universal portfolios with side information. *IEEE Transactions on Information Theory*, 42(2):348–363.

Crammer, K., Dekel, O., Keshet, J., Shalev-Shwartz, S., and Singer, Y. (2006). Online passive-aggressive algorithms. *Journal of Machine Learning Research*, 7(Mar):551–585.

Cronqvist, H., Previtero, A., Siegel, S., and White, R. E. (2015a). The fetal origins hypothesis in finance: Prenatal environment, the gender gap, and investor behavior. *Review of Financial Studies*, 29(3):739–786.

Cronqvist, H., Siegel, S., and Yu, F. (2015b). Value versus growth investing: Why do different investors have different styles? *Journal of Financial Economics*, 117(2):333–349.

Cuchiero, C., Klein, I., and Teichmann, J. (2016). A new perspective on the fundamental theorem of asset pricing for large financial markets. *Theory of Probability & Its Applications*, 60(4):561–579.

Cybenko, G. (1989). Approximation by superpositions of a sigmoidal function. *Mathematics of Control, Signals and Systems*, 2(4):303–314.

Dangl, T. and Halling, M. (2012). Predictive regressions with time-varying coefficients. *Journal of Financial Economics*, 106(1):157–181.

Dangl, T. and Weissensteiner, A. (2020). Optimal portfolios under time-varying investment opportunities, parameter uncertainty, and ambiguity aversion. *Journal of Financial and Quantitative Analysis*, 55(4):1163–1198.

Daniel, K., Hirshleifer, D., and Sun, L. (2020a). Short and long horizon behavioral factors. *Review of Financial Studies*, 33(4):1673–1736.

Daniel, K. and Moskowitz, T. J. (2016). Momentum crashes. *Journal of Financial Economics*, 122(2):221–247.

Daniel, K., Mota, L., Rottke, S., and Santos, T. (2020b). The cross-section of risk and return. *Review of Financial Studies*, 33(5):1927–1979.

Daniel, K. and Titman, S. (1997). Evidence on the characteristics of cross sectional variation in stock returns. *Journal of Finance*, 52(1):1–33.

Daniel, K. and Titman, S. (2012). Testing factor-model explanations of market anomalies. *Critical Finance Review*, 1(1):103–139.

Daniel, K., Titman, S., and Wei, K. J. (2001a). Explaining the cross-section of stock returns in Japan: Factors or characteristics? *Journal of Finance*, 56(2):743–766.

Daniel, K. D., Hirshleifer, D., and Subrahmanyam, A. (2001b). Overconfidence, arbitrage, and equilibrium asset pricing. *Journal of Finance*, 56(3):921–965.

d'Aspremont, A. (2011). Identifying small mean-reverting portfolios. *Quantitative Finance*, 11(3):351–364.

de Franco, C., Geissler, C., Margot, V., and Monnier, B. (2020). ESG investments: Filtering versus machine learning approaches. *arXiv Preprint*, (2002.07477).

De Moor, L., Dhaene, G., and Sercu, P. (2015). On comparing zero-alpha tests across multifactor asset pricing models. *Journal of Banking & Finance*, 61:S235–S240.

De Prado, M. L. (2018). *Advances in Financial Machine Learning*. John Wiley & Sons.

de Prado, M. L. and Fabozzi, F. J. (2020). Crowdsourced investment research through tournaments. *Journal of Financial Data Science*, 2(1):86–93.

Delbaen, F. and Schachermayer, W. (1994). A general version of the fundamental theorem of asset pricing. *Mathematische Annalen*, 300(1):463–520.

Demetrescu, M., Georgiev, I., Rodrigues, P. M., and Taylor, A. R. (2022). Testing for episodic predictability in stock returns. *Journal of Econometrics*, 227(1):85–113.

DeMiguel, V., Garlappi, L., Nogales, F. J., and Uppal, R. (2009a). A generalized approach to portfolio optimization: Improving performance by constraining portfolio norms. *Management Science*, 55(5):798–812.

DeMiguel, V., Garlappi, L., and Uppal, R. (2009b). Optimal versus naive diversification:

How inefficient is the 1/N portfolio strategy? *Review of Financial Studies*, 22(5):1915–1953.

DeMiguel, V., Martín-Utrera, A., and Nogales, F. J. (2015). Parameter uncertainty in multiperiod portfolio optimization with transaction costs. *Journal of Financial and Quantitative Analysis*, 50(6):1443–1471.

DeMiguel, V., Martin Utrera, A., and Uppal, R. (2019). What alleviates crowding in factor investing? *SSRN Working Paper*, 3392875.

DeMiguel, V., Martin Utrera, A., Uppal, R., and Nogales, F. J. (2020). A transaction-cost perspective on the multitude of firm characteristics. *Review of Financial Studies*, 33(5):2180–2222.

Denil, M., Matheson, D., and De Freitas, N. (2014). Narrowing the gap: Random forests in theory and in practice. In *International Conference on Machine Learning*, pages 665–673.

Dichtl, H., Drobetz, W., Lohre, H., Rother, C., and Vosskamp, P. (2019). Optimal timing and tilting of equity factors. *Financial Analysts Journal*, 75(4):84–102.

Dichtl, H., Drobetz, W., Neuhierl, A., and Wendt, V.-S. (2021a). Data snooping in equity premium prediction. *International Journal of Forecasting*, 37(1):72–94.

Dichtl, H., Drobetz, W., and Wendt, V.-S. (2021b). How to build a factor portfolio: Does the allocation strategy matter? *European Financial Management*, 27(1):20–58.

Dingli, A. and Fournier, K. S. (2017). Financial time series forecasting–a deep learning approach. *International Journal of Machine Learning and Computing*, 7(5):118–122.

Dixon, M. F. (2020). Industrial forecasting with exponentially smoothed recurrent neural networks. *SSRN Working Paper*, (3572181).

Dixon, M. F., Halperin, I., and Bilokon, P. (2020). *Machine Learning in Finance: From Theory to Practice*. Springer.

Donaldson, R. G. and Kamstra, M. (1996). Forecast combining with neural networks. *Journal of Forecasting*, 15(1):49–61.

Drucker, H. (1997). Improving regressors using boosting techniques. In *International Conference on Machine Learning*, volume 97, pages 107–115.

Drucker, H., Burges, C. J., Kaufman, L., Smola, A. J., and Vapnik, V. (1997). Support vector regression machines. In *Advances in Neural Information Processing Systems*, pages 155–161.

Du, K.-L. and Swamy, M. N. (2013). *Neural networks and statistical learning*. Springer Science & Business Media.

Duchi, J., Hazan, E., and Singer, Y. (2011). Adaptive subgradient methods for online learning and stochastic optimization. *Journal of Machine Learning Research*, 12(Jul):2121–2159.

Dunis, C. L., Likothanassis, S. D., Karathanasopoulos, A. S., Sermpinis, G. S., and Theofilatos, K. A. (2013). A hybrid genetic algorithm–support vector machine approach in the task of forecasting and trading. *Journal of Asset Management*, 14(1):52–71.

Eakins, S. G., Stansell, S. R., and Buck, J. F. (1998). Analyzing the nature of institutional demand for common stocks. *Quarterly Journal of Business and Economics*, pages 33–48.

Efimov, D. and Xu, D. (2019). Using generative adversarial networks to synthesize artificial financial datasets. *Proceedings of the Conference on Neural Information Processing Systems*.

Ehsani, S. and Linnainmaa, J. T. (2019). Factor momentum and the momentum factor. *SSRN Working Paper*, 3014521.

Elliott, G., Kudrin, N., and Wuthrich, K. (2019). Detecting p-hacking. *arXiv Preprint*, (1906.06711).

Elman, J. L. (1990). Finding structure in time. *Cognitive Science*, 14(2):179–211.

Enders, C. K. (2001). A primer on maximum likelihood algorithms available for use with missing data. *Structural Equation Modeling*, 8(1):128–141.

Enders, C. K. (2010). *Applied missing data analysis*. Guilford Press.

Engelberg, J., McLean, R. D., and Pontiff, J. (2018). Anomalies and news. *Journal of Finance*, 73(5):1971–2001.

Engilberge, M., Chevallier, L., Pérez, P., and Cord, M. (2019). Sodeep: a sorting deep net to learn ranking loss surrogates. In *Proceedings of the IEEE Conference on Computer Vision and Pattern Recognition*, pages 10792–10801.

Engle, R. F. (1982). Autoregressive conditional heteroscedasticity with estimates of the variance of united kingdom inflation. *Econometrica*, pages 987–1007.

Enke, D. and Thawornwong, S. (2005). The use of data mining and neural networks for forecasting stock market returns. *Expert Systems with Applications*, 29(4):927–940.

Fabozzi, F. J. (2020). Introduction: Special issue on ethical investing. *Journal of Portfolio Management*, 46(3):1–4.

Fabozzi, F. J. and de Prado, M. L. (2018). Being honest in backtest reporting: A template for disclosing multiple tests. *Journal of Portfolio Management*, 45(1):141–147.

Fama, E. F. and French, K. R. (1992). The cross-section of expected stock returns. *Journal of Finance*, 47(2):427–465.

Fama, E. F. and French, K. R. (1993). Common risk factors in the returns on stocks and bonds. *Journal of Financial Economics*, 33(1):3–56.

Fama, E. F. and French, K. R. (2015). A five-factor asset pricing model. *Journal of Financial Economics*, 116(1):1–22.

Fama, E. F. and French, K. R. (2018). Choosing factors. *Journal of Financial Economics*, 128(2):234–252.

Fama, E. F. and MacBeth, J. D. (1973). Risk, return, and equilibrium: Empirical tests. *Journal of Political Economy*, 81(3):607–636.

Farmer, L., Schmidt, L., and Timmermann, A. (2019). Pockets of predictability. *SSRN Working Paper*, 3152386.

Fastrich, B., Paterlini, S., and Winker, P. (2015). Constructing optimal sparse portfolios using regularization methods. *Computational Management Science*, 12(3):417–434.

Feng, G., Giglio, S., and Xiu, D. (2020). Taming the factor zoo: A test of new factors. *Journal of Finance*, 75(3):1327–1370.

Feng, G., Polson, N. G., and Xu, J. (2019). Deep learning in characteristics-sorted factor models. *SSRN Working Paper*, 3243683.

Fischer, T. and Krauss, C. (2018). Deep learning with long short-term memory networks for financial market predictions. *European Journal of Operational Research*, 270(2):654–669.

Fisher, A., Rudin, C., and Dominici, F. (2019). All models are wrong, but many are useful: Learning a variable's importance by studying an entire class of prediction models simultaneously. *Journal of Machine Learning Research*, 20(177):1–81.

Frazier, P. I. (2018). A tutorial on Bayesian optimization. *arXiv Preprint*, (1807.02811).

Frazzini, A. and Pedersen, L. H. (2014). Betting against beta. *Journal of Financial Economics*, 111(1):1–25.

Freeman, R. N. and Tse, S. Y. (1992). A nonlinear model of security price responses to unexpected earnings. *Journal of Accounting Research*, pages 185–209.

Freund, Y. and Schapire, R. E. (1996). Experiments with a new boosting algorithm. In *Machine Learning: Proceedings of the Thirteenth International Conference*, volume 96, pages 148–156.

Freund, Y. and Schapire, R. E. (1997). A decision-theoretic generalization of on-line learning and an application to boosting. *Journal of Computer and System Sciences*, 55(1):119–139.

Freyberger, J., Neuhierl, A., and Weber, M. (2020). Dissecting characteristics nonparametrically. *Review of Financial Studies*, 33(5):2326–2377.

Friede, G., Busch, T., and Bassen, A. (2015). ESG and financial performance: aggregated evidence from more than 2000 empirical studies. *Journal of Sustainable Finance & Investment*, 5(4):210–233.

Friedman, J., Hastie, T., and Tibshirani, R. (2008). Sparse inverse covariance estimation with the graphical lasso. *Biostatistics*, 9(3):432–441.

Friedman, J., Hastie, T., Tibshirani, R., et al. (2000). Additive logistic regression: a statistical view of boosting (with discussion and a rejoinder by the authors). *Annals of Statistics*, 28(2):337–407.

Friedman, J. H. (2001). Greedy function approximation: a gradient boosting machine. *Annals of Statistics*, pages 1189–1232.

Friedman, J. H. (2002). Stochastic gradient boosting. *Computational Statistics & Data Analysis*, 38(4):367–378.

Friedman, N., Geiger, D., and Goldszmidt, M. (1997). Bayesian network classifiers. *Machine Learning*, 29(2-3):131–163.

Frost, P. A. and Savarino, J. E. (1986). An empirical bayes approach to efficient portfolio selection. *Journal of Financial and Quantitative Analysis*, 21(3):293–305.

Fu, X., Du, J., Guo, Y., Liu, M., Dong, T., and Duan, X. (2018). A machine learning framework for stock selection. *arXiv Preprint*, (1806.01743).

Gaba, A., Tsetlin, I., and Winkler, R. L. (2017). Combining interval forecasts. *Decision Analysis*, 14(1):1–20.

Gagliardini, P., Ossola, E., and Scaillet, O. (2016). Time-varying risk premium in large cross-sectional equity data sets. *Econometrica*, 84(3):985–1046.

Gagliardini, P., Ossola, E., and Scaillet, O. (2019). Estimation of large dimensional conditional factor models in finance. *SSRN Working Paper*, 3443426.

Galema, R., Plantinga, A., and Scholtens, B. (2008). The stocks at stake: Return and risk in socially responsible investment. *Journal of Banking & Finance*, 32(12):2646–2654.

Galili, T. and Meilijson, I. (2016). Splitting matters: how monotone transformation of predictor variables may improve the predictions of decision tree models. *arXiv Preprint*, (1611.04561).

García-Galicia, M., Carsteanu, A. A., and Clempner, J. B. (2019). Continuous-time reinforcement learning approach for portfolio management with time penalization. *Expert Systems with Applications*, 129:27–36.

García-Laencina, P. J., Sancho-Gómez, J.-L., Figueiras-Vidal, A. R., and Verleysen, M. (2009). K nearest neighbours with mutual information for simultaneous classification and missing data imputation. *Neurocomputing*, 72(7-9):1483–1493.

Gelman, A., Carlin, J. B., Stern, H. S., Dunson, D. B., Vehtari, A., and Rubin, D. B. (2013). *Bayesian Data Analysis, 3rd Edition*. Chapman & Hall / CRC.

Geman, S., Bienenstock, E., and Doursat, R. (1992). Neural networks and the bias/variance dilemma. *Neural Computation*, 4(1):1–58.

Genre, V., Kenny, G., Meyler, A., and Timmermann, A. (2013). Combining expert forecasts: Can anything beat the simple average? *International Journal of Forecasting*, 29(1):108–121.

Gentzkow, M., Kelly, B., and Taddy, M. (2019). Text as data. *Journal of Economic Literature*, 57(3):535–74.

Ghosh, A. K. (2006). On optimum choice of k in nearest neighbor classification. *Computational Statistics & Data Analysis*, 50(11):3113–3123.

Gibson, R., Glossner, S., Krueger, P., Matos, P., and Steffen, T. (2020). Responsible institutional investing around the world. *SSRN Working Paper*, 3525530.

Giglio, S. and Xiu, D. (2019). Asset pricing with omitted factors. *SSRN Working Paper*, 2865922.

Gomes, J., Kogan, L., and Zhang, L. (2003). Equilibrium cross section of returns. *Journal of Political Economy*, 111(4):693–732.

Gong, Q., Liu, M., and Liu, Q. (2015). Momentum is really short-term momentum. *Journal of Banking & Finance*, 50:169–182.

Gonzalo, J. and Pitarakis, J.-Y. (2019). Predictive regressions. In *Oxford Research Encyclopedia of Economics and Finance*.

Goodfellow, I., Bengio, Y., Courville, A., and Bengio, Y. (2016). *Deep learning*. MIT Press Cambridge.

Goodfellow, I., Pouget-Abadie, J., Mirza, M., Xu, B., Warde-Farley, D., Ozair, S., Courville, A., and Bengio, Y. (2014). Generative adversarial nets. In *Advances in Neural Information Processing Systems*, pages 2672–2680.

Gospodinov, N., Kan, R., and Robotti, C. (2019). Too good to be true? Fallacies in evaluating risk factor models. *Journal of Financial Economics*, 132(2):451–471.

Goto, S. and Xu, Y. (2015). Improving mean variance optimization through sparse hedging restrictions. *Journal of Financial and Quantitative Analysis*, 50(6):1415–1441.

Gougler, A. and Utz, S. (2020). Factor exposures and diversification: Are sustainably screened portfolios any different? *Financial Markets and Portfolio Management*, 34:221–249.

Goyal, A. (2012). Empirical cross-sectional asset pricing: a survey. *Financial Markets and Portfolio Management*, 26(1):3–38.

Goyal, A. and Wahal, S. (2015). Is momentum an echo? *Journal of Financial and Quantitative Analysis*, 50(6):1237–1267.

Granger, C. W. (1969). Investigating causal relations by econometric models and cross-spectral methods. *Econometrica*, pages 424–438.

Green, J., Hand, J. R., and Zhang, X. F. (2013). The supraview of return predictive signals. *Review of Accounting Studies*, 18(3):692–730.

Green, J., Hand, J. R., and Zhang, X. F. (2017). The characteristics that provide independent information about average us monthly stock returns. *Review of Financial Studies*, 30(12):4389–4436.

Greene, W. H. (2018). *Econometric analysis, Eighth Edition*. Pearson Education.

Greenwood, R. and Hanson, S. G. (2012). Share issuance and factor timing. *Journal of Finance*, 67(2):761–798.

Grinblatt, M. and Han, B. (2005). Prospect theory, mental accounting, and momentum. *Journal of Financial Economics*, 78(2):311–339.

Grushka-Cockayne, Y., Jose, V. R. R., and Lichtendahl Jr, K. C. (2016). Ensembles of overfit and overconfident forecasts. *Management Science*, 63(4):1110–1130.

Gu, S., Kelly, B., and Xiu, D. (2021). Autoencoder asset pricing models. *Journal of Econometrics*, 222(1):429–450.

Gu, S., Kelly, B. T., and Xiu, D. (2020). Empirical asset pricing via machine learning. *Review of Financial Studies*, 33(5):2223–2273.

Guida, T. and Coqueret, G. (2018a). Ensemble learning applied to quant equity: gradient boosting in a multifactor framework. In *Big Data and Machine Learning in Quantitative Investment*, pages 129–148. Wiley.

Guida, T. and Coqueret, G. (2018b). Machine learning in systematic equity allocation: A model comparison. *Wilmott*, 2018(98):24–33.

Guidolin, M. and Liu, H. (2016). Ambiguity aversion and underdiversification. *Journal of Financial and Quantitative Analysis*, 51(4):1297–1323.

Guliyev, N. J. and Ismailov, V. E. (2018). On the approximation by single hidden layer feedforward neural networks with fixed weights. *Neural Networks*, 98:296–304.

Gupta, M., Gao, J., Aggarwal, C., and Han, J. (2014). Outlier detection for temporal data. *IEEE Transactions on Knowledge and Data Engineering*, 26(9):2250 – 2267.

Gupta, T. and Kelly, B. (2019). Factor momentum everywhere. *Journal of Portfolio Management*, 45(3):13–36.

Guresen, E., Kayakutlu, G., and Daim, T. U. (2011). Using artificial neural network models in stock market index prediction. *Expert Systems with Applications*, 38(8):10389–10397.

Guyon, I. and Elisseeff, A. (2003). An introduction to variable and feature selection. *Journal of Lachine Learning Research*, 3(Mar):1157–1182.

Haddad, V., Kozak, S., and Santosh, S. (2020). Factor timing. *Review of Financial Studies*, 33(5):1980–2018.

Hahn, P. R., Murray, J. S., and Carvalho, C. (2019). Bayesian regression tree models for causal inference: regularization, confounding, and heterogeneous effects. *arXiv Preprint*, (1706.09523).

Hall, P. and Gill, N. (2019). *An Introduction to Machine Learning Interpretability - Second Edition*. O'Reilly.

Hall, P., Park, B. U., Samworth, R. J., et al. (2008). Choice of neighbor order in nearest-neighbor classification. *Annals of Statistics*, 36(5):2135–2152.

Halperin, I. and Feldshteyn, I. (2018). Market self-learning of signals, impact and optimal trading: Invisible hand inference with free energy. *arXiv Preprint*, (1805.06126).

Han, Y., He, A., Rapach, D., and Zhou, G. (2019). Firm characteristics and expected stock returns. *SSRN Working Paper*, 3185335.

Hansen, L. P. (1982). Large sample properties of generalized method of moments estimators. *Econometrica*, pages 1029–1054.

Harrald, P. G. and Kamstra, M. (1997). Evolving artificial neural networks to combine financial forecasts. *IEEE Transactions on Evolutionary Computation*, 1(1):40–52.

Hartzmark, S. M. and Solomon, D. H. (2019). The dividend disconnect. *Journal of Finance*, 74(5):2153–2199.

Harvey, C. and Liu, Y. (2019a). Lucky factors. *SSRN Working Paper*, 2528780.

Harvey, C. R. (2017). Presidential address: the scientific outlook in financial economics. *Journal of Finance*, 72(4):1399–1440.

Harvey, C. R. (2020). Replication in financial economics. *Critical Finance Review*, pages 1–9.

Harvey, C. R., Liechty, J. C., Liechty, M. W., and Müller, P. (2010). Portfolio selection with higher moments. *Quantitative Finance*, 10(5):469–485.

Harvey, C. R. and Liu, Y. (2015). Backtesting. *Journal of Portfolio Management*, 42(1):13–28.

Harvey, C. R. and Liu, Y. (2019b). A census of the factor zoo. *SSRN Working Paper*, 3341728.

Harvey, C. R. and Liu, Y. (2020). False (and missed) discoveries in financial economics. *The Journal of Finance*, 75(5):2503–2553.

Harvey, C. R., Liu, Y., and Saretto, A. (2020). An evaluation of alternative multiple testing methods for finance applications. *Review of Asset Pricing Studies*, 10(2):199–248.

Harvey, C. R., Liu, Y., and Zhu, H. (2016). ... and the cross-section of expected returns. *Review of Financial Studies*, 29(1):5–68.

Hasler, M., Khapko, M., and Marfe, R. (2019). Should investors learn about the timing of equity risk? *Journal of Financial Economics*, 132(3):182–204.

Hassan, M. R., Nath, B., and Kirley, M. (2007). A fusion model of hmm, ann and ga for stock market forecasting. *Expert Systems with Applications*, 33(1):171–180.

Hastie, T. (2020). Ridge regression: an essential concept in data science. *arXiv Preprint*, (2006.00371).

Hastie, T., Tibshirani, R., and Friedman, J. (2009). *The Elements of Statistical Learning*. Springer.

Haykin, S. S. (2009). *Neural networks and learning machines*. Prentice Hall.

Hazan, E., Agarwal, A., and Kale, S. (2007). Logarithmic regret algorithms for online convex optimization. *Machine Learning*, 69(2-3):169–192.

Hazan, E. et al. (2016). Introduction to online convex optimization. *Foundations and Trends® in Optimization*, 2(3-4):157–325.

He, A., Huang, D., and Zhou, G. (2020). New factors wanted: Evidence from a simple specification test. *SSRN Working Paper*, 3143752.

Head, M. L., Holman, L., Lanfear, R., Kahn, A. T., and Jennions, M. D. (2015). The extent and consequences of p-hacking in science. *PLoS biology*, 13(3):e1002106.

Heinze-Deml, C., Peters, J., and Meinshausen, N. (2018). Invariant causal prediction for nonlinear models. *Journal of Causal Inference*, 6(2).

Henkel, S. J., Martin, J. S., and Nardari, F. (2011). Time-varying short-horizon predictability. *Journal of Financial Economics*, 99(3):560–580.

Henrique, B. M., Sobreiro, V. A., and Kimura, H. (2019). Literature review: Machine learning techniques applied to financial market prediction. *Expert Systems with Applications*, 124:226–251.

Hiemstra, C. and Jones, J. D. (1994). Testing for linear and nonlinear granger causality in the stock price-volume relation. *Journal of Finance*, 49(5):1639–1664.

Hill, R. P., Ainscough, T., Shank, T., and Manullang, D. (2007). Corporate social responsibility and socially responsible investing: A global perspective. *Journal of Business Ethics*, 70(2):165–174.

Hjalmarsson, E. (2011). New methods for inference in long-horizon regressions. *Journal of Financial and Quantitative Analysis*, 46(3):815–839.

Hjalmarsson, E. and Manchev, P. (2012). Characteristic-based mean-variance portfolio choice. *Journal of Banking & Finance*, 36(5):1392–1401.

Ho, T. K. (1995). Random decision forests. In *Proceedings of 3rd International Conference on Document Analysis and Recognition*, volume 1, pages 278–282. IEEE.

Ho, Y.-C. and Pepyne, D. L. (2002). Simple explanation of the no-free-lunch theorem and its implications. *Journal of Optimization Theory and Applications*, 115(3):549–570.

Hochreiter, S. and Schmidhuber, J. (1997). Long short-term memory. *Neural Computation*, 9(8):1735–1780.

Hodge, V. and Austin, J. (2004). A survey of outlier detection methodologies. *Artificial Intelligence Review*, 22(2):85–126.

Hodges, P., Hogan, K., Peterson, J. R., and Ang, A. (2017). Factor timing with cross-sectional and time-series predictors. *Journal of Portfolio Management*, 44(1):30–43.

Hoechle, D., Schmid, M., and Zimmermann, H. (2018). Correcting alpha misattribution in portfolio sorts. *SSRN Working Paper*, 3190310.

Hoi, S. C., Sahoo, D., Lu, J., and Zhao, P. (2018). Online learning: A comprehensive survey. *arXiv Preprint*, (1802.02871).

Honaker, J. and King, G. (2010). What to do about missing values in time-series cross-section data. *American Journal of Political Science*, 54(2):561–581.

Hong, H., Karolyi, G. A., and Scheinkman, J. A. (2020). Climate finance. *Review of Financial Studies*, 33(3):1011–1023.

Hong, H., Li, F. W., and Xu, J. (2019). Climate risks and market efficiency. *Journal of Econometrics*, 208(1):265–281.

Horel, E. and Giesecke, K. (2019). Towards explainable AI: Significance tests for neural networks. *arXiv Preprint*, (1902.06021).

Hoseinzade, E. and Haratizadeh, S. (2019). Cnnpred: CNN-based stock market prediction using a diverse set of variables. *Expert Systems with Applications*, 129:273–285.

Hou, K., Xue, C., and Zhang, L. (2015). Digesting anomalies: An investment approach. *Review of Financial Studies*, 28(3):650–705.

Hou, K., Xue, C., and Zhang, L. (2020). Replicating anomalies. *Review of Financial Studies*, 33(5):2019–2133.

Hsu, P.-H., Han, Q., Wu, W., and Cao, Z. (2018). Asset allocation strategies, data snooping, and the 1/n rule. *Journal of Banking & Finance*, 97:257–269.

Huang, W., Nakamori, Y., and Wang, S.-Y. (2005). Forecasting stock market movement direction with support vector machine. *Computers & Operations Research*, 32(10):2513–2522.

Huck, N. (2019). Large data sets and machine learning: Applications to statistical arbitrage. *European Journal of Operational Research*, 278(1):330–342.

Hünermund, P. and Bareinboim, E. (2019). Causal inference and data-fusion in econometrics. *arXiv Preprint*, (1912.09104).

Ilmanen, A. (2011). *Expected returns: An investor's guide to harvesting market rewards.* John Wiley & Sons.

Ilmanen, A., Israel, R., Moskowitz, T. J., Thapar, A. K., and Wang, F. (2019). Factor premia and factor timing: A century of evidence. *SSRN Working Paper*, 3400998.

Jacobs, H. and Müller, S. (2020). Anomalies across the globe: Once public, no longer existent? *Journal of Financial Economics*, 135(1):213–230.

Jacobs, R. A., Jordan, M. I., Nowlan, S. J., Hinton, G. E., et al. (1991). Adaptive mixtures of local experts. *Neural Computation*, 3(1):79–87.

Jagannathan, R. and Ma, T. (2003). Risk reduction in large portfolios: Why imposing the wrong constraints helps. *Journal of Finance*, 58(4):1651–1683.

Jagannathan, R. and Wang, Z. (1998). An asymptotic theory for estimating beta-pricing models using cross-sectional regression. *Journal of Finance*, 53(4):1285–1309.

James, G., Witten, D., Hastie, T., and Tibshirani, R. (2013). *An introduction to statistical learning*, volume 112. Springer.

Jegadeesh, N., Noh, J., Pukthuanthong, K., Roll, R., and Wang, J. L. (2019). Empirical tests of asset pricing models with individual assets: Resolving the errors-in-variables bias in risk premium estimation. *Journal of Financial Economics*, 133(2):273–298.

Jegadeesh, N. and Titman, S. (1993). Returns to buying winners and selling losers: Implications for stock market efficiency. *Journal of Finance*, 48(1):65–91.

Jensen, M. C. (1968). The performance of mutual funds in the period 1945–1964. *Journal of Finance*, 23(2):389–416.

Jha, V. (2019). Implementing alternative data in an investment process. In *Big Data and Machine Learning in Quantitative Investment*, pages 51–74. Wiley.

Jiang, W. (2020). Applications of deep learning in stock market prediction: recent progress. *arXiv Preprint*, (2003.01859).

Jiang, Z., Xu, D., and Liang, J. (2017). A deep reinforcement learning framework for the financial portfolio management problem. *arXiv Preprint*, (1706.10059).

Jin, D. (2019). The drivers and inhibitors of factor investing. *SSRN Working Paper*, (3492142).

Johnson, T. C. (2002). Rational momentum effects. *Journal of Finance*, 57(2):585–608.

Johnson, T. L. (2019). A fresh look at return predictability using a more efficient estimator. *Review of Asset Pricing Studies*, 9(1):1–46.

Jordan, M. I. (1997). Serial order: A parallel distributed processing approach. In *Advances in Psychology*, volume 121, pages 471–495.

Jorion, P. (1985). International portfolio diversification with estimation risk. *Journal of Business*, pages 259–278.

Jurczenko, E. (2017). *Factor Investing: From Traditional to Alternative Risk Premia*. Elsevier.

Kalisch, M., Mächler, M., Colombo, D., Maathuis, M. H., Bühlmann, P., et al. (2012). Causal inference using graphical models with the r package pcalg. *Journal of Statistical Software*, 47(11):1–26.

Kan, R. and Zhou, G. (2007). Optimal portfolio choice with parameter uncertainty. *Journal of Financial and Quantitative Analysis*, 42(3):621–656.

Ke, G., Meng, Q., Finley, T., Wang, T., Chen, W., Ma, W., Ye, Q., and Liu, T.-Y. (2017). Lightgbm: A highly efficient gradient boosting decision tree. In *Advances in Neural Information Processing Systems*, pages 3146–3154.

Ke, Z. T., Kelly, B. T., and Xiu, D. (2019). Predicting returns with text data. *SSRN Working Paper*, 3388293.

Kearns, M. and Nevmyvaka, Y. (2013). Machine learning for market microstructure and high frequency trading. *High Frequency Trading: New Realities for Traders, Markets, and Regulators*.

Kelly, B. T., Pruitt, S., and Su, Y. (2019). Characteristics are covariances: A unified model of risk and return. *Journal of Financial Economics*, 134(3):501–524.

Kempf, A. and Osthoff, P. (2007). The effect of socially responsible investing on portfolio performance. *European Financial Management*, 13(5):908–922.

Khedmati, M. and Azin, P. (2020). An online portfolio selection algorithm using clustering approaches and considering transaction costs. *Expert Systems with Applications*, 159:113546.

Kim, K.-j. (2003). Financial time series forecasting using support vector machines. *Neurocomputing*, 55(1-2):307–319.

Kim, S., Korajczyk, R. A., and Neuhierl, A. (2019). Arbitrage portfolios. *SSRN Working Paper*, 3263001.

Kim, W. C., Kim, J. H., and Fabozzi, F. J. (2014). Deciphering robust portfolios. *Journal of Banking & Finance*, 45:1–8.

Kimoto, T., Asakawa, K., Yoda, M., and Takeoka, M. (1990). Stock market prediction system with modular neural networks. In *1990 IJCNN international joint conference on neural networks*, pages 1–6. IEEE.

Kingma, D. P. and Ba, J. (2014). Adam: A method for stochastic optimization. *arXiv Preprint*, (1412.6980).

Kirby, C. (2020). Firm characteristics, stock market regimes, and the cross-section of expected returns. *SSRN Working Paper*, 3520131.

Koijen, R. S., Richmond, R. J., and Yogo, M. (2019). Which investors matter for global equity valuations and expected returns? *SSRN Working Paper*, 3378340.

Koijen, R. S. and Yogo, M. (2019). A demand system approach to asset pricing. *Journal of Political Economy*, 127(4):1475–1515.

Kolm, P. N. and Ritter, G. (2019a). Dynamic replication and hedging: A reinforcement learning approach. *Journal of Financial Data Science*, 1(1):159–171.

Kolm, P. N. and Ritter, G. (2019b). Modern perspectives on reinforcement learning in finance. *Journal of Machine Learning in Finance*, 1(1).

Kong, W., Liaw, C., Mehta, A., and Sivakumar, D. (2019). A new dog learns old tricks: Rl finds classic optimization algorithms. *Proceedings of the ICLR Conference*, pages 1–25.

Koshiyama, A., Flennerhag, S., Blumberg, S. B., Firoozye, N., and Treleaven, P. (2020). Quantnet: Transferring learning across systematic trading strategies. *arXiv Preprint*, (2004.03445).

Kozak, S., Nagel, S., and Santosh, S. (2018). Interpreting factor models. *Journal of Finance*, 73(3):1183–1223.

Kozak, S., Nagel, S., and Santosh, S. (2019). Shrinking the cross-section. *Journal of Financial Economics*, 135:271–292.

Krauss, C., Do, X. A., and Huck, N. (2017). Deep neural networks, gradient-boosted trees, random forests: Statistical arbitrage on the s&p 500. *European Journal of Operational Research*, 259(2):689–702.

Kremer, P. J., Lee, S., Bogdan, M., and Paterlini, S. (2019). Sparse portfolio selection via the sorted l1-norm. *Journal of Banking & Finance*, page 105687.

Krkoska, E. and Schenk-Hoppé, K. R. (2019). Herding in smart-beta investment products. *Journal of Risk and Financial Management*, 12(1):47.

Kruschke, J. (2014). *Doing Bayesian Data Analysis: A tutorial with R, JAGS, and Stan (2nd Ed.).* Academic Press.

Kuhn, M. and Johnson, K. (2019). *Feature Engineering and Selection: A Practical Approach for Predictive Models.* CRC Press.

Kurtz, L. (2020). Three pillars of modern responsible investment. *Journal of Investing*, 29(2):21–32.

Lai, T. L., Xing, H., Chen, Z., et al. (2011). Mean–variance portfolio optimization when means and covariances are unknown. *Annals of Applied Statistics*, 5(2A):798–823.

Lakonishok, J., Shleifer, A., and Vishny, R. W. (1994). Contrarian investment, extrapolation, and risk. *Journal of Finance*, 49(5):1541–1578.

Leary, M. T. and Michaely, R. (2011). Determinants of dividend smoothing: Empirical evidence. *Review of Financial Studies*, 24(10):3197–3249.

Ledoit, O. and Wolf, M. (2004). A well-conditioned estimator for large-dimensional covariance matrices. *Journal of Multivariate Analysis*, 88(2):365–411.

Ledoit, O. and Wolf, M. (2008). Robust performance hypothesis testing with the sharpe ratio. *Journal of Empirical Finance*, 15(5):850–859.

Ledoit, O. and Wolf, M. (2017). Nonlinear shrinkage of the covariance matrix for portfolio selection: Markowitz meets goldilocks. *Review of Financial Studies*, 30(12):4349–4388.

Ledoit, O., Wolf, M., and Zhao, Z. (2020). Efficient sorting: A more powerful test for cross-sectional anomalies. *Journal of Financial Econometrics*, 17(4):645–686.

Lee, S. I. (2020). Hyperparameter optimization for forecasting stock returns. *arXiv Preprint*, (2001.10278).

Legendre, A. M. (1805). *Nouvelles méthodes pour la détermination des orbites des comètes.* F. Didot.

Lempérière, Y., Deremble, C., Seager, P., Potters, M., and Bouchaud, J.-P. (2014). Two centuries of trend following. *arXiv Preprint*, (1404.3274).

Lettau, M. and Pelger, M. (2020a). Estimating latent asset-pricing factors. *Journal of Econometrics*, 218(1):1–31.

Lettau, M. and Pelger, M. (2020b). Factors that fit the time series and cross-section of stock returns. *Review of Financial Studies*, 33(5):2274–2325.

Leung, M. T., Daouk, H., and Chen, A.-S. (2001). Using investment portfolio return to combine forecasts: A multiobjective approach. *European Journal of Operational Research*, 134(1):84–102.

Levy, G. and Razin, R. (2021). A maximum likelihood approach to combining forecasts. *Theoretical Economics*, 16(1):49–71.

Li, B. and Hoi, S. C. (2014). Online portfolio selection: A survey. *ACM Computing Surveys (CSUR)*, 46(3):35.

Li, B. and Hoi, S. C. H. (2018). *Online portfolio selection: principles and algorithms.* CRC Press.

Li, J., Liao, Z., and Quaedvlieg, R. (2020). Conditional superior predictive ability. *SSRN Working Paper*, 3536461.

Lim, B. and Zohren, S. (2020). Time series forecasting with deep learning: A survey. *arXiv Preprint*, (2004.13408).

Linnainmaa, J. T. and Roberts, M. R. (2018). The history of the cross-section of stock returns. *Review of Financial Studies*, 31(7):2606–2649.

Lintner, J. (1965). The valuation of risk assets and the selection of risky investments in stock portfolios and capital budgets. *Review of Economics and Statistics*, 47(1):13–37.

Lioui, A. (2018). ESG factor investing: Myth or reality? *SSRN Working Paper*, 3272090.

Lioui, A. and Tarelli, A. (2020). Factor investing for the long run. *SSRN Working Paper*, 3531946.

Little, R. J. and Rubin, D. B. (2014). *Statistical analysis with missing data*, volume 333. John Wiley & Sons.

Liu, L., Pan, Z., and Wang, Y. (2021). What can we learn from the return predictability over the business cycle? *Journal of Forecasting*, 40(1):108–131.

Lo, A. W. and MacKinlay, A. C. (1990). When are contrarian profits due to stock market overreaction? *Review of Financial Studies*, 3(2):175–205.

Loreggia, A., Malitsky, Y., Samulowitz, H., and Saraswat, V. (2016). Deep learning for algorithm portfolios. In *Proceedings of the Thirtieth AAAI Conference on Artificial Intelligence*, pages 1280–1286. AAAI Press.

Loughran, T. and McDonald, B. (2016). Textual analysis in accounting and finance: A survey. *Journal of Accounting Research*, 54(4):1187–1230.

Lundberg, S. M. and Lee, S.-I. (2017). A unified approach to interpreting model predictions. In *Advances in Neural Information Processing Systems*, pages 4765–4774.

Luo, J., Subrahmanyam, A., and Titman, S. (2021). Momentum and reversals when overconfident investors underestimate their competition. *The Review of Financial Studies*, 34(1):351–393.

Ma, S., Lan, W., Su, L., and Tsai, C.-L. (2020). Testing alphas in conditional time-varying factor models with high dimensional assets. *Journal of Business & Economic Statistics*, 38(1):214–227.

Maathuis, M., Drton, M., Lauritzen, S., and Wainwright, M. (2018). *Handbook of Graphical Models*. CRC Press.

Maclaurin, D., Duvenaud, D., and Adams, R. (2015). Gradient-based hyperparameter optimization through reversible learning. In *International Conference on Machine Learning*, pages 2113–2122.

Maillard, S., Roncalli, T., and Teiletche, J. (2010). The properties of equally weighted risk contribution portfolios. *Journal of Portfolio Management*, 36(4):60–70.

Maillet, B., Tokpavi, S., and Vaucher, B. (2015). Global minimum variance portfolio optimisation under some model risk: A robust regression-based approach. *European Journal of Operational Research*, 244(1):289–299.

Markowitz, H. (1952). Portfolio selection. *Journal of Finance*, 7(1):77–91.

Marti, G. (2019). Corrgan: Sampling realistic financial correlation matrices using generative adversarial networks. *arXiv Preprint*, (1910.09504).

Martin, I. and Nagel, S. (2019). Market efficiency in the age of big data. *SSRN Working Paper*, 3511296.

Mascio, D. A., Fabozzi, F. J., and Zumwalt, J. K. (2021). Market timing using combined forecasts and machine learning. *Journal of Forecasting*, 40(1):1–16.

Mason, L., Baxter, J., Bartlett, P. L., and Frean, M. R. (2000). Boosting algorithms as gradient descent. In *Advances in Neural Information Processing Systems*, pages 512–518.

Matías, J. M. and Reboredo, J. C. (2012). Forecasting performance of nonlinear models for intraday stock returns. *Journal of Forecasting*, 31(2):172–188.

McLean, R. D. and Pontiff, J. (2016). Does academic research destroy stock return predictability? *Journal of Finance*, 71(1):5–32.

Meng, T. L. and Khushi, M. (2019). Reinforcement learning in financial markets. *Data*, 4(3):110.

Metropolis, N. and Ulam, S. (1949). The Monte Carlo method. *Journal of the American Statistical Association*, 44(247):335–341.

Meyer, C. D. (2000). *Matrix analysis and applied linear algebra*, volume 71. SIAM.

Mohri, M., Rostamizadeh, A., and Talwalkar, A. (2018). *Foundations of machine learning*. MIT Press.

Molnar, C. (2019). *Interpretable Machine Learning: A Guide for Making Black Box Models Explainable*. LeanPub / Lulu.

Moody, J. and Wu, L. (1997). Optimization of trading systems and portfolios. In *Proceedings of the IEEE/IAFE 1997 Computational Intelligence for Financial Engineering (CIFEr)*, pages 300–307. IEEE.

Moody, J., Wu, L., Liao, Y., and Saffell, M. (1998). Performance functions and reinforcement learning for trading systems and portfolios. *Journal of Forecasting*, 17(5-6):441–470.

Moritz, B. and Zimmermann, T. (2016). Tree-based conditional portfolio sorts: The relation between past and future stock returns. *SSRN Working Paper*, 2740751.

Mosavi, A., Ghamisi, P., Faghan, Y., Duan, P., and Shamshirband, S. (2020). Comprehensive review of deep reinforcement learning methods and applications in economics. *arXiv Preprint*, (2004.01509).

Moskowitz, T. J. and Grinblatt, M. (1999). Do industries explain momentum? *Journal of Finance*, 54(4):1249–1290.

Moskowitz, T. J., Ooi, Y. H., and Pedersen, L. H. (2012). Time series momentum. *Journal of Financial Economics*, 104(2):228–250.

Mossin, J. (1966). Equilibrium in a capital asset market. *Econometrica: Journal of the econometric society*, 34(4):768–783.

Nagy, Z., Kassam, A., and Lee, L.-E. (2016). Can ESG add alpha? An analysis of ESG tilt and momentum strategies. *The Journal of Investing*, 25(2):113–124.

Nesterov, Y. (1983). A method for unconstrained convex minimization problem with the rate of convergence o $(1/k^2)$. In *Doklady AN USSR*, volume 269, pages 543–547.

Neuneier, R. (1996). Optimal asset allocation using adaptive dynamic programming. In *Advances in Neural Information Processing Systems*, pages 952–958.

Neuneier, R. (1998). Enhancing q-learning for optimal asset allocation. In *Advances in Neural Information Processing Systems*, pages 936–942.

Ngai, E. W., Hu, Y., Wong, Y., Chen, Y., and Sun, X. (2011). The application of data mining techniques in financial fraud detection: A classification framework and an academic review of literature. *Decision Support Systems*, 50(3):559–569.

Novy-Marx, R. (2012). Is momentum really momentum? *Journal of Financial Economics*, 103(3):429–453.

Novy-Marx, R. and Velikov, M. (2015). A taxonomy of anomalies and their trading costs. *Review of Financial Studies*, 29(1):104–147.

Nuti, G., Rugama, L. A. J., and Thommen, K. (2019). Adaptive reticulum. *arXiv Preprint*, (1912.05901).

Okun, O., Valentini, G., and Re, M. (2011). *Ensembles in machine learning applications*, volume 373. Springer Science & Business Media.

Olazaran, M. (1996). A sociological study of the official history of the perceptrons controversy. *Social Studies of Science*, 26(3):611–659.

Olson, R. S., La Cava, W., Mustahsan, Z., Varik, A., and Moore, J. H. (2018). Data-driven advice for applying machine learning to bioinformatics problems. *arXiv Preprint*, (1708.05070).

Orimoloye, L. O., Sung, M.-C., Ma, T., and Johnson, J. E. (2019). Comparing the effectiveness of deep feedforward neural networks and shallow architectures for predicting stock price indices. *Expert Systems with Applications*, page 112828.

Pan, S. J. and Yang, Q. (2009). A survey on transfer learning. *IEEE Transactions on Knowledge and Data Engineering*, 22(10):1345–1359.

Patel, J., Shah, S., Thakkar, P., and Kotecha, K. (2015a). Predicting stock and stock price index movement using trend deterministic data preparation and machine learning techniques. *Expert Systems with Applications*, 42(1):259–268.

Patel, J., Shah, S., Thakkar, P., and Kotecha, K. (2015b). Predicting stock market index using fusion of machine learning techniques. *Expert Systems with Applications*, 42(4):2162–2172.

Patton, A. J. and Timmermann, A. (2010). Monotonicity in asset returns: New tests with applications to the term structure, the CAPM, and portfolio sorts. *Journal of Financial Economics*, 98(3):605–625.

Patton, A. J. and Weller, B. M. (2020). What you see is not what you get: The costs of trading market anomalies. *Journal of Financial Economics*, 137(2):515–549.

Pearl, J. (2009). *Causality: Models, Reasoning and Inference. Second Edition*, volume 29. Cambridge University Press.

Pedersen, L. H., Babu, A., and Levine, A. (2020). Enhanced portfolio optimization. *SSRN Working Paper*, 3530390.

Penasse, J. (2019). Understanding alpha decay. *SSRN Working Paper*, 2953614.

Pendharkar, P. C. and Cusatis, P. (2018). Trading financial indices with reinforcement learning agents. *Expert Systems with Applications*, 103:1–13.

Perrin, S. and Roncalli, T. (2019). Machine learning optimization algorithms & portfolio allocation. *SSRN Working Paper*, 3425827.

Peters, J., Janzing, D., and Schölkopf, B. (2017). *Elements of causal inference: foundations and learning algorithms*. MIT Press.

Petersen, M. A. (2009). Estimating standard errors in finance panel data sets: Comparing approaches. *Review of Financial Studies*, 22(1):435–480.

Pflug, G. C., Pichler, A., and Wozabal, D. (2012). The 1/n investment strategy is optimal under high model ambiguity. *Journal of Banking & Finance*, 36(2):410–417.

Plyakha, Y., Uppal, R., and Vilkov, G. (2016). Equal or value weighting? implications for asset-pricing tests. *SSRN Working Paper*, 1787045.

Polyak, B. T. (1964). Some methods of speeding up the convergence of iteration methods. *USSR Computational Mathematics and Mathematical Physics*, 4(5):1–17.

Popov, S., Morozov, S., and Babenko, A. (2019). Neural oblivious decision ensembles for deep learning on tabular data. *arXiv Preprint*, (1909.06312).

Powell, W. B. and Ma, J. (2011). A review of stochastic algorithms with continuous value function approximation and some new approximate policy iteration algorithms for multidimensional continuous applications. *Journal of Control Theory and Applications*, 9(3):336–352.

Probst, P., Bischl, B., and Boulesteix, A.-L. (2018). Tunability: Importance of hyperparameters of machine learning algorithms. *arXiv Preprint*, (1802.09596).

Pukthuanthong, K., Roll, R., and Subrahmanyam, A. (2018). A protocol for factor identification. *Review of Financial Studies*, 32(4):1573–1607.

Quionero-Candela, J., Sugiyama, M., Schwaighofer, A., and Lawrence, N. D. (2009). *Dataset shift in machine learning*. MIT Press.

Rapach, D. and Zhou, G. (2019). Time-series and cross-sectional stock return forecasting: New machine learning methods. *SSRN Working Paper*, 3428095.

Rapach, D. E., Strauss, J. K., and Zhou, G. (2013). International stock return predictability: what is the role of the United States? *Journal of Finance*, 68(4):1633–1662.

Rashmi, K. V. and Gilad-Bachrach, R. (2015). Dart: Dropouts meet multiple additive regression trees. In *AISTATS*, pages 489–497.

Ravisankar, P., Ravi, V., Rao, G. R., and Bose, I. (2011). Detection of financial statement fraud and feature selection using data mining techniques. *Decision Support Systems*, 50(2):491–500.

Reboredo, J. C., Matías, J. M., and Garcia-Rubio, R. (2012). Nonlinearity in forecasting of high-frequency stock returns. *Computational Economics*, 40(3):245–264.

Ribeiro, M. T., Singh, S., and Guestrin, C. (2016). Why should I trust you?: Explaining the predictions of any classifier. In *Proceedings of the 22nd ACM SIGKDD international conference on knowledge discovery and data mining*, pages 1135–1144. ACM.

Ridgeway, G., Madigan, D., and Richardson, T. S. (1999). Boosting methodology for regression problems. In *Seventh International Workshop on Artificial Intelligence and Statistics*. PMLR.

Ripley, B. D. (2007). *Pattern recognition and neural networks*. Cambridge University Press.

Roberts, G. O. and Smith, A. F. (1994). Simple conditions for the convergence of the gibbs sampler and metropolis-hastings algorithms. *Stochastic Processes and their Applications*, 49(2):207–216.

Romano, J. P. and Wolf, M. (2005). Stepwise multiple testing as formalized data snooping. *Econometrica*, 73(4):1237–1282.

Romano, J. P. and Wolf, M. (2013). Testing for monotonicity in expected asset returns. *Journal of Empirical Finance*, 23:93–116.

Rosenblatt, F. (1958). The perceptron: a probabilistic model for information storage and organization in the brain. *Psychological Review*, 65(6):386.

Ross, S. A. (1976). The arbitrage theory of capital asset pricing. *Journal of Economic Theory*, 13(3):341–60.

Rousseeuw, P. J. and Leroy, A. M. (2005). *Robust regression and outlier detection*, volume 589. Wiley.

Ruf, J. and Wang, W. (2019). Neural networks for option pricing and hedging: a literature review. *arXiv Preprint*, (1911.05620).

Santi, C. and Zwinkels, R. C. (2018). Exploring style herding by mutual funds. *SSRN Working Paper*, 2986059.

Sato, Y. (2019). Model-free reinforcement learning for financial portfolios: A brief survey. *arXiv Preprint*, (1904.04973).

Schafer, J. L. (1999). Multiple imputation: a primer. *Statistical Methods in Medical Research*, 8(1):3–15.

Schapire, R. E. (1990). The strength of weak learnability. *Machine Learning*, 5(2):197–227.

Schapire, R. E. (2003). The boosting approach to machine learning: An overview. In *Nonlinear estimation and classification*, pages 149–171. Springer.

Schapire, R. E. and Freund, Y. (2012). *Boosting: Foundations and algorithms*. MIT Press.

Schnaubelt, M. (2019). A comparison of machine learning model validation schemes for non-stationary time series data. Technical report, FAU Discussion Papers in Economics.

Schueth, S. (2003). Socially responsible investing in the united states. *Journal of Business Ethics*, 43(3):189–194.

Scornet, E., Biau, G., Vert, J.-P., et al. (2015). Consistency of random forests. *Annals of Statistics*, 43(4):1716–1741.

Seni, G. and Elder, J. F. (2010). Ensemble methods in data mining: improving accuracy through combining predictions. *Synthesis Lectures on Data Mining and Knowledge Discovery*, 2(1):1–126.

Settles, B. (2009). Active learning literature survey. Technical report, University of Wisconsin-Madison Department of Computer Sciences.

Settles, B. (2012). Active learning. *Synthesis Lectures on Artificial Intelligence and Machine Learning*, 6(1):1–114.

Sezer, O. B., Gudelek, M. U., and Ozbayoglu, A. M. (2019). Financial time series forecasting with deep learning: A systematic literature review: 2005-2019. *arXiv Preprint*, (1911.13288).

Shah, A. D., Bartlett, J. W., Carpenter, J., Nicholas, O., and Hemingway, H. (2014). Comparison of random forest and parametric imputation models for imputing missing data using mice: a caliber study. *American Journal of Epidemiology*, 179(6):764–774.

Shanken, J. (1992). On the estimation of beta-pricing models. *Review of Financial Studies*, 5(1):1–33.

Shapley, L. S. (1953). A value for n-person games. *Contributions to the Theory of Games*, 2(28):307–317.

Sharpe, W. F. (1964). Capital asset prices: A theory of market equilibrium under conditions of risk. *Journal of Finance*, 19(3):425–442.

Sharpe, W. F. (1966). Mutual fund performance. *Journal of Business*, 39(1):119–138.

Silver, D., Huang, A., Maddison, C. J., Guez, A., Sifre, L., Van Den Driessche, G., Schrittwieser, J., Antonoglou, I., Panneershelvam, V., and Lanctot, M. (2016). Mastering the game of go with deep neural networks and tree search. *Nature*, 529:484–489.

Simonian, J., Wu, C., Itano, D., and Narayanam, V. (2019). A machine learning approach to risk factors: A case study using the Fama-French-Carhart model. *Journal of Financial Data Science*, 1(1):32–44.

Simonsohn, U., Nelson, L. D., and Simmons, J. P. (2014). P-curve: a key to the file-drawer. *Journal of Experimental Psychology: General*, 143(2):534.

Sirignano, J. and Cont, R. (2019). Universal features of price formation in financial markets: perspectives from deep learning. *Quantitative Finance*, 19(9):1449–1459.

Smith, L. N. (2018). A disciplined approach to neural network hyper-parameters: Part 1–learning rate, batch size, momentum, and weight decay. *arXiv Preprint*, (1803.09820).

Snoek, J., Larochelle, H., and Adams, R. P. (2012). Practical bayesian optimization of machine learning algorithms. In *Advances in Neural Information Processing Systems*, pages 2951–2959.

Snow, D. (2020). Machine learning in asset management—part 2: Portfolio construction—weight optimization. *The Journal of Financial Data Science*, 2(2):17–24.

Soleymani, F. and Paquet, E. (2020). Financial portfolio optimization with online deep reinforcement learning and restricted stacked autoencoder—deepbreath. *Expert Systems with Applications*, 156:113456.

Sparapani, R., Spanbauer, C., and McCulloch, R. (2019). The BART R package. Technical report, Comprehensive R Archive Network.

Spirtes, P., Glymour, C. N., Scheines, R., and Heckerman, D. (2000). *Causation, prediction, and search*. MIT Press.

Srivastava, N., Hinton, G., Krizhevsky, A., Sutskever, I., and Salakhutdinov, R. (2014). Dropout: a simple way to prevent neural networks from overfitting. *Journal of Machine Learning Research*, 15(1):1929–1958.

Stambaugh, R. F. (1999). Predictive regressions. *Journal of Financial Economics*, 54(3):375–421.

Staniak, M. and Biecek, P. (2018). Explanations of model predictions with live and breakdown packages. *arXiv Preprint*, (1804.01955).

Stekhoven, D. J. and Bühlmann, P. (2011). Missforest—non-parametric missing value imputation for mixed-type data. *Bioinformatics*, 28(1):112–118.

Stevens, G. V. (1998). On the inverse of the covariance matrix in portfolio analysis. *Journal of Finance*, 53(5):1821–1827.

Suhonen, A., Lennkh, M., and Perez, F. (2017). Quantifying backtest overfitting in alternative beta strategies. *Journal of Portfolio Management*, 43(2):90–104.

Sutton, R. S. and Barto, A. G. (2018). *Reinforcement learning: An introduction (2nd Edition)*. MIT Press.

Tibshirani, R. (1996). Regression shrinkage and selection via the lasso. *Journal of the Royal Statistical Society. Series B (Methodological)*, pages 267–288.

Tierney, L. (1994). Markov chains for exploring posterior distributions. *Annals of Statistics*, pages 1701–1728.

Timmermann, A. (2018). Forecasting methods in finance. *Annual Review of Financial Economics*, 10:449–479.

Ting, K. M. (2002). An instance-weighting method to induce cost-sensitive trees. *IEEE Transactions on Knowledge & Data Engineering*, (3):659–665.

Tsantekidis, A., Passalis, N., Tefas, A., Kanniainen, J., Gabbouj, M., and Iosifidis, A. (2017). Forecasting stock prices from the limit order book using convolutional neural networks. In *2017 IEEE 19th Conference on Business Informatics (CBI)*, volume 1, pages 7–12.

Tsiakas, I., Li, J., and Zhang, H. (2020). Equity premium prediction and the state of the economy. *Journal of Empirical Finance*, 58:75–95.

Tu, J. and Zhou, G. (2010). Incorporating economic objectives into bayesian priors: Portfolio choice under parameter uncertainty. *Journal of Financial and Quantitative Analysis*, 45(4):959–986.

Uematsu, Y. and Tanaka, S. (2019). High-dimensional macroeconomic forecasting and variable selection via penalized regression. *Econometrics Journal*, 22(1):34–56.

Van Buuren, S. (2018). *Flexible imputation of missing data*. Chapman & Hall / CRC.

Van Dijk, M. A. (2011). Is size dead? A review of the size effect in equity returns. *Journal of Banking & Finance*, 35(12):3263–3274.

Vapnik, V. and Lerner, A. (1963). Pattern recognition using generalized portrait method. *Automation and Remote Control*, 24:774–780.

Vayanos, D. and Woolley, P. (2013). An institutional theory of momentum and reversal. *Review of Financial Studies*, 26(5):1087–1145.

Vidal, T., Pacheco, T., and Schiffer, M. (2020). Born-again tree ensembles. *arXiv Preprint*, (2003.11132).

Virtanen, I. and Yli-Olli, P. (1987). Forecasting stock market prices in a thin security market. *Omega*, 15(2):145–155.

Volpati, V., Benzaquen, M., Eisler, Z., Mastromatteo, I., Toth, B., and Bouchaud, J.-P. (2020). Zooming in on equity factor crowding. *arXiv Preprint*, (2001.04185).

Von Holstein, C.-A. S. S. (1972). Probabilistic forecasting: An experiment related to the stock market. *Organizational Behavior and Human Performance*, 8(1):139–158.

Wallbridge, J. (2020). Transformers for limit order books. *arXiv Preprint*, (2003.00130).

Wang, G., Hao, J., Ma, J., and Jiang, H. (2011). A comparative assessment of ensemble learning for credit scoring. *Expert Systems with Applications*, 38(1):223–230.

Wang, H. and Zhou, X. Y. (2019). Continuous-time mean-variance portfolio selection: A reinforcement learning framework. *SSRN Working Paper*, 3382932.

Wang, J.-J., Wang, J.-Z., Zhang, Z.-G., and Guo, S.-P. (2012). Stock index forecasting based on a hybrid model. *Omega*, 40(6):758–766.

Wang, W., Li, W., Zhang, N., and Liu, K. (2020). Portfolio formation with preselection using deep learning from long-term financial data. *Expert Systems with Applications*, 143:113042.

Watkins, C. J. and Dayan, P. (1992). Q-learning. *Machine Learning*, 8(3-4):279–292.

Weiss, K., Khoshgoftaar, T. M., and Wang, D. (2016). A survey of transfer learning. *Journal of Big Data*, 3(1):9.

White, H. (1988). Economic prediction using neural networks: The case of ibm daily stock returns. In *ICNN*, volume 2, pages 451–458.

White, H. (2000). A reality check for data snooping. *Econometrica*, 68(5):1097–1126.

Widrow, B. and Hoff, M. E. (1960). Adaptive switching circuits. In *IRE WESCON Convention Record*, volume 4, pages 96–104.

Wiese, M., Knobloch, R., Korn, R., and Kretschmer, P. (2020). Quant gans: deep generation of financial time series. *Quantitative Finance*, 20(9):1419–1440.

Wolpert, D. H. (1992a). On the connection between in-sample testing and generalization error. *Complex Systems*, 6(1):47.

Wolpert, D. H. (1992b). Stacked generalization. *Neural networks*, 5(2):241–259.

Wolpert, D. H. and Macready, W. G. (1997). No free lunch theorems for optimization. *IEEE Transactions on Evolutionary Computation*, 1(1):67–82.

Wong, S. Y., Chan, J., Azizi, L., and Xu, R. Y. (2020). Time-varying neural network for stock return prediction. *arXiv Preprint*, (2003.02515).

Xiong, Z., Liu, X.-Y., Zhong, S., Yang, H., and Walid, A. (2018). Practical deep reinforcement learning approach for stock trading. *arXiv Preprint*, (1811.07522).

Xu, K.-L. (2020). Testing for multiple-horizon predictability: Direct regression based versus implication based. *The Review of Financial Studies*, 33(9):4403–4443.

Yang, S. Y., Yu, Y., and Almahdi, S. (2018). An investor sentiment reward-based trading system using gaussian inverse reinforcement learning algorithm. *Expert Systems with Applications*, 114:388–401.

Yu, P., Lee, J. S., Kulyatin, I., Shi, Z., and Dasgupta, S. (2019). Model-based deep reinforcement learning for dynamic portfolio optimization. *arXiv Preprint*, (1901.08740).

Zeiler, M. D. (2012). Adadelta: an adaptive learning rate method. *arXiv Preprint*, (1212.5701).

Zhang, C. and Ma, Y. (2012). *Ensemble machine learning: methods and applications*. Springer.

Zhang, Y. and Wu, L. (2009). Stock market prediction of s&p 500 via combination of improved bco approach and bp neural network. *Expert Systems with Applications*, 36(5):8849–8854.

Zhang, Z., Zohren, S., and Roberts, S. (2020). Deep reinforcement learning for trading. *Journal of Financial Data Science*, 2(2):25–40.

Zhao, Q. and Hastie, T. (2021). Causal interpretations of black-box models. *Journal of Business & Economic Statistics*, 39(1):272–281.

Zhou, Z.-H. (2012). *Ensemble methods: foundations and algorithms*. Chapman & Hall / CRC.

Zou, H. and Hastie, T. (2005). Regularization and variable selection via the elastic net. *Journal of the Royal Statistical Society: Series B (Statistical Methodology)*, 67(2):301–320.

Zuckerman, G. (2019). *The Man Who Solved the Market: How Jim Simons Launched the Quant Revolution*. Penguin Random House.

│ 찾아보기 │

ㄱ

ㄴ

one-hot encoding 92, 183

on-policy 385

optimization 25

overfitting 249

P

PAA, Passive-Aggressive Algorithm 354

PCA, Principal Component Analysis 363

PDP, Partial Dependence Plot 323

penalization norm 122

p-hacking 48

policy 381

policy gradient theorem 389

pooling layer 201

pooling unit 201

posterior 215

precision 238

precision matrix 122

prior 214

pumping 290

purity 133

PyTorch 178

p-해킹 48, 296

Q

quadratic error 188

quadratic programming 42

quant trading 23

Q-러닝 384

R

R^2 126

Radon-Nikodym 358

reactiveness 349

rebalancing frequency 285

recall 238

regime-switching 69

regression 250

regret 353

regularization 111

Reinforce 알고리듬 389

risk-adjusted 75

RMSE, Root Mean Squared Error 234

RMSLE, Root Mean Squared Logarithmic Error 236

RNN, Recurrent Neural Network 190

robust inverse covariance matrix 122

ROC 곡선 238

ROE, Return On Equity 33

rolling 284

S

SARSA 385

scanning 200

Schur complements 120

SCM, Structural Causal Model 341

SDF, Stochastic Discount Factor 75

SGD, Stochastic Gradient Descent 177

Shapley value 330

shrinkage method 115

simplex 387

singular 124

slack variable 208

softmax 33

span 221

sparse hedging 121

sparse matrix 92

sparse portfolio 119

specificity 238

SSR, Sum of Squared Residuals 112

stability 349

stability-plasticity dilemma 349

standardization 89

퀀트 투자를 위한 머신러닝

파이썬으로 배우는 머신러닝 기반 팩터 투자

발 행 | 2024년 10월 30일

지은이 | 기욤 코케렛 · 토니 귀다
옮긴이 | 김 성 진

펴낸이 | 옥 경 석
편집장 | 황 영 주
편 집 | 김 진 아
           임 지 원
디자인 | 윤 서 빈

에이콘출판주식회사
서울특별시 양천구 국회대로 287 (목동)
전화 02-2653-7600, 팩스 02-2653-0433
www.acornpub.co.kr / editor@acornpub.co.kr

한국어판 ⓒ 에이콘출판주식회사, 2024, Printed in Korea.
ISBN 979-11-6175-923-4
http://www.acornpub.co.kr/book/factor-investing-python

책값은 뒤표지에 있습니다.